Whitley Stokes, Ernst Windisch

Irische Texte mit Wörterbuch

Vol. 4

Whitley Stokes, Ernst Windisch

Irische Texte mit Wörterbuch
Vol. 4

ISBN/EAN: 9783337310387

Hergestellt in Europa, USA, Kanada, Australien, Japan

Cover: Foto ©Thomas Meinert / pixelio.de

Weitere Bücher finden Sie auf **www.hansebooks.com**

IRISCHE TEXTE

MIT ÜBERSETZUNGEN UND WÖRTERBUCH

HERAUSGEGEBEN

VON

WH. STOKES UND **E. WINDISCH**

VIERTE SERIE. 1. HEFT

LEIPZIG

VERLAG VON S. HIRZEL

1900.

Contents.

Acallamh na Senórach. Edited by Wh. Stokes.

	Pages
Preface	IX—XIV
How Cáilte and Ossian visited Cáma and then separated . . .	1— 2
How Ossian went to his mother in the elfmound, but Cáilte fared to the rath of Drumderg, where he met St. Patrick and shewed him the well of *Tráig dá ban*	2— 3
How Cáilte praised Find and told Patrick of the Fiann's drinking-horns, horses and hounds	4— 9
How Patrick's guardian angels approved the stories of the Fiann	9
How Cáilte and his nine followers were baptised	10
How the Fiann hunted in Arran	10—11
The story of the fort of Lugaid Menn's sons	11—14
The story of Fulartach the outlaw and Becan the niggard . .	14—16
Of Find's brothers and his incestuous grandson Mac Lugach . .	16—17
Find's counsel to Mac Lugach	17—18
Of Find's musician Cnú dereóil	18—20
How Patrick and Cáilte travelled to Munster	20
Why Findtulach was so called	21
The sorrowful story of Cael and Créde	21—25
How Cáilte hunted on Cenn Febrat	25—27
The story of the wives of the Chief of Fermoy's sons	27—28
How Patrick and Cáilte travelled to Connaught	29
The story of Oscar's first battle	29—30
The story of Airnelach's death for shame	30—31
The story of Sálbuide's grave	31
How the Fiann were brought to naught	32—32
How Cáilte told where Ailill Ólom, Sadb, Ferchis the poet and others died	33
The story of Cormac Cass and his brain	33
How Patrick raised Aed son of Muredach from death	34
The story of Ráith Glais, and the origin of the name *Alma* .	35—37

Contents.

	Pages
How Patrick blessed Cnoc na ríg, and produced Garad's Well	37
The story of Garad and the women	38—41
How the Fiann knew that God existed	41—42
How Cáilte and his following left Patrick, travelled to Corann, and killed nine deer	42
How Cáilte lamented his fosterbrother Diarmait	43
The story of the Ford of the Grey Stag	43
How Cáilte killed a wild boar at Ossian's Well and met his fosterbrother Derg Dianscothach	44
The story of the race on the Strand of Berramain	45
How Cáilte killed the baleful bird in the elfmound of Assaroe	46
The story of Fiacha's spear and Find's defence of Tara	47—50
The fight with Lir of Síd Findachaid	51
How Find had foreknowledge of the Christian faith	52
How Cáilte left the elfmound of Assaroe, met Eoghan the hospitaller, and fought a pirate, his dog and his daughter	53—54
How Cáilte travelled to Daire Guill and met Donn, son of Aed	55
The story of the death of Aed son of Garad	56
How Cáilte went to the house of the king of Kinelconaill	57
How Garb-daire's cairn was opened	58—59
The story of the tomb of Find's wife Berrach Brecc	60—62
The story of Conbecc's Strand	62—63
How Cáilte slew the Slanga swine	63
How Cáilte sent gifts to Patrick and the king of Ireland	64—65
How Cáilte travelled to Sliab Breg	66
How Ossian gave the king of Ireland and Patrick salmon, cress and brooklime from the Well of Uisnech	66
How Cáilte went on to Uisnech Hill and was honourably received by the king of Ireland	66—67
The story of the Reptile of the Glen of Ros enaig	68—69
How Cáilte and Ossian went to Tamun's banquet	69—70
How Cáilte named the kings by whom lands were granted to the Fiann, and the chiefs that successively commanded the Fiann	70—73
Concerning Find's *Giusach* and Ferna's Ford	73—74
The story of Ros mbrocc	74—76
How Ossian went to Dunlavin, Cáilte to Dún na mbarc and Patrick to Tara	76
The story of Ráith Artrach	77—78
The story of the three hills	78—81
Of Find's tabus	81
How Cáilte went to Dalaradia and met Colmán Ela and Eoganán	81—82
The story of the Lake of the Gray Stag	82

Contents.

	Pages
Colmán Ela's account of the eight canonical Hours	83—84
The story of the Well of the Women	84— 86
Cáilte goes to Ráith Aine	86— 88
The story of the two graves on Tráig Rudraigi	88— 90
How Cáilte ordered a hunt on the Mourne Mountains and met Líbán daughter of Eochaid	91— 92
How Cáilte made a half-quatrain	92
The story of Dub son of Trén and his daughter	92— 94
How the minstrel Cas Corach came to Cáilte to learn Fiann-lore	95
The story of the Hill of the three Lovers	96— 97
How Cáilte and Cass Corach joined Patrick at Roe na carpat.	98
How Cass corach played to Patrick	98— 99
How Eoghan the hospitaller visited Patrick	99—100
How the winter came on	100
The story of Conan son of the Lon Liath Luachra	101—102
How Cáilte found the well called 'Patrick's Palm'	103
The story of Manannán's cairn	104
The origin of *Mag Raigni* and *Sliab Cainchenn*	105
The visit and gifts of Étáin Fairhair	105
The story of Clidna's Wave and Teite's Strand	106—110
The origins of *Ráith Medba*, *Gort ind fostaid* and *Ros na hechraide*	110—111
How the fairy Scothniam visited her decrepid lover Cáilte	111—112
The story of the Hag's Glen	112—113
How Patrick healed Cáilte's right side	113
The death of Dubchraide the robber	115
The origin of Ard Senaig	115—116
How Aed, son of King Eochaid Redside, carried off by elves, escaped to Patrick	116
How Patrick, Cáilte, Cass corach and Aed journeyed to Leinster	116
The story of Róiriu's Grave	117
The story of the Rough Washing (*Garbthanach*)	117—118
How Patrick was lodged by Coscrach of the Hundreds	119
How Cáilte visited the Stone of Arms, and slew the stag that wasted Coscrach's crops	119—121
The story of the Stone of Arms	121—122
How Patrick caused the king of the Dési to be swallowed up	122—123
The story of the Well of the Mirror	123
List of the Fiann drowned in Loch Lurgan	123—124
How at Coscrach's banquet Cas corach played, and king Eochaid Redside sought tidings of his son Aed	125—126
The story of the Lord's Hill and Aeife's Knoll	126—129

Contents.

	Pages
The origins of *Ráith Speláin* and *Cael esna*	129—130
How Aed saved from fire a banqueting-house at Rathmore	130—131
How they hunted at Ard na macraide	131
How Patrick after preaching thirsted, and Maelán refused him a draught	131—132
The story of Ard Cuanaidi	132—133
How Cáilte trimmed King Eochaid's spearshaft	133
How King Eochaid recognised his son in Cass corach's gillie	134
The story of Ard Fostada na Féinne	134—136
The story of the elfmound of Sliab Aigi	136—147
How Donn son of Mider gave Patrick power over the Tuath dé Danann	147
How Patrick went to Munster, received a 'gospel-penny', and blessed the Stone of the Hundreds	147—148
The story of the Little Rath of Marvels	149—151
The stories of the Rath of the Dog's Head and the Rath of the Woman-folk	151—152
The story of the graves of Donn and Duban	152—154
The story of the White Peak of Running and Étáin's Grave	155—157
The story of Cuillenn and Callann and their son Fer óc	157—162
The story of the Ridge of the Dead Woman	162—168
The story of the Oakgrove of the Conspiracy	168—169
The story of the Little Rath of the Incantation	169—173
How Cáilte, after putting a problem to Patrick, banished a flock of baleful birds	173—176
How Bodb Derg's daughter Aillenn loved the King of Connaught, and how Patrick decided that he must not wed her while his wife was alive	176—178
The story of Fiadmor's Barrow	178—180
How Cáilte wept at Find's Seat, described Find's parents to Patrick, gave him the names of the standing Fiann (*gnáthfiann*), and fainted with grief for his dead comrades	181—183
The origin of the Lawn of Stags (*Cluain na ndam*) and the Lawn of Reproach (*Cluain imdergtha*)	183—184
How Patrick, having been served by Rodub, wedded him to Aifi the Red, a king's daughter	184—185
The story of the Raths of Cass and Conall	185—187
How Patrick banished nine witches	187—188
How Cáilte accompanied by Cass corach went to Assaroe to have his leg healed by Bébind Elcmar's daughter	188—192
How Cáilte, Cass corach and Fer maisse helped the Tuath dé Danann of Assaroe in their battle with the troops of Lochlann	192—195

Contents. VII

	Pages
How Cáilte asked the seer Eogan how long he would live, and how he refused to be made young	195—196
How Cáilte and his comrades killed three ravens which carried off three children every year	199—197
How Ilbrecc of Assaroe paid the king of Ulaid's sons an eric for their grandsire slain in battle	197—198
How Cáilte and his comrades killed three birdflocks which destroyed the herbage	198
How Cáilte was healed by Bébind, while Cass corach, the fairy Uainibuide and the Birds of the Land of Promise made music for him	199—201
How Cáilte swam in the stream of Assaroe and blessed the folk of the elfmound	201—202
How Bébind promised Cáilte a potion of remembrance, and gave him a wondrous frock, mantle and fishhook	202
How Cáilte bade farewell to the elves, who bewailed him at the Knoll of Wailing (Cnocc in nuaill)	203
The origin of Ess Cronáin	203
The story of the Trio's Pillarstones (Carthada in Trír)	203—206
How Cáilte told Blathmec of the causes of his three great runs	205—205
How Cáilte divined from the sound the quarries of four separate hunts	
The origin of Lis na mban (the Garth of the Women)	206
How Cáilte met the princess Echna and played draughts with her	207
How Cass corach played his timpan for Echna	207—208
The story of the Cairn of Fratricide	208—209
How Cass corach, instructed by Cáilte, revealed Ailbe's well	209
How Echna loved Cass corach	210
How Cáilte lauded Find	211
The story of Cnocc ind eolairi or Cnocc in eolais	211
How Cass corach slew a wizard's daughter	212—214
How Cáilte, aided by Cass corach's music, slew three she-wolves from the Cave of Cruachan	215
How the wife of King Eochaid Redside died and was buried on the Height of the Angels (Ard na n-aingel)	216
How Cáilte and Cass corach met Patrick with the Connaught nobles, and how each told the other what he had done since they separated	216—218
How Cáilte found three of Goll mac Morna's draughtmen and gave them to the king of Connaught	218
How Patrick wedded Bodb Derg's daughter Aillenn to the king of Connaught	219

VIII   Contents.

	Pages
The story of the Stone of the Mistake	219—220
How Cáilte and Ossian went to Tara and were greeted by the men of Erin	220—221
How Cass corach bade farewell to Cáilte, and how King Diarmait son of Cerball bestowed the ollaveship of Ireland upon him	221
How thrice nine of Cáilte's following died on *Cnoc na nónbur*	221
Dialogue of Ossian and Cáilte	221—222
Answers to the King's questions, who killed Cairbre Lifechair, Oscar and Mac Lugach?	222
How the King of Ireland leaving Tara enjoined his wife and his steward to minister to Cáilte and Ossian	223
The story of the Dwarf's Lair	223—224
The story of the Lia Fáil	224
Translations of parts of the *Acallam* omitted in Silva Gadelica	225—271
Notes	272—334
Index of Things	335—347
Index of Persons	348—361
Index of Places	362—374
Glossarial Index	375—434
Corrections and Additions	435—437
Corrections and Additions to *Irische Texte*, Band III	437—438

Preface.

Acallam na Senórach, 'the Colloquy with the Ancient Men', is, next to the *Táin bó Cualṅgi*, the longest prose composition of the mediaeval Irish. Like the *Pañcatantra*, the *Decameron* and *The Thousand and one Nights*, the *Acallam* is what Germans call a rahmenerzählung, that is to say, it cousists of a number of stories enclosed in the framework of a single narrative. The framing story, in the present case, tells how the two old heroes, Ossian and Cáilte, and their twice nine followers[1]), surviving the ruinous battles of Comar, Gabra and Ollarba[2]), meet with St. Patrick, and how Cáilte wanders with him over Ireland, recounting legends connected with the hills, forts, woods, lakes, fords, wells, cairns and so forth, to which they come. Most of these legends relate to Find and the deeds of the Fiann[3]). But the story of the Fort of Lugaid Menn's sons, pp. 11—14, the story of Cormac Cass, p. 33, the pathetic account of the deaths of Fithir and Dárine, p. 117, belong to other cycles of romance. And the framing narrative contains some

---

[1]) Three enneads are mentioned in ll. 7896, 7906: so there seem to have been nine other followers, who subsequently joined Cáilte. For the numbers nine and three, see infra, pp. 342, 346.

[2]) This battle was (according to the Four Masters) fought A. D. 285. Patrick's advent was, according to the same authorities, in the year 432. So that the Fiann who met him must have been nearly 200 years old. See note on l. 524, as to the fabulous longevity of heathen heroes.

[3]) see Zimmer, *Gött. Gel. Anz.* 1887, s. 193.

episodes, such as the escape and recognition of the prince who had been carried off by elves (pp. 125, 134), and the love-tale of Aillenn and the king of Connaught (pp. 176, 219), which have nothing to do with Find and his warlike hunters.

The mss. upon which the present edition is based are four in number, three of the fifteenth century, one of the sixteenth, all on parchment[4]), and all more or less imperfect.

I. Laud 610. This ms. belongs to the Bodleian library. It has been described by Todd[1]), O'Donovan[2]) and Zimmer[3]). The fragments of the *Acallam* which it contains begin at fo. 123 and end with fo. 146. The first fragment corresponds with lines 2044—2235 of the following text: the second with ll. 2400—3520: the third with ll. 3723—3909: the fourth with ll. 4078—7356: the fifth with ll. 7398—7546: the sixth with ll. 7597—7986, where it ends imperfectly. The Laud fragments, being older and better than the others, are here printed *in extenso*. But all the important various readings of the other mss. are given in the notes.

II. Rawlinson B. 487 also belongs to the Bodleian. This ms. has been described by Macray and d'Arbois de Jubainville. It contains four fragments of the *Acallam*. The first page is illegible. The first legible fragment begins at fo. 13ª, and corresponds with ll. 187—680 of the following text. The second fragment corresponds with ll. 780—1361: the third with ll. 1659—4139: the four with ll. 4519—6579, where this copy ends imperfectly. It omits many of the poems.

III. The Book of Lismore. This ms., now in the possession

---

[1]) Proceedings of the Royal Irish Academy II, 336—345.
[2]) *Book of Rights*, Dublin, pp. XXVIII—XXXIII.
[3]) Gött. Gel. Anz. 1887, ss. 190—193.
[4]) The fragmentary paper mss. of the *Acallam* which I have examined in the British Museum are worthless, meo quidem iudicio. The six folios in the Bibliothèque Mazarine (*Rev. Celt.* XI 427), numbered 3075, and written in 1760, may possibly deserve attention. I have not seen them.

of the Duke of Devonshire, has been fully described in the preface to *Lives of Saints from the Book of Lismore*, Oxford, 1890. The ten fragments of the *Acallam* which it contains are in ff. 159—197. The first fragment corresponds with ll, 1—3975: the second with ll. 4078—5639: the third with ll. 5940—6096: the fourth with ll. 6400—6446: the fifth with ll. 6494—6625: the sixth with ll. 6954—7125: the seventh with ll. 7138—7356: the eighth with ll. 7398—7546: the ninth with ll. 7565—7596: the tenth with ll. 7883—8005.

Lines 1—2043, 2236—2400, 3521—3717, 3910—3975, 7565—7596, 7986—8005, not being in Laud 610, are printed infra.

The Lismore fragments have been edited in *Silva Gadelica*, London 1892, pp. 94—233, with lamentable inaccuracy. In the Revue Celtique XIV 329—331, XV 372—382, Kuno Meyer has mentioned some of the textual errors in this edition. I collated it carefully with the Book of Lismore, and it is not too much to say that, of the 3260 lines (or thereabouts) which it contains, hardly a single line correctly represents the ms. though many of the deviations, such as the bisection of compound verbs, and the wrong omission or insertion of marks of length or marks of aspiration, are comparatively unimportant. On the other hand, the translation given in vol. II, pp. 101—265 deserves high praise. So excellent is it, on the whole[1]), as to justify me in dispensing with a version of the greater part of the text printed in this volume, and in giving translations only of the parts of the *Acallam* not found in the Book of Lismore.

Extracts from the Lismore copy are given in O'Curry's *Lectures*, pp. 594—597, and in his *Manners and Customs*, III. pp. 12, 169, 305, 316, 325, 328, 361, 379.

IV. The copy in the Franciscan monastery, Merchants' Quay, Dublin. This has been noticed by Zimmer, *Gött. Gel. Anz.* 1887, s. 192. It contains 84 pages, of which the first four and

---

[1]) In the *Revue Celtique* XV 117—119 K. Meyer has corrected about thirty-eight wrong renderings, and to these I have added some fifty in the notes and glossary to the present edition.

the last two are in an ugly modern handwriting. The rest of the codex is in a good fifteenth-century script[1]). It ends with the words: tainic remhe arsin go dor*us* in tsidha 7 dorinne*d*h lamhach mas fíor, et cetera[2]), which corresponds with l. 7658. After the words corresponding with l. 6238 a leaf has been lost, and with it the matter contained in ll. 6220—6564. The arrangement of the stories in the Franciscan ms. differs somewhat from that of the other copies (see notes on ll. 224, 1450, 1479, 3725); and so many minor variations and additions are mentioned in the notes that it may well be regarded as a second recension. As literature, the Franciscan *Acallam* is inferior to the older versions, the scribe or redactor indulging overmuch in those strings of alliterating adjectives which debase the later compositions in Gaelic prose[3]). In none of the copies, however, will be found the 'mystical rant and unashamed incoherence' which characterise the work of some of the so-called Celtic revivalists. The tales, in fact, are generally told with sobriety and directness: they evince a genuine feeling for natural beauty[4]), a passion for music, a moral purity singular in a mediaeval collection of stories, a noble love for manliness and honour[5]). Some of them seem to me admirable for their unstudied pathos — see, for instance, the tale of Cael the Hardy and Créde, pp. 22—25, and the account of the deaths of Fithir and Dárine, pp. 117, 118. Sadder even than these is the non-fulfilment of the prophecy in ll. 301, 302, that the tales of the Fiann will be a pastime to the companies and nobles of the latter time. In Ireland, at least, there are now few companies and no nobles that are able to read them.

---

[1]) The scribe's name appears in p. 13, Misi concobar o. d., and p. 21, Misi concobhar ó dhubhdha.

[2]) The modern scribe adds the following note: ni bhfuil ann níos mó ré sccríoba*d*h don cor so. 7 da mbe*th* dodhéanmais ar ndíothcell fair.

[3]) See O'Donovan's remarks, *The Battle of Dún na ngédh*, p. IX.

[4]) See, for instance, the poem on Arran, ll. 340—351.

[5]) 'What maintained you so in your life?' says the Christian Patrick. And Cáilte, still a heathen, answers: 'Righteousness in our hearts, and strength in our arms, and fulfilment in our tongues', ll. 118—120.

None of the copies of the *Acallam* have preserved the conclusion, which must have contained the end of the story of the *Lia Fáil*, and probably described the minstrel Cass corach's wedding (see l. 7542), and the death and burial of Cáilte and Ossian[1]).

The notes, besides giving various readings, call attention to some parallels between the heroic age of the Irish and that of the Greeks[2]), and mention many of the points in which the *Acallam* illustrates Irish folklore, manners, customs and metric. To other *realien* the Index of Things will give access. The Indexes of Persons and Places call for no remark, save that I have vainly tried to identify many of the localities mentioned in the *Acallam*. A Gaelic onomasticon may, I am told, be expected from Father Hogan. By one Irishman, at all events, it will be gratefully welcomed. The Glossarial Index contains about 2100 entries, and will, I hope, be found a useful supplement to Professor Windisch's Wörterbuch. It owes much to Mr. S. H. O'Grady, for most of the explanations in inverted commas are borrowed from his *Silva Gadelica*. But few useful illustrations of Middle-Irish grammar are contained in the text now published. Of these the most important are

(1) the declension of *arbor* 'corn', gen. *arba*, O. Ir. *arbe*, from an *arvor, gen. *arvês, *arvens, which Prof. Strachan has compared with the declension of Gr. $\tilde{\eta}\pi\alpha\varrho$, $\tilde{\eta}\pi\alpha\tau o\varsigma$, Skr. *yákṛt, yaknás*[3]).

(2) the equatives in *-thir*, found for the most part in the Franciscan copy, and corresponding with adjectives compounded with *com-*. Examples are *dergithir* 6636 n. = *comderg* 'as red',

---

[1]) Something, too, would perhaps be said of the 'potion of remembrance' promised to Cáilte by Bébind, and of the magical frock, mantle and fishhook given to him by that lady.

[2]) For others, see d'Arbois de Jubainville, *La Civilisation des Celtes et celle de l'épopée homérique*, Paris, 1899.

[3]) Still closer parallels are Lat. *iter, itin-er-is, jecur, jecin-or-is*, where the *-er-*, *-or-* of the genitive are intrusions from the nom. sg.: see Brugmann's Grundriss §§ 114, 397. For the ur-irisch genitive ending *-ens*, ibid. § 234.

dubithir 6636 n. = *comdub* 'as black', *glaisithir* 6637 n. = *comglas* 'as blue', and *remithir* 5943 n. = *comremur* 'as thick'.

(3) the use of the ordinals to denote one of the group indicated. For example: *ind-ara* 'one of two', *tres* 'one of three', *cethramad* 'one of four', *cóiced* 'one of five', *ochtmad déc* 'one of eighteen'. For references to these forms see the Glossarial Index.

(4) the nominal preposition *chu-ind* 2719, 5719, 6198 or *chu-inn* 2726 n.[1]), synonymous with *do-chumm-n* 'zu, nach, in, (meist nach Verben der Bewegung)', Wind. Wtb. 493. Here *ind* 'vertex, end', is possibly cognate with the Greek mountain-name Πίνδος[2]), and *cumm-n*, from **kudsmen*, is probably cognate with the reduplicated Skr. *kakút*, *kakúdman*, Lat. *cacūmen*.

Lastly, I entreat all students of this book to repay me for the time and labour that I have bestowed upon it, by making in their copies the corrections mentioned in pp. 435—437.

Cowes, Isle of Wight. September 1900.   W. S.

---

[1]) Other examples of this preposition, which is ignored by the grammars and dictionaries, are: docuaid se *cu inn* taisidh [leg. taisigh] na sacart, H. 2. 17, p. 100ᵃ, rangadur na hairgid sin a n-oigreacht *cu ind* na Iubal, ibid. an uair do tiucfad *cu inn* in brithemnais, ibid. 102ᵇ. do cuir se *cu ind* Eroid ée, ibid. 103ᵇ.

[2]) It cannot be connected, as some have supposed, with Goth. *andeis*, Germ. *ende*, this being from **antyó-*, cognate with Skr. *ánta*. An Old-Irish *ét* 'ende, spitze', cited by Kluge (s. v. *Ende*) and Uhlenbeck, (s. v. v. *andeis, ánta-s*) does not exist with this meaning.

Acallamh na Senórach inso.

[Book of Lismore, fo. 159ᵃ 1.]

Ar tabhuirtt chatha Chomuir 7 chatha Gabra 7 chatha Ollurbha, 7 ar ṅdíthug*ud* na Féindi, ro scáilset iar sin ina ndrongaibh 7 ina mbuidhnibh fo Eir*inn* co nár' mhair re hamm na huaire sin díbh acht madh dá óclách maithe do dereadh na Féinde .i. Oisín mac Find 7 Cáilti mac Crundchon, mhic Rónáin, ⁵ ar scíth a lúith 7 a lámhaigh¹, 7 dá naonmar óclách maraon r[i]ú, 7 táncatar in dá naonmar laoch sin a himlibh śléibhe Fuait fondscothaigh foithremhail co Lughbhartaibh Bána amach, risa n-abar Lughbhudh isin tan-so, 7 do bhádar co dubach do-mhenmnach ann re fuinedh néll nóna in oidhchi sin. ¹⁰

Is ann sin adubairt Cail*te* re hOisín: 'maith, a anum, a Oisín, cá conair no rachmais riá ndeóidh laoi d'ſarr*aidh* áighe-dechta na hoidhchi so?' 'Ní ſetar ón', ar Oisín, 'ó nach maireann do śenaibh na Féinde 7 do śenmhuindtir Find₎ mhic Chumhaill *acht* triar amháin .i. misi 7 tusa, á Cháil*ti*, 7 Cámha in bhan- ¹⁵ ſlaith 7 in banchoimétaidh ro bhúi ac coimhét Find mhic Cu-mhaill ón uair fa macaem hé g*us*in laithe a fuair bás.' 'Dligmít feis dithat na haidhchi so di,' ar Cáil*te*, 'uair ní héit*er* a rímh ná a aisnéis in mhéit ro thoirbir in flaithféindidh Find disi do śétaibh 7 do mháinibh re taobh in treas sét is ferr fuair Find ²⁰ riam do thabairt di .i. in t-Anghalach, cornn tuc Moríath ingen ríg mhara Grég do Find, 7 tuc Find do Chámha.'

Ocus fuaradar feiss na hoidchi sin ac Cámha, 7 ro ſiar-*faig* díbh a n-anmanda, 7 ro indsetar di, 7 ro chái ann sin

¹ lámhaidh *Lism.*

frasa díchra dér, 7 ro fíarfaigset scéla d'aroile ainnséin, 7 táncatar iarsin isin teach leaptha ro hórdaiged dóibh, 7 ro bhói in bhanflaith .i. Cámha, ac órdugud a cotach .i. núa cacha bídh 7 sen cacha dighi, do thabairt dóibh: uair rob aithnídh dissi mar do biadtái a samhla-sumh, 7 rob aithnidh di fóss in ní bud dáoithin d'Oisín 7 do Cháilti co menic roime sin. Ocus ro éirigh sí co hanmfann étláith, 7 ro bói ac imrádh na Féinde 7 Find mic Cumaill, 7 táin(ic sí) tar imrád Oscair mhic Oisín 7 tar Mac Lugach, 7 tar chath (Gabra 7 aroile). Ocus ro mhuidh tocht mór orro-sumh uime sin.

(Is ann sin ad)ubairt Cáilte: 'ní doilghi linde anois iná mar [fo. 159ᵃ 2] as éicin dúind in dá nónbar i tamáit do deredh na muintire móire maithi sin do scaradh 7 do scáiledh ó chéile." Ro freacair Oisín sin: 'dar mo bhréithir ámh,' ar sé, 'ní fuil indumsa níth ná nertt ina ṅdeaghaid sin.' Ocus gérsat calma na feróglaigh ro cháisetar co dubach dobrónach domhenmnach maraon risin mban[f]laith .i. re Cámha.

Tucad a ṅdaoithin dighi 7 míre dhóibh, 7 ro bhátar teora lá 7 teora oidchi ann sin, 7 do cheileabairset do Chámha iarsin, 7 ro ráidh Oisín:

Is toirrsech indíu Cámha . dorála i cind a snámha.
Cámha gan mac is gan húa . dorála conadh senrúa¹.

Is andsin táncatar rompu assan bhaile imach aran faithche bféraigh, 7 gníset comairle ann sin, 7 as í comhairle dorónad accu ann, scarad re chéile; 7 ba scaradh cuirp re hanmain a scarad. Ocus doríncet amhlaid sin, uair dochuaidh Oisín co Sídh Ochta Cleitigh, bhail a raibhe a mháthair .i. Bla inghen Déirc Dhianscothaig, 7 téit Cáilte roime co hIṅber mBic Loingsigh a ṁBregaibh, risi-ráidter Mainistir Droichit Átha isin tan so .i. Bec Loingsech mac Airist itorchair ann .i. mac ríg Rómán táinic do ghabháil Eirenn co rus-báidh tonn tuile ann hé — 7 do Lind Feic ar Bóind bhánsrothaigh, 7 tar Sen-Breaghmaigh bhudhes, 7 co Ráith Droma Deirc, áit ir-raibe Pátraic mac Alpraind.

Is ann sin do bhói Pátraic ac cantain na canóine coimdheta, 7 ic etarmholadh in Dúilemhun, 7 ic bendachadh na rátha a

---
¹ Here Rawl. B. 487, fo. 12ᵇ, adds eight quatrains.

roibhe Find mac Cumaill .i. Ráith Droma Deirc. Ocus atconncatar 60
na cléirigh dá n-indsaighi iat-sum, 7 ro ghabh gráin 7 egla iat
roimh na feraibh móra cona conaibh móra leo, uair nír' lucht
coimhré na comhaimsire dóibh iatt.

Is and sin do éirigh in t-éo flaithemhnais 7 in t-uaithne
airechais 7 in t-aingil talmaide .i. Pátraic mac Alprainn .i. 65
apstal na nGaoidhel[1], 7 gabhus in t-esríat do chrothad uisci
choisrictha ar na feraibh móra, uair ro bhúi míle léighionn do
dheamhnaibh uas a ceannaibh conuic in lá sin, 7 dochuatar na
demhna i cnocaibh 7 i scalpaibh 7 i n-imlibh na críche 7 ind
orba uatha ar cach leath; 7 do śuidhedar na fir mhóra ina 70
dheagaidh sin.

'Maith a m'anum,' ar Pátraic ré Cáilte[2], '(cia) comainm
thú, a óclaigh?' 'Cá(ilte) mac Crundchon mic (Rónáin) misi,'
ar se, ['.i. mac óglaigh do muinntir Finn meic Cumáill mhé.'
— Fr. 2]. Ro bádar (na cléirigh) [fo. 159ᵇ 1] ac ingantus mhór 75
acá féghadh re tréimhsi chian, 7 ní roiched[3] acht co tana a
tháibh nó co formna a ghualand in bhfer ba mó dona cléir-
chibh don fir dhibh sin 7 iat ina súidhi.

'Athchuinghidh dob áil liumsa d'iarraid ortt, a Cháilti,'
ar Pátraic. 'Dá rabh ocumsa do niurt nó do chumung sin 80
do ghébthar,' ar Cáilte; 'ocus abair cidh edh hí.' 'Topar
fíruisci d'fagbáil inar bfocus annso, assa fétfamáis tuatha Breagh
7 Midhi 7 Uisnigh do baistedh,' ar Pátraic. 'Atá ocumsa
dhuitsi sin, a uasail 7 a fíreoin!' ar Cáilte. Ocus táncatar
rompu tar cladh na rátha a(mach), 7 ro gab-sum lámh Pátraic 85
ina láimh, 7 [ní deachadur acht náoi sbáis ón dorus amach
antan — Fr. 3] itconncatar in lochtobar grinn glainidi ina fiadh-
naise, 7 ba hadbal leo mét 7 reime in bhilair 7 ind fochluchta
ro bhói fair, 7 do bhói ac tabairt a thesta 7 a thuarascbhála, 7
adubairt Cáilte in laoidh ann:
90

<blockquote>
A thobuir Trágha dhá bhan . álaind do bhilar barrghlan.
ó ro tréigedh do chnuas ort . nír' léiced fás dot fochlocht,
</blockquote>

---

[1] nGaoidhil, Lism. [2] In Lism. the words ré Cáilte follow óclaigh.
[3] roithed, Lism.

Do bric ód bruach*aibh* amach . do mhucca allta it fásach,
doimh do chrega cháin sealga . do láigh breacca broinddearga.
95 Do mhes ós bharraibh do chrand . t'iasc a n-indberaibh th'abhann,
álaind lí do ghas ngeghair[1] . a ghlas uaine foithremhail!
Is uait dochuadar in Fiann . dar' marb*ad* Coinchend coimfial,
dar' cuiredh ár Féinde Find . isin mhadain ós Maolghlind.
Uait dochuaidh Fathadh na fledh . ba laoch do fuilnged imned,
100 dá fuair rath in talm*an* toir . dar' marbhadh i cath Chlároigh.
Táinic ós cind in tobair[2] . Blaói ingen Deirc Dhianscothaigh
gol ard con atha aicci . dar' cuiredh cath confaiti.
A(r) marb*adh* chon *ocus* fer . ar n-athchuma laoch láingheal
co cuala glaodh Gharaidh ghlain . adhaigh re taobh in topair.

105 'Maith,' ar Pátraic, 'in táinic ár próind 7 ár tomhalt*us*
chucaind fós?' 'Táinic ón,' ar easpac Sechnall. 'Roind ár
próind,' ar Pátraic, '*ocus* tabair a leth don naonm*ur* óclách
mhór út, d'iarsma na Féindi.' Is ann sin ro éirghidar a
esp*oic* 7 a s̀acc*airt* 7 a salmchétlaidh, 7 ro choisricsat in biad,
110 [7 tucait a n-éna 7 a n-íbairlestair dá n-ionnsáighidh, — *Fr.* 3]
7 ro thó(mals)at a lórda(e)thain bídh 7 lenna [fo. 159ᵇ 2], am*ail*
ba les anma dóibh.

Is ann sin adubairt Pátraic: 'nár' maith in tig*er*na icá
rabhuirsi .i. Find mac Cumaill?' *Ocus* ro ráid Cáilti in for-
115 mol*ad* bec so and sin:

Dámadh ór in duille donn . chuiris di in caill,
dámad airget in gheal tonn . ro thidhluicfed Find.

'Cia ro choimét sibhsi mar sin,' ar Pátraic, 'in bar
mbeath*aidh*? *Ocus* ro frecair Cáil*te* .i. 'fírinde inár croidhe-
120 dhaibh 7 nertt inár lámhaibh, 7 comall inár tengthaibh.'

'Maith, a m'anum, a Cháil*te*,' ar Pátraic: 'in rabhadar
cuirnn náit copána naid bleidhidha búis 7 bánóir isna tighibh
a rabhais riam romhuind?' *Ocus* freacrais Cáil*te* sin: 'is edh
do bhúi a tigh mu thig*er*na do chornnaibh:

125 Dá chornn déc *ocus* trí cét . do chornnaibh co n-ór ac Find,
mar do éirghidís don dháil . ba hadhbhul a lán don lind'.

'Mun budh coll crábhaidh, 7 mun bud maindechtnaige
urnaigthi, 7 mun budh tréigen acallmha rígh nime 7 talm*an*
dúind, ro bo gairit linn t'acallaimsi, a óclaich,' ar Pátraic.

---

[1] ngheghair, *Lism.* [2] tobuir, *Lism.*

Do bí Cáilte ac indisin na triath 7 na tigernadh aca rabatar, 130
7 adbert in láidh:

> Cuirnn ro bhátar a tigh Find . is meabair linn a n-anmann,
> Mac-alla is Grugán gann . Cornn na mban ocus Adhmall.
> Macamh na corn corn Aillbhi . co n-ochtaibh aidbhli uile.
> acan tsluag ó láim do láim . moille a tráigh iná a thuile. 135
> Adharcán corn bói ac Diarmait . dobeirthea a fialghoit do mhnáibh,
> ól dá fer déc fa chethair . dar mo bethaidh ba hé a lán.
> Dá chorn mhic Lugach in láich . Orsolus, Odhrán ind óir,
> Orsolus inmain fer forlán . scarad neach re comrádh cóir.
> Mar do éirgimís don comhól . i teghlach Find ba hárd bladh 140
> Mac-alla am láim-si budhéin . Mú[dh]an ac Diarmait ro[m]char,
> Grugán a láim Find na Féinde . a corn féine a láimh na mban.
> Deoch dá fichet a Mac-alla . deoch trí fichet Corn na mban,
> deoch ceithre fichet a Mudhán . deoch cét laoch a nGrugán ghlan.
> Caingasta corn Oscair áin . is leis do éirgeadh don dáil 145
> ba mind súla slóigh tar ler . ris ro tibed mór n-ingen.
> Leascach ba lór a áille . corn Aillindi co n-áine
> Find ro tidluic dá bélaibh . a láimh Gotháin gheilméraigh.[1]
> Iarla ba lór a suarca . do cuiredh na caomchu(arta)
> [fo. 160ª 1] Find dorat i tigh n-ola . do Dhubán mac Dubnóna. 150
> Fer uaine corn do bhí ac Finn . dobeirmís linn tar gach lear
> dá mbeth ac ól nír' bho dithat . do bhiad ól trichat fer.
> Is é as lugha bhói 'nar comól . a meic Chalpuirn i tam tigh
> Fer tuillidh corn Glais meic Gathail . a luagh agaibh nocon fíl.
> Dobrón re feruibh ba cáidh . corn meic Rethi co mórghráin 155
> misti leo beith i tigh Finn . intan no bithea i Cromghlind.
> Brec-derg ba mór a chaire . corn Cháilte go caemhglaine,
> uime tuc Finn in tres trén . 'na torchuir Lughaid trí rém.
> Cend-áluinn corn rígh Alban . ris téighmís far dul fedha,[2]
> corn in rígféinnid Rónán . as n-ibhmís mórán medha.[3] 160
> Fer mar Finn ní thic cu bráth . ní thabuir fáth ar foghlaibh,
> rí ar doman 'gá mbeth a muirn . nír' samhuil[4] cuirn da chornaibh.

'Adrae buaidh 7 bennacht, a Cháilti!' ar Pátraic, 'as
urgairdiugud menman 7 aicenta dhúin sin. Ocus innis óirscél ele
dhúin.' 'Inneosat ón,' ar Cáilte, '7 abuir gá scél is áil duit.' 165
'In rabatar eich nó echrada acuibh isin Féin?' 'Do bátar
immorro,' ar Cáilte. '.LLL. serrach aenlárach 7 aeneich.' 'Cánas

---

[1] -aidh, Lism.   [2] fegha, Lism.   [3] megha, Lism.   [4] is samhuil, Lism.

ar frith sin?' ar Pátraic. 'Adér frit a fírinne, a anum,' ar Cáilte.

170 Oclách do búi ac Finn .i. Artúir mac Benne Brit, 7 ba hedh a lín, trí naenbair. Ocus dorónad sealg Benne hEdair le Finn, 7 ba tuillmech toirtech in tsealg soin, 7 do scáilset dá conuibh 7 do shuidh Finn i Carn in féinnedha idir Beinn Edair 7 muir, 7 ba maith lais a menma ag éisdecht re raibchedaigh na ndam 175 ndíscir ndásachtach ic á luathmarbadh do chonúibh na Fénne.

Is ann dorala d'Artúir mac Benne Brit beith ic coimet in mara idir an (fi)adach 7 muir cu nach snáimhdís in (damhrad) uatha; 7 mar do bhí Artúir amuich [fo. 160ᵃ 2] i cind in chuain atconnaic trí coin do chonuib Finn .i. Bran 7 Sceolaing 7 180 Adhnuall. Ocus as í comairli arar' cinn [Artúir mac] Benne .i. é féin 7 a trí nónbair d'imthecht tar muir 7 na coin sin do breith leis 'na tír féin; 7 do críchnaiged in comairle sin. Dóigh ámh dochuatar-som tar muincinn mara 7 na trí coin sin leo, 7 ro gabsat cuan 7 calad ac Innber Mara Gaimiach i crích 185 Breatan, 7 tiagait a tír, 7 lotar rompa co Sliabh Lodáin meic Lir, 7 dorónad sealg in tsléibi sin acu.

Dála na Fénne iarsin, tairnic leo a bhfiadach[1] 7 a bhfian-choscar do dhénam, 7 ro ghabsat longport ag Beinn Edair meic Etghaeith in féinnedha, 7 ro háirmhit coin tighi Find annsin 190 amail ba gnáth aca; 7 ba himdha a coin-sium, amail atbert an file:

Airim craeibhi ar conuibh Finn . cona chuanairt bláith bhíthbhinn,
trí cét gadhar, comhull nglé . ocus dá cét gaidhrine.

'Ba mór[2] do dháinibh icá rabhutar sin,' ar Pátraic. 'As 195 fír ámh duitsi sin,' ar Cáilte, 'ór ba hé so in lín no bhídh i tigh Finn:

Trí coecait ro búi i tigh Finn . do tháisechaib Fiann fírgrinn
is trí cét gilla [n]grádha . dá chét dalta dingbhála.''

Ar n-áirimh na gcon frith móiresbaidh forro .i. Bran 7 200 Sceolaing 7 Adnuall, 7 ro hindised d'Find: 'Sírter,' ar sé, 'trí catha na Féinne.' Ocus gia ro siredh ní frith na coin.

---

[1] bhfhiagach, Lism.   [2] Here the older part of Fr. begins (p. 5).

Is ann sin tucad loingsithal bánóir cum Find, 7 ro nigh
a ghnúis rígda, 7 tuc a ordain fó a dét fis, 7 do faillsiged fírinne
dhó, 7 adubairt: "Ruc [Artúir] mac righ Bretan bhar coin
uaibh, 7 togbuidh nónbar do dhul dá n-iarraidh." Ocus ro togad 205
amlaid, 7 ba hiat so a n-anmanna .i. Diarmaid mac Duinn,
meic Donnchada, meic Dhubáin, do Ernaibh Muman an[d]eas,
7 Goll mac Mórna. 'In mac rígh Goll,' ar Pátraic, 'nó in
mac ógláich?' 'Mac rígh,' ar Cáilte: 7 atbert:

Mac Taidg meic Mórna don muig . meic Faeláin, meic Feraduigh, 210
meic Fiacha, meic Airt don mhuigh . meic Muiredhaig, meic E(oghain).

Ocus Caol Cródha cétghuinech ua Nemhnain (.i. cur)
[fo. 160ᵇ 1] conáich co neimh ro bhúi ac Finn, 7 ba hí so
neimh ro bhái fair: ór nír' dhibraic a lám urchar n-imroill riam,
7 nír' fuiligh a lám ar dhuine riamh [mín bud marb acedóir 215
— Fr. 5.] nach bhud marbh ria cinn nómaide, [7 ní thainig
a tig iffirn riam cech duine ro muirbfed — Fr. 5.] Ocus Oisín
mac Finn in té nár'· ér duine riamh acht gu mbeth cenn re
caithimh neich aigi 7 cosa re himthecht'. 'Is mór in teisd
sin, a Cáilti,' ar Pátraic. 'As fír cidh sin,' ar Cáilte, 7 adubairt: 220

Nír' ér Oisín duine riamh . im ór ná im aircet ná im biadh[1],
ní mó do chuinnigh ní ar nech . gémad innrígh a oinech.

'Ocus Oscar mac Oisín .i. in mac rígh ba ferr lúth 7
lámach ro bái a nEirinn, 7 Ferdhoman mac Buidhbh Deirg
meic in Daghda, 7 Raighne Roisclethan mac Finn, 7 Caince 225
Corcairderg mac Finn, 7 Glas mac Eincherda Bera, 7 Mac
Lugach [lámechtach — Fr. 5], 7 misi féin,' ar Cáilte. 'Ocus ba
hí ar cétfuidh dhin féin, a naemhPátraic, co nach raibhi ó
Theprofáne co Garrdha na n-Isperda a n-airrther [leg. n-iarthar]
in domain ceithre cét laech nach dingébhmais a láthair chatha 230
7 chomlainn. Óir ní raibhi guala gan gelsciath, ná cenn[2] gan
cathbarr, ná desdorn gan dá manáis móirleabra [co suainemaib
lín lanchadait a foscadaib na crand — Fr. 6]. Ocus luidhsium
romhainn fón réim sin co ráncamar Sliabh Lodáin meic Lir,
7 nír' chian dúin ann co cualamar dluthchomhrád na bhfer ag 235
dénam sealga ar in muigh.

[1] Ms. biagh.   [2] Fr. p. 6.

Dála Artúir meic Benne Brit, do eisidh ina dhuma sealga ann sinn cona m*huintir*. Indsaigh*ter* linne iat co hathlamh 7 ro mharbhsam muintir Ar*túir* uili, 7 iadhus Oscar a dá láimh
240 um Artúr 7 ainices hé, 7 tucsam ar trí coin lind. *Ocus* déchuin ro dhéc Goll mac M*órna* secha con-faca in t-ech bocóidech dubhghorm co srian co cumdach óir fria, 7 in décsain ro dhéc dá láimh clí *con-*faca in n-ech ndonn ndóghabh(á)la 7 srian línaidi láingeal d'airget aith(legtha) fria co mbéilgibh óir fris,
245 7 g(abus G)oll in t-each sin 7 cuir*is* hí i láim [fo. 160ᵇ 2] Oisín, 7 cuiris Oisín il-láim Dhiarmada í Dhuibhni, 7 táncamar romuinn iar mbuaidh coscair 7 commáidme, 7 cinn na trí náonb*ar* linn, 7 ár coin 7 ár n-eich 7 Artúir féin a láim [lind, co Beind Édair m*eic* Étgáith an fénneda, 7 tangamar assidein
250 — *Fr.* 6] co hairm i mbúi F*ind*, co Senmagh n-elta nEdair.

Ocus táncamar isin pub*aill* i raibhe in ríghfeinn*id*, 7 at*bert* C*áilte*:

> Doratsamar Artúir linn . co nderna a cura re Finn
> cur'ba óglách d'Finn iar soin . cusin laithi luid d'écoibh.

255 [Aincemaid Artuir 'arsin 7 marbmait a muintir, — *Fr.* 6] 7 tucsam in dana n-ech sin d'Finn .i. in feirech 7 in baineach, 7 is da síl sin do bhí echradh na Fénne uili, ór nír' chleachtsat eich co sin. *Ocus* ruc in baineach ocht tairb*erta* 7 ocht ser*raig* gacha tairb*erta*, 7 tucadh do dronguibh 7 do dhegdáinib na
260 Fénne na serraigh sin, 7 dorónta carpuid acu iarsin.'

'Adrae b*uaid* 7 b*ennacht*, a C*háilti*!' ar Pátraic; '*ocus* innis dúin anmanna na triath 7 na tréinfer icá rabhadar na heich sin.' Conad ann asb*ert* C*áilte* ocá innisi:

> Aithnid damh eich na Fénne . gibé adéradh re chéle
> 265   in uair thicedh in sl*uag* seng . co haenach Taill*tenn* taeibhseng.
> In Coinchenn Eoch*aid* meic Lir . in Aignech Diarmada dil,
> in Coscrach Finnch*aid* na gcath . in Gormlasrach M*eic* Lugach.
> In Badhbh ac Mac Lugach lán . Érim cruthach ag C*onán*,
> Ben Mhanann tucadh tar muir . do bí ac Finn bhán ua Breasail.
> 270 In Échtach Oscair co n-ádh . in Dubluirgnech ag D*ubán*,
> Mídach mairg ic¹ Scal fo caill . is Fer baeth ag mac Sidhmaill.²

---

¹ is *Lism.* ic *Fr.*   ² leg. Sighmaill'.

Francán ocus Lúth re srian . dá ech tháisigh scuir na bhfian
Lúth ac Scuirín, codhnaibh gal . is Francán¹ ac Dubdruman.
Gerr in óir, Gerr in arcait . maraen do cinndís carpaid,
dá ech do bhí ag Aillmi ann . ag ingin airdrígh Eireann. 275
Dub esa is Dubh thuinne . dá ech Aenghuis Angluinne,
Cáilti is Oisín amach . maraen téigdís gach n-aenach.
Each Guill meic Morna don muigh . fer fairi do b(úi) a Maenmhuigh,
tan doléicthe ar sliabh nó ar muigh . fá comhluath r(e gaeith) n-erruigh.
Each dá nach dechaidh ní riamh . do coin (ná do mhíl) ná d'fiadh² 280
Concenn do bhí a(c Finn na fledh) . [fo. 161ª 1] tucad a tíribh Saxan.
An Glas gaillmhe, mór in modh . ferr ná cét ech a haenor
do bhí ac Finn in crotha buain . a mbrollach gacha mórsluaigh.
Ceatra fichit is dá chét . ocus míle, nocha bréc,
d'feruibh trí nech fáth co lí . a marcshluag Finn Almhaini. 285

'Adrae buaid 7 bennacht, a Cháilti!', ar Pátraic: 'as
gairdiugud menman 7 aicenta dúin sin acht min bhudh coll
crábaid, 7 min bhudh maidnechtnaighi urnaigthi, [7 min bud
trécon etarmolta in Coimdedh — Fr. 6] dhúin é.'

Ocus do bhátur annsin co táinic maden arnamárach, 7 gabais 290
Pátraic a eirredh uime, 7 táinic ar in faithchi³ amach, 7 trí fichit
sacart, trí fichit sailmchétlaid 7 trí fichit naeimescub 'na farrad
ac silad creidmhe 7 crábaid sechnón Eirenn. Ocus doriachtadar a
dhá aingel forcoiméta cum Pátraic ann sin .i. Aibelán 7 Solus-
breathach, 7 fiafraighios dibh in budh móid le rígh nime 7 tal- 295
man beith dosom ag éisdecht re scéla na Féinne. Frecrait na
haingil dosom co comnart cubaidh: 'A anum, a naeimchléirigh!'
ar siat, 'ní mó iná trian a scél innisit na senlaeich út ar dáigh
dermait 7 dichuimhne [orra — Fr. 7ª]. Ocus scríbhthar [na scéla
sin — Fr. 7ª] letsa i támlorguibh filed 7 i mbriat[h]raibh ollaman, 300
ór budh gairdiugudh do dronguibh 7 do degdáinibh deridh aimsire
éisdecht frisna scéluib sin.' Ocus do imt[h]igset na haingil
[uada — Fr. 7ª] iarsin.

Is and sin docuas ó Pátraic arcenn Cáilti, 7 tucadh dá
innsaigid hé in nónbar óclaech do bí, 7 ba hiat so a n-anmunna 305
.i. Failbhe mac Flainn, 7 Eogan Airmderg mac rígh Ulad, 7
Flann mac Fergusa, mac ríg Cenéil Conaill, 7 Conall Coscarach

---

¹ Fraechán, Lism. ² dfiagh, Lism. ³ faighthi, Lism.

mac Aengusa, mac rígh Connacht, 7 Scannlán mac Ai*l*ella mac
ríg Osr*ai*gi, 7 Baedán mac Gairb, mac ríg Corco-Duibne, 7
310 Luaimnech [m*a*c — *Fr.*7 ª] Linn, mac ríg Érna Mum*a*n, 7 Aedh
Lethderg mac *E*og*ain*, mac rig Tuadhmhum*a*n, 7 Failbe 7 Uan-
cenn dá mac rig Dháil nAraidhi atuaidh, 7 Fulartach mac
Finghin, mac rígh tuath mBreg 7 Midhi.

'(In) bḟedubair cidh fa tucad dom acall*aim* sib don (chu)r
315 so?' ar Pátraic. 'Ní ḟedumar *immorro,*' ar Cáilte. 'Ar dáigh
[fo. 161ª 2] cu ro ṡléchtadh sibh do soiscéla rígh nime 7 talm*a*n
.i. in fírDia for*ó*rda.' Is ann sin tucad tonn baitsi Críst tair-
sibh ac Pátraic, ag cinn baitse 7 creidme bhfer n-Eir*enn*.

Is ann sin tuc Cáilte a láimh secha i comhr*aid* a scéith,
320 7 tucustar lia druimnech dergóir [don ór órlasrach tíri na
hAraipi — *Fr.*7 ª] a rabutar trí *cóecait* uingi, do Pátraic ar baisted
in nónb*a*ir do bhí. 'Tuarastal déidhinach na flatha Fiun damsa
sin,' ar Cáilte: 'do raith mh'anmasa 7 do raith anma in rígh-
feinn*eda* duitsi, a Phatraic.' *Ocus is ed* do ghabhudh in lia
325 do Phátraic, ó bhárr a meoir medhóin co mulluch a ghual*ann*,
7 do bhí ferchubut ar lethet 7 ar reme innti, 7 do cuired in t-ór
sin ar findcheolanuibh tráth in Táilcinn 7 ar saltrach*aib* 7 ar
lebraib aithfrinn.

'Maith, a anum, a Cháilte,' ar Pátraic: 'gá sealg is ferr
330 fuarudar in Ḟiann riamh a nEir*inn* nó a nAlpain?'' 'Sealg
Arann,' ar Cáilte. 'Cait a bḟuil in ferann sin?' ar Pátraic.
'Idir Alpain 7 Cruithentua[i]th,' ar Cailte, '*ocus* trí catha na
F*éi*nne teighmís-ne[innti i — *Fr.*7 ª] laithi mís trogain risa ráidhter
in lugnasadh, 7 do gheibhmís ar lórdaethain sealga ann nogu
335 ngairedh in chái do barruibh bil*ed* i nEir*inn*, 7 binne iná gach
ceol éisdecht re binnghoth*aib* a hénlaithi ag éirghi do thonnuibh
7 d'airer*aib* na hindsi .i. *trí coecait* ealta bítís 'na timchill co
taitnemh gacha datha idir gorm 7 uaine 7 glas 7 buidhi.'

Ocus do ráidh Cáilte in láidh:

340   Arand na n-aighedh n-imdha . tadall fairge re a formna,
       ailén a mbiadhta buidhni . druimne a ndergthar gái gorma.
       Oighe baetha ar a bennuibh . monainn mhaetha 'na monguibh,
       uisce fuar ina haibhnibh . mes ar a dairgibh donnuibh.

Milchoin innti is gadhair . smera is airne dubhdroighin
dlúith a fraigreadh re fedhaibh . doimh ac deghail[1] 'má doiribh.   345
Díghlaim corcra ara cairrcibh . fér gan locht ara learguibh,
ós a creaca[ib] cain cumhdaigh . surdghail laeig, breaca ac bedhgaigh.
Mín a mag, méth a muca . suairc (a guirt, scél as creidte),
[fo. 161ᵇ 1] a cnó ar barraibh a fidhcholl . seoladh na sithlong seice.
Aibinn dóib ó ticc soinenn . bric fá bruachaibh a habunn,   350
freagrait fáilinn má finnall . áibinn gach inam Árann.

'Adrae buaid 7 bennacht, a anum, a Cháilti!' ar Pátraic:
'is tairisi linn do scéla 7 tú fein budhesta.'

Is ann sin adconnuic Pátraic dúnad 7 deghárus uaid budh-
des gach ndírech. 'Cia in baili úd, a Cháilti?' ar Pátraic.   355
'Baile is uaibrecha i rabadhus a n-Eirinn ná a n-Albuin sút,'
ar Cailte. 'Cia do búi ann?' ar Pátraic. 'Trí meic Luigdech
Mind meic Aengusa .i. tri meic rígh Eirenn. Ruidhi 7 Fiacha
7 Eochaid a n-anmanna.' 'Crét tuc dóibhsium in maithius
mór sin?' ar Pátraic.   360

'Fecht n-aen dá táncatar d'agallaim a n-athar co Fert na
nDruadh fria Temhraig aníartuaid, 'Cán-asa táncubair, a óca?'
ar sé. 'A hEchlais Banguba an[d]es,' ar siat, 'a tigh ar
mbuime 7 ar n-aide.' [Ocus ro batar édaighi ligda lennmaisecha
umpu' 7 bratt uaine imón mac ro bo sine dib .i. im Ruidi, 7 bratt   365
corrtharach d'olaind examail Tíri Tairngiri im Fiacha, 7 faideran
firgorm im Eochaid co cimais airgid aengil ina timchell, 7 delg
óir isin brut ósa bruindi — Fr. 7 ᵇ] 'Cidh ro imluaidh sibh, a
oca?' ar rí Eirenn. 'D'iarraidh críche 7 feruinn ortsa,' ar siat.
Do bhí in rí 'na thosd re hedh 7 adubhairt: 'Ní hathair,' ar   370
sé, 'tuc crích na ferann damsa, acht mu rath féin 7 mo ruithen-
dacht, 7 ní thibér ferann dáibhsi, acht cosnaidh féin ferann
dáibh.' Is ann sin do éirghedar-sum eirghi athlaim aeinfir, 7
tangatar rompa go faidhchi in Brogha [braenaigh breccsolais
— Fr. 7 ᵇ] 7 do eisetar ann gan nech ina bhfarrad. 'Cidh as   375
comairle libh anocht?' ar Ruidi. 'As comhairle linn,' ar a
bráithri, 'troscad do dhénam re Tuatha dé Danann re rath
críchi 7 forba 7 ferainn 7 re maithius máineach móradhbhul
d'fagbáil uatha.' Ocus nir' chian dóibh ann sin co facadar in

---

[1] Ms. dedhail.

380 t-óclách suairc sidham*ail* da n-innsaig*id*. [Ulcha deghgablach dond fair, folt findcle*cht*ach fo*r*orda 'sé buidi boccálaind tar a fo*r*mna siar sechtarda, 7 caelsnaithi óir ic cengal an fuilt indfada fo*r*orda ardaigh na*ch* gluaisiud in gaeth gailbech guibelta finda fa rosc na fa rada*r*c. Assa findairgit ima chois, 7 in cos tecmad re tal-
385 *main* dó is uimpi ro bui in t-assa, 7 ní benadh a c*r*uindiucc don rindiuc .i. a d*r*ucht do barr an feóir — *Fr*. 7ᵇ.] Bennuighis do macuibh rígh Eire*nn* 7 frecrait-sium fón samhla cétna. ,Can duit, a ógl*á*ich,' ar iat, '*ocus* canas tice?' 'Asin Brugh [braenach — *Fr*. 7ᵇ] breacsholus i comh*f*ocraibh dh*ú*ibh,' ar in
390 t-óclá*ch*. 'Carsat comainm; a óclá*ich*?' bar iatsomh. 'Bodhbh Derg mac (in D)aghda misi,' ar sé; '*ocus* ro foillsigedh (do Thuathaib dé) *Danann* bar tiachtuin-si do throscad [fo. 161ᵇ 2] sund anocht re ferunn 7 re mórrath [d'fagbail — *Fr*. 7ᵇ], 7 ticidh leamsa, a ócu.' *Ocus* do éirghedar a n-aein*f*echt, 7 dochuadar
395 isin mBrugh, [7 tuc*ad* a cathair g*r*ind glainidi ar laechlár in tsídha iat — *Fr*. 7—8]; 7 tucadh próinn dóibh, 7 nír' chaithset. Do fiaf*r*aig Bodb díb*h* cidh um nár' chaithset b*iad*. 'Rí Eire*nn*,' ar siat, 'ár n-athair féin, dar n-éra um c*r*ích 7 um ferunn, 7 ní *f*uil acht dá aire*cht* chudrama a n-Eiri*nn* .i. meic Míl*ed*
400 7 *Tuatha* dé *Danann*, 7 táncamarne d'innsaig*id* indara haire*cht* díb sin [.i. sibsi,' *Fr*. 8ᵃ].

Is ann sin [a*t*rac*ht* Bodb leisin mbeind mblaith mbuabaill bai ina laim: 'T*áí*í uile', ar sé, 7 ro tá*í*etar lu*cht* in tsídha uile co tái tostadhach, 7 ro taiscit a cuirnd 7 a copana 7 a
405 mbleidedha banóir 7 banairgid; 7 — *Fr*. 8ᵃ] dochuadar *Tuatha* dé *Danann* a comhairle, 7 as é ba huaisli 7 ba huire*g*da isin comairli sin .i. Midhair Mongbhuidhi mac in Dagda, 7 adub*air*t: 'tabraidh trí mná dhóibh súd,' ar se, 'ór is ó mhnáib do gab*ar* rath *nó* amhrath.' *Ocus* tucadh trí hingena Midair dhóibh .i.
410 Doirenn 7 Aiffe 7 Aillbhe. 'Abair, a Bhuidhbh,' ar Midhair, 'cidh dobérthair dóibh sút?' 'Adér,' ar *Bodb*, '.LLL. mac rígh atáma*i*d isin tsídh so: tabhar .LLL. uingi do de*r*gór ó gach mac rígh díbh sin dóibh.' '*Ocus* .LLL. édach uaimsi dhóibh,' ar B*od*b, 'co saine gacha datha.' 'Ascaidh uaimsi
415 dhóib,' ar Aedh mac Aedha na n-abusach [leg. n-amsach]

a Cnuc Ardmulla amuich don muir, risa n-aba*r* Rachlainn isin
tan-sa .i. macam T*uath* d*é* Dana*nn* sin. 'Corn 7 dabhuch
uaimsi dhóibh,' ar sé, '7 in dabuch do línad d'uisci eocharghoŕm,
7 doghéna midh soóla someascda de, 7 saile se*r*bdhoma*in* do 420
chur isin corn doghéna fín acétoír dhe.'

'Ascuidh uaimsi dhaibh,' ar Lir Sídha Finnach*aidh*, '.i.
.LLL. cloidhim 7 .LLL. sleg seimnech sithfoda.' 'Asca*i*d
uaimsi dhóibh,' ar Aengus Óg mac in Dagda '.i. dúnad
7 dingna 7 baili rígda rómhór cu sonn*aigh*ib sithárda 7 gu 425
ngriananaib gleorda glaini*d*i 7 co tighibh rinnradharcacha ró-
mhóra isinn inad bus áil dóibh .i. idir Ráith Chobhth*aigh* 7
Temhuir.' 'Ascaid uaimsi dhóibh,' ar Aine ingen Modhuirn,
'.i. banchóic atá acum, 7 geis di nech d'éra fa bhiadh, ór do
ghébha ní mar dobhéra u(aithi).' 'Asca*i*d uaimsi dhóibh,' ar 430
Bodbh Derg: 'arpeit(idh maith atá acum .i.) [fo. 162ᵃ 1] Fer
Tuinne mac Troghain a ainm, 7 ruidhbh 'arna ruachtad, 7 mná
re gúrlámnad, 7 mílidh arna mochledrad do choideldais frisin
ceol sirr*ech*tach do[gh]ní, 7 ní mó as airfitid don dúnad a mbí
inás do lucht na cric[h]e [uime!' — *Fr.* 8ᵃ]. *Ocus* do bhátar 435
re teora lá cona n-oidhchibh isin tsíd.

Ocus adubhairt Aengus riu trí habla [Aifi — *Fr.* 8ᵃ] a Fidh
Omna do breith leo .i. abhull fo bláth 7 abull ac tui*ti*m a
bl*átha* 7 abhull ab*aigh*; 7 dochuadar cum in duna*id* iarsin, [uair
ro bai urlum fa comair é — *Fr.*8ᵃ], 7 do bátar .LLL. bliad(an) 440
and nogu ndech*aid* díth arna ríghaibh sin, 7 dochuata*r* ar cúla
chum T*úaithe* d*é* Dana*nn* tréna cleamhnus [7 trena caratrad
— *Fr.*8ᵇ], 7 do ansat ann ó sin amach, 7 is é sin in dún
do fíarf*aig*is dím, a Phátraic,' ar Cáilte.

Cáilte cecinit:

445

Trí thuili . ticed a dún árd Ruidi,
  tuili óg*á*n, tuile ech . tuile milcon mac Luig*dech*.
Trí ceolu . ac ríghuibh seghda ar sodhain,
  ceol crot. ceol timp*á*n co mblaidh . dórd Fir tuinni meic Troghain. 450
Trí gáire . bidh ann gan uair fa terca,
  gáir ceathnata¹ dá faidhchi . gaír graifni *ocus* gáir erca.

---

¹ ceachnata, *Lism.* a cetnait, *Fr.*

Trí gáire . gáir a muc dronnmhar[1] ndegha,
gáir a sluaigh ós blai bruidhne . *gáir* muirne is *gáir* mheadha.
455 Trí cnuasa . bítís ann uas a slatuibh,
cnuas ac tuitim, forumh ngnáth . cn*uas* fó bláth is cn*uas* abaigh.[2]
Trí meic forfácuibh Lug*aid* . gersat rul*aidh* a bhfeadma,
Ruidi mac Luig*dech* Lethain . Echaidh is Fiacha ferdha.
Dobhérsa teisd ar Ech*aidh* . nach dech*aidh* traighidh madhma,
460 ní bídh gan airfit*iud* gnáth . ní bidh tráth gan ól corma.
Dobérsa teisd ar Fiach*aig* . gérsat rul*aidh* a faghla,
nocha n-eb*ert* guth bud ró . is ní bhídh budh mó calma.
Dobérsa teisd ar Ruidi . cus' ticdís na trí thuile,
nar' ér*ustar* nech um ní . is nár' iar[r] ní ar dhuine.
465 Tricha ruirech, tricha triath . tricha nia ba forumh rí,
ba hé lín a slúaig *cétaig* . tricha do *chétaib* fa trí.

'Adrae b*uaid* 7 b*ennacht*, a Cháilti!' ar Pátraic: 'as urgair-
diug*ud* menm*an* 7 aicenta dhúin sin.'

Ocus hír chian dóibh (ann co) facadar in t-aenóclách an[d]es
470 gach ndirech dá n-inn(saigid co ndeghéc)usc. Brat corcra uime,
dealg óir isin bhrut, (léine d)o shída bhuidi re grian a chnis,
urtlach [fo. 162ᵃ 2] do chnóibh corra cennbhuidhi 7 d'ubluibh
áille órbhuidhi leis, 7 cuiris ar lár a fiadhnaise *Pátraic*. 'Can-
asa tucais in cnuasach, a mhacáim?' ar Pátraic. 'A Fidh
475 gégáluinn Gaibli,' ar esium. 'Carsat comainm-siu, a ógláich?'
ar Pátraic. "Falartach mac Ferghusa misi,' ar sé. 'Cidh as
duth*aig* duit?' ar Patraic. 'Ríghi Tuath mBr*eg* 7 Midi 7
Déisi Temhrach as dual damh,' ar in t-óclách, '7 foghlaid 7
díbercach mhé.' 'Cia ar a ndéne foghail?' ar Pátraic. 'Derb-
480 bráthair damh féin, Bécan mac Fergusa.' 'Do dhuth*aig* duit
co gairit,' ar Patraic. 'Forchenn air, a naeimchléirigh,' ar an
t-óclách. 'Isin bliad*ain* a tám,' ar Pátraic: 'canasa tucais in
cnuas?' ar Patraic. 'Ro fedarsa ám,' ar Cáilte, 'cáit *asa* tucad:
is a Ros meic Treoin a Fidh Gaible anall, 7 lubhghort sealga
485 hé dobhi ag óg*lach* grádh d'Finn mac Cumaill .i. Mac Lugach
Láidir láinéchtach.' 'Maith a anum,' ar Pátraic, 'is annsin atá
fer gráda dom muinntir se .i. Cessán mac ríg Alb*an*, 7 sacart
méisi damsa hé.' 'Lubhghort sealga don Féinn sin,' ar Cáilte.

---

[1] dornmhar, *Lism.* drondmór, *Fr.*   [2] abaidh, *Lism.*

₇ in trath ticedh dochma ṡealga don Ḟéin idir Eirinn ₇ Albain do gheibhdís a ndaethain sealga re teora la ₇ re *teora aidche* a Ros meic Treoin.

Cáilte cecinit:

Cluain Cesáin ro clos amach . cus' tathaighedh Mac Lugach,
ba Ros meic Treoin, forumh ngrind . fria ré thuidechta in Táilcinn.
Gidh cantar na sailm fa sech . i Cluain Cesáin na cléirech,
do connac in cluain creamhaig . fo damraid rúaid róireabaig.
Gé atá léighenn uas in linn . do bhí tan nár'bhó toillcill,
ba fót abla is snáma a sruth . adhbha cána in chluain chreamuch.
Táinic in tarrngairi áigh . táilginn treabsat Clúain Cesáin,
adubairt Finn fial failgech . cumadh neimhedh naemainglech.
Menic sinn 's ar coin fa sech . andiaidh dhamhrad n-óc n-uaibrech
ar laeich ar ngadhair co huain . ac faghail um an caemhchlúain.
Tri fichit rigan gu recht . bátar acum i n-aoinḟecht,
do[gh]nínn a leasa uili . fa mé an cleasach cluanuidi.

'Gá trath do ló ann anois?' ar Pátraic. 'Is fogus d'adhaigh[1] ann,' ar Beneoin. 'In táinic ar proinn fós cuca(inn?' ar Patraic). [fo. 162ᵇ 1] 'Ní tháinic ón,' ar Beneoin. 'A anum, a naemPádraic,'' ar Fulurtach mac Fergusa, "dobherainnse eolus duit in bhaili i ḟuighbhithea proinn ₇ tomultus anocht.' 'Cá hinad sin?' ar Pátraic. 'I tigh Becain mu bhráthar féin a tuathaib Breg ₇ Midhe.'

Ocus luidhset cléirigh roim Pátraic co tech Bécáin, [₇ ailis Beneoín feis air — *Fr.* 9], ₇ is amlaid ro bói sein, ₇ ocht fichit finnairge aigi, ₇ érais um biadh iat. Ocus táinig Benén ₇ na cléirigh ar cúl, ₇ indiset scéla do Phátraic. 'As ced limsa,'' ar Patraic, 'a bhfuil aigi-sium do chrudh ₇ do mhuinntir gan élaithech a mbethaidh amárach dhíbh,' ₇ ro fírad an ní sin, ut dixit Patricius:

Becan . ní rab ilar a tredan,
oiret rabh grian ar deiseal . ní rab seiser[a] d'óibh Bécán.

Is ann sin ro ṡluic in talam uili a n-aeinḟecht Becan cona mhuinntir ₇ cona mhaithius idir mhíl ₇ duini. 'Feis dithat na haidhche[2] anoct uaimsi duit, a naeimchléirigh,' ar Fulartach mac Fergusa, '.i. nái mbai fichit atá ac biathadh mu ceitheirne

---

[1] daghaidh, *Lism.* [2] haighthi, *Lism.* [a] sése, *Lism.* seisiur, *Fr.* 9.

525 acum anallana ar fog*ail* 7 ar dibfeir(g).' 'Rígi uaimsi duitsi ó mhedhón lái amárach,' ar Pátraic, '7 dot ṡíl ad deghuid nogu ticthe risin eclais,' *Ocus* docuired Becan a talam mar sin, 7 dofuc Patraic rígi d'Fulartach. [Conidh Díth mBécain ainm in sceoil sin — *Fr.* 9.]

530 Is and sin ro fiarf*aig* Pátraic do Cháilte: 'ga lín mbrá*thar* do bhi ac Finn?' 'Do bát*ar* dá bráthair aige,' ar Cáilte, ['*ocus* nírb' urd*r*ucu Find innait — *Fr.*] .i. Fithal 7 Cithrumach.'

Cailte cecinit:
Diamair ar senchaidi sund . na trí meic do bhi ag Cumull,
535 Finn *ocus* Cithramach den . *ocus* Fithal na bfiled.

'Cia dhar' Mac Lugach ro fiarfaig*es* díd aréir?' ar Pátraic. 'Robudh ceist ar neach eli sin,' ar Cáilte, '7 ní hedh orumsa. M(ac) do Daire Derg mac Finn,' ar Cailte, '7 do Lug*aig* ingin Finn .i. ingen dilius aindílius do bhí ac Finn, 7 tucsat in 540 bantracht uili luighi cor' ingen dili*us* d'Finn hi, 7 do comraic a derbbráthair féin ria iar n-ól (cor)ma i Temhair Luachra, 7 dorindi [fo. 162ᵇ 2] in mac sin ria .i. Mac Lug*ach*, [7 ro bí co cend nái mís torrach and, 7 tancat*ar* bressa brighi 7 ella da hindsaighid, 7 ruc*us*tar gein m*eic* ann — *Fr.* 9], 7 in adaig 545 rucad an mac táinic Finn 7 tri catha na Féinne don bhaile, 7 athair in mheic .i. Daire Derg, co Temhair Luachra, 7 do hindisedh dhoibh sin. 'As gáine leam,' ar Finn, 'ór as mac rucad ann, 7 da mad ingen ro budh olcc a breith disi dá derbbráthair.''

550 'Adrae b*uaid* 7 be*nn*acht, a righféinn*id*!' ar cách. 'As buadhach in t-ainm tucuis air .i. Gaine.' Am*ail* asb*ert* in fili:

Gaeine ainm Meic Lug*ach* luinn . Daire a ath*air* ós gach druing,
Cú muighi ainm Meic Rethe . Briu[i]n a ath*air* Dairethe.

Tucadh a n-ucht Finn in mac iarsin, 7 tuc Finn i n-ucht 555 Moingfindi ingine Dubáin .i. baincéle d'Finn, 7 as í ro thócaib ocht c*ét* sciatharmach don Féinn, 7 ro ail in mac sin cur'bha slán a dhá bl*iadain* déc, 7 tuc a dhaethain airm 7 éid*id* dho ann, 7 táinic roime co Carraic Chonluain, cu cenn Sléibi Smóil meic Edleacair, risi n-abar Sliabh Bladma aniu, airm i raibhi 560 Finn 7 in Fian, 7 táinic a bfiadnaisi na flatha Féinne, 7 ferais

Finn fircháine bhfáilte fris, 7 dorindi in mac a coraigecht[1] 7
a mhuinnterus re Finn 7 tuc a láimh i laimh Finn, 7 do bhí
re bliadain isin Féin, 7 dorighne lisdacht mhór risin Féin in
bliadain sin, 7 ní mó iná fine naenbair don Féin ro soichedh
(do) ghuin muicci nó fiadha ocun gilla sin, re taoib bhuailti 565
a gcon 7 a ngillanraidi.

Is ann sin tángatar in Fiann cu Ros in Féinnedha ar
brú Locha línide Léin tes, 7 ar rochtuin do trí cathuibh na
Fénne conuice sin dorónsat casait meic Lugach re Finn. Ocus
adubratar trí catha na Féinne: "Do rogha duit, sinne acut nó 570
Mac Lugach a aenar."

Is ann sin tucadh Mac Lugach d'agallaim Finn, 7 do fiar-
faig dhe: 'Maith a anum, a Mheic Lugach,' ar Finn, 'gá holc
dor(ignis) risin Féin intan atá do miscais aco uili?' 'Dobeirim
dom bréithir,' ar sé, 'nach fedur a bhfochuinn munub olc leo imad 575
do [fo. 163ᵃ 1] lúid nó lámhuigh do dhénamh damhsa etarra.'

Is ann sin tuc in flaithféinnid comhairle do Mac Lugach.
7 do bhí buaidh ara chomhairli-sium, 7 do mhair in comairle
sin ag Mac Lugach, 7 atbert Finn:

A Meic Lugach, toluib snas . más e h'órd an t-óclachas   580
corbhat sídbuigh teglach tréin . gurbhat duilig a ndroibhéil.
Ná buail do choin gan chinuidh . ná lí[2] do mhnái co finnair,
ná ben re genaidhi i cath . gid meraigi, a Mheic Lugach.
Ná himderg duine mad cáidh . ná héirigh re himarbáigh,
ná ra[b]tarraic imale . ar am[m]aid ná ar drochdhuine.   585
Dá trian do mhíne re mnáibh . is re hechlachuib urláir,
re haes dána dénta duan . nárbhat dian re daescarslúagh.
Ná geibh tosach leaptha dhé . rett aes cumtha is comairle,
imghaibh luighi claen is col . ná [f]haemh uile b'fiadhugodh.
Ná habairse bréithir móir . ná habair nach tibre chóir,   590
ór is nár a rádh co tenn . muna fedtar a comall.
Ná ro tréice do ruire . in chéin bheir a bith bhuidi,
ar ór ná ar séd ar bith cé . na tréic-si do chomairce.
Nár écnaighi co ferdha . a mhuinntir re tigerna,
ór ní hobair duine maith . écnach a sluaig re prímhflaith.   595
Nárbat buainscélach brégach . nárbat labhar luaithbhédach,
gérsat imdha do ghartha . nírsat bidbha oirechta.

---

[1] coraidecht, Lism.   [2] lídh, Lism.

Nírsat sibleach thighi n-óil . nársat ingnech ar senóir,
in dáil adcluine as í in cóir . ná ben re duine nderóil.
600 [Bidh co heistechtach cailli . bid co féchsanach muighi,
oir ní fedrais, mór in modh . nach biad t'escara¹ it farradh — *Fr.* 10.]
Nársad diultadach um biad . nárab cumthach duit ainfial,
nárad furáil féin ar flaith . na hécnaiged gach n-ardflaith.
Lean dott édach, lean dott arm . resiu thair an gleo glasgharbh,
605 ná déna dibhe fád rath . lean (d)on míne, a Meic Lugach.

'(Adra)e buaid 7 bennacht!' ar Pátraic, 'as maith in scél sin (ro indi)sis dúin; 7 cáidhe Brocán scríbhnid?' '(Sunn), a naeimhchléirigh,' ar Brocan. ['Tabair do lebar 7 t'adharc 7 do pend cugat, 7 — *Fr.* 11ᵃ] scríbhthar [fo. 163ᵃ 2] an scél
610 út lat.' *Ocus* dorinne Brocan acétóir.

Is and sin ro fiarfaig Pátraic do Cháilte: 'in rabatar airfitigh acuibse isin Féinn?' 'Do bhí *imorro*,' ar Cáilte, 'in t-énairfitech is ferr do bhí a n-Eirinn ná i n-Albain.' 'Cá hainm séin?' ar Pátraic. 'Cnú Deróil,' ar Cáilte. 'Cáit a
615 fríth é?' ar Pátraic. 'Eidir Crota Chliach 7 Síd ban bhfinn tes,' ar Cailte. 'Crét a thuarascbáil?' ar Pátraic. 'Ceitri duirn Finn do bhí ina áirdi 7 trí duirn do isin crand chiuil do seinnedh, 7 airfitigh Thuaithe dé Danann dorinde tnúth ris.

Luid Finn in lá sin co Sídh ban finn siar do seilg 7 d'fia-
620 dhach, 7 suidhis ar in bhfirt fótbhuigh and sin. Sillis iarum in flaithféinnid secha confacca in fer bec ac sefnad 7 ac sáirseinm a chruiti ar in fod ina fochuir, 7 is amlaid ro bhúi, 7 folt fada finnbuidi co clár a dhá leas fair, 7 ar faicsin Finn dó táinic da innsaigid, 7 tuc a láim 'na láim, ór as é céd-duine tárla do
625 hé ar tuidhecht asin tsídh amach, 7 ro bhúi oc seinm a chruiti a fiadnuisi Finn nogu tancatar in Fiann, 7 'ar techt dóibh atcualatar in ceol sirrechtach síde. 'Maith a anum, a Finn,' ar an Fian: 'as é sút in tres turcairthe as ferr fuaruis riamh.' Ocus do bhí ac Finn nogu fuair bás. Ocus adubairt Cáilte in láid:

630 Abhuc do fuair Finn ferdha . do bhí d'feabus a mheabra
gacha cluinedh tiar is tair . do bhídh aigi do meabair.
Cnú deróil a ainm in fir . a n-Eirinn nir' anaithnidh,
inmain leinbhín fa glic nglóir . dar'bo comainm Cnú deróil.

---

¹ tescarad, *Fr.*

Indeosat dáibh, fáth gan locht . mar do fuair Finn in t-abhoc,
bá gein sochair do fríth ann . énmac Logha meic Eithleann.
Do bhámar a farrad Finn . idir Chrota is sléib ban *finn*
co cualumar ceol gan chol . ar an fót inár bhfarrod.
Do bhámar ag éisdecht ris . a cheol nír' ceol co n-eislis,
beg nachar' chuir sinn 'n(ar suan) . in ceol sirrechtach sírbhuan.
Ann sin atbert risin rí . [fo. 163ᵇ 1] Find mac Cumhaill Almhaini:
'canas ticisi, a fir bhic . seinnes in cruit co caeimglic?'
'Tánacas o Síth ban *finn* . áit a n-eabhar midh is linn,
is dó tháncas lem co becht . do beith treall ad chomuidecht.'
'Do ghébha seoit is máine . is ór derg is deghdáine,
ór thaitn*id* frim do dhála . do ghébha mu lánghrádha.'
Dorad a láim a láim Finn . ann sin roba subach sinn,
is tucmaid¹ hé linn alé . do ba caem ar turchairthe.
Cetra duirn i n-airdi in fir . trí duirn ina chruit chaeimhdhil,
mor tairm na bláithi buige . binn fogar na caemchruiti.
Doratad cuigi málle . *cúic* oirfitig² na *Féinne*
cur' fogluimset ceol síde . thall ó Chnái go caeim-Líne.
Díb sin mac Sen*aig* m*a*le . Senach ocus dá Dhaighre
dorónsat fogl*aim* co hán . ocus doróine Cuán.
Ba cheisd le F*inn* na Féne . a abac gan bainchéle,
ór nír' áil don fir chródha . na mná remra rómhóra.
Adubairt F*inn* in flaith m(ór) . co tibredh aircet is ór
dontí uainn do finnfadh soin . i nEirinn ben a chosmoil.
Adub*airt* Scí mac Eog*ain* . óglach co *n*-aicn*iud* leomhuin:
'inneosat is scél ádha . ba*ile* a fuil a dhingbála.'
'Beir mo bennacht, éirg dod thoigh . a mheic Eoghain a Mum*oin*,
ocus innis dúin tré spéis . in crích a bhfuil re aisnéis.'
'Roich co Tech Duinn a Mumain . a Finn chródha chomhramhaigh,
atá ann is oirfi[ti]dh dhuit . ingen dar' comainm Bláthnuit.'
Ann sin ro triallsam co tric . is flaith na Fian faebairglic
co Tech nDuinn d'iar*raidh* na mná . ba móide sin ár menmá.
Fuaram*ar* Bláthnait 'san tsídh . tucamar linn hí co fír,
ro fáiset tall istigh mhóir . Bláthnait ocus Cnú dearóil.
Tucmait uingi dh'ór gach fir . in lín do bhámar d'fianuibh,
a caibhche na mná gan locht . doratadh (tall) don abhoc.
[fo. 163ᵇ 2] Cetra duirn i n-áirde in fir . trí duirn ina chruit
chaeimghil,
áirdi in ben inás in fer . inmhain lánuma láimgheal.
Lámdha in dom*ain* acon mhnái . imirt óir aircid gan ghái,
lasin bhfer, fá mór in modh . slóigh in dom*ain* d'áirphiteodh.

---

¹ ticmaid, *Lism.* ² oirfitid, *Lism.*

Ní raibhe ríghan 'san Féinn . na táiseach na flaith co céill
675 nach tuc grádh *ocus* máine . don lánamhuin lánnaidhe.
Mar do thicedh doineann dúr . ar in bFéin, fa ríghda rún,
do bhítis ac Finn fóa bhrat . Bláthnait *ocus* in t-abac.
Intan ticed maith don Féin . ní cheile*d* Bláthnait co céil,
intan do thiced dóibh olc . ni cheile*d* orra in t-abhoc.
680 Nocha nfuil ceol ar talm*ain* . inneoch budh mhian le m*enmain*
nár' śuaill foghar i tigh óil . acht a canad Cnú deróil.
Trí turchairthe is ferr fuair riamh . Finn in flaithféin*nid* fírfial:
Bran *ocus* Sceol*aing* gan locht . Bláthnait araen 's an t-aboc.

Nír' chian dóibh asa haithle co facadar in móirseser gill*a*
685 mór dá n-innsaig*id*. 'Canas táncab*air*, a óca?' ar Pátraic, '7
cia sibh féin?' 'Ó E*ogan* Leithderg mac Aenghusa, ó rígh dá
chóicedh M*uman* táncamar ar do cenn-sa, a naemhPátraic.'
'Rachmaitne ann sin,' ar Pátraic, 'or dl*egar* mar a bhfuigter na
mainchisa a ngabháil ann.' 'Crét dogéna sinne in nónb*ar*
690 ócl*ách* so?' ar *C*áil*te*. 'Fáilte mhís 7 ráithi 7 blia*dna* am
farradsa dháibh,' ar Pátraic.

Is and sin táinic Pátraic roime, 7 as í slighe tháinic a
bhFidh[1] Gaible, 7 a nDruim criadh, risa ráidter Ceall dara isin
tan-sa, 7 tar sruithlinn ar Dermagh, 7 tar Berbha [bithglais —
695 *Fr.* 11ᵇ] 7 i tóchar Léghi ingine Cuarnatan, airm i torchair Liagh [le
Conall ar in nD*er*gruathar, 7 — *Fr.* 11ᵇ] i senMag Roichet
ingine Déin meic Dileann, risa ráidter Magh Ruadh Roichet, [7]
i senMhagh nEo, risa ráidhter Mag Láissi, tar in bFeoir
n-iucharbhradán*aig* 7 d'Achadh bó bái . . . . trénbhuill*ig* risa
700 ráidter Ach*ad* . . . . [fo. 164ᵃ 1] a slighidh Dhála meic
u-Mhóir, 7 do Ros in churad, re n-abar Ros caemhálainn Cré,
7 lámh dhes re Lath*aig* bó Lodáin meic Lir, risa ráidhter Clár
Daire mhóir, 7 do Chorrocuibh Cnámhchoille, 7 do Chuillind
ua Cuanach siar in baile i torchair Cuill*enn* mac Mórna le
705 Finn, 7 do Leim in féinnedha, 7 d'Aenach Cuili mná Nechtain,
re n-abar Aenach sétach sen-chlochair [isin tansa, 7 tar Ath
mbr*aen*gair, risi rait*er* Ath mor isin tansa — *Fr.* 11ᵇ], 7 do Chenn
Abrat Sl*éibe* Cáin b*udh*dhes, 7 do Tul*aig*h na Fénne, re n-abar

---
[1] bhfigh, *Lism.*

Ard Pátraic isin tan-so, áit a mbai Eogan Lethderg mac Aengusa,
rí dhá cóiced Muman, co maithibh in dá choiced [Muman] uime. 710

Is ann sin do scáiled a phuball tar Pátraic, 7 táinic rí
Muman co maithibh a mhuinntiri, 7 tuc a cenn a n-ucht Pátraic,
7 ro slecht do, 7 ro búi-sium sechtmain ann sin ac todhúscad
mharbh 7 ac slánugud dháine ngalair 7 esláinte.

Is ann sin tucadh a bhreith féin do Phátraic, 7 táinic 715
Eogan Leithderg roime co Rosaigh na rigb, dá dunad fein, 7
dochuatar maithi Muman dá ndúintibh 7 dá ndegbhailtibh iarsin.

'Maith a anum, a Cháilte,' ar Pátraic, 'crét uma tucadh
Findtulach ar an tulaig so ara tám?' 'Adér frit a fírinni,'
ar Cáilte, 'as so dochuamar-ne tri catha na Féinne do tabairt 720
catha Findtrágha, 7 tucad ár sleagha dar n-innsaigid, 7 tucad
fethana fithnais do chrannuibh ar sleg, 7 ro dhech Finn in
tulaig uime 7 adubairt: 'As finn in tulach.' 'Ocus gá ferr
ainm da mbia uirri iná Finntulach?' [ar siat — Fr. 12ª]

    Cáilte cecinit: 725

A thuluch ard áibinnsi . cus' ticdís Fiana finda,
fa gnáth longphort lánadhbhul . ort is gasrad ghlanghilla.
Ba hí ár cuit re comháirimh . ticmís ard maighi míne
smera sciamhdha sceachaire . cnó do chollaibh Cinn tíre.
(Mae)tháin (drisse) dealgnaigi . gasáin creama gan (cin)aidh 730
do(chaith)mís gach bealltaine . buindéin bláithi (is barr) biroir.
[fo. 164ª 2] Eoin a doiribh diamhaire . ro soichtís fulacht Fénne,
togmaill breca a Berramhain . nit beca a bennuibh slébhe.
Bratáin luatha Lindmuine . escanna Sinna sóiri,
cailigh fedha Fidhrindi . dobráin a diamhraib Daile. 735
Iascach mara muiridi . a críchaib Bái is Béire,
medbhán Fáide fírghlaine . duileasc a cuanuibh Clére.
Snámh na Loingsi lochaidhi . fa meinic le Mac Lugach,
ticmís sluaigh is sochaidi . ar do thaobh thall a thulach.
Meisi is Oisín ollbladach . téighmís a corraib curach, 740
fuarus gaibhthi glasmara . a timchill tonn is tulach.

Ocus is asso do chuamar-ne do chur chatha Finntrágha, 7
atconncamar óclach do mhuinntir Finn d'ar n-innsaigid .i.
Cael cródha cédghuinech ua Nemnainn. 'Can asa tánacuis, a
Chaeil?' ar Finn. 'Asin Brug braenach atuaid,' ar Cael. 745
'Cret do iarais?' ar Finn. 'D'acalluim Muirinde ingine Deirg

mo muime féin.' 'Cidh a adhbhar sin?' ar Finn. 'Aɪ bhithin
leannain tsídhe 7 ardnuachair 7 torad aislinge [tarfas dam.'
'Adersa sin rit, ar Finn — *Fr.* 12ᵃ] .i. Crédhe ingen Cairbri
750 cnesbháin ingen rígh Ciarraigi Luachra. 'In bhfedrais, a Chaeil,'
ar Finn, 'conid hí sin bainmheallthóir ban Eire*nn*, ór is terc sét
maith a nEir*inn* nár' bréc chum a dún*aid* 7 a deghárais.'
'*Ocus* in fidir tú ga comha iarus ar chách?' ar Cael. 'Do
fedar,' ar Finn '.i. gibé aga mbe*th* do dhán *nó* d'filidhe*cht*
755 duan do dhénam dhi 7 tuarascbháil a cuach 7 a corn 7 a cupad
7 a hian 7 a hairdleasdar 7 a righthech romhór.' 'Atá urlumh
acumsa arna tab*airt* damh ó Muirinn ingin Deirg, óm buime féin.'

Ocus do áilsedhmar in cath don [d]ula¹ sin, 7 táncamar romuinn
tar taebhuibh cnoc 7 carrac 7 tulach cu Loch Cuire i n-iarth*ur*
760 Eirenn. *Ocus* táncamar cu dorus in tsída, 7 do chansam in dord
fiansa re crannuibh ar sl*eg* n-ur(ard) n-orchrai, 7 do éirghe*dar*
ingena [míne — *Fr.* 12ᵇ] macdha*chta* (mongbuide) [fo. 164ᵇ 1] ar
sceimhealborduibh grianán [7 ar sol*us*tighib cláraigh — *Fr.*12ᵇ].
Ocus táinic Crédhi dar n-acallaim, 7 .LLL. do mhnáibh uimpi,
765 7 do raidh in flaithféinn*id* ria: 'Is dod thoga-sa 7 dod thoch-
mharc[sa] tháncamarne,' ar se. Fiarfaig*is* an ing*en* cia dhar'
áil a tochmharc. 'Do Cael [chroda] chetguinech ua Neamh-
nainn, do mac rígh Laigen anair.' 'Do chualamar a scéla,'
ar an ingen, 'gen gu facamar é, 7 in bhfuil aigi mo dhuan
770 damsa?' 'Atá *immorro*,' ar Cael; 7 do éir*igh* 7 do ghabh a
dhuan:

> Turus acam dia háine . gé dech isam fíráighe²
> co tech Créidhi, ni snímh suail . re hucht in tsl*éi*bi anort*u*aid.
> Ata i cinnedh dhamh dhul ann . gu Crédhi a Cícha*ib* Anann
> 775 co rabhar ann fo dhecraibh . cetra lá *ocus* leithseachtmuin.
> Aibinn in tech ina tá . id*ir* fira is maca is mná,
> idir dhruidh *ocus* aes ceoil . idir dháiliumh is doirseoir.
> Idir gilla scuir nach sceinn . *ocus* ronnaire re roinn,
> ata a com*us* sin uili . ag Créidhi find foltbhuidhi.
> 780 Budh áibinn damhsa 'na dún . idir cholcaidh³ *ocus* chlúmh,
> mad áil do Crédhi ro clos . budh aibinn damh mu thuros.

---

¹ uladh, *Lism.*   ² fíráidhe, *Lism.*   ³ cholcaigh, *Lism.*

Sithal aice a sil sugh subh . as dogníedh a blai dhubh,
dabhcha glaine gairdheasca . cupáin aici is caeimeascra.
A dath amar dhath an aeil . coilcidh¹ eturra *ocus* aein,
sída etorra is brat gorm . dergór eturra is glanchorn.
A grianan ac Loch Cuire . d'arcat *ocus* d'ór bhuidhe,
tuighi druimnech gan dochma . d'eitibh donna is dergchorcra.
Dá ursain uáinidhi adcí . a comla ni dochraidh hí,
aircet échta, cian ro clos . in crand búi 'na fordoros.
Catháir Chréidhi dot láim chlí . ba suarca 'sa suarca hí,
casair uirre d'ór Ealpa . fa chosuibh a caeimhleaptha.
Lebaidh luchair na line . fuil os cinn na caithairi
dorónad ac Tuile thair . (d'ór) buidi is do lic *lógmair*.
(Lebaid eile) dod láim dheis . d'ór is d'aircet gan eisleis,
co pubaill co (mbricht mb)ugha . co caemslatuibh credhumha.
[fo. 164ᵇ 2] An teghlach atá 'na tigh . as dóibh as áibne ro chin,
nídat glasa slíma a mbruit . at casa finna a forḟuilt.
Do choideldais fir ghona . cona taescaibh tromḟola
re hénuibh sídhi ac sianán . ós bhorduibh a glanghrianán.
Madam buidech-sa don mhnái . do Chréidhi da ngairenn cái,
méraid ní bus lia a láidhi . madh dá ndíla a commáine.
Mad áil le hingin Cairbre . ní dam cuirfe ar choir cairdi,
cu n-abra fein rim abhus . 'is mu mhóir-chen dod thur*us*.'

Céd traiged i tigh Créidhi . ón chuirr gu roich a chéle,
is *fi*che traiged tomh*ais* . a leithet a degdhorais.
A hudhnacht is a tuighi . d'eitibh én ngorm is mbuidhi,
a hurscar thair ac tobar . do ghlain is do carrmocal.
Cetra huaithne um gach leab*aidh* . d'ór is d'airc*et* coimecair,
gem glaine i cind gach uáitne . nídat cenna anṡuairce.
Dabhuch ann do chruan ḟlatha . a sileann sugh suarcbracha,
abhull ós cinn na daibhche . co n-imat a tromthairthe.
In uair líntar corn Créidhi . do mhidh na dabhcha déne,
tuitit isin corn co cert . na cethra hubla a n-aeinḟecht.
An cethrar út do háirmhedh . éirghit isin frithdhaileam,
tabrat don ceathrar anunn . deoch gach ḟir *ocus* ub*ull*.
In tí 'gá táit sin uili . idir tráigh *ocus* tuili
ruc Créidhi a tulch*aib* tri mbenn . edh urchair do mnáibh Eireann.
Laidh sunn cuice ní crodh² cas . ní gres luighthi co luathbras,
co Créidhi cruth*aig* abhus . bhudh luchair lé mo thurus.

Is and sin ro ḟaie[s]tar in lánam*ain* sin ar feis leaptha 7
láimhdher*aig*hthi, 7 do bátar ann re *secht* laithib ag ól 7 ag

---

¹ coilcigh, *Lism.* ² crogh, *Lism.*

áibhnes gan esb*ai*dh bhídh ná leanna ná lesaighthe oraind acht
mad imnedh ele a(r Finn) .i. allmhuraigh do bheith ac Finn-
tráigh. *Ocus* tuc an inghen eirredh dílius dingbhála (do gach)
aen díb foleith, 7 do timn(amar) ceilebhradh dá chéile.

[fo. 165ᵃ 1] 'Ticeadh an inghen linn,' ar Finn, 'co bhfinnum
cia uainn da mbia maith *nó* saith don ndula so.' *Ocus* rucastar an
ingen drechta móra do chrudh lé do frithailimh a n-aesa galair 7
othrais. Ocus as í an ingen ros-biath d'as 7 d'fírleamhn*acht* iat céin
ro bás ag cur in chatha. 7 is ina tigh do bhítís lucht icce 7 othr*as*a
na Fénne, 7 mar do cinn an ingen ar mhnaibh na Fénne um thidh-
nacul sét 7 máine ro chinnesdar [Cael .i.] a fer, a ngail 7 a ngaisc*iudh*
ar tri cath*aib* na F*éinne* isin cath sin, 7 fa bét in ní dorónad
lá déidhinach¹ in chatha .i. a badadh Caeil, 7 do bhadar bethad-
uigh ele, 7 comhsaeg*al* acu re Cael, 7 tuc in tonn amuigh 'arna
bhádud hé, 7 do riacht an ingen 7 maithi na Fénne dá inn-
saig*id*, 7 do tocbhad leo é cusin tráigh ndeisceartaigh leth an[d]es
d'Finntraig, conadh Traigh Caeil ainm na trága ó sin ilé, 7 Fert Caeil.

Táinic an inghen 7 do śín re (a) thaeibh hí, 7 dorinne
nualghubha 7 toirrsi mhór. 'Cidh dhamsa,' ol sí, 'gan bás
d'faghail do chum*aid* mu chéle intan atát na fiadmhila foluaim-
necha ac fagháil bháis da chumh*aid*?' *Ocus* atbert Crédhe:

    Geisid cuan . ós buindi r*úad* Rinn dá bharc,
    bádhudh laeich Locha dhá chonn . is ed cháineas tonn re tracht.
845 Luinche corr . a seisceann Droma dá trén,
    sisi ní aincenn a bí . coinfiadh dá lí ar tí a hén.
    Truagh an fáidh . doní in smolach a nDruim cháin
    ocus ní nemhthruaighe in seol . doní in lon a Leitir laeigh.
    Truagh an tseis . doní in damh a nDruim dhá leis,
850 marbh eil*it* Droma Sileann . geisidh damh dil*enn* dá héis.
    Ba saeth lim . bás in laeich do luiged lim
    (m na) mná a Doire dhá dhos . a bheith (is c)ros fa a chinn.
    (Saeth lim) Cael . do beith a richt mairbh rem thaebh,
[fo. 165ᵃ 2] tond do thoct tar a thaebh geal . is *ed* rommer, mét a aebh.
855 Truag in gháir . doní tonn trachta re tráigh,
    ó do bháidh fer seghdha saer . saeth leam Cael do dul 'na dáil.
    Truagh in fuaimm . doní in tonn risin tracht tuaidh
    ag cennghail um carraic cháin . ag cáineadh Chaeil ó dochuaidh.

---

¹ déighinach, *Lism.*

Truagh in treas . doní in tonn risin tracht teas,
misi dodechaid mu ré . mesaidi mu ghné ro fes.
Caince corr . doní tonn trom Tulcha leis,
misi nocha nfuil mu mháin . ó rom-maidh an scél romgéis.
O do baidhed mac Crimhthain . nocha nfuil mh'inmhain da éis,
is mór triath do thuit le a laimh . a sciath a ló gáidh nir' gheis.

Ocus do sin an ingen re taebh Chaeil 7 fuair bás da chumhaid, 7 do hadlaiced iat araen a n-aeinfert ann sin, 7 as misi fein,' ar Cáilte, 'ro tócuibh in lia fil ós a lighi: conidh 'Fert Caeil 7 Créidhe' aderar ris.

'Adrae buaid 7 bennacht, a Cháilti!' a Pátraic, 'as maith in scél do innisis. Ocus caidhi Brocan scríbnid?' 'Sunna,'' ar Brocan. 'Scríbtar lat gachar' chan Cáilte.' Ocus do scríbadh.

Nír' chian dóibh iarsin co facadar in dirim deghsluaig da n-innsaigid, 7 amdhubach do sciathaib donnchorcra ana n-uirthimcheall, 7 fidhneimheadh do sleaghuibh urarda orcrai re guaillib dhoibh. Ocus tancatar isin phupaill a raibhi Pátraic, 7 tucastar a tighearna a cheann i'n-ucht naemPhádraic 7 ro slechtsat dó. 'Cia thú féin, a óglaich?' ar Pátraic. 'Bran mac Deirg mhisi,' ar in t-oglach, 'mac rig Muman.' 'Cidh um a tanacais alé?' ar Pátraic. 'Fiannaighecht dob áil damh d'fogluim, a naeimhchleirig, or (do chuala) óclach do mhuinntir Finn do (bheith i)t farrad-sa, 7 dob áil leam (foglaim) [fo. 165ᵇ 1] duird fiansa do denamh aigi.'

'Atcluini sut, a anum, a Cháilti?' ar Pátraic. 'Atcluinim,' ar eisiumh. 'Maith, a Bhrain,' ar Cáilte, 'cinnus doghníthi fein fiadhach?' 'Iadhmait 'mon tulaig nó 'mon carn nó mon caill maighshlebhe, [itir coin 7 gilla 7 óclach, — Fr. 13ᵇ] 7 bímit re hedh in chaemhlai a ndegaid an fiadhraidh, 7 marbhmait fiadh fecht ann, 7 feacht aile téit uainn.'

Ro cháiestar Cáilte annsin a bhfiadhnaise Pátraic co**rach dobrónach, cur'bo fliuch blai 7 bruinne dho.

Is ann sin ro éirig Pátraic 7 Cáilte in lín ro bhátar do sluagaibh co Cenn Abhrat Sleibi Cain suas, 7 is amlaid do bhi suidiugud an inaidh sin a rancatar tri gleannta imon sléib 7 loch eturra, Loch bó a ainm, 7 Osmetal ainm in tsléibi, 7 Cnoc na haeire allaniar don loch, [aitt a mbidh Conán Mael mac Mornda — Fr. 13ᵇ], 7 Findinis ainm in chnuic airtheraigh [úd,

airm a mbidh Fergus Fínbél mac Finn 7 Ferdoman mac Buidh Deirg 7 coin leicthi Find acco — *Fr.* 13ᵇ], 7 cnoc Maine ainm in chnuic-sea [tís, ait a mbui gilla gráda do Find, 7 is annso ro bui flaithes fer a lethcuarain — *Fr.* 13ᵇ]. Ocus annso dobhí
900 in brécairi daimh .i. Líath na tri mbenn, 7 téighedh ón Féinn, idir choin 7 duine, re ré secht mbliadan fichet, 7 ro mharb óclach don Fhéinn é, 7 as misi in t-óclach [í sein, 7 ní da bladh breithri aderim sin', ar Cáilte — *Fr.* 13ᵇ).

Ocus do éirigh Cailte iarsin 7 da chóraigh a mhuintir immon
905 loch anair 7 aniar, anes 7 atuaid, 7 deisidh Pátraic 'na ṡuidhe, conadh Suidi Pádraic ainm an inaid sin a Cenn Abhrat Sléibi Cáin, 7 tocbhais Cáilte a ṡuasán sealga 7 fiadhuigh 7 fianchoscair ós aird, 7 ro léicestar a tri barannghlaedha badhbha as, cu nach raibhi i comfocraibh na a coimhnesa dho fiadh fodilmhain a
910 maigh na a moin na a maighshléib na a caill gan techt ina ruamannuibh roretha co ndechsat da n-infuarad tar éis a n-aistir al-Loch bríghach bó ina bhñadhnuisi, cor' ghabh gráin 7 egla 7 uaman iat resin fidhrén 7 resin fothram adhbul sin .i. re damhuibh alltaidhi 7 re heilltib ruadha roimhera 7 re torcaibh
915 taebhtroma; 7 ni mór nach muirbfidis (a cétóir) iat le fad a retha 7 le scís anála. [fo. 165ᵇ 2] Ocus ro leath in sluag imon loch, 7 ní dhechaidh éloidech beo as don tseilg, 7 do roinnset in tsealg, 7 ráncatar ocht cét cum ronna acu.

'Tabur dechmad in fiadhuigh dun,' ar Beneoin. Nír'
920 escaidh le Bran mac Deirg in cuid rainic do féin do roinn re nech. Gabus galar ana broinn mac rígh Muman. 'Do lámh air so, a naeimchleirig,' ar Bran. 'Dar mu breitir,' ar Cáilte, 'nogu tarda a luach uait ní raga.' 'Gá luagh?' ar Bran. 'Uair⁊s at broinn atá in galar,' [ar Cáilte — *Fr.* 14ᵃ] 'tairr
925 gacha bó 7 gacha muice 7 gacha caerach uaid do Pátraic 7 don naeimeclais co bráth.' 'Dobérsa sin,' ar Bran, '7 dobhéra mo mhac am dhiaidh.' Ocus do chuaidh sin a ngnáthugad ac feruibh Eirenn ó sin imach. Tuc iarsin Pátraic a láimh ar broinn Brain meic Dheirg 7 ba slán focétóir.

930 'Imthecht againn budesd,' ar Cáilte. 'Gá conuir sin?' ar Patraic. 'As cumain leamsa, a naemPátraic, nach lémdais sluag

náit sochaide suidhi ar na tri tulchuibh-sea le ceisd Tuaithi dé Danann.'

Cáilte cecinit:

Cumhain leamsa trí tulcha . atáit gan aes gan urchra, 935
do reithed Liath na trí mbenn . otha imeall co himeall.
Cumain limsa tri cealla . robsat dúine deightheanna,
ni bídh guth cluic inntibh thall . meince snaidm druadh 'na timcheall.
As Cáilte féin mh'fírainm-si . robsam cenn Fénne finne,
nocha dénmuis dighairse . ac tairimthecht an glinne. 940
Ni fuilngead Finn fianamail . intan ro bhoi 'na bethaid
bennán baeth ac buiredhaig . ós cinn a longphuirt lethain.
Misi is Flann mac Failbhe . dergmais mór laech do Laighne,
as í so mu chubhus tra . mór cath isam cumain-sea.

['Adrae buaid 7 bennacht,' ar Pátruic, 'is urgairdiugud menman 945
7 aicenda duind sin' — Fr. 14ᵃ]. Ocus imthigid in sluagh cona n-oiribh sealga forro [co Cend Abrat Sleibi cain, conice inadh in longpuirt a mbidís an Fíand — Fr. 14ᵃ].

Dechain ro dech Cailte da láimh chlí don tsléibh confacca dunad 7 degbhaile. "Mo chubus amh,' ar s(é), 'nir' aithnid dhuin 950
dúnad and su(t), 7 dénam chum in bhaili a(nunn),' ar sé.

[fo. 166ᵃ 1] Ia(rsain) táncatar rompa chum an dúnaidh 7 robb ingnad leo gan slóigh gan sochaide d'faicsin ann, acht noenbar banmhogad 7 triar fermhogad. Tángatar-somh a ngrianán deirrit do bhí isin bhaili, 7 dá mnái isin grianán, 7 siat ag cái 7 ag 955
toirrse. [Brat corcra corrtharach imondara mnái 7 delg airgid and, 7 niamland d'ór buidi re hédan, 7 faideran firuaine imon mnai ele 7 delg óir isin brut osa bruindi — Fr. 14ᵃ⁻ᵇ]. Ocus ro fiadhaiged 7 ro frithoiled iat, 7 ro beanad a n-errada aisdir 7 imthechta dhíbh 7 do fiafraigh Cáilte díbh 'cia an dúnad [i tám?' 960
Adubratar na mna, — Fr.14ᵇ]: 'Dúnad dá mac rígh Fer muighi so, Lochán 7 Eogan a n-anmanna." Cid um a bhfuilti ach dobrónach?' ar Cáilte. 'A [aba 7 a — Fr.] adhbar again atsan. 'Ag dís derbbhrathar atámuit, 7 da deirbsiair sinn féin. 7 dochuatar ar bhfir do thabairt ban [ele] anoct, 7 ní fuil dar 965
bfuirech-ne isin dúnad acht co toirset ar bhfir 7 mná nuaa leo.'

Ocus dechain ro dech Cáilte secha i n-iarthar na bruidhne,¹

---

¹ bruighne, Lism.

confaca in ríghlia cloichi ro bái ac oclach grádha d'Finn .i. ac
Senach mac Mhaeil-chró do senmhuinntir Find meic Chumaill.
970 Ocus is amhlaid ro bhái in lia sin 7 inneoch thuc Finn do
thuarasdal dó [inti] .i. .LLL. uingi d'ór 7 .LLL. uingi dh'aircet 7
.LLL. uingi d'findruine [7 tri .L. falach óir — *Fr.* 14^b] ar
ndúnad in lia cloichi sin impa.

Is ann sin adubairt Cáilte risna mnáibh: 'Gá luagh dobérad
975 sibh dham dá ndernainn bhar bhfurtacht 7 bar bhfoiridin, 7
da tucaind bhur bhfir féin cuguib ar gcúl?' 'Da mbeth ar
doman againn luagh budh áil leat,' ar siat, 'dobérmais duit
hé.' 'Ata *imorro*,' ar Cáilte, 'in ríghlia cloichi ut i n-imel
na bruidhne.' 'Dursan duit a rádh!' ar siat, ór do bhátar mor-
980 sochraidi na críche agá corugud isin baili a dtá, 7 ro bui a
n-obair ana corugud ann, gia rofedtasa at aenar ní dhi.' 'Misi
féin as meallta dhe sin,' ar Cáilte, 'muna fédur.' 'Rachaid
uain duitsi sin co mbeannachtain,' ar na mná.

Táinic-sium iarsin asin mbaili amach, 7 tuc lán a glaici
985 desi do losaibh sídhe sainemhla leis dob aithnid dho ag rígh-
naibh 7 ag romhnáibh na Fénne. Ocus tucas(dar do)na mnáibh,
7 ro fothraicset iat as(na losaib) sin, 7 tuc sin a ngrádh ara
bferaibh féin (cor' léicset ar c)úla arís na mná thucsat leo.
[fo. 166^a 2] 7 tugad an lia dho-san, 7 atbert Cáilte:

990 A lia Bhelaig Atha hí¹ . menic ar comdail cuici,
 maine Sencain maic Máil-cró . do frith sund, ní hímargó.
 Ata sund[a] losa díb . is ní ba losa cen lí,
 ní bía 'sa doman uile . mná bus tochu la firu.
 Aderimsi ribsi dhe . is fir dam in faistine,
 nech rom-aithnid cech dia . lemsa ba hinmain an lía.
995   A lia.

⁊us do bhí Cáilte annsin in adaig² sin, 7 ro freastlad 7
ro fri⁊⁊⁊⁊cu maith é, 7 do (é)irig d(o) mochtrath arnamhárach,
7 tuc ta(rraing don) lic cuigi do lár thalman.

Ocus táncatar rompa co Finntulaig, risa n-abar Ard Pátraic
1000 aniu, airm a raibhi Pátraic, 7 do fiarfaig Pátraic: 'cáit a ra ba-

---

    ¹ For the rest of this poem (here taken from Fr. 14^b), Lism. has only 7 rl.
    ² agaid, *Lism*.

duis aréir, a Cháilti?' Ocus ro innis [Cáilte] dó in scél ó thús co deireadh. Ocus nír' cian do bhátar ann co bhfacatar in móirseiser da n-innsaigid. 'Can asa táncabair, a óga?' ar Pátraic. 'A cuiged Connacht atuaidh,' ar iatsan. 'Cidh ro imluaidh sib?' ar Pátraic. 'Ar do cenn-sa ó mhaithibh Connacht, a naeim- chléirig, dar mbreith ar do soiscéla idir fir is mnái.' Adubairt Pátraic: 'ni cóir ar an Eclais gan a siled.'

Do ghúais Pátraic cona muinntir, 7 táncatar rompa anes tre medhan Muman 7 do Luimnech n-Uladh, 7 i (Fi)dh na cuan re n-abar Creat[s]alach, 7 a Sliabh uighi in rígh, 7 a Sliabh Echtge inghine Nuadha[t] Aircetlaim, 7 do Chuaille Cepáin a n-Echtghe, airm a torchair Cepán mac Morna, 7 do Loch na bó girre, risa n-abar Loch Greine ingine Finn, 7 a mBreicthir, re n-abar Tír Maine isin tan-so, 7 do Loch Linnghaeth, re n-abar Loch Cróine [isin tan-sa — Fr. 15ᵃ]. Is ann sin ro búi Muiredhach Mór mac Fínachta, ri Connacht, ar cinn Patraic, 7 ro srethadh a phupall ós Patraic cona cléirchibh, 7 luidhset maithi chúigid Connacht cuigi annsin, 7 slechtait do Phátraic, 7 tucsat a cinn 'na ucht.

Dála Pátraic immorro, tainic amach asin pupaill, 7 suidis ar an bhfirt fótbhaigh, 7 luidh Cáilte leis 7 ráidhis: 'And so, a anum, a naemhPátraic, tucastar Oscar a chétcath.' 'Ga badhbar bái aigi?' ar Pátraic. 'Ní annsa,' ar Cáilte, 'um Neim ingin Aedha Duinn meic Ferghusa Find, ingin rígh (Uladh), ro snadhmad d'Aedh mac Fidhaig meic (Finntain, 7 tucadh) hí do mac rígh Connacht. Ocus ni rai(bhe se lín catha) [fo. 166ᵇ 1] d'Oscar ná don Féinn nogur' siredh uaidh sochraidhi slóigh ar Cormac ua Chuinn, ar rígh Eirenn, 7 do chuir Cormac .iiii. cuicidh Eirenn lais do thabairt chatha don Féin, 7 d⬛⬛dh an cath imon n-ingin isin maigin sin, 7 ba hiat so ⬛⬛⬛mha Oscair isin cath sin, amail adubairt Find:

> Eirigh suas, a Oscair . ro fes as tu in bunad,
> gidh lór méd na ndaighfer . dingaibh dín cét curad.
> Eirigh tritha is tarrsa . gursat maela a méidhe,
> geibh sciath engach uaine . geibh cloidimh co ngéire.
> Geibh sciath is geibh slegha . on arm niadh rot-rubha,
> geibh lúirigh rot-meala . nár maidhedh do thuba.

As mór an gním damsa . a bhfiadnaise fiadhan
derlágadh mu náidhen . a cinn a nái mbl*iada*n.
1040 Ní thicfa is ní tháinic . bhudh ferr lám na luighe
is ní fuil crann sleighi . as sia doria a nduine.
Mairg g*us* tibre a sidhe . le claid*em* gu ngéiri
ó thic ferg a láimhe . an firghairg ar n-éirghe.

Is ann asbert Cailte:

1045 Céitghníma Oscair co mbuaidh . rí Ul*ad* gusan n-arduaill
ocus rí Laig*en* gan acht . *ocus* ri cródha Connacht.
Is dorala chuigi iar soin . Aedh mac Fid*aig* meic Finntoin,
ocus fácbhais hé gan cheann . ni gnáth an comhrag coimhthend.
Aedh Donn mac Ferghusa Finn . ri Ul*adh* gusan imrinn
1050 a los scéith is cl*oidim* cruaidh . do marb Oscar a n-aenuair.
Baetán mac Fir nairb co neim . do bó rí lonn do Laighnibh,
do mharbh gér' lór a cruaidhi . re hathladh na haenuaire.
A chomhalta caemh crínna . Oscar áluinn innríghdha,
Linne mac Ligne gu nglonn . do mharbh Oscar a n-imroll.
1055 Tainic d'féch*ain* in chatha . Niamh an éduigh ildatha,
mebhuis in cath ana .cenn . marbhthar in ríghun roithenn.
[Dob*ér* teist ara cuingid . ara laech co luathbuillib
nar' iadh a dha chois im each . bud ferr engnum na einech — *Fr.* 15a.]
Adeirimse ritsa dhe . a Phádraic co bhfírinde,
1060 ro ba mór a rect rígda . nír bo ceart a chéitgnímha.

'Adrae b*uaid* 7 b*en*nacht, a Cháilte!' ar Pátraic; '7 caidhi
Brocan? Scríbh(thar in) scél út lat, gomba gairdiughadh do
[fo. 166b 2] flaithibh deridh dom*ain* é.' Ocus do scríb Brocan.

'Maith, a anum, a Cháilte,' ar Pátraic, 'cia in fertsa ar an
1065 tul*aig* ar a tám?' 'Ní *ann*sa,' ar Cáilte, 'óclach d'fianuibh
Eir*enn* fuair bás annso .i. Airnélach mac Adhmalláin, mac
rígh Laigen, 7 táinic fer dána le duain do annso, 7 do ghabh
a dhuan. 'Maith a anum, a fir dhána,' ar eisiumh, 'léic cairdi
da... ogu rabat mu sheoit 7 mh'innmusa im farrad.' 'Dar
1070 mo b... ámh,' ar an fer dána, 'ní leiceabh gan do ghlamad
7 t'aeradh isin ló aniu[1] mun bá am buidech.' Mar atchuala-
seom sin, tuc a aig*id* re talm*ain* 7 nir' thócaib a ghnúis nogu
bhfuair b*ás* do náire; 7 do muiredh in tuluch thonnghlas so air,
7 ro tócbad a lia ós a chinn, gurab ris ata do dhruim-si, a
1075 naemhPhád*raic*.'

[1] aniugh *Lism.*, andíu *Fr.*

[*Cáilte cecinit*]
An fert fuil fan líg Lodain . ba fert fir uallaigh o thaigh,
fertán in láich niamaigh náir . Airnelaigh meic Admallain — *Fr.* 15ᵃ.]

'Neamh uaimsi dho,' ar Pátraic, 'a lógh a náire, 7 a thabairt
a péin.' *Ocus* táinic a anum a péin isin uair sin gu raibhe 1080
'na cholum ghel arin cairthi cloichi ós cinn Pátraic.

'Cia ata isin chinn-sa thes don tulaig, a Cháilti?' ar Pátraic.
'Sálbhuidi mac Feidleacair, mac rígh Muman, fuair bás ann a
ndegaidh fiadha sídhe .xxx. con 7 .xxx. gilla 7 .xxx. óclach, 7
ro muiredh in tulach orro': ut dixit Cáilte: 1085

    Atá isin chinn-sa thes . mac Sálbuidhi na n-eceas,
    ní háirimthi mar mháin bhic . cóeca conghlann finnaircit.

'Do ba maith linn,' ar Benén, 'na seoit sin d'fagh[b]ail'.
'Foghébha-sa sin,' ar Cáilte, 7 ro oslaic in fert, 7 do bhí lán
crainn a shleigi d'failghibh ann. 'Tucais nemh ar a náire don 1090
fir ó chianaib,' ar Beneoin, '7 tabair nemh ar a séduibh don
óclach ele ud.' 'Doberthar,' ar Pátraic.

Is and sin do fiarfaig Pátraic do Cháilti: 'créd ro dithaig
sibh uili in bar bhFéinn?' ar se. 'In dá chath tucsam fa deiredh,'
ar Cáilte, '.i. cath Gabra 7 cath Ollarbha. Tri catha dochua- 1095
mar-ne do chur chatha Innbhir Ollarbha, 7 ní thoracht acht sé
cét uainn as, 7 nir' cheis menma Finn ar an bhFéin riam co
sin a gcath ná a gcomhlonn, 7 tuc da uidh an uair sin esbadha
na triath 7 na tigernad 7 na curadh 7 na caithmhiledh 7 an
aesa gradha do thuit isna c(athaib sin):   1100

    Finnaidh dun in lín atám . ni meisdi nech uaib (a rádh),
    co finnam sunn, lith gu ngal . in lia duin n(a dhóib 'sin cath).
    [Maith mo muinter taeb re taeb . nocor' marbad Cellach caem,
    gaet do sleigh Deirg meic Dulaigh . isin tress a Tuath¹-Mumain.
    Cellach caem . do bí fam sithail is braen   1105
    cecha cluindís in dias glan . ní théighedh acu ar imra͟l͟,
    Seisiur do bí ar mh'inchaib . ní leicdís nech fa dímdhaigh,
    d'fostaighidis a techt amach . cech dáim ba hecail d'écnach.
    Beithech, Barran, Bresal derg . cruad Connla na canad cealg,
    Dubróid ocus Mac da dér . conochtaidis dam cech scél.   1110
    Dub Drumann do berrad dam . ba hinmain lam gasta glan,
    ní tabrad sgín ar aighidh . is lugha d'fácad ainimh.

---
¹ tuagh, *Fr.*

Dér mac Daigri círadh m'folt . maith doní *ocus* ní holc,
ní benad finda asa tuind . *ocus* ní *brisedh* deghbairr.
1115 Cú cuilli doroinded biadh . inmain óclach fuilech fíal,
ba maith m'imdaigh ar laighi . o Dubthach mac Dairene.
Cú cuilli . trom a bermaidh a builli,
bai inesair aici co dian . is ní benad a lam ria[m].
Mara gabra Glas mac D*eirg* . uathad ro fit . . .
1120 Daire rob . . . roind ris . ba f*err*di in leth cos' teigmis.
Lir mac Gabra bai fam sciath . inmain gilla robo . . .
. . . curraigh mo ślegh ro aeb . ní delighidis rim . . .
Taisech comóil Corc mac Suain . a hairer Alban adfuair,
tricha laech ro bai im thigh . co laithi mona ma faidh.
1125 Cairpri Cas . ro tindbed duind ar midh mas,
don . . do ocht feraib déc . do denam da . mbem céd.
Da assa don airgit bán . ro bi et*arr*o is lár
(c)liabinar siric dar ler . ima co*rp* comlan comgel.
Cathbarr caecdiabul co n-ór . bai machi [leg. 'ma chínn] re huair tinóil
1130 co cét ngem nglaine cen oil . co cét ngem do líg lóghmair.
An uair doberthea ar cuid dúind . sólus ó ursaind co cúil,
coindel do cách sund imne . a cathbarr im cenn Cairbre.
Andum lim ces*ach*t ar śluagh . a dénam ní dam is dúal
cosaníu ní dern*us* riam . a focus na a n-eitercían. — *Fr.* 15ᵇ — 16ᵃ.
1135 [fo. 167ᵃ 1] Ecoir d'Fath*od* tachair frim . mor lá ro leasaiged lim.
ní do deoin Luighdech Meic con . do thaichérad frim Fath*od*.
Is leasc leam tachar don treas . giamad lim no ricthe a les
mu ceim as ceim co nglaine . gu Dubhthor Dháil nAraidhe.
Ochtar is *sé* fi*ch*it fer . doneoch ba dingmala dhamh
1140 do marb*ad* ag Ard Abla . fa Donnghus mac Lánamhna.
Tri cét cath do chuir in F*hían* . itir tuaid is tes is t*íar*,
nochar' chuirset riam co sé . encath as mó egcaine.
An luct sin dochuadar dínn . no dhingebhdais a dhá lín,
aniu dá mairdis ar magh . ní hé Fath*od* nach finnfadh.

1145 'Adrae buaid 7 bennacht, a Cáilti!' ar Pátraic. ['Is mor do ... th do canais isin láidh¹ sin; 7 sc*rib* sud, a Brogain,' ar Pátra... ro scrib — *Fr.* 16ᵃ]. Is ann sin ro fiarf*aig* Caínen mac Failbhe, meic F*erghusa*, meic Eogain Mhoir do Cháilti: 'Cait ar' marb*ad* Oilill Ol*om* mac Mogha Nuadat?'
1150 Freagrais Cáilte sin: 'Marb é do cróbhainne chumad a mulluch Sléibhi Claire thes'. 'Ocus [cait inar' marb Sadb ingen Cuind?

---

¹ láigh, *Lism.*

ás Cainen — *Fr.* 16ᵃ]. As marbh Sadb ingen Chuinn do chu-
maid a meic mhórghrádhaig .i. Meic con a Temhraig [na
rígh, — *Fr.*] 'ar Cáilte. 'Cáit ar' marbad Ferchis mac Comáin
eices?' ar Cainén. 'Urchar', ar se, 'tuc Ael mac Derg-dhuib do 1155
bhir chruaidh chuilinn [dó] a mullach Sléibe Crot do dhamh
allaid, gur' mharbh Feirchis de.' 'Ocus secht meic áilli Aililla,'
ar Cainén, 'cait a fuaradar bás?' 'Benne Brit ros-mughaig iat
i cath mhór Mhuighi Mucramha ria mórṡochraidi Meic con.'

'Áth ísseal ar Magh mínadhbul, cidh dia tá?' ar Cainén. 1160
'Connla Derg a Cnuc dhen ro ghonasdar Fiacha Muillethan
mac Eogain ann, 7 Áth tuiseal de sin hé'. *Ocus* atbert Cáilte:

    Ath tuisil ainm an átha . do chach as fis fírfátha,
    tuseal tuc Connla Cnuic dhean . ar Fiacha maith Muilleathan.

'Ocus cath Samna,' ar Cainén, 'cia lasa tugadh 7 cia 1165
thorchair ann?' 'Cormac Cas, mac Aililla Óluim, tucastar hé
d'Eochaidh Abhratruadh do rígh Uladh atuaidh, 7 do tuit an[n]
Eochaidh Abratruadh, 7 do builed Cormac Cas ann, 7 ro bhái
trí bliadna déc ica leighius 7 a inchinn (ac si)led, 7 sé a ríghi
Muman ris sin. Ocus dorónad dúnad (7 degbai)le aigi ac dún 1170
ar sléibh, 7 is amlaid ro bhái (in dúnad s)in, 7 lochtopar grinn
glainidi ar lár an (dúnaid), 7 dorónad ríghthech romhór aigi
imon [fo. 167ᵃ 2] tiprait, 7 ro saidhit trí liagána cloiche uimpe,
7 ro suidhiged leabaidh in rígh 7 a cenn siar idir na trí huaith-
nibh cloiche sin, 7 óclach grádha da mhuintir ag tabairt uisce 1175
a cuach nó as sithal ima cenn. Ocus fuair[-sium] bas iarsin
ann, gur' cuired fo fochlaidhibh talman hé isin dún sin. Ocus
as de sin atá Dún trí liacc d'ainm fair,' ar Cáilte. 'Ocus as
é sin in scel ro fiarfaighis dim, a Cainéin,' ar Cáilte. Ocus
adubairt Cáilte an láidh: 1180

    Aibhinn gidh in dúnsa thair . risa n-abar Dún eochair,
    as aibhne fós o thic lá . loighe Sadhbha is Oililla.
    Marbh Sadb do chumaid Meic con . ro gaet Ferchis d'aenurchor
    don fairind ana farrad . marbh Ailill do thámhghalar.
    Ba marbh Eogan Mór gan mheth . a cath Mucramha maeithnech, 1185
    borrṡlat ro las ó ghnímuib . marbh Cormac Cas d'fuillídhain.
    Goin Fiacha Muillethain mas . meic Eogain gu n-airechas,
    lór a ṡolmha ro bái tan . ro gaet Connla ic Áth leathan.

[Ocus Áth lethan bodhéin . sloindit sárfir co sárcéill
1190 is Dun eochair os maidh móir . caidhi fochaind a claechlóigh?
Áth sisel ainm in atha . is e so in fis fírfádha,
don tuisel tuc Connla a cnucc dean . ar Fiacha maith Mullethan. — Fr. 16ᵇ]
Cath Samhna ro ládh ann soin . ann ba raen madma ar Ulltaib,
do builed Cormac 'san cath . do marbad rí na n-Ulltach.
1195 Tángadar a chnedha ris . re mac rígh fega fidhlis¹
gilla nár'bho dimbuan bladh² . usce inufuar ro foiread.
Gach lá do théiged fon es . mac Oililla Cormac Cas,
an leas dia mbí do bo ghar . dul fo Es Maighi³ morghlan.
Doluidh as co dún ar sléib . co dún a athar budhéin,
1200 ro saidhtea tri liaga lais . d'innfuarad a chinn chaemchais.
Dona trí liacuibh atciat . aderar ris Dún trí liac,
as é a ainm ó sin ale . tar éis Chormaic chinn Chlaire.
Marbh mac ríg Muman iar soin . do chneaduibh is d'fuill-idhoin,
ro adnacht 'san dún glan grind . a leabaid innfuair áibind.

1205 Dála Mhuiredhaig mheic Finnachta rígh Connacht [indister
asa haithle sin — Fr.]. Ro bói mac grádach aigi .i. Aedh mac
Muiredhaigh, 7 ro fuacradh imáin ag macraid choicid C(onnacht)
intan sin, 7 ruc Aedh mac Muiredhaig sé (cluichi) ar an ma-
craid gan nech da chuid(iugud leis) [fo. 167ᵇ 1] 7 ro suidhe-
1210 astar iarsin, 7 ro ghab slaedan tiughmaine⁴ tromghalair hé, 7
fuair bás ann sin, 7 ro hinnisedh da mhuinntir sin 7 da mhathair
.i. Aifi [Foiltfind] ingin rígh Uladh, 7 dorónad nualghubha mór
ag mnáibh an cóicid do bhás in macaimh sin, 7 adubhairt a
mháthair a thabairt a n-ucht in Táilcind .i. intí dar'thidhluic
1215 Dia Eire uile, 7 comus lesaigti cáich innti. 'As imdergad mór
leamsa sin,' ar rí Connacht, 'mun bhadh deoin do féin hé.'

As ann sin docuas ar cenn Patraic asin pubaill a raibi
rí Connacht cona slóghuibh, 7 in mac marbh ann, 7 brat corcra
corrthorach thairis 7 culpait chaemh chorcardha⁵ 'na thimceall.
1220 Ocus adubairt a mháthair 7 a trí comhaltada 7 a deirbhsiur cumad
marbh da chumaid iat. Ocus ó'tchuala naemPátraic sin ba
truagh lais, 7 tainic a chraidhe forro.

Is ann sin tucadh loingsithal bhánoir chum an chléirig, 7
a lán d'uisci innti, 7 coisercaidh in t-uisqi, 7 tucadh a cuach

---

¹ leg. Feda findlis?   ² blagh, Lism.   ³ maidhi, Lism.
⁴ tiudhmaine, Lism. tiugbaidhi, Fr.   ⁵ chorchardha, Lism.

fetta finnaircit an t-uisqi, 7 éirghis an naemchleirech 7 tócbais
in chlupait (sic) caeim corcordha, 7 tuc trí bainne don uisqi a mbél
Aedha meic Mhuiredhaig, 7 in treas loim tuc ina bheol ro éirigh
óghślan, 7 tuc a láimh dara agaidh [mar do beith a mbandail no a
cuirmthigh, — Fr.] 7 do éirig.asan imdhaid amach. [Cáilte cecinit:

Aed mac Muiredaigh meic Findachta . air re himred firferta
ro athbeóaigh Patraic co mblaid . re hathlum 'san aidchi sin — Fr. 17.]

Ocus ba subach somenmnach na slóig de sin, 7 do creitset
do Dia, 7 tucsat a cinn a n-ucht Patraic, 7 tucsat a comus ó
bhic gu mor dhó, 7 do bádar ann sin re hedh na hoidhche[1]
sin [co tainic lá cona lansoillsi, — Fr. 17] 7 ro facbhatar in
baili arnamhárach. Ocus táncatar na slóig uili rompa a nGann-
mhagh, risa n-abar Magh Find isin tan so, 7 i Tochar an bhan-
chuire, re a ráidhter Tochar Find isin tan so, 7 lámh dhes re
Ros na fingaili, re n-abur Ros Camain isin tan so .i. nái meic
Uair meic Idhaist ro marbsat a chéli ann, conad de aderar Ros
na finghaile ris, 7 do Ráith Glais, re n-abar Raith Brénaind.
Ocus ro saidhed pupall rígh Connacht ann sin, 7 do riact Patraic
7 Cáilte, 7 ro suidhset ar an firt fótbaig ós or na rátha, (7
táin)ic rí Connacht co lín a slóig, 7 suidhit a farrad [fo. 167ᵇ 2]
Pátraic 7 Cáilti.

Is and sin ro fiarfaig Muiredach mac Finnachta do
Cáilti: 'Cidh dia tá Ráith Glais ar in ráith si?' 'Adérsa rit,'
ar Cáilte. 'Glas mac Dreacain, mac rígh Lochlainn, táinic cúic
catha fichet do ghabáil rígi nEirenn, 7 is ann tángatar, gu
Cathair Dhaimh díleann, risa n-abar Dún Rosarach, 7 is ann
bái Find mac Cumaill, a n-Almain Laigen intan sin'.

Do fiafraig Muiredach do Cháilti: 'cidh fa tucadh Almha
uirre?' Freagrais Cailte: 'óclach do Thuaith dé Danann do
bhí isin Brugh braenach breacśolus. Bracan [leg. Bocan?] a
ainm, 7 do bí ingen a n-oighi aigi, Almha a hainm, 7 tucastar
Cumhall mac Trénmhoir hí, 7 ba marb do bhreith mheic do
Chumall hí, 7 ro múired in tulach tonnghlas so thairrsi, gurub
uaithi ainmnigther an tulach, 7 Tulach na faircsina a hainm co

---

[1] hoighthi, Lism.

sin. Nó Almha ainm antí ro ghabh re linn Neimhidh. Nó dana
1260 Nuadha drái doróine dún 7 dingna ann, 7 do ghab almhain
don dún, cunad de atá Almha.' Ocus adubairt Cáilte:

  Almha Laigen, lis na fian . bhaili ar' ghnáthaig Find fírfial,
  atá sunn do réir gach sin . an ní dia fuil in t-ainm sin.
  Almha ainm in fir do ghabh . re linn Neimhid co nertbhladh,
1265   marbh thall 'san tulaig uaine . do thámh obunn énuaire.
  Oclach d'Feruib Bolg nár' bhaeth . Iuchna ba hainm don óclaech,
  ba lán an dún tiar is toir . da éidib 7 da almhoib.
  Luidset á tainti le tart . d'ól usce cum na tiprat,
  gleacsat le truma a tarta . gur' facsat a n-adharca.
1270   D'adharcuibh na mbó mbreac mbán . ro fágsat imon uaran,
  as de fuil ann sunna 'na . adharc bó adbhul Iuchna.
  Coic inghina ac Iuchna ard . 'con óclach ghasda glégharg,
  is uathaibh sin leath a fat . gach ferann mar do ghabhsat.
  Carman i Carman nach mín . 'ga mbitis baird (sel) combrigh,
1275   ben Trega 'na thigh treorach . (nir'bh í) ben ná haithgeonadh.
  Mag Life a(r lí an óir) . gun ogmhnai gasda gealmhoir,
  dar leam ni senchas sóebh so . 'san cóiced ingen Almho.
  Nuada drai ba gilla garg . doronad lais dun dronard
  a n-Almhain gu ngloine ngrinn . do sonnach a dhuin dighainn.
1280   Aeingheal an dun dreimnibh dreann . mar do ghabadh ael Eirenn,
  don alumhuin tuc o thoigh . as de ata Almha ar Almain.

'Is maith do hinnised an scél sin, a Cháilti,' ar Muiredach
mac Finnachta. 'Is ann do bámar-ne ann sin,' ar Cáilte, 'a
nAlmain Laigen', 7 ráinic fis na loingsi sin chugainn, 7 as í
1285 tuc an fis sin lé, Sprédh aithinne, ingen Mhughna Mí[a]ncrae-
saigh, bainechlach rígh Eirenn. Ocus do gairmedh a bhainech-
lach cum Find do thinól 7 do thoicheasdul fian Eirenn 7 Alban,
7 do thinóil Cormac ua Cuinn tuatha Temra 7 buidne Breagh
7 mórochraide bfer nEirenn, 7 tancatar cúic catha fichit cusan
1290 mag so, 7 doronad crandchar idir in bhFéinn 7 aes na treabaire
cia dhíbh da roised tus do thabairt an chatha dona hallmharchaib,
7 ro siacht don Féinn in cath do thabairt ar tús. Tucad in cath
gach lái co cenn sectmaine 7 ro marbad cuic cét déc d'allmar-
chaib 7 d'Eirennchaib, 7 tucadh in mórchath iarsin 7 torchuir
1295 Glas le Finn mac Cumaill, 7 torcratar a secht meic leisin Féinn.
Ocus tri .l. óclach docuamair-ne maraen re Find do chur in

chatha sin, 7 do thuit .1. laech la gach nech uainn, 7 dochuamar-ne triar oclach don Féin maraen re Finn isin phupaill a raibhi Glas mac Dreagain, 7 fuaramar nái n-uaitne óir ann, 7 an t-uaitne ba lugha díbh ba commór re cuing n-imechtair, 7 ro 1300 folchamar isin móin ruaidh-se don taeibh tuaidh don ráith iat.

[A Ráith Glais . cosa tathaighmis¹ mór n-uair,
do foilghes *nói* n-uaitne óir . isin móin rét múr atuaidh.²
T*rí*ar bamar 'ca folach sin . ba hé ar lin re ar comáirem,
Find is Oisin, Cailti cruaid . sind ros-folaigh re henuair. 1305
Tri *coecait* ro lodmair-ne . faré Find co mét maisi,
marbsum *coecait* cech tratha . fa cladh na ratha glaisi — *Fr.* 17.]

Ocus do cuireadh Glas mac Dreacain fo thalm*ain* annso, conadh uaidhe ata Ráith Glais ar in ráith so.

'Adrae b*uaid* 7 b*ennacht*, a Cháil*ti*!' ar Pátraic, 'is maith 1310 an scél do innisis duinn: 7 scríbhtar an scél út lat, a Brocáin,' 7 do scribh Brógán.

Ocus do bádar ann sin re hedh na haidhchi sin, 7 do éirghetar co moch arnamhárach, (7) táncatar rompa i Ré carpuit Fearghusa, fris(a r)aidhter Imaire meic Chonnrach isin tan so, 7 1315 do Cnuc na ríg, frisa n-abar Uarán nGar*ad*, 7 do gabadh [fo. 168ª 2] sosad 7 longphort les ann, 7 do srethad a phub*all* [tar cend irsi na nGaedel .i. — *Fr.* 18] tar Pátraic, 7 do chan a thrátha ann sin, 7 do benn*aig* an tuluch taebháluinn togaidi, 7 do ráidh: 'Bid hí so an t-ochtmad releac dhéc bhus dili leam 1320 a nEir*inn*.' 'As eadh ar doilghi,' ar rí Connacht, 'gan uisce a comfochraibh di.' 'Madh deoin don Dúil*emain*,' ar Pátraic, 'biaid usce ann so.'

Is annsin adracht Pátraic 7 beann cairrgi [cloichi — *Fr.*] adconnaic a n-imeal in bhaili táinic da hinnsaighidh, 7 saidhis a trosdán 1325 isin carraic gur' ben re grian 7 re grinneall, gur' meb*hadar* trí sreabha d'uisqi eochargorm [firuaine — *Fr.*] asin carraic. 'Fácbala ar in tiprait, a naemhPatraic,' ar Beneoin. 'Coimgi gu cenn nomhaidhi do gach neach ibh*es* a huisqi,' ar Pátraic, ['7 ma huime b*us* marb é nem Dé dó, — *Fr.* 18] 7 us*ce* Eirenn 1330 uili do dhighbhug*ud* fo trí re deiread an domain tre mhóid in

---
¹ tathaighemais, *Lism.*   ² atuaigh, *Fr.*

Dúileman, 7 Eire do leasugud asin tiprait-si, 7 in t-uisqi se fo trí do thabairt cum duine galair, 7 ni fuil aincis nach foirfe'.

'Indis athscél[1] duinn, a Cháilti,' ar Patraic. 'Indésat,' ar Cáilte, 'scél ima tarmairt fianna Eirenn, etir choin 7 duine, do mharbad aran tulaig si a dtai. Guaire Goll 7 Flaithes Faebrach, dá ghilla imairchthe fithchle Find, 7 táinic óclach d' imirt fi[d]chle re Guaire ar an tulaig si .i. Finn Bán mac Breasail, mac rígh Laigen. 'Imératsa geall friut,' ar Guairi Goll. 'Crét in geall?' ar Finn. 'Tri uinge d'ór ó chechtur againn [co ceand tri lá 7 tri n-aidchi, — Fr. 18]' ar Guaire. Ocus is amhlaid do bí Find Bán as é an treas fi[d]cheallach as ferr do bhí isin Féin hé .i. Finn mac Cumaill 7 Diarmaid o Duibhne 7 Flaithius Faebrach gilla na fi[d]chli. [Ocus roraid Oisin so and:

Flaithius Faebrach gilla Find . 's é is ferr ro imred fithchill,
nocha tarraid ar clár beirt . lámh budh áille ica himbert — Fr. 18.]

Ocus do imredar an dias sin re trí lá, 7 ní ruc Guaire énchluichi rissin, 7 do thuit a gheall uadha, 7 tucastar ail 7 aithis ar an óclach ele, 7 adubairt nár' ghilla a ngillaighecht hé, 7 nár' óclach i n-óclachus 7 nár' ghaisceadach a ngaisced. Ocus tócbus Finn Bán in láim, 7 tuc dorn do Ghuaire co tuc trí cláirfiacla asa charpat uachturach [7 tri fiacla asa charpat ichtarach — Fr.]. Ocus do tarla ina luighe (ar) chlár na fi[d]chle. Indister sin (don ríghfeinnid), 7 adubairt Finn Bán (cona mhuintir do mharbad). 'Dom bhréithir', ar Oisin, 'ní muirbfider, acht ra(chaid i mbreith) Cáilte 7 Diarmata í Dhuibne 7 Fer-(gusa Fínbeoil .i.) [fo. 168ᵇ 1] ollaim na Féinne, duitse, a Finn'. Ocus rucsat an triar sin a mbreith .i. áit a comraicfisi 7 gilla Finn Bháin tabairsi dorn dó, 7 rachaid ascaidh duitsi leis [sin] '.i. uingi d'ór ó gach tháisech Féinne d'fiannaib Eirenn; 7 dorónad síd amlaid sin acu.

Ocus a cinn fichet bliadan tángamur gu Caill Coimhéda i crích ua Tairrsidh Laigen, risa raidter Druim Criadh isin tan so, 7 dochuadar an Fian do seilg, 7 do fácbhatar óclach don Feinn ac coiméd in bantrachta, dar'bho comainm Garad

---

[1] scel, Lism. athscel, Fr. 18.

mac Morna, 7 is amhlaid do bhí Garad ann sin 'ar techt ur-
mhóir a aeisi, 7 'ar marbad a bhráithrech [acht becan namá —
Fr. 19]. Ocus adubratar na mná risseom: 'Maith, a anum, a
Gharaid, in áil letsa fi[d]chell d'imirt frinne?' 'Ní háil immorro',
ar eisium. 'Cidh ón?' ar an bantract. 'Laithi n-aen do bámar-ne 1370
ac Tulaig na rígh 7 ag Loch an eoin a cuiced Connacht, 7 do
innis an scél dóibh, 7 is é so é, a naemhPátraic. Ocus adu-
bairt ben dibh: 'nách uime do fácbhadh Garad inar farrad-ne
do dhénam theined duin 7 d'imirt fi[d]chle rinn, uair dochuaidh
ara lúth 7 ara lámach, 7 loighi aeisi dho in loighi a dtá.' 1375
'Darm' bréithir', ar Garad, 'is glor ban mbidhbad sin, 7 gidh
fada do beinn-si a coimhlenmain na Fénne nírsat carait bunaid
fa deredh iat. Is annsin ro addá theinid moir isin mbruidin[1]
7 ro dhúin na secht ndorais bai uirre, 7 táinic féin amach 7
tuc a airm leis, 7 adubairt riu-san an senrann: 1380

A mna áilli Fénne Finn . imridhse féin bhur bhfi[d]child,
sibsi sósar in rígh ghlic . misi senóir, sean m'imeirt.
Bruth aeisi orm snas ar sin . am comhaes re bhar n-aithribh,
is áithe cach ndelg as só . im [leg. ní?] chomaeis ar comhchluicheo.
Cumain lim lá ag Loch an Eoin . ni maith senóir gan seinsceoil, 1385
da tarmairt a[r] n-ár uili . tre imarbháigh[2] énchluiche.
Do bí Guaire gilla Finn . ag fáithimirt ar fi[d]chill,
ocus Finn Bán mac Bresail . da tarla dóibh imresain.
Dob ferr d'im(ertach) Finn Bán . iná Guaire a Glaiss berrán[3],
ruc Finn Bán cetra cluichi . ní ruc Guaire (acht énchluiche). 1390
(Fásaid ferg mór) a nGuaire . re mac Bresail bratuaine,
doráidh olcc (daririb ris . tré)na beirt ndírig ndílis.
[fo. 168ᵇ 2] Ba mór imnairi Finn bain . is tócbaidh gu luath an láimh,
gur' ben tar bél Guaire gloin . dorn ó mhac buadach[4] Breasoil.
Eirghit suas an Fian amra . fial oscurdha fírchalma, 1395
saeth leo gilla na flatha . do bhualad tré drochfatha.
Eirghit suas fianna Find bháin . is fian meic Cumaill d'énláim,
fiann Cáilti, fian Conáin chain . fian Oisín, fian Ferdhomhain.
[Ergid allos gaiscid gloin . fiann Find fein, fian Mail enaigh,
fian Duib drumann a Ros Guill . fian Guill ocus fian Irguill — Fr. 19ᵃ.] 1400
Is ann adubairt Find féin . 'dech amuich, a meic mhóirtréin,
cidh 'ma fuil ferg na Fénne . crét adbar a coiméirghe?'

---

[1] mbruigin, Lism.   [2] imarbhaidh, Lism.   [3] bemann, Lism.
[4] buagach, Lism.

'Guaire do ghilla-sa, a Finn . 'óclach do bhi fot fi[d]chill,
ni maith in t-adbar da fuil . a marbad do mhac Breasuil.
[Gabar mac Bresail cen brath . ar mac rechtaire Temrach
baeth do neoch cemad trenfer . marbad gilla in righféinded — *Fr.* 19ᵃ.]
'Gabhthar mac Breasail,' ar Finn . 'ná gabhthar comha da chinn,
ní ba comairce dhó dhe . Diarmait, Oisín, ná Cáilte.'
'Dar do láimh, a Finn gu nglóir . dar h'uais[l]i is dar h'onóir,
ní muirbhfither mac Breasail . ó tarla 'na imreasain.
'A athair, oiris 'gut chéill . a mheic Cumaill,' ar Oiséin,
'breth dírech as dú do flaith . is ní briathar bhaegbalbhraith.
Gidh sinne no beth gan chosc . ditsa dlegar ar tecosc,
tabair fod déid fis do mér . na beir luaithbreith ar leithscél.
Gabhthar Faelchu mac Fir chruim . gilla meic Breasail barrtruim,
mad do marb-san Guaire glan . marbhthar latsa féin Faelchad.
Tiaghmait i ndegaid Finn Bháin . ó mac Cumaill einechnáir
co tucsam mac Breasail lenn¹ . co righféinnid Fían Eirenn.
Do fiafraig Find d'Finn aili . Find mac Cumaill Almhaine,
'créd 'má raibhi do Ghuaire . ar n-imthecht ar n-anbhuaine?'
'Guaire do ghilla-sa, a Finn . bachlach do bhí fat fi[d]chill,
táinic tri maitne muichi . rom-greannaig fa éncluichi.
Rucus cetra cluchi ann sóin . ar Ghuaire mac Beobeartoigh,
rom-loisc in uair fa lonn leis . tre feirg ocus tre aitheis.
Dorat orum aithis tenn . a fiadhnaisi Fian Eirenn,
nír'bhám gilla, nir'bam laech . tan ba hairc nír'bham óclaech.
Tócbhaim mu láim ndirigh ndeis . nocha ndernas ann eisleis,
doradus dorn dara bhél . ni innisim acht fírscél.
'Bennacht don láim dorat dó' . ar Oisín, ní him(argó),
do gilla-sa, a Finn na fledh . ní gan fath(adh do buailed).
Muna maithi in dorn co daith . icfaither rit, a (ardflaith),
rot-fia screabal óir gach fir . olc dia (mbíthea gan chluinsin).
[fo. 169ᵃ 1] Doigh damad maith letsa sin . a n-olc do chosc ót ghillibh
Guaire, Comán², Saltrán seng . ag imdergadh fian Eirenn.
Guaire do imderg Finn Bán . Glas d'imdergad do Chomán,
mó gach scél Saltrán solam . do rádh uilc re Ferdhoman.
Finn mac Breasail ó Ráith chró . mad thuc dorn dod ghilla-só,
tabair a flaith na corn cain . dorn do gilla meic Bhreasail.
'Beir mo bennacht, eirg dot thoigh' . ar Finn re Finn mac Bresail,
'luach a ndubairt Guaire féin . dligid sárbriathar sárbéim.
As í ascaidh iar[r]uim ort . a flaith na fian faebharnochd,
narub bés ó aniu³ cu bráth . gilla d'fuigeall re hóclach.

---

¹ linn, *Lism.*   ² Conan, *Lism.* Camán, *Fr.*   ³ aniugh, *Lism.*

Tucsam lughi lámh do láim . fian meic Cumuill einechnair,
nach lémadh beith a bféin Finn . gilla nach tibhredh uirrim.
Misi as gilla dháibh anocht . orraim uaim dhaibh, a bhanntrocht,   1445
tucus fom bréithir theglaich . nach trotfainn re hingenraidh.
Gidh cian do bheimís male . a bhanntracht Finn Almaine,
cein bus cumhan lim rem lá . ni imérsa ribh, a mhná.'

'Adrae buaid 7 bennacht, a Cháilti,' ar Pátraic, 'is maith
an fis 7 in forus sin do innisis.'   1450

Ocus do éirghetar in slógh rompu do [Carnd na hairmi,
risi n-abar — Fr. 21] Carn Fraeich meic Fidhaigh [isin tan sa,
— Fr.], 7 táinic Pátraic suas isin cnuc. 'Maith a anam, a
Cháilti', ar Pátraic, 'ar' chreideabairse do rig nime 7 talman,
nó an fetubair a beith ann etir?' Frecraidh Cáilte sin: 'rofitir 1455
in flaithféinnid,' ar Cáilte, 'ór ba drai 7 ba fáidh 7 ba flaith
é, 7 do thuicemar-ne uili cu raibhi Dia ann tré urchra aenoidche[1]
adconncamar'. 'Crét an urchra sin?' ar Pátraic. 'Teg(l)ach mór
bái ag rígh Eirenn ac Cormac mac Airt, deich fichit mac ríg
bá sedh a lín, 7 ní bái duine díb sin acht mac rígh 7 ríghna, 1460
[7 ni tabrad duine dibsin ben acht ingen righ 7 righna —
Fr. 21] 7 ac Ros na rígh fria Te(mhra)ig anorthuaidh no bítis.'
'Crét in ros éisein?' ar Pátraic. 'Ros cailledh,' ar Cáilte, '7
míle do cenél gacha crainn ann. 7 do bhí rígbhruiden[2] romór
ann ag na macaibh rígh sin, 7 ní déntai acht a cuid do thid- 1465
lacad o Themhraig dóib, 7 do bádar iar n-ól 7 iar n-áibnes .
adhaigh[3] ann, 7 ro déirget a n-imdaidhi dóibh, (7 d)o bádar
ann re hedh na hoidhchi[4] sin.

Is ann sin (tái)nic prímhrechtairi na Temrach .i. Binde
(Bóinde) d'agallaim mecc rígh Eirenn do bhí isin bruidin,[5] (7 1470
ro dhéch) uime in tech, 7 is amlaid do bátar, [fo. 169ᵃ 2] [7 siat
— Fr. 21] marbh uili, 7 do thuicemar assin go raibi in
fírDhia forórdha ann .i. in nech aca raibe comus 7 cumachta
orainn uili.' Ocus atbert Cáilte:

Baili na ríg, Ros Temhrach . ann ba meinicc mórtheglach,   1475
ba himdha sluag is groigi . ar a thaebh go tonnghlaine.

---

[1] aenoighthe, Lism.   [2] rígbhruigen, Lism.   [3] aghaidh, Lism.
[4] hoighthe, Lism.   [5] bruigin, Lism.

Deich fichit mac rígh ba ráin . do bí 'san teglach tromnáir,
an coimlín cétna do mnáibh . do bhí 'san tulaig thonnbháin.
Ní faca urchra mar soin . a Pádraic uasail idhoin,
iar ndul uili as male . in slóg do bí i n-énbhaili.

Ocus do hadlaiced isin tulaig sin na *deich fichit* fer 7 na *deich fichit* ban sin, conid Cnoc an áir ainm in chnuic ó sin alé, 7 dála na cailledh a rabatar ro śluic an talam fana comair in ros uili, 7 ro thuicsem rí[g] nime 7 talman trít sin,' ar Cáilte.

'Adrae buaid 7 bennacht, a Cháilti,' ar Pátraic.

Is ann sin adubairt Cáilte: 'As mithigh damsa imthecht amárach, a anam, a naemPatraic.' 'Crét um a n-imthighi?' ar Pátraic. 'D'iarraid cnoc 7 céite 7 dingnadh in bhaili ir-rabutar mu choicli 7 mu chomaltada 7 in flaithfénnid 7 maithi Fian Eirenn am fochair, ór is fada lim beith a n-aein inad.' Ocus do bátar ann in adaig¹ sin, 7 do éirigh in slóg uili, 7 do éirigh Cáilte, 7 tuc a chenn a n-ucht Pátraic, 7 adubairt Pátraic: 'Nemh uaimsi duit gibé inad amuich nó a tigh a ngébh[a] Dia lámh ort [am écmaisi' — *Fr.* 24ᵇ].

Is and sin do éirig Muiredach mac Finnachta ri Connacht roime d'imluadh a rígbi 7 a flaithiusa, 7 táinic Pátraic roime do śílad chreitmhe 7 crabaid [7 croisfighill — *Fr.* 24ᵇ] 7 do dhíchur deman 7 druadh a hEirinn, 7 do togha² naemh 7 fírén 7 [do tocbáil — *Fr.* 24ᵇ] cros 7 uladh³ 7 altoiredh, 7 do thairnemh idhul 7 arracht 7 ealadhan ndráidhechta.

Dála Cáilti immorro, ráinic roime budthuaidh co leathanMagh Luirg in Dagda, 7 tar Corrśliab⁴ na Féinne, risa raidter Es mac n-Eircc isin tan-so, 7 i Sliabh Seaghsa ua Eibric budtuaidh, 7 i mBernaidh na cét, risi raidter Ceis Coruinn, 7 a clár-machaire in Choruinn amach.

Ocus is ann sin atcualadar in fidhrén⁵ adbal da n-innsaigid, 7 déchain (ro déch) Cáilte secha co facaidh na nái n(daim discire) alltaidhi, 7 tucsat nái n-ur(chair doib, [fo. 169ᵇ1] gur') marbhsat na nái ndaimh, gu raibhi cuid na haidhche⁶ acu, 7 do thócbhatar orro iat, 7 tucait co hEs meic Modhairn, re n-abar

---

¹ agaid, *Lism.*   ² thócbail, *Lism.*   ³ ultad, *Lism.*
⁴ coirrleim, *Lism.*   ⁵ fighrén, *Lism.*   ⁶ haighthi, *Lism.*

Es dara, 7 i Crích in cosnama, re n-abar Crích Cairbre, 7 do Rinn Eabha inghine Geibhtine meic Morna, áit ar' bháidh tonn tuili hi, 7 do Druim derg re n-abar Druim cliabh, 7 d'Áth in chomraic, re n-abar Áth doim ghlais. Ocus luidhset as sin rompo co Leacht na muice [co Beind nGulban, — *Fr.* 25] áit ar' 1515 marbh an muc Diarmait ó Duibhne, 7 gu mullach na tulcha [tondglaisi suas, — *Fr.* 25] áit i tá Leabaidh Dhiarmada. Ocus do chuir Cáilte a arma re lár ann, 7 do luigh ar leacht 7 ar lighi [a coicli 7 — *Fr.* 25] a chomhalta [7 a fir grada .i. Diarmata uaDuibne, — *Fr.* 25] 7 ro cháiestar déra folc- 1520 mara fírtruagha gur' bhó fliuch blái 7 bruinne dhó, 7 adubairt: 'truagh[1] amh mar dochuaidh [mo coicli 7 — *Fr.* 25] mu chomalta uaim!' Ocus o bátar ann ó medón lái co crích fuin- id nóna. 'Truagh sin, a chairdi,' ar sé, 'ni bhadh dúthracht limsa dul ón lighi se cu bráth do chumhaid Diarmada 7 a 1525 chloinne.' 'Cidh ón,' ar Flann mac Failbhe: 'in rabhutar meic ag Diarmait?' 'Do bátar *immorro*,' ar Cáilte, '7 'ac so a n-an- manna:

    Anmann mac nDiarmada duinn . re hing*in* Cormaic hí Chuinn
    Donnchad is Illann is Uath . Sealbuch, Sercach is Iruath. 1530

    Ocus in t-Áth daim glais sin adubramar, as ann do chomraic Cailti coscair ríg re Dithrumach mac in Scáil, meic Eogain, mac ríg Muman 7 mac máthar d'Finn hé. Ocus atbert Cáilte:

    Do chuirset comhlann cu cruaidh . a fiadhnaise in tslóig mhóir mhais, 1535
    tócaibset fidhbadh[2] ra feirg . ar in leirg ós Áth daim ghlaiss.
    Cáilte ro dhibraic ar tús . in sleigh tre dlús gaiscid grinn,
    nír' mhó iná a cur as a láimh . in uair tarla an tsleg áigh[3] inn.
    A lámh dhes is a chos chlé . do bhen do Dhíthrumhach dhían,
    a cenn do fác Cáilte cruaidh . don táibh atuaid do Druim cliab. 1540

    Ocus lotar rompo gu Caill na mbuiden, re n-abar Caill Muadhnatan, 7 tar Beinn Gulbain Guirt mheic Mhaeilghairbh [bothuaid, *Fr.* 25] 7 gu Garbhros, re n-abar Daire na damhraidhi, 7 doghniat fianboth fairsing fulachtaidh and, 7 (ro ecrat)ar hí do seisc barrghlais buinghil (ó féici co) fornasc, 7 dorónad 1545 innconadh [fo. 169ᵇ 2] 7 fulachtadh leo ann. 'In fuil uisci a

---

[1] truadh, *Lism.*   [2] fighbhadh, *Lism.*   [3] áidh, *Lism.*

n-imfogus duin?' ar fer dibh. 'Atá ámh,' ar Cáilte '.i. tipra Oisín.' 'Is dorcha an adhaig¹, ar na hócláich. 'Ní damhsa is dorcha,' ar Cáilte, 'uair ni fuil inad asa tabar lán énchuaich
1550 a haill na a habhuinn [*no* a hind*ber* — *Fr.* 25] a *cuic* ollcoigeduibh Eir*enn* nacham eolach itir lá 7 oidhchi [indtib sin. — *Fr.* 26]. Ocus ro gab cuach airgdidhi² isindara láimh do, 7 a slegha³ crannremra cródhaingne isin láimh araill, 7 táinic roime docum na tiprat, 7 atcuala in mblais*echt*aigh 7 in mbuaidirt ar an
1555 uisqi, 7 is edh búi ann, torc taeibhleabar ag ól an uisqi; 7 tucastar a mh*ér* a suaineam na sleigi seimnigi sodibraicthi, 7 tuc urchar don mhuic co ros-marbh, 7 ruc leis ara mhuin 7 in cuach 'na láimh [ar aen rían — *Fr.* 26].

Ocus do bátar ann re hedh na haidhche⁴ sin, *ocus*
1560 tángatar rompu arnamhárach tar Es R*uaid* mheic Mhod*uir*n, 7 co Sídh Aedha Esa Ruaid, ocus ar tiachtuin dóibh and atcíat in t-ócla*ch* ar an tulaig tonnglais ar a cinn, 7 brat corcra corrtharach uime, 7 dealg aircit isin brut ós a bruinne, 7 geilsciath co tuaighmhílaibh⁵ óir deirg fair, 7 cuachsnaidm
1565 [loghm*ur* — *Fr.* 26] ar a folt, 7 dá choin selga ar slabraduibh snímacha senaircit 'na láimh, 7 airm tréna tromghlasa 'na láim. *Ocus* ar rochtain do Chail*ti* dha innsaig*id* toirbiris teora póg co dil is co dí*ch*ra dhó, 7 suidhis ar in firt 'na fochair.

'Cia thusa, a ócl*áich*?' ar Cáilte. 'Derg dianscothach mac
1570 Eog*ain*, a tuathaib Uisn*ig* amuich, do chomalta budhéin.' 'Cinnus ata dó betha ag m*uintir* do mh*áthar*?' ar Cáilte. 'Ní fuil a n-uiresba*id* duin do biudh na d'étach,' ar an t-ócla*ch*, '7 ba hiat triar is mesa betha búi isin Féin .i. Ligarne Licon 7 Semenn Sacaire 7 Bec gilla na mBromhac [leg. Brodhmucc?],
1575 7 ro badh fearr lim-sa beith 'na mbeth*aid* sin iná bheith isin bethaidh a fuilim isin tsídh.'⁶ Gidh uathadh duitsi oc seilg aniu,' ar Cailte, 'atconnarcsa thu cu mórbhuidnech a Comar trí n-uisqi tes, áit a comraic Siuir 7 Beoir 7 Berba, *cuic cét* décc óclach 7 *cuic cét* déc gilla 7 *cuic cét* déc ban.' *Ocus* atbert:

---

¹ agh*aid*, *Lism.*   ² airghidhi, *Lism.*   ³ shledha, *Lism.*
⁴ haighthi, *Lism.*   ⁵ tuaidhmhílaibh, *Lism.*   ⁶ tsídh, *Lism.*
⁷ aniugh, *Lism.*

Uathad selga sin a Dheirg . do scaruis redt feinn 's ret seilg, 1580
in at eolach, comull nglé . a n-oidheduib[1] na Fénne?
'Am eoluch-sa, línibh gal . gach baile (a) torchratar,
[fo. 170ᵃ 1]gé bheth i síth mó cliu chain . fuil mo menma ar na fianaibh.
Nocho rabhasa fós riamh . toir na thuaid na tes na thiar,
bhaili bud gairdi rem ghal . ná na mesc gémad uathad.' 1585

'Maith, a anum, a Deirg, cia don Féinn ata isin firt fótbaigh ar a tám?' ar Cáilte. 'As misi 7 tusa ro adhlaic hé,' ar Derg, 'cóir gia beth a fis acam'. *Ocus* atbert:

Cuinnscleo gilla, mac Annscleo . ros-foirrghedh fira a fuirrsceo,
naenbar fo dairbre nduillech . foirrged in cuinged duinnscleo. 1590
Cuinnscleo gér' bhaeth nír' briathrach . do bo laech i ló luaithcreach,
áit a tollta scéith breaca . nochar' é in t-egal uaimhnech.

[*Ocus* is esin, a Cailti, atá isin firt fótmaighi sea, 7 is sind araen ro cuir fa fochluidib tal*man* — *Fr.* 27ᵃ.]

'Cia risa nderna an rith dian doilig, a Dheirg?' 'Risan 1595 ech ndub ro bái ac Dil mac da Creac,' ar Derg:

Each dubh ac Dil mac dá creac . in gach cluiche ro chuirset,
ocon carraic ós Loch Gair . ruc trí lánbhuadha an aenaig.

'Gá tech a rabhumar in adhaigh sin, a Cháilti?' ar Derg. 'A tigh Catháir meic Ailella,' ar Cáilte, 'ar mbreith Finn 7 na 1600 Fénne leis ar cuiredh. Ocus do bámar teora lá 7 teora hoidhchi a tigh Catháir [cen athscis, — *Fr.* 27ᵃ] gan uiresbaid bídh na leanna na leasaigthe ar ar sluagaibh'. 'In tucsam ní dhó, a Cháilti?' ar Derg. 'Tuc Finn,' ar Cáilte, 'trí cét bó 7 .ccc. brat 7 tri cét uingi dh'ór.' *Ocus* adubairt Cáilte: 1605

Trí cét bó is trí cét brat . trí cét claidem ba comnart,
dorad Finn fiach a leanna . do Caithír mac Ailealla.

'Cia tuc in t-ech dub d'Finn?' ar Derg, 'an hé Dil mac da Creaca nó an he Caithir mac Ailella?' [Fregrais Cáilte co comnart sin: 'Ní nechtar dib', ar Cáilte, 'acht — *Fr.* 27ᵃ] Fiacha 1610 Muillethan mac Eogain,' ar Cáilte; 7 adubairt:

Ac súd duitsi an t-ech dub dian . ar Fiacha re flaith na fian,
ac sut mu chloidem gu mblaidh . *ocus* ech uaim dot araidh.
Luid Finn d'imluad an eich duibh . gusin tráigh ós Berramuin,
is teichimse di fo trí . or baam luaithi aná gach ní. 1615

---

[1] noighedhuib, *Lism.*

Ocus luidh an t-ech gu cenn iartharach na (trá)gha, 7 fuair bás ann do ghal retha, conad Tráigh in (eich) duibh ainm na trágha, 7 Tráigh Berramain a hainm co sin.

('Is dered do ló) ann,' ar Cailte, 'ór dochuadar neoil áilli (aengela) an lái as, 7 táncatar damalta dorcha [fo. 170ᵃ 2] na haidchi chucainn'.

As ann sin táinicc Derg Dianscothach roime isin sídh anunn d'urfuigeall Cháilti re hIlbreac Easa Ruaid 7 re hAedh Minbrec mac an Daghdha, 7 do innis a imacallaim re Cáilte ó do riacht chuice co haes na huairi sin. 'A thabairt isin sídh,' ar siat, 'ór do chualamar a einech 7 a engnam.' Ocus luidh Derg ara chinn, 7 ruc leis é cona mhuintir, 7 ro (suidigedh) iat ana n-inadaib dílse dingbhála isin tsíd. Ba hí sin aimser dorála cocad mór idir Lir Sídha Findachaid 7 Ilbreac Easa Ruaid, 7 ticedh én co ngob iarnaide 7 co n-err teinedh ar fuindeoig ordhaidi isin tsídh, 7 do chrothadh é gacha nóna ann, cu nach fácbadh claidem ar cennadairt, ná scíath ar dealgain, ná sleg ar aidhlinn, gan leacadh a ceann lochta in tsídha. Ocus do bítis lucht an tsídha ica dibhracad, 7 [cech urchar do berdis cuici — *Fr.* 27ᵃ] is ed do thecmad ar cenn meic nó mhná nó dhalta do lucht in tsída. Ocus ro hecradh a tech n-ola in adhaigh¹ sin aca, 7 do riachd in t-én cédna chuca 7 doróine in t-aidmilledh cédna. Ocus do bhádar luchd in tsídha 'ga dibhrucad 7 nir' chuimngetar a bec dhó.

'Cia fot atá in t-én mar sút?' ar Cáilte. 'Ré bliadna anosa,' ar Derg, 'ó ro gabsam cocad 7 lucht an tsídha aile.' [Ocus itbert Ilbrecc so and: Fó fos nargart fiad firu airm ngrindi colg dremni dibad dasachtach ni duindi is fó .Fo. fos — *Fr.* 27ᵃ.]

Is ann sin tuc Cáilte a láim a comraidh a sceith, 7 fleasc umhaidhi bái aige, 7 tuc urchar don eon di [trena ucht — *Fr.* 27ᵇ] cu rus-marb [d'oen urchar — *Fr.*], co tarla ar lár in tsídha cuca é. 'In nderna nech riam lámach budh ferr iná sin?' ar Ilbreac. 'In raibi isin Féinn,' ar Aedh Minbreac Esa Ruaid, 'noch bhudh

---
¹ aghaid, *Lism.*

commaith lámach fritsa?' 'Báigimse mu bhréithir ris,' ar Cáilte, 1650
'nár' bo cóir do neoch sech araili díb bocasach do dhénam, ór
do bhí a lórdhaethain lúidh 7 lámach in gach fir dhibh, 7
do bhí indamsa, 'no,' ar Cáilte.

Is ann sin tuc Ilbreac a láim secha suas, 7 tucastar gái
[nemnech — *Fr.* 27ᵇ] áith uillindglas da haidhlinn, 7 tuc a 1655
láim Cáilti hí. 'Decha lat, a anum, a Cháilti, cia in tsleg sin,
7 cia d'fiannaib Eirenn ica raibhi?' Ro benastar Cáilte a foirtcedh
7 a hincasnaidi don tsleig, 7 do bátar *tricha* semann d'ór thíre
Araibe ar a (chró. 'Aithnimsi so,' bar Cáilte): 'sleg Fiachach meic
Congha, (7 is ón tsleigh-si) [fo. 170ᵇ 1] do ghabh Find mac Cu- 1660
muill ríghi Fíann Eirenn [7 Alban — *Fr.* 27ᵇ] artús, 7 a sídh fér-
uaine Finnachaid tugad í, 7 Aillén mac Midhna do Thuathaib
dé Danann do tigedh ó Charn Finnachaid atuaid co Team-
raig, 7 is amlaid ticedh, 7 timpan ciuil 'na láimh, 7 do codlad
gach nech atcluinedh hé, 7 do chuiredh ainn-sein cairche teined 1665
as a bheol, 7 ticedh co Temhraig i lithlaithi na samhna gacha
bliadhna, 7 do seinnedh a thimpan, 7 do chodladais cách risin
ceol sídhi doníth, 7 do séidedh a anáil fon cairche teinedh, 7
no loiscedh Temhair cona turrscar gacha bliadna amlaid sin
fri ré trí mbliadan fichet. Ocus ba sí sin aimser a tucad cath 1670
Cnucha, 7 do thuit Cumull mac Trénmhóir and, 7 do fácaibh
ben torrach da éis .i. Muirne Munchaemh ingen Taidg meic
Nuadat.

'Ar ndíth Chumhaill tugad ríghféinnidhecht Eirenn do
Gholl mórglonnach mac Morna, 7 do bí deich mbliadna aigi. 1675
Rucad iarum mac do Chumhall .i. Finn, 7 do bhí ar foghuil
7 ar díbhfeirg cu cenn a *dheich* mbliadan. Ocus dorónad feis
na Temra isin dechmad bliadain le Conn Cétchathach, 7 amail
ro bátar fir Eirenn ag ól 7 ag áibhnes i Tigh mor Midchuarda
nír' rathaigset ní nogu riacd in maccamh óg ildealbach cucu, 1680
[a cind a *deich* mbliadna — *Fr.* 27ᵇ], 7 ro suidestar a bhfiad-
naise Cuind Chétchathaig 7 Ghuill meic Morna, cu maithib
Fian Eirenn uime isin tig, 7 ba do bhuadaibh feisi na Temra
na lamadh nech fala ná frithfala do thabairt fri ré caeicdigis
ar mhís airet bíte ag ól — *nó* do chaithim — feisi na Temra.

Ro dhech rí Eirenn in macamh, doigh nir' aithnidh dho hé ná do nech eli da raibhi isin bruidin.[1]

Is ann sin do riacht a chorn dála gu righ Eirenn, 7 tuc a láimh in macaeimh é. [As ann sin adubairt rí Érenn: 'Taíi, a firu Érenn!' 7 ro táietar ríghrad co tái tostadach fria guth in uasail 7 in ardrigh .i. Cuind — Fr. 27ᵇ]. Ocus do fiarfaig iarsin cuich in macaemh? 'As misi Finn mac Cumaill,' ar an macaem, 'mac don óclach oca mbái rígi na Fénne anallana, 7 tánac do dhénum mu mhuinnterais ritsa, a rí Eirenn.' 'Mac carut 7 fir grádha thu, a mhacaeim', (ar Conn). Ocus do éirigh in macaem 7 dorinne a cora(igecht 7 a mhuinteras fri) rígh Eirenn, 7 gabus Conn ar lethláim hé [fo. 170ᵇ 2], 7 tic ar gualainn Airt meic Cuinn, 7 do gabsat ag ól 7 ag áibnes re hedh is re hathaid.

Is ann sin adracht rí Eirenn re beinn mbláthcháin mbuabhaill do bhí 'na láim, 7 adubairt: 'Da bhfaghainn aguibh, a fira Eirenn, nech do choimétfaidh Temair gu tráth éirghi do ló amárach gan a loscad d'Aillén mac Midhna dobhérainn a dhúthchus do, gémad beg, gémad mór hé.' Do éistetar immorro fir Eirenn co tái tostadhach rissin, uair no choidelduis mná co n-idhnaib 7 laeich letairthe risin ceol sírrechtach sídhi 7 risin ngadan [leg. gothán] nglésta nguithbinn do chanad in fer soinemail sídhi no loiscedh Temair gacha bliadna.

Is ann sin do eirig Finn 7 adubairt re rígh Eirenn: 'Créd bus cuir 7 bus tennta damsa tar do cheann im a chomhall sin?' 'Cóicedaig Eirenn,' ar Conn, 'ocus Cithruadh [mac Fir cóecat — Fr. 28ᵃ] cona dráithib.' Ocus tugaid uili isin coraighecht,[2] 7 gabus Finn do láim Temair cona turrscar do coimét gu trath éirghi arnamhárach. Ocus do bhí óclach grádha do Chumhall a comhuidecht rígh Eirenn .i. Fiacha mac Conga.

'Maith a mhacaeim,' ar Fiacha: 'cá luaighidhecht dobértha damsa da fagainn sleg neimhnech [áith uillendglas — Fr. 28ᵃ] duit, 7 nír' dibraicedh urchar n-imraill dhi.' 'Gá luagh chuingi oram?' ar Finn. 'Gid beg mór do rath ghéba do lámh dheas

---

[1] bruigin Lism.   [2] coraidecht, Lism.

[a trian] damsa 7 trian do chocair 7 do chomairli.' 'Raghaidh dhuit,' ar Finn, 7 do naidm air fo a bréithir. As ann do ráidh Fiacha: 'Mar atcluinfe in ceol [sirrechtach — *Fr.* 28ᵃ] síde 7 an timpan téitbhinn 7 an fedán fogurbinn, ben a cumhdach do chenn na cráisighi, 7 tabuir redt édan nó re ball eli dot ballaib, 7 ni léicfe gráin na sleigi neme codlad fort.'

Is ann sin do éirig Find i fiadhnaisi fer nEirenn do choimét Temrach, 7 tuc Fiacha mac Congha sciath 7 sleg dhó gan fís do mhacuibh Morna ná do neoch eli dá raibe a tigh Themra, 7 tainic roime mar sin i timcheall na Temra, 7 nír' chian dó gu cuala in ceol sirrechtach, 7 tuc slinn na sleigi 7 a forgraín re a édan, 7 gabhaidh Aillén ac seinm a thimpain [fo. 171ᵃ 1] nogur' chuir cách 'na codlad mar do chleacht, 7 léicidh iarsin a chairce teined asa bheol do loscad na Temhrach, [7 do condaicc Find sin, — *Fr.* 28ᵃ] 7 chuireas Find in brat corcra corrtharach búi ime a n-agaidh in cairce, 7 tuitit anuas asin aier, co ruc cairche in brat ceithirfíllti sé láma fichet a talmain. Conadh Ard na teinedh ainm in aird, 7 conidh Glenn an brait ainm an ghleanna.

Mar do rathaigh Aillén mac Midhna a dráidhecht do mhilled uime, tainic tar a ais d'innsaigid Sídha Findachaidh 7 gu mullach Sléibi Fuait. Ocus leanus Find hé co Carn Finnachaid, 7 mar do bhí Aillén ac dul tar dorus in tsídha anunn tuc Find mér a suaineamh na sleigi, 7 tuc urchar ádhmar urmaisnech, co tarla a mullach a droma a n-Aillén, gur' chuir a chraidhi 'na lia dubhfola tar a bhél. Ocus ros-díchenn Find hé, 7 tuc in cenn for cúla co Temraig, 7 do chuir ar cuailli bhadhbhdha, 7 do bhí ann co héirgi gréine ós airdibh 7 ós innberaibh an talman.

Táinic iarum a máthair co hAillén, 7 tuc treas ar thoirrsi, 7 do chuaidh d'iarraid leagha dhó.

> Toir-che a bainnliaigh Amharrtha . do gaet Aillén mac Midhna
> do sleigh Fiacha meic Conga . don brat bodh[b]dha, don birgha.
> Uchán adrochair Aillén . táncatar a tri tonna,
> atá sunn fuil a chraidhi . maraen is smir a dhroma.
> Uchan adrochair Aillén . sídhaidi Benne Boirche,
> anois tairnic a mhaill-néill . a Boirche a bainnliaigh toir-che.
> Uch ba suairc . Aillén mac Midhna a sléib Fuait,
> cuma nái ro loisc Temair . ar gach n-ardblaid ba hí a chuairt.

Is and sin do éirghetar fir Eirenn uili um a rígh ar faithchi¹ na Temhrach airm a mbúi Find. 'Atchí sin, a rí', ar Find, 'cenn an fir do loisced Temair, 7 a feadán 7 a thimp*an* 1755 7 a chairchi ciuil, 7 dar leam ro saeradh Temair cona turrscar.'

Is and sin do línadh láthair leo, 7 do cruthaig*edh* comhairli, 7 as í comairle do crichn*aig*ed acu, ríghféinnidh*ech*t Eirenn do taba*i*rt d'Find. 'Maith, a anam, a Ghuill mheic Morna,' ar Conn Cétchathach, '(do ro)gha duit, Eire d'facb*áil* nó do lámh 1760 do thabairt i láim Find.' '(Dar mu b)réithir,' ar Goll, 'as í mu lámh dobér i láim Find.'

Is ann (sin tainic) a nert isin sén 7 isin soladh, 7 do éirghetar (trí catha na) Fénne, 7 tucsat a lámha a láim Find, [fo. 171ᵃ 2] 7 tuc Goll mac Morna rompa comad lugaiti an náire le 1765 neach ele don Féinn a tabuirt. Ocus do bhí Find isin ríghi sin,' ar Cáilte, 'nogu bhfuair bás 7 aidhed a n-Aill in bhruic a Luachair Degadh. Ocus an ts*leg* dobeirise am laimh-si, a Ilbric, as di dorónad an gním sochair sin d'Eir*inn*, 7 as lé fuair Finn gach rath riamh, 7 'Birgha' ainm bun*aid* na sleigi. ,Coimhét 1770 acut in ts*leg*, a Cáil*ti*', ar Ilbrec, 'gu finnam in ticfa Lir [Sidhi Findachaid co*na* braith*r*ib, —*Fr*. 28ᵇ] do díghailt a e(oin) orainn.'

Is ann sin ro tócbait a cuirn 7 a cupada, 7 do bátar ac ól 7 ac áibhnes 7 ac urgairdiugad menman 7 aicent*a*. 'Maith, a anum, a Cháilti,' ar Ilbr*ec*: 'c(ia da tibérthar) com*us* in chatha 1775 da tí Lir co*na* braith*r*ib do dhíghail a eoin orainn?' 'Don tí da tabradh Find com*us* a chatha .i. do D*e*rg Dhianscothach ann sút. Inn gebhe de láim sút, a D*eir*g?' ar lucht in tsídhe. 'Gabhaim co*na* sochar co*na* dhochar,' ar Derg. Ocus do bádar amhlaid in adhaigh sin. Ocus nír' chian dóibh ar matuin gu 1780 cualatar seitfedach na n-ech 7 culgaire na carput, 7 glonnbéimnech na sciath 7 tairm in mhórsl*óig*, 7 táncadar 'mon sídh, 7 táncas asin sídh dá fég*ad* gá lín do bádar, 7 is edh do bádar, trí catha cródha commóra. 'Pudhur leamsa', ar Aedh Minbreac, 'a nding*éntar* ann sin .i. bás 7 aidhedh d'faghbáil dúin, 7 ar 1785 sídhbrugh do beith ag cloinn Lir Sídha Finnach*aid*'. 'Nach

---

¹ faighthe, L*ism*.

fedrais, a Aedh', ar Cailte, 'cu téit an tréntorc allaid ó chonuib
7 ó chuanartaib, 7 intan ghabus a bedg in búiridan damh allaid
téit imslán o chonuibh mar an cédna.'

               [Cáilte cecinit: 1790
   Ro soich tretirni tulaigh . re cuanairt con craeb tubaid,
   ó ro soich buirech a bedg . re cosair conart crobderg, — Fr. 29ª.]

'Gá comhlann as doilghe libh isin cath?' ar Cáilte. 'In
fer as ferr engnam do Thuathaib dé Danann,' ar siat, '.i. Lir
Sídha Findachaidh.' 'An ní fa tucussa láimh in gach cath riam,' 1795
ar Cáilte, '.i. in comlann as ferr do bhiath ann do frithailimh
ní léiceabh aniu[1] re lár hé.' 'Ocus caidhi do chomlannsa
dhúin, a Dheirg?' ar siat. 'Gá comhlann is doilghi lib 'na
dhegaid sút?' ar Derg. 'Donn 7 Dubh,' ar iatsom. 'Dingé-
bhatsa iat araen,' ar Derg. Ocus do éirghedar sluaigh in tsídha 1800
amach a n-aeinfecht cum in catha, 7 ro dibhruic cách a chéli
dhíbh do shoighdibh (sithgo)rm(a) 7 do gháibh bega birghéra
7 do (laighnib) lethanglasa; 7 do chuired in c(ath) [fo. 171ᵇ 1]
ó solustrath éirgi do ló co medón lái. Ocus do comraic Cáilte
7 Lir Sídha Finnachaidh co fuilech fobartach, 7 torchair Lir 1805
a crích in chomraic le Cáilte. Is ann sin do gabsat an dias
deglaech .i. Dubh 7 Dond dá mac Eirgi Anghlonnaig a hInnsib
Gaid, ac coimét an chatha. Ocus is amlaid ro chuirset an
gliaidh .i. Dubh a tosach na dírma 7 Donn re degfeithium
'na diaid[2]. Ocus atconnaic sin Derg Dianscothach, 7 tuc a 1810
choirrmér a suainemh na sleige, 7 tuc urchar ádhmur don fir
ba nesa do, gur' bhris a dhruim ar dhó, 7 gu tarla i compar cléib an
fir ba sia uaidh, gu torchratar don aenurchur. Is ann asbert Ilbrec;

   Dorochair Lir le Cáilte . ocus ní gnim nach máidte,
   dorochair Donn ocus Dubh . le mac Eoghain d'aenurchur.   1815
   Do mhinaigh in cath budhtuaidh . ar Lir co méit a mhorslúaig,
   ni dhechaid dhíbh don muig mhas . acht eintriar gu ndeigheolas.

Ocus táncatar rompa isin sídh iar mbuaidh coscair 7
commáidhmhe, 7 do gabsat nert 7 forlámhus ar sídh[3] Finda-
chaid asa haithle sin riamh. 'Do sleagh duit, a Ilbric,' ar 1820
Cáilte. 'Nír' chomadhas duit a rádh rim,' ar Ilbrec, 'ór gin

---

     [1] aniugh, Lism.   [2] diaig, Lism.   [3] síth, Lism.

gu beth d'arm im Lir acht an tsleg sin as duitsi dorachadh, ór comarba dílis dingbála di thú.' Ocus do bátar teora lá 7 teora adaig¹ isin sídh² iarsin.

1825 'Maith, a anum, a Cháilti,' ar Ilbrec Esa Ruaidh: 'cia airm a nderna Find creidium, nó inn derna riamh?' ar se. 'Doróine ón', ar Cáilte. 'Cáit a nderna 7 crét adbar a dénmha?' ar Ilbrec. 'Ag Druim ndiamhair, risa n-abar Druim dhá én, ar in Sinaind, 7 ba hé adbar in creitmhe arbít[h]in Findine ingine
1830 Buidbh ro mharbh a céle féin .i. Conán, 7 ro mharbh cách a céli dhíbh .i. Conán 7 Ferdhoman, 7 doriacht an Fían co Fidh³ n-enaig, re n-abar Druim ndiamhair isin tansa, 7 tucadh loingsithal bánóir do saigid Finn, 7 do innail a ghelghlaca, 7 do chuir in t-uisqi eocharghorm im a ghnúis, 7 tuc a ordain
1835 fo a dhét fis, 7 do faillsiged fír dhó 7 do ceiledh gái fair, 7 do faillsiged do gu ticfadh in Táilceann tabarthach re dereadh domain, 7 gu ngébadh tech ar leth Eirenn .i. Ciarán mac an tsaeir'. Ocus adubairt Cáilte:

Inmain ceall (bus comra)mach . bias fo eochair na habhunn,
1840 (inmain fertán forba)rach . bidh anacal mór n-anum.

[fo. 171ᵇ 2] Ocus doriacht fis an chomhraic sin cucainn conice sin, 7 dorighne Find in creidemhsa ann 7 fuair nemh trit:

Mairg féinnid atcuala in scél . ar techt duin co Snámh dha én,
aidhed Conáin Maeil don Mhuigh . ocus aidhed Ferdhomain.
1845 Druim ndiamhair . a ainm so cusna fiannaib,
Druim n-énaig ó sin ale . d'énach Find is na Fóinne.
Is amra in gein berthar ann . do deoin Ruire na rochlann,
mac dingbála rígh uime . aingil ica furnaidi.
Bidh eisidhe Ciarán caidh . is é ber[th]ar 'san rígraith,
1850 gébuidh leth Eirenn male . mac in tsaeir a Muirtheimhne.
Rachait faghlaidh a chille . bás obunn do ruaidhrinne,
crochad⁴ is riaghad gan rath . ocus iffern íchturach.
Aderimse ribhsi dhe . as fír dhamh in fáitsine,
creidim Athair ocus Mac . is Spirat naem a n-aeinfeacht.
1855 Sáilim flaithius ríg nimhe . as ferr iná gach fine,
in rí rom-cuir ar cairdi . nim-léicfe⁵ fo bithmairgi.

---

¹ agaid, Lism. ² síth, Lism. ³ figh, Lism. ⁴ crechad, Lism. ⁵ ni amleicfe, Lism. ní leicfid, Fr.

Do bátar isin tsidh iarsin gu cenn cáicdigis ar mís. 'As mithig dúin imthecht', ar Cáilte, 'ór atámuit re hathaid abhus.' 'Bennacht Dé 7 dáine abhus ort,' ar lucht an tsídha, '7 gid choidhche bidh áil duid beith acainn foghébtha. Ocus ac sud,' ar Ilbreac, 'ó's imdecht doní, nai n-édaigi lígda lennmhaisecha, 7 nái scéith 7 nái slegha 7 nái cloidim inntláis órdhaidi, 7 nái coin caeimhselga duit.' Ocus do thimnadar ceileabrad, 7 do fácbatar bennachtain, 7 rucsat buidechus, 7 gér'bh fada an cath sin, ba foidi le Derg nDianscothach (scarad) le(a) choicle 7 le a chomh-alta bhudhéin, ór nír' faide leis in lá do scar re Find 7 risin Féin iná in lá sin.

Táinic roimhe Cáilte in naenbhar óclach sin, 7 do bí a Sliabh cuire 7 a Sliabh Cairbre 7 a Sliabh céide budhtuaidh 7 do Chathair daim deirg, 7 nír' chian do bátar ann, co facadar in dias niamdha ndatháluinn aracinn isin carn .i. óclach áluinn 7 ríghan a comaeisi 'na farradh. Fiarfaigis an t-óclach scéla do Cháilte, 7 do innis Cáilte a scéla dho. 'Do mhuintir Finn meic Cumaill dam, 7 Cáilte mac Rónáin m'ainm. Gá comainm thúsa, a óclaich?' ar Cáilte. 'Eoghan flathbrughaid m'ainm,' ar sé, '7 do senmhuintir Chair(bri) Lifechair mheic Cormaic dam. Ocus Becnait banbhrugaid ainm (na) mná maithe si, 7 comaeis damsa 7 di. Ocus as slan deich fichit bliadan duin araen.' 'Na(ch raibi) [fo. 172ª 1] maithes móradhbhul acatsa, a óclaich?' ar Cáilte. 'Ro bhói immorro,' ar Eogan, 'ar ní raibhi ó Es Ruaid meic Mhodhuirn gu Cnoc in fomhoraich budhthuaidh, re n-abar Torach thuaiscirt Eirenn nach raibhi finnairghi gach re mbaile nó gach treas baili dib acam.' 'Cidh ro dhíghbadh sin?' ar Cáilte. 'Torathar táidi 7 fomor firgrána 7 mac míraith ro mhill sinn, 7 ro chaith na secht tricha cét comlána co na fil nech re gabáil forba na ferainn co ro fásaigh uile arna ndíthugad-som, 7 ro dighbadh 7 ro airg mhisi dano acht oct fichit findairghi do deired mo mhaithiusa ocum.' 'Cáit a mbí in fer sin?' ar Cáilte. 'Carrac comdaingin cloichi atá rinn atúaid ar an cuan coimlethan, is ann bhís, 7 beiridh lán a luinge leis a triur muinntiri 7 comhlín ccithre cét é féin, 7 comlín tri cét a chú, 7 comlín tri cét a ingen, 7 ní chumngann nech ní dóibh.' 'Cáit a tic-sium isin cuan?' ar Cáilte.

'Risin mbaili aníartúaid amne,' ar Eogan. Do bádar ann re hedh na hoidhchi sin, 7 ro freastladh 7 ro frithoiledh da gach l[e]ith iat.

Do éirigh Cáilte a oenar cu moch arnamhárach, 7 ro ghabh a sciath 7 a chloidem 7 a dhá sleig, 7 táinic roime cusin carraic ndithoghlaidi do thaeibh an chuain, 7 do bí re hedh 7 re hathaid ann, co facuidh in curach da innsaigid, 7 triar isin curach .i. madra gairbhǔndach glasodhar 7 slabrad agarb iarnaidi ima bhrághait, 7 scailp ingini maeili duibhi fa cosmail re beinn cairrgi do chéin hí a tosach in churaig, 7 birga imdaingen iarnaidi ina láim, 7 in t-eathach a ndeiredh in churaig, 7 do gabsat cuan 7 calad a comfocus do Cháilti, 7 do gab gráin 7 egla Cáilte rompa. Adubairt an fer mór re a ingin: 'Oslaic don choin,' ar sé,' '7 léic cum in aenduine móir út hí cu ro loingi a lórdhaethain de re ndul ar fect 7 ar turus.' Ocus ro osluic an ingen don choin, 7 gabus gráin 7 egla Cáilte roimpi nar' ghabh riam a cath ná a comlann. Ocus adubairt: 'Mo dhúilium 7 mho Tháilgenn uaimse an bar (n)agaid', ar Cáilte. Ocus gothnait umhaidhi do bhí aigi ro di(braic r)od n-urchair di cum na con, cu tarla indara (cenn don bhi)r isin carput uachturach 7 in cenn (ele isin carput) íchtarach, cu rosdúin a glomar, 'ocus do thuit asin curach co)mad i ndomain in mara fuair bás' [fo. 172ᵃ 2] 7 do chuir in tonn i tír hí iarsin.

Táncatar an dias eli a tír ar amus Cáilti, 7 do comraicset co dána dúrcraidech ris, 7 tuc an ingen .xxx. gon ó ladhair a choisi có [a] urla air, 7 tuc Cáilte béim cloidim di gur' léic a habach 7 a hinathar aisdi. Ocus ro dhánaigh 7 ro dhíchraigh in comrac risin bfer mór, 7 doríne trí hoirdne urgranna dhe, 7 ba hí in treas ordu dhíbh, a cenn. Ocus do ben a trí cindu dib, 7 tuc leis iat cum na bruidhne, [co tech Eogain — Fr. 30ᵇ.] Do éirigh Eogan 7 muinter Cáilte, 7 tucsat aithne ar na cennaib sin, 7 ro altuighset in gnímh, 7 suidhis Cailte co hanmhunn étlaith.[1]

[*Cáilte cecinit:*

I n-adhaigh[2] a tigh Eogain . is im craide ata a beoghuin,
facaim Maelan is a chú . ar in tracht, na comnaidhiu[3].

---

[1] étlachtach, *Fr.*   [2] Maghaidh *Fr. R.*   [3] comnaighiu *Fr.*

Marbaim Maelan is a cú . is a ingin can caemclú,
ó maidin co trath érgi¹ . ro bo cruaidh ar comergi.²
Gachar' śires tess is tuaidh³ . don doman co mét morśluaigh, 1930
ní fuarus i n-uair na a ló . a comolc na haidci so. — Fr. 30ᵇ].

Ocus ro thuitset taisi 7 táimnéllu fair, 7 tucad losa ícce da innsaigid, 7 bái re hedh caicdhighis icá leighius, co ndernad slemαn sláinchréchtach dhe.

'Imthect acainn amárach,' ar Cáilte, '7 bennαcht fácmaid 1935 acaibhse.' ['Beir buaid 7 bennachtain,' ar Eogan, — Fr. 30ᵇ] Ocus ro thimnadar ceilebrαd d'Eogan, 7 táncatar rompa assin co Tulaig na céd, risi ráidhter Tulach dá ech isin tan-sa, 7 do Chuillend ros na Féinne budhtúaid, 7 do Churrach na milchon, re n-abar Currach [na] cuan, 7 do 1940 Bhoith chnó budhtúaid, áit ar' thaispen an eicsi cenn do Lugh Lámhfada mac Eithlenn, 7 in bhaile a rucadh Colum-cille mac Fei[d]limid, 7 do Dhoire Guill budhtúaid. Ocus ac toidhecht dóibh dar bord in daire amach co facadar in t-aenóclach 7 a druim re cairthi comdaingen cloichi, 7 brat corcra corrthurach 1945 uime, 7 dealg óir isin brut ós a bruinne, 7 inar maethsróil uime, 7 dá choin caeimśealga 'na láim, cuanart gadar 'na ḟiadhnαise. Bennachais Cáilte don óclach, 7 freagrais in t-óclach in bennachαd. 'Cia danad muinter sibhse?' ar in t-óclach. 'Ní mharann ar triath ná ar tigerna .i. Find mac Cumaill,' 1950 ar Cáilte.

Is ann sin ro cháieasdar an t-óclach déra falcmara fírtruagha, gur' ba fliuch blaei 7 bruinne dho. 'Cia thusa amhlaid, a óclaigh?' ar Cáilte. 'Doghén mo ślonnad duitsi,' ar éisium: 'Donn mac Aeda, mheic Garaid, meic Morna, misi.' 'Do 1955 ba mhaith h'athair,' ar Cáilte, 7 adubairt:

> Rob é in bríghach buanbladach . dob é in fénnid fírghalach,
> dob é in ghég toraid co mblaidh . re fogail séd in domhoin.

'Maith, a anum, a Cáilte,' ar Donn: 'in fuil sleagh m'athar acutsa?' 'Atá cidh a sciath 7 a chloidem,' ar Cáilte. ('Ar fír) 1960 do ghaili 7 do ghaiscid frit,' ar Donn, 'innis d(am an fochaind)

---

¹ érgid, Fr.   ² comergid, Fr.   ³ tuaigh, Fr.

bhun*aid* umar' marb*ad* hé.' 'Indeos(at duit,' ar Cáilte, 'uair [fo. 172ᵇ 1] isam) meabruch ann'.

'Dubh dithre righféinnidh fiann Osr*aige* do mharb*ad* dot senath*airse* do Gharadh mhac Mórna, ⁊ Carrac Guill do ghabháil ar Goll mac Morna thiar, ⁊ tri catha na Féinne do beith ac forbhaisi fair gu cenn caeicdighis ar mhís ann, ⁊ a bheith nái n-aidchi gan bhiadh, ⁊ scithlim do dul ar a lúth ⁊ ar a lámach, ⁊ dul do Muc Smaili mac Duib dithre anund isin carraic, ⁊ Goll do dícenna*dh* a fiadhn*aise* fiann Eir*enn*, ⁊ tuc leis in cenn d'innsaigid Find, ⁊ do bhí h'ath*airse* ag iarr*aid*h dlig*id* ⁊ cora ar Muc Smaile .i. inneoch ro búi idir rígh ⁊ óclach do tabairt dó.

Cáilte cecinit:

Adubairt nach tibhredh cóir . don Aedh finngheal ba mór ádh,
acht dobéradh corp re corp . an gach olc dorinne a lám.

Ocus adubairt h'athairse coimdhilsi do lécen etorra ⁊ Muc Smaile. 'Dobérsa comha duit, a Aedh,' ar Muc Smaile. 'Gá coma sin?, ar Aedh. 'Dobér,' ar eisium, 'dá *sleig* Guill meic Morna, ⁊ sciath Cairill í Conbroin, ⁊ corn Duibh dithre, ⁊ cl*oidem* Muirinne Macha do bhí ac Goll, ⁊ muince sealga Sigmaill, ⁊ misi,' ar Cáilte, 'dochuaidh lesin techtairecht': dia n-ebrad in l*áid*:

Tiagat techta uainn cu hAedh . ráidhid risin segainn saer
ar gealladh dó, toluibh gal . co bráth nocho coimeltar.
Targa dho muinci sealga . tucad d'Finn as Síth Nennta
gan cor no a fiadh tar cladh . nócha teit gan a mharb*adh*.
Targa sciath Cairill co mbloidh¹ . do bhidh air isin imghoin,
suairc in sét in sciath scenmdha . gráin céd ara tig*erna*.
Targa dho in cloidem catha . do bídh ac Muirinn Macha,
targa fós corn Duib dhithre . gidh do bádh*us* ga dhicleit[h],
geall caeca mogadh tar muir . atá d'ór ana borduibh.
Targa dhá sl*eig*, monar nglé . co crannuib ruis robhuidé,
gid beg a fuili *nó* a loit . is marbh gach duini a tiagoit.
Ocus gé thargasa sain . nír' gabhsat clanna Garoidh
ar imad a slóg 'masech . na mac mór fialgharg fuilech.
Do faeth le cl*oinn* Morna moill . Findtan ferrda a Feadhaibh² cuill,

---

¹ mbloigh, *Lism.* ² feaghaibh, *Lism.*

Banbh Sinna Sciathbreac in áigh[1] . ocus Finn mór mac Cuáin.
Sirit ar Mac Lugach lonn . a éraic ór do gon Goll
is ar Cáilte in airm géir gloin . 'sar ... a Luachoir   2000
(Óclach do thuai)th Temra Breag . do fer cuinnscleo re Goll ngeal,
maelgorm [fo. 172ᵇ 2] 'san treas, ferdha in roinn . dar' ainm Flaithius
 firáloinn.
Dá mbeitis trí caecait mac . ag Goll gasda na ngealghlacc,
nír'bo annsa le cloinn cain . ná limsa mo dheghathoir.   2005
M'athairsi Dub dit[h]re dian . féinnid forusda fírfial,
ni chlos a écnach a cath . fa maith a lúth 'sa lámhach.
Ráidh risna feruibh, ní gó . uaim ní bérat ní bhus mó,
nái cét is a ndruim re feart . isin tulaig a tiagat.

'Ar fír do ghaili 7 do ghaiscid, a Cháilti', ar Donn, 'tabhuir 2010
armgaisced mh'athar dhamh.' 'Dobhér immorro,' ar Cáilte, 'dóigh
ba fialnár fria hathchuingid hé féin.' Ocus tuc Cáilte arm-
ghaisced a athar uili dhó. 'Tabair eolus dúin anosa, a Dhuinn,'
ar Cáilte. 'Cia háirm a sire eolus, a righféinnid?' ar Donn.
'Do tigh Conaill meic Néill, rígh Ceneoil Conuill.'   2015

Cáilte cecinit:
A Dhuind tabair eolus dún . gan meirg ocus gan mhírún,
ór atái at aenar male . tar éis h'féinne is h'foirne.
Dochuadar as meic Morna . adbar bróin is bithdogra,
deich cét laech, ba hedh a lín . dob é in t-oirecht gan imsním.   2020
Adeirimse ribsi de . bidh fír gach a ráidhemne,
re taeibh óir is arcait uill . foghébha sin uaim, a Dhuinn.

'Raghatsa romatsa ann sin,' ar Donn, 'uair derbbhrát[h]air
mo mháthar hé, 7 as é ro[2] oileasdar mhé, 7 gidh aigisium atá
in ríghi is acamsa atá a tóthacht.' Ocus do ghabh Donn a 2025
arma 7 táinic roime co tech Conuill, co Dún na mbarc. 'Innis
scéla dhuinn, a Dhuind,' ar Conall mac Néil. Do indis Donn
mar tuc Cáilte na hairm dhó féin 7 a beith ar sligid cum in
rígh. 'Do gébhu-som sin,' ar Conall, 'ór as do Leith Cuinn dó,
7 ar a nderna féin do maith.' Ro thaimhsen [leg. Ro thaisfen] 2030
Donn na hairm 7 na hilfaebair tuc Cáilte dhó. 'Is ó degdhuine,
ar in t-airecht, 'fríth na haisceda út.' 'As deghdhuine immorro,'
ar Conall, 'ór ni dubhrad mac ócláich re duine budh ferr anás.'
[Ocus doriacht Cáilte reme dar Sruth na Feindi fothuaidh, 7

---

[1] áidh, Lism.   [2] so, Lism.

2035 tar Ard na macraidi, risi n-abar Ard nglas isin tansa, 7 d'Fid
mór, co facatar in dunad uaithib — Fr. 31ᵃ]. Ocus mar at-
conncas Cáilte cum in dúnaid, do éirigh Conall co maithibh a
slóigh 7 a mhuinntiri d'ferthain fáilte re Cailte, 7 suidis Cáilte
ar in carn a ndorus in dúin, 7 suidhit in slúag uime.

2040   Do fiarfaig Conall do Cháilte, 'crét ima tucadh Carn Gairbh
daire ar in carn so?' Do freagair Cáilte in ceisd sin, ór is
aigi do bhí a fis. 'Óclach gráda dh'Find mac Cumaill do bói
ann so,' ar Cáilte '.i. Garbh daire mac Aenghusa mac rígh
[Laud 610, fo. 123ᵃ] fer Muman andes, 7 ro bói ac dénam tselga
2045 laithi n-aen annso, [7 ro bí selg taidiur taibs(en)ach aigi, —
Fr. 31ᵇ] 7 ro marb tri chaeca dam 7 tri .l. muc 7 tri .l. eilit,
7 atconncadur lucht in tíre 7 in feraind sin, 7 ro lingset chuice,
7 rucsat a fiadach 7 a tselg uaide, 7 atorchair tri cét óclach
leis ac breith a tselga uada, 7 ro iadsat lucht in tíre uimme, 7
2050 dorigned ubhall im rendaib de, 7 ro marbad hé, 7 doriachta-
marne tri catha na Féinne da dighailt, 7 do falmaigemar in
chrich 7 in ferann, 7 ro marbsamar trí ríga in tíre, 7 ro éladar
drong aile a n-ailenaib, conar' facamar acht beccan díb gan
marbad.' Ocus adubairt Caílti:

2055   Marbad Gairb daire issin traig . lé cenel Eogain imlain,
          marb-sum coeca laech malle . sunn a ndíghail Gairb daire.

'Ocus issé atá issin charnn so cona armgaisced, 7 is aici
ro bói slabrad Logha meic Eithlend ro bíd a[c] comet braiget
mac Miled 7 Tuaithe dé Danann aici.'
2060   'Ro bad maith lind,' ar Conall, 'na hairm 7 na hilfaebair
sin d'fagbail.' 'Mad maith let,' ar Cailti, 'tochailter in carnn
anocht.' 'Ní hed, ar Conall, 'acht tochailter amairech hé, uair
adhaig ann, 7 ól 7 áibnis dogentar acaind anocht.' Ocus tan-
gadur rompo issin mbruidin¹ moir, 7 tucad Cailti cona muintir
2065 í tech nderrait ndiamair, 7 ro frithailed iat commaith, 7 is sí
bá bancheile do Chonall, Bé bhind ingen Muiredaig meic Fin-
nachta, ingen rí[g] Connacht. 'Maith m'anam, a ingen,' ar Conall,
['cid] fat[a] gairit bes Cailte abhos, tabair proind deich cét cach

---

¹ mbruigin, Laud.

láe dó, 7 cuirter ocht fichit bó a férgort gabala ina chomair, 7 a mblegon cach n-áidchi dó, [7 in nech do berthar do as 7 do lemnocht uaithib a tabairt dó — Fr. 31ᵇ].

Ocus ro badur ann re hed na háidhchi sin co tainic lá cona lanśoillsi arnamairech, 7 adrachtadur ann dochum cairnn Gairb daire, 7 ro tochlad in carnn, 7 frith Garb daire ann cona armgaisced, 7 frith slabrad Logha meic Eithlenn ann, 7 frith¹ in sciath imlan amal tucad ré thaeb hé, 7 tucad na hairm [imślán — Fr. 31ᵇ] anís, 7 tucad in cend 7 in fer fa mó no bith issin tulaig sin do thoilled ina tśuidhe ar lar chind ind ócláig sin. 'Is mor in cend, a m'anum, a Chailti,' ar Conall. 'Is mor,' ar eissim, '7 is maith intí ar a raibe,' ar Cailte, 7 tuc Cailte na hairm sin do Chonall, 7 ro bói in slabrad aici féin da thabairt do naemPatraic, 7 ro muired in fert 'ar sin, [7 tancatar sun² anund iarsin, 7 ro batar re teora la 7 re teora aidchi and — Fr. 31ᵇ].

Is ann sin ro fiarfaig³ Conall Mor mac Neill do Chailti: 'Atá ailén ar in muir-sea ar comair amuig 7 dúnad ann 7 annlacud mor annsein, 7 ní fetamur crét da fuil.' Ocus is ann sin ro cháiestar Cailte ica cloistecht sin. 'Ar fír do gaile 7 do gaiscid riut,' ar Conall, 'tarrasa linde da fechain.' 'Dar mo breithir ám,' ar Cailti, 'is sé sin in tres inadh a nEirinn nar' b'áil liumsa do feicsin taréis na muintire moiri maithe ro bói ann, 7 gid ed rachat letsa amairech ann, a Chonaill,' ar Cailte.

Ro badur ann co tainic lá arnabarach. Adracht Conall 7 a ben 7 sluaig in baile uile, uair fa hirgairdiugud menman 7 aicenta leo [eistecht re — Fr. 31ᵇ] Cailti, 7 tangadar [fo. 123ᵇ] réompa chum in dúnaid anunn, 7 ro tśuidestar Cailti ar in firt ro bói issin dúnad, 7 .iiii. .ix. traig do Chonall i fat in ferta 7 ocht traigthi .xx. ina leithet. 'Maith m'anam, a Chailti,' ar Conall, 'ní hinganta liumsa ní da facca riam ina in fertsa, 7 indis duind ciasa fert so?' 'Ader riut a fírinde,' ar Cailte '.i. fert in cethramad ben is ferr ro laighestar lé fer a n-aenaimsir [f]ria.' 'Cia na ceithri mná sin?' ar Conall. 'Sadb

---

¹ ní frith, Laud. ² leg. sum? ³ ro fiarfaid, Laud.

ingen Chuind Chétchathaig,' ar Cailte, '7 Eithne Ollamda ingen
Caithír Moir, 7 Ailbe Gruadbrec ingen Chormaic, 7 ben in
2105 lechta so .i. Berrach Brec ingen Chais Chuailgne, ingen rig
Ulad atuaid, bancheile grádach Find meic Cumaill, 7 má ro bói
maithius imarcraid a mnái díb sin is inti-si ro bói, 7 is ana
tigh do bith in t-áighi[1] [ollaman — Fr. 32[a]] ó luan taite tsamhna
co tait[e] n-imbuilg, 7 a rogha dó imthecht nó beith acon muintir
2110 ossin amach, 7 in duine nach faghad a daeithin airm no etaig
dobered si do a daeithin o ladhair a choissi co urrla.' 'Adhbur
a haidheda?' ar Conall. 'Ata limsa duit, ar Cailti '.i. mathair
7 athair Guill meic Morna ro ailestar hí, 7 ní raibe do chom-
alta mná accosom acht hí, 7 ro cuindig Find ara hathair hí
2115 .i. ar Chas Chuailgne ríg Ulad. Ocus adubairt nach tibred
d'Find hí munbad deoin le Goll mac Morna, 7 siris Find ar
Goll a chomalta, 7 adubairt Goll: 'Fuil coma ara tibarsa duit
hí,' ar se, '.i. gan a léicen tre bithu', ar Goll, '7 a beith don
tres mnái accut, 7 gan a héra um ní da cuindigfea ort.' 'Do-
2120 bérsa sin duitsiu uile,' ar Find, 'uair is maith in ben.' 'Cia
bus chuir duind?' ar Goll. 'Doragha cuir duit,' ar Find, 7 tuc
Find a tri comaltada féin a[c] coraigecht [f]ria .i. Daigri 7
Garad 7 Conan. Ocus do bói ac Find co ruc tri meic dó .i. Faelan
mac Find 7 Aed Bec mac Find 7 Uillind Faeburderg mac Find,
2125 7 do bí 'na mnái grádaig ac Find nóco ṅdechadur a comaltadha
si .i. clanna Morna ar foghail 7 ar dibeirg ar Find, 7 deich cét
ar .xx. cét óclach a lín. Ocus adubairt Cailti:

> Is eol dam in lín atat . clanna Morna na morbárc,
> ocus gan aírem na fer . tar cach múr, tar cach maigen.
> 2130 Deich cét ar fichit cét ann . do clannaib Morna miad clann,
> cóic cét déc ó sin amach . lín a ríg is a taissech.

Lodur maic Morna co Daire Tharbgai[2] i cuicid Connacht, 7
rucadur tri catha na Féine orro ann re síu deirgedar assa long-
port amach, 7 ro thuitset .u. fir déc dighraisi degarmach do
2135 macaib Morna issin Daire.

Is ann sin adracht in milid morchalma .i. Goll mac Morna,
7 tuc sciath tar lorg doib, 7 nír' fétsamar a bec doib o sin o

---

[1] t-áighid, Laud.   [2] tharbdai, Laud. tarbhgha, Lism.

ro gab Goll a sciath fair. Ocus doronsat clanna Morna comairli gan nech issa caradrad do biad fria Fiad, 7 frissin Feinn do léigen cen marbad uile, 7 isse thuc in chomairli sin .i. 2140 Conan Mael mac Morna, uair ba trotach airechta, [fo. 123ᵇ 1] ocus ba deabthach muintire, 7 ba himchassaidech sluaig 7 sochaide. Tangadur rompo meic Morna conice in faichthe férglais-seo, 7 do badur 'ca rada créd dogéndais re Berraig Bricc ingen Chais Chuailgne .i. re comalta bodéin, 7 adubradur 2145 coma do tabairt di .i. a seoit 7 a maine 7 a hindmusa do breith di lé, 7 Find d'facbail, 7 nach bad ecail lé ní cen no beidis sim béo. 'Truag sin ám!' ar Berrach, 'inné m'olc-sa do b'ail lib do dénam, a chomaltada craide?' 'Is sé immorro,' ar siat, 7 adubairt si: 'Nocho treigiubsa mo cheile 7 mo chóem- 2150 lennan 7 mo chétmuinter .i. Find mac Cumaill rígféinid¹ Fiann Eirenn [7 Alpan — Fr.] oraibsi etir.' Ocus do eirgedur meic Morna in cathgrinde ro badur chum in baile, 7 tuc cach a lám il-láim a chéile immon mbaile, 7 do chuiredar teindte cacha slessa issin mbaile. Adracht in rígan rosclethan 7 2155 .xxx. da bantracht lé assin baile amach, 7 do condairc Art mac Morna hí do scemel in dúnaid ac dul ar in ngeltracht ngainmidhe amach chum a luinge, 7 tuc a chorrmér a suainem na sleige 7 tuc ró[t] n-urchair di, 7 atchualaid in rigan fidhrén na sleige, [7] impais a haighed rissin sleig co tarla ina hucht 2160 7 ina hurbruinde di hí, cor'briss a druim ar ó 7 co fuair bás. Ocus rucad suas 'arsin léna muintir féin hí 'ar n-argain in dúnaid, 7 ro hadhlaiced hí issin dún, 7 is hí atá issin firt-sa,' ar Cailte. Ocus adubairt Cailte:

> Berrach brecc . ingen Cais Chuailgne nir' cert,   2165
> robo rigan fuilt buide . ocus dirma degduine.
> Do marbad hí ar in tráig . dob é sin in gnim nar' thlaith,
> doradad teine 'na dún . rob í in fogail gan mírún.
> Tri cét sciath ina tigh tall . tri cét brandub is fi[d]chell,
> is tri cét bleide ró hól . risa tabartha dergór.   2170
> Ni ro hér sí duine riam . uair fa maith a cruth 's a ciall
> in bail i tá a lecht co mblaid . risa raiter fert Berr[a]ig.
>   Berrach.

---

¹ rigfeindig, Laud.

'Ocus atá fuibhsi sunn,' ar Cailte, 'in ben issa fert 7 isa scela sin.'
Ocus atracht Cailti iarsin, 7 tuc lám rissin mbaile bothu-
2175 aid, 7 tangadur cach ina diaid, 7 tuc a lám ar lia cloiche ro
bói a slis in dúnaid amach, ocus 'a firu,' ar se, 'gabaid leithchenn
na cloiche 7 leícid damsa in cend aile.' Ocus tangadur na sluaig
da indsaigid, 7 nír' fetsat ní di. 'Cait a fuil, ar Cailti, 'Dond
mac Aeda meic Garaid?' 'Sund,' ar se Donn. 'Eírig', ar
2180 Cailti, 'am aghaidh[1], ór mac curad 7 cathmiled thú, 7 da fa-
ghaind étail fan cloich, dobéraind a trían duit.' Do eirgetar
araen do hindsaigid, 7 tucsat srengtharraing bodb[d]a urri, 7
do tharraingset co lonn 7 co lanlaitir, cor' chuirset ré lar 7
re lantalam hí.
2185 'Adrae buaid 7 bennacht, a m'anam, a Duind', ar Cailti,
'is ferr dam do chungnum amain ina cungnum muintire Conaill
uile. Ocus cáit a fuil Conall 7 in rigan 7 Donn?' ar Cailti.
[fo. 123ᵇ 2] 'Sunn', ar siat. 'Eirgid issin n-uaim anunn', ar
Cailte, 'ocus atáit tri dabcha inti .i. dabach oir 7 dabach
2190 aile lán do cuachaib 7 do chopanaib 7 do chorrnnaib inti, 7
dabach lán d'airgget, 7 na tabraid dona sétaib damsa acht mad
in Cráeb Glasach .i. claidem sliasta Find, 7 escra láma Find,
co tucar do Patraic iat, uair ata tri .l. uinge d'ór 7 tri .l.
uingi d'airget 7 tri .l. gem glainidhe ina chomecor.' Ocus do-
2195 cuadur atriur issind uaim, 7 tucsat a n-airi[2] léo do cach maith
díb sin, 7 téit in sluag uile isin n-uaim 7 tucsat a lórdo[e]thain
léo, conach raibe fine nonbuir dib ga[n]a ndaethin d'ór 7 d'airget.
Is and sin tainic a charpat chum Conaill. 'Eirg issin
carpat, a Cailti', ar Conall. 'Ricim a les', ar Cailti, 'uair is
2200 scithech mé isin airechtus'. Ocus dochuadur issin carpat.
Do greis Conall brod forsin echraid, 7 dochuadur siar ce
Tráig Conbice, 7 do fiarfaig Conall: 'Cid fa tucad Tráig Chon-
bice ar in tráig seo, a Cailti?' 'Ní ansa,' ar Cailti. 'Cú
grádach do bói ac Find .i. Conbec a hainm, 7 in fiad risa
2205 licthea hí ní faghad a dín a nEirinn, noco tabrad a cend
chon 7 gilla fiann Eirenn, 7 nír' loigh cú a n-aenlepaid ré
Find riam ach[t] hí, 7 is ann so ro báid[3] Goll mac Morna hí,

---

[1] adhaigh, *Laud*.   [2] a nairid, *Laud*.   [3] báig, *Laud*.

7 do chuir tonn tuile ann so fo thír hí, co fuil fan carnn ṅglas atchi a cind na trága'. [*Cáilte cecinit* — *Fr.* 33ᵃ].

  Truag lem oidhed¹ *Con*bice . *Con*bec ba lór a gloine,   2210
  ni facca bud chrobglici . andiaid muici ná oighe.
  Soeth lium oidhedh² *Con*bice . *Con*bec in gotha gairge,
  ní facca bo chrobglicci . ic marb*ad* doim na hairde.
  Bid saeth lem 'ga for*n*gaire . os tonnaib arda uaine
  a hoidhed³ bá comraime . a bás is lor a tr*u*aigi.   2215
             Truag lem.

 Tangad*ur* reompo co Dún na ṁbarc ind aídchi sin, 7 iarna-mairech adubairt *Con*all re Cailti: 'Ata druim ann seo i comfocraib duind .i. Druim Náir ainm in droma, 7 ata mucc ann, 7 ní fetait coin na dáine ní di.' 'Ro bád*us* la', ar Cailti, 2220 '7 rob fiadaigi maith muici mé, 7 cáit a fuil Donn mac Aeda m*eic* Garaid?' ar Cailti. 'Sunn', ar Donn. 'Gab t'airm 7 denam d'fiadach na muice in lín Feinde atámait'. *Ocus* ro gluaissid*ur* rompo 7 tangad*ur* issin druim anund, 7 atchonncad*ur* in mucc ann [7 .ix. fiacla asa carbut ua*ch*tarach — *Fr.* 33ᵃ] 7 2225 náe fiacla assa carpat ichtarach, 7 ro screchastar in mucc ic faicsin na con 7 na fer mor, 7 ro gab gráin 7 ecla iat-s*om* roimpe. 'Lecar etrumsa 7 in mucc,' ar Donn, '7 is cuma mo betha no mo bás.' 'Aiscid churad chuingi,' ar Cailti, 7 do indsaig Dond in mucc, 7 ac drud don muicc chuici tuc Cailti 2230 sádhud⁴ don tṡleig inti co rainic on oscail có cheile di, 7 fuair in mucc bas léo marsin, 7 nír fetsat a breith assin nóco tainic sluag *Con*aill uile ara cend, 7 tucad i fiadnaissi *Ch*onaill hí.

 'Is mor in mucc', ar *Con*all. 'Is fír,' ar Cail*te*, 'uair issí sin in Muc tṠlanga, 7 is immá leithéit sin tainic [Lism. fo. 173ᵇ 2] 2235 (olc) cloinni Morna 7 cloinni *Báis*cni.

 Ocus nír' chian (ro batar ann co facatar) [fo. 174ᵃ 2] in mórṡeis*er* [gilla mór — *Fr.* 33ᵃ] cucu. 'Canasa táncabair, a ógu?' ar Conall mac Néil[l]. 'Táncamar,' ar siat, 'ó Phádraic mac Calp*uirn* 7 ó Oisín mac Find 7 o Dhiarmaid mac Cerb*aill* ar 2240 do cenn-sa 7 ar cenn Cáilte.' 'Ní héit*er* limsa dhul ann aniu⁵ d'éis

---

  ¹ oidheg, *Laud*. ² oighedh, *Laud*. ³ hoighed, *Laud*.
  ⁴ sághud, *Laud*. ⁵ aniugh, *Lism*.

mu śealga, 7 éirighse ann, a Conuill,' ar Cáilte, '7 beir let na
haisceda út .i. in t-eascra do bhí ac Find do Phátraic, 7 in
Craebhghlasach, claidem Find, do Diarmait mac Cerbaill do
2245 rígh Eirenn, 7 in muc do marbad ann do ríg Eirenn, ór as í
so in Mhuc Ślángha, 7 co faicit cách í 7 gu roinne rí Eirenn
dóib hí idir mhaith 7 saith.' Dorónad uili mar sin, 7 tucadh
in cloidem i láimh Duinn mheic Aedha meic Gharaidh mheic
Mhorna. 'A sochar 7 a dochar in chloidim ort, a ghilla,' ar
2250 Cáilte, 'nogu ria co rígh Eirenn.' Ocus tuc Conall féin in
t-eascra leis do Phátraic, 7 tucsat na moghuid an muic leo,
7 lotar rompa co ráncadar Cnoc Uachtair Erca, re n-abar
Uisnech isin tan so, [im-midi medoin do ló — *Fr.* 33ᵇ]. Ocus
'ar rochtain dóibh ann is ann do bhói Pátraic i mullach Uisnig,
2255 7 Diarmait mac Cerbaill ara láim ndeis, 7 Oisin mac Find ar
a láim clí, 7 Muiredach mac Finnachta rí Connacht fora láimh-
sein, 7 Eochaid Leithderg rí Laigen ar a láimh-sein, 7 Eoghan
Derg mac Aenghusa, rí dá cóiced Muman, ar láim ríg Eirenn.

Táinic Conull mac Néill iar sin 7 tuc a cenn a n-ucht Pátraic,
2260 7 do ślécht do. 'Tar sunn, a Chonaill,' ar Diarmait. 'A bhfiadh-
naisi Pátraic biat,' ar Conall, 'gurub é bias ós mu cinn a
nim 7 a talmain.' 'Rígi uaimsi duit,' ar Pátraic, 'ocus *tricha*
ríg dot śíl a ríghi. Mo cathair 7 mh' abdaine duit fós, 7
inneoch foghébh o chóic ollchoicedhaib Eirenn do chaithimh acat.'
2265 Tuc Conall an t-eascra oír i láimh Pátraic. 'Do chara
féin, Cáilte mac Rónáin, tuc in aiscidh sin duit', ar Conall. 'As
cara, dar mo bréithir,' ar Pátraic. Ocus tuc Pátraic secha i
láim ríg Eirenn é, 7 do bhí rí Eirenn ica fégad co fada, 7 adu-
bairt: 'Ní facamar riam sét budh ferr iná in t-eascra, 7 dégha
2270 let, a Oisín, cia ica raibe'. 'Acam athair féin,' ar Oisin, 'ac
Find mac Cumaill. 7 tuc do bainchéli dho [é] .i. Berrach
Breac ingen Cais Cuailgne. As í ro marbhsat meic Morna
[ar in foghail — *Fr.* 33ᵇ], 7 is deimin leamsa,' ar Oisín, 'intí
fuair so co fuair sé in sét eli as ferr do bí a nEirinn ná a
2275 nAlbain (.i. in) Craeb glasach, cloidem Find.' 'Atá acamsa
sunn', ar Conall, '(do rí)g Eirenn, 7 is maith in aithne tucais.
Éirigh, a Dhuinn, 7 tuc in cloidem do rígh Eirenn, ór is do

tuc Cáilte (é. Ocus tuc in gilla) in cloidem il-láim Oisín, 7 ba
lán glac [fo. 174ᵃ 2] Dhuinn do dornchla in chl*oidim*. 'Ingnad
lim,' ar Oisín, 'do glac do línadh don chl*oidem*, ór nír' lín
glac riam *acht* glac fir do cl*oinn* Bhaiscni *nó* do cloinn Mórna.
'Can duit a gilla?' ar rí Eir*enn*. 'Donn mac Aedha, mheic
Garuid, m*eic* Mórna mhisi.' 'Dar mu bhréithir,' ar Oisín, 'do
bo mhaith h'ath*air* 7 do ṡenath*air*.' Ocus tuc an cl*oidem* il-
láimh rígh Eir*enn*. 'Caidi dece an cl*oidh*imh, a rí Eir*enn*?' ar
Donn. 'Cá dece ṡire?' ol in rí. 'Rígḟéinnidh*echt* Eir*enn* am*ail*
bái ag derbbhráthair mo ṡenath*ar*.' 'Madh cet le hOisín 7
le Cáilte,' [ar rí Ér*enn*, — *Fr*. 34ᵃ] 'ragaid dhuit.' 'As ced
ámh,' ar Oisín, 'ór is é mu chet-sa *cet* Cáil*ti*, *ocus* as dutha*ig*
do Dhonn hí, ór ro ghabsat *secht* rígha uime rígḟéinnidh*echt*
Eir*enn* 7 Alb*an*.' Is aml*aid* dobeirim duit hí,' ar an rí, 'gan
chís gan chánach*us* óir ná aircit do tab*air*t duit aisdi, am*ail*
tucad do gach rígḟéinn*id* romut, *acht comus* sealga 7 fiadaigh
Eir*enn* duit.' Ocus do ghabh-som cuir 7 tennta ann sin, 7
do bhí *secht* mbl*iadna* ḟich*et* a rígḟéinnidh*echt* Eir*enn* 7
Alb*an* nogur' mharbh Dubh mac Dolair a cath Cuire thall a
nAlb*ain* hé.

Tucad iarum in mhuc a fiadhn*ais*i rígh Eir*enn*. 'Ac sin,'
ar Conall, 'in muc ro mharbh Cáilte 7 Donn, 7 tuc Cáilte
duitsi hí da roinn ar feruibh Eir*enn* ar dáigh cumad coimhdhi
dóibh a cuid don Muic Slangha do rochtuin dóibh.' Ocus do
roinn rí Eir*enn* in mhuc dona .u. cathaib *ḟich*et bátar fir
Eirenn i n-Uisnech gur'bhat sub*aig*h sobrón*aig*h uili iat. Ocus
ba hí sin Muc Ṡlángha déidhenach¹ do roinned idir feruibh
Eir*enn*.

Is and sin adubairt Conoll mór mac Neil re rígh Eir*enn*:
'Cá breth is áil letsa do breith ar Cháil*te* da tí dot innsaigid?'
'Proinn *deich cét* óclach dho,' ol in rí, '7 ocht *ḟich*it bó do
chur i férghurt gabhála 7 a [loim do] thabairt do [digh doib —
Fr. 34ᵃ] ré loigi 7 dá chomalta, dh' Oisin.' Ocus do bátar
ann in adhaigh sin co harabárach.

---

¹ dhéighenach, *Lism*.

Dála Cáil*ti immorro*, do gaba*dh* eich Chonuill do, 7 do hinnleadh a carpat, 7 táinic roime i fosmhullach Slóibi Fuait, 7 do Chaerthenn ban finn, re n-ab*ar* Caerth*ann* cluana dá dhamh, 2315 7 d'Ard in ghaiscid atúaid, frisi ráidhter Fochaird Muirt[h]emne, bhaili a nderna Cúchulainn in foic[h]erd gais*cid* ar slu*aig*ed tána bó Cuailngi, 7 d'Áth na carpat b*udh*t*úa*id, re n-abar Áth Guill, 7 d'Echlaisc ech Conculainn, re n-abar Lighi in Léit[h] M*acha* (iter Dún Dealgain 7 muir, 7 do Slíab na com (... risa ráidter) 2320 Slíabh Bregh.

As í sin aes 7 uair ro ghabh (íttu Diarmait) [fo. 174ᵇ 1] mac Cerb*aill* i mulluch Uisn*igh*, 7 maithi bhf*ear* nEir*enn* 'na farrad ann, 7 do ñ*ar*f*aig* in raibhi uisce a comf*ocra*ibh do. 'Ní fuil,' ar cách. Do chuala Oisín sin 7 atbert: 'Sithal damh,' ar 2325 sé, 'co ndechuinn d'iarr*aidh* uisci.' 'Gilla leat,' ar Diarmait. 'Ni thicfa gilla na óclach,' ar Oisín.

Adracht Oisín 7 do chuir in caincinn [leg. cairci?] frithroisc for a lurg co nach facad nech a longphurt f*er* nEirenn é, 7 ráinic d'innsaig*id* na tiprat .i. in Find[f]leascach tipra Uisn*ig*, 7 ó 2330 thucadh cath Gabra ní fuair nech d'feraibh Eir*enn* hí co sin. Ocus ráinic Oisín co griantracht an tob*air*, 7 atconnuic na hocht n-éicne áilli eochairbreaca ann, ór do bí do dhiamhair an inuid nár' ecal leosum ní ann, 7 benais o*cht* ngais bhiroir 7 ocht ngais fothla*cht*a, 7 tuc in tsith*al* fón tiprait, 7 tuc lais na hocht 2335 mbratáin beo ac baeithléimn*ech* isin tsith*ail* 7 na gais birair 7 fothla*cht*a ar a huachtar, 7 táinic roime co hUisnech aml*aid* sin, 7 tuc in tsith*al* a fiadn*ai*si rígh Eirenn, 7 ba hingnad le cách sin, 7 do théiged glún Diarmada a mbun gach gaisi díbh. 'A roinn sút ar dhó,' ar Diarmait, '7 a leath do Phátraic 7 a leth 2340 aili dúinne.' 'Ní hamhl*aid*,' ar Pátraic, 'ór lia dáibhsi, 7 roinn*ter* ar trí iat, 7 tabar a trian donn eclais, ór as í sin a cuit féin.' Ocus dorónad amhluidh. 'Maith, a rí Eirenn,' ar Pátraic, 'ná b*e*nudh in dias út do chuid nimhe dítsa.' 'Cidh é-sein, a naem-Pátraic?' ol Diarmuid. 'A mhéd dob*eir*i dot uidh iat,' ar Pátraic.

2345 Dála Cailte [*immorro*, indister andso: — *Fr.* 34ᵇ] doriacht sein co faithchi[1] in Brogha atúaid, tar Linn Fóig ar Boinn

---

[1] faighthi, *Lism.*

bhántsrothaig, 7 lámh des re cnoc Tlachtgha, 7 lámh clé re cnoc
Tailltenn ingine Magmóir, 7 a Rót na carpat suas i mullach
Uisnigh bhaile ir-rabhatar firu Eirenn. Toirlingidh Cáilte isin
aenach, 7 táinic mara raibhi Pátraic, 7 táirnes do 7 tuc a c[h]enn 2350
a n-ucht Pátraic. Éirghis athlaech do muintir Phátraic roime
.i. mu-Chua mac Lonáin. 'Maith a anam, a Cháilti,' ar Pátraic,
'innis dúin cuich é mu-Chua.' Atbert Cáilte:

(Mu-Chua) mac Lonáin na lenn . meic Senaigh arnach saighfem,
meic Aenghusa in greaga¹ ghuirm . (meic Mughna,) meic Blait breacduirn. 2355
Meic Aedháin, meic (Blae Aeda) . meic Fergais, meic Chinaetha,
meic Fiachach, (meic Airt don Muigh . meic) Muiredaig meic Eogain.

'Crét fuil acumsa,' [fo. 174ᵇ 2] ar mu-Chua, 'acht do chuim-
nigudsa a n-ocht trathaib na hEcailsi?'

'Alléra anís ar mo ghualainn si, a Cháilti,' ar Diarmait, 2360
[ac a gabail ar lethlaim — Fr. 34ᵇ]. 'Ní fer gualann rígh mhe,'
ar Cáilte, 'acht fer fiadhnaisi rígh, ór mac óclaich mhé, 7 is
ferr inté atá ar do ghualainn innúsa.' 'Dom bréithir fris,' ar
Oisín, 'nach ruc ben a comaimsir frit a nEirinn neach dar'
chóir a rádh gur' ferr é fein iná thusa.' 2365

Is annsin ro fersat fir Eirenn fáilti re Cáilte, 7 ferais in
rí fáilte fo trí ris, 7 tuc Cáilte teora póc d'Oisín, 7 suidhis ar
a lethláim. Lán duirn do bhiror 7 fothlacht búi i láim Oisín tuc a
láim Cáilti. ·Biror 7 fothlacht na Flesce so,' ar Cáilte, '7 in fuaruis
iasc innti?' 'Fuarus ocht maigre,' ar Oisín, '7 atá in t-ochtmhadh 2370
maigre acainn araen díbh.' 'Dar mo bréithir,' ar Cáilte, 'ní roibhi
mo chuit-se riam il-láim mná ná fir budh annsu² lim innáisi.'

Is ann sin tuc Cáilte a láim a comraidh a scéith, 7 tuc
slabrad línidi Logha meic Eithlenn ar lár 'na bhfiadhnaisi. 'I
carn Gairb Daire fuaruis in slabradh, a Cháilti,' ar Oisín. 'As 2375
ann co deimhin,' ar Cáilte. Ocus tuc Cáilte do rígh Eirenn
in slabrad, ocus .u. catha fichet búi in slúag, 7 do thicedh 'na
timchill 7 ocht cét óclach do thoilledh ann, 7 dúnad ar in cétfer
dhíbh, 7 gan comus a osluicthi nogu n-oslaici in cétfer.

Is and adubairt in rí: 'Maith, a Cháilti, ba maith in cethrar 2380
bátar a nEirinn a n-aenaimsir .i. Cormac mac Airt 7 Find 7

---

¹ greada, Lim.   ² annsa, Lism., andsu, Fr.

Cairbre Lifechair 7 Oisín.' 'Ba maith in t-óclach Cormac,' ar
Cáilte, '7 dob aithnid do chách maithes Finn.' Ocus atbert Cailte:

> Da tísadh fo breith dála . a mhac cuigi 'sa náma
> ba do maithib líne dhó . eturra ní bérad gó.

'Ocus, a Cáil*ti*,' ar Diarm*ait*, 'inar' ferr Cormac iná Find 7
inar' ferr Cairbre iná Oisín?' [Atbert Cáilte]:

> Dar in Rígh fuil ós mo chinn . nír' ferr Cormac iná Find,
> 's nír' mesa Oisín co mblaidh[1] . iná Cairbre Lifechair.

Is and do fiar*f*aig Eochaid L*eth*derg, rí Laigen, do Cháilti:
'Crét fodera d'Finn 7 don Féinn gan in péisd [adbalmór — *Fr.* 35ᵃ]
atá acainn a nGlenn Ruis en*aig*h do mharb*ad* sech gach n-ar-
rac*ht* eli dar' dhíchuir sibh a hEir*inn*?' 'Is *ed* fodera sin,' ar
Cáilte, 'in ceathramad rann d'inchinn Mes-gedra hí, 7 ro sluic
in tala*m* ann hí co nde*r*na peisd adbul[mor] di. Ocus ní raibhi
a ndán dúinne a marbad nogu toirsedh an Táilcend 7 deiscib*ul*
da mh*uintir* chenglu*s* d'aen sifinn luachra ar deiredh na haimsiri
hí, 7 biaidh isin cengal soin co tí in b(ráth).' 'Cidh uma téigdis
an Fian da marbad féin (7 do mharbad a con) ar an loch sin
don phéisd?' 'Leannán sídh(e) [Laud 610, fo. 124ᵃ 1] do bói
ac Find,' ar Oissin .i. Uaine ingen Moduirnd, 7 tuc Find éra
tochmairc furri ar a immat d'ilr[e]achtaib a téiged sí, uair ní raibe
bethadach na téighed sí richt, 7 tangad*ur* ind Fiann laithe n-aen
ar in carnn os chind in locha sin, 7 tainic in fiad amach ar in
loch, 7 do lenamar-ne ar in loch hé, 7 do eírig in peist duind,
7 do marb cét cú 7 cét fer accaind, 7 is ann sin do iarfaig
Cail*te* do Find: in lind tuitfis in peist, 7 mased co cuirmis ria
7 co ńdighlamais ar muin*tir* furri. *O*cus tuc Find a ordain fa déd
fis, 7 ro faillsiged fír faistine dó, [7 ro ceiled gae fair ann —
Fr. 35ᵃ], 7 adubairt in laid:

> Glend Rois enaig bid fír dam . bid bind guth cluic ann nach[2] than,
> gé beth fó damaib ruada . robsat ili a ardbuada.
> Ro gab in doinend dubad . ni soinend *ach*t ar selaibh,
> do gab in tala*m* trochull . do gab cochull cend n-enaig.
> Enach feinde fadb fulaig . imrulaig garb re *con*aib
> siat srotha elta enaig . rian trogain terchtha[3] trogain.

---

[1] mblaigh, *Lism.*   [2] *written over* biaid, *Laud.*
[3] rian trega treghta, *Fr.* 35ᵇ. rian treghain terca, *Lism.* 175ᵃ 1.

Crotholl[1] Feinne fuath curraig . os duillib ruada rindib,
sceo gaithi céo tar rindib . os rengaib leabra ar lindib.
Coscrach atchiu-sa an muirbich . rosc dercain[2] brath tar buidnib,
taebúaine taithnem taidlech . biaid Cáemgin ga mbia cuibrech. 2420
Muirbech lonn locha hEnaig . tonn 'na degaid adraigi,
sissi ac slaidhi na Féinde . óig na Feinde 'ga slaide.
Deich mbliadna ar da bliadnaib . a hocht riagail ar relaig,
ar da cét deg sét saíre . gusin áine ro genair.
Loch nEnaig adhba elad . scith cen fianna 'na farrad[3], 2425
tailgind contagfat uime . badh binde chanfat aille.
Loch n-Enaig[4] adhba ela . dind mbera itir da mbroine.
enach trogain blái théite . otá in chéiti có 'raili.
Glend Enaig itir da tsliab . iss é is áille atconnarcc riam,
abhand da loch ar a lar . iss é lán don leith aniar. 2430
Bidh adhba ailithrech uar . bid adba trén ocus truag,
bid adhnacht rig cend a cenn . tic fa Cáemgein issin nglenn.
           Glenn.

Ní héitir a indissin na a aisneis neoch ro indissetar do denam dóib féin do morgnimaib gaile 7 gaiscid 7 do maithib 2435 na Féine, re táeb dindsenchais cach cnuic 7 cach feraind ro fiarfaigetar fir Eirenn díb.

IS ann sin tainic [Tamun — Fr. 35ᵇ] trénbrugaid mac Tréin .i. flaithbriugaid cétach comramach do ríg Eirenn .i. tri .l. fer mor ina farrad 7 faideran[5] firgorm im cach fer díb [7 2440 fedana finduma isna brataib os a mbruindib — Fr. 35ᵇ] 7 leinti lígdha lángela umpu, 7 tri .l. gabal-lorg ina lámaib, 7 ro bennaigedur do rí[g] Eirenn 7 fregrais in rí iat. 'Atá fled[6] mor acaind duit, a ríg,' ar siat '.i. deich fichid dabach do midh, 7 deich .xx. dabach do chuirm glain gabaltaig cona 2445 daeithin do biadaib ilarda écsamlaib léo,' 7 tucsat in biad 7 in lind léo don ríg. Ocus do fiarfaig rí Eirenn d'Oissin: 'in a n-aentech re maithib Eirenn rachaisi nó in tech óil 7 aibniusa ar leith bes accaib?' 'Ar cuit bíd 7 lenda duind [fo. 124ᵃ 2] ar leith,' ar-si Oissin, 'uair ní lucht comdíne na com- 2450 aimsire duind na daíne anois.' 'Cá lín atáthi?' ar rí[7] Eirenn. Da naenbur', ar Oissin '.i. nonbur damsa 7 naenbur dom

---
[1] Trochull, Fr. 1.   [2] dreacoin, Lism., dregain, Fr.   [3] farrud, Laud.
[4] nenaid, Laud.   [5] faitiuran, Fr. 35ᵇ,   [6] fleg, Laud.   [7] rig, Laud.

chomalta, do Chailti.' 'Fiche dabach *cona* ndaeithin bíd doib,' ar rí Eirenn. 'Maith a rí[1],' ar Cailti, 'na cut*r*umaig-siu sind do bíud *nó* do lind chaichi, uair intan doberthea deich ṅdabcha damsa, .xxx. dabach b(ud) chóir d'Oissin,' *Ocus* ro chaithed*ur* ind adhaig sin co subach sobrónach, co tainic la *cona* lanṡoillsi gan uresbaid bíd na dighi forro.

Ocus do cuired a phupall tar rig Eir*enn* issin tulaig thonnglais in lá sin, 7 nír' léiced ach rí[g]damna issin pupaill, 7 tainic Patraic *cona* chleírchib issin darna leth don phupaill, 7 nír' léiced *acht* esgob 7 sacart 7 m*ac* ochta rig nime 7 tal*man* issin leith ir-roibe Pat*raic*.

Suidhis Oissin i fiadnaissi *Pátraic* 7 Cailti i fiadnaisi rig Eir*enn*. 'Cia accaib as sine?' ar rí Eir*enn*. 'Missi,' ar Cáilti, 'uair .x. mbli*adna* .xx. do bo tṡlan dam intan rucad Oissin 7 .uii. ṁbli*adna* déc dó am leapaid-sea, 7 as mo thigh ro gab feind 7 foirind.'

IS ann sin do ḟarfaig rig Eir*enn*: 'cá lín do rígaib Eir*enn* leis a tucad ferann don Féind?' Fregrais Cailti sin, or do bói a ḟis aice .i. 'Rí[2] ro gabus*dur* Eirinn .i. F*er*adach Fechtnach, 7 da bad*ur* da m*ac* aici .i. Tuathal 7 Fiacha a n-anmanna, 7 fuair Feradhach bás, 7 do roindset a da m*ac* Éire eturru .i. seóit 7 maine 7 indm*us*a 7 buara 7 bóthainte, a failgi 7 a fornasca, a nduinte 7 a ndingna 7 a ndegbailti dondarna fer; a halla 7 a hindb*era*, a mes 7 a morthorad 7 a héicne[3] aille eoch*ur*breca 7 a fiadach don ḟr aile.' 'Cait a ndernnsat in roind sin?' ar rí Eir*enn*. 'Immon cnoc so ara fuilmid inar suidhe do roindset da m*ac* rig Eir*enn* eturru.' 'Ní samlaithi in da roind sin,' ar maithe fer nEir*enn*. 'Cé díb roind bod ferr libsi?' ar Oissin '.i. a fleda 7 a tighi 7 a maith*ius* archena issindarna roind dib, a feda 7 a fassaigi, a selg 7 a fiadach issin roind aili'. 'In roind ba messa díb,' ar Cailti, '[dar libsi — *Fr.* 36ᵃ] issí ba ferr linde.'

'Ráid 7 indis a ḟírinde siut, a Chailti,' ar Oissin.

Oissin *cecinit*:

Raid a Chailti, cid dia fuil . mor eol*us* ré iarfaigid,
cétroind Eir*enn* leth ar leth . do cach crich fil um Uisnech.

---

[1] ríg, *Laud.* [2] Rig, *Laud.* [3] heicned, *Laud.*

Cia dorat ferann don Féind . ind abrai frium a Oisséin?
cia ro scar re gillacht chon . cia ros-dil fa thuarusdul?

[Cáilte cecinit.] 2490

Mebair¹ lem in ní dia fuil . a meic ingine in Deirg druin,
ó ro lessaig Fiacha in Féind . co ro athrígis-si, a Oisséin.
Deich mbliadna do flaithius maith . duitsiu a Ossin, a ardflaith,
ó rus-brég Fathad in Féind . co rus tréigset tú, a Oissein.
Degmac Feradaig dar lim . dar' bo chomainm Fiacha Find, 2495
Eithne ingen Daire Duib . ro bí in morrigu a mathair.
[fo. 124ᵇ 1] Feradhach is Fiacho Find . roindset Eirinn tind a tind,
badur ar Eirinn co mblad . gan chocad, gan chomardad.
Ruc do roga in mac ba só . beith ré Féind, ní himargó,
foithri, fássaigi, feda . aibhne is alla is indbera. 2500
Ro gab Feradach, dar lem . airdrígi ar feraib Eirenn,
a fleda, a thairgthi, a tighi . a táinti 's a trebaire.
Rígi Feradhaig ba maith . cor' thuit lé Mál in mac[f]laith,
bá tásc rígh ruamnus a gail . bás in ríg ind áidchi sin.
Luid Fiacha a Temraig co rath . ó dorochair Feradach, 2505
gabais nert Eirenn uile . la marmuir mac Rocraide².
IArsin dorat Fiacha in Féind . do Morna gusin morcheill,
cethrar dóib sein, dreimne gal . ina diaid ro gabsatar.
Morna mac Cairpri co ṅgus . deich mbliadna dó ina flaithius,
a deich do Garad nár' gann . nócor' scarad ré cháemchend. 2510
Daighri mac Garaid co ṅgus . cóic bliadna dó 'na flaithius,
áirim secht mbliadan gan brath . Donn mac Morna in deidinach.
Eochaid mac Nárchada anair . rí Fiann Eirenn a hUltaib,
bliadan co leith a líne . ós in Féind a n-airdrígi.
Cas mac Cannáin, cruaid a neim . aen bliadan aici a hUltaib, 2515
Duban a mac, monar ṅgrind . da bliadain aici áirbim³.
Gabsat a Mumain, miad cealg . Liath Luachra is Labraid Lamderg,
deich mbliadna doib, lith nach gann . do macaib aithig Arann.
Trénmor hua Baiscne ba balc . ba húa do Sct[n]a Sithbacc,
senathair Find, ségda in roind . athair Cumaill is Crimaill. 2520
Tarraid Trénmor, trén a báig . Fianna Eirenn a n-aendáil,
rigsatar a ríg andes . secht mbliadna déc a reimes.
Ro gab Cumall, crúaid a neim . al-los sceith ocus chlaidim,
rígi fá tuc teora cath . scannlach, congalach, cocthach.
[Ro gab Cumall, cruaid a nim . il-los scéith ocus cloidim⁴ — Fr. 36ᵇ] 2525
deich mbliadna dó sunn ana . co torchair i cath Chuncha.

---

¹ Meadbair, Laud. ² ar Mál mór mac Rochraidi, Lism. luid tar muir
mac Rochraide, Fr. 37ᵃ. ³ leg. áirmim (airmhim, Fr. 36ᵇ). ⁴ cloigim, Fr.

'Arsin gabsat maic Morna . ar brón 7 ar bithdoghra,
tricha laech, ba mor a ngal . im Daigri, im Goll, im Garad.
Goll mór ba mílid i cath . mac do Morna déidenach,
2530 deich mbliadna dó, lith nar' gann . ind-airdrigi fiann Eireann.
'Ar sin ro gab in t-éo óir . Find mac Cumaill meic Trénmóir,
ar tairbertach saer sluagach . ar sái amra ilbuadach.
[Ar flaith, ar séghaind, ar sái . ar mbreithem, ar ndruth, ar ndrái,
ar cend cumaing . ar slicht slóigh . Find mac Cumaill meic Trénmóir.
2535 Dob é Find in cóiciud laech . uasal forusta firgaeth
noch dob ferr delb ocus drech . dob ferr arm ocus édach — Fr. 36ᵇ.]
Dá cét bliadan co mblaithe . ocus tricha gan tlaithe
saegal Find, ba fata re . co torchair 'ga léim baissi.
Secht rí déc, is deimin lem¹ . do gab rigi Fiann Eirenn,
2540 ferr Find inait sin uile . cathmilid ard Almaine.
[fo. 124ᵇ 2] Cuicir druad², ba dám duilig . is ferr taraill iath fuinid,
is mebair³ limsa co becht . a n-aisneis is a ndrái[d]echt.
Ba díb Ba[d]gna a Síd Ba[d]gna . díb Cathbad drái degamra,
Stocán mac Cuirc chrechtaig cháim . Mog Ruith is Find a Formail.
2545 Cuicir legha, lith n-amra . is ferr taraill tír Banba.
cid cían atúsa da n-éis . isam eolach 'na faisnéis.
Miach is Oirmed, dalaib drecht . ocus a n-athair Diancecht,
Gabran liaig tar muir anair . Find féin hua Baiscne barrglain.
Cuicer filed, uasal drem . is ferr tharaill iath nEirenn,
2550 is mebair³ liumsa co becht . a faisneis, a filidecht.
Cairbri fili fuair dar ler . Amairgin indsi Gaeidel,
Feircheirtne re Labraid Lorc . Mogh-Ruith is Find faeburnocht.
Cuicer is gaithe um ceill ṅgrind . ro bói a n-aentig a n-Eirinn,
Fithel ocus Flaithri a mac . Carpre ocus Aillbhi is Cormac.
2555 In cheist do chuirdis tri cheill . prap ro fuaslaiced Find féin,
in cheist donith Find na fled . nech don chuicer ní chuimged.
Cuicer laech luaidis ferga . is ferr táraill iath n-Elga,
budh gairbe gnim ocus glonn . bud gairge í cath 's a comlunn.
Lugh mac Céin meic Cáinte anall . Cúculainn ocus Conall,
2560 Lugaid Lágda, lám ar gail . Find féin huaBaiscne barrglain.
Cuicer is féile frith riam . budh ferr um brat is⁴ um biad,
do chined na ṅGaeidel ṅgle . maith ro chaithset a maine.
Lug mac Eithlenn, Aengus áin . Cú na cerda, crúaid a báig,
Conaire caem, cruth nar' chlé . Find is Mac Luchta ar aenchsé.
2565 Cuicir flatha ferrdi lem . is ferr taraill tír nEirenn,
is mebair³ limsa co becht . a n-aisneis 'na flaithemnacht.
Eirimon mac Miled mo[i]r . Iugaine a ndiaid Eirimoin,

---

¹ lim, Laud.   ² druag, Laud.   ³ medbair, Laud.   ⁴ im, Laud.

Aengus Tuirbech, treissi a ṅgail . Conn Cétchathach, Find féindid.¹
Laech ar gairbe, co ṅgnim ṅglonn . ocus óglach ar chomund,
cleirech ar procept Maic Dé . ocus flaith ré fírinde.   2570
Ni fetar locht ar Ḟeind Ḟind . dar in Rí[g] [f]uil os mo chind,
acht, a Dé tadhaill talman . gan in Mac do moradhrad.
Ni mairit in muinter maith . ní mairenn Find in fír[f]laith,
ní fuil in cuire gan cleith . na ruire 'mun rigḟéindid.²
Ferr a sretha na cach sreath . ferr na cach rig a taissech,   2575
mét na fer is mét a sciath . mét a laech ṅgasta ṅgarbliath.
Ba ríg, bá fáid, ba fili . ba triath co mét morfine,
ar fisid 's ar ṅdrai 's ar fáid . ba bind lind cach ní do ráid.
                                                              R.
I N-abraim do thestaib Find . dar in Rí[g] fuil os mo chind,   2580
[fo. 125ᵃ 1] ba ferr som fos co ba tri . cid mor in ní raidim-sí.
                                                              Raid.
Gu ba sécht do chreid in rí . Find mac Cumaill Almaini,
in sechtmad fecht do bói ar fás . is de thainic a thiugbás.
Leth Moga ac Eogan do bói . Trénmor is ré laim ro láe,   2585
mac dó Cairill fa gein Scail . ba bínd lais cach ní ro ráid.
                                                              Raid.

'Adrae buaid 7 bennachtain, a Chailti,' ar Diarmait mac
Cerbaill, '7 caid a filet sin 7 senchaide Eirenn? Scribthar i tam-
lorgaib filed 7 a slechtaib suad 7 a mbriathraib ollaman [sud, 2590
— Fr. 37ᵃ] co mbere cach a chuid lais da crich 7 da ferann
bodein da cach ní dar' indis Cailti 7 Oissin da morgnimarthaib
gaile 7 gaiscid, 7 do dindsenchus Eirenn.' Ocus dogníd
amlaid sin.

IS annsin ro fiarfaig³ Find mac Faeburdeirg, mac rig 2595
Hua Ceindselaig. 'A Chailti,' ar se, 'crét fadera in Giussach
Ḟind náim 7 fíreoin ic a hadhrad seoch cach n-inad aile issin
crich?' Frecrais Cailte sin. 'Lú[b]gort selga d'Ḟind hí,' ar se,
'7 intan na fagdais in Fiann a cuiged letharthach Laigen óta
Indeoin Maighi Feimin co Beind Édair a ndaeithin selga do 2600
geibdis issin Giussaig Ḟind.'

'Maith m'anam, a Chailti', ar Find mac Faebair, 'cret
im[a] n-abar Áth Ferna risin n-ath atá ar lar na Giussaigi?'
Frecrais Oissin sin: 'Goll mac Morna ro marbustar Fernn mac
Cairill ann ar foghail chlaind[e] Morna, 7 mac rig na ṅDeissi 2605

---

¹ feindig, Laud.   ² rigḟeindig, Laud.   ³ fiarfaid, Laud.

andes hé, 7 óclach grádha d'Find he, 7 'arna chur fá fochlaitib talman tuc Find a ordain fá déd fis 7 ro faillsiged fírinde dó, [7 ro ceiled gói fair, — *Fr.* 37ᵃ] 7 adubairt: 'a Fernn maic Cairill, mogenair duit ro hadlaiced issinn inudh a tái. Uair mor do findcheolanaib ceilebartha 7 do findleabraib trath 7 do eadbairt chuirp in Choimded dogentar ós do chind.' *Ocus* adubairt:

  Ath Ferna . áit a mbia mAedóg fedbda,
  ansu cid imda a chuana . bid imda a duana nemda.
  Ath Ferna na féorainde . bid fedbda in fer 'ga mbia,
  da roiset ann anmcharait . bat imfoicsi do Dia.
  Daria mAedog muintirach . tar áth Findglaissi fia
  bidh chromchind ros-tairgéba . bid roibhchind duíní Dia.
  Daria mAedog muintirach . maissi greine tar cithu,
  daria mac na retlaindi . retla buada[ch] tré bithu.
  Bíd hé in t-inad oirrnidi[1] . a mbíd fianna fa fulacht,
  daria mAedóg muinterach . mochin rí darab rulacht.
  Bidh hé in torc trén tulcháinim . bid hí in lassar borb brátha,
  daria mAedóc muinterach . bid tonn tar ilar n-átha.
              Ath.

'Is maith am ro indissis,' ar Find mac Faebair, '7 atá ceist aile accum is áil lium d'fiarfaigi[2] dít, a Chailti?' 'Cret in cheist sin?' ar Cailte. 'Baile atá acainde annso í comrac in da chóiced .i. Comar ollbuidnech na tri n-uisci, áit a comraicend Siúir 7 Feoir [7] Berba, 7 Ros [fo. 125ᵃ 2] mbrocc ainm in baile sin, 7 rob ail liumsa a fis d'fagbail uaitsiu cia ic á raibe in dúnad út ann.' ['Urusa liumsa a fis sin duit,' ar Cáilte .i. — *Fr.* 37ᵇ].

'Dá óclach gráda d'Find mac Cumaill ro bói ann .i. Cellach Braenbili 7 Moling Luath do chóiced Laigen, 7 do badur da cét óclach 7 da cét gilla 7 da cét con ac cechtar de díb, 7 cid iat tri catha na Féinde do tsirthea ba terc ann dias budh ferr luth nó lamach anait-sium, 7 do bí maith aile intib-sium mailli rissin, uair is 'na tigib do bith in Fiann re bliadna gan teirce bíd na lenda orro rissin.'

'INgnad linn,' ar Finn mac Faebair, 'uisci in baili sin in

---

[1] oirrnigi, *Laud.*   [2] dfiarfaidi, *Laud.*

ard 7 a tsruth ina all, 7 foírid in t-uisci sin cach eslainti re
mbenann.' 'INdeossat-sa duit adbur in ratha sin,' ar Cailte.
Is é sin cétuisci ro bennachadur aingil Dé a nEirinn, 7 iss é
uisce déidinach béos [bendeochar inti, — Fr. 37ᵇ] 7 Táeidiu 2645
ainm na habhann,' ar se.

Ocus do badur in dá óclach sin ann nóco ṅdechadur maic
Morna ar fogail ar Find, 7 nir' rathaigset áidchi ann nócor'
gabsat maic Morna anair 7 aniar immon mbaile acco, 7 ro
badur teora lá 7 teora aídchi ac dul ar in mbaile, 7 nir' fedatar 2650
ní dó rissin, 7 a cind in tres lá fuaradur baegal teined do
chur ann, 7 do loisced in baile léo, 7 dorigned a argain, 7
ní thernó duine béo d'fir na do mnai gan a loscud ann, 7
intan tairnic leo in baili d'arggain 7 d'indrud tangadur reompo
tar sgairb Indbir Dub-glaissi, tar Berba síar ar sodain, 7 issí 2655
sin aimsir ir-rangamar-ne tri catha na Féinde dochum in baile
gingur' chobair doibsium sin. Ocus suidhis Find 7 tri catha
na Feinde ar faichthe in dúnaid, 7 ro cháisetar co dérach
dobronach, uair ní minic má dorinded riam gnim bo doilgi
leissin Féind ina sin. Ocus tucad loingsithal bánóir chum 2660
na flatha Find ann sin, 7 ro indail a láma 7 tuc uisci ima
gnuis rígda roalaind, 7 tuc a ordain fa déd fis 7 in tres
fis is mó ro faillsiged dó riam issin tan sin ro faillsighed
dó hé, 7 adubairt: 'Ceithri fáidi toghaide ticfa[t] tarmeissi a
nEirinn, 7 do rig nime 7 talman dogénat a faistine, 7 bid annso 2665
ticfa in cethramad fer .i. Mo-ling mac Faelain, meic Feradaig
[Find], meic Fidgai, 7 cath chuirfither re deiredh aimsire ind-
Eirinn .i. cath Maigi Rath, 7 Suibne Geilt tic assin chath sin
is annsa baili seo muir[b]fither hé 7 aidhlécthar, 7 ben d'feraib
Muman máthair in chleirig sin, 7 ní lemat fir Muman olcc in 2670
baili seo do denam chaídche.' Ocus adubairt in laid ann:

Ros mbrocc aníu is conair chuan . romur ruad itir da all,
cian gar co toirset nóim ind . Moling ainm intí 'sa ceall.
[fo. 125ᵇ 1] Taediu chorrach chamlindtech . ar ur na cairrgi is lia,
da roichid sunn sochaide . imtheghdaid ann ar Dia.   2675
[Taídíu grianach genter leis . beith ara greis bud maith lim,
truagh deired in domain dein . saeth lim mé féin can beith ind —
Fr. 38ᵃ.]

Doroichfea in fer foluaimnech . atuaid a Maig Rath,
bid gairdiugud don chleirech . maiden co méit rath.
2680 Tech Moling meic Faelain . meic Feradaig Find,
uingi d'ór ó nech . ar a thech 'na chill.
Bennan Moling Luachair . bentar isna trathaib,
ní lémat láich Luimnig . ben Muimnech a mathair.
Tiucfat fir Chualann atuaid . forba a sluaig co Tech Moling
2685 ó sin amach co brath mend . ferr issa ferr Tech Moling,
Adeirim-si rit reime . bid fír dam in faistine
geib re hanmain Find í bhos . tarrngaire Moling don Ross. Ros.

['Maith a anum, a Find meic Faebair,' ar Cailti, 'is i sin
in ceist ro fiarfaigis dim — Fr. 38ª].

2690 IS andsin adubairt rí Eirenn re Patraic: 'is mithig lemsa
dul co Temraig bodesta, 7 ín ticti-si lím co Temraig', ar
Diarmait ['don dula sa, — Fr. 38ª] a senorchu?' 'Ní rechum,' ar
siat, 'cocend mbliadne. IS annsin adubairt Eochaid Lethderg rí
Laigen: 'Bératsa Oissin lem,' ar se, 'frissin mbliadain-seo co
2695 Dún Liamna Lendchaime ingine Dobrain Dubthaire. 'Berat-sa
Cailti lem,' ar Conall Mor mac Neill, 'co Dún na mbarcc bo-
thuaid rissin mbliadain seo.' 'Berat-sa Pátraic lem,' ar Diarmait
mac Cerbaill co Temraig do baisted 7 do bennachad 7 d'ordu-
gud fer nEirenn ina cirt 7 ina riagail féin.'

2700 Ro scailset fir Eirenn dochum a crichi féin, co ro chomraicset
a cind bliadne i Temraig.

Corub hí Accallaim na Senorach ac in chartha a mullach Uisnig
sin 7 cachar' chansat d'fís 7 d'eolus d'feraib Eirenn uile ó sin amach.

Dala Chailti immorro, ro eirig sein reime maraen re Conall
2705 mac Neill co Raith Artrach bothuaid a crichaib Ceineil Conaill.
IS annsin do eirgedur ingena mine macdachta mongbuide 7
meic becca bratuaine [7 amais — Fr. 38ª] 7 óclaig in dúnaid
d'ferthain faeilte re Cailti. Badur ac ól 7 ac áibnius re hed
7 re hathaid[1] in caemlaithe sin nocor' eirig grian assa circcaill
2710 truim teintidhi[2] cor' línastar alla 7 essa 7 indbera in talman.

INa degaid sin tainic Conall 7 Cailti co maithib a muintire
assin baile amach, 7 ro fiarfaig[3] Conall: 'cid fa tucad Raith
Artrach ar in raith seo, 7 cid ima tucad Raith Mongaig[4] ar

---

[1] hathaig, Laud.   [2] teintighi, Laud.   [3] fiarfaid, Laud.
[4] mongaid, Laud.

in raith-seo thuaid, 7 cid imma tucad Lis na n-éices ar in lis so thes?' Frecrais Cail*te* sin: 'Tri m*ei*c ro bad*ur* ic Bodb Derg 2715 m*ac* in Dagda issin Brug b*r*ecsol*us* .i. Artrach 7 Aed Alaind 7 Aeng*us*, 7 tarrla imressan etu*rr*u 7 a n-athair fein. 'Maith m'anam, a m*ac*cu,' ar Bodb Derg, 'fácaid-si damsa Tuatha dé Da*n*a*nn*, 7 im[thi]gid chum rig Eir*enn* .i. chum[1] Cormaic h*úi* Chuind, 7 atá adhb*ur* 'mana cóir dáib [fo. 125ᵇ 2] Tuatha 2720 dé Da*n*a*nn* d'fagbail, uair ní fuil do crich ac T*u*ath*aib* dé Da*n*a*nn* a fulang féin 7 a fuil do maithius ic Artrach inmain, 7 is lia d'Aengus mac B*ui*db ná do T*u*ath*aib* dé Da*n*a*nn* uile etir gilla 7 óclach, 7 is lia d'Aed Álaind eíces ann siut na do chliaraib Eir*enn* 7 Alban. 2725

IS ann sin tangad*ur* t*r*i m*ei*c Buidb co Cormac, 7 fiarfaigis dib cid do gluais iat. 'Ar n-athair fein ro fogair a Tuath*aib* dé Da*n*a*nn* sind, 7 tangamar d'ia*rr*aid feraind fortsa.' 'Do gebthái-si sin,' ar Cormac, 'dober-sa daib ceit*hr*i t*r*iucha na garbthire,' f*r*isa raite*r* Tír Co*n*aill aníu, 7 ro bói in mac ro-ba 2730 tsine díb .i. Artrach 7 bruiden[2] sect n̄dor*us* aici, 7 mochen re c*ac*h n̄dáim. Ro bói Aeng*us* ilclessach í raith Mongain, 7 m*ac*cu rig Eir*enn* 7 Alban ac foghlaim lamaig, 7 ro bói Aed eíces a Lis na n-eíces 7 cliara Eir*enn* 7 Alban ina farradh ann .i. deich m̄bli*adn*a fichet ro chaithset do flaith*ius* Chormaic h*úi* 2735 Chuind[3] nóco fuair bás ic Raith Spelain a mBregaib.

Tangad*ur* ar cula doridhissi[4] co T*u*atha dé Da*n*a*nn*, 7 ro ba lis ballach b*r*eicd*er*g in lis-so do chnoib caema cendchorcra caillide 7 d'ublaib aille órbuidhe, cid raith ruad aniu.

Cailti cec*init*: 2740

IS ruad aniu[5] Raith Artrach . ger'bo raith óc ilarmach,
sol*us* bodes is bothuaid . in raith-seo co n-ilar m̄buaid.
IN cloch-sa in táib thuaid don lis . sochaide ata 'na hainfis,
tri coeca uingi fa tri . fuil fo bruinde na cloichí.
Ainm na ratha rind atuaid . degraith Mongaig in morsluaig, 2745
as gairit uaithe bodes . co Raith Aeda na n-eíces.
[*Deich* mbli*adn*a *fichet* ba cert . co trath erghid na mormac,
riam nochar' troitset ria fein . conach creiti cach roreidh — *Fr*. 39ᵃ.]

---

[1] chuind, *Laud*.   [2] bruigen, *Laud*.   [3] chuaind, *Laud*.
[4] dorighissi, *Laud*.   [5] aniug, *Laud*.

'Cait a fil in cloch, a Chailti?' ar Conall, 'fó fuill in t-ór
7 in t-airget?' 'Ní hí in chloch as doilig d'fagbail,' ar Cailti,
'acht a tabairt a talmain.' 'Ní doilig ón,' ar Conall, ac eirgi
co ceithri cét[aib] fer n-armach nertmur, 7 tucsat a lama a n-aen-
fecht chum na cloiche da tarraing a talmain, 7 ni raibi tarba
issin trónfeidm, ór nir' fetsat a becc di. 'Ni fuil fer cobartha
na tócbala aire acaind anossa,' ar Cailte, ac tabairt sádaid¹ do
crann a tsleigi fuithe cor' thóc hí da háit, 7 tuc Cailte lám a
n-inad na cloiche 7 tuc lia Find meic Cumaill as ina raibi tri
.l. uinge d'airget 7 tri .l. uingi do dergór 7 tri .l. slabrad
órda 7 claidim catha assa hinad [7 ro íadh² Cáilte in cloch
iar sin — Fr. 39ᵃ], 'Maith, a Chailti, ar Conall, 'roind
na seóit,' 'IN cloidim 7 in slabrad duitsi,' ar Cailte, '7 in
lia dergoir do nóemPatraic, ór iss é lia na creidme 7 irsi na
nGaeidel hé.'

IS andsin ro fiarfaig Conall [Derg. — Fr. 29ᵃ] mac Neill do
Chailti: 'Filet tri tulcha acaind annseo 7 nil a fis acaind cid
dia fuilet na hanmanna ata orro .i. Lecht na laechraide ar
thulaig díb 7 Tulach in banchuiri ar tulaig [fo. 126ᵃ 1] aile díb,
7 Lecht na maccraide ainm in tres tulaig díb, 7 tipra isin tul
sin, 7 abhann aisti amach, 7 Glaissi na fer a hainm sein?'
'Do geba-su a fís sin uaimsi,' ar Cailte ['cingob inand in ní dia
tait — Fr. 39ᵃ]. Ben tuc Find .i. Sadb ingen Buidb Deirg
meic [in] Dagda, 7 ro tsirestar coibchi ar in flaith ar Find .i.
leth feissi 7 leth n-etála do thabairt di, 7 rob é adhbur a
iarrata sin, uair is terc má do bói ó Thiprait fáine³ co Garrda
n-Isperda ben budh ferr ina hí, 7 ro naidmed d'Find hí ac
Síd ár Femen, risa raiter Sídh ban find issin tan-so, 7 'arna
naidm dó dochuaid Find ar slicht lorg chlainde Morna, 7 ro bói
ar fogail 7 ar dibeirg fair nóco toracht conici in raith seo .i.
Raith Artrach, 7 ro gabad sossad 7 longport aici annso, 7 do
ráid Find re Ferrdoman mac Buidhb Deirg meic in Dagda, re
brathair na hingine: 'Is fata,' ar se, 'le Saidb ingen Buidb
atúsa amuigh, 7 adéra is ail 7 aithis 7 eisleis tucusa urri re
bliadain anossa, 7 techta as choir damsa do chur ar a cenn,' ar

---
¹ ságaid, Laud.   ² fagh, Fr.   ³ Teprofane, Lism.

Find, '7 cia as chora do chur ar a cend?' ar Find. 'A cethrur comalta¹ fein .i. Con*aing* 7 Cathal, da [m*a*c Duib m*ei*c Aen- gu*sa* Tirigh, da — *Fr.* 39ᵇ] mac rig Muman, 7 in da comalta aile .i. Cathal 7 Crimthan da m*a*c Cuind C*ét*chathaig .i. da mac rig Laigen, 7 is iat-sin cethrar as dile leissi a n-Eir*in*n.' Oc*us* in trath na bith ben i lebaid Find iss iat-siu do bith ina farrad', ar Cailti, '7 cia uaib, a firu, rech*us* ann?' ar Find. 'Rachmaid-ne ann,' ar-si da m*a*c rig Muman .i. Con*aing* 7 Cathal, 'uair is 'nar crich 7 'nar ferann atá, 7 issí is dislí 7 is dochu lind do mnaib Eir*enn*.' Oc*us* tangad*ur* sin reompo ceith*ri* cét óclach 7 ceith*ri* cét gilla cona con*a*ib co Síd ban find, 7 dochuadur issin síd sol*us*mór anund, 7 ro canad fírcháin faeilte friu gan meing 7 gan mebail³ ann, 7 tucad doib nua ga*cha* bídh 7 sen gacha dighi, 7 do bad*ur* ann re teora lá 7 re teora aídchi.

In marg. De scela*ib* Saidbe ing*ine* Buidb Deirg.

7 ro ráidset ria: 'is ar do chenn-sa tanac*a*m*ur* (sic) ó Find mac Cumaill.' 'Cred fil ann?' ar inn ingen, 'ach[t] dul da indsaigid.' IS ann sin ro gabsat in bantracht a n-eirred 7 a n-étach aistir 7 imthechta umpu, cét ingen rig 7 taissech co n-étaig*ib* ca*cha* datha, 7 tangad*ur* conici iu tulaig-sea, 7 do scuired a n-eich, 7 do geltsat fér co hurchleithe tal*man*. IS ann do gab ítu mor in ing*in* .i. Sadb ing*en* Buidb 7 in bant*r*acht uile. 'Ní haichnid³ dam uisci ann so a com*f*ocraib,' ar Con*aing* m*a*c Duib m*ei*c Aeng*us*a Tirig, m*a*c rí[g] Muman, 7 in rí[g]lia chloichi ro bói a mullach na tulcha [7 ro ergetar in líu fer ro bat*ar*, — *Fr.* 39ᵇ] 7 tucsat feidm ferrda ca*cha* fir furri cor' chuirset assa tuinide in t*r*omchloch, 7 ro moid lochthop*ur* grind gloinide assa hinad. 'Is feramail ro tochlad in t-uisci sin,' ar in ing*en*, '7 ca ferr [fo. 126ᵃ 2] ainm da ṁbia urri na Glaissi na fer?' Oc*us* atibset a lordaeithin don uisci.

'Dála Find, ro geallsabair do beith annso,' ar in ing*en*. 'Dar ar ṁbreithir ám is andso ro geall beith, 7 atá a fís accaind is a ndegaid chlainde Morna dochuaid i coiced ollbladach

---

¹ comaltad, *Laud*.   ² medbail, *Laud.* mebail, *Fr.*   ³ haichnig, *Laud.*

Ulad,' ar siat, '7 co Bennaib Boirchi.' Ocus ni cían ro badur
ann co facadur in luathgrinde áigh 7 irgaile atuaid cach dírge
2820 chucca, ir-rabadur ocht cét óclach. 'In aithintí siut?' ar Sadb.
'Aithnigmait,' ar Conaing .i. Goll mórglonnach mac Morna
fuil ann 7 dar n-indsaig-ne thic'. [Ocus ró ergetar na fir 7 ro hind-
led a carbait, — Fr. 39^b] 7 do cuired in ingen ina carpat leo, 7 is
annsin adubairt Goll: 'in aichintí na fir út?' 'Aithnimaid,' ar
2825 Conan mac Morna '.i. da mac Duib meic Aengusa Tírig .i.
da mac rig Muman, 7 da fer gráda d'Find mac Cumaill iat.'

IS andsin tucsat muinter Find glun re gliaid 7 aighed
re heislind do Goll cona muintir, 7 do dibraicedar cach a
cheile díb, co torcradar ceithri cét fer n-armach n-inchomlaind
2830 do macaib Morna le muintir Find, 7 atorcradur sum féin gan
eladhach a mbethaid díb. Dála in banchuire tucsat a n-aichthi
re lár 7 fuaradur bás d'uathbás ann: conid de atá Tulach an
banchuire ar in tulaig-seo,' ar Cailte.

IS annsin tainic Find 7 tri catha na Feine conici seo,
2835 7 atconnairc in t-ár, 7 dála da mac rig Laigen tangadur issin
tulaig, 7 tucsat a mbeil re lár, 7 fuaradar bás ann do cumaid
a dá comalta, 7 atconnairc Find sin, 7 do thuitedur a airm
assa lamaib, 7 ro chaiestar frassa falcmura fírthruaga cor'ba
fliuch blái os bruinde dó, 7 ro cháiestar in Fiann uili archena,
2840 7 adubairt Find: 'is mairg,' ar se, 'ro soissed co tech Cuind
Cétcathaig co Síd Liamna Lendchaime, 7 is olcc in scel indestar
do Dub mac Aengusa Tírig do rig da choiced Muman co
cathair tsleibe Claire bodes[1] 7 co forimell tsleibe Cúa bodes,
7 is olcc in scél ro sia co Bodb Derg, co Síd ban find bodes
2845 .i. bás a ingine.' Ocus ro eirig Find iarsin 7 ro fechadh in t-ár
aicci, 7 ní fuair Sadb. Ocus ro eirgedur in Fiann, 7 do cuired
na ceithri cét sin do muintir Find fó fochlaidib talman, 7 is
amlaid do geibthea cach fer do muintir Find, 7 fer do macaib
Morna marb fói, 7 ro scribad a n-ainm oghaim oss a cind, 7 ro
2850 ferad cluiche[2] cáintech ann, gurub de atá Cnoc na laechraide
ar in cnoc-sa, 7 corub de atá Cnoc in banchuire ar in cnoc

---

[1] bosdes, *Laud.*   [2] cluithe, *Laud.*

aile seo, 7 Ard na macraide ar in cnoc so thuaid ó macaib ríg Laigen ro cuired fo thalmain ann. *Ocus* iss é sin, a Chonaill,' ar Cailte, 'in ní ro ḟiarfaigis dím 7 in ní dia fuilet.'

IS ann sin do ḟiarfaig Conall [fo. 126ᵇ 1] do Chailti in ra badur gessa for Find. 'Rob imda¹ iat,' ar Cailti, '7 ni hiat tainic ris, 7 do gab crith 7 uromain annsin Find,' ar Cailti, 'asa haithli [na muintire] sin do chur fo talmain.' *Ocus* adubairt: 2855

IS truag in gnim . da mac Duib, da mac in rig,
cét gilla *ocus* cét con . atorchradar gan imrol.
Mór in scél . im Raith Artrach immat dér, 2860
bas Conaing *ocus* Cathail . do beith im chenn aen-achaid.
Glais na fer . bid hé in topur suthain sen,
bid irdraic ac cach in scel . meraid co tí brath na mmeadh.
Gan imthecht maitne a moin Breg . gan teiched re daim filed, 2865
gan feis adhaig ic Dún rath . gan tuarustul da n-óclach.
Gan feis re hingin Buid[b] Deirg . fescur is faide tar leirg,
's gan imtecht Sídh ár Femen . re daigir nua ṅdeirgthened.
Ni ro diult re duine riam . dar Mac Muiri na morgiall,
dh' ulcc nó do maith, comall ṅgle . Find mac Cumaill Almaine. 2870
Éc Cathail is Crimthain chais . atait fó thulaig tonnglais.
ní faca-sa thes na thuaid . ár mar sin uile a n-aenuair.
Do marbad Find na Feinde . ic tabairt a laechleime,
is do bris mo² craide ar tri . ruc mo nert uile ar nemfní.
                                        IS truag. 2875

'Adrae buaid 7 bennacht, a Chailti,' ar Conall, 'is mor in fis d'fácais acaind ré indissin do lucht deirid na haimsire.' *Ocus* tangadur issin mbaile anunn 'arsin, 7 ro badur ac ól 7 ac aibnius co trath cumsanta dóib. *Ocus* eirgis Cailti arnamairech 7 timnais ceileabrad do Chonall Derg mac Neill 7 da 2880 muintir uile, 7 'is mithig damsa imtecht ar leith aili festa,' ar eissium, 7 téit reime sair co Loch daim deirg in la sin, a nDail Araide, co hairm ir-rabadur da chruimtir uaisli do muintir Patraic .i. Colman Ela 7 Eoganan, 7 siat ic gabail na cánoine cáime coimdeta 7 ic etarmolad in Duileman. 2885

In marg. Áigidecht Cháilti³ co tech Colmáin Ela 7 Eoganain ar Loch daim deirg.

---

¹ Ro bimda, *Laud.*   ² a, *Laud.*   ³ áidigecht chlaiti, *Laud.*

IS ann sin tangadur tri maic ecalsa do muintir na cleirech,
7 do chuirset a curach amach do gabail éisc, 7 iat ac denam
a n-uird 7 a trath, 7 atconnairc Cailti iat, 7 ro bói icc á
n-eistecht, 7 adubairt in láid:

Ba hannam re hó mo chind . cloistecht re léigind os lind,
ba·minca lim ro bói than · eistecht re dordan degban.
Gebé nech ica mbiad pend . fada do biad 'ga scribenn,
is truag mar atussa bos . is mor d'ingantaib fuarus.
Mall mo thurus ó Thráig Lí . fada atú 'ga furnaidí,
liubair léighind, mór in mod . a n-eistecht lem ba hannam.
    Ba hannam.

IS andsin tainic Colman Ela 7 Eogan[án] amach 7 atchondcadur na fir mora 7 na coin mora ina lamaib. 'IS fír,' ar Colmán, '[i]s é Cailti siut, 7 do muintir Find hé', ar-si Colman, '7 is do muintir nóemPatraic fos dó, 7 a thobairt isin ailen [fo.126ᵇ 2] dár n-indsaigi na tri náenmuir atait.' Ocus tucad 7 do cuired iat a tech ndiamair nderrait iat, 7 tucad sen cacha lenda doib ann 7 nua cacha bíd, 7 ó thairnig dóib a proind 7 a tomultus,

In marg. Cid diata Loch daim deirg? Ni insa.

is ann sin do fiarfaig Colman do Chailti: 'Cred fa tucad Loch daim deirg ar in loch sin?' Fregrais Cailti sin: 'Dam derg,' ar se, 'do bói a les-lergaib na Luachra lendbraenaigi thes, 7 teighed d' feraib 7 do chonaib na Féinde secht fá tri cacha bliadna, 7 ro lensat ind Fiann bliadain hé conici[1] seo. Tárthamar-ne cethrar don Feind air .i. Diarmaid hua Duibne 7 Mac Lugach 7 Glas mac Aencherda Bérra, 7 missi fa nessa dó ic techt dochum in locho so, 7 do chaithim ar ceithri slega a n-aenfecht fris, 7 dorochair lind, 7 tarrasa indarna congna de, 7 tarraid Diarmait in congna aile, 7 ruc leis co Temair Luachra d'indsaigid Find, 7 tuc Find bun in chongna ar a traig, 7 do bói in benn uachtarach de ara bathus, 7 iss é nech ba mó don Feind hé, 7 ro facusa in congna aile a cind na hindsi seo, 7 damad tsolus dam is doig co beraind eolus da indsaigid.' Ocus adubairt in láid ann:

---
[1] co conici, *Laud.*

IN loch so in Loch daim deirg . fris tangamar leirg do leirg,
bid hé a ainm óssin amach . co tí in díne déidhinach[1].
[Dororithius re feind Find . ar techt dam a hIbarg(lind)
ba hainm damsa Cailti cas . rob aithnid dam oglachas. — *Fr.* 41ª] 2925
Mad solus damsa co fír . is mád lethan tar cach tír
dobérsa daib ar in lár . congna ocus hé comlán.
IN cethrur lodmur aniar . a crich Muman na mórgiall,
ba maith ar luth is ar cloth . noco rangamur in loch.
                              IN loch. 2930

'Adrae buaid 7 bennachtain, a Chailti,' ar Colman, 'iss mor
in fis 7 in fíreolus sin do marthain ac nech.' '*Ocus* decha let,
a meic ecalsa,' ar Cailti, 'nar' eirig in t-éscca ina pupaill aérda
fós?' 'Ra eirig,' ar in mac ecalsa, 'conid comsolus muir 7 tír
de.' Ocus is annsin ro eirig Cáilti a cúil íartharaig ind ailén, 7 2935
tuc a lam sís issin mbruach, 7 tuc leis anís in congna, 7 léicid
ar lár in tighe ir-rabadur na cleirig, 7 is é ba ríg Ulad intan sin,
Eochaid Faeburderg mac Firglinde, 7 ro bói í comfocus dóib-
sium a Tulaig na n-arm, risa raiter Mag Rath.

IS annsin do eirig Colman 7 Eoganan co moch sé meic 2940
ecalsa, 7 rucsat in congna léo da thaispenad do rig Ulad 7
d'Ultaib archena, 7 do badur a n-aenach ann, deich fichit fer
n-armach ina timchell ann, 7 tuc in mac ecalsa in congna i
fiadnaissi rig, 7 ro thuillfidis uile in lin sin ré doinind 7 re
derdan fói. 'Cé fuair in congna?' ar rí Ulad, '7 cáit a frith?' 2945
'A Loch daim deirg fuair Cailti hé,' ar siat. 'Mochin damsa,'
ar se, 'da toirsed dom' indsaigid, uair do fuicfed senchus cacha
criche 7 cacha céite 7 eterdeiliugud cacha fine accaind.'

Dála na cleirech, [fo. 127ª 1] tangadur ar cúl dochum a tighi,
7 ro facsat in congna ac rí[g] Ulad. 'Maith, m'anam, a Chol- 2950
main,' ar Cailte, 'créd adbur na n-ocht trath út chum a
n-eirigthi-si eter lá 7 áidchi?' Frecraid in naemchleirech sin:
'Mor a fáth 7 a n-adhbur,' ar Colmán, '.i. ocht caire atá i[c]
lenmain chuirp 7 anma cach duine, 7 dílait na hocht trath[a]
sin iat.' Ocus adubairt Colman in laid: 2955

　　　Na hocht caire chollaide . coceilet co grian,
　　　na hocht tratha toghaide . da ńdíchur co dian.

---
[1] deighinach, *Laud.*

Prim re craes nach coimsigi . teirt ré feirg na fáth,
medhonláe suairc soillsighi . uaim ré hetrad ṅgnáth.
Nóin ind-aghaid n-occobair . ar brú talman theind,
esparta suairc soccomail . uaim re toirsi theind.
Compléid re snim sechmallach . or is comroind choir,
iarmeirge thenn togaide . fria maithnighi[1] móir.
Maiten maic Dé dílgedaig . fri díumus ṅdúr ṅdrocht,
gurum-saera a rí brethaig . a Issu fa ocht.

Na hocht.

'Adrae buaid 7 bennacht, a Colmain Ela,' ar Cailte, 'is maith ro uaslaicis in cheist sin. Ocus cidh damsa,' ar Cailti, 'gan na hocht tratha sin do thathaighid ó ro fuirig Dia mé i comaimsir ríu?' IS annsin do fiarfaig Colman [Ela — Fr.] do Chailti: 'créd fa n-abar Tipra in bantrachta rissin tiprait-sea a cind in locha?' Ocus do frecair Cailte sin:

In marg. Athad ingine ríg Muman le hOissin inso:

'Niam ingen Aengusa Tírig, ingen rig da cúiced Muman, luidh ar athad 7 ar élod le hOissin mac Find ó ta Dún na mbárc i cóiced Muman aniar conice in tiprait-sea, 7 ro bói Oissin ina farrad ann cáeicis ar mís ac denam tselga 7 fiadaig chuicid Ulad ann, 7 ticed in ingen deich mná .xx.[2] cacha maitne d' indlat a lám 7 a ngnuissi assinn uisci eochargorm-sa. Dála immorro Aengusa Tírig rí Muman, ro chuir co mór air a ingen do dul lé hOissin ar athad 7 ar élod, 7 ro tinoiled da cúiced Muman leis .i. cóic catha mora 7 deich cét ar fichit cét cacha catha, 7 tangadur a n-iarmoracht na Féinde conici-seo, 7 ro bói Niam intan sin ac indlat ac in tiprait 7 a bantracht, 7 atchonncadar na cóic catha ar in tulaig oss a cind. 'Truag sin!' ar-si in ingen: 'mogenar do gébad bás 7 aidhed'[3], ar sí, 'sul do chífed a oidi 7 a athair 7 a tri derb[b]raithri, 7 maith[i] da cóicid Muman amlaid sin hí!' IS annsin tuc inn ingen a gnuis re lár, 7 fuair bás ann in tricha ban ro boi, 7 ro chuir a craide ina lia fola tar a bél amach. Conid Cnoc ind áir ainm na tulcha ossin anall cosaníu, 7 curub Tipra in banchuire ainm na tiprat óssin ille.' Ocus adubairt Cailte:

---

[1] maichnighi, Laud. [2] .x. ..xx. ban, with l. mná written over .x., Laud. [3] aidheg, Laud.

Atá 'sa chnoc in rigan . sochaide rissa digal,
Cnocc ind áir óssin ille . baile chaich 'na comnaide.

Atconncad*ur* da cuiced Muman bás na hingine. Adubairt 2995
in rig: 'as olcc a*i*n*us* Find 7 Oissin 7 na Féinde oraind,' 7 adu-
brad*ur* re banechlaig¹ [127ᵃ 2] da muintir .i. Muirend in*gen*
Muirisci, dul chum Find 7 cath d'fuag*r*a fair. *Ocus* dochuaid roimpe
co Raith chind *chon* i nDail Araide, áit ir-raibe ind Fiann, 7
fiarfaigis Find scela di, 7 indissid² ind echlach³ a toisc dó, 7 3000
adubairt in laid:

Cath uaind ar do tseilb, a Find . a fir na m̀briathar m̀bithbind,
is tiachtain leis co Cenn chon . gan aithcheo, gan éliug*od*.
Comrac Find is fear Muman, sochaide ris ba c*u*man,
marbaid cach díb a chéile . bid curuta a comeirge. 3005
Adeirim-si riut reime . bid fír dam ind faistine,
mina thairge breth b*us* grind . biaid cath ar do tseilb-se, a Find.

'IS andum', ar Find, 'cath d'fuacra orum g*us*aníu. Eirig
amach, a Gairb chronain,' ar-sí Find, '7 abair rissin Féind
eirgi chum in catha.' *Ocus* tainic Garb cronan amach co 3010
longphort na Féinde, 7 ro leicestar t*r*i baranglaeda bodb[d]a ar
lár longphuirt na Féinde, 7 ro frecrad*ur* in Fiann sin, uair
do aithenset co raibe deithbir mor fair.

IS annsin ro eirged*ur* ind Fiann, 7 ro cóirged cath croda
accu, 7 is ann adubrad*ur* in Fiann re Find: 'créd adhb*ur* in 3015
catha, a rígféindid⁴?' ar siat, 7 ra indis Find sin.

IS annsin atbe*rt* Fe*r*g*us* Fínbél, fili⁵ na Féinde, re Find: 'is
cath écoir duitsiu in cath sin do thabairt do rig Muman i
folaid a ingine is marb accut.'

IS annsin ro cenglad comairle ac Find 7 ac maithib na 3020
Féinde, 7 atbe*rt* Find: 'cait a fuil Smirgat ingen Abhartaig?'
'Sunn,' ar sí. 'Eirg co luath 7 abair re hAeng*us* Tírech 7
re maithib Muman dober-sa breth Chorm*ai*c hua-Chuind 7
Eithne Ollaman in*gen* Chathair Móir, 7 Cithruaid m*ai*c Fir chae-
cait'. *Ocus* do im[th]ig f*r*issin techtai*rech*t sin, 7 do frecair rí Muman 3025
di, 7 adubairt: 'Da tucthar cúir 7 tenta ris, gebat-sa sin.' '*Ocus*
cia na cuir chuingi?' ar Smirgat. 'Mac ind fir doroine olc

---
¹ banathlaig, *Laud*.   ² indissig, *Laud*.   ³ ethlach, *Laud*.
⁴ rífeindig, *Laud*.   ⁵ filid, *Laud*.

rium .i. Osccur mac Oissin 7 Ferrdoman mac Buidb Deirg,
meic in Dagda, 7 Diarmait mac Duind, meic Donnchada.' Ocus
do fáem Find sin, 7 dochuadur in Fiann 7 rí Muman co
Temraig¹, 7 issí breth rucsat na breithemain ro toghad ann .i.
inn ingen do thogbail assin tulaig thogaide ir-raibe, 7 a cur a
meidh, 7 a comthrom d'ór 7 a comthrom d'airget ina héiricc
do rig Muman, 7 éiric ar leith in cach ingin ríg 7 taíssig
atorchair ann.

IS annsin adubairt Find: 'cindus roindfimait ind eiric út,
a Fianna Eirenn?' Ocus ro fregrad sin acco sum: 'a trian do
chlaind Báiscne 7 a dá trian duinde inar fiannaib.' Corub
hísin', ar-si Cailte, 'aenéiricc do roind Find riam ar in Féind,
7 is é sin,' ar Cailte, 'a chleirig, in scél [fo. 127ᵇ 1] ro thsiris orum,
7 in ní dia tá Cnoc ind áir 7 Tipra in bantrachta ainm na tiprat.

IS andsin ro chuir Eochaid Faeburderg mac Firglindi .i.
rí Ulad, fessa 7 techta arcenn Chailti o Raith Aíni, 7 do-
riachtadur sin co Loch daim deirg arcenn Cailti. Ocus ro
timna Cailte ceilebrad do Cholman 7 d'Eoganan, 7 gellsat na cleirig
nem dósum, 7 a écnairc do gabail, 7 Rí nime 7 talman do guidhe fair.

Dála Chailti immorro, doluid i carput rig Ulad co Raith
Aíni ind-airther Ulad, ait ir-raibi Eochaid Faeburderg mac
Firglinde rí Ulad, 7 ba rí uassal oir[d]nide in rí sin, uair ní
airged nech cen chóir, 7 ni benad a bunad chenel féin do neoch.

In marg. Raith Aine cid dia tá?

IS annsin ro bói in rí tri catha cutruma ind- aeninad, 7
is annsin doriacht Cailte chuccu, ocus tairlingid assin carput,
7 doriacht rí Ulad chucu, ocus feraid faeilti fris cona
tsluagaib. 'Maith m'anum, a Cailti,' ar in rí, 'ca ferr duind ní
da fiarfochamais dít na senchus na ratha so .i. Raith Áine?'
'Atá acumsa inní dia tá sin,' ar Cailte '.i. Áine ingen Mugh[d]uirnn,
ingen rig Alban anall, 7 ro badur fir Alban íc a rada ria:
'Cid taíssiu, a rigan, gan feis re fer maith ind-Albain nó a
nEirinn?' Ocus adubairt nach raibe inti sin fer budh dingbala
lé acht madh Find mac Cumaill amain, 7 atclos do Find sin.

---

¹ co co Temraig, *Laud.*

Is annsin adubairt Find re Find Fer in champair 7 re Ronán
Rí[g]óclach, da rígféindid¹ Alban, dul da tochmarc ara hathair.
'Cé coma bérmaid lind?' ar iat-som. 'Comus a fil a n-Eirinn
7 a n-Albain acumsa di.' 'Maith a rígféindid,'² bar iat som, 3065
'dias gráda do tsenmuintir-si fein lind gura moide do chreidfed
in rigan sinde.' ·Eírig-siu 7 Mac Lugach leó, a Cailti', ar
Find, '7 gid mor gabthai sí foraib dobérsa di hé.'

IS annsin luidsim reomaind in cethrar sóer óclach sin co
Dún Monaid ind-Albain, 7 tucad i tech ńdiamair ann sind, 7 3070
is annsin doriacht Mo[g]dhurnn rí Alban is'tech 7 a ingen
araen ris .i. Áine ingen Mo[g]duirnn, 7 ro fiarfaiged ar fecht
7 ar turus dínd, 7 ro indissemar ar n-aithescc. 'Ocus atchluine
siut, a ingen,' ar in ríg, 'in fer is ferr i nEirinn 7 ind-Albain.'
'Fáefet-sa leis,' bar inn ingen. Ocus ina degaid sin ro naidmed 3075
in ben sin d'[F]ind mac Cumaill, 7 cach ní do tsir sí ar Find
do tabairt di, 7 tangamar-ne 7 inn ingen lind dochum Eirenn
co n-ilar cacha maithius[a] lé chum na ratha so i tamait, 7 do
riacht Find tri catha na Féinde inar coinde 7 inar comdáil ó
Themair Luachra conici in raith-sea, 7 dorigned dúnad 7 deg- 3080
baile 7 grianan ann, 7 ro frithoil 7 ro frestail sí tri catha na
Féinde re bliadain gan uresbaid bídh na lenda orra issin baile-
seo re taeb ar n-áighed.

I cind bliadna immorro, ar-si Cailte, adubairt Mac Lugach
re Find: 'is lór letsu do crich 7 d'ferann .i. Áine ingen Mo[g]- 3085
duirnn.' 'Dar mo breithir, a Meic Lugach,' ar Find, 'ní [fo. 127ᵇ 2]
fetar-sa cidh do tsirfind a nEirinn no a n-Albain acht in ní do
geibit in Fiann a tigh Aine.' Ocus do bói· in rigan sin co
cenn sé mbliadan ina degaid sin ac Find, 7 do bói buidhechus
fer nEirenn 7 fer nAlban urri frissin, 7 ruc da mac d'Find .i. 3090
Aed Bec mac Find 7 Illan Faeburderg mac Find, 7 marb
issi do breith Aeda Bic meic Find,' ar Cailte. Ocus adubairt
Cailti in laid ann:

> Falum aníu Raith Aine . a cuirdís óic ilgáire,
> fa minic sluaig is graighe³ . ara taeb co tonnglaine. 3095

---

¹ rígfeindig, Laud   ² rí feindig, Laud.   ³ graidhe, Laud.

Trí cét rígan issin lis . sochaide itá 'na n-anfis,
ocus tri cét fer ngrada . ocus ńdalta ńdingbala.
Dob ferr in ben na cach ben . do bói d'immat a háighed,
fa marb uile sin malle . co ro falmaig in baile.
   Falum.

'Ocus do cuired fo [f]ochlaidib talman annso hí', ar-se Cailte, '7 ro tócbad a lia oss a lighi, 7 ro ferad a cluiche¹ caintech 7 ro scríbad a hainm oghaim.'

'Adrae buaid 7 bennacht, a Chailti,' ar rí Ulad: 'as maith in scel ro hind[i]sis duind; 7 scribtar lib in scel út i tamlorgaib filed 7 il-lechtaib fiann.'

IS annsin immorro doluid Eochaid Faeburderg mac Firglindi, rí Ulad, reime co Raith na sciath os chind Trachta romir Rudraig, risa n-apur tonn Rudraigi isa tan-so, 7 tangadur isin ńdúnad anunn, 7 tucad tech derrait diamair do Cailti and, 7 do frithailed hé do cach maith ann, 7 tucad in baile uile ar comus Chailti ó bec co mór. [Ocus ro batur ac ól 7 ac aibnius co tainic la cona lansoillsi arnamarach, — Fr. 42ª].

IS annsin ro fiarfaig rí Ulad do Chailti: 'Atait da fert ar Tráig Rudraigi annseo, 7 cid dia fuilet?' 'Issim meabrach inní dia fuilet,' ar Cailte '.i. da mac d'Aed mac Fidaig, meic Fintain, do rí[g] Connacht aniar, do hadhlaiced ann. Ocus rob inmain lé Find 7 leisin Feind uile iat, 7 rob é adbur a ngráda ac Find 7 ac ind Féin, uair ní raibe do theirce nó d'immat eladan ac nech dorechad falum uaithib-sium gan ní, 7 ní bí a ńdebaid re Find 7 rissin Feind nach sidaigdís re bliadain, 7 comlann ceithri cét óclach cechtar de díb, 7 secht mbliadna déc ro badur issin Féind,' ar Cailte, '7 do ba da mac dingbala do Chormac mac Airt nó d'Find iat. Fecht dano doriacht Find 7 tri catha na Féinde co Traig Rudraigi annseo ar morseilg Eirenn, 7 adubairt Find foraire 7 forcoimet do denam, uair dias mac rig cona muintir donith foraire Find 7 na Féinde cach n-áidchi, 7 do da mac rig Connacht .i. Art 7 Eogan, rainic ind foraire ind aidchi sin. Ocus do eirgedur ceithri cét óclach 7 ceithri cét gilla, 7 tangadur co cind na trága so. Ocus nir'

---
¹ cluithe, Laud.

chían doib ann co tangadur da ríg do rigaib Lochlann ituaid
.i. Conus 7 Conmael a n-anmanna, ar marbad a n-athar d'Find
mac Cumaill i cath Droma Deirg tall ind-Albain, 7 do-
riachtadur in dá ríg sin da chath croda cutruma conici in traig-
seo do digailt a n-athar ar Find.   3135

IS annsin atchonncadur na .iiii. cét sciatharmach urlum
ar a cind ar in tracht, 7 is amlaid bói Art mac rig Connacht
7 gái neimnech [fo. 128ᵃ 1] uillindglas aici tucasdur Find dó
bliadain roime-sin 7 inn Órlasrach a hainm, 7 sleg aile tucusdar
Find d'Eogan fos .i. in Munderg a hainm.   3140

IS annsin ro fiarfaigedur na hallmuraig cia do bói a[c]
comét na trága? 7 adubairt Art corub do muintir Find iat.
'Mochin immorro do gébad in comlín-so da muintir, uair ní
rechad élaithech as díb.' 'Má frith drem a mbaegul riam díb,'
[ar Art,] 'ní sinde sin.'   3145

In marg. Cath Traga Rudraigi inso.

Ocus tangadur in da cath mora sin a tír, 7 ro bo mor in
t-anborlann dona hocht cét óclach in da chath mora d'fulang,
7 ro chumaisc in n-imguin annsin 7 in t-imbualad o fuined
néll nóna co tainic medonaídchi. Ocus issí sin áis 7 uair at- 3150
chonnairc Find fís 7 aislingthi, 7 iss ed atchonnairc, da ron
glasa ac díul a da chich, 7 ro muscail in flaith Find asa
chotlud. 'Cáit a fuil Fergus Finbél?' ar eissium. 'Sunna', ar
se. 'Crét ind aislingthi atconnarcus .i. da rón muiride ac
díul mo da chich?' 'Da mac ríg Connacht do chuiris do for- 3155
comét na Féinde anocht atait a n-éccomlann ac allmurchaib,'
ar in fili¹. 'Eírgid, a firu,' ar-si Find, '7 is fír a n-abair in
fili rib.' Ocus is annsin ro eirgedur ind Fiann a n-aenfecht 7
a n-aenuair, 7 tangadur co Tráig Rudraigi, 7 ní fuaradur béo
da Feind féin acht da mac ríg Connacht, 7 irsi a sciath imma 3160
mbraigdib, 7 ní mó ro bói fer máiti gnima don² da chath tanga-
dur na hallmuraig béo, 7 is amlaid do frith da mac rig Con-
nacht, 7 a cuirp ina crólindtib fola 7 a sceith 7 a slega ica
congbail ina sessum, 7 nir' dingbadur dias reime sin riam don

---

¹ filid, *Laud.*   ² *Laud repeats* don.

3165 Féind comrac mar sin. Ocus luidset ind Fíann 7 ro airgset na láidhenga¹ do bói ac na Lochlannachaib, 7 ro tairrnged na longa sin léo a tír, 7 do cuired da mac ríg Lochlann fó [f]ochlaidib talman .i. Conus 7 Conmael. Ocus dala da mac rig Connacht .i. Art 7 Eógan, marbh iat fó chétóir 7 tócbait in 3170 Fiann suas os chind Tuinde Rudraigi iat annseo,' ar Cailte, 7 ro fiarfaig² Find dib: 'In bud inleighis sib, a chairde?' ar se. 'Dursun duitsiu sin do ráda,' ar siat som, '7 febus t'aithne, uair rangadur náe cét laech uim cach fer uaind 7 adorcradar som 7 torcramar dono, 7 dentar ar fert 7 tócthar ar lia os ar 3175 lighi, 7 na hairm da ndernnsamar maith,' ar siat, '7 tucaissi a tuarustal duind adhlaicter iat maraen rind.' Ocus ro deilig anam re corp dóib ann, 7 ro cuired a ndís brathar fa [f]ochlaidib talman annsin iat, 7 is í sin in chúis ima raibe a inblad 7 a nós da n-eis.' Ocus adubairt Find:

3180
 Fertan Airt ocus³ Eogain . sochaide risar' beoguin,
 inmain dias, nir' dáer a mbreth . na ngilla n-óc n-amulchach.
 Da mhac rig Connacht aniar . rop aiti chon is choniall,
 rob aiti maitius malle . eisdrecht ocus obhloire.
 Adeirim-si riut reime . is fír inní ráidim-ne,
3185 inmain dias fa calma glecc . nochur' cuired iat 'sin fert.

[fo. 128ᵃ 2] 'Ar fír do gaile 7 do gaiscid riut, a Chailti, tabair na hairm duind assin firt fótbaig⁴ anís'. 'IS lesc lemsa sin,' ar Cailte, 'arson Find meic Cumaill 7 na muintire moire ro adlaic iat, 7 do gébthái-si iat.' Ocus ro eirgetar 7 ro oslaicetar in fert, 7 3190 tucsatar na hairm as anís .i. in Órlasrach 7 in Munderg, 7 tucad indarna sleg díb d'Aengus, do mac rig Ulad, 7 in tsleg aile .i. in Órlasrach, ac rí[g] Ulad féin. Conidh Cath Trága Rudraigi ainm in catha sin, 7 tallann do thallannaib⁵ na fiannaigechta. Ocus ro cuired issin fert iarsin iat, 7 ro tócbad a lía, 7 ro 3195 scribad a n-ainm oghaim and.'

'Adrae buaid 7 bennacht, a m'anum, a Chailti,' ar rí Ulad: 'is mor in fis 7 in t-colus do fácais acaind.' Ocus tangadur isin ndúnad anunn, 7 ro cóirged tech n-óla accu, 7 do

---

 ¹ láighenga, *Laud*. laidhenga lanmora, *Fr*. ² fiarfaid, *Laud*.
 ³ is, *Laud*. ⁴ fotbaid, *Laud*. ⁵ thallannannaib, *Laud*.

badur co subhach ind áidchi sin. Cailti immorro, ro bói crot- 3200
boll sádaile 7 senordachta air in lá sin, 7 tainic rí Ulad ar
amus Cailti, 7 suidhis ar in imdaid¹ aici. 'Maith m'anum, a
rígféindid², a Cailti, cindus atathar accut aníu³?' 'Da faghaind
selg 7 fiadach Beinde Boirchi do denam dam, is ferrde do beind.'
'Do geba immorro', ar Eochaid Faeburderg mac Firglinde, rí Ulad. 3205

IS andsin ro tinoiled a choin 7 a cuanarta d'indsaigid in rig, 7 do-
luid co Beind Boirchi bothuaid, 7 doluid Cailte leis 7 do ordaig Cailte
in tṡelg in la sin innus co tabrad in fer in coneill il-laim a chéile
ó Ethaig co Tuind tuile bothuaid ind aird tuaiscirt Beinde Boirchi.

IS ann immorro ro bói Cailti 7 rí Ulad ar Tuind tuile 3210
ac mordechsain na mara amach, 7 atchonncadur in n-ingin
maccaemda arin túind amuich 7 sí ic culṡnámh 7 ic táebsnám
7 ic traigirsnám, 7 ro tṡuid ar in tuind ina fiadnaissi mar do
tṡuidhedh ar tulaig nó ar carraic, 7 ro thócaib a cend 7 adu-
bairt: 'Nach hé Cailte mac Ronain siút?' ar inn ingen. 'Is mé 3215
co deimin,' ar Cailte. 'Is mór la atchonncamar thú ar in
carraic sin ar a fuili at ṡuidhe í farrad in f̄r is ferr do bói a
nEirinn 7 a nAlbain .i. í farrad Find meic Cumaill.' 'Cia
thussa amlaid?' ar Cailte. 'Lí bán ingen Echach meic Eogainn
meic Aililla, missi,' ar sí, '7 atú cét bliadan ar in uisci, 7 nir' 3220
thócbus cend do neoch ó dochuaid in flaith Find gusaníu, 7
iss ed fodera dam cend do thócbail aníu⁴ .i. Cailte d'ḟaicsin,
[in mac oglaigh is ferr ruc ben i nÉrinn'. Cailti cecinit:

Canas a tic in tond tuile . asin aicén foltbuidhi?
cá tír asa luidh lith co n-ádh?⁵ . cred dobeir suan na sianán? 3225
INní tond Rudhraigi ruaidh⁶ . tic andes nó tic atuaidh?⁷
nó inní in tond báidhes⁸ ille . gáires i tráig n-Eothaile?
INní tond Beindi Étair ḟuair . nó tond Indbir Colpa cruaidh?
nó tond Trágha Baile bind . fíl isahaire ar Érinn?
Inní tond Clidhna co mbuaidh . tuaires in caladh comcruaid, 3230
nó inní tond Duiblindi dhe . nó inní múr meic Dairíne?
Cid be tond dib aille imnail . alaind a lí co langlain,
bind a torman 'sa cúan cas . is fuar in comrad canas⁹ — Fr. 43ᵃ].

---

¹ imdaig, Laud.   ² rí féindig, Laud.   ³ aniug, Laud.
⁴ aníug, Laud.   ⁵ ágh, Fr.   ⁶ ruaigh, Fr.   ⁷ atuaigh, Fr.
⁸ baighes, Fr.   ⁹ canus, Fr.

INa degaid sin tangadur na fiada amach isin muir ar
3235 teiched roim na conaib. 'Iassacht don tsleig dam, a Chailti,'
ar Lí bán, 'co marbur na fiada dí 7 co cuirer ar tír suas dáib
iat.' Ocus tuc Cailte in Coscuraig ina laím, 7 ro marb na
fiadu amlaid sin, 7 in tselg is mó doróine Find riam issin
n-inadh sin ba comeit re in tselg doroni [fo. 128ᵇ 1] Cailti in lá sin.
3240   Ocus dala na hingine ina deghaid sin, ro diubraig a tsleg
chum Cailti suas ar tír, 7 do im[th]ig féin uathaib annsin [7 tairr-
nig in tselg sin do denum — Fr. 43ᵇ], 7 amail indissit
ú[gh]dair co rainic mucc 7 agh¹ 7 eilit do cach cúicir d' Ulltaib
in lá sin, 7 co rainic .xxx. fiad fo dilmain do rig Ulad 7 do
3245 Chailti, 7 tangadur reompo co Raith na sciath risa raiter Raith
imil issin tan-so.

Conid hi Selg Beindi Boirchi 7 Imaccallaim Li baine,
ingine Echach meic Eogain rí[g] Eirenn, 7 Cailti conici sin.

Ocus tangadur anunn issin raith, 7 ro cóirged tech óla 7
3250 áibniussa accu, 7 is annsin do chonnairc Cailte raet rob ingnad
leis isin tigh n-ola .i. ingen mín mongbuide isin [f]ochla
feinned[a] ic tidlocad tset 7 máine arson ar' gabad do dán 7
d'eladain astigh.

IS annsin ro fiarfaig Cailte do rig Ulad: 'Cia inn ingen
3255 da tabur in niad 7 ind anóir seoch cach uili?' 'INgen óclaig
damsa,' ar rí Ulad, '7 ní'l da tsíl ina bethaid acht in n-ingen
út, 7 is amlaid atá inn ingen, a Cailti,' ar rí Ulad, '7 lethrann
aicce, 7 ní faghann a nEirinn nech doní lethrann dílis dó sin.'
Ocus adubairt Cailte: 'ní fer-dana missi ám,' ar Cailte, '7 gab, a
3260 ingen, in lethrann.' Ocus adubairt inn ingen in lethrann, 7
adubairt Cailte 'na degaid:

Rann. Dún fir duib. iss é in dúnad fata ar fuil:
         [Dixit Cáilte:]
    dochuadur as uile in Fiann. ní mairend Fial ara fuin.
3265 Ocus ro chuir Cailte in cornn assa láim, 7 ro cháiestar déra
falcmara fírthruaga cor'bo fliuch blái 7 bruinde dó. 'Ciall in
raind, a m'anam, a Cailti?' ar in rí.² 'Atá accumsa a chiall,'

―――――――
¹ adh, Laud.   ² rig, Laud.

ar Cail*te*, '7 dursain dam a tarrachtain innĭ da tá, 7 in fetrais, a rí Ul*ad*, in cethrar is ferr eineach ro bói a nEir*inn* 7 a n-Alb*ain* i comré 7 i comaimsir ríu .i. Find m*ac* Cumaill 7 3270 a m*ac* Oissin, 7 Dub m*ac* Tréin annso do Ultaib 7 a m*ac* séin .i. Fial m*ac* Duib, 7 ro bói enech d'i*mar*craid accu sin. Uair da tuctha ir-raibhi a nEir*inn* 7 a nAlb*ain* doib ro thidlaicfidis *acht* co faghbadais nech da iarraid orro, 7 do bo *truag* lé Cormac 7 ló Find in t-einech sin do beịth acco, 7 gan a beith do 3275 maith*ius* moradbul acco ní ro dilfad hó.'

IS annsin tangad*ur* fir Eir*enn* fecht co haenach Taillten .i. Corm*ac* h*úa* Cuind rí Eir*enn* 7 Find m*ac* Cumaill, *tri* catha na Feinde 7 aes na *tr*ebaire uile, 7 doriacht ann Dub m*ac* Tréoin 7 a m*ac* Fial m*ac* Duib, 7 ro tṡuidhed*ur* a fiadnaissi rig 3280 Eir*enn* 7 a m*ei*c. Oc*us* nirb' aichnid do rí[g] Eir*enn* roime sin hé fein na a m*ac*, *acht* a chloistecht, 7 iss é ro bói ar lethlaim Chorm*aic* .i. Find m*ac* Cumaill 7 Oissin ar laim Ḟind, 7 Cairp*re* Lifechair ar laim aile Chorm*aic*.

'Maith a m'anum, a Chorm*aic*', ar Ḟind, 'ind aichnid duitsiu 3285 in t-óclach atá at hfiadnaissi?' 'Ní haichnid um,' ar Corm*ac*. [fo. 128ᵇ 2]. 'Dub m*ac* Treoin, do cuiced Ul*ad* atuaid, 7 a m*ac* Fial m*ac* Duib.' 'Inn é siut,' ar rí Eir*enn*, 'in t-óclach daibir deig-einig atchluinmíd d'im*rád*?' 'Iss é im*morro*,' ar Find, 7 ro fiarfaig¹ in rí: 'Caide Fial do m*ac*?' ar se. 'Ic-seo am 3290 farrad hé,' ar Dub m*ac* Treoin. 'Cred ima tarrla in t-einech atá acaib et*er* athair 7 m*ac*,' ar in rí², '7 sibh in bar m*ac*aib óclach?' 'Truag sin, a uassail, a Chorm*aic*,' ar in m*ac* .i. Fial, 'dar lind da tucmais eitech *nó* éra ar nech do gébmais bás, et*er* athair 7 m*ac*.' 'IS truag duib, a firu Eir*enn*,' ar Cairp*re* 3295 Lifechair m*ac* Corm*aic* 7 ar Oissin m*ac* Find, 'gan *fur*tacht 7 gan foirithin³ do thabairt ar Dub m*ac* Treoin 7 ar a m*ac*.' Oc*us* atchuala Find 7 Corm*ac* sin, 7 maithe fer nEir*enn*, '7 dobéram-ne,' ar siat, 'ind ḟoirithin⁴ aderthai-si orru, uair is re feraib Eir*enn* caithfither a tiubarthar doib.' 'Dobérsa, ar 3300

---

¹ fiarfaid, *Laud*.   ² ríg, *Laud*.   ³ foírichin, *Laud*.
⁴ foirichin, *Laud*

Cormac, 'cét do cach crud cacha bliadna doib.' Dobérsa in coibeis cétna', ar Find, 'cacha bliadna doib,' 7 do gellsatar maithi fer nEirenn fos maithius aile doib. Ocus tainic Dub mac Treoin reime chum a dúnaid féin, 7 ro bói a[c] caithem in maithiusa sin ann co cend secht mbliadan ndeg, 7 ní heitir a aírim in neoch dorínset do maith rissin re sin, noco tainic torrthaim 7 tupaist chuice ar faichthi a dúnaid¹ féin adhaig ann .i. marcsluag sirrachtach sidhe do thiacht adhaig n-aen ann co raith Duib meic Treoin í coiced Ulad,' ar Cailti, '7 ro fiarfaigedur cia in baile sea, 7 adubairt nech ríu: 'baile Duib meic Treoin, in aenóclaig as ferr einech do macaib Miled 7 do Tuaith dé Danann.' Ocus adubairt fer dib: 'Is truag gan fer a frestail accainde do Thuaith dé Danann', 7 ro gabustar fer dib sleg neimnech ro bói aici, 7 tuc builli dó ind-odhur a chiche cor' marb. Ocus gabais Fial a mac a inad ré ré .x. mbliadan 7 tri .xx. bliadan. 'Maith m'anam, a ingen', ar Cailte, 'ca caradrad do bói duitsi riusin intan ro fiarfaigis dimsa in scél sin?' ar Cailte. 'INgen don óclach déidenach² sin misi,' ar issí '.i. do Fial mac Duib, 7 ní mairenn don muintir moir sin do conncais acht mád missi am aenur, 7 airi sin, a m'anam, a Chailti, tuc rí Ulad comus a tsét 7 a máine damsa re tindlucudh.' 'Ocus ca comainm tusa, a ingen?' ar Cailte. 'Uaíni ingen Feil meic Duib m'ainm,' ar si; 7 adubairt Cailti:

Rann. A U[a]íní, a ingen Féil . ropo maith t'athair do chein,
rob é sin cara na cliar . in laech forusta fírfial.

'Ocus iss é sin,' ar-si Cailte, 'ciall in sceil ro fiarfaigis dim 7 córugud t'athar 7 do tsenathar, 7 cubaid do rig Ulad comus a tsét 7 a máine³ duit re tindlucud.'

IS annsin adubairt in rí .i. Eochaid Faeburderg mac Firglinde, re mac .i. re hAengus: 'tabair, a m'anam, a gill,' ar se, 'in ingin ut, uair ní fuighbé tú a cóiced aile a nEirinn ben as ferr scela athar 7 senathar ina sí.' Ocus tuc in t-óclach hí iarsin, 7 do bói d'aenmnái aici nóco ndechaid éc. Ocus ina

---

¹ dúnsig, *Laud.*   ² deigenach, *Laud.*   ³ mained, *Laud.*

degaid sin ro badur ac ól 7 ac aibnius co cenn tri la 7 tri n-aidchi.

Ocus adubairt in rí ré Cailti [fo. 129ª 1]: 'Maith m'anum, a Chailti, do bo maith lemsa dul d'fiadach 7 d'fiannchoscur co Forad na Féine annso.' Ocus do eirgedur co moch arnamairech tri catha co Forudh na Féine, 7 Cailte maraen ríu, 7 'ar rochtain doib ann tancadur na maithe 7 Cailte issin lis mor do bói ann, 7 atchonnairc Cailte in t-inad sin, 7 adubairt: 'sochaidhe ám,' ar se, 'ro dílad don tellach-so d'itaid 7 d'occorus, 7 do dán 7 d'eladhain ac Find mac Cumaill.' Ocus ro tsuid rí Ulad ann, 7 maithi in tsluaig, 7 Cailte maraen ríu.

In marg. Is ann tainic Cas corach mac Caincinde dochum Cailti.

Ocus ní cian ro badur ann co facadur in scolóc da n-indsaigid, 7 brat álaind uaine uime, 7 delg airgit ann, 7 leine do tsidha buidhe ria cnes, 7 inar maeth sroill tairsi anechtair, 7 timpan toghaide ara muin. 'Canas tice, a scolóc? ar rí Ulad. 'A síd Buidb Deirg meic in Dagda andes, a deiscert Eirenn. 'Cid rot-imluaid andes nó cia thú féin?' ar in rí[1]. 'Cas corach mac Cáincinde, mac ollaman[2] do Thuaith dé Danann, 7 damna olloman mé fein,' ar eissim, '7 iss ed ro m-imluaid, d'foglaim fessa 7 fireolais 7 scelaigechta 7 morgnim gaiscid na Féinne ó Chailti mac Ronain.' Ocus tar a eis-sin doroine céol 7 airfided dóib, 7 ro chuir ina suan chotalta iat. 'Maith, a m'anum, a Chailti, ca fregra dobeire forum?' ar eissium. 'Cach ní da tangais d'iarraid d'fagbail duit, 7 da raib acut fein d'eladhain 7 d'intlecht cach ní dorindedur ind Fiann do gnimradaib gaile 7 gaiscid do denum. Ocus ro bói óclach issa baile-seo .i. Find mac Cumaill, 7 do ba mor do chrod 7 do thuarustal-sa uaidi ar th'airfided, cid falam in baile atchí.' Ocus adubairt in láid ann:

Forud na fiann fás anocht . gus' ticed Find faeburnocht,
do bás degduine gan brón . as fás Almu uassalmór.
Ni mairend in muintir maith . ni mair Find féin in firflaith,
ní fuil in cuire gin cleith . na ruire 'mun rigféinid.

---

[1] rig, *Laud.*   [2] ollomain, *Laud.*

As marb uile Fianna Find . ge dochuadur glind do glind,
olc atú a ndiaid na ríg rán . tareis Diarmata is Chonan.
Deis Guill meic Morna don Maig . ocus Ailella cétaig,
iar ńdith Eogain in gái glais . ocus Chonaill don chetfrais.
Adeirim-si riut reime . as fír dam ind faistine,
is mor ar n-esbada ann . gan Dub dírma ic Tech Drumann.
'Ar ńdith na cuire is na cét . is truag nach ann fuarus óc,
iarna ńdul a hor and-or . corob forlan in forud.
            Forud.

 IS annsin tuc Cailte da uidh 7 da aire esbaid na carat 7 na comalta¹ 7 na ńdrong buidhen mor iter a raibi, 7 ro cháiestar² déra troma fírthruaga ann, cor'bo fliuch blai 7 bruinde dó. Ocus tangadur amach assin co Tulaig³ in trir, 7 do tsuidhedur ann .i. rí Ulad 7 Cailte 7 cach archena, 7 ro fiarfaig⁴ rí Ulad do Chailti: 'IS álaind in talam tonnglas toghaide,' ar in rí⁵, '7 crét ima tucad Tulach in trir ar in tulaig seo, [fo. 129ᵃ 2], 7 cid fa tucad Abhann deisi ar ind abhaind seo, 7 cid fa tucad Lecht chind con ar in inad út thall?' 'Gingub nua in ní dia tá, indessat duit in ní dia tá sin, 7 ní ba sen missi ind uair do lenadur na hanmanna sin ucut .i.

 Rí ro bí ar Albain .i. Iruath mac Ailpin, ri Alban, 7 ro badur tri hingena aici .i. Muiresc 7 Aiffi 7 Aillbi a n-anmanna, 7 tucsat gradh do thriur óclach i fiannaib Eirenn .i. do thri macaib Aencherda Berra .i. Ger 7 Glas 7 Guba a n-anmanna, 7 tucsat na hócláig sin grád dóib-sium, 7 ro bói comseirc re .xx. bliadan eturru, 7 ro éladur fecht n-óen ann, 7 tangadur conici in tulaig-sea, 7 ro thuit a torrthaim suain 7 cotalta forro annso, 7 issí sin uair 7 aimser ro cuired bruigen⁶ uathmur re Find mac Cumaill 7 re mac Mic con, maic Maic nia, i cuiced lánalaind Laighen, 7 nocho n-uil airem ac filedaib a torchair dona Fiannaib ann 7 do muintir Fathad Canand, 7 dorocradur dono ann na tri geraiti gaiscid sin .i. tri meic Aencherda Berra. Ocus dala in trir ingen sin, ro cirgedur assa cotlud, 7 do chonncadur triar óclach don Feind da n-indsaigid, 7 ro fiar-

---

¹ comaltad, Laud.   ² cháiesthar, Laud.   ³ tulaid, Laud.
⁴ fiarfaid, Laud.   ⁵ ríg, Laud.   ⁶ bruiden, Laud.

faigedar sccla díb, 7 indissit in bruigen¹ do thabairt 7 ár na
Féine do thabairt ann, 7 tri meic Aencherda Berra do thoitim.

IS annsin doronsat na hingena nuall 7 toirrsi isin tulaig
sin, 7 fuaradur bás anu do chumaid na tri mac sin Aencherda 3405
Berra, 7 do badur da derbchomalta ac na hingenaib sin .i. dá
mac ríg Catt atuaid .i. Uillenn 7 Eochair a n-anmanna, 7
doronsat airbirt tenn treorach a ndiaid a comalta², 7 doriachtadur
conici ind abhaind seo, 7 ro thuil ind abhann ríu, 7 atchonn-
cadur na hétaigi iudhlaidhe ingantacha don leith aile, 7 tanga- 3410
dur isind ath co rodana, co ro báid in tuile na habhann iat,
7 iss iat atá fa in da fert glasa út for ur ind atha.'

'Ocus cred fa n-abar Lecht chind chon rissin lecht út alla-
nall don ath?' 'Cú grádach ro bói ac Find mac Cumaill, ar
Cailte .i. Adhnuall³ a hainm, 7 dorala ar sechrán 7 ar meru- 3415
gud hí ó bruidin⁴ bothuaid, 7 ro tsir Eirinn fá thrí co toracht
in t-ath so, 7 tuc a tri donala aisti ann seo, 7 fuair bás ann,
conid uaith[i] sin,' ar-si Cailti, 'ata Lecht cind chon, 7 issí sin,
a m'anum, a rí Ulad,' ar Cailte, 'in tres cú is ferr fuair Find riam.'

Dala immorro da rí[g]feinded Ulad .i. Goll Gulban 7 Cas 3420
Cuailgne, ro badur ac seilg 7 ac fiadach in maigi-sea, 7 atchonn-
cadur na tri hingena mongbuide, 7 siat marb ar in tulaig sea,
co sáine étaig cacha datha umpu, 7 ro badar icá n-écaine co
fata 7 ro chuiredar fó thalmain a triur derbsethar iat, 7 tan-
gadur sís isin n-ath, 7 atconncadur in dís maccaem ann arna 3425
mbádud⁵, 7 ro chuirset fa [f]ochláitib talman iat fos. Ocus
adubairt Cailti in láid and:

[fo. 129ᵇ 1] IS í seo Tulach in trir . as' tangadur tír do thír,
bid he a hainm o sunn amach . co tí in díne déidinach.⁶

IS í seo Abhann Deissi . chum arb' eolach fos misse, 3430
don dís seo ro báidtea⁷ ann . frith fa phortaib na habann.

Leacht con a cind ind atha . indeossat daib gan fatha,
Adhnuall rob é ainm na con . adér rib gan imressan.

Mor céite is mor carrac cruaid . immá ndernus airm d'imluad,
gid uathad thanag as tír . sunna co Tulaig in trír. 3435

IS í seo.

---

¹ bruiden, Laud.   ² comaltad, Laud.   ³ aghnuall, Laud.
⁴ bruigin, Laud.   ⁵ mbágud, Laud.   ⁶ déiginach, Laud.
⁷ baigtea, Laud.

Ceilebraid Cail*te* do ri[g] Ul*ad* iarsin, 7 tainic reime i n-étnaib cnocc 7 carracc co fosmullach Sleibe Fuait féruaine, co Caerthend Cluana da dam, 7 co Rót [leg. Róe?] na carpat, 3440 áit ar' ch*u*irset Ulaid a carp*ait* uathaib ac dul andegaid catha Gairige 7 Ilgairigi. *Ocus* ar rochtain do Chail*ti* co rici sin, issí sin aes 7 uair dorala naemP*átraic* co Ráe na carp*at* a tri .l. esp*oc* 7 a t*ri* .l. sacart 7 a t*ri* .l. deochain 7 a tri .l. salmchetlaid. *Ocus* ro t*š*uidetar ann, 7 ro bói P*átraic* ac dénam a 3445 trath 7 ic etarmolad in Dúiliman a cind Ráe na carpat í fossad mullach tŠleibe Fúaid. *Ocus* doriacht Cail*te* co*na* naenb*ur* F*ó*ine 7 Cas corach m*ac* Caincinde in t-airfidech ann, 7 ro *f*erastar faeilte re Cail*te*, 7 ro bad*ur* na cleirig ac fiarfaige scél de, 7 ro indis a thuirrthechta rissin *m*bli*adain* sin dóib. 3450 'Caide Brogan scribneoir?' ar Pat*raic,* 7 ro frecair sin. 'Scribthar 7 lessaigt*her* let cach ní do chan Cail*te* ón ló ro delaig rinde ac in chairthe a mullach Uisnig co ham na huaire sea.'

In marg. IS ann tarla Cas corach mac Caincinde ar P*átraic* .i. in timpanach.

3455 'Maith m'anam, a Cail*ti*,' ar P*átraic,* 'cuich in maccaem cenncas álaind a *m*brut gorm ut accut 7 in crann c*í*uil aicci? 'Cas corach m*ac* Cáincinde m*eic* olloman T*uaithe* dé Dan*ann*,' ar Cailti, '7 tainic d'*f*oglaim fessa 7 *f*íreolais chuccumsa.' 'Maith in *ch*onair tainic,' ar P*átraic,* '7 a Chail*ti*,' ar P*átraic,* 'ro fuir- 3460 ged ré maith*ius* mor th*us*a .i. re haimsir chreidme 7 nóem 7 *f*íren, 7 ré beith a muint*ir*us Ríg nime 7 tal*man*, 7 can duind, a Chas choraig, ní do[d] dán 7 dot eladain féin.' 'Dogéntar immorro,' ar Cas-chorach, '7 ní derna reomut riam do neoch dara[b] ferr lium a denam ina duitsiu, a naemchleir*ig*,' ar eissi*um*. 3465 *Ocus* tuc a thimpan cuice 7 ra gles hí, 7 do t*š*éind hí co tucastar cairchi cíuil urrí, 7 ní chualad*ur* riam reime a chom*m*bind *acht* m*á*d adhmolad na canóine coimdeta 7 edarmolad Ríg nime 7 tal*man*.

IS annsin ro thuit a toirrthim suain 7 cotalta *for* na 3470 cleirchib leissin céol sirrachtach sídhe, 7 tairnic leis a airfided do denam. 'Tabair luag ind airfidid¹ dam, a naemchleir*ig*,' ar

---
¹ airfidig, *Laud.*

Cas corach. 'Cá luag iarrai?' ar *Pátraic*. 'Nem dam fein,' ar eissium, 'uair is é luag as ferr hé, 7 rath ar m'eladain féin co brath¹ [fo. 129ᵇ 2], 7 ar lucht m'eladhan chaichi am degaid.' 'Nem duit,' ar *Pátraic*, '7 corub hí in tres eladha ar a fagaib 3475 nech a lessugud fa deridh a nEirinn hí, 7 cid mor in doichell bias roim fir th'eladhan, acht co nderna airfided 7 co n-indsi scela, gan doichell reime,' ar *Pátraic*, '7 fer lephtha ríg tre bithu re t'eladain, 7 soirbius dóib acht na dernat leisce.' *Ocus* ro chuir-sium a crann cíuil ina comet. 3480

'Maith ind elada sin dorónais duind,' ar Brogan, 'Is maith immorro,' ar *Pátraic*, 'acht muna beth sianargan in brechta sídhe inti, 7 nocho n[f]uil ní bo chosmala re céol Rig nime inas acht muna beth sin.' 'Matá ceol a nim,' ar Brocan, 'cid nach biad i talmain, 7 ní cóir amlaid ind airfited do dichur,' ar 3485 Brocan. 'Ni apraim úm,' ar *Pátraic*, 'acht gan rochreidim dó,'

Ní cian ro badur ann co facadur aen óclach forusta find-liath da n-indsaighid, 7 brat corcra uime, 7 delg óir ann, 7 claidim órdaidi² imma brágait, 7 lorg findchuill issind-ara laim dó, 7 tuc a chend a n-ucht Patraic, 7 slechtais dó. 'Carsat 3490 comainm tú, a óclaig?' ar Patraic. 'Eogan ardbriugaid m'ainm,' ar in t-óclach, 'do muintir rig Eirenn .i. Diarmata meic Cer-baill. 'INd accutsa atclos duind in maithius mor do beith?' ar *Pátraic*. 'Is accum, a chleirig,' ar eissium. 'Ind adhaig anocht ar do tšelbad,' ar espoc Soichell .i. primronnaire *Pátraic*. 3495 'Adhaig tšamna,' ar *Pátraic*. 'Do gebthái faeilti acumsa o aídchi tšamna co haídchi belltaine in lín atáthi eter áigedaib 7 muinter,' ar eissium. 'IS méth in manach,' ar Beineoin, fuair in cleirech.' 'Rachaid do fognum na Macha bothuaid,' ar *Pátraic*, '7 masa méth bid ed a mac 7 a ua ina degaid.' 3500 '*Ocus* ca ferr ainm da mbiath forro,' ar Benon, 'inait Húi Meith Macha?'

IS annsin atchonncadur in .l. fer mor da n-indsaigid, 7 deilge iarnaide ina mbrataib, 'ocus cia so'? ar Patraic. 'Mo

---

¹ Here there is a marginal note ending with 'Patricium edixit artem timpanistrarum'. ² ordaigi, *Laud*.

3505 brug*aidi*-sea 7 mo biataig sin,' ar Eogan. *Ocus* ro eirgedar a
n-aenfecht 7 ro tslectsat do P*átraic* uili. 'Bar mbéomaicne 7
b*ur* marbmaicne don Macha co bráth,' ar Pátraic.

IS annsin ro *f*erast*ur* tromsncchta mor 7 aincis fuardachta
ar in cóiced uile, co roiched˙co sleasaib fer 7 co formnaib mil*ed*
3510 7 co feir[t]sib carp*at*, co nderna gatsnim do barr na fidbaide
f*o*rruade, *co* na*ch* fétadais dáine imtecht ann. *Ocus* is annsin
adubairt Cailti: 'Inam amh,' ar se, 'do damaib alltaide 7 d'eilltib
dul a n-indib cnoc 7 carrac innois,' ar eissi*um*, '7 inum éicn*ed*
do dul a cuassaib bruach ann.' *Ocus* adubairt:

3515   IS fuar geimred, atracht gaeth . eirgid dam discir d*er*gbaeth,
ní te anocht in sliab slan . gé beth dam dian ic dordan.
Ní thabair a tháeb re lár . dam tsleibe cairnn na comdál,
ní lugha atchluin céol cúaine . dam chind Echtgi indfuaire.
Missi, ar Cail*te*, ar is Diarmaid donn . *ocus* Oscur aithédrom
3520   ro chloisdis re ceol cuaine . d*e*red áidchi adhuaire.
[Lism. 181ᵇ 1]. As maith chodlus in dam donn . fuil is a chnes re coronn,
mar do beth fá thuind tuaidhi . deiredh oidche indıuaire.
Aniu isam senóir sen . ni aithnim acht becán fer,
ro chraithinn coirrsl*eig* co cruaidh . a maduin oighridh innfuair.
3525   Atlochar do rígh nime . do Mac Muire inghine
dobeirinn mór sochd ar sluag . ge b*er* anocht co hadfuar.

'Is mithigh dúin imthecht,' ar Eogan, 'dár ndúnad 7 dár
ndegbaili.' *Ocus* do éirgetar rompa, 7 atchonncatar an dúnad
ar a cind, 7 tucadh in baili ar a comus féin ar rochtain dóib,
3530 7 tucadh Cail*te* cona muintir a ngrianán ndeirrit ndiamair, 7
do bádar annsin teora lá 7 teora a*idchi* ac ól 7 ac áibhnes
acht in comhfad do bítís na cléir*ig* ac dénum a n-uird 7 a
tráth 7 ac edarmholad in Dúilemhan.

Is annsin táinic Eogan ardbrug*aid* d'acall*aim* Pátraic 7
3535 do bói ga indisi do gan uisce do beith a comhfochraib dhóibh,
ór ba scíth dáine ag (tabair)t uisce cum an baili sin. *Ocus*
ingnad mar dho (bui in baile i)n lá sin ina latharpholl tal-
man (7 bruindi cethr)a sliab uime anunn 7 anall (7 gan dorus
air acht in dorus) ar a ticte amach, 7 nach [fo. 181ᵇ 2] fétfaitís
3540 fir dhom*ain* fogh*ail* ná dibferg air cémad áil leo. Do fiarf*aig*
P*átraic* d'Eogan: 'in bfuarub*ar* slicht sl*uaig* ná sochai*de* romh-

uibh isiu mbaili?' 'Fuaramar,' ar Eog*an*, 'sleagh 7 cl*oidem* 7 iarnleastar ann.' 'Do gébhthar a fís sin ac Cáiltí,' ar Pátraic. Ocus docuas ar cenn Cáilti, 7 tucadh d'innsaig*id* Pátraic hé.

'Maith a anum, a Cháilti,' ar Pátraic: 'in fuil a fís acat 3545 duin cia do bói isin baili-se ria nEog*an*?' 'Urusa damhsa a fís dho beith agum,' ar Cáilte, 'ór is mé in t-ochtmad fer do bhí ac tab*airt* in baili-se don fir dá tuc Finn m*ac* Cum*aill* é .i. aenóclach dorinne a mhuindter*as* ar éicin riamh re Finn .i. Conán mac in Léith Luac[h]ra aniar. Ocus dorala dhó olc mór 3550 do dhénam re Finn .i. cú 7 gilla 7 ócl*ách* do mharbhadh ón tsamhfuin co araili don Féinn re taebh an tres duine as ferr do bhi do chlann*aib* Rónáin do mharbad .i. Aedh Rind m*ac* Rónáin cona trí macaib .i. Aedh 7 Eogan 7 Eobran. Ocus doriacht in flaithf*éinnid* co Carn Luigdech thiar i cóic*ed* Mu- 3555 m*an*, 7 ar suidhi dho ann iar ndénam sealga doriacht Conán da innsaig*id* do leith a chúil, 7 do gabastar tar a formna 7 tara armghais*ced* in flaithf*éinnid* gan rathug*ud* dó. Aithnis Finn inté don-gabastar amhl*aid* sin. 'Cidh is áil duit, a Chonáin?' ar Finn. 'Mu chor 7 mo mhuinnteras 7 mu thairise do dhénam 3560 friutsa, ór itú *secht* mbli*adna* ac fogb*ail* 7 ac dibhfeirg ort, 7 ni fuil fulang h'feirgi-se acam.' 'Gidh meisi rot-gabadh,' ar Finn, 'atá dha mhét d'ulc 7 d'écóir dorónais ar Fiann*aib* Eire*nn* nach sáilim do ghabáil dóibh cum sídha.' 'Acht gu ngabasa mé, a rígf*éinnid*, léic eadram 7 Fianna Eire*nn*,' ar Conán. 'Gébat 3565 ámh,' ar Finn, 'gidh coraighecht ar éicin damh.' *Ocus* do ghabb Finn é, 7 dorine a chor 7 a mhuindter*as* ris. *Ocus* doriachta- dar an Fiann ina ndronguibh 7 ina mbuidhnibh da n-innsaig*id*, 7 ba hingnad la gach ndroing thiced ann in dias is mó ba námuit a nEir*inn* 7 a nAlbain d'faicsin i n-aeninad. 3570

'Maith, a Chonáin,' ar an Fiann, 'cidh fil acat dúinn in(ár) mórolcaibh?' Freagras Conán cu comnart sin: 'Gach (cath) 7 gach eic*in* 7 gach mórolc doria cucaibh, cui(ridh misi i)na cenn,' ar Conán, 'acht dá toitersa ann, (do tairistissi) oram bur bhfalta, 7 mina thoiter ann, (is oraib si) [fo. 182ᵃ 1] bias a nós 3575 7 a orrdharcas.' 'Dar ár mbréithir ámh,' ar Oisín, 'ní tucad dúinn riam coma b*udh* ferr linn iná sin.' Ocus dorónad síth re Conán annsin.

'Cá lín atái do mhuindtir, a Chonáin?' ar Finn. *Cúic* cét
óclach 7 *cúic cét* gilla 7 *cúic cét* con,' ar sé. 'Ó atai in coimlín
sin,' ar Finn, 'sir féin Eir*inn*, 7 in tricha *cét* thoghfus tu féin
inuti dobérsa duit hé.' *Ocus* doluidsium-ne ochtar óclach leis,'
ar Cáil*te*, 'conice in mbaili-si a tám, 7 ni raibi tairisi ag Conán,
gia ro gabsat in Fian hé chum sídha, nogu táinic don baili-se,
7 ó'tchonnairc in baili-si cur'ba dún diamair daingiun dithoghl*aidi*
é tucasdar grádh dho, 7 .táinic lion a slóig 7 a muindtiri, 7 do
gabadh in baili-si leis fria ré .xxx. blia*dan*, 7 gach cath 7 gach
comracc thiced cum na Fénne frissin ro dingbhadh som tosach
gacha comhraic dhíb.

'Crét aidhidh[1] in *Chon*áin sin?' ar Pátraic. 'An cethramad
fer,' ar Cáilte, 'fuair bás re hadhart don Féinn hé .i. cruimh
neime do ghabh 'na chinn, 7 fuair b*ás* ón trath co araili.'

'Créd rob uisce dho andso?' ar Pátraic. ·Tipra fíruisce
atá san baili so,' ar Cáilte. 'As diamhair an t-inad itá,' ar
Eogan, 'ór ní faghmait ar lár tal*man* hí.' 'As uath*ad* don
Féinn dar' eoluch í,' ar Cáilte, 'nogur' ormais aenóclach dhíbh
uirre, 7 nogur' urmaises-sa 'na dheg*aid*, 7 gur' urmais fer
in baili féin iarsin.' 'Cia in cétoclach?' ar Pátraic. 'Aedh
mac Finn,' ar Cáilte, '7 ade*ir*im nach raibhe inadh asa tuc
duine lán bledhi nó eascra a haill nó a habhuind nó a hindb*er*
nó a hinadh díthoghla a nEir*inn* nach bérad-som eol*us* a me-
dón oidhche ann, 7 rucastar col*us* g*us*in tiprait itá 'san baili-si.
Ocus is ann atá an tipra,' ar Cáilte, 'a slisbhord na cairrgi
cenugairbhi cloiche 7 faircle comhdhaingen comhdhlútha cloichi
uirre. Ocus mór lá fuair Smirgat 7 D*er* dhubh (a D)uibsléib
hí.' Ocus atbert Cáilte:

(Atá) tipra san leith thes . doghén[s]a dháibh bur ndeighlcas,
(dobérsa) dúib for a lár . usce eochargorm imslán.
('Nocha nfuil tipra) ocon dún' . atbert *Eogan* gan mhírún,
'mina cabra rí nimhe . Mac maith Muire mín(ghile)'.
Ro ba mhaith m'engnam 'san chath . a n-agaid na n-allm(urach),
ro thuitset limsa fo thrí . *tri cóeca* fer co cacimhlí.
Smirgat ingen Fath*aig* féil . *ocus* Der dhubh a Duibsléibh,
inm*ain* dias téiged a fad . don Féinn do brath a námad.

---

[1] aighidh, *Lism.*

Ro bo mhé in Cailte co cruth . sochaide dá tucus uch,
dá ro tinóilius dom rith . lánamain gach fiadha ar bith. 3615
Maith in muinter muinter Finn . mairg fuil dá n-éis a nEirinn!
mór mbeodhachta in buidhen bras . as mór n-iath a mbói a n-eolas.
[Maith in muinter muinter Find . mairg fuil da ndéis i nErinn,
cen locht orra ar tuind talman . acht cen Dia do moradhrad.
Aed mac Find . fer nachar' creid crois na cill, 3620
a cath Conpaiti ro lái a tres . is mor mbaile bái a eolas — Fr. 47ᵇ].

'Dul anois,' ar Pátraic, '7 in tipra d'faghbáil.' 'As egal leam a fagbáil,' ar Cáilte, 'ór naenbar curad no bhídh ac tócbáil a faircle di 7 in coimhlín cétna 'gá chur uirre arís, 7 as ecal lim uisqi na tiprat do bháthad in baile,' ar Cáilte. 'As tualaing 3625 Dia a dháil mar bhus cóir,' ar Pátraic. Do éirigh Cáilte 7 do éirghedar sum leis, 7 ríghlia cloichi ro bói as-slis in baili amach iadhus Cáilte a dhá láimh uimpe, 7 tairrngis chuige hí, co táinic ródbhuindi róimer d'uisqi eocharghorm fíráluind asin carraic gu raibhi ag dianbhádad an baili. Ann sin tócbus Pátraic 3630 an láimh caeimh creadhail ro fóired gach n-airc 7 gach n-ainces frisi tabrad hí, 7 sluicter in t-uisqi ar cúl doridisi isin sliabh 7 isin charraic cédna, cu nach raibhi acht lán baisi Pátraic ac snighe[1] aisdi amach don uisgi. 'Bas Pátraic' ainm na tiprat budhesta,' ar Beneoin. 'As ced leam a beith amlaid sin,' ar 3635 Pátraic, 'nogu nderntar finghal icá duthaigh isin baile re deireadh n-aimsire.'

Táncadar ar in faithchi[2] imach Pátraic 7 Cáilte 7 an lín do bútar isin dúnad, ocus nír' cian dóibh co facadar aenóclach da n-innsaigid, 7 is amlaid ro bói an t-óclach sin 7 léne do 3640 sída bhuidhi ré chnes 7 brat áluind uaine uime, [7] dealg óir isin brut ós a bruinde. 'Cia thusa, a anum, a óclaich?' ar Cáilte. 'Aedh mac Aedha na n-abasach[3], a Cnuc Árdmulla amuigh don mhuir,' — risi n-abar Rachlaind nó Rachrainn isin tan-sa, — '7 macaem Tuaithe dé Danann uili (mise), 7 d'fiafraigid 3645 neich[4] dítsa thán(ac anois').' 'Crét rob ail [let] d'fiarfaigid dhím,

---

[1] snidhe, Lism. [2] faighthi, Lism. [3] amsach Fr. 48ᵃ.
[4] neith, Lism.

(a Aed?' ar Cáilte. 'Ca ferr dam n)í dhá fiafrochainn díd iná cid fá tucadh Carn Manannáin ar an carn so?'

'Óclach do *Thuaith dé Danann*,' ar Cáilte '.i. Aillén mac Eogabail, tuc grádh do mhnái Mhanannáin meic lir, 7 tuc derbšiur Ailléin grádh do Mhanannán .i. Aíne ingen Eoga*bail*, 7 ba hannsa le Man*annán* í iná in drong dhaena. As annsin ro fiarf*aig* Aíne da bráth*air* .i. d'Aillén: 'cidh,' ar si, 'ro tráigh in dealbh rígda romhór do bhói fort?' 'Dar ár mbréithir ámh, a ingen,' ar Aillén, 'ní fuil don droing daena nech dhá n-indesmais sin acht mad thusa at aenar,' 7 do indis di: 'grád tucus,' ar sé, 'd'Uchtdeilbh ingen Aengusa Find, do mhnái Manannáin. 'Am láim-se atá a foiridin sin,' ar Aine, 'ór tuc Man*annán* grádh damsa 7 da tuca som a mhnái duitsi fóifet-sa lais tar cenn f*ur*tachta d'faghbháil duitsi.' Ocus táncadar rompa, ar Cáilte, .i. Aillé*n* 7 Aine, conice in tul*aig*-sea, 7 doriact Manannán 7 a bainchéli lais, 7 ro šuidh Aine ar láimh deis Man*annáin*, 7 tairbiris teora póc ndil ndíchra dho, 7 ro fiarf*aig* cách scéla da chéle dhibh. Mar atchonnaic ben Man*annáin* Aillén tuc grád dho [fochétoir, 7 do indis cach dib scéla da cheile — *Fr.* 48ᵃ]. Is ann sin adubairt Pátraic: 'As gablánach in scél*aig*echt sin .i. s*iur* Ailléin m*eic* Eogabail do thabairt grádha do Manannán, 7 ben Man*annáin* do thabairt grádha dh'Aillén.' Conadh de sin atá in tseinbriathar: gablánach in rét an scéluighecht. Ocus tuc Manannan a mhnái féin d'Aillén mac Eogabail, 7 tuc féin Aine siur Ailléin.

[Ocus ro bai Aíne in*gen* Eoga*bail* oc brécad Man*annáin*,' ar *Cáilte*, 7 dor*igni* in láid and:

A M*eic* lir tairri lium . co Daire nDairbri os cach dind,
gairfid cailigh beraid lon . darís clochan da borb*chon*.
Canfaither[1] duit ilar ceol . it*er* éol *ocus* anéol,
bidgfaidh guth cuach os chaill céir . re dordan daim damairc.
Fascnam fedain feda faind . snaghach snoidi clar*aig* craind,[2]
oig oc abrán re gaith ngluair . cerc fraich re aidche n-adhuair.
Eiste*cht* re sianan senma . re hairfitiud n-ílerda,
ingena aille 'n-ar tigh . do gebtar dait, a M*eic* lir. A.

---

[1] canfaighter, *Fr.*   [2] croind, *Fr.*

Ocus ruc Aillen mnai Manannáin co sid Eoghabail, 7 ruc Manannán Aine ingin Eogabail leis co Tír Tairngire. — Fr. 48ª].

[Lism. 182ᵇ 1]. Ocus as iatsin, a anum, a Aed', ar Cáilte, 3685 'in dá cheisd do fiarfaigis dím.' Ocus do bátar isin baili sin re hedh sechtmaine, 7 do thimnadar ceileabrad d'Eoghan ardbhrugaid, 7 tuc Pátraic nemh dho ara nderna dá réir.

Is annsin táncadar rompa co Gleann in scáil soir, risi n-abar Muindter Diugra isin tan-so, áit a raibhe Pátraic a 3690 ndaeire ac Milcoin mac húi Buain ac ríg Dhail nAraide, 7 atciat ceall śuthach ara cind, 7 .xxx. mac n-eculsa innti ac edarmolad in Dúileman co dícra, 7 ac déch[s]ain dóibh don taeibh eili secha atciat in ceall (aile ar in gort) cluana re a taeibh. 'Do rígh nime (7 talman atloch)amar.' ar Cáilte, 'rob 3695 adhba slógh [fo. 182ᵇ 2] 7 sochaide sin gidh imat naemh 7 fírén anosa [and].' 'Cia don Féinn do bhí isin baile út? ar Pátraic. 'Raighne Roisclethan mac Finn isindara baile díbh 7 Caince Corcarderg mac Finn isin baili ele,' ar Cáilte, '7 do mharbhsat clanna Morna Raighne mac Finn. Conadh uada atá Magh 3700 Raigne. Ocus ro marbsat in mac aili, conad uadha ata Sliab Caince.

Ocus nir' chian do bátar ann co facadar ingin mín macdachta mongbhuidhi da n-innsaigid, 7 suidhis ar an firt fótbhuigh acu. 'Cia thusa, a ingen?' ar Pátraic. 'Edáin foiltfinn 3705 ingen Baedáin misi,' ar sí, 'ingen rígh Dáil nAraidhe. 'Cidh um a táncais, a ingen?' ar Pátraic. 'Do thabairt ar mbeomaicne 7 ar marbmaicne duitsi, a naemhPátraic,' ar an ingen, 'ór ni fíl dom śíl beo acht mé fein 7 mo dherbbráthair.' Ocus tuc a láimh etorra 7 a léinid 7 tuc .l. bruth óir 7 .l. bruth aircit 3710 a raibhi .l. uingi d'aircet 7 .l. uingi d'ór ina screabal soiscéla do Phátraic, 7 do ślécht dó. 'Gá ainm atá ar do bhráthair, a ingen?' ar Pátraic. 'Loingsech mac Baedáin,' ar inn ingen. 'Ríghi nEirenn uaimsi dho,' ar Pátraic, '7 triur dia śíl a ríghi dia éis.' 'Gach ní bias acaindne dh' Eirinn co bráth duitsi, a 3715 naeimhchleirigh,' ar an ingen. Ocus do cheileabair dhóibh iarsin, 7 do bhádar ar in tulaig re hathaid tar éis na hingine.

[Cailte cecinit.

Ard Caemain aníu cid cell . ro pa port ríg co rothend,
is inad crabaid is cros . is ecna cen amaros.
Ard Coemain is Cluain gamna . ge bet indiu fo tarba
is inad crabaid is cross . is mor ngabad do fuaros — Fr. 48b].
[Laud 610, fo. 130a 1] Adeirim-si riut reime . bid fír dam in faistine,
gé beth mo chraidi fá mairg . is baile aingel ind aird. Ard.

In marg. . . abur on abur Tonn Clidna.

IS annsin ro bói óclach comaidechta do Muiridach mac Finnachta do rí[g] Connacht i farrad Pátraic .i. Corc mac Dairine, mac rig Corco Duibne. 'Fiarfaigid rob ail lium do denam dit, a Chailti,' ar Corc. 'Cid ima n-abur Tonn Chlidna 7 cid ima n-abur Tonn Téite risin tuind aili?'

'IS accumsa itá in scel sin do glainmebra,'[1] ar Cailte .i. Óclach gráda ro bói ac Find [mac Cumaill, Fr. 19b] .i. Ciabhan mac Eochach Imdeirg mac rig Ulad í tuaid, [7] is amlaid ro bói in t-óclach sin in derscugud beiris [int-] éscca ina chuiced dég do ardrennachaib nime ruc in t-óclach sin ar cruth 7 ar deilb do macaib rig 7 taissech in domain. Ocus ro gabustur toirrsi Fianna Eirenn reim Chiaban mac Echach Imdeirg, 7 rob é adhbur a toirrsi ní raibi ac fir nó gan fir díb ben nach tucustar grad do Chiaban mac Echach, 7 ro diult Find reime, 7 gé ro diult ro bo lescc leis, acht ecail leis Fianda Eirenn dó ar mét a n-éta.

Ocus tainic reime co Tráig in chairnn, risa n-abar Traig na trénfer, i cuicid Ulad, iter Dún Sobairchi 7 muir, 7 atconnairc curach cendard colgdíriuch creduma and, 7 da gilla óca isin churach 7 tuighnech[2] [phutairle — Fr. 20a] forro co formnaib a ngualann, 7 bendachais Ciaban dóib, 7 do fregradur som dó. 'Cia sib a m'anum, a ócu?,' ar Ciaban. 'Lodan mac ríg na hIndia missi,' ar se, '7 Eolus mac rig na Grege in fer aile út,' ar se, '7 ro gluais tonn sind,' ar se, '7 ro thimairg gaeth, 7 ní fetamar cá crich nó cá cinel issin domun í tamait.' 'Intí leis budh áil siubal mara lib in tiubrad sib dó?' 'Dá

---

[1] glainmedbra, *Laud.*   [2] tuidhnech, *Laud.*

mad at' aenḟer duit,' ar siat, 'dobérmais.' 'Maith, a Chiabhain,'
ar a muinter, ind hí Éire is áil let d'ḟacbail?' 'Iss í ám,' bar
eissin, 'uair ní ḟagbaim mo dín na mo chomairchi inti.' Ocus
dala Chiabain tainic issin curach, 7 ro delaig re muintir, 3755
7 ro badur co dubach domenmnach, 7 ro bo scarad cuirp ré
hanmain léo scarad ris. Ocus dorindset a comunn 7 a cara-
drad [Ciabhán 7 na hóclaich do bhí 'san churach, Lism. 183ᵃ 1].

Ocus do eirgedur na tonna geala gairechtacha dóib coma
cutruma re sliab [Mis nó re slíab Édair nó re slíab Elga — 3760
Fr. 20ᵃ] cach murthonn mor muiride díb, 7 na héicne[1] áille
cochurbrecca nobith ré grian 7 re grinnell co mbidis ré
slisbordaib in churaig[2] acco, 7 ro gab grain 7 eacla 7 urua-
main iatsum reime sin. 'Dar mo breithir ám,' ar Ciaban, ['damad
ar tir duind, — Fr. 20ᵃ] ro choissenmais sind il-lathair chatha 3765
7 comraic commaith.'

Ciabhan cecinit.

IN triar atám ar in tuind . ron tarla a mbothaid chumaing,
mor in baegal beith mar sin . gan bás faebuir dar rochtain.
Missi ocus in dias tar muir . co lín gaile ocus gaiscid,   3770
damad í cath cétach chrón . dingébmais cét do gach tslóg.
O ro chím in tuind-seo thes . is mor dar ndaghles cheiles,
is mor in brón brón na triath . ar nech ó tá dís co triar.
IN triar.

Ocus ro badur isin moréicin moir sin nóco facadur in aen- 3775
óclach da n-indsaighid, 7 ech dubglas fáe, 7 srian óir fria, 7
.ix. [fo. 130ᵃ 2] tonna fa muir dó 7 in nóbad tonn do eirged, 7
ní ba fliuch blae na bruinde dóib. Ocus do ḟiarḟaig in t-óclách
dib: 'ca lnag do berad sib dontí d'ḟoirfed sib assin n-éicin sin?'
'Ní ḟetamar in fil inar láim in luach sirther oraind.' 'Atá ám,' 3780
ar in t-óclach, 'bar mbeith fein ar cur 7 ar muinterus intí do
ḟoirfed sib.' Ocus ro ḟoemadur sum sin, 7 tucad a láma il-
láim ind ócláig.

Ocus tuc in t-óclach chuice assin churach iat a tríur
ar in n-ech, 7 ro bói in curach ar taebṡnám lam risin n-ech 3785
co rangadur cuan 7 calathport i Tír Thairrngaire, 7 ro

---

[1] héicned, Laud.   [2] churaid, Laud.

thairrlingetar ann, 7 tangadur co Loch luchra 7 co cathair
Manannain, 7 tairnic tech n-óla do tsuidhiugud rompo, 7 do
frestlad 7 do frithailed iat a cethrar óclach ina degaid sin, 7
3790 ro benad a ceindbéca da ṅdabchaib donniubhair leo, 7 ro tóc-
bait cuaich 7 cuirnn 7 copana, 7 ro eirgedur gilli áilli aghmara
abhradgorma re bennaib blathcháine buabaill,¹ 7 ro seinded léo
timpana téitbindi 7 cruite nuabinde náethétacha co tarla in tech
in[a] choirchi chiúil.

3795   IS annsin do eirgedur bachlaich² srubfata tsalfata tseired-
chaela ruadmáela rintacha ro bith ac denam chles 7 chluiche³
a tigh Manannain, 7 ba hé seo cles donídis .i. .ix. ṁbunnsacha
birgaissi ina laim 7 a ndiubrucud ar lethchois 7 ar lethlaim co
fóice na bruidne⁴, 7 a ngabail dó fon cor cétna, 7 is uime
3800 donídis sin, d'imdergad sóerchlann sochineoil ticdís a crichaib
ciana comaichthi amuich. Ocus dorinde ind adhaig sin a chles
feib donith riam roime, 7 tainic d'indsaigid Chiabain Chasmon-
gaig meic Echach Imdeirg, 7 tuc na nae ṁbunnsacha ina láim,
uair iss é is ferr delb 7 taichim⁵ 7 tuarascbail do bói do Thuaith
3805 dé Danann 7 do macaib Miled isin tigh sin Manannain, 7 ro
eirig Ciaban 7 dorigne in cles sin a fiadnaissi Manannain 7
maithe Thíre Tairrṅgaire mar badh hé budh aen eludha dó
riam reime sin, 7 tuc il-láim Eolais meic rig Greg, 7 dorigne
fan cuma cétna, 7 tuc in cles il-laim Lodain meic rig na
3810 hIndia, 7 dorigne fan cuma cétna.

IS annsin ro bói primollam maith ac Manannán⁶ a Tír
Tairrṅgaire .i. Libra primlíaig, 7 ro badur tri hingena aici .i.
Clidna 7 Aífi 7 Étain Foltfind, 7 ro biat sin tri taisceda genais
7 aentuma Thuaithe dé⁷ Danann, 7 nír b'ecail ní da marbad
3815 acht gái chró na genmnaidechta⁸, 7 tucsat a n-aenuair grád
don triar sin, 7 ro chindset élod fán cáemlait[h]e do ba nessa
dóib, 7 tangadur co calathport ina coinde in trir óclach sin,
7 tainic Lodan mac ríg na hIndia 7 Eolus mac ríg Grég ind

---

¹ buadbaill, Laud.   ² bathlaich, Laud.   ³ cluithed, Laud.
⁴ bruigne, Laud.   ⁵ taithim, Laud.   ⁶ mannann, Laud.
⁷ dédé, Laud.   ⁸ genmnaigechta, Laud.

[aen]churach, 7 tainic Ciaban mac Echach Imdeirg 7 Clidna ingen Libra in aenchurach, 7 ro thócbadur in snathbréid sídaide im barr uachtar in chraind tsiúil, 7 luidedur reompo o tá sin co Traig Théite [fo. 130ᵇ 1] ingine Ragamnach i ndeiscert Eirenn tes, 7 is uime seo tucad Tráig Théite urri .i. Téite Brec ingen Ragamnach do dul ann, 7 tri .l. ingen lé do chluiche⁸ thuinde, co ro báidhed¹ ann iat, 7 conid uaithe atá Tráig Théite. 3820

3825

Ocus dala Chiabhain meic Echach Imdeirg, ro gabustur cuan 7 calathport ar in tráig cétna sin, 7 doluid do tseilg 7 do fiadach fón crich fa comnessa dó, 7 tainic in tonn amuich dochum Chlidna, 7 ro báidhed hí ann. Conid uaithe atá Tonn Clidna urri. Ocus tangadur teglach tighi Manannain ina ṅdegaid 3830 .i. Illathach 7 a da mac 'ar tabairt grada donn ingin, 7 ro báidhed¹ ar in tráig cétna,' ar Cailte. Ut dixit Cailte:

Clidna cheindfind, búan in bét . ar in traig tainic a hóc,
damna da mathair beith marb . inní dia tarla in senainm.
Da ndernad in t-aenach te . ac lucht Tíre Tairrṅgaire   3835
iss é thuc in mnái tre cheilg . Ciabhan mac Echach Imdeirg.
Rígan ind aenaig thall tra . ingen dán' comainm Clidna
tar in ler lethan longach . tuc leis Ciabhan casmongach.
Ro fagaib hí ar in tuind . luid uaithe echtra n-etruim,
d'iarraid tselga, monur mas . luid reime fan fidh foltchas.   3840
Tainic in tonn tara éis . do Chiaban nir' bo deggres,
morgnim ba dimda linde . hádhad² Chlidna ceindfinde,
Tonn dúine Téite na triath . iss é ainm ro bói ar in iath
nócor' báid³ in tonn sin trá . ben darub⁴ comainm Clidná.
Lecht Téite sin traig-seo thuaid . ro gaet a mesc in morsluaig, 3845
lecht Clidna ar in tuile thes . re síd Duirnn buidhe benas.
Fliuchthar folt in Duirnn buidhe . a tonnaib in tromtuile,
gid imda do neoch fuil ann . iss í Clidna nos-báidhend.
Caeca long lodur tar sál . teglach tíghi Manannain,
nochar' bí in chongaib gan ga . ro báided⁵ ar Tuind Clidna.   C. 3850
Illathach is [a] da mac . ro báidtea⁶ in triar ac tochmarc,
mairg d'adhair don luing dana . nachas-ainic Tonn Chlidna.
                                        Clidna.

---

¹ báighed, Laud.   ² baghad, Laud.   ³ báig, Laud.
⁴ dara, Laud.   ⁵ báiged, Laud.   ⁶ baigtea, Laud.

IS annsin immorro doriacht Ciaban Casmongach dar n-
indsaigid co Druim nAssail maic Úmoir, 7 issin áidchi sin ro
marbad Eochaid Imderg rí Ulad, 7 ro rigastar Find Ciaban
Casmongach tar eis a athar a rigi nUlad. Ocus iss é sin, a
Chuirc meic Daire, in scél ro fiarfaigis dim,' ar Cailte.

Ocus ina degaid sin ro eirgedur in sluag uile co Raith
Medba, 7 Patraic maraen riú. 'Cé in Medb o raiter in raith
sea?' ar Patraic. 'Medb ingen Echach Feidligh.' 'IN ó seo
ro ba baile bunaid di?' ar Patraic. 'Ní hé úm,' ar Cailte,
'acht fa lith laithe na sámna ticed d'acallaim a druad[1] 7 a
filed ann dús cid ra biad ar maith nó ar saith in bliadan sin
di, 7 is amlaid ticed si, ina náe cairpthib ann .i. nae carpait
roimpe 7 náe carpait ina diaid 7 nae carpait cechtar do dib
leithib di.' 'Créd má ndenad sí sin?' ar Patraic. 'Na roised
braenscoid na conaire 7 glomarchind na hechraidi,[2] 7 nach
salchadais na dechealta nuaglana.' 'Adhbur subhach sin!' ar
Pátraic.

'Caide ainm ind achaid sea? aChailti?' ar Pátraic. 'Gort
ind fostáid ainm in guirt seo,' ar Cailte. 'Cred in fostod?' ar
Pátraic. 'Óclach d'Find tarmairt imtecht uad ar bithin a thuar-
astail, uair fata leis co rainic do .i. Druimderg dana mac
Duibdechelt do Connachtaib inso, 7 tangadur tri catha na
Féinn[e] da fastud, 7 nir' thairis accu, 7 doriacht Find da
fastud, uair badur búada ara fastud óclaíg [fo. 130ᵇ 2], 7 bá dona
buadaib sin, acht co ṅdernad Find tri raind dó comad tsidach
iat [leg. é ?] ina degaid. Ocus adubairt Find:

  Tú sin, a Druim deirg dana . a urdeirg na hurbagha,
  gé thís uaim aniu co mblad . is cetlud duit ceilebrad.
  Doratus duit ic Raith chró . tri coecta uingi a n-aenló,
  lán mo chuaich a Carn Ruide . d'airget ocus d'ór buide.
  IN cumain let ic Raith nái . da fuaramar in da mnái,
  ocus aduadmar[3] na cno . missi ann ocus tusso.
        Tú sin.

IS ann sin do eirgedur in sluag uili assa haithle sin co
Ros na hechraide, risa n-abar Ailfind isin tan-so, 7 is uim[e]

---

[1] druag, Laud.   [2] hechraigi, Laud.   [3] aduagmar, Laud.

aderthai Ros na echraidi ris .i. intan no bídis cuicedaig Eirenn
ic ól i Cruachain is ann do bidis a n-echradha a lú[b]gortaib 3890
gabala.' 'Adráe buaid 7 bennacht, a Cailti,' ar Pátraic, 'as
mor in fis 7 in t-eolus sin acut.'

Ni cian ro badur ann co facadur ind aenmnai da n-ind-
saighid, 7 brat úaine uimpi, 7 leine don tslemensíd buidhe fria
cnes, 7 niamlann d'ór buidhe réna hédan. 'Canas tangais, a 3895
m'anam?,' ar Cailte. 'A huaim Chruachan,' ar inn ingen. 'Ocus
cia thusa, a m'anum?' ar Cailte. 'Scoth-niam ingen Buidb
[Deirg — Fr. 23ª] meic in Daghda missi,' ar sí. 'Cid ro
t-imluaid [7 rot-aistrig — Fr. 23ª] ille?' ar Cailte. 'Iss ed rom-
imluaid, ar in n-ingen, 'd'iarraid mo choibche ortsu, a Cailti, 3900
ar inn ingen, 'uair ro geallais uair éicin damsa hí.' 'Cred tuc
ortsa gan tiacht da hiarraid co Carn Cáiridha thes i coiced
Laigen?' 'Neimfírindech adeire sin,' ar inn ingen, '7 in deiliug-
ud tucad ó cheile oraind.' 'INgnad lind mar atchiamait sibh,'
ar Pátraic .i. inn ingen as í óc ildelbach 7 tusa, a Cailti,' ar 3905
Pátraic, 'at senoir chrin chrotach cromliath. 'Do fuil a adhbhur
sin acum,' ar Cailte, '7 ní lucht comaimsire sind, 7 do Tuathaib
dé Danann iss í, 7 nemirchradach iat sein, 7 missi do clannaib
Miled, 7 dimbuan irchradach iat.'

[Lism. fo. 183ᵇ 2] 'Tabair freagra ar in mnái,' a Cháilti, ar 3910
Pátraic. 'Dobér immorro,' ar Cáilte, 7 do éirigh roimhe cu Carn
soghradhach re Cruachain aniarthúaid, 7 tuc a uillinn clí risin
carn, 7 do chuir secha hé 7 tuc a láim fon carn 7 tuc in Lugbordach
anís .i. crannóc tucadh a c(omair chísa 7) chánachais d'Find
mhac Cumaill, 7 tuc Find 'na thuarasdal do Choná(n Mhael) 3915
mhac Mhorna, 7 do folaig Conán isin carn hí. Ocus as am-
(laid) [fo. 184ª 1] do bhói in chrannóc 7 a lán d'ór inti,
7 tuc Cáilte ina coibhche don inghin hí. 'As gairit ón tsligid
7 ó ré na carpat fuaruis sin, a Cháilti,' ar Pátraic. Ocus
adubairt Cáilte: 3920

Dáine bátar sunn co sé . saeire aidble a n-innile,
nocha sochaide rus-gaib . cincub cian á sligedhaibh.
Atá foluch i Sléibh Fuait . do chuirfedh Eirinn má cuaird,
trí cét uingi don ór dherg . maraen is an Duille dearg.

3925 Atait ceathra dabhcha óir . a fírmhullach Sléibi smóil,
in dabhuch as luga dhíbh . fairsing ndési, cumang trír.
[Ata fer óir a cuimrech . isin raith ic Sen-Luimnech,
slabra*d* airgit air dib nglond . a fuil t*r*i *c*óecait *c*onglonn.
Atat tri sréin *nó* cúic *s*réin . arna folach dom láim féin,
3930 in t-*é*olas téighim don dáil . dol i taib Duma Massáin.
Ata mo lend *c*ona delg . is *c*ona cimsaib óir d*eir*g,
isin cnuc ic Tuaighimne . ro fa*cus* hé ic Osraighi.
Ata mo scian becc croda . *c*ona heim do líg loghmair
a mullach Droma tinde . ní fo laighi ac*ht* casnaidhi.
3935 Dabach fuil i n-illathaib . ro ceilfed mac ar a má*th*air,
begní ros-beir o dainib . lán duirnd aenfir do tlathaigh.
Atat da cornd *nó* tri cuirnd . re taeb go duilb ac *R*os cuill,
co cochluib óir gribda gle . co carrmoclaib f*i*ndruine.
Ata 'sa tulaigh leith an*s*ar . ro ba *s*aithech *tr*iur da trian,
3940 it*er* da cairthe ata in cornd . ar in faithchi ac Dún Moghdornd.
Atat ce*thr*i tindi dh'*ó*r . isin carraic os Connlón,
isin tindi is luga dib . degheiri deisi *no* trír.
Ro fá*cus* closán *C*onrí . ar in fertan ac Senchai,
a haithle . . . in fír . *C*onc*u*laind m*e*ic Subaltaigh.
3945 Tá fithcell Crimthain Níadh Náir . a Caill mac ndraigh in casain,
lán do *s*riallaib a mna . *c*on foirfed se*cht* lanamna.
Ata mo cloidemh¹ calma . isin cnuc i Car[n]d Abla,
cid bé ro béradh imach . ro bo gell t*r*i c*é*t loilghech.
Ata mo brandub co mbloidh . is*i*n tsléib os Leit*i*r broin,
3950 cuiciur airgit gil can glór . *oc*us ocht*ur* do derg*ó*r.
Atá m'fithcell ic Ess Ruaid² . isin tulaigh leth atuaidh,³
a taiscidh a medon craind . cen esbaid fir da foirind.
Atait ce*thr*i cleib do gual . dol i taib Leici na ndruadh,⁴
coceilit mór do ma*i*n*í*b . cingo somáin do da*i*n*í*b.
3955 Gabar sailm, gabar créda . saltracha *oc*us soiscéla
a timcell cind Garaid glain . a nInis Cuind Cétcathaigh. — *Fr.* 23ᵃ, ᵇ].
Adeirimse ritsa dhe . a mheic Chalp*u*irn co naeime,
gu mairit na hinnmhusa is nach mairit na dáine.

'Ar ndénum a thráth 7 a úird 7 a aithfrind do Phátraic,
3960 tucadh Cáilte cuigi 7 do *s*iarf*a*ig de: 'crét fa tucad Glenn na
caillige ar an nglenn-so thís?' ['Inneosat duit, a naemclérigh
— *Fr.* 23ᵇ]. 'Aen do ló do bhí Find 7 in Fiann annso, 7
atchonnca*mar* amuit chailligi corrluirgnigi círdhuibhi cucainn,

---

¹ cloighem, *Fr.* ² druagh, *Fr.* ³ ruaig, *Fr.* ⁴ atuaigh, *Fr.*

7 ghrennaighis sinn um choimhling do dhénam ria 7 a ngnáith-
geall ón Féinn uimi sin. Ocus ba hiat geallta do snaidhmedh 3965
ann, a chenn do bhein donte do fúicfidhe ann. Ocus do rith-
samne triar don Féinn ria .i. Oisín 7 Diarmait ua Duibne 7
mhisi. Ocus do rithamar co hÁth mór, re n-abar Áth moga isin
tan-so, 7 as misi fa túsca ac dul tar in áth siar¡,' ar Cáilte,
'7 d'impódhas a n-ag*aid* na cailligi aniar 7 tuc*us* béim cl*oidim* 3970
di gur' chuires a cenn dá coluind. Ocus is uaithi ainmnig*ther*
an gl*enn* sin ó sin alé.'

Ocus táncatar isin mbaili anunn iarsin 7 do bennachadh
acu hé, 7 do bí légeon d'ainglib ós a chinn arna bennach*ad*,
7 do bádar ann iarsin co ceann caeic*digis* ar mís. 3975

[*Fr.* 23^b. Laithe n-aen ro bí P*átraic* ic denam a trath, 7 mar
tairnig na tratha do denam is ann itcualatar in suasan selga 7
fiadaigh a Berrobail isin cnuc re táib. 'IS becc gotha na con
7 na itcluinmít,' ar Cáilte, 7 is do dith na flatha Find atá
in tselg so oca denam, 7 do dith M*eic* Lugach lancalma, 7 3980
do dith Diarmata ua Duibne 7 Aeda Beic m*eic* Find ro mar-
b*ad* i cath Co*n*raite thair a Saxanaib, 7 d'esb*aid* Duib da cond
7 Duib dithrib m*eic* righ Galéon 7 do dul Dithr*u*baigh m*eic*
in Scáil m*eic* Eoghain, mac m*áthar* Find, ro marb*us*tar Cailti
Coscar righ mac righ Frangc, 7 ar múrad tal*man* ar Con*án* 3985
Mael m*ac* Mornda 7 Ferdoman m*ac* Buidb t*re* bithin Findinni
in*gine* Buidb.

IS annsin adub*airt* P*átraic* re C*áilte*: Is tr*uagh* in nuall
cuma duitsiu b*eith* marsin taréis t'féindi, 7 ní haml*aid* sin is
coir duitsiu do creidem do b*eith* festa,' ar P*atraic*, '*acht*, isin 3990
firDia fororda ro cruth*aig* nem 7 tal*main*.' 'Maith a anam, a
naemclérigh, da mad aithnfd duitsiu an Fiand dobérta grad
doib in trath is misi is inmain let, 7 me ar taircsin mo luith
7 mo lámaigh.'

Ocus itcualaid in sluagh uile sin, 7 ba truagh léo a ndern*ad* 3995
in firlaech 7 in firgaisc*edach* a n-ingnais a Feindi in la sin.
'Maith a anam, a Ch*áilti*,' ar P*átraic*, 'cid duitsiu cen dul do
dfóchsain?' 'Ro ba dáil, a naemP*átraic*,' ar C*áilte*, '*acht* urchar
do dibraic Seiscend mac Fir duib i cath Cind mara thes dam,

4000 7 ní fédaim le gaeib cró in urchair sin [*Fr.* 24ᵃ 1] 7 rob é a diubruc*ud* dédhenach¹ sum é, uair itorcair fein and, 7 is do Rí[g] nime 7 tal*man* itlocharsa beith ac éistec*ht* re guth cailigh an baile sea.'

'Cáit indut a tarrla in tslegh, a C*h*áilti?' ar Pátraic. 'Im
4005 taeb ndess andso, a naemP*a*traic, 'i fail na raibi in sciath orum.' *Ocus* tuc Pátraic a derndaind údeis re hínad na gona co tainig in tslegh imach tar áladh na gona, 7 glún an fir fa mó don tsluagh téighed tara cró 7 tar indsma na sleighi, 7 is e ba nesa dó isin eclais .i. Maeltrena m*a*c Dínertaigh. 'A
4010 macaim,' ar se, 'geib mo laim, uair docuaidh in Tailgind do dféchain na selga.'

Cáilte cecinit.

A scológ rom-beir amach . o tairnic in celebrad
d'éstec*ht* na *con* taifnes² fiad . a Berrobol . . . .
4015 A cailigh doní in gairm glan . cia da ndenaidh t'oirfidedh?
mor dob*er*im dom aire . ní da tám a n-enbaile.
Ceol doníís m*ei*c Lodain . ba bind le feraib in domain,
clíaraidhec*ht* cethrair rom-char . cet*h*ri m*ei*c C*on*aill Cruachan.
Bás M*ei*c Lughach do Laighníb . a cath Gabra cruadhairmigh,
4020 aen guin da fostud malle . mor in coscar cruadhlaime,
Dub daile . Dub sin do brondad máine,
coscar céd i Coill dit*h*rib . gnath le Dub ndithmar ndáile.
Slegh d*er*g i laim Ditrebaigh . bidís óig ara tairb*eir*t,
inmain a guth issel becc . *ocus* a gnim n-ar*d* n-airder*c*.
4025 Da coin Diarmata dualaigh . Baeth is Buidi co mbuadaib,
tri coin Cailti, comall ngrind . Bret *ocus* Luath is Lanbínd.
Fertan Find i Fatharlaigh . ba fert fir andiuid engmaid,
ro cuir mór laech fa lec*h*taib . ro tercaigh mísi a talmain.
Ar n-aghaidh ac Daire Braín . nírbí i n-aghaidh ar *cuid* Cáil,
4030 do marb*us*, ba suairc in slat . *deich* n-eilti *ocus* da *fichet*.
An selg a nDaire Tarbgha . ro bo maith lind ar m*en*ma,
ro marb*us* re ndul amach . ocht *fichit* dam das*a*c*ht*ach.
Ferdoman o Lat*h*raig cain . *ocus* Con*á*n taeb re taib,
inmain dias mor garg co mbladh . leis ar men*i*c deghlamach.
4035 Fiana Find ro fedarsa . inmain sluagh³ sochla sétach,
ní bendais duine [   ] . [*ocus*] ní dendais d'écnach.

---

¹ déghenach, *Fr.*   ² taithfnes, *Fr.*   ³ sluogh, *Fr.*

Nírsat cruindi cesa*ch*taigh . nírsat mianaigh blaisechtaigh.,
nír'bo cromcendaigh a ruisc . nírsat uircendaig tecuisc.
Fác*us* Find a sgín 'sa n-áth . *ocus* ní tuc ass co brath,
is é a ainm o sin alle . A'th ainmneda na scine.
Luas luin i*ter* da muine . 's ed robi 'sa Féind uile,
lúas na gaeithi seoch in lon . do bi a[c] Cailti 'na aenor.
Ade*ri*msi rib reme . adé*r* dib a fírínne,
robsum álaind robsum [   ] cia beridh imach mé, a scológ.
                                 A scológ.

IS andsin táinig C*á*ilte amach 7 Mael-trena dalta p*r*imda Pát*r*aic 7 lam C*á*ilti aigi da tigh lepta a haithle na sleighi do buain as, 7 ro bi-sium co huchfadach écaintech in aidchi sin.

Bui dibergach isin tír-sin, oc eitim 7 oc ingreim ar Pá*t*raic. .i. Dubcraidi m*a*c Dubtnuthaigh, 7 idubai*r*t Pá*t*raic:

'Ced lemsa do Cailtigan . do cuir mór laech fo lechtaib,
cia ro marba*d* Dub*ch*raidech . [*Fr.* 24ᵇ] is cia ro faghbadh a n-aisgidh.

Ocus fuair an duine bás iarsin.

Ocus do bata*r* re teora lá 7 re teora aidchi andsin, 7 tancata*r* rompu in lín ro bata*r* co Fanglend na Feindi i leith ilíu do C*h*ruachain, 7 do suidetar¹ i nArd Senaigh os Fánglend na Feindi. 'Cred ma tuca*d* Ard Senaigh ar in ard-so, a C*h*áilti?' ar Pá*t*raic. 'Adérsa rit,' ar C*á*ilte .i. airfidech maith ro bái ic Find .i. Senach uaDaigri, 7 andso fuair bás do galar enuaire, 7 ro múired in tulach so air, *con*id uada aderar Ard Senaigh.' *Ocus* itbe*rt* C*á*ilte:

A mbeired Senach o Find . ara céol is cumain lím,
ní ba cuma is beith cen ní . *tricha* uingi cech raithí.
Sgrebull óir cech fir is' t*s*luagh . do Senach alaind foltruadh²,
ara canad, mor in mod . co cuired iat 'na codlo*d*.

'Ba hilarda in t-imat cruidh-sin, a anam, a C*h*áilti,' ar Pá*t*raic. 'Ba hilarda,' ar C*á*ilte, 'uair cin co tuca*d* som do crud *ach*t a tabrad do mnáib 7 do airfitechachaib ro bo mór in crodh.' 'An tuc-sam mná imda aml*aid*?' ar Pá*t*raic. 'Dorat immorro, ar C*á*ilte, co *n*debai*r*t:

Ra*nn*. Trí cé*t* ben dorat Find . dar in Rí[g] úil os mo cind,
is coibchi ar leith do ce*ch* mnái . ba mór in crodh ar aenchái.

---

¹ suigetar, *Fr.*   ² foltruagh, *Fr.*

'Ba mór eínech in oclaigh sin,' ar Pátraic. 'Ba mor,' ar
Cáilte, 'uair nír' facaib ben cen a coibchi 7 nír' fácaib gilla cen
4075 a dliged díngmala, 7 nír' facaib fer cen a tuarustal, 7 nír' gell
i n-aidci riam ní nach comaillfed il-ló, 7 nír' gell il-ló ní nach
comaillfed i n-aidci' — Fr. 24ᵇ 2].

[Laud 130ᵇ 2]. IS ann so thainic rí[1] Laigen dochum Patraic.
4080 Ní cían ro badur ann co faccadur in t-aen óclach da
[n]indsaigid, 7 ba maith a tuaruscbail in meic sin eter deilb 7
erred, 7 suidhis ar in fírt fótbaig[2] ina fiadnaissi. 'Cia thusa,
a m'anam, a maccaeim?' ar Pátraic. 'Aed mac Echach Leith-
deirg, mac rig Laigen andes. Ocus immáin dorigned acaind
4085 ac Síd Liamna lendchaime thes, 7 ro bói mo mathair-si 7
m'athair acaind a fiadnaissi na himana .i. Bé bind ingen
Chuain meic Fintain, ingen rig Connacht, 7 ni fuil gein claindi
aici acht missi amaenar, 7 dorigned in immain accaind, 7
rucusa .uii. cluiche[3] ar in maccraid uile, 7 in cluiche[3] déidenach
4090 rucus is ann dom-riacht in da mnai 7 da brat uainc umpu .i.
Slat 7 Mumain a n-anmanna, 7 da ingin do Bodb Derg mac
in Dagda iat, 7 ro gab ben cacha laime dam, 7 rucsat me leo
dochum in Broga breccsolais, co fuilet mo muinter acom chained
tarméis, 7 lucht in tsída acom lessugud ré ré tri bliadan, 7
4095 atússa isin tsíd ossin ille nóco fuarus edurbaegal in tsídha aráeir,
7 tangamar tri .l. maccáem assin tsíd amach ar in faichthi, 7
is ann sin tucusa dom úidh 7 dom airc in moréicen ir-raba ac
lucht in tsída, 7 is annsin tánac am rith ón brug conice so do
t'indsaighidsi, a naemPatraic.' 'Bid comairchi ón,' ar Pátraic,
4100 'indus na bia a nert na a cumachta som fort.

IS annsin adubairt Cailte re Pátraic: 'IS mithig[4] duind
dul a cuiced Laigen bodes 7 a mac do breith do rig Laigen,
7 creidem do tsílad ann 7 mainchesa do gabail ann.' 'Cáit a
fuil Cas corach mac Cáincinde?' bar Pátraic. [fo. 131ᵃ 1] 'Sunn,
4105 a naemchleirig,' ar in t-airfidech. 'Bid mac righ Laigen a
n-aenleapaid riut 7 a n-aenchumaid noco rissem coiced Laigen.'

---

[1] rig, Laud.   [2] fotbaid, Laud.   [3] cluithe, Laud.   [4] mithid, Laud.

In marg. Fert Rairinde il-Laig*nib*.

Tangad*ur* reompo marsin d'indsaigid chuicid Laigen, 7 rangad*ur* co ferta R[a]irinde ingine Ronain Ruaid ar lar laechmachaire Laigen, 7 indissid Cail*te* dóib cid 'ma tucad in t-ainm ar in fert .i. 'Aen deirbtsiur ro bói accumsa,' ar Cail*te* '.i. Reiriu in*g*en Ronain Ruaid, ben Guill m*eic* Morna, 7 marb do breith m*eic* ar in tul*aig* seo hí, 7 marb in m*ac*, 7 adubairt:

Rairiu ingen Ronain Ruaid . ar ind uaig os fertais blae,
is fuithe a taissi abhus . 'sin tul*aig* gan imarb*us*.

'Ocus aiscid rob áil liumsa d'iarraid ort, a naemchleir*ig*,' ar Cail*ti*. 'Cá haiscid sin, a m'anam?' ar Pátraic. 'Mo deirbtsiur do thabairt a piannaib, uair tarrasa dot muintir*us* 7 dot gráda.' 'Do máthair 7 t'athair 7 do thig*er*na Find m*ac* Cumaill do thabairt a piannaib ortsu,' ar Pátraic, 'massa maith lé Dia.' Ro altaig Cail*te* sin don Tailgind, co*n*id hí sin étail is ferr fuair Cailti riam.

Ocus tangad*ur* reompo assa haithle sin co Carnn na curad, risa rait*er* in Garbthanach ind Uaib Muiredaig issin tan-so. 'Ocus indis duind, a m'anam, a Chailti,' ar Pat*raic*, 'cid imma tucad in Garbthanach ar in n-inad sa?' Freg*ra*is Cail*te* in ceist sin .i. 'Airdrí¹ ro gab*us*tar Eir*inn* .i. Tuathal Techtmar m*ac* Fiachach Findal*aid* m*eic* F*er*adaig Findfechtnaig, 7 iss e in Tuathal sin do ben a cind do choic cóicedaib Eir*enn*, corub uimmi rait*er* Tuathal Techtmar de ón techtad tuc*us*dar ar Eir*inn* 7 don techtad tuc ar choicedaib Eir*enn* re Tem*r*aig na rig da foghnam. Ocus do bad*ur* don*o* da in*g*in tsoinemla aici .i. Fithir 7 Dáirine a n-anmanna, 7 tainic rí² Laigen d'iarraid indarna hingen díb .i. Eoch*aid* mac Ech*ach* Aiuchind rí Laigen, 7 do fiarfaig rí Eir*enn*: 'cá hingen dona hingenaib is áil let, a ri Laigen? 'Fithir,' ar rí Laigen. 'Ac um,' ar rí Eir*enn*, 'ni thibersa in soisser í fiadnaissi in tseindsir do fir.' Ocus tucad Dáirine in*g*en Tuath*ail* do Eoch*aid* do rí[g] Laig*en*, 7 tuc*us*dar c*ét* da cach crud ina tindscra na hingine, 7 ro bói re bli*adain* aicci issin baile seo, 7 nirb' inmain le rí[g] Laigen ³

---
¹ Airdrig, *Laud.* ² rig, *Laud.* ³ laigin, *Laud.*

4145 hí, 7 ro cóirig¹ ceilg 7 eladhain adhaig n-aen ina imdaid² aici féin .i. ingen rig Eirenn do breith co lar in fedha diamair, 7 a tělechtadh uimpi, 7 tech derraith daingen do denam ann, 7 naenbur comalta³ do bói aicci lé, 7 a radha a héc ann.

Ro gabad a eich don ríg 7 ro hindled a charpat, 7 tainic 4150 reime do accallaim rig Eirenn co Temraig, 7 do fiarfaig rí Eirenn scela de. 'Scela olcca,' bar rí⁴ Laigen, 'in ingen maith tucaissi duind a héc araeir accaind.' 'Ocus créd má tangaisi dom indsaigidsi?' ar Tuathal, 'uair ní chuala-sa scel is doilgi lem ina in scel sin.' 'Tánagsa d'iarraid na hingine aili ort, a 4155 rí⁴,' ar eissium, 'uair ní háil lem scarthain ret charadrad.' 'Dar ar mbreithir am,' ar rí Eirenn, 'ní thaispen ann sáimi na subha damsa m'ingen do tabairt duit.' 'Ní haccumsa ro bói [fo. 131ᵃ 2] comus a hanma,' ar rí⁴ Laigen. [Cailte cecinit:

Nir' sgar re hiarraid co nocht . is ro tacrad co torocht,
4160 co ruc Fithir lois da thigh . cerba rithír le muinntir — Fr. 49ᵇ].

Ocus tuc[ad] in ingen aile dósum,' ar Cailte, '7 tuc leis dochum in baile seo ar a tamaíd hí, 7 amal doriacht inu ingen sin', ar Cailte, 'chum in baile, is ann ro bói ingen aile rig Eirenn isin tigh ara cind.' Cailte cecinit:

4165   Tuc Fithir a bél re lar . nir'b é in caradrad comlán,
       cor' brised a craide ar tri . is ruc a nert ar nemfní.

Ocus ó'tconnairc⁵ in ingen aile sin .i. a siur do éc ina fiadnaissi marsin, fuair bas do chumaid a sethar fochetoir. Cailte cecinit:

4170   Fithir ocus Dáirin[e] . da ingin Tuathail tubhaig,
       marb Fithir do náirine . marb Dairfine da cumaid.

Ocus dorigned a tanach ann seo ac rí[g] Laigen, 7 isbert in rí⁴: 'IS garb in tanach,' ar sé. Conid uad sin atá 'Garbthanach' ar in n-inad so daneis. Ocus ro cuired issin fert fótbaig⁶ seo 4175 iat a n-aenuaig, 7 iss é in scél ro fiarfaigis dim, a naem Pátraic,' ar Cáilte.

'Adrae buaid 7 bennachtain, a m'anum, a Chailti,' ar Pátraic, 'is maith in scel ro indsis duind.'

---

¹ ro cóirid, *Laud*. ² imdaig, *Laud*. ³ comaltad, *Laud*.
⁴ rig, *Laud*. ⁵ atconnairc, *Laud*. ⁶ fotbaid, *Laud*.

IS annsin atconncadur férbrug gabala ind imoccus dóib
7 aen maccaem soithim soinemail ann, 7 tri .l. ech ina fiad- 4180
naissi issin fergurt gabala sin, 7 tic Pátraic dochum in maccaeim,
7 eirgis in maccaem reime. 'Uaitne rig umut, a maccaeim,' ar
Pátraic, '7 ac fir th'inaid it degaid; 7 ca comainm tusa, a
maccaim?' ar Pátraic. 'Muridach mac Tuathail meic Find-
achta, meic ríg in tíre seo mé,' ar in maccaem. 'Cia in dunad 4185
út atchiamait?' ar Pátraic. 'Dunad briugaid do muintir rí[g]
Laigen sin,' ar Muiridach .i. Coscrach na cét.' 'Créd má
n-apar in t-ainm-sin ris?' ar Pátraic. 'Ni fétar a chrod nait a
alma do airem nóco n-airimther ar cétaib iat.' 'In fuigem feis
na haídchi anocht ann?' ar Pátraic. 'Dogébam,' ar in maccaem, 4190
'uair is coimsech 7 is cumachtach missi issin baile, 7 ni fuil
óclach in baile féin ann.' Ocus tangadur chum in baile ann-
sin, 7 ro chuir in maccaem Pátraic cona muintir issin rí[g]-
thech romor ro boi ac Coscrach issin baile, 7 dorinded a n-umal-
osaic ann. 4195

Ocus dala Cailti, doluid reime co Cloich na n-arm il-leith
andes don dúnad, in bail a ndéndais in Fiann a n-airm do
bleith re rí[g]lia cloiche cacha bliadne, 7 ro chaiestar déra
fírthruaga falcmara annsin os chind na cloiche ic cuimniugud
na muintire moire ro bói os chind na cloiche sin co minic 4200
reime. Ocus ní cian do bói ann co faccaid in t-aenóclach da
indsaigid, 7 brat corcra uime 7 delg óir issin brut, 7 delb
degduine fair 7 forom flatha leis 7 folt cáem cas fair, 7 nír'
rathaig Cailte hé nócor' tsuidh in t-óclach ar leithchenn na
chloiche ina farrad. 'Carsat comainm thusa, a óclaig?' ar Cailte. 4205
'Coscrach na cét m'ainmsi,' ar se. Ocus in tusa m'aichne si?'
ar in t'óclach. 'Cá haichne fuil accutsa orum?' ar Cailte. 'An-
dar lemsa,' ar Coscrach, 'is tu Cailti mac Ronain.' 'Is fír cora
mé,' ar Cailte. 'Maith lem do thecmail chuccum,' ar Coscrach.
'Cid on sin?' ar Cailti. 'Atait .ix. seisrecha .xx. acumsa,' ar 4210
Coscrach, '7 in trath is inam búana [fo. 131ᵇ 1] in trebaire tecaid fiad
imdiscir[1] alltaide, 7 loitidh 7 millid uile, connach bí tarba duinde
de. Ocus ar fír do gaile 7 do gaiscid riutsa, a m'anum, a

---

[1] imdiscire, Laud.

Chail*ti*,' ar Coscrach na cét, 'tabair f*ur*tacht 7 fóirithin[1] orum
4415 um dingbail in daim sin dím.' 'Ind aimsir do bád*us*a im luth
7 im lathar,' ar Cail*te*, 'ro dingebaind sin dít.'

IS annsin atchonncad*ur* in luathgrinde úigh 7 irgaile da
n-indsaigid, 7 fidhnemed do tślegaib urardu re ṅguaillib, 7 ám-
dabach da sciathaib donna deiligthi forro. 'Cia sut, a m'anum,
4420 a Coscraig?' ar Cail*te*. 'Tuathal mác Finnachta, rí[2] in tíre
seo,' ar Coscrach, 7 ro tśuidh in t-óclaech ar in faithche[3] ar a
rabad*ur*. Oc*us* is annsin ro fiarfaig Cailte do Choscrach da
fagtha techtaireda co Cluain cain na fairchi i cóiced Muman
7 Daire na fingaile, 'oc*us* atáit mo tśecht lína fíadaigh sea ann-
4425 sin.' Oc*us* docuad*ur* na techtaireda aracend, 7 tucad*ur* na lína
léo dá n-indsaigid, 7 ro chóirig Cail*te* in tśelg 'ar sin, 7 ro
chóraig tiug na fer 7 immat na con in t-eol*us* ro tśail in dam
sin do thiachtain, 7 do chóirig a línta ar allaib 7 ar essaib 7
ar indberaib ind feraind, 7 doriacht in fíad mor da n-indsaighid
4430 mara ticed cacha bli*adna*, 7 atchonnairc Cailte in dam allaith
ac tuidecht co hAth in daim ar Slaine. Oc*us* ros-gab Cail*te*
in Coscraig .i. a tśleg, 7 tuc réo n-urchuir don dam 7 sé a
lenmain isin lín co tarla fat láma laich don c*hr*ann na sleige
trít. 'Adar limsa do d*er*gad ar in ṅdam,' ar Coscrach, '7 ca
4435 ferr ainm da ṁbe*th* ar ind ath ina Ath d*er*gtha in daim?' ainm
ind atha ossin anall cossaníu. Oc*us* rucsat a druim co Druim
lethan, risa rai*ter* Druim ṅdeirg na damraide isin tan-so. 'A
Chail*ti*,' ar sé Coscrach na c*ét*, 'maith do thoisc dar n-indsaig,'
[7 adubairt an l*áid* ann:

4440   Canas ticidh a śenoir tśin . cait ar' sgarais ret m*uintir*?
       rot-tarraid crotfall crine . ní mairend do comdíne.
       IS iat is comdíne dam . locht toirimtec*hta* in talma*n*
       Find *cona* m*uintir* miadaigh . luc*ht* tairbthech an trenfiadhaigh.
       Dob*er*aind oirchissecht ort . uair dorala corsat noc*ht*
4445   da marbtha dam co gaibthech . in sendam crín comraithnech.
       Cind*us* do muirbfínd si é . a fir dorat duinne gnó,
       a marb*ad*, fa mor in mod . can coin, cen lín am farr*od*?
       Ataít mo lína a Cluain cáin . dob*ér* cugum mad ail dáib,
       budh ésin a bás co mbladh . rachaidh 'sa sás an sendam.

---

[1] fóirichin, *Laud*.   [2] rig, *Laud*.   [3] faichthe, *Laud*.

Adagar mo lína alle . co Druim nderg na damraidhe ¹
marbt*har* ann in co*n*gnac*h* cruaidh . ar in loirg sea lind atuaidh.
Cáilti do beith d'ois in doim . a beith con caimthech con choin,
taréis na cuaine rom-char . scela is truaighi ro canadh. —*Fr*. 50, 51]   Can.

Oc*us* táinic Coscrach 7 Cailti chum in baili mara raibe noem-
P*átraic*, 7 dorat [Coscrach — *Fr*. 51] a chend a n-ucht
P*átraic*, 7 tucsat a seacht m*ei*c 7 a tsecht n-ingena a cindu
ina ucht, 7 ro slechta*dur* dó, uair tarlatar a da les dó in
aidchi sin .i. P*átraic* do les a anm*a* 7 Cail*te* do anaccul a
arba .i. do marba*d* in daim do bói ic foghail fair. Oc*us* do
ba*dur* ic ól 7 ic áibni*us* ind áidchi sin. Oc*us* doruacht in
sluag uile arnamairech 7 naemP*átraic* amach assin dúnad ar
in faithchi.²

IS annsin ro fiarfaig Coscrach na c*ét* do Cail*ti*: 'cred fa
tucad Cloch na n-arm ar in cairthi comdaingen cloiche sea ar
in faithchi.³ 'Issí sin,' ar se Cail*te*, 'in chloch risa meildis in Fiann
a n-airm il-laithe na samhna cac*ha* blia*dna*, 7 ar in cloich sin
ro bói in smacht chomarta sida is fearr ro bói a nEir*inn* 7 a
n-Alba*in* re reimes Chuind 7 Airt 7 Chorm*aic* 7 Cairp*ri*
Lifecha*ir* .i. fail druimnech de*rg*oir ir-rabad*ur* ocht fichit uinge
do de*rg*ór, 7 poll trésin coirthi sea, 7 issí trésin poll, 7 do bói
d'febu*s* rígi na ríg na lamad [fo. 131ᵇ 2] nech a breith leis, 7 do
bói d'febu*s* fessa na ndruad⁴ co*n*na lamtha a glúasacht, 7 ac
smacht na rig. Oc*us* dochuad*ur* asna riga sin co torac*ht* Cairpre
Lifecha*ir* mac Corm*aic*, 7 ro thuit Cairp*re* i cath Gabra, 7 do
luidsemarne in deired Féine do bamar,' ar Cail*te*, 'conici in
n-inat-so, 7 ro impaidissa in coirthi 7 tuc*us* in leth ro bói suas
de sís co fuil am*al* atchithi si.' 'Da faicmis in poll 7 in co-
martha,' ar in sluag, 'ro chreidfimaís sin.' 'Léicidsi cairde
damsa,' ar-si Cail*te*, 'co ro thócb*ur* in leth atá sís di co raib
suas, uair deibidach in raet in Gaeidel.' Con*id* desin atá 'is
deinmnitach in ract in Gaeidel.' Oc*us* ro eirged*ur* uile a
n-aenfect da indsaigid in lín ro bad*ur*, 7 nír' fétsat a bec di.
Oc*us* doriacht Cail*te*, 7 tuc a da rigid uimpi 7 tuc a talm*ain*

---

¹ damraighi, *Laud*.   ² faichthi, *Laud*.   ³ faichthi, *Laud*.
⁴ ndruag, *Laud*.

hí, 7 is amlaid ro boi, 7 a fail óir fán poll ichtarach di, co
facadur cach uile hí, 7 doluid Cailte dochum na falach 7 roindis ar dó hí, 7 tuc a leth do Pátraic 7 a leth aile do lucht in baile ir-rabadur. Conid Cluain falach ainm na cluana sin gusaníu, 7 conid Lia na n-arm ainm in lia sin. Ocus adubairt Cailte:

      A Choscraig[1] ind aichnide . lía gus tathaigdis riga?
      is chuice taidled in rí . Find mac Cumaill Almainf.
      Ris aderthai Lia na n-arm . sochaide dar' bó alt marb,
      is co fuil ossin ille . 'sa n-inad na comnaide.
      Morsleg da ńdentá pudur . ocus claidem caemchurad,
      is ro limtha rissin lia . sunn, a Choscraig,[1] ris cach dia.
            A Choscraig.

'Adrae buaid 7 bennachtain, a Cailti,' ar Pátraic, 'is maith in scél 7 in senchus ro indissis duind.'

Is annsin ro gabad a eich 7 ro hindled a charpat do Coscrach na cét, 7 tainic reime do acallaim ríg Laigen .i. Eochaid Leithderg, co Druim lethan Laegair[i] meic Ugaine[2] sair, co n-indissed na scela sin Cailti doib. 'Is mor mo dimda ort,' ar rí Laigen, 'gan a indissin dam Cailte do beith acut.'

IS annsin atracht rí Laigen tri catha mora d'indsaigid Pátraic 7 Cailti co Raith moir Maighi Fae, risa raiter Raith mor ar machaire Laigen isin tan-sa, 7 suidhis naemPátraic cona muintir a ndorus na ratha, conid Suidhi Pátraic ainm inu inaid. Ocus suidis rí Laigen lín a tsluaig, 7 tuc a chend a n-ucht Pátraic 7 a comus ó bicc co mór, 7 gé thanacsa do t'indsaigid, a m'anam, a naemchleirig,' ar rí[3] Laigen, 'ro bói deithber mor oraind anallana .i. cath d'fuagair Ailill mac Scannlain meic Dungaili, rí[3] na ńDeissi, oraind í Cailli in chosnuma, risa raiter Magh Raigne, 7 ro léicis in crich do loscad dó, 7 tanac do denum do riara-sa 7 do t'accallaim.' 'Reilec ríg Eirenn acut ina inad,' ar Pátraic, 'acht co tí tú[4] timchell na licci seo ara túsa am tsuidhi.' Ocus adubairt Cailte:

      Atá lecc ina loighe . ac Druim lethan Laegaire,
      maidm re ríg Laigen na ler . da tí in daghfer 'na deisel.

---

[1] choscraid, Laud. [2] uagaine, Laud. [3] rig, Laud.
[4] tíu, Laud.

'IS cet lium,' ar Pátraic, 'in bail atá ar Mag Raigne a tslucud don talmain ann.' Ocus doronad mar sin, uair do sluiced ann hé tre breithir naemPátraic, 7 gan nert do gabail d'fír a inaid ar Laighnech(aib). 4520

[fo. 132ᵃ 1.] IS annsin adubairt rí¹ Laigen: 'Mo morchen do tiacht a m'anum, a Chailti, cid ar th'aghaid féin do thista, 7 dual duit tiachtain .i. Eithne ingen Taidg do máthair. Ocus maith m'anam a rígfeindid², ar rí¹ Laigen, 'cred ima tucad Tipra na Scath[d]eirce ar in tiprait atá a ndorus na ratha accaind? .i. Scathderc ingen Chumaill ro baidhed inti ac dechain na smirdrissi Locha Lurgain,' ar Cailte, 'corub eisti sin ro eirig Lach linide lindfuar Lurgan, co ro lethastar óta in chorrabhall i cind tSleibe Smóil meic Eidhleccair, risa n-apar Sliab Bladma issin tan-sa, conicci seo, 7 ro bói ic lethnachud tar in cuicid uile archena. Ocus is annsin dorigni Find ind airbirt tréntoghaide is ferr dorigne nech reime riam 7 ina diaid .i. sughmaire a tír na hIndia 7 na draithi a tír na hAlmaine 7 na bangaisgedacha a tírib Sacsan 7 Franc, co ro tsúighedur³ in loch línide lindfuar sin. 4525 4530 4535

'Ocus rob an urdraic in chétfiann sin Find maic Cumaill,' ar rí Laigen. 'Nir' messa cach aen fer díb iná cach fer uainde, acht gan a tarrachtain i comré nó a comaimsir duibsi, 7 iss ed ba gairdiugud d'aegairib 7 do buachaillib beith ac tinol a n-airm 7 a n-étaig annseo tri catha na Féinne .i. Find mac Cumaill 7 Fer-domon mac Imomain ó Lathraig cáin do choiced Gailian andes.' 'Ar fír do gaili 7 do gaiscid riut,' a Chailti, ar Eochaid Leithderg rí Laigen, 'indiis (sic) duind ina drongaib 7 ina n-áirmib inneoch ro báid⁴ in smirdris Locho Lurgan díb.' Ocus adubairt Cailte .i. 4540 4545

'Faelan Findlacha aniar a cuiced Chonnacht 7 Aengus 7 Dobarchú a cuiced Laigen. Druimderg Daire 7 Dubh da dét a Ceinel Chonaill atuaid. Iubhar 7 Aicher 7 Aed 7 Art ceithri ríg Chaille in chosnuma, risa raiter Osraigi isin tanso, Cairell 7 Caicher 7 Cormac 7 Cáemh ceithri meic ríg Dal 4550

---

¹ rig, Laud. ² rígfeindig, Laud. ³ tsuidhedur, Laud. ⁴ báig, Laud.

nAraide atuaid. Maine 7 Art 7 Aralt tri meic rig Alban
anall. Eóbran 7 Aed 7 Eogan tri meic rig Bretan. Blai rí
Ili 7 a da mac .i. Cernd 7 Cernabrog, da rig Indsi Gall
atuaid, Díure 7 Barrac 7 Idae tri meic rig tuaiscirt Lochlann.
Luath 7 Indell 7 Eogan tri rig Mairtine Muman aníar. Glas
7 Delga 7 Duibne, tri meic rig Tuath Breg 7 Midhe. Illann
7 Aed 7 Eoganan tri meic rig Ceinel Eógain atuaid. Samaisc
7 Artúr 7 Ínber tri meic rig Gallgaeidel anall. Conid iatsin
anmanna na triath 7 na tigerna 7 na fer feraind ro báidh[1] in
smeirdris Locha Lurggan do chétféinn Find meic Cumaill.'
Ocus adubairt Cailte: 'gé dochuaid etar [mo lúth 7 — Fr. 52ᵇ]
mo lámach tarrus in maghso cor'bo loch línidhe fuar hé, 7 ro ba
glas gleor[d]a a uisce.' Ocus adubairt Cailte:

    Uisci glaissi gleoraigi . féth snaissi fúam n-iubhraige,
    étach fiallaig ón gairo . ac bregad mac n-ingaire.
    Reithis faeillean findlacha . ro hur trága trethnaide,
    nocho n-eil cor mara rian . nochu chian nach gacthlaigi.
    [Cormac, Cobthach, Cu-muighi . Aedan, Fergal foltbuidhi.
    fer da tol temhol tuathol . Eochaid Aiblen aduathmur.
    Druimderg dáire, Dub da dét . maraen conriadhaidis écc,
    Ibar acher, Aed is Art . Cairill caem, Caicher, Cormac.
    Curach Blai . dorat tonn dochum tíri,
    ar mbathud Blai is a meic . uch is místi óig ýle.
    Maine mend mo daltan-sa . inmain fer tosaigh tselga,
    in uair doberim dom aire . inmain secht inmain Maine.
    Robsum comorba righ riam . bái tan ní gabaind dí míadh,
    ro fostaind-sea firu and . ro sloighinn sluagha saercland — Fr. 52ᵇ].
    Deich fir deich fichit deich cét . iss ed a fír is ní bróg,
    do laechraid lonn, [fo. 132ᵃ 2] lathar ndil . marb is ní do chlaind aenfir.
    Bertsa mo chubus co grian . in cach cath i ṅdocha[d] riam
    gu nar' marbusa ann de . acht mac ríg nó roduine.
    Ro scáil mo delb is mo dath . 's am mall meta muirbillach,
    dochuaid mo chiall is mo chruth . conna mairenn dim acht mh'uch,
    Dochuaid mo delb is mo dath . 's am mall meta muirbillach,
    becc nar' bris mo chraide ar tri . ó scarus rissin uisci.
                                       Uisci.

    IS annsin tuc sum da uidh 7 da aire a beith a n-écmais
a feine 7 a foirne 7 a mormuintire 7 a n-esbaid a luith 7 a

---

[1] báigh, Laud.

lámaig in lá sin, 7 dorinde toirrsi mor annsin. 'Maith, m'anam 4595
a Cailti,' ar Pátraic, 'nír' choir duid toirrsi do denamh, uair
ferr do dluig-siu 7 do díl innáit sin uile .i. missi do tharracht-
ain duit, 7 maithius in fírDia forórda .i. creidemh 7 crabad 7
crosfigill¹ seoch cach nech aile don Féinn.

IS annsin thainic deirid don ló 7 tossach na háidchi da 4600
n-indsaighid, 7 adubairt Coscrach na cét ré rí[g] Laighen:
'Atá fled² morcháin accumsa duit, a rí³, ar se '.i. ocht fichit
dabach do chuirm sóóla tsomṁblasta.' 'Ni tucad damsa riam
fledh⁴ dara buidecha mé ina sin.' Ocus tangadur reompo
chum na fleidhe in lín ro badur do tsluagaib 7 do chleirchib 4605
im naemPátraic issin dúnad anunn. Ocus is annsin ro eirgedur
dáilemain re dáil 7 doirséoraid ré doirseoracht 7 ronnairida re
roind, 7 ro benad a ceindbécca da ṅdabchaib dilsi donniubhair
léo, 7 ro eirgedar maccáim re hescradaib banóir, 7 ro dian-
scailit biada 7 lind do chach ina diaid sin. 4610

IS annsin adubairt rí Laigen ré Pátraic: 'Nach facamarne
airfidech acaibsi ó maitin?' 'Atchonneais immorro,' ar Patraic,
.i. Cas corach mac Cáincinde atá ac dénam fogloma fessa 7
eolais ac Cailti.' 'Caide mac na trath,' ar Pàtraic. 'Sunna,
a naemchleirig,' ar in mac ecalsa. 'Dó duit amach,' bar eis- 4615
sium, 7 ticed Aed mac Echach Leithdeirg, mac rig Laigen,
fa thimpan Cais choraig let, 7 cochall ciarlcabur uime.' Ocus
doratad marsin dochum Pátraic 7 ríg Laigen hé.

IS andsin ro tseindestar Cas corach a timpan, 7 tuc
nuallorgan sidhe fuirri, 7 do reir a hindisti do choiteldais fir 4620
gonta rissin ceol sírrachtach sidhi dorinde dóib, 7 tucad seóit
7 máine don airfideach 7 dobeirid seom il-laím a gilla, 7 do-
bered in gilla do chach. 'Ocus cia díb siut is ferr einech?'
ar cach '.i. in lucht dobeir na seóit ina in t-airfidech no in
gilla? 'Is ferr einech in gilla,' ar rí³ Laigen, 'uair iss é dobeir 4625
do chach cach ní do geib.'. 'Gach ní dogebsa,' ar in t-airfitech,
'tabrad som hé, uair ní ac iarraid étala atusa i farrad in Táil-
gind 7 Chailti, acht do denum fessa 7 fogluma ac Cailti 7

---

¹ crosfuigill, Laud.   ² fleg, Laud.   ³ ríg, Laud.   ⁴ flegh, Laud.

d'iarra*id* nime dom anmain ó P*a*tr*a*ic. 'Cáid a fuarais [fo. 132ᵇ 1]
in gilla et*er*, a m'anum, a airfidig?' ar rí¹ Laigen, 'is ferr einech
an-ái féin?' 'I cóiced Ul*ad* thuaid,' ar Cas corach. 'Ca hainm
hé?' ar rí Laighen. 'Gilla fuaramur,' ar in t-airfidech, 'na fes
ainm na máthair na athair dó.'

IS annsin at*r*acht rí¹ Laigen le beind mbuabaill² bói ina
laim, 7 adubairt: 'Maith m'anum, a naemP*á*tr*a*ic, da rabamarnc
ac Síd Liamna Lennchaime ingine Dobrain Dubthaire thes, is
annsin doriachtad*ur* chucaind da ingin míne mongbuidhe, 7
rucsat léo m'aenm*a*c sa do lár ind aenaig, 7 ní fetarsa in a
firmamaint suas rucsat hé *nó* 'n a tal*main* sís, 7 is gaeth ré
haenbili missi taréis m'aenm*e*ic, 7 atússa ina uresbaid óssin
ille, n*ach* fetar issin domun a díl. Maith a m'anum, a naem-
P*á*tr*a*ic,' ar in rí,¹ 'ro bo maith lemsa fís a bíf *no* a mairb
d'faghbail uaitsiu.' 'Mád déoin don Dúilim dogébthar a fís
duitsiu.' Oc*us* ro bad*ur* ann co trath éirgi arnamairech, co ro eirig
grian asa circcaill teintighe.

IS annsin adubairt rí Laighen: 'Maith a m'anum, a naem-
P*á*tr*a*ic, is áil liumsa dula do tseilg 7 d'fiadach co Tul*aig* in
Máil sair, co Machaire Laigen, 7 is cóir duitsi tuidecht lind,
uair is gairde duit ina beith issin baile-sea, uair ticfait slóig 7
sochaide chuicid Laigen dar n-indsaigid ann.' Ro eirged*ur* da
drongbuidhin mora leo .i. buidhen re creidem 7 crabad ac
P*á*tr*a*ic 7 buidhen³ aile re gnimradaib gaile 7 gaisc*id* Fiann
Eir*enn* ac Cail*ti* m*a*c Ronain 7 ac rí[g] Laigen, 7 tangad*ur*
uile reompo co Tul*aig* in Mail ar Machaire Laigen. Oc*us* is
annsin ro fiarfaig Eoch*aid* Leithd*er*g rí Laigen do Chail*ti*:
'Cred imma tucad Tul*ach* in Máil ar in tul*aig* seo, 7 cid imma
tucad Cnoc Aifi ar in cnoc so thís?'

IS annsin adubairt Cail*te*: 'Airdrí⁴ ro gab*usdur* ríg*e*⁵
nAlb*an* dar'bo comainm Aehel m*a*c Domnaill Dubloingsig, 7
ro bói aenmac aice .i. Mál m*a*c Acil m*e*ic Domnaill Dub-
loingsigh, 7 ro bói bancheile aice .i. Aiffi *ingen* Ailb⁶
m*e*ic Scoa, ingen rig Lochl*ann* atuaid, 7 do bói dúnad 7

---

¹ rig. *Laud.* ² buadbaill, *Laud.* ³ buaidhen, *Laud.*
⁴ airdrig, *Laud.* ⁵ rig, *Laud.* ⁶ Alaib, *Fr.*

degbaile ac Mál mac rig Alban ac Rind ruis a nAlb*ain*,' ar
Cail*te*, '7 do bídis údair 7 oll*amain* 7 aes dana fer nEir*enn* ac
tathaighid uainde ann, 7 do bídis na holl*amain* sin 7 na húdair
ac indissin testa Find 7 na Feinne a fiadnaissi Máil m*eic* Aeil
m*eic* Domnaill 7 Aifi *ingine* Ailb m*eic* Scoa rí[g] Lochl*ann*, 7
ro bói óclach ac Find mac Cumaill .i. Mac Lugach, 7 a
ndéntái do dán molta d'Find, et*ir* Eir*inn* 7 Alb*ain*, donithea
formolad M*eic* Lugach d'indissin an**n**, 7 ó'tchuala[1] sin Aifi
ingen Ailb m*eic* Scoa .i. na mórthesta sin dob*er*dis údair 7
oll*amain* ar Mac Lugach, tucas*dur* in *ingen* grád dó ar a
scélaib.

IS annsin dochuaid Mál mac Aeil do denum tselga t*ri*
c*ét* oclach i Sliab mór Monaid i nAlb*ain*, 7 dorinde in *ingen*
comairli aici ina grianan fein .i. naenmur comalta[2] ro bói aici
do breith di lé d'ind- [fo. 132ᵇ 2] -saighidh Eir*enn*, 7 tangad*ur*
reompo tar moing mara 7 morfairrge in nónb*ur* ban sin co
Beind Etair m*eic* Étgaith in feinida, 7 tangad*ur* i tír in naen-
b*ur* ban 7 in rigan in dechmad, 7 iss é sin lá dorigned selg
Beinde hÉtair ac Find, 7 ba hé fat na selga sin otá Gortin
tighi Meille m*eic* Lurgan Luime í cind tsleibe Smóil m*eic*
Eidlecair, risa n-abar Sliab Bladma, co Beind Étair m*eic* Ét-
gaith in feindeda. *Ocus* is ann ro bói Find ina inadh tselga 7 a
dalta caem carthanach ina farrud ann .i. Dubrind mac ríg
Cheineil Eógain atuaid. *Ocus* Cailti cecinit:

Dubrind donn denta in chomlaind . minic gairmim im chuirmlind,
mo daltan ballach bedach . mo c*h*raide in déinmech Dubrind.

Ocus ro bói in m*a*ccaem ic mórfegad uime ar c*ach* leth. Ní
cian ro bói ann co faccaid in n-aenluing ic gabail isin chael-
tr*á*ig ina fiadnaisi, 7 rigan rosclethan ar lae na luinge, 7 naenb*ur* ban ina farrud. *Ocus* tangad*ur* reompo co hairm ir-raibe Find,
co n-imat c*ach*a maithiusa do neoch tucsat léo, 7 suidhis in
ingen .i. Aifi, ar lethlaim Find m*eic* Cumaill, 7 sillis in flaith
Find furri, 7 ro fiarfaig[3] scela di. *Ocus* ro indis in in*gen* a
himth*us* ó t*us* co d*er*ed .i. a tuidecht d'indsaighid M*eic* Lugach

---

[1] atchuala, *Laud.*   [2] comaltad, *Laud.*   [3] fiarfaid, *Laud.*

tar moing mara 'ar tabairt gráda dó. Ferais Find faeilte ria
annsin, uair faccus a charadrad dó intí chum a tainic .i. mac
a meic 7 a ingine.

4700 Tairnic iarsin in tšelg do dénam, 7 doriachtadar maithe
na Féinne ina ṅdrongaib 7 ina mbuidhnib chum Find, 7 do
fiarfaig cach droṅg don Feind ticed ann: 'Cia in rigan rosc-
lethan a m'anum, a Find?' ar siat. Ocus ro indis Find a hainm
7 a sloinded 7 in fath ima tainic d'indsaigid Eirenn. 'Mochin
4705 tainic a turus,' ar siat, 'uair ní fuil a nEirinn na a nAlbain
fer is ferr ina in fer chum a tainic acht mád in flaith Find.
Ocus is do Mac Lugach rainic selg iartharach Sleibe Bladma
in lá sin, 7 doriacht iarsin Mac Lugach in lín ro bói chucaind,
7 do síned a pupaill tar Find intan sin, 7 doriacht in ingen,
4710 7 doriachtadur maithe na Feinne issin pupaill, 7 tainic Mac
Lugach ann, 7 suidhis ar lethlaim Find meic Cumaill 7 ind
ingen ar in laim aile. Ocus ro fiarfaig Mac Lugach in ingin mar
do fiarfaigedur cach archena, 7 ro indis Find ó thus co deirid
dó tuirthechta na hingine, 'ocus chucutsa thainic sí,' ar Find,
4715 '7 ac seo as mo laimsi it laim hí 7 a cath 7 a congal, 7 ní
ba truime ortsu sin na ar in Feinn uile.'

Ocus tainic Find co hAlmain ind aídchi sin 7 tri catha
na Feinde 7 in ingen léo cona bantracht, 7 ro faeestar Mac
Lugach ind ai[d]chi sin 7 in ingen, 7 ro bói aici re mís 7 ré
4720 bliadna gan iarmoirecht do tiachtain in degaid reisin ré sin.
Ocus do bamarne laithe ar in tulaig sea,' ar Cailte, '7 nir' bo
chian duind ann co faccamur na tri catha croda cutruma com-
mora dar n-indsaigid, 7 ro fiarfaigemar cia ro bói ann, 7 adu-
bradur som corb' é Mál mac Aeil [fo. 133ᵃ 1] meic Domnaill
4725 Dubloingsig rig Alban do dighailt a mna ar in Feind, 7 adu-
bairt Find: 'cóir in trath tainic se,' ar se, 'in trath atamaitne
uile a n-aeninad.'

IS annsin adrachtadur na catha dochum a cheile, 7
atracht [Mál mac] Aéil meic Domnaill Dubloingsig, 7 ro gab
4730 a armu, 7 tainic fá dó déc trít na tri cathaib commora na
Féinne, 7 atorchair cét laech lánchalma don Féinn leis re cach
fecht, conid da cét déc laech ro thuit leis, 7 ro chomraic

7 Mac Lugach ar lar in chatha, 7 tucastar cach nech dib ceithri coisceimenda dochum araile tar braigit na sleg slemancruaid, 7 ro gab cach dib a cend a cheile dona claidmib, 7 cid cían gairit ro bás ac in comrac sin atrochair Mál mac Aéil le Mac Lugach, 7 ro cuired fa thalmain hé issin tulaigsea,' ar Cailte. Ocus adubairt Cailte:

IS i seo Tulach in Máil . is tulach dia mbói mor n-á[i]r,
badur láich ann a fuilib . ocus nert a luathguinib.
Secht fichit long doluidh Mál . tar in sáile solusbán,
ní dechaid dib 'na mbethaid . acht mad foirend aen-ethair.
Los sceith is claidim catha . ocus étaig ildatha,
ba calma Mal tar in muir . ba luath a lam a n-imguin.
Mor n-aill is mor n-indber n-án . mor n-abhann is mor sruthan,
mor cor, mor pudhar, mor n-uch . nóco tainic in tuluch.
IS i seo.

Conid uad atá Tulach in Máil ar in tulaig-seo, 7 cath Tulcha in Mail ar in cath, 7 Tulach Aífi ainm na tulcha so thís, uair is furri ro bói in ingen gen ro bás ic tabairt in catha,' ar Cailte, '7 ro bói ac Mac Lugach ossin amach, conid hí fa mathair chlainde dó.'

Ocus is annsin ro eirig Pátraic 7 in sluag uile a n-aenfecht don tulaig ara rabadur, 7 do luidedur reompo co Tulaig na fiad allaniar don tulaig sin, 7 atconnairc Cailte da raith do bói im Thulaig na fiad .i. Raith Spelain 7 Raith in Máil.

'IS mor in da raith, a m'anum, a Chailti,' ar rí Laigen, '7 cia ro bói intib?' 'Da briugaid do rig Eirenn,' ar Cailte '.i. do Chormac húa Chuind. Is intib sin do bídis braigde fer nEirenn o laithe mis trogain, risa raiter in lugnassadh, co laithi na samna cacha bliadne ic á mbiathad ac Béccan bóaire 7 ac Spelan mac Dubain ac in da briugaid sin.

[Cailte cecinit:
Da ráith isin tulaigh tigh . cia bet andíu cen cinaidh,
ba mór a ciss is a smacht . ticed doib on rig coracht(?).
Raith Conaill is Raith Cairbre . cia beit aníu gan cairdi,
Ráith Cairill is Raith Comair . bitís óig a n-éncomaidh.

'Cred da fuilet na hanmanna sin, a Cháilti,' ar rí Laigen.

Cethri taisigh sguir do rí[g] Érenn 7 cethri derbbraithrecha
iat, 7 o laithe na samna na heich sin righ Érenn intib sin co
laithe mbelltaine, 7 dobertís do rí[g] Erenn co Temraig iat—Fr.54ᵇ].

IS annsin atchonncadur tulaig aile a facus doib. 'Cid
ima tucad Caelesna ar in tulaig seo, a Cailti,' ar rí Laigen.
'Is mebair¹ liumsa sin,' ar Cailte '.i. Milid mac Trechossaig,
mac rí[g] in domain moir anair, tainic tri .l. óclach do gabail
rígi nEirenn, 7 ro boi ac iarraid braiget ar Find mac Cumaill,
7 adubairt Find ní thibred giallu na etere don chomlín sin do
dáinib isin doman uile, 7 ro fogair Milid mac Trechosaig com-
rac aenfir ar Find, 7 do eirgissa dono,' ar Cailte, 'uair ro bói
dingbail deigfir indum in la sin, 7 atorchair sium lium ar scis
chom-[fo. 133ᵃ 2] -raic,' ar Cailte. '7 do bói da febus lé feraib
Eirenn a thoitim, co tucad ní de cacha tulcha aireghda, 7 ro
facad da chaelesna ar in tulaig-seo de. Conid uad ata in
t-ainm sin.'

[Cáilte cecinit:
Gid Cellas na ndám dasgin . da raibi pudhar d'faicsin,
do marbad aice co se . milad sa fert atcithe.

'Ocus is e sin, a anum, a rí Laigen,' ar Cáilte, dindšenchas
na cnocc 7 na tulach ro fiarfaigis dim' — Fr. 54ᵇ].

Tar a eis sin tangadur rompo co Raith moir Maigi Fea
.i. co dunad rí[g] Laigen, 7 is annsin ro coirged tech [n-óla] ind
aidchi sin ac Eochaid Leithderg ac rí[g] Laigen. Ocus adubairt
in rí²: 'tabar a thimpan do Chas chorach mac Cáincinde co
ṅderna airfided duind.' 'Tabrad in gilla fuaramar,' ar Pátraic
.i. a gilla féin, a thimpan dó.' Ocus tuc in gilla in tiumpan
leis 7 tucustar il-laim ind airfidig hí, 7 intan tucad in tiumpan
ina láim is annsin ro gab teine a féice in tighi ir-rabadur, 7
ro bói cach ac fegad na teined i n-aenfecht, 7 ro fobair in
t-airfidech a thimpan do chur assa laim ina comét, 7 adubairt
a gilla fris: 'na tairmisced tú do t'eladain na do t'airfidiud, 7.
léic damsa in tech d'foirithin'³ Ocus lia cloiche ro bói a
linscoit a lened ac in gilla ro díubraic ró n-urchair de co ruc
in tene 7 in féice tar sonnaigib sitharda in baile amach, conid

---

¹ medbair, Laud.   ² rig, Laud.   ³ foirichin, Laud.

Ard féice fos ainm inn inaid óssin ille ar in lamach doroin
Aed mac rí[g] Laigen ac bádudh¹ na teined.   4805

[Cáilte cecinit:
Ro báidh² an tenidh astigh . Aed mac rig Laigen lamghil,
is é a ainm o sin ille . Ard féigi ar in faithche — Fr. 54ᵇ].

'Buaid lamaig ort, a meic!' ar Pátraic, '7 buaid roinni 7 buaid
coscair.' Ocus ro ráidset lucht in tighi uile 'ní faccamur riam', 4810
ar siat, 'ac airfitech gilla budh ferr luth na lámach na einech
na in gilla út.' Ocus ro badur ann mar sin ind aídchi sin co
tain[ic] lá cona lansoillsi arnabarach, 7 ro eirgedur in sluag
uile maraen 7 naemPátraic, 7 dochuadur ar Cnoc na rig, risa
raiter Maistiu, 7 suidis Pátraic ann.   4815

Dala rig Laigen immorro, ro cóirged selg 7 fiadach leis
annsa n-inadh risa n-abar Ard na macraide isin tan-sa, 7 Ard
scol a comainm anois, 7 co Lis na Morrigna, risa raiter Maistiu
isin tan-so, 7 ní raibe do muintir na cleirech ina farrud annsin
acht in t-airfidech 7 a gilla, 7 ní rainic nech do muintir rig 4820
Laigen cetguin muice na aighe ac in airfidech 7 ic a gilla, 7 ní
dernad ó docuaid in Fiann selg bud tarthighe ina in tselg sin.

IS annsin ro eirig Pátraic 7 dorigne procept 7 senmoir
do chach, 7 tucsat cúiced Laigen trian a clainde 7 trian a
n-indmais dó naemPátraic, conid Cnoc na dechmaide ainm 4825
in chnuic sin ó sin anall gusaníu, 7 Mag in trin ainm in
maighi, 7 Ard in procepta ainm ind aird a nderna Pátraic
in procept.

IS ann immorro ro gab ítu mor naemPátraic a haithle
na senmora 7 in procepta dorinde. Ocus atchonncadur baile i 4830
faccus doib 7 Tech cruind ainm in baile, 7 is amlaid ro bói
in baile, 7 fledh mor urlum ann, 7 ro cuinged deoch do Pátraic
ar fer in baile .i. Maelan mac Dubain eissideic, 7 érais Pátraic
fa dig don fleid sin, 7 lonnaigther in firen ann risin leochaill,
7 adubairt [fo. 133ᵇ 1] 'Ni rab gein meic na ingine accut, a Dubain, 4835
na fer fine na aicme,' 7 ní roibe dono.

---

¹ bágudh, Laud.   ² Ro báigh, Fr.

[Patraic *cecinit*:

Tech cruind do baile duth*aig* . a fír cen m*a*c is cen mnáí,
mo mall*acht* is mall*acht* rí[g] nime . ar lín in tighisea i tái — *Fr.* 55ᵃ].

4840 INa degaid sin tangad*ur* na sluaig reompo co hArd cuillind i Machaire Laigen, 7 ro bad*ur* ac dech*ain* na hailli 7 na habhann uaithib 7 airdi Cuanaide. IS annsin ro fiarfaig rí Laigen do Chail*ti*: 'Cred 'má tucad Aird Cuanaide ar in aird allanall? 7 cr*é*d ima tuc*ad* Ard Cuillend ar in n-inad-sa?'
4845 *Ocus* ro cháiestar Cail*te* annsin dera falcmara fír*th*ruaga cor' ba fliuch blái 7 bruinde dó, 7 adubairt: 'Aenchomalta ro bói accumsa annso .i. Cuanaide m*a*c Lind m*e*ic Faebair, m*a*c rí[g] Laigen annso, 7 nír' bo deigben a mathair .i. Cuillind *ingen* Dubthaig, 7 ina deg*aid* sin,' ar Cail*te*, 'do bamarne ar slichtlorg
4850 chlainde Morna annso, 7 doriachtamarne do gillib óca éididhacha¹ fiann Eir*enn* .i. deichneb*ur* 7 secht .xx. sciatharmach annso, 7 ní raibi guala gan sciath 7 ní raibi cenn gan chathbarr. Oc*us* adubartsa', ar Cail*te*, 're Cael croda c*ét*guinech h*ua* Nemnaind in lorg do lenmain, 7 do eirig in t-óclach sin
4855 ar in slicht conici in mbaile ir-raibe in banmuilleoir, 7 atconnairc in gilla n-óc n-abratgorm i farrad na mná ac á hacallaim, 7 léine do t*s*roll rig re chnes, 7 brat ciumsach corcarglan uime, 7 delg óir issin brut, 7 sé ina t*s*uidhe ar scemelbord in lebind ina farrud. 'Maith, m'anum, a deigm*e*ic,' ar in Chuillend ingen
4860 Dubthaig, 'ní hinat duitsiu beith acom acallaim-si annso, 7 a aenm*e*ic,' ar sí, 'déna imthecht bodesta, 7 doriachtad*ur* clannm*ai*cne Morna tar in n-ath 7 tar ind abaind, 7 bidbaid bunaid d'Find iat.' Oc*us* doluid Cael croda chucaind,' ar Cail*te*, '7 ro hindissed duind in scel sin. Oc*us* ro éirgemarne a n-aen-
4865 fecht eirgi athlum áenfir, 7 do riachtamar da indsaigid, 7 ní tucsum aithne fair .i. ar Chuanaide m*a*c Lind m*e*ic Faebair, ar mo chomalta-sa, annsin, 7 ro impa a aighed f*o*raind, 7 tainic fecht fa t*h*ri treomaind, 7 in t*r*es fecht tainic tuc urchur do t*s*leig damsa co ṅdechaid t*r*i adam glún, 7 ca*ch* cnoc 7
4870 cach carracc risa rithimsea iss é iarsma na sleige sin tic rim,

---

¹ éidighacha, *Laud*.

Ocus tucusa urchur dósum co tarla tar brollach a inair cor' daerbris a druim ar dó ann, 7 ro marbusa ac in ard ut talla hé, conid Ard Cuanaide ó sin gusaníu.

[Cáilte cecinit.

Cuanaidhi cú na crichi . fuaraidi o thic aidci, 4875
mo dilc ar na ditaighe . cnú mo craidhi Cuanaidhe.
Comrad dorigne 'con toin . ocus in máthair ros mail,
ocus in muilend ros meil . fuil re hArd cuillind anair.
ISin glind co craebaighi . cerba grind in luamaire,
'sa nGarbros co ngnimaighi . ann ro marbos Cuanaidi. Cu. 4880

Fuair in t-oclach bás amlaid sin,' ar Cáilte, '7 nír' cumain lim reme riam bás neich bud doilgi lem ina sin — Fr. 55ᵇ].

Ocus is annsin tangadur reompo in sluag 7 Patraic maraen ríu co Raith moir Maigi Fea, 7 tangadur isin degbaile anunn, 7 ro badur ac ól ann re hed 7 re hathaid¹. 'Tabar do 4885 thimpan duit, a Chais choraig meic Caincinde,' ar rí Laigen, 7 tucastar a gilla a timpan chuice.

IS annsin adubairt Bé-bínd ingen Choban ingen ríg Connacht: 'Ingnad lem, ar sí, 'in cochall ciarleabur út fuil um gilla ind airfidig gan a buain de il-ló nó a n-aídchi.' 'Ca fis 4890 nach cend ainmi fuil air?' ar rí Laigen: 'acht cach ball atchiammaidne de nocho n-uil easbaid delba air.' IS annsin adubairt Eochaid Leithderg rí Laigen re Cailte: 'Maith a m'anam,' ar se, 'crann sleigi atá acum, 7 is ail dam feth fithsnaissi² [fo. 133ᵇ 2] do thabairt duitsiu fair, uair atchuala-sa na raibhe a nEirinn 4895 na a nAlbain crannaigi budh ferr anaissiu.' 'Aderim riut,' ar Cailte, 'in crann sleige nach fétadais fir [Éirenn] do dénam is missi ro fétfad ní de.' IS annsin tucad in crann sin i laim Chailti, 7 dorinde a snaide co dingbala connach raibe a nEirinn na a nAlbain crann budh ferr denam anás. 'Ocus dena a 4900 hindsma na sleighe anois,' bar rí³ Laigen, 7 tuc in tsleg í laim Chailti, 7 tucastar a chos re colba comdaingen in tighi ir-raibe, 7 sáidis⁴ cenn na sleighe issin colba, 7 ro gab fein crann na sleige ina laim, 7 tucastar ró n-urchair dochum in chind 7

---

¹ hathaig. Laud.   ² fiach fithnaissi, Laud.   ³ rig, Laud.
⁴ sáigis, Laud.

4905 aimsig hé co comnert co tarrla ina halt 7 ina hinadh féin co cóir amal do beth aimser reime 'ga hindsma. 'Acseo do tsleg, a m'anum, a rí,' ar Cailte. Gabaid in rí in tsleg 7 maith do bói. 'Doberim adám ech 7 mo charpat duit, a Cailti,' ar in rí, 'fiach indsma na sleigi.' Conid iat sin da ech 7 carpat ar a 4910 raibi Cailte fa deired a nEirinn, 7 géb é ro indisfed in scel sin .i. imthechta Cailti 7 anmanna in da ech d'fiarfaigi de .i. Err 7 Indell a n-anmanna.

Ocus ro bói in tsleg il-laim in rig, 7 do bói ic á síríegad, 7 ba doilig leis gan comarba meic leis fá hurchomair, 7 ro 4915 mebaid[1] déra uiscide tar a gruaidib, 7 adubairt naemPátraic ris: 'cred immá ṅdenai in toirrsi sin, a rí[2]?' bar eissium. 'A hadhbur acum,' bar in rí[2]. 'Créd in t-adhbur?' ar Pátraic. 'A loss in meic adubartas riut reime-seo,' ar in rí[2], 7 gan comarba dilis dingbala accum fa chomair na sleige-seo ro ind-4920 smastar Cailte dam.' 'Maith a m'anum,' ar Pátraic, 'tabair illaim gilla ind airfitig hí co findam in ba lán a glacc da hindsma 7 da cró, 7 tuc in tsleg il-laim gilla ind airfitig, 7 ro boc 7 ro bertaig hí co lánchalma. 'Ben dít do chochall ciarlebur bodesta,' ol Pátraic, '7 rot-mela sleg th'athar.' Ocus ro benus-4925 tar a chochall de, 7 ní raibi ann nech na tucustar aithni fair. 'Is taiscid deigchleirig, dar ar mbreithir,' ar in t-airecht. Ocus a cleirig,' ar rí Laigen, 'na bith comus Tuaithe dé Danann festa fair in mac ó ro ailis 7 o ro altramais cosaníu hé.' 'IN bás ro ordaig Rí nime 7 talman do géba,' ar Pátraic.

4930 IS annsin do eirgetar sluaig 7 sochaide, 7 dorónsat a cuir 7 a muinterus rissin maccaem, co raibí se .x. cét do tsluag im trath eirge arnamairech.

IS annsin tangadur rompo in sluag uile 7 Pátraic maraen ríu, 7 doluid Cailte issin carpat tuc rí Laigen dó in lá sin, 7 4935 tangadur rompo co hArd fostuda na Féine amach ar Slaine issin tan-so, 7 tairrlingid Cailte assin charpat annsin, 7 ro cóirged in tselg léo. 'Maith a m'anum, a Cailti,' ar rí Laigen, 'cred ma tucad Ard fostada na Féinne ar in ard so?' 'Is mebuir[3]

---

[1] medbaid, Laud.   [2] rig, Laud.   [3] medbuir, Laud.

lemsa in ní dia tá sin,' ar Cailte, 'cen gub núa in ní d'atá. Laithe n-aen da tainic Find mac Cumaill 7 tri catha na Feine conici in n-ath-sa, 7 mar do bámar ann anar suidhe,' ar Cailte, 'co faccamar in n-aeningin ar in cloich cuirr a cind ind atha thall: inar sroill uimpi 7 brat uáine aendatha uimpi, delg óir isin brut, mind [fo. 134ᵃ 1] oir i comartha rigna os a cind, 7 adubairt: 'Ticed aenóclach accaib, a fianna Eirenn, dom accallaim,' ar in ingen.

IS annsin ro frecair Sciathbrec mac Dathcháin sin, 7 da cirig da hacallaim. 'Cia is ail let, a ingen?' ar Sciathbrecc mac Dathcháin. 'Find mac Cumaill,' ar in[n] ingen. Ocus doriacht Find dochum ind atha d'accallaim na hingine. 'Cia thusa, a m'anum, a ingen? ar Find, '7 crét is áil let?' 'Dairend ingen Buidb Deirg meic in Dagda missi,' ar inn ingen, '7 d'feis letsu thanac tarcend tindscra 7 7 tirochraici¹.' 'Ocus crét in tindscra 7 in tirochraic² ar Find. 'Coraigecht aenmna re bliadain dam,' ar in ingen, '7 leth feissi dogrés.' 'Ní thabraim-si sin,' ar Find, 'do mnai do mnaib in domain, 7 ní thiber duitsi dono.' Ocus is ann tuc in ingen a lam a clithair diamair a étaig, 7 tucastar cuach findairgit amach assa coim, 7 a lán do midh sóola ann, 7 tuc il-láim Find meic Cumaill. 'Ocus crét so, a m'anum, a ingen?' ar Find. 'Midh soóla so mescca somilis,' ar in ingen. Ocus ba geis do Find fled d'obu. Ocus ro gab Find in cuach 7 atibestar digh as, 7 iar n-ól na dighi dó ro mescbuaidred hé annsin, 7 tucastar a aighed ar in Féin, 7 cach olcc 7 cach ainim 7 cach lén catha do fitir ar cach fer don Féind ro thubh ina aghaid leisin meisce tuc in ingen fair.

IS annsin do eirgedar maithi Fiann Eirenn, 7 ro facadur in maigin dó .i. cach nech dib dochum a forba 7 a feraind, 7 nir'fácad ar in tulaig seo,' ar-si Cailte, 'acht mád missi 7 Find. Ocus is annsin ro eirgissa a ndiaid na Feinde 7 adubart: 'A fíru, na fác bur triath 7 bur tigerna tré milled mná sirrechtaighe³ side fair, 7 fecht ara dó déc ro timsaigiusa iat, 7 ro timairgis ar in tulaig-sea. Ocus ó thainic deired don ló 7 tossach

---

¹ tirochraidi, Laud.   ² tirochraid, Laud.   ³ sirrachthaigi, Laud.

don aidchi dochuaid a neim do thengaid Find, 7 in fecht déi-
denach ro fastissa iat táinic a chiall 7 a chetfaid féin d'Find,
4975 7 dob ferr leis toitim ima armgaisced 7 bas d'fagbail ina beith
a mbethaid¹. *Ocus* iss é sin darna la as mó fuar*us* d'ulc riam,'
ar Cail*te*, 'in la sin ac fastod na Féinde 7 in la ro fuaslaices
Find ó Chormac 7 tuc*us* in chorrimirchi dó. *Ocus* con*i*d Ard
in fostada desin hé 7 Ath in fostada.' Cail*te* cecinit:

4980   Ath fostada Féinde Fínd . adór riut co haithimrind,
   issé ainm ó sin ille . Ath fostada na Féinne.
   Bás Con*aing ocus* Cathail . dorala im cenn aenach*aid*,
   torcradar don tseilg ár sin . Bran is Bresal 'na mbraithrib.
   Atá a Sengabair na sreth . Flann *ocus* Find Findabrach,
4985   Aed *ocus* Cong*al* Clidna . iat araen fa endingna.
   Fa mor esbaid Feine Find . 'ar ndul doib a hIubharglind,
   mó a n-esbaid a cind trachta . cath fithnassach Findtr*á*ga.
   'Ar n-esbaid a cath Monaid . 'ar ndith Dóicill in dolaid,
   'ar marb*ad* Ailbi me*i*c Máin . *ocus* Mergi 'na fochr*á*ib.
4990   'Ar n-esbaid i cath Chlidna . da tainic rind a hídhna,
   'ar marb*ad* cét fer fa thri . do lacchraid fa lórluindi.
   Ceithri nói crechta is deich cét . [fo. 134ᵃ2] inneoch dar tsáili*us*a éc,
   gid fata bes 'gá rim de . ni horro ata m'airbire.
   Adeirimsi ribsi de . is fír dam fr-raidimne,
4995   ge beth mo chraide ina mairg . is maith ro an*us* 'con aird.
                             Ath fostada.

'IS mor d'ulcc 7 do chathaib 7 do chomraicib frith ann-
sin-a, m'anum, a Chailti,' ar Eoch*aid* Lethd*er*g mac Aeng*us*a
Find, rí Laigen. 'Ní hed thic aníu² rind díb sin, [ar Cáilte,]
5000 acht mad in crine 7 senordacht.'

   IS annsin tangad*ur* rompo in sluag uili 7 Pátraic maraen
riu tar Dubfidh, risa raite*r* Fidh dorcha anos, 7 co Sliab na
mban, risa raite*r* Sliab Aighi me*i*c Iugaine; 7 tangad*ur* a mullach
in tsleibe suas, 7 ro badur re hadh 7 re hath*aid* ina suide ann.
5005   IS annsin adubairt rí Laigen re Cail*te*: 'crét in sliab-so
7 in t-inad a tammáid?' 'Sliab sin,' ar Cail*te*, '7 sídbrugh ann,
7 ní fuair nech riam hé ach[t] Find seissir óclach .i. baethláeg
álaind alltaide ro duísced duind,' ar Cailte, ac Toraig³ tuaiscirt

---

¹ mbothaig, *Laud*.   ² cinfug, *Laud*.   ³ toraid, *Laud*.

Eirenn, 7 ro lensamarne hé seisiur óclach ó Thoraig conici in sliab so .i. co Sliab Aighi meic Iugaine, 7 tucustar in baeth- 5010 láeg alltaide[1] a chenn a talmain ann, 7 ní fetamarne cá leth dochuaid iarsin. Ocus ro ferastar trómsnechta mor ann co nderna gatsnim do barr na fidhbaidhe, 7 ruc ar luth 7 ar lamach uaind mét na derdaine 7 na doininde tainic ann. Ocus adubairt Find rimsa: 'a Cailti, in faghai díden duind anocht ar 5015 in doinind atá ann?' Ocus tucus bertugud orum sech uillind in tsleibe bodes, 7 in dechain ro dechus seochum co facca in síd solusmor co n-ilar chornn 7 chuach 7 chopan buis 7 bánóir ann, 7 ro bádusa a ndorus in tsída ica sírfegad ré hadh fata. Ocus ro smuainis cindus dogenaind, in annsa síd doragaind 5020 d'fis scel in tsída, nó in d'indsaigid Find marar' facus hé, uair dochuadus uad sech uillind in tsleibe bodes d'iarraid inaid. Ocus issí comairli arar' chindius, dochuadus issin síd anunn 7 do tsuidhis,' ar Cailte, 'a cathair glainide ar laechlar in tsída 7 do dechus in tech umum, 7 atchonnarc ochtur ar .xx. óclach 5025 isindara leith don tigh 7 ben chaem chennálaind ar gualaind gach fir díb, 7 seissiur ingen mín maccaemda mongbuide isin leith aili don tig, 7 tuignech futairli forro go formna a ngualann, 7 ingen mín mongbuide i cathair ar laechlar in tighi, 7 cruit ina laim 7 sí 'ga sefnad 7 'ga sírseinm, 7 cach uair do gabad 5030 láid doberthea corrn di co n-ibhed deoch as 7 dobered in cornn il-laim ind fir dobered dí hé, 7 do bídis-sium ic áinius 7 ac aibnius uimpi sin,' ar Cailte. 'Dam th'umalfossaic, a m'anum, a Cailti,' ar in ingen. 'Ni dém etir,' ar Cailte, 'uair atá dámh is uaisli iná mé fein i focus accum .i. Find mac 5035 Cumaill, 7 anocht is áil leis feis dithat na háidchi issin tsídsa d'fagbail.' IS annsin adubairt óclach díbsium: 'éirigsi, a m'anum, a Cailti, arcenn Find meic Cumaill, uair nir' diultad riam ré Find í tigh duine 7 ní diultfaither acainni dósom.[2] Is annsin dochuadus arcenn Find. 'Is fata atái inar n-ingnais, a 5040 m'anum, a Chailti,' ar Find, 'uair ón ló ro gabus airm [fo. 134b 1],

---

[1] alltaigi, Laud.   [2] nídiult faigter ac acainde dono, Laud.

laich am laim ní fuarus adhaig as mó ro chuir orum iná in adhaig anocht.' *Ocus* adubairt Find:

Cungnum duind, a Chail*ti* . is tú fer ar comlaith[i],
da fagtha teine *ocus* tech . do lethtaib tsleibe aignech.
Adar liumsa fuar*us* tech . a flaith na fiann fírbuillech,
ocus nir' tsill nech a clí . aentech aili bud ailli.
Aenben ann issin tigh mór[1] . a fuilet cach ac ind ól,
bindither ré tétaib crot . a gaeidelg blaithmín etrocht.
Ro benadh dind issa tsíd . fuaram*ur* ann midh is fín,
is ro bamar ann 'arsin . cor'bo lomnan ar mblia*dain*.
Neoch ro tsir*ius* tes is tuaid . issin domun co morbuaid
a mac samla in láe sea aníu . ní fuar*us* ann, a Caltiu.
    Cungnum.

'INa degaid sin,' ar Cailte, 'tangam*ur* annsa síd solu*s*mor anunn in seisir sciatharmach sin ro bamar .i. Find mac Cumaill 7 mé féin 7 Diarmait ó Duibne 7 Oissin 7 Oscur 7 Mac Lugach; 7 ro tsuidhimar ar colba chíuil issin tsíd, 7 tainic in*gen* min macdachta mongbuide d'umalfossaic duind,' ar Cail*te*, '7 tuc in ingen sind a cathair gleorda glainide ar lacchlár in tsída, 7 tucad[2] sen cacha lenna duind 7 nua gacha bíd. *Ocus* ind uair tairnic ar n-áithgéire 7 ar n-ítu do choscc, is ann ro fiarfaig in flaith Find: 'Cia accaib da fiarfochum scela?' bar eissi*um*. 'Fiarfaig don tí dár b'ail let féin,' ar in t-óclach ba mó díb. 'Ocus cia th*us*a, a m'anum, a óclaig?' ar Find, 'uair ní fetar in comlín so do dáinib a nEir*inn* gan a n-aithne accaind.'

IN t-ochtur ar .xx. oclach út atchísiu issin tsíd, inann mathair 7 athair dóib, 7 cland do Midhir mongbuidhe mac in Daghda iat,' ar in t-óclach, 7 Findchaem in*gen* rig tsídha Monaid anair ar mathair, '7 dorigned tinol 7 toichestal ac Tuath*aib* dé Danann deich mbli*adna* .xx. g*us*in lá [a]mairech,' ar in t-óclach, 'ac tabairt rígi T*uath* dé Danann do Bodb D*er*g mac in Dagda ic in brug braenach brecsol*us* thuaid, 7 ro bói ac cuingid bráiget orainde in lín brathar so atámait, 7 adubramar nóco tucdais T*uatha* dé Danann braigde dó na*ch* tiurmais féin.

---

[1] moir, *Laud.*   [2] tucadad, *Laud.*

IS annsin adubairt Bodb Derg mac in Dagda re Midhir .i. rér n-athair-ne: 'muna chuire do clann uait,' ar se, 'múirfemait do tśid ort.' Ocus tangamarne amach,' ar in t-óclach, 'in t-ochtur ar .xx. brathar so d'iarraid inaid tśida, 7 ro tśiremar Eirinn nóco fuaramur in n-inad ṅdiamair ṅderraid-sea, 7 atámait ann ó sin ille,' ar Donn mac Midhir, '7 ochtur ar .xx. derbrathar atam sunn, 7 deich cét óclach re cach n-aenfer uaind, 7 ro dibaigthea uile sin acht in t-ochtur ar fichit sea atamaid do chlaind aenathar 7 aenmathar.' 'Ocus cindus dibaigter[1] sib?' ar Find. 'Tuatha dé Danann do thiachtain fa thri cach bliadain do thabairt chatha ar in faithche[2] feraig sea amuich duind. 'Ocus cia in fert fata núa atchonncamar ar in fai[th[che amuig?' ar Find. 'Fert Diangalaig drái sin,' ar in t-óclach, '.i. drái maith do bói ac Tuaith dé Danann, 7 is tres easbaid as mó thucad ar Tuaith dé Danann,' ar Donn mac Midhir, 'issí sin hí' [fo. 134ᵇ 2]. 'Ocus cia ro marb hé?' ar Find. 'Missi,' ar Donn, 'do marb hé.' Ocus caide ind espaid aile?' ar Find. 'Indeossat duit,' ar Dond, '.i. in neoch ro bói do tśetaib 7 do mainib 7 d'indmusaib, eter chorrnaib 7 chuachaib 7 chopanaib 7 bleidedaib buis 7 bánóir, ac Tuaith dé Danann tucsamar lind a n-aenfecht uaithib iat.' 'Ocus caide in tres espaid?' ar Find '.i. Fethnaid ingen Fidhaid, banairfitech Tuaithe dé Danann,' ar Dond mac Midir .i. a céol 7 a n-indtlas menman uili sin. Ocus atá a ndail sunn amairech do thabairt catha duinde, 7 ní fuilmíd-ne do lín catha acht in t-ochtar ar .xx. derbrathar atamait ina n-aghaid sin, 7 ro rathaigemar ar mbeith a mbaegal ina n-aghaid sin, 7 ro chuirsemar in ingin Máil út ar do chennsa co Toraig[3] thuaiscirt Eirenn, ar-richt baethláig allaid, 7 ro lensabairsi hé co rangabair in síd sa, 7 in maccaem út atchithi 7 in brat uaine aendatha uimpi ac in dáil, issí sin hí,' ar Donn. 'Ocus in leth falum atchisi don tśid,' ar Donn, 'inad in tśluaig ro marb Tuath dé Danann sin.'

Ocus do badur sum ac ól 7 ac aibnius ind áidchi sin, 7 mar do eirgedur arnamairech adubairt Dond mac Midhir re

---

[1] dibaidter, Laud. [2] faichthe, Laud. [3] toraid, Laud.

Find: 'Tairsi lemsa amach ar in fai[th]che co faicce tú in bail a cuirmid-ne cath 7 Tuath dé Danann cacha bliadne.' Ocus tangadur amach, 7 ro badur ac fégad na fert 7 na lecht. Ocus conice seo atá dáil Tuaithe dé Danann chuccainde.'

5115 'Cia dib,' ar si Find, asa dáli atá chuccaib?' 'Bodb Derg cona .uii. macaib, 7 Aengus Óc mac in Dagda, cona .uii. macaib, 7 Findbarr Meda siuil cona .uii. macaib déc, 7 Lir Sída Findachaid cona .uii. macaib .xx. 7 cona chlannmaicne archena. Tadg mac Nuadhat a síd álaind Almaine. Donn 5120 Ailein 7 Dond Dumaigi, 7 in da Glas a sidh Glais a crich Osraige. Ocus Dobran Dubthaire a síd Liamna Lennchaime annso a cuiced Laighen. Ocus Aed Aileain a Rac[h]ruind atuaid, 7 Fer ái mac Eogamail, 7 Aillean mac Eogain, 7 Líí mac Eogabail, 7 Faindli mac Eogabail a Mumain aniar, a Síd 5125 Eogabail, 7 Cian 7 Cobhan 7 Conn, tri meic rig tsida Monaid anall a hAlbain, 7 Aed Minbrecc Essa Ruaid cona .uii. macaib a Sídh Essa Ruaid, 7 clann na Morrigna ingine Ernnmais, cona seisser ar .xx. bangaiscedach, 7 cona seisser ar .xx. fergaiscedach, 7 in da Luath a Lifenmaig a Maig Life, 7 Brattan 7 Ballgeal 7 5130 Ubhalroiscc a Síd Ochta Cleitig a Bregmaig, 7 Cathal 7 Caithri 7 Catharnnach a Síd Droma deirg a crichaib Chineil Chonaill atuaid. Derg 7 Dregan a Síd Beinde hEtair anair. [Sanb cona secht mnaib a crichaib na nDéisi Muman andes, — Fr. 59ᵃ]. Bodb Derg fein cona mortheglach .i. deich fir 7 deich fichit 7 deich cét ba hé 5135 sin a lín . Conid iat sin na triatha 7 na tigernada feraind do Thuaith dé Danann tic do thochailt ar sída oraind cacha bliadne.'

Ocus tangadur anunn assa haithle sin issin síd, 7 ro indis Find da muintir sin. 'Ocus a aes cumtha,' ar-si Find, 'is mor 5140 éicen 7 soithfir na muintire aca fuilmíd, 7 dorala i moréicin sibsi, [fo. 135ᵃ 1] ar se, '7 muna derntái maith icabhur cosnum is cuntabairt daib nech dabur feind ná dabur foirind d'faicsin.' 'Cait a faccais, a m'anum, a Find,' ar Diarmait húa Duibne, 'ar ṅdrochengnum-ne in trath atái ac tabairt robaid duind?' 5145 'Doberimsi mo breithir,' ar Find, 'da sirind-sea in domun uile nach biad omun na ecla orum 7 in comlín so d'Fiannaib

Eirenn im farrud.' Ocus ro badur ann co trath eirgi do ló arnamairech.

Is annsin do eirgedur lucht in tṡída uile amach 7 Find seissir óclach máraen ríu. 'Maith m'anam, a Duind,' ar-si Find, 'in a ló nó a n-áidchi tecait Tuath dé Danann chuccaibsi? 'Í comdáil na haídchi,' ar Donn mac Midhir, 'comad truimi-te ind fogal dogendais.'

Ocus ro badur ann co táinic ind adhaig, 7 adubairt Find: 'Imthighed nech accaib,' ar Find, 'ar in fai[th]che amach, 7 denaid foraire 7 forcoimét duind nach tissad Tuath dé Danann chuccaind gan fís 7 gan forchloistin duind.' Ocus ní himcian ro bói fer na foraire ann co faccaid na .u. catha croda cutruma coirigthi da indsaige. 'Dar lium,' ar-si fer na foraire, 'is imda curaid 7 cathmilid im fert in druad¹ innoss, 7 is comlann curad atrasta iat.' Ocus adubairt Find:

> Comlond laech im fert in druad . co n-ilar sleg rindgér ruad,
> erctha ruibne rádamne . fuil i tosaig na buidne.
> IMthiged Diarmaid amach . is Oissin tend tairismech,
> Mac Lugach re gnim nglan ngle . is Osccur re hursclide.
> Ro linsat sluaig in raith bán . rachatsa is Cailte ina ndail,
> ocus rachmaid uili amach . sinde araen isin teghlach.
> Na tri coecait co ba thri . do laechraid is calma a clí,
> dingébat dib cach re fer . do tṡluag is chalma commer.
> Adeirimse ribsi de . bid fír ina raidimne,
> da rús in cath croda crom . mébaid reomum in comlonn.
>   Comlann.

'Cait a fuil Oscur anossa?' ar Find. 'Sunn, a m'anum,' ar Osccur. 'Den maith anossa í cath Thuaithe dé Danann, 7 denad Diarmait 7 Mac Lugach. Missi 7 Cailti 7 Oissin as sine accaib,' ar Find, '7 léicid deirid in chatha duind. Dala mac Midhir, aincidsi duind iat issin chathsa Túaithe dé Danann 7 uathad brathar atait, 7 feall ar einech 7 ar inchaib duinde olcc d'fagbail dóib, 7 ar tiachtain chucca.'

IS ann doratsamarne in cath,' ar Cailte, 'ó fuined néll nona co crichaib na maitne muiche arnamairech acht aen ní

---
¹ ms. druag, Laud.

chena ro báe esbaid Tuaithe dé Danann issin cath sin .i. deich
fir 7 deich fichit 7 deich cét. IS annsin adubairt Bodb Derg
7 Midir 7 Findbarr: 'Cindus is ail lib do denam risin n-ár so?'
5185 ar siat. 'Tabrad Lir tsída Findachaid comairle duind, uair iss é
is sine do Thúaith dé Danann.' 'Dobér-sa,' ar Lir, 'comairle
duib .i. beirit cach a carait 7 a comaltada 7 a meicc 7 a
braithre leo da sídaib, 7 tabar múr tened dondarna taeb uaind-
7 tabar múr uisci don taeb aile.' Ocus ina degaid sin ro
5190 thócbadur Túath dé Danann léo in lechtlighi sin, 7 nir' facba-
dur in ní ara tairissed in branén ar in fai[th]chi don ár-sin
tucsat lucht in tsída orro.

Tainic Find 7 lucht in tsida issin síd iarsin, 7 siat crech-
tach crólintech, 7 ro boi triur colan- [fo. 135ª 2] olcc acaind,' ar
5195 Cailte '.i. Mac Lugach 7 Osccur 7 Diarmait, 7 tangadur Túath
dé Danann fa thri rissin mbliadain sin d'indsaigid in tsída
cétna, 7 tri catha tucsamarne doib rissin mbliadain sin, 7 rob
é ar n-esbaid ann,' ar Cailte '.i. Conn Cruthach mac Midir,
7 cid sinde,' ar Cailte, 'rob áinicnech sind issin cath déidinach
5200 sin, úair ro loigh for Oscur 7 for Diarmait neim 7 forlonn in
catha, corub lubán findchuill ro bói ac imfuluug a n-étaig tarsu
ina cossair leapaid chró, 7 doluidsemarne amach ar in fait[th]che,'
ar Cailte, 'in cethrar óclach slán ro bámar .i. Find 7 Mac
Lugach 7 Oissin 7 mé fein, 7 adubairt Oissin annsin: 'IS olcc
5205 in turus tangamar co síd mac Midhir,' ar se, 'd'facbail mo meicc
7 mo chomalta .i. Diarmata.' 'Ocus mairg dobéra a aighed
ar in Féinn,' ar Mac Lugach, 'tar eis Diarmata 7 Oscair d'fac-
bail, uair ní raibe a congbail in fiangaiscid dias dob ferr
anáit.' 'Ocus gid bé dobéra,' ar Find, 'ní mé dobera.'
5210   Ocus tucad Donn mac Midhir chuccaind,' ar Cailte. 'Maith,
a m'anam, a Duind,' ar Find, 'in fuil a fis nó a eolus accut
inní ro ícfad na fir út?' 'Ni haithnid[1] dam,' ar Donn, 'acht
aenliaig atá ac Túaith dé Danann, 7 munar' tesccad smir a
ndroma dogébthar furtacht 7 fóirithin[2] ré nomaide uathaib
5215 com[b]a slemain slanchrechtach iat. Ocus caide in t-abur assa

---

[1] haithnig, Laud.   [2] fóirichin, Laud.

fuighmis hé?' ar Find, 'uair ní caraid bunaid duind in lucht aca tá.' 'Adér riut,' ar Dond mac Midhir. 'Mochthrath[1] do laithe tic-sim assin brug amach do thinol lossa íce co táirthed fa lindbraen na maitne iat.' 'Faghsa, a m'anam, a Duind,' ar Cailte, 'nech dobera aithne ar in liaig 7 ticfa a béo no a marb limsa.'

IS annsin adracht Aed mac Midir 7 Flann Fuilech mac Midir. 'Tair reomaind, a m'anum, a Chailti,' bar iatsom. Tangadur reompo co fai[th]che in broga braenaig brecsolais, 7 intan rangadur ann atchonncadur flesc gilla óic eitedaig co mbrat d'olaind na n-osmolt a Tír thrétaig Thairrngaire, 7 lán ichtair a bruit aice do lossaib leighis 7 ícslainti da chor í cnedaib 7 a crechtaib in lochta do loited issin cat[h] do Thúaith dé Danann.

'Cia siut, a m'anum, a Aed?' ar Cailte. 'Iss é sin in t-óc- lach da tangamar d'iarraid,' ar Aed, '7 frithoilid co maith hé arna dechad uaib issin síd.' Ocus ro rithamarne a n-aenuair ris,' ar Cailte, '7 tarrusa ar [f]ormna hé, 7 tucsamar lind hé óta sin co hAth fostada na Feinde ar Sláine ar laechmachaire Laigen, 7 ro eirig fia fiad umaind, conar' leir sind, 7 inn uair rangamur in tulaig ic in ath, is ann atchonncamur in cethrur, 7 ceithri bruit corcra chortharacha umpo, 7 ceithri cloidme órduirnn ina lamaib, 7 ceithri coin chaemselga acu. Ocus nir' léir dóibsium sinde leisin fia fiad ro boi umaind, 7 ba léir duinde iatsom. Ocus aichnim si in cethrur,' ar Cailte, '.i. Colla mac Cailti 7 Faelan mac Cailti, 7 Raigne Rosclethan mac Find 7 Cainci Chorcarderg mac Find; 7 ro badar ic comrad, 7 bá hé comrad doronsa[t] .i. esbaid Find meic Cumaill a triath 7 á tigerna[2] rissin mbliadain sin orra. Ocus atchualasa,' ar Cailte, 'comrad mo deisi mac 7 comrad da mac Find, 7 ba truag lium a n-acallaim, 7 adubradur: 'Cid dogenat Fianna Eirenn bodesta gan triath 7 gan tigerna acco?' ar Raigne Rosclethan mac Find. 'Nocon [f]uil acco,' ar Colla mac Cailti, 'acht mad dul do Themraig 7 scailed do denam ina degaid [fo. 135ᵇ 1] nó

---

[1] Mochrach, Laud. [2] athigerna, Laud.

5250 rigféinnid¹ do denam acco féin ann. *Ocus* ro cháisetar na meic sin ina degaid sin co trom taidbsech d'esbaid a da n-athar 7 a tigerna. *Ocus* tangamarne uaithib,' ar Cailte, 'noco rangamar co Síd da én, risa n-abar Sliab Aighe meic Iugaine, 7 tangamar issin síd anunn, 7 ferais Find 7 Dond mac Midhir
5255 faeilte re Libra liaig, 7 ro taispenad dó Oscur 7 Diarmait, 7 'acsin,' ar-si Donn, 'da brathair dam 7 dech let in ba hinothrais iat nó in ba hinleighis. *Ocus* dechais in liáig iat, 7 adubairt: 'Is inothrais 7 is inleigis iat mád maith mo luag leighis-sea.' 'Bid maith um,' ar Cailte: 'ca fat beither ic á leighes?' bar eissium.
5260 'Ré nómaide,' ar Libra primliaig. 'Dogébasu immorro,' ar Cailte, 'luag maith .i. t'anam do léigen duit, 7 mina thernat na hóclaig let,' ar Cailte, 'benfaid mo lamsa fein do chenn dít.' *Ocus* dorinde in t-óclach a leighis 7 a lesugud ré naemaide, cor'bo tslemain slancrechtach iat.

5265   *Ocus* ina degaid sin tainic gilla ó Chormac, ó ríg Eirenn, arcenn na Féine co hAlmain 'ar n-esbaid a triath 7 a tigerna .i. Find mac Cumaill, 7 d'ól feissi na Temrach le Cormac húa Cuind, 7 doriactadur Fianna Eirenn co leir annsin, etir fir 7 mnái 7 gilla 7 óclaech 7 airfitech, co Fert na ndruad ar
5270 fai[th]che na Temra.

IS annsin immorro ro tsuidh Goll mac Morna ar lethlaim rig Eirenn, 7 ro tsuidhset .u. coicedaig Eirenn cona socraide i Temraig. 'IS mor bur n-esbaid, a Fianna Eirenn,' ar Cormac, '.i. bar triath 7 bur tigerna .i. Find mac Cumaill.' 'Is mor,'
5275 ar se Goll mac Morna. 'Is mor,' ar Cormac, 'uair tri hesbada comméite cutruma tucad ar Eirinn reime seo .i. Lugh 7 Conn 7 Conaire, 7 issí seo in cethramad esbaid is mó tucad a nEirinn .i. Find mac Cumaill.' 'Ocus cat in stiurad nó in

tindem   tinrum doberisi, a m'anum, a Chormaic?' ar Goll mac Morna,
5280 'ar Fiannaib Eirenn anossa?' 'Doberim immorro,' ar Cormac, 'comus fiadaig 7 fiannchoscair Fiann Eirenn duitsi, a Guill,' ar Cormac, 'co festar,' ar se, 'inn esbaid d'Find do bunud, 7 roga selga do chlaind Baiscne .i. do chlannmaicne Find risin

---

¹ ríg féinnig, *Laud.*

bliadain uaitsiu.' Ro faemastur fianna Eirenn sin, 'ocus ní tiucubsa re Find,' ar Goll, 'im rígi fiannaigecht[a] Eirenn nóco mbia som tri bliadna i talmain, 7 co na raib súil duine dh'feraib Eirenn ris.'

IS annsin do raid Aillbi Gruadbrec re Cormac: 'Cindus dogenat findbantracht Find .i. na secht rigna dec so?' Ocus ro fregair Cormac sin: 'Dogentar grianan derrait degdaingen do cach mnái fa leith díb cona bantracht re mís 7 re raithe 7 re bliadain nóco findtar beo nó marb Find rissin, 7 a lordaeithin bíd 7 lenna rissin doib.'

IS annsin tucsat airfitig na Féinne a n-aghaid[1] ar Chormac .i. Daigri mac Morna 7 Der húa Daighri 7 Senach húa Daighre 7 Suanach mac Senaig 7 Suanach mac Seinchind senscélaidi[2] Find meic Cumaill, 7 iss é sin is binde ro gab timpan ina laim i nEirinn 7 ind Albain, 7 Cnú Deireoil in t-abac 7 Blathnait a ben. Ocus fregrais Cormac doib: 'Bar mbeith i Temraig', ar in rí[3], '7 leth dligid uaimsi daib, 7 cobeis in tuarustail doberad Find daib dobérsa,' ar Cormac.

Ocus tainic Fergus Fínbél fili na Feinne da n-indsaighid, 7 ba hed a lín .i. deich cét d'filed-[fo. 135ᵇ 2]-aib 7 d'aes dána. 'Prim[s]ordan Eirenn acumsa daib,' ar Cormac '.i. ó Thuind Chlidna co Tuind Rudraigi,' ocus tainic meidhescal Find da indsaigid .i. im Garbchronan taissech na ngilla[4] mor. 'Tabair uidh oraind, a rí[3]!' ar siat. 'Doberim,' ar Cormac, 'ó ta Ath lethan Loichi aniar, risa n-abar Ath lethan Luain, co Beind Etair meic Étgaith ind feindeda sair do tsorrt[h]an duib.'

Assa haithle sin tangadur anunn a Temraig, 7 tainic Cormac a Tech mor Midchuarta, 7 ro cóirged[5] cach nech ar duthaig a athar 7 a tsenathar aici ann, 7 tucad Goll mac Morna a n-inad rígfeinded[a] ann, 7 tucad Eithne Ollamda ingen Cathair, ben rig Eirenn, a n-inad rigna, 7 Aillbe Gruadbrecc ar a láim side, 7 Maighinis ingen Garaid Glunuib adr lethlaim Aillbi, 7 ro coirged Tech mor Midchuarda fan cuma sin, 7 ro dáiled lind 7 ro scailed biad forro iarsin.

---
[1] adhaig, Laud.   [2] senscelaigi, Laud.   [3] rig, Laud.
[4] gillad, Laud.   [5] cóired ged, Laud.

IS andsin adracht Cormac re beind mblaith mbuabaill[1]
ro bói ina laim, 7 adubairt: 'Maith, a firu Eirenn, da faghad
5320 nech acaib a n-es nó a n-indber no a n-all nó a n-abhaind nó
a ndingna nó a ndrobel nó a síd nó a sídbrug fis Find duind.'

IS annsin do fregair Bernngal Bóchétach a heocharimlib
tsleibe Fuait atuaid 7 flaithbriugaid do rí[g] Eirenn hé: 'IN la
thainic atuaid in flaith Find a ndegaid ind fiada síde in seissir
5325 óclach ra bói, 7 dorat in sleig neimnig n-aith n-uillindglais
im laim-sea, 7 muince con, 7 adubairt rium a marthain accum
nóco comraicmis aris a n-aeninad.' Ocus is annsin tuc
Berrnngal Bóchétach il-laim Chormaic in tsleg 7 in muinci, 7
tuc Cormac il-laim Guill meic Morna, 7 do badur íc a fégad,
5330 7 adubairt in rí Cormac: 'Is esbaid mór d'feraib Eirenn in fer
isa sleg 7 isa muince sea.'

IS andsin ro iarfaig[2] Cormac don óclach in rabadur coin
ac Fiud 7 ac in muintir ro bói ina farrad. 'Do badur,' ar in
briugaid. 'Cá coin siut, a Guill?' ar Cormac. 'Bran 7 Sceo-
5335 laing il-laim Find,' ar Goll. 'Adhnuall[3] 7 Fer-uaine il-láim
Oissin. Iarratach 7 Fostud il-laim Oscair. Baeth 7 Buidhe
il-laim Diarmata. Brec 7 Luath 7 Lanbind il-laim Chailti.
Conuall 7 Conrith il-laim Meic Lugach.'

'Ocus caide Fergus Fínbél?' ar Cormac. 'Sunna,' bar
5340 eissium. 'In fitir tú ca fat ó thesta in flaith Find?' ar Cormac.
'IS mebair[4] lium,' ar Fergus '.i. mí 7 raithe 7 bliadain ó thesta
sé.' Ocus adubairt Fergus:

<blockquote>
Airim Find in fed dia fuil . sechtmain ar mís is bliadain,
mithig aniu d'fiannaib Fáil . deiliugud uile d'áenlaim.
5345 Raithe ar mís ocus bliadain . ó thesta fer ar fiadaig,
ó dochuaid a mudhu in rí . Find mac Cumaill Almainí.
Mor ind esbaid Meic Lugach . in t-óclach ségaind subach,
beith gan Oscur luaidis gail . 's can Oissin alaind inmain.
Mor ind esbaid Diarmait donn . dalta na fiann ba forlonn,
5350 Find, Cailte, ferrda na fir . mor a n-esbaid ró n-airim.
                        Airim.
</blockquote>

---

[1] mbuadbaill, *Laud.*   [2] iarfaid, *Laud.*   [3] Aghnuall, *Laud.*
[4] medbair, *Laud.*

IS annsin adubairt rí Eirenn: 'is mor ind esbaid sin tra, uair ní hé ar menma atá re faghail in tseisir sin is ferr ro bói a nEirinn 7 a nAlbain; 7 a Chithruaid,' ar-si Cormac, 'is mor do tsétaib 7 d'indmusaib tucustar in flaith Find duit gen co [fo. 136ᵃ 1] hindsind tú duind in béo nó in marb Find.' Ocus fregrais Cithruaid sin: 'IS béo in flaith Find,' ar Cithruad, '7 missi do dhenam sceil fair nocho dingen, uair ní ferr-de lé Find fein scel do denam fair.' Ocus ba forbaeilid cach uile de sin, uair ro fetadur cach nir' thurgaib Cithruad riam co tainic. 'Cend 7 forcenn air sin,' ar Cormac. 'Ind adhaig déidenach d'feis na Temrach atcithfither in flaith Find ac ól;' ar Cithruad mac Fir coecat. Gurub ceist sin ar Imacallaim na Senorach:

Rann: Ca fat bói Find a Sliab én . abair a Chailti in cheist trén,
is cia ro loited sa tsíd . má ra bamarne a n-imsním. 5365

'Ocus ina degaid sin,' ar si Cailte, 'bamar issin tsíd risin caeicis ar mís ro bas ac ól feissi na Temrach, nocor' gabsamarne braigde Túaithe dé Danann do Dond mac Midhir, 7 ní [mó] no chaithdis fianna Eirenn fiallach na trebaire na Túaith dé Danann óssin amach. 5370

IS í sin aes 7 uair ro bói Cailte ac indissin in sceil sin do Eochaig Leithderg do rig Laigen; 7 ní cian do badur ann co facadur in n-aenóclach da n-indsaigid, 7 léin[e] do thsroll rig ria chnes, inar maethsroill tairsi 7 brat corcra corrtharach uime, 7 delg óir issin brut ossa bruinde 7 claidem órduirnd ina laim, 7 cathbarr óir imma chenn, 7 iss é do bói ann .i. Donn mac Midhir, 7 tuc a chenn a n-ucht Patraic, 7 tuc comus Túaithe dé Danann dó, 7 ro slechtsat uile do Pátraic. [in marg]. Conid ann do chreidset Túath dé Danann do Patraicc.

Conid hé sin scel ro indis Cailte do rig Laigen 7 do Pátraic annsin. Ocus tuc Donn mac Midhir feis dithat na háidchi sin do Pátraic cona muintir, 7 tar a éis sin tangadur in sluag uile 7 Pátraic máraen ríu co Raith moir Maigi Fea, 7 ind áidchi sin doriachtadur fessa ó rig Muman ar cend naemPátraic co mbeth ara tsoiscela, 7 timnais Patraic ceileabrad do rig Laigen 7 do maithib a criche uile, 7 tangadur

10*

reompo o dá sin co Lis na laechraide, risa raiter Caissel na
rig issin tan-so.

IS annsin tainic Eogan Leithderg mac Aengusa rí[1] da
5390 cóiced Muman, maille re sé cathaib mora uime í coinde noem-
Pátraic, 7 ro slechtsat dó maithi Muman uili, 7 tucsat a crich
7 a forba uili dó, 7 a ferann 7 a maithius ar comus Pátraic.

'Screpall soiscéla, a airdrí[2] Muman!' ar Beneoin mac
Aeda do Pátraic. 'Cá screpall sin, a chleirig?' ar in rí[1].
5395 'Crich 7 ferann don chleirech,' ar Beineoin. 'In baile seo a tá
7 ina fuarusa hé,' ar rí Muman, 'do fognum dó co brath 7 da
muintir ina diaid. [In marg. IS and tuc rí Muman Caissil
do Patraic mac Alpraind]. 'Cindus doberar duind sin?' ar
Beineoin. 'Mar seo,' ar in rí[1], 'tiacht don chleirech fein ar
5400 Lic na cét,' bar rí Muman, '7 in neoch atchífea do mín Muman
ar cach leth do beith aici.' Ocus tainic Pátraic ar Lic na cét,
7 ro eirig in grian ré haghaid[3] in chleirig corba tsolus dó ar
cach leth, 7 amal tuc Pátraic a cois ar in lic ro eirig leigeon
7 mile do demnaib a bennaib na cloichi amach co ṅdechadur i
5405 n-aér 7 a firmamaint ar teiched nóemPatraic, 7 bennaig[is]
Pátraic in cloich iarsin, 7 fácais buaid comairli do denam dí 7
bennachtain urri, 7 aingel dé cacha tratha nón[a] ic a tairim-
thecht, 7 trosccad do rig Muman naenbur mac fírflatha furri
7 in n-itgi chuindigfes d'fágbail dó, 7 in tres teine béo ara
5410 mbia rath fa deired a nEirinn hi.

IS annsin ferais Eogan Leithderg rí Muman faeilte re
Cailte, 7 ferait maithi Muman uili archena. 'Cret ima tucad
Lecc na cet ar in lic-sea, a m'anam, a Chailti?' ar rí Muman.
'IS am mebrach-sa[4] inní dia tá,' ar Cailte, 'uair ni raibe fis
5415 nime riam acainde nocor' tsuidh Find ar in cloich-seo 7 co
tuc a ordain fa chét ar a dét fis, 7 cora fallsiged nem 7 talam
7 [fo. 136ᵃ 2] ereidim in fírDía forórda, 7 do thuidecht-sa d'ind-
saigid Eirenn, a Tailgind,' ar Cailte, '7 naim 7 fíreoin 7 crei-
dem cros 7 crabad inti.'

5420 'Ocus cia dorigne dunad 7 degbaile andso artus?' ar rí

---

[1] rig, Laud. [2] airdrig, Laud. [3] hadhaig, Laud.
[4] medbrachsa, Laud.

Muman re Cailte. 'Fiacha Muillethan mac Eogain,' ar Cailte, 7 ro bói re deich mbliadna fichet ir-rigi da cóiced Muman, 7 is leis dorigned cloch daingen um in mbaili seo, 7 ro bói a n-arus ann.' Ocus adubairt Patraic:

IN cloch so a hainm Cloch na cét . sochaide bias uimpi ic ét, 5425
bid inad crabaid is cros . haithle cach arais fuaros.
Caissil cenn Eirenn uile . benn ima teigfea teine,
inadh a frith fis nime . gan chís do rig reomainde.
Bid maith mo chell as tír thuaid . a crich Connacht in morsluaig
da fuigebsa. glan a lí . mo brata co coemgloní. 5430
Mo baili-si a crich Ulad . is rem craide bus chuman,
bemaitni, bid maith ar lí . triar álaind a n-nenbali.

[in marg .i. Patraic 7 Colum cill[e] 7 Brigit].

Deich fir deich fichit deich cét . iss ed a fír is ní breg,
iss ed gebus mo chell chain . d'abbaib ocus d'firenchaib. 5435
Gebthar sailm, gebthar creda . paitrecha ocus soisscela,
gebthar sailm sunna co moch . iman carnn a fuil in cloch.
                                IN cloch.

'Adrae buaid 7 bennachtain, 7 a m'anum, a naemPatraic,' ar rí Muman, 'is mór d'fis 7 d'fíreolus ro indsebair duind imaraen.' 5440

Ocus ro badur in sluag uili annsin cor' eirig grian assa circaill teintidhi[1] 7 cor' lín da soillsi in doman, 7 dolodur in sluag reompo assin co Raithin na n-ingnad siar co Mag Femin, 7 do tsuidhestar rí Muman isindarna cind don raith co maithib Muman uime, 7 suidhis naemPátraic 7 Cailte isin 5445 chind aile na ratha.

IS annsin ro fiarfaig Eogan Leithderg mac Aengusa rí Muman: 'Cred ima tucad Raithin na n-ingnad ar in raithin seo?' Ocus adubairt Cailte ic a fregra:

'INgnad turchairthe fuair Find . issin tulaig ara chind, 5450
in triar fer, ba cáeme a clíu . ocus aenchú eturru.

Laithe n-aen', ar Cailte, 'da tangamarne tri catha na Féine conici in tulaig sea 7 atchonncamar in triur óclach sin ar ar cind 7 aenchú accu, 7 ní raibi isin domun dath na raibi isin choin, 7 do bói aidble méite urri seoch na conaib aile, 7 ro tsuidhe- 5455

---

[1] teintigbi, Laud.

dar na hóclaig a fiadnaissi Find. 'Canus tangabair, a ócu?'
bar Find. 'Assinn Iruaith moir anoir,' ar iat-som. 'Cret ima
tangabair?' ar Find. 'Do denam ar cuir 7 ar muinterais
riutsa,' bar iat. 'Cá maith bias duinde,' ar Find, 'in bar mbeith-
5460 si acaind?' 'IN triur atamait,' ar siat, 'atá feidm ar leith ac
cach aenfer acaind.' 'Ca feidm sin?' ar Find. 'Dingebatsa
foraire Fiann Eirenn 7 Fiann Alban,' ar óclach dib. 'Cach feidm
catha 7 comlaind ticemus chum na Féine dingebatsa díb uili
sin, 7 bid uile in [a] tost,' ar [in]darna hóclach. 'Abair, a
5465 óclaig út,' ar Find, 'cret t'feidm-si?' 'Adeirim,' ar in t-óclach,
'cach mor doithbir [1] teicemhus chum mo thigerna dingebat hí,
7 cach ní dogéntar d'athchuingid fair dogebthar uaimsi hé,'
ar in t-oclach. 'Ocus dala na con,' ar in t-óclach, 'in comfat bias
fiad a nEirinn dingebaid sí cach re n-adhaig d'fiannaib Eirenn,
5470 7 dingebat fein ind adhaig aile.' 'Cret iarrfai[d]si orumsa?' ar
Find, '7 bar mbeith accum amlaid sin?' 'Tri comada duind,'
ar iatsom. 'Crét na comada?' ar Find. 'Gan nech do thiach-
tain dochum ar longpuirt ó thicfa adhaigh tré bithiu do chian
na d'focus, 7 gan a becc na a mór do chomraind do thabairt
5475 duind tré bithiu, 7 díghu selga duind ó fiannaib Eirenn.' 'Ocus
ar bar cubus rib', ar Find, 'cret ima sirenn sib [fo. 136ᵇ 1] gan
nech dabur faicsin ó thic adhaig chucaib?' 'Atá cúis 7 adhbur
accaind,' ar siat, '7 na sir ní aili oraind gid fada gairit bemait
ar aenrian. Ocus in triur óclach so atchísi sind,' ar siat, 'bith
5480 in tres fer acaind marb cach tres n-aidchi, 7 is uime-sin nach
áil lind nech dar faicsin, 7 bídmaidne ic faire in fir sin.' Ocus
ba geis d'Find marb d'faicsin ach muna marbdais airm hé, 7
no biad a foirithin [2] sin a comfochraib ac Find,' ar Cailte, '.i.
tiachtain timchell in raithín sea.' Ocus adubairt Cailte:

5485   Fa geis d'Find beith a cind mairb . in neoch nach muirfitis airm,
        mona thairsed, caem a chlíu . a timchell na ratha sú.

IS annsin doriachtadur morseisir aessa dana co Find do
muintir Chithruaid meic Airm meic Fircóecat do chuingid duaisi
duaine .i. tri .l. uingi d'ór 7 tri .l. uingi d'airget do breith co

---

[1] soithbir. *Laud.*   [2] foirichin, *Laud.*

Temraig do Chithruad. 'Dogebthar accainde a foirithin sin,' ar 5490
Scannal hua Liathain .i. óclach grada d'Find. 'Maith, m'anum,
a aes dána,' ar na hóclaig, 'in ferr lib duais bur nduaine
d'faghbail anocht na a faghbail amairech?' 'IS leor lind ama-
rach,' ar in t-aes dana. Is annsin tangadur in triur óclach
sin, 7 a cú léo, co leap[aid] in con o Raithin na n-ingnad 5495
amach, 7 ro scéastar in cú ina fiadnaissi tri .l. uingi d'or 7
tri .l. uinge d'airget, 7 tucad don aes dána sin, 7 ro im-
thighedar.

IS ann adubairt Find,' ar Cailte: 'Cindus dogenat tri
catha na Féinde gan uisci accu anocht?' IS ann adubairt 5500
óclach díbsum: 'Ca mét cornn comaitechta atá ac Find?' 'Da
chornn déc 7 tri cét,' ar Cailte, 'atá ac Find mac Cumaill.'

    Da chornn déc ocus tri cét . do chornnaib co n-ór ac Find,
    ind uair déirgimis don dáil . fa hadbul a lán do lind.

'Tabar na cuirnn im laim-si,' ar in t-óclach, '7 géb é ní 5505
doberar intib sidhe ibhid-si hé.' Ocus ro lín in t-óclach fa
thri iat do fiannaib Eirenn, 7 ba mesc medarchain iat don tres
fecht ro lín iat.

'INgnad ám,' ar Find, 'in corugud fleide seo, 7 corub Lis
na fleide ainm in lessa a tucad d'Find hí, 7 corub Lepaid in 5510
chon ainm na leptha, 7 is uime thucad Raithin na n-ingnad
ar in raithin-seo,' ar Cailte, '7 Lis na fleide ar in lis-sa, 7 Raith
chind chon ar in raith-seo aile. Ocus ro badur re bliadain
isin Féin marsin.'

IS annsin tainic Eogan Leithderg mac Aengusa meic 5515
Natfraich reime, 7 Pátraic maraen ris 7 Cailte, co Raith Chind
chon a ndeiscert Maigi Feimin, 7 co Lis in bantrachta bodes
7 ro tsuidh in sluag uile ar in raith, 7 suidhis Cailte í fiad-
naissi Eogain Leithdeirg. 'Maith, m'anum, a Chailti,' ar Eogan,
'crét fa tucad Raith Chind chon ar in raith-sea, 7 Lis in ban- 5520
trachta ar in lis-sa?' 'Flaithbriugaid cétach ro bói annseo .i.
Cellach mac Duibdét a chomainm, 7 ind uair ro hairinthea a
tséoid iss ed do bith lán laechmachaire Maighi Feimin aici. Ni
raibe issin domun co cert duine bod mó cuid díbhi na leoch-

aillechta anas, 7 tangamarne,' ar Cail*te*, '*deich*neabar ar *fichit* sciatharmach ma rígféindid[1] Eir*enn* 7 Alb*an* ar ṅden[um] selga tṠleibe Cua duind, 7 ro tṡuidhemar ar colba chíuil ann, 7 sul tairnig fóssaic[2] do denam duind tuc f*er* in tighi ail 7 aithis ar ca*ch* f*er* fa leith uaind cen mothug*ud* d'Find.

IS annsin do labair f*er* borb don Ḟeind .i. Cuindscleo m*ac* Ainscleo, mac rig Bretan anair ris, 7 adubairt: 'Is mer in scem chind ch*on* dobeir in t-eathach ar fiannaib Eir*enn*,' ar se. 'Tarrais buaid focail fair 7 n-anma,' ar Find, '7 léic Cenn ch*on* air t*re* bithu.'

'Ocus cr*é*t fa tuca*d* [fo. 136ᵇ 2] Raith in bantrachta ar in raith sea?' ar rí Muman re Cail*ti*. 'Is accumsa atá a fís gen gub nua inní dia tá .i. co*ec*a ban [n]g*re*ssa is ferr bói a nEir*inn* do thinoil in flaith Find do indsaigid na ratha so fa comair erraid 7 étaig do denam d'fiannaib Eir*enn* doib, 7 tuca*d* a cenn*us* sin uile d'ingin rig Bretan dar'bo chomainm Dergoda bancheile Oscair m*e*ic Oissin, 7 ro bad*ur* issin baili-sea re ré moir do bli*adn*aib. Co*n*id uatha sin atá Raith in bantrachta ar in raith sea 7 Raith Chind ch*on* ann.

'Ocus cret in cairthi comdaingen cloiche ut atá ar lár na ratha tall?' ar rí[3] Mu*m*an. 'Caindelbra in bantrachta sin,' ar Cail*ti*, 'uair ni hail leo teine ach fa thrí ca*c*ha bli*ad*na .i. na roissed s*m*al na dendgor na detach na teined iat na a n-étaigi. Ocus ro bad*ur* isin baile marsin re t*re*imsi do bli*ad*naib ac denum lamda 7 ac córug*ud* étaig na Féine, 7 bói gairdiug*ud* mor ac in bantracht sin .i. t*ri* hingena rig Ó Ceindsel*aig* .i. Findchas 7 Findruine 7 Findingen a n-anmanna, 7 do bói timpan becc accu co*n*a leithrind airgit 7 co*n*a deilgib óir buidhe, 7 mná re gur lamnada ro choiteldais leissin céol sirrachtach sidhe ro chandais na t*ri* hingena sin don bantracht.'

Ocus cr*é*t in da f*er*t mora so atchiamait, a Chail*ti*?' ar in rí[3]. 'In triar óclach dorigne a muint*ir*us ic Raithin na n-ingnad re Find 7 in cú accu iss iat do marb in da óclach assa fert sin .i. Donn 7 Duban, da mac rig Ul*ad* atuaidh.' Ocus

---
[1] rígfeindig, *Laud.*   [2] fossaig, *Laud.*   [3] rig, *Laud.*

cindus a torcrad[ar], a m'anum, a Cailti?' ar rí Muman. 'A
mbeith-sium a n-inad ar leith on Feind,' ar Cailte, 'in triur 5560
óclach sin 7 a cú a medon eturru, 7 ó thiced ind adhaig do
bith múr tened¹ umpu conach lamad nech a fégad etir. Ocus
do badur da mac rig Ulad .i. Donn 7 Duban, ac foraire Fiann
Eirenn 7 Fiann Alban ind áidchi sin, 7 tangadur fa thri a
timchell na Feine, 7 in tres fecht tangadar,' ar Cailte, 'atconn- 5565
cadur in mur tened, 7 adubairt Donn mac rig Ulad: 'ingnad
mar atait in triar óclach 7 a cú eturru re bliadain andossa,
uair do fógradur gan nech do dul da fégad ó thicfad adhaig.'
Ocus tangadur reompo da n-indsaigid meic rí[g] Ulad fan cuma
sin, 7 dochuadur tresan múr teined anunn, 7 o rangadur tuc- 5570
sat a n-airm re n-ais, 7 ro badur ac fégad in trír óclach 7
na con, 7 in cú romor do bíth cach láe acco ac seilg 7 ac
fiadach nír'bo mó na crannchú bís ic roduine ind uair-sin hí, 7
óclach díbsom 7 claidim áith urnocht ina laim a[c] comet na
con 7 oclach aile dib 7 cuach findairgit aici ré bél na con, 7 5575
raga cacha lenna ro tsired cach fer díb, 7 issed ro chuired in
cú tar a bel issin cuach. Ocus is annsin adubairt óclach díb
rissin coin: 'Maith a m'anam, a uassail 7 a fíreoin, a fermeic,
mothaig let in brath tucad ón flaith ón Find fort.'

IS annsin immorro ro chraith in cú a herboll, co tainic 5580
gaeth doilfi drai[d]echta as, co ro thoitsetar a sceith da nguail-
lib 7 a slegha assa lamaib 7 a claidme da slessaib, co rabadur
issin múr theinead ina fiadnaisi, 7 ro marbsat na hóclaig sin
da mac rí[g] Ulad,' ar Cailte, '7 ro impó in cú 'ar marbad na
fer, 7 tuc a hanail fa na corpaib na fer co nderna min 7 lu- 5585
aith díb, conna frith fuil na féoil na cnáim dib ar lathair.
Ocus iss é sin,' arsi Cailte, 'in da fert ro fiarfaigis dim, 7 geb é ro
oslaiced orro ní fuighbed a bec intib acht mad a lán uire 7 gainim.'

'Ocus nir' indis duind riam,' air-si Eogan Leithderg
[fo. 137ᵃ 1] rí² Muman, 'scél budh inganta 7 budh diamra ina 5590
sin, a m'anam, a Cailti; 7 cret in sonn ard ut do tháib in
chairthe thall,' ar in rí², 'isin raith?' 'Tuarustul in banchuire

---

¹ mur tenid, Laud.   ² rig, Laud.

sin,' ar Cailte, 'ó Finn cacha bliadna, 7 Oscur mac Oissin ro
folaig hé .i. x. fichit uinge d'ór fá thri, 7 is ann ro foilged hé,
5595 fa bun in chartha sin.' Ocus ro eirgedar in sluag 7 ro oslai-
cetar fair, 7 tucsat in t-ór as, 7 tucad a trian do ríg Muman
7 a trian aile do nóemPatraic 7 do Cailti, 7 trian dona cleir-
chib. 'Ocus mairid in t-ór,' ar Cailte, '7 ní mairenn in flaith
Find na Oscur mac Oissin ro folaig.' Ocus adubairt Cailte:

5600   Mairid anfu Raith chind chon . gan áille gan imrissin,
    ocus ní mairenn an rí . Find mac Cumaill Almainí.
    Mairid ann lia na ratha . gus' tathaigmis cach tratha,
    is mairid in t-ór derg dron . ocus ní mairenn Oscur.
    Aidhed Duind is Dubain dil . fuaradur bás a folaig,
5605   is bamarne 'ga n-iarraid . sechtmain ar mís is bliadain.
    Findchas is Finndruine iar fír . is Findingen, truag in gnim,
    ar na hindberaib co mblaid . tri hingena in Cheindselaig.
    INmain in timpan blaith bec . ní chuala cluas a chomboc,
    ro choiteldaís, mor in buaid . sluaig in domain ré haenuair.
5610   Timpan bec ro bói ac na mnaib . cona leithrind airgit báin,
    cona deilgnib oir buidhe . cona thétaib findruine.
    Caeca lepaid astigh thall . caeca cornn, caeca fi[d]chell,
    caeca uinge d'ór derg dron . cacha bliadna a tuarustal
    Adeirimsi riut reime . is fír inní raidimne,
5615   mor do cach maith urcrade . do chaithsimne 'sa raith-se.
                                        Mairid.

'Dala in trir óclach sin, a m'anum, a Chailte, ar rí [1] [Muman]
assa haithli, 'ind acaibsi do badur nó ind uaib dochuadur?'
'Is acainde ro badur,' ar Cailte, 'nóco ndernad becbuidhne don
5620 Féin 7 nónbair do thrib cathaib na Féine ac Raithin na nón-
bur ac laechmachaire Laighen. Ocus rainic nónbur óclach 7
naenbur gilla in cach aen baile a nEirinn don Feind d'iarraid
da mac ríg Ulad atorcradur re macaib rig na hIruaithe
aniar.

5625   Dala immorro Find meic Cumaill, rainic reime co Temair
Luachra ar scailed na Féinde dó, 7 ní roibe don Féind ina
farrud acht daescursluag 7 gillida fedma na Féinne.

Dala na naenbur sin dorinde Find d'Fiannaib Eirenn
d'iarraid da mac rig Ulad, tangadur co Temair Luachra ind

---

[1] rig, Laud.

aenadhaig d'indsaigid Find gan fis a mbí na a mairb na fer 5630
sin leo, 7 a ndala sin conic[i] sin.

Dala Patraic immorro 7 rig Muman, tangadur secha bodes
co Beind mbain in retha etir Sliab Claire 7 Sliab Crot. Ocus
ro tśuidhetar in sluag uile ann, 7 ro tśuidh Patraic 7 Cailte,
7 adubairt rí Muman: 'Crét fa tucad Benn bán in retha ar in 5635
n-inad so?' Ocus fregrais Cailte sin:
in marg, Cid diatá Benn bán in retha eter Sliab Claire 7 Sliab Crot?

'Feacht n-aen da raibi Find mac Cumaill ar in tulaig-sea
atchonncadur in mnái ara cind issin tulaig, 7 brat corcra corr-
tharach uimpe, 7 delg óir issin brut 7 lann d'ór buidhe ré 5640
hétan, 7 ro fiarfaig Find scela di canas tainic, 7 fregrais sí dó:
'Ó Beind Étair meic Étgaith ind feindida anair.' 'Ca comainm
thúsa, a ingen?' ar Find. 'Étain Foltfind m'ainm-si,' ar issi
'.i. ingen Éda Uchtgil a Síd Beinde hEtair anair.' 'Cret 'ma
tangais assin conici seo?' ar Find. 'D'iarraid comlenga aenfir 5645
ar Fiannaib Eirenn,' ar sí. 'Cindus atá do rith?' ar Diarmait
hua Duibne [fo. 137ᵃ 2] rissin ingin. 'IS maith mo rith,' ar inn
ingen, 'gid fata gair bias tír nó talam fám chois is cuma lem
beith am rith,' ar inn ingen. Cailte adubairt:

> Mar thangamar don Beind bain . doriacht aenben inar ndáil, 5650
> is do fuacair ar Fein Find . comling aenfir gerb' eislind,
> Ro rithissa ria 'arsin . gusin n-ard os Badhamair,
> fa comluath duind issin chnoc . is limsa ro bo lanolcc.
> IS do rithamar 'ar sin . assin chnoc os Badhamair
> tar uaim tar ochtaib glinde . co dún danair Dubli[n]de. 5655
> IS mé fa taísci issin dún . nir'bo mé in Cailte gan rún,
> is dochuadus díb uile . etir coin ocus duine.
> Ocus dochua[d]mar 'ar sin . gusin n-ucht ac Beind Étair,
> cor'ba tśolus uile in sluag . issin tsíd álaind indfuar.
> Tangamar anunn 'sa síd . fuaramar ann midh is fín, 5660
> is ro bamar ann 'ar sin . fiche aídchi 'na degaid.
> Bristi mo chride am chli chain . is na turcnam dom anmain,
> ic fechain cach thulcha iar tain . ocus na beinde ar marthain.
>   Mar thangamar.

'Ocus iss é lín tangamar gusin síd annsin,' ar Cailte, 'xx.c. 5665
d'Fiannaib Eirenn 'ma¹ Find mac Cumaill, 7 ro tśuidsemar ar

---
¹ mad, Laud.

colba chiuil in righthighi issin tśíd, 7 'arsin dorinded ar n-umal-
fossaig, *ocus* ro claeed ar ṅgere, 7 ro scuired ar n-íta. *Ocus* mar
do bamar ann atconnairc in flaith Find in n-ingin mín mong-
5670 buidhe os urdreich na ṅdabhach, 7 cuach findairgit ina laim,
7 sí ac dáil do chách.

IS annsin adubairt in flaith Find: 'Adar lind issí siut inn
ingen ro focair comrith 7 comling ar in Féind ó Chathair
tSleibe Crot aniar co Beind Étair *meic* Étgaith in feindeda.'
5675 'Nocho ní siut do bói remut et*ir*,' ar Aed Uchtgel rí in tśida,
'uair issí sin ben as mailli atá accainde.' 'Cia ro bói romainde
amlaid?' ar Find. 'Bé mannair in*gen* Aingceoil,' ar Áed Ucht-
gel m*ac* Aeng*us*a *meic* in Dag[d]a .i. banechlach[1] Thuaithe
dé Danann. Oc*us* issí théit a richt in spegdubain 7 in mil
5680 moir, 7 delb*us* a richt na cuile hí féin, 7 delbaid a richt c*acha*
fírcharat et*ir* fir 7 mnai fos, 7 co léicenn cach a rún ria, 7
issí sin ro bói reomutsa aníar isin comling retha, 7 ní hí in
in*gen* út,' ar Aed, 'acht ro bói ac ól 7 ac áibnius os chind na
ṅdabach issin tśíd.' 'Ocus ca hainm in in*gen* út?' ar Find.
5685 'Étain Foltfind sin,' ar Aed Uchtgel '.i. in*gen* damsa 7 mac-
caem T*uaithe* dé Danann uili hí.' 'IS amlaid ata in in*gen*
sin,' ar a hathair, '7 lendann aici d'Fi*an*n*aib* Eirenn.' 'Maith
a m'anum,' ar Find, 'cia accaind in lendan sin?' 'Osc*ur* mac
Oissin annsiut,' ar eissi*um*, '7 issí do chuir ind echlaig[2] ar b*ur*
5690 cendsi co Cathair tSleibe Crot bodes, 7 tairgid Cairpre Lifechair
mac Cormaic in tricha cét is chomnessa do Tuath*aib* Breg 7
Midhe do thabairt dó *Thuaith dé Danann* in[a] tindscra 7 ina
turthochmarc dogrés, 7 a cur fein a meidh 7 a comthrom
d'ór intí 7 a comthróm d'airgid 7 a thabairt sin di.' 'Cid um
5695 nár' faemabhair-si hí do mac ríg Eirenn tar a éis sin?' ar
Find. 'Nir' gabumar,' ar Aed, 'uair ni raibi cuit menman na
aiccenta di ann, 7 ní dernamar ni a dáil na a caingen 'arsin.'
'Maith,' ar Find, 'ca coma tśire orainde? Maith m'anam, a
ingen, ca coma iarrái ar m*ac* micc in rigfeinded .i. ar Osc*ur*?'
5700 Adubair[t] in ingen: 'Gan mo léicen tré bithiu nóco tí m'anfalta

---

[1] banethlach, *Laud*. [2] ethlaig, *Laud*.

fein rium.' 'Rachaid ám in choma sin duitsiu,' ar Oscur.
'Tabair cuir 7 tenta rind annsin,' ar in ingen. 'Cá cuir connaigi?' ar Oscur. 'Goll mac Morna ó macaib Morna 7 Find mac Cumaill ó Fiannaib Eirenn.' Ocus tucad na cuir sin ria [fo. 137ᵇ 1], 7 ro fóeestar inn ingen 7 Oscur, 7 ro bamarne re 5705 .xx. aidchi ann ina degaid sin.

IS annsin ro fiarfaig¹ Oscur d'Find: 'cáit a mbersa mo mhnái?' 'Co hAlmain lethanglais Laigen,' ar Find, 'co cend .uii. mbliadan, 7 faghaib-si féin inad ossin amach di.'

'Ocus tucad cath buidhnech Beindi hEtair assa haithle 5710 sin,' ar Cailte, '7 ro tromloited Oscur ann, 7 ro bensatar ind Fiand a ciall de, 7 ro ben Find fos de, 7 tainic Etain Foltfind áidchi ann ar in n-imdaid² i farrud Oscuir, 7 atchonnairc in delb rigda romor ro bói fair do scuch uaidi, 7 tainic glaisi 7 duibe da hindsaighid, 7 ro thócaib in ingen a fáidhe firthrúaga 5715 7 a gol n-ard n-accaintech ós aird, 7 tainic inn ingen ina himdaid³, 7 ro moid⁴ cnomaidm da craide ina cliab, 7 fuair bas do chumaid a céile 7 a cétmuintire amal atchonnairc hé, 7 ro hindlaiced chuind⁵ a sída bodéin hí, co Síd Beinde hÉtair, 7 ro cuired fo cláithib talman hí. Conid Fert Étaine a ainm,' 5720 ar Cailte. 'Ocus ro fácaib tri meic [leg. coin] maithe ac Oscur .i. Luath 7 Indell 7 Oscur a n-anmanna. Ocus iss é sin scel ro fiarfaigis dim,' ar Cailte, '7 is uime sin tucad Bend bán in retha ar in n-inadhsa.'

Ocus ro badur ann ind aidchi sin co tainic la cona lan- 5725 soillsi arnamairech, 7 ro eirig nóemPatraic 7 in sluag uile co rangadur co Cuillind 7 co Callaind a n-Íb Cuanach, 7 suidhis nóemPatraic ann, conidh Suide Pátraic ainm inn inaid ó sin anall, 7 suidid⁶ rí Muman ar gualainn Pátraic, 7 suidhis Cailte ina fiadnaissi. 5730

In marg. Ut dicitur Cuillind a n-Ib Cuanach aniu.

IS ann sin ro fiarfaig Eogan Leithderg mac Aengusa .i. rí Muman do Chailti: 'Cred 'má tucad Callann 7 Cuillenn ar

---

¹ fiarfaid, *Laud.*   ² nimdaig, *Laud.*   ³ himdaig, *Laud.*
⁴ moig, *Laud.*   ⁵ dochum, *Fr.* 65.   ⁶ suidig, *Laud.*

in inad so, 7 créd 'ma tucad Lighi ind óic 'ar in tulaig út 7 Clad na Feine ar in clad so atá a timchell ind feraind 7 na criche?' Ocus fregrais Cailte in cheist sin:

'Laithe n-aen,' ar-si Cailte, 'da raibe Find mac Cumaill ac Raith chuiri etir Dún nDelga 7 muir í cind Trágha Baile 7 Leapaid na hiubraige dondarna taeb d'[F]ind .i. Raith na hccraide inad in Duib-sai[n]glenn 7 in Leith Macha don leith eili 7 Dun delga ar ar cúl, 7 ní cían ro bamar ann,' ar Cailte, 'co faccamar in tricha cairptech issin tráig atuaid,' ar Cailte, 'cach dirge chucaind, 7 ro tairrlingetar ann, 7 ro scuirsetar a n-echraid, 7 suidis in t-óclach rosclethan mor ba sine 7 ba huaisli acco ar gualainn Find meic Cumaill, 7 fiarfaigis in flaith Find scela de. 'Canas tangais, a m'anam, a óclaig, 7 cia thú féin?' ar se. 'Callann mac Fergusa Find missi,' ar in t-óclach, 'mac ríg Ulad atuaid, 7 mo derbrathair fein Áed Donn mac Fergusa Find atá accum indarba nach léicend ac Cormac hu-Chuind mé 7 nach léicenn am duthaig[1] féin. Ocus tanac dot' accallaim-si, a rígféindid,[2] uair atá ar fialcharadrad araen .i. Meas Mungel, ingen Aengusa rí Ulad, do tsenmathair-siu derbtsiur m'atharsa 7 mathair Cumaill isseic.

'Mass ed is ó Ultaib,' ar Oissin, 'tucamarne in mire 7 in torcdacht ata induind.' 'IS uaithib,' ar Find, 'co deimin. IN a n-Ultaib is áil let ferann d'fagbail?' ar Find. 'Ní hed um,' ar eissium, 'uair ni dingnem fingal etraind féin.' 'Mass ed,' ar Find, 'rachatsa amairech romum co hEocho Faeburderg mac Find, co ríg da cóiced Muman, 7 sirfetsa ferann re hed [fo.137b 2] 7 re hathaid[3] duitsi air.' Ocus muna faghbur ferann ar ais dobersa cath i cind Traga Baile um it ferann fein do rí[g] Ulad.'

IS annsin do eirgedur tri catha na Feine, 7 Callann mac rig Ulad reompo bodes co Cathair tSleibe Crot co hairm a raibe rí Muman, 7 tainic in rí a comdail Find 7 Fiann Eirenn, 7 adubairt: 'Mochen do tiacht, a m'anum, a Find,' ar rí Muman, 'is tairise linde ind faeilte sin.' 'Is tairissi ón,' ar in rí, 7 tangadur issin ndunad anunn 'arsin, 7 ro frithailed uile iat, 7

---

[1] duthaid, Laud.   [2] rigfeindig, Laud.   [3] hathaig, Laud.

ro cóirged tech n-óla acu, 7 tucad Goll mac Morna a le*th*laim
F̈ind, 7 tuc*ad* mac rig Ula*d* ar in laim aile F̈ind.

Ocus is annsin adubairt rí Muman: 'In faccabair d'*f*eraib 5770
Eire*nn* *nó* d'*f*eraib in domain uile in t*r*es *fe*r budh ferr delb ina
in t-óclach út ar gualaind F̈ind m*ei*c Cumaill?' *Ocus* ro ḟiar-
faig rí Muman: 'cia hé in t-óclach sin fuil it farrudsa, a F̈ind?'
Ocus ro indis Find a ainm 7 a sloi̇nded dó, 7 a thuidecht
d'iarraid *f*eraind 7 ḟorba fairsi*um*. 'Dar mo breithir am,' ar rí 5775
Muman, 'gid ara aghaid[1] féin do tiucbad duine a chommaith
siut d'iarraid crich 7 *f*eraind ro bad chóir a thabairt dó, 7
tussa a m'anum, a rí[g]*f*éindid[2] da iarraid is córaide a thabairt
dó. *Ocus* acsi̇ut da triucha c*é*t uaimsi dó,' ar rí Muman. '*Ocus*
in t*r*es triucha [cét] damsa 7 don F̈éin, ar Find. *Ocus* tucad 5780
dósom sin, co rabad*ur* tri .xxx. c*é*t d'*f*erann aicci.

'Caı̇t a tabrai dó in *f*erann sin?' ar Find. 'Breicthír,' risa
raiter Hí Chuanach, '7 Tulach na dala,' risa raiter Cuillind issin
ta*n*so. IS borb ulltachda mo muintersa,' ar Callann mac
Fergusa, '7 cind*us* dogenat?' 'Comairle accum duitsiu uimisin,[3] 5785
ar rí Muman '.i. denat in F̈iann annsiut dúnchlad 7 daingen
umat t'*f*erann.' *Ocus* do eirgedar tri catha na Féinde, 7 do-
rigned leo sin re .uii. laithi na sechtmaine, 7 dorigned sluag-
dor*us* deabtha fair, 7 'arna denam sin dó, tainic Find 7 t*r*i
catha na Feinne 7 Callann mac Fergusa, mac ríg Ula*d*, maraen 5790
ríu co Cathair tS̈leibe Crot dorissi.

IS annsin adubairt Find: 'Maith, a m'anum, a rí Muman,
in fitir t*us*a ca toisc aile risa tangamarne do t-indsaigid?' 'Ní i̇etar
um,' ar in rí. 'Do chuingid t'ingine-si .i. Chuillinde, do Chal-
lann do mac ríg Ula*d*.' 'Cred a tindscra 7 a tirochraic[3]?' ar 5795
a hathair. 'Tindscra cétach,' ar Find .i. c*é*t do ca*ch* crud 7
do cach díne di, 7 rach sin ar breithir di,' bar Find, 7 ra
naidmed di sin, 7 tuc*ad* ingen rig Muman do mac rig Ula*d*
ind aı́dchi sin,' ar Cail*te*. *Ocus* dochuaid Callann mac rí[g]
Ulad arcend a muintire bothuaid, 7 doriacht a muintir leis 5800

---

[1] adhaig, *Laud.* [2] rí ḟeindig, *Land.* [3] tinacraid, *Laud.*

d'indsaigid ind feraind sin tucastar rí Muman dó, 7 dorigned dúnad mor leis annseo.

Ocus rucastar inn ingen mac suaichnid sainemail dó .i. Fer óc a ainm, 7 ro bo therc a nEirenn uili nech budh com-
5805 maith delb na luth na lamach ris.

Ocus doriachtamarne tri catha na Feine d'indsaigid in baile seo 7 deich cét ar fichit cét cacha catha díb, 7 mar do bámar ann inar sessam, atchonncamar in t-aenmacaem ac cluiche[1] ann ar in fai[th]che, 7 lia comthrom cloiche ara dern-
5810 naind, 7 do bered ró n-urchair di co tecmad tarsna deich n-imaire[2] hí, 7 dorithed fuithe 7 do gabad etarbuais ina glaic hí, 7 ro bamar uile ica tsírfegad tri catha na Feine. Ní [fo. 138ᵃ 1] faccamar riam,' ar Find, 'lámach budh ferr ina sin, 7 cia in maccaem doní in lámach, a firu?' ar Find. 'Mac fir in
5815 baili sin,' ar cach .i. Fer óc mac Callainde, mac ríg Ulad. Ní thainic d'Ulltaib riam ó dochuadur na fir mora maithe do bói díb, adhbur gaisccedaig is ferr anas in maccaem út. Ní thainic um,' ar cach uile i n-aenfecht. Ocus daní-sium lamach aile is doirbe ina sin,' ar cach. 'Cred eissein?' ar Find '.i.
5820 urlannda tsleg do chur re talmain, 7 a druim risin mbaile, 7 leim re crannaib na sleg tar sluagdorus in baile co mbói ar in lic allanall 7 a tslegha ina laim, 7 lingid léo 'na frithing tar in mbaile amuich co mbói ar in fai[th]che seo.'

'Ar fír do chubais riut, a Fir óic,' ar Find, 'dena in cles
5825 inar fiadnaissi.' 'Dogenum,' ar in maccaem. 'Ocus is nár lém a dénamh i fiadnaissi Fiann Eirenn muna thí lem a denum co maith.' Ocus doroine in cles a fiadnaissi Find 7 na Feinde mar is ferr dorinde riam hé.

IS annsin doriacht Callann 7 Cuillenn .i. athair 7 a ma-
5830 thair in maccáeim, chucca, 7 ro fersat fircháin faeilte re Find 7 reim in Féinn archena. 'Maith a m'anum, a meic,' ar siat, 'déna do chor 7 do muintirus re Find.' 'Dogén,' ar in maccaem. Do eirig 7 dorinde a chor 7 a muintirus ré Find, 7 tuc a lám il-láim Find, 7 tangamar anunn iarsin issin dún, 7
5835 ro bamar ac ól 7 ac aibnius and.

---

[1] cluithe, *Laud*.   [2] nimaired, *Laud*.

IS ann adubairt iu flaith Find: 'Cáit a fuil Berrach in*gen* Chais Chuailgne?' 'Sunn, a m'anum, a rígfeinnid,'[1] ar inn ingen. 'Tabair in n-armidh chét do t'indsaigid, 7 tabair a t*ri* lan d'ór inti 7 a t*ri* lán d'airget, 7 tabair d' Fir óc ina thuar*u*stul.' *Ocus* ro roind in m*a*ccaem ar t*ri* sin .i. a trian da athair 7 a trian da mathair 7 a t*ri*an aile d'éicsib 7 d'ollamnaib 7 do lu*ch*t*r*aid maithi*u*sa Fiann Eire*nn*. 'Is eolach do roinded in tuar*u*stul,' ar Find. *Ocus* do bad*ur* ann co tainic lá *co*na lansoills[i] arnabarach.

Annsin dorigned selg 7 fiannchosc*ur* ac t*ri* cathaib na *Féinne*. Cid t*r*a acht cetguin muice na fiada do rochtain do neoch d'fiannaib Eire*nn* ac Fir óc ní rainic in la sin. Ar tiachtain im*mor*ro dóib da tigh 7 ar ṅdenam na selga, is and ro gab*u*sdur slaetan tromgalair F*er* óc tré tṡuilib na sochaide 7 tre format in morsluaig, cor*us*-marb gan anmain i cind nó- maide hé. O*cus* ro cuired fan tal*main* ar in tul*aig* tonnglais út he,' ar Cail*te*, '7 in l*í*a lainderda ro bói ina laim ac denam chluiche[2] 7 aini*u*sa iss é siut assa chind hé,' ar Cailte.

'*Co*n*i*d uada sin atá Tulach in óic ar in tulaig seo.

Ocus do bói a mathair bli*adain* issin baile-sea tareis a meic, 7 ticed ca*ch* láe d'indsaigid ferta a meic, 7 ro bói ica cháined rissin ṁbli*adain* sin, 7 fuair bás do chumaid a meic la n-aen ann, 7 tuca*d* issin tul*aig*-seo ille hí.

Conid uaithe atá in t-ainm .i. Cuillenn.'

[fo. 138ª 2]. *Ocus* iss é seo in cethramad inad a ngabdais Fianna Eire*nn* a n-étaigi lighda lendmaissecha umpu,' ar Cail*te*, '.i. Temair Breg 7 Temair Lua*ch*ra 7 ind Almain lethanmoir Laigen, 7 í Cuillind annseo. *Ocus* is annseo donith in flaith Find t*ri* catha don Fein ca*cha* blia*dna*, 7 is annseo doberthea 7 do toghtha curaid re gaisced a n-inad ca*cha* marbtha d'Fiannaib Eire*nn*. *Ocus* is ann doberthea na daim imdiscire alltaide 7 na tuirc thaebtroma dar n-indsaigid co lar in tighi n-óil 7 n-aibniusa,' ar Cail*te*, '7 rob adba os 7 fiadmíl Cuillind in la sin.'

---

[1] rí feinnig, *Laud.*   [2] cluithe, *Laud.*

Ocus adubairt Cail*te*:

5870
Cuillenn bá hadhba fiadaig . ba port ríg g*usi*n riagail,
bá halaind a n-uair chatha . co*na* hetach ildatha.
Cá hóc da tuc Find in t-ór . in rí direcra dímor,
ocus ca mét n-aídchi iarsin . cor' scar a chorp ré anmain?
Ní dernad engnam budh ferr . ana a nderna *Co*nan Cerr,

5875
is *Co*nan Mael ar in maig¹ . issin cath ac Berram[a]in.
Nir' messa in t-engnam aile . a cath laechda Lamraige,²
ina a ndernasa bodéin . missi is Diarmait is Oissein.
Nochor' ferr engnum fá gréin . ina a nderna Find bodéin,
is lind tainic a tharba . do ló catha Ollarba.

5880
IS truag a nderna in rí rán . is moch dochuad*ur* 'na dáil,
nach mairenn díb sunn ané . *acht* mad missi *ocus* Oisséin.
Adeirimsi riut reime . is fír inní raidimne,
is uallach ticdis don beind . in sluag sin rochar Cuillind.

['Adrae buaid 7 be*nnacht*ain,' ar Eoghun Lethd*er*g mac Oen-
5885 g*u*sa, '7 a Cailti, is truagh in scel sin ro indisis duinn .i. scél Fir óig' — *Fr.* 67ᵇ].

Ocus ní cian ro bad*ur* ann co faccad*ur* in mbuidhin moir croda comméite da n-indsaigid ina da ndirma .i. ocht *fichit* sciatharmach in ca*ch* buidhin díb, 7 ámdabcha da sciathaib
5890 donnchorcra ina timchell, 7 fidhnemed do tslegaib urarda ré nguaillib, 7 gilla dond dighrais deghalaind in tossach na buidhne, 7 mind óir ima chenn i comartha ríg, 7 brat corcarglan iman n-óclach aile fa cenn orro, 7 cathbarr óir ima chenn. Ocus slechtsat do Pa*tra*ic 7 tucsat a cind ina ucht.

5895 'Cia sibsi, a óca?' ar P*átra*ic. 'Da rig Iarmuman .i. Derg m*a*c Dinertaig m*ei*c Maili-dúin missi, 7 Flann mac Flaind m*ei*c Failbe in fer aile. Atá fled morcháin acaind duit, a rí³ Muman,' ar na hócláig, '7 is ferrde lind nóemP*átra*ic do tha-bairt duit let d'ól ma fleide, uair maith lind ar crich 7 ar
5900 f*er*ann do bennachad dó, 7 ar mbéomaicne 7 ar marbmaicne do thabairt dó, uair nir' gabsamarne cara cleirig aile *acht* mad seissi*um*. Ticidsi romaind,' ar in rí,⁴ '7 ro soissimne in bur ndegaid.' Ocus ro anad*ur* annsin ind aídchi sin co tainic la co*na* lansoillsi arnabarach. Ocus tainic in sluag sin uile 7

---

¹ muig, *Laud.*   ² lamraide, *Laud.*   ³ ríg, *Laud.*   ⁴ ríg, *Laud.*

Pátraic cona muintir co Cathair na cét bodes ar lethmullach ⁵⁹⁰⁵
tSleib[e] Mis. Ocus tangadur da ríg Iarmuman ina n-aghaid,¹ 7
fersat faeilte re Pátraic 7 re rig Muman, 7 tucsat screpall
soiscela do naemPátraic .i. tri fichit uingi d'ór 7 tri fichit
uingi [d']airget cach fir dib.

IS annsin ro ḟiarfaig Eogan Leithderg mac Aengusa meic ⁵⁹¹⁰
Natfraich rí Muman do Chailti: 'Ocus cred 'ma tucad Daire in
coccair ar in inad-so? [fo. 138ᵇ 1] ocus cred 'ma tucad Druim
na mna mairbe ar in druim-sea? 7 crét 'ma tucad Raithin na
sénaigechta ar in raithin-seo rind andes?' Fregrais Cailte
sin: 'is accumsa atá a fis,' ar Cailte, 'cen gub núa in ní ⁵⁹¹⁵
dia tá.

Feacht n-aen da tainic Find mac Cumaill 7 tri catha na
Féinde conici seo do tṡeilg 7 d'ḟiannchoscur, 7 ni cían ro bamar ann co faccamur in t-aenduine dar n-indsaigid, 7 suidhis
ar in tulaig-seo inar farrad, 7 ben do bói ann, 7 leine do ⁵⁹²⁰
tsroll rig re cnes, 7 brat cimsach corcarglan uimpi, 7 delg oir
ann, 7 inar fann clechtach forórda uimp[i] cona uchtchlar
ordaigi ann, 7 mind óir fa cenn. Ocus ní suaill in ní ris fa
samalta lind hí .i. re séolcrand luingi lánmoire as ardmullach,
7 rob' uathad accaind nech nar' gab gráin 7 ecla 7 uruamain ⁵⁹²⁵
re febus delba na mná 7 ar a mét. Uair nír' lucht comaimsire
di sinde, uair ba mó issi co mór. Ocus iss é ro bói ar lethlaim
deis Find intan sin .i. Goll mac Morna, 7 tucustar Cailte teist
mor ar Goll a fiadnaissi dá coiced Muman annsin: 'Rob é²
sin,' ar Cailte, 'in lám anuachtar, 7 in tonn báis os borbbuid- ⁵⁹³⁰
nib, 7 in leoman lonn, 7 in cúiced gaiscedach is ferr ro bói
a nEirinn 7 ind Albain i comré 7 í comaimsir ris féin ar cúl
sceith 7 chlaidim 7 tsleighe. Uair rob iat-sin cuicir is ferr
gaisced ro bói a n-aenaimsir a nEirinn .i. Find mac Cumaill
7 Lugaid Lága 7 Oscur mac Oissin, 7 Goll mac Morna, 7 ⁵⁹³⁵
dar mo breithir,' ar Cailte, 'ní do bocassach breithre is mé féin
in cóiced.'

---

¹ naghaig, Laud.   ² pé, Laud.

IS annsin adubairt Find re Goll secha: 'In faccais riam ben bud mó ina in ben ut?' 'Dar mo breithir ám,' ar Goll, 5940 'ní faca 7 ní faccaid nech aile riam mnái budh mó inás.'

Ocus tuc in ingen a laim leabargasta amach assa cóim, 7 do bídur tri failgi óir uim-indara láim di, 7 da falaig¹ imin laim aile, 7 ba comremur re cuing n-imechtraig cach fail díb. 'Scela is chóir d'fiarfaige di,' ar Goll. 'Cindus ro fétfaide² eiseíc,' ar 5945 Find, 'acht mina eirgimne inar sessam, 7 is cuntabairt da cluine sí sind mar sin fos.'

IS annsin ro éirgedur in sluag uile i n-aenfecht ina sesum do comrud 7 d'imacallaim ria, 7 ro eirig sí maraen ríu. 'Suidh it suide,' ar Find, 'a ingen, 7 tabair t'uillind rissin tulaig mád 5950 áil let ní do chloistecht duit uainde 7 ní do thuicsin uait.' Ocus tuc sí a tóeb rissin tulaig, 7 ro fiarfaig in flaith Find scéla di.

'Maith, m'anam, a ingen, ca tír assa tangais,' ar Find, '7 cuich tú féin?' 'A Tír na n-ingen aníar mara fuinend grian, 5955 ticim, 7 ingen rig in tíre sin mé féin.' 'Ca h'ainm thusa, a ingen?' ar Find. 'Bébind ingen Treoin, ingen ríg Thire na n-ingen missi,' ar sí. 'Cret ima tucad Tír na n-ingen ar in tír sin?' ar Find. 'Ní fuil d'feraib inti,' ar inn ingen, 'acht m'athair sea cona tri macaib 7 .ix. n-ingena 7 secht fichit 5960 ingen ro geined uada, conid airi sin aderar Tír na n-ingen rissin tír sin.' 'Ocus cá tír as chomnessa dóib-sin, a ingen?' ar Find. 'Tír na fer,' ar in ingen. 'Ocus cia is ríg inti sin?' ar Find. 'Cétach Crobderg,' ar issi, '7 ocht meic fichet do macaib aice, 7 aeningen, 7 tuccad missi do mac dó .i. Áed 5965 Álaind mac Cétaig Chrobdeirg, 7 fá thri thuccad missi dó, 7 ro élissa fá thri uada, 7 issí séo in tres fecht díb.' 'Cret tuc eolus in tíre seo duit?' ar Find. 'Triur iascaire³ do gluais gaeth assin tír seo dar n-indsaigid, 7 ro indissidar [fo. 138ᵇ 2] scela in tiresea duind, 7 adubradur óclach maith do beith issin tir .i. Find 5970 mac Cumaill, 7 massa thussa in t-óclach sin,' ar inn ingen, 'tanacsa do t'indsaighid dom' beith ar do chomairchi.' Ocus do benastar al-lámaind di, 7 tuc al-laim il-laim Find. 'Maith, a

---

¹ falaid, *Laud*. ² fétfaige, *Laud*. ³ iascairidh, *Laud*.

m'anam a in*gen*,' ar Find, 'tabair do láim il-laim Guill me*ic*
Morna annsin, uair ni córa duit do chor na do chomairchi ré
haenóclach a nEir*inn* ina rissin n-óclach sin.' *Ocus* tuc sí a 5975
lám il-laim Guill me*ic* Morna, 7 dorigne a cor 7 a comair-
chi¹ ris.

 Ocus is annsin atconncad*ur* dam imdiscir allta da² n-iud-
saigid, 7 araill do *ch*onaib na Feine. ina degaid. 'Léicid 'na
aenur don dam,' ar Find, 'a Fianna Eirenn, uair ní taeb re 5980
seilg ar con doberam anocht, ac*ht* taeb re hóclach éicin d'Fian-
naib Eir*enn*, 7 cait a fuil Find m*a*c Cuain?' ar Find. 'Sunna,'
ar in t-óclaech. 'Eirig reomaind dot tigh, 7 déntar ar frestal
7 ar frithailem.' 'Commáin duind ní do thabairt duidsi,' ar
Find m*a*c Cuain, 'uair atait ocht *fichit* findairge accumsa i 5985
les-lergaib na Lua*ch*ra, 7 is dítsa tarra[s] sin uile, a Find.'
Ocus ba do buadaib Find me*ic* C*u*maill, cid mor doberad do
neoch nar' máidestar fair riam il-ló *nó* a n-áidchi. IS annsin
ro eirig Find m*a*c Cuain do frithailem Find 7 na Feinde da
dúnad bodein. 5990

 Ocus dala na hingine, ro benastar a cathbarr caem cen-
galta da cind, 7 ro scailestar a folt findleabor fírálaind imma-
cend .i. ina ocht fichit dual, 7 ba hingnad lé cach uile mét
ind fuilt 'arna scailed. *Ocus* is annsin adubairt Find: 'A mordéé
adhartha, bid mor in t-ingnad lé Cormac h*úa* Cuind lé rí[g] 5995
Eir*enn* 7 lé hEithne Ollamda in*gin* Cathair Moir, 7 lé find-
ban*tr*acht na Feine .i. Bébhind ingen Treoin do faicsin!'

 Ocus adubairt in flaith Find ria: 'Maith a in*gen*,' ar Find,
'in bec letsu comraind deich cét do thabairt duit?' *Ocus* is
annsin ro tsillestar sí ar in n-abhacc .i. Cnú deireoil, ro bói ac 6000
seinm chruite a fiadnaissi Find, 7 'cid bec, cid mor doberasu,'
ar in in*gen*, 'do chomraind don fir bec út atá ac sefnad na
cruite it fiadnaissi ni bec limsa urdail ris.'

 IS annsin ro chuindig inn ingen digh ar Find, 7 adubairt:
'Cáit a fuil Salt*r*an Salfada?' 'Sunn, a m'anum, a rí[g]feindid'³, 6005
ar in gilla. 'Tuc let dam lán cuaich Smera tuill d'uisci ind

---

¹ a chor 7 a chomairchi, *Laud*   ² dar, *Laud*.   ³ rí feindig, *Laud*.

atha út.' Ocus iss ed do bíth ól tri nonbur don Féind isin
chuach sin, 7 dorat leis lán in chuaich sin, 7 tuc il-laim na
hingine, 7 ro dóirt in ingen ar a bois ṅdeis in t-uisci, 7 atibhes-
6010 tar tri bolguma as, 7 ro thócaib a bos asa haithle 7 ro chraith
in t-uisci ar in sluag cor' mebaid¹ a ṅgáire orro, 7 ro moid
a gaire ar in ingin fein léo. 'Ar do chubus riut, a m'anam, a
ingen,' ar Find, 'crét tuc ort gan in t-uisci d'ól assin chuach?'
'Nír' ibhiusa ní a lestar riam,' ar inn ingen, 'ach a lestar risa
6015 mbiad imdenam oir 7 airgit.' Ocus in dechain ro dechusa
thorum,' ar Cailte, 'atconnarc in t-aenóclach mór dar n-ind-
saigid, 7 gér' mor in ingen ro bo mó eissium, 7 tuighnech²
futairlli air co ticed tar formnaib a gualann, gan ulcha gan
fessóic fair, 7 da mbeidis fir in domain uili ar aenlathair dar
6020 linde,' ar Cailti, 'ní beth díb duine budh áille anás. Ocus brat uaine
aendat[h]a uime, 7 delg oir issin brut, 7 lene do tsroll ríg re
chnes, 7 sciath craebach corcarderg ara muin, 7 claidim órduirnd
ina laim, 7 sleg neimnech uillendglas ina laim.

Ocus is annsin ro dech(as)tar in sluag uile air, 7 uathad
6025 accaind acht fírgaiscedaig nar' [fo. 139ᵃ 1] gab gráin 7 eacla reime,
7 ro bói aiccned maith ac Find,' ar Cailte, 'uair nír' gab ecla
reim duine riam hé a ló ná a n-aídchi. IS annsin ro ráid in
flaith Find: 'Na labrad gilla na óclach acaib, 7 na gluaissed
nech assa inad. Ocus in n-aithnigenn nech acaib síut?' ar
6030 Find. 'Is aithnig damsa,' ar in ingen, 'iss é siut in fer ara
tanacsa teiched.' Ocus as cuma adubairt sin, 7 ro eirig in ingen 7
ro tsuid etir Find 7 Goll mac Morna. Ocus doriacht in t-óclach,'
ar Cailte, 'dar n-indsaighid, 7 inní ro bói a menmain ind óclaig,'
ar Cailte, 'ní raibe a n-aicned duinde eisseíc. Ocus mar thainic
6035 aird a n-aird re Find 7 re Goll ro thócaib in laim 7 tuc
sádud³ sarchlain sleighe ar in ingin, co raibe fat láma laich do
crann na sleigi a leith aniar di, 7 ro gab in t-óclach in tsleg,
7 tainic reime tar in sluag amach. 'Atchithi siut, a firu!' ar
Find, '7 na bith a menma rissin fiannaigecht tre bithu intí
6040 nach tibra a ail 7 a urraind ar siut nóco torchair lib hé.'

---

¹ medbaid, Laud.   ² tuidhnech, Laud.   ³ ságud, Laud.

'IS annsin ro eirgemarne,' ar Cail*te*, '*tri* catha na Féinne
a n-aenuair, *conar*' fácad ar in tul*aig acht* mad *tr*iur amain .i.
Find 7 Goll m*ac* Morna 7 in ben beogonta; 7 gabmáidne uile
a ndiaid ind óclaig co Raith na m*a*craide, risa raiter Raith
na caerech issin tan-so, a laechMachaire Lí thes, 7 do corcaig 6045
Maigi Ul*ad* siar, áit ir-rabad*ur* Ula*id* il-longport a *f*orbaissi a
Cathair na claenratha dar' marbsatar Cú-rí m*a*c Daire, 7 do
Lathair luingi sís, áit a ṁbidis longa clainde Dedad¹, 7 d' Inber
Labarthuinde ré hEir*inn* aníar—.i. Labur in*gen* Miled Espa*ine*
ro báided² ann, *nó* ro labair tonn re tír ann, — 7 do Thipr*a*it 6050
in laich leisc síar ar Tráig Lí m*e*ic Oidhremail, 7 do Rind
chana siar, a[n] bail a tabradais na hallm*u*raig a cís chanach*uis*
do Choin-rí m*a*c Dáire c*acha* blia*dna*. Ocus tuc a aighed ar
in cúan comlethan amach, 7 ro bamarne cethrur óclach i
com*f*och*r*aib dó,' ar Cail*te* '.i. Diarmait h*úa* Duibne 7 Glas m*a*c 6055
Aencherda Berra, 7 Osc*ur* m*a*c Oissi*n*, 7 mé féin in cethr*a*mad,'
ar Cail*te*. 'Oc*us* tucsamar aighed ar na tonnaib amach, 7 tuc-
usa sidhe retha rindluaith ina degaid, 7 tuc*us* sréo n-urchair
dó,' *a*r Cailti, 'co tarla in tšleg a n-iris a sceith 7 · ina gua-
laind chlí, 7 co tarla in sciath ar in tuind sis, 7 ro frithailiu*s*a 6060
in sciath im laim chli, 7 tuc s*o*m a laim ṅdeis dochum na sleige
da buain as, 7 tuc*us*a sidhe dochum na láma aile, 7 ro ben*us*
a tšlegh assa láim, 7 in trath ro ḟuabr*us*a a diubrug*ud* da
tšleig fein dorala remur na tonn 7 domain in mara etrum 7
hé. Ocus mar do bamar 'gá tšírḟegad atchonncamar in luing lan- 6065
moir aniar³ c*ac*h dirge da[r] n-indsaighid, 7 dias ic á himram,
7 dochuaid-si*u*m issin luing inar fiadnaisi, 7 ní fetamarne cá
leth dochuadar uaind 'arsin,' ar Cailte.

'Ocus doriachtamarne aniar conici in tul*a*i*g*-seo, tri catha
na Féine, 7 ro ḟiarfaig Find scela dind, 7 ro indisisu ar scela 6070
ó dochuadm*u*r no*co* tangam*u*r aris,' ar Cail*te*, '7 ro chuirsemar
na hairm ar lar í fiadnaissi Find,' ar Cailte. 'Maith na hairm
sin,' ar in in*gen* '.i. in tšleg dar'bo comainm in Torannchlessach
7 in Donn*ch*raebach in sciath.'

---

¹ degad, *Laud*.   ² báiged, *Laud*.   ³ aṅdiar, *Laud*.

Dala na hingine indister ann. 'Maith a m'anum, a Find,' bar inn ingen, 'dentar m'fert 7 m'adhnacul co maith, uair is ar do chomairchi thanacsa d'indsaigid Eirenn, 7 ar th'einech fuarus bás.' Ocus tucustar a failgi don áes dána .i. do Chnú deireoil 7 do Blathnait 7 do Daighre cruitire, 7 ro deilig anam re co[r]p di, 7 ro cuired fa thalmain hí annso. Ocus is uaithe tucad Druim na mna mairbe ar in ṅdruim seo,' ar Cailte, 'ocus iss é sin in scél ro fiarfaigis dim, a rí Muman,' ar Cailte.

'Ocus cret 'ma tucad Daire in choccair ar in ṅdaire-seo, a Cailti?' ar rí Muman. 'In cethrar atcualaidis lium ic Raithin na n-ingnad .i. in triur óclach 7 in cú ro chocradur ind Fiann a marbad annso.' 'Cá fochaind choccair ro bói acco forro 7 siat acco [fo. 139ᵃ 2] féin?' 'Nir' thuicsetar ind Fiann in corugud nó in tinrum tucsat forro, rob é sin fochaind a cocair .i. longport ar leith acco 7 múr teined ar lassad umpu, 7 gan nech da feicail assin múr theined sin co trath do ló arnamairech. Ocus adubairt Find: 'ní háil liumsa a marbad etir uair triur is ferr lámach 7 luth atá d'feraib in domain iat, 7 ataít tri héladhna acco, 7 nír' choir d'feraib in domain a marbad il-los na n-eladhan sin do beith acco .i. fir in domain,' ar Cailte, 'do beith a ṅgalur 7 a n-eslainti, 7 in tres fer díb sin do chur lossa ris do beth slemain slanchrechtach iarsin. Ocus cach ní athchuingither ar indara fer do geibther uad. Ocus in tres fer,' ar Cailte, 'esbadha in domain do indissin dó, 7 a faghbail uad gan esbaid. Ocus ro bói dono imarcraid aicce seoch cach nech díb .i. fedan do bói aicci, 7 fir in domain do choiteldais ris gemad mór a ngalur. Ocus in cú immorro,' ar Cailte, 'gen co marbmaisne uili fiad na míl ni biad uresbaid oraind aice si.'

IS annsin adubairt in flaith Find riu: 'in fetabair-si cid 'má tucad sib dom accallaim-si?' ar Find. 'Ní fetamur,' ar na hócláig. 'Ní tairissi lé fiannaib Eirenn sibsi,' ar Find, 'forna heladhnaib donithi accu, 7 is áil léo a focra dáibsi imthecht imslán 7 bur tuarustal do tabairt duib.' 'Cá holcc dorindsemar,' ar na hócláig, 'ind uair fócarthar imthecht duind?' 'Ní fetamur,' ar in Fiann, 'bur n-olcc, acht abhaissi accaib nach faccamarne 7 nach cualamur do denam do dáinib reomaib riam .i. múr tened umaib cach n-áidchi, 7 nach áil lib nech dabur faicsin ó thic ind adhaig chucaib, 7 curthái in múr tened sin umaib.' 'Ocus cid in t-olc¹ duibsi sin do denam duind, a Find?' bar na hócláig, 'uair ní horaibsi traiscermid, cach maith dogénam is libsi hí.' IS annsin adubairt in flaith Find: 'glor dáinead sochinel[ach] sin,' ar se, 'ar tabairt fala nó achmusain damsa dáib na do neoch d'Fiannaib Eirenn ni recha do ló na d'áidchi, 7 ní rob ail liumsa d'fiarfaige díb,' ar Find. 'Da raib a fis accaind,' ar na hóclaig, 'indestar duitsiu hé.' 'Cá hau- manna atá oraibsi?' ar Find. 'Atá Dub orumsa,' ar in t-óclach donith in leighes. 'Atá Ágh orumsa,' ar in t-óclach medhónach. 'Atá Ilar orumsa,' ar in t-óclach aile. Ocus adubairt Cailte ac tabairt tuaruscbala na fer sin 7 na con:

> Dub ocus Agh is Ilar . inmain triar fá cáem inad,
> ocus Fermac, maith in cú . bidh a medhón eturrú.
> Longphort ar leith accu amach . o longport na Fiann fuilech,
> connach aithned nech ille . in cethrur án oirdnnighe.
> Cethrar tangadur í cein . ní ro aithnestar Find féin,
> 's nír' ro aithin nech don tsluag . in cethrur álaind adhfúar.
> INadh ar leith accu amach . o longport na nEirennach,
> conna taidhled nech a tech . mina thaidhlid meraigthech.
> Múr teined umpu, mo nuar . bith 'na uisci cach ré n-uair,
> connach téiged nech amach . co trath éirge arnamairech.
> Nochur' loited aenfer riam . do muintir Find flaith na Fiann,
> ní raibe a ngabad na a ṅgub . na slanaigfe fos in Dub.
>   Dub.

'Ocus imthighid dabur tigh,' ar Find, '7 in comfat bias duine am degaid-si bíthí-si 7 in muinterus na fuarabair dogébthai bodesta.' 'Ocus is uime sin,' ar Cailte, 'tucad Daire in chocair ar in daire-seo do fiarfaigis dim, a rí.'²

'Adrae buaid 7 bennacht,' ar Eogan Leithderg rí Muman re Cailte, 'is maith d'fuasclais in dana cheist sin; 7 atá in tres ceist acut gan fuaslucud .i. cret 'ma tucad Raithin na Sénai-gechta ar in raithin seo?' ar in rí.³

Laithe n-aen da raibe Find annso ina tsuidhe 7 tri catha na

---

¹ intloc, Laud.   ² ríg, Laud.   ³ rig, Laud.

170   Acallaṁh na Senórach.

Féinde,' ar Cailte, '7 atconncamar triar scoloc maelruad dar
n-indsaighid, [fo. 139ᵇ 1] 7 tri coin ruada ina lamaib, 7 tri slega
accu' 7 neim ara n-armaib 7 neim ara n-étach 7 neim ara
⁶¹⁵⁰ lámaib 7 neim ara cossaib 7 neim ris cach ní risa ṁbendais.
'Canas tangabair, a ḟiru?' ar Find, '7 cuich sibh féin?' 'Tri
meic Uair meic Indaist sind,' ar siat, 'do Thúaith dé Danann,
7 óclach dot muintir-si do marb ar n-athair i cath Túaithe dé
Danann i Sliab hÉn tair —, risa n-abur Sliab Aighi meic Iughaine,
⁶¹⁵⁵ — 7 tangamar d'iarraid eirice ar n-athar ortsu, a Find,' ar siat.
'Fata co tangabair da hiarraid,' ar Find. 'Ní fetamar,' ar siat,
'nach iat meic Midhir do chuir in cath sin nóco tangaissi co
feis na Temrach, 7 co fetadar fir Eirenn conid tusa ro gab
braigde Túaithe dé Danann do macaib Midhir issin cath.'
⁶¹⁶⁰ 'Ocus cá hóclach dom muintir-si,' ar Find, 'ara cuirthai-si,' ar
Find, 'marbad bar n-athar?' 'Ar Cailti mac Rónain,' ar siat.
Dar mo breithir ám,' ar Find, 'iss é in seissed fer ro bói am
farrud-sa ann, 7 cá hanmanna fuil oraibsi?' ar Find. 'Aiṅgel
7 Dighbail 7 Espaid ar n-anmanna,' bar iat som, '7 cá fregra
⁶¹⁶⁵ dobeire-si foraind, a Find?' 'Ní thuc duine reomumsa éiric án
duine do muirfi[de] a cath, 7 ní mó dobérsa,' ar Find. 'Do-
génamne fogha[i]l 7 díberg fort,' ar iat som. 'Cá fogail¹ sin?'
ar Find. 'Atámaid triur brathar,' ar siat som, '7 dogenam foghal
ar leith cach fir uaind.' 'Dogénsa tra,' ar Aincel, 'in triar no
⁶¹⁷⁰ in dias nó in cethrar don Ḟeind teicemus dam, gebat a cossa
7 al-lama uili riu.' 'Dogensa dono,' ar Dighbail, 'ní rechsa lá
uaib gan esbaid chon nó gilla nó óclaig d'Ḟiannaib Eirenn.' 'Ní
rechsa uaib dono,' ar in tres fer .i. Espaid, 'gan esbaid droinge
nó daime nó choissi nó laime nó lethtsula oraib.' 'Acht muna
⁶¹⁷⁵ faghbam ní dar cobair orro sin,' ar Cailte, 'ní bia duine a ṁbe-
thaid a cind bliadna acaind.'

IS annsin adubairt in flaith Find: 'Maith, a Ḟianna Ei-
renn,' ar se, 'dentar dúnad 7 deghbaile accaib annso in fail i
tardhadur síut mé, uair ní bíusa reompo sechnoin Eirenn 7 iat
⁶¹⁸⁰ sum am deghaid noco findam cia uaind bus treissi.' Ocus ro

¹ fodail, Laud.

eirgedur ind Fiann annsin, 7 dorinde cach taissech Féine raithin 7 dúnad uime féin 7 uma foirind óta foradhmullach tSleibe Mis aníar conice seo,' ar Cailte. 'Is dóig lind,' ar rí Muman, 'is uime tucad Raithin na n-othrus ar na raithinib seo.' 'IS uime,' ar Cailte, 'uair mí 7 raithe 7 bliadain ro ansat annso, 6185 7 in triar sin ac denam cach aincissi 7 cacha hurbada rissin Féin,' ar Cailte. Ocus is annso donithea an othrus na Féine ó na lotuib rissin.

ISsí sin áes 7 uair dochuadur tri meic rig na hIruaidhe ro bói a comaitecht Find da accallaim in lá sin, 7 rucsat leo 6190 hé ar fót scrutan gaisse fo leith, 7 adubradur ris: 'Maith, a m'anam, a Find,' ar siat, 'in cú atá acainde is áil lind a tabairt duitsi a timcheall .i. fecht fa thri cacha tratha, 7 cid sochaide bias ar tí th'uilcc-si do denam nó foghla ort nocho ria léo ón o' trath co cheile acht na raib teine nó arm nó cú a n-aentigh 6195 ria, uair geis di, ní dibsin a n-aentigh¹ ria. 'Ní bia immorro,' ar Find, 'ní díbsin a n-aentigh ria, 7 ro sia immorro slán in cú chucaibsi.' Ocus is amlaid ro léicthea cacha tratha in cú chuind Find, 7 a slabrad druimnech dergóir imma braigit ir-rabadur .l. conchlann d'ór forloisc[th]e, 7 ticed in cú fecht fa thrí fan 6200 cuma sin a timchell Find, 7 doberead a tengaid fa thrí fair. Ocus in drém ba nessa dó andar léo ba dabhach medha 'arna himscagad ro bói ann don boltunud ticed di, 7 dar leisin ṅdroing aile ba baladh abhallguirt chubra in boltunudh ticed di in trath ticed istech cum Find. Ocus dorindset in triur sin,' ar Cailte, 6205 'foghla mora (ar in) Féin rissin mbliadain sin, 7 cach othrus 7 cach olcc donith Ainchél risin Féin re bliadain do chuired Dub mac ríg na hIruaithe (a lus) 7 a leighis ris, com[b]a slán iat arnamairech, 7 intí risa n(dénad) Espaid 7 Dighbail olcc doníth Ágh 7 Ilar a furtacht 7 a f(orithin). 6210

IS ann (atclo)s do Chormac húa Cuind,' ar Cailte, 'na náimdi sin ic denam uilcc ar Find, 7 is uathaib sin,' ar Cailte, [fo. 139ᵇ 2] 'atait na senfocail urdraice .i. intí risa mbenad urbaid nó espaid iss ed is gnathfocul ann 'tarraid Aiṅcél tú,' 7 is

---

¹ aenthigh, Laud.

6215 gnathḟocal fós 'tarraid Dighbail 7 Espaid tú,' intí risa mbenad dighbail nó espaid.

IS annsin,' ar-si Cailte, 'doriġned tinol 7 toichestal ac Cormac húa-Chuind, ac ri[g] Eirenn. Ocht catha fichet 7 deich cét ar fichit cét cacha catha conice in tulaig seo do chung-
6220 num lé Find 7 re Fiannaib Eirenn. Ocus ferais Find faeilte re Cormac 7 re maithib fer nEirenn archena, 7 ro indis Find in moréicin sin ir-raibe 7 na Fianna rissin mbliadain sin, acht muna beitis tri meic rig na hIruaithe ic ár cabair 'na n-agaidh 'Cid,' ar Cormac, 'in lucht ica fuilet na heladhna sin nach
6225 fuighbitis do tṡén nó do tṡolad nó d'eladhain ní dobérad a hEirinn iatsom?' 'Ocus is annsin adubairt Cormac riumsa,' ar Cailte, 'dul arcenn tri mac rig na hIruaithe. Dochuadhus 7 tucus lim iat d'indsaigi Chormaic 7 Find 7 maithe fer nEirenn, 7 atchonnairc Cormac iat. 'Álaind na fir,' ar si Cor-
6230 mac, '7 maith a ndelb 7 a tuaruscbail. Ocus maith, a maccu,' ar Cormac, 'in fuighbed sib sén na solad ro díchuirfed na trí náimde út a hEirinn neoch ata a[c] milled Ḟiann Eirenn? 'Da faghmais iat,' ar na hóclaig, 'a comḟocus duind ní ris a fuaicérmais doib imthecht, ro dingébmais d'feraib Eirenn iat.' Ocus
6235 cait a fuil Agh mac ríg na hIruaithe?' ar Find. 'Sun[n]a,' ar in t-óclach. 'Cáid a fuilet na tri naimhde ut millis Eirinn?' 'Ataid i Carnn Daire sunn a cind in longpuirt,' ar Ágh. 'Ocus cait a fuil Garbchronan 7 Saltrán Salfata? ar Find. 'Sund, a rigḟéinnid[1],' ar na gilli. 'Eirgid aracend sút 7 apraid ríu
6240 dobersa breth rig Eirenn doib ina n-athair.' Ocus tangadur na gilli reompo aracend conici sin, 7 ro indissidur sin doib, 7 tangadur sum d'indsaighid Chormaic 7 Ḟind leis na techtairib sin, 7 ro tṡuidhedar in triur sin ar clad na rathasa, 7 ro bói Cormac ann ocht catha fichet, 7 ro bamarne tri catha na Féine,' ar Cailte.
6245 'Iss annsin adubairt Cormac: 'Eirig, a Duib meic ríg na hIruaithe, 7 fuacair dóib siut re sén 7 re solad Éire d' ḟagbail.' Ocus ro eirig Dub 7 adubairt: 'Eirgid a nert in tṡéin seo 7 in tṡolaid, a tri náimhde tuathchaecha lesbaccach[a] leisbréna, leth-

---

[1] rí ḟéinig, Laud.

tsúilecha leithcherra, do tsíl uilcc ingnathaig a grianbroghaib ifirn anís 7 do tsíl Buadnaite ingine Irhuaith .i. ingen ind fir ro gabustar 7 ro thidnaic in firDia forórda 7 tigerna na n-uile dáine il-lámaib na nIubal n-amirsech. Ocus eirgid ar in sáile serbdomain amach, 7 gabad cach uaib do claidim i cendmullach a chéile bar triur brathar. Uair is leór a fat atathi ac fogail¹ 7 a[c] díbeirg ar in rígfeindid,² forglidhe fírbrethach .i. ar Find mac Cumaill. Ocus imthighid dochum bar mbunadchineoil athar 7 mathar 7 senathar .i. grianbruidnib³ ifirn sís, 7 co ro loisce teine sib ann!'

IS annsin ro thócaib in cú a láe 7 tucastar gáith fuithib anís dóib, 7 tangadur rompo amach ar in muir torthaig taebúaine, 7 do gab cach díb da claidmib a cend araile co fuaradur bas amlaid sin a triur brathar 7 co ṅdechadur a n-ifirrn.

Cailte cecinit:
Dochuadur siat uaind amach . ar in muir fa morthonnach,
cor' marb cach dib a chéile . cid ed ba mor conféire.
Aincel, Dighbail is Espaid . fuaradur bás anbfassaig,
ro báid⁴ muir is ro loit arm . in triar imaiṅcel acgarb.

Ocus is uimin sén sin tucad Raithin na Senaigechta ar in raithin seo,' ar Cailte.

IS annsin adubairt Flann mac Flaind 7 Derg mac Dínertaig⁵: 'is duinde bód chóir in sén sin d'iarraid, a m'anam, a Chailti.' 'Cá fáth ón? ar rí Muman. 'Ocht triucha cét atá ac cach fir acaind im dís seo atámait .i. rigi Iarmuman sin uili, 7 ind uair as áes 7 as uair duind ar trebaire do buain tecait tri helta don muir aniar chuccaind 7 guib chnama léo, [fo. 140ᵃ 1] 7 anala tened assa mbraigdib, 7 is comfuar re gaith n-erraig in gaeth tic assa n-eitib, 7 ind uair is áil lé cách lam a cend na ṅgort teccaid sim chuccaind,' ar Flann mac Flaind, '7 iss ed ro soichenn én anaghaid cacha déissi don gort accaind, 7 berait sium léo a n-aenfecht hé cacha bliadna, 7 berait in fecht tanisi léo connach fácait ubhall ar abhaill, na cnú ar cúll, na caer ar cáirthend gan breith dóib léo, 7 in

---

¹ fodail, Laud.   ² rí féinig, Laud.   ³ grianbruignib, Laud.
⁴ baig, Laud.   ⁵ dínfertaig, Laud.

tres fecht tecait, ní fácbhait minén¹ na oissén ar lár, na baeth-
lenum becc, na ní is tualaing iat do thócbail nach berait léo.'
6285 'Ocus cáit assa tecait?' ar Cailte, 'nó crét iat féin, nó co lus
tíagait?' 'Drem acaind ic á ráda,' ar Derg mac Dinertaig, 'co
rub a sídbrughaib ó Thúaith dé Danann tecait. Drem aile
'gá ráda is énlaith a hifirrun iat do dénam uilcc 7 écora ar
feraib Eirenn, 7 cip é inadh assa teccat,' ar na hócláig, 'ní fuil
6290 acainde acht in crich so 7 in ferann d'fácbail dóib, uair ní
fétmáid a fulang ní as sia.'

IS annsin adubairt Cailte re Pátraic: 'Cáit a fuil tigerna
ind eolais 7 na ríme .i. naemPatraic?' 'Fiarfaigi rob ail lem
dít da raib accumsa a fis,' ar Pátraic, 'do gebasu, uair minic
6295 liumsa fiarfaige do denam dítsu.' 'Cá bliadain a mbí mí gan
éscca,' ar Cailte, '7 ésscca gan mí, 7 mí congeib tri héscca?'
'Bliadain quartill,' ar Patraic, 'bís eter da míli bliadan .i.
mile roimpi 7 míli 'na deghaid, 7 in cétmí bís don bliadain
sin,' ar Pátraic, 'iss é bís gan ésscca, 7 in mí is nessa,' ar
6300 Patraic, 'bith ésscca ann, 7 ní bí mí aca tre mí fáe 7 in tres
mí,' ar Patraic, 'gabaid tri hésscca fair .i. in cétésscca don
cétmí ro áirmemar² í tur ar cesta reomaind 7 in cétéssca don
raithe reomaind in mí cétna gabus, 7 in trés ésca,' ar Pátraic,
'éssca callanraid aéoir bunaid in mís sin he,' ar Pátraic.

6305 'Adráe buaid 7 bendachtain, a naemPatraic,' ar Cailte, '7
mo chin tainic a ngeinemain fer nEirenn in la tangais da
n-indsaigid. Uair ro bói deman a mbun cach énfeornin inti
reomut, 7 atá aingel [a] mbun cach énfeoirnin aniu³ inti. Ocus
mo chin d'feraib Eirenn atchichera⁴ tusa, 7 in drem nach
6310 faicfe díb thú, 7 is siat t'ferta-su 7 do mirbuile foighenus dóib.
Ocus maith m'anum, a Patraic,' ar Cailte, '7 cuin in bliadain
quartill sin adubartais rim?' 'In cétadhaig aráeir di,' ar Pá-
traic. 'Ocus in mí chongbus na tri hessca,' ar Cailte, 'cuin
tic?' 'Ind adhaig amairech adhaig a thossaig,' ar Pátraic, '7
6315 in lá má n-airther.' 'Ocus cuin is abbaid bar nguirt, a Deirg
meic Dínertaig?' ar Cailte. 'Muna thairisit in dám ainceil

---

¹ mínen, Laud.   ² áirbemar, Laud.   ³ aniug, Laud.
⁴ atchithera, Laud.

enlaithe sin iat dogentar buain amairech acaind,' ar in t-óclach.
'Cuin tsailtí in énlaith sin do thuidecht chuccaib?' ar Cailte.
'Amarach co deimin,' ar Flann mac Flaind. 'Comainm in láe
amairech tucustar Dub mac rig na hIruaithe séon 7 solad do
thri macaib fuair meic Indaist dar' marbsatar airm iat 7 dar'
báid¹ tonn tuile a triar brathar. Ocus cid damsa dono,' ar
Cailte, 'gan sén 7 gan solad do thabairt amach do Flann mac
Flaind 7 do Derg mac Dinertaig, do da rig Iarmuman .i. ar
in n-énlaith tic da n-aidhmilled cacha bliadna, ind ainm na
Trinoite nar' cumscaiged 7 nach cumscethar.'

Ocus atracht reime [fo. 140ᵃ 2] co moch arnamairech, 7
maithe na cuiced Muman, 7 Patraic (ma)raen ríu co formullach
tSleibe Mis suas. IS annsin (do)riacht ind enlaith d'indsaigid
na ṅgort amal ticdís gacha bliadna, 7 atchonnairc cach, 7 ro
laighetar ar na gortaib, 7 adubairt Cailte:

'Eirgid, a clanna Rúadmaili ingine Rugatail, do tsil muil-
leorach ifirrn.

'Aidhmillis crod 7 b(ia)d 7 ór 7 airget in domain 7 a uile
ilmaine archena, 7 ara ṅdentar cruinde 7 cessacht co cuirter a
mbél in muilind sin hé co ṅdénann min 7 lu[a]ith de.

'Ocus eirgid, a chlann Bolccain meic Nemid,' ar Cailte, 'is
messa atá 7 bias, 7 eirgid lé nert in tséen seo 7 in tsolaid²',
ar Cailte, 'ar in muir toghaide tulguirm amach, co marba cach
araile 7 a cheile uaib ann, 7 co ṅderna min 7 luaith díb, 7
nach fetabair in t-apstal firen fírbrethach indsi Gáeidel .i.
naémPatraic mac Alpraind, cenn crabaid 7 irsi Gaeidel. Ocus
imthigid-si ar in sleib fiadnusi, 7 fácbaid Eirinn dó sin, uair
ní cubhaid duibsi beith re aghaidh³ sium inti.'

IS annsin ro eirgedar inn enlaith risin forchanad sin tuc
Cailte doib, 7 tangadar rompo amach ar in muir, 7 ro marb-
satar cach díb a chéile da ṅgobaib cnama 7 da n-análaib tein-
tidi.⁴ Corub Carrac na hénlaithe ainm na cairrge os ur tSleibe
Mis ar in muir amaig, 7 conid Sén na n-én dona gortaib
ainm in tséin sin ó sin anall. Ocus adubairt Cailte: —

---

¹ báig, Laud.   ² tsolaig, Laud.   ³ adhaigh, Laud.   ⁴ teintigi, Laud.

In marg. Sén na n-én dona gortaib.
Maith mo thurus, a Deirg déin . da bur torachtain a céin,
dar' cuiris enlaith amach . huaib ar muir n-uathmair n-ainbthech.

IS annsin ro coisric Patraic in crich 7 in ferann, conna
6355 tainic huath na amait na aidhmilled inti o sin amach. Ocus
tainic in sluag ínunn issin ndúnad 7 Patraic maraen ríu, 7 ro
badur ann co cenn sechtmaine co subach soccair ac ól na
fleidhe sin. Ocus iss é ba rí Connacht intan sin .i. Aed mac
Muiredaig meic Finnachta intan ro cuired inn énlaith sin a
6360 hEirinn.

IS and ro bói rí Connacht intan sin ac Dún Léoda Loing-
sig, 7 fledh mor aicci ann 'gä tóchaithem, 7 tainic adaig n-aen
ann amach re fuined nona ar in faithche¹ férglais, 7 mar do
bói co maithib a muintire uime co facaid in n-ingein mín
6365 mongbuide ara lethlaim, 7 ní faccaid don tsluag hí acht mad
in rí² a aenur, 7 ba hingna[d] séol na hingine. 'Canus tangais,
a ingen? bar rí³ Connacht. 'Assin brug brecsolus anair,' ar
inn ingen. 'Cret ima tangais?' ar in rí.⁴ 'Lennan dam thusa.'
'Cia darab ingen tú? ar in rí,⁴ '7 cia th'ainm?' 'Aillenn Il-
6370 chrothach missi,' ar in ingen, '7 ingen do Bodb Derg mac in
Dag[d]a.' 'IN fedrais, a anam, a Aillenn,' ar in rí, 'slaetan
tromgalair dom gabail-si,' ar in rí, '7 deocha dian-éca d'fagh-
bail dom athair 7 dom mathair, 7 in Tailge[n]n naemPátraic dom
thathbeougud-sa, 7 do naidmm sé aenben do beith acum .i.
6375 Aiffi Ilchrothach ingen Eoghain Leithdeirg .i. ingen ríg Laigen.
Dar mo breithir cena,' ar in rí,⁴ 'ní faccasa ben bud ferr lem
do beith acum anaissiu, acht muna beth smacht in cleirig orum
7 ecla Rig nime 7 talman. Ocus maith, m'anum, a ingen,' ar in
rí,⁴ 'ind ail letsa t'faicsin do maithib in choícid?' 'Is ail im-
6380 morro,' ar in ingen, 'uair ni ben tsirrachtach tsidhe mé, acht
mad do Thuaith dé Danann [fo. 140ᵇ 1] 7 mo chorp féin umum.'
Ocus ro thaispen in ingen hí don tsluag, 7 ní faccadar riam
roimpi na degaid ben budh cháime 'nás. 'Ocus cá breith beire
orumsa, a rí Connacht?' ar inn ingen. 'Bérat immorro,' ar in
6385 rí⁴, 'in breth bérus naemPátraic. Dobérsa duit hí.'

---

¹ faichthe, *Laud.*   ² ríg, *Laud.*   ³ rig, *Laud.*   ⁴ ríg, *Laud.*

Is annsin adubairt in rí ré morseisir da muintir dul ar-
cenn naem*Pátraic* do Cathair na claenratha bodes, co mullach
tSleibe Mis, 7 dochuad*ur* rompo co rangad*ur* conici sin, 7 fua-
rad*ur* *Pátraic* ann.

IS annsin ro thimain *Patraic* ceilebrad do da cóiced Muman, 6390
7 fácais benn*acht* accu, 7 tainic roime maraen risna techtaib
sin co rainic co Beind in bailb, risa raite*r* Benn Gulba*n*, i
Maenmaig. *Ocus* is annsin doriacht Áed mac Muiredaig *meic*
Finna*chta*, rí Con*n*acht, i coinde nóem*Pátraic*, ó Dún Leóda
Loingsig co Beind in bailb, risa raite*r* Benn Gulban, 7 tuc rí 6395
Con*nacht* a chenn a n-u*cht* *Pátraic*, 7 ro tslecht dó, 7 tuc
com*us* a chuicid o bic co mór dó. *Ocus* ro bói in rí[1] ac in-
dissin tuirrthe*chta* na hingine do *Patraic*, 7 'in tussa in ing*en*
tuc grád do rí[g] Con*n*acht?' ar *Pátraic*. 'Is mé,' ar in ingen.
'*Ocus* maith, a m'anum, a ing*en*,' ar Patraic, 'is maith do delb 6400
7 do tuar*uscb*ail, 7 crét chothaigis sib a rind b*ur* crotha 7 b*ur*[2]
ndelba mar sin?' ar P*átraic*. 'Cach áen ro bói ac ól fleide
Goibnind acaind,' ar in ing*en*, 'ní thic saeth na gal*ur* ríu.
Ocus maith, a m'anum, a naemchleiri*g*,' ar in ing*en*, 'caide do
breith or*um*sa 7 a[r] ri[g] Con*n*acht?' 'Is maith hí,' ar P*átraic*. 6405
'Ro chindista*r* in rí do Dia 7 damsa,' ar Patraic, 'a beith ar
aenmnái chengailti, 7 ní fuil acainde dul tar in cinded sin.'
'*Ocus* missi no,' bar in ing*en*, 'crét dogén bodesta?' 'Dul do
thigh 7 do tsíd,' ar P*átraic*, '7 mád toisce ing*en* ríg Laigen
anaissiu do beith-si d'aenmnái acind fir da tucais seirc 7 6410
inmaine ó sin amach. *Ocus* da tucair-si adhmilled láe nó áidchi
ar in ríg no ar in mnái,' ar Patraic, 'millfet-sa t*us*a nach fá
hail let mathair *nó* lé t'athair *nó* ret buimme *nó* ret t'aiti t'feicail.'

Patraic cecinit:

A Aillind, [a] fialchorcra . a ingen Buidb, 6415
ní dechub duit iarmarta . táet reomut cot chuirm.
Nir'bo eol*us* si[d]chaire . toidhecht[3] co Beind mbailb,
nir'bo engach firgadhair . rechaid riut in pailm.
Bidh cáem ar ar comairchi . in ingen do chéin,
soisscela Crist cum*acht*aig . dar comét ar péin. 6420

---

[1] ríg, *Laud.* [2] b*us*, *Laud.* [3] toighecht, *Laud.*

Beindechat-sa in cóiced-so . om chonn is om cheill,
connach loitet allmuraig . co millit fa déin.
Na déna duind tabartha . a ingen mín mas,
eirig is beir bennachtain . is imthigh¹ fá blas.

6425   A Aillind.

'Ocus ind hí sin dáil chinti fuil acut?' ar in ingen, 'gan mo thabairt-si don ríg cen bias in ben út aici?' 'Issí immorro,' ar Pátraic. 'Cret fuil ann, a naemchleirig.' ar in ingen, 'acht ar fír do breithri riut, damad thusca ben in ríg anússa, mo tha-
6430 bairt-si dó.' 'Adeirim a fiadnaissi m'fírinde,' ar Pátraic, 'mád tóisci co tiubarthar thusa dó.'

  Ocus is annsin ro chaiestar in ingen co falcmur firthrom. 'Is inmain let, a ingen, missi,' ar in rí.² 'Is inmain ám,' ar in ingen. 'Ní fuil don droing daennachta nech is annsa limsa
6435 anaissiu,' [ol in rí], 'acht na fétaim techt tar slanaib 7 tar senad in Tailgind 7 Dia.' Ocus atracht in ingen roimpe dochum a sída 'arsin, noco tabair in scel fuirmed doridhissi furri.

  IS ann ro badur in sluag 7 Patraic 7 Cailte co cenn teora lá 7 téora áidchi ina degaid sin ac Beind in bailb, 7
6440 tangadur 'arsin rompo co rangadur Fert Fiadmó[i]r ar Machaire in Scáil, risa raiter Mag nAe meic Allguba isin tan-so, 7 ro tsuidhetar in sluag uile ann, 7 suidhis Pátraic, conid Suidhi Pátraic ainm in inaid sin.

  IS ann ro ferustar rí Connacht faeilte ré Cailte 7 ro
6445 fiarfaig de: 'Maith, a m'anum, a Chailti, cret má tucad [fo. 140ᵇ 2] Fert Fiadmoir ar in n-inad-so, 7 créd 'ma tucad Cnocc in chircaill ar in ard-so thiar, 7 cred fa tucad Cnoc in chongna ar in cnoc-sa re thaeb?'

  In marg. Fert Fiadmoir 7 Cnoc in chircaill 7 Cnoc in chongna.
6450   Fregrais Cailte in cheist sin, doig ro bói a fís³ aice in ní dia raibe.

  'INgen morgrádach maith ro bói ac Find mac Cumaill,' ar Cailte, 'dar' bo chomainm Áí Arduallach ingen Find, 7 ro chuindig Fiadmor mac Airist, rí Alban, anall hí ar a athair .i.
6455 ar Find. Ocus adubairt Find damad maith ló féin feis leis ní tib-

---
  ¹ imidh, Laud.   ² ríg, Laud.   ³ fís, Laud.

red sum éra fair. Ocus ro fiarfaiged don ingin sin, 7 adubairt na
fáefed ló fer leth-amaich d'Eirinn. Ocus is annsin adubairt Find
re ingin: 'In duine do ér tú, a ingen, dobérsa thú dó .i. do
rig Alban.' Ocus do bói lendan acin ingin a Fiannaib Eirenn
.i. Ailbhi Armderg o Athlis a hochlachaib Fed[a] Gaible anall, 6460
7 is annsin adubairt hÁi Arduallach: 'maith, m'anam, a Ailbhi,
cindus doni-si friumsa 7 Find acom thabairt do rí[g] Alban?'
Iss ed adubairt Ailbhi: 'Éirig-si ar comairchi Guill meic Morna
7 Fiann Eirenn gan tochmarc foréicne ort.' Is annsin do
tsnaidm in ingen a comairchi ar tri haicmedaib cutruma ro bói 6465
issind Feind .i. ar chlannaib Morna 7 ar chlannaib Baiscne 7
ar chlannaib Nemnaind, 7 naidmis ar in Feind uile a comairchi,
7 faemait in Fiann.

Ocus issí aes 7 uair tain[ic] Fiadmor mac Airist, rí Alban,
tri catha mora co Traig Eochailli 7 a da brathair maraen ris 6470
.i. Circull 7 Congna a n-anmanna. Ocus rainic fis uaithib co Find
conici in carnn-sa ar cenn a mná,' ar Cailte, '7 ro érastur in
ingen sin, 7 atbert som muna tuctha dó hí cath d'fogra ar in
Féind o rí[g] Alban, 7 adubairt nach rachad a hEirinn nóco
mbered béo nó marb a mná leis nó cenn Find. Ocus adubairt 6475
Find: 'Eirget triur uaib,' ar Find, co hEs na n-én botuaid, —
risa raiter Es dara aníu, — 7 dénat foraire 7 forcomét ar na hall-
murchaib atá ar Tráig alaind Eochaille thuaid.' Ocus ro
fregramar-ne triúr don Féin sin,' ar Cailte '.i. mé fein 7 Diar-
mait ó Duibne 7 Oscur mac Oissin. Ocus amal ro siachta- 6480
mar-ne co cenn na trága atchonncamar in triúr fer mor dar
n-indsaighid, 7 ro chomraicemar ar lar na trága ar seisser óc-
lach, 7 ro fiarfaigem-ne scela díb,' ar Cailti, '7 ro indisetar rí
Alban do beith ann triur óclach .i. hé féin 7 a dá brathair
maraen ris .i. Circall 7 Congna, d'iarraid baegail echta ar 6485
in Fein.

'Dar mo breithir ám,' ar Cailti, 'damad áil libsi ail nó
esbaid ar in Féin dobéradh sib orainde bur n-aghaid, 7 ro bad
olcc le Find sind.' 'Ocus damad esbaid leis sib,' ar rí Alban,
'cid duinde gan bur n-esbaid air?'   6490

'Ocus annsin ro chomraicemar,' ar Cailte, 'comrac fuilech

fobartach firneimnech, 7 ro luathaigit láma lind, 7 ro bailcit
beimenna, 7 ro cruadaigit craidida, 7 ro tairissit traigthi. Ocus
ro bámar-ne ar in comrac ó fuined nell nóna co tainic maiten
arnamairech, co rabadur ar cuirp ina crólintib fola, 7 cid ed
tra is sinde fa trén issin chomrac,' ar Cailte, 'issin maitin arna-
mairech, 7 ro bensumar a¹ tri cind díb-sium. Ocus ro choc-
rumar comairli do dénam .i. cind in trír do breith lind 7
tiachtain ararnais, 7 ro loccamur in comairli sin,' ar Cailte, '7
ro impaimar dochum na loingsi ar in traig, 7 ro marbsum tri
cét óclach díb inar cétchuindscléo catha, 7 ro dáilset na tri
catha oraind, 7 ro bamar a[c] cathugud riu ré hed in chaem-
laithe cháidchi, 7 ind uair atchonncadar sum a trénfir do thuitim
ro mebaid² díb dochum a long 7 a lúbárc. Ocus tangamar-ne
co créchtach crólintech. as.

Ocus is annsin ro gab eacla in flaith Find assar los-ne, 7
adubairt: 'Eirgid, a Fianna,' ar-se, 'andegaid in trír óclach dochu-
aid úaib,' 7 in trath do eirgetar in Fiann,' ar Cailte, 'ina tri
cathaib cengailt[i], is annsin doriacht-[fo. 141ᵃ 1]-amarne conici in
tulaig-sea,' ar Cailte, '7 do chuirsimar na tri cind ar lár a fiad-
naissi Find.' Ocus adubairt láid:

 IN triur dochuadmur bothuaid . in ndáil catha claidimruaid,
 ro marbamar cét cach fir , ar in tráig álaind aengil.
 Mé bodéin is Diarmait donn . ocus Oscur aith étrom,
 ro marbsum tri cét 'sin cath . do tsluagaib na n-allmurach.
 Tucsamar lind na tri cind . nochur'b é in turus trúagtim,
 corub díb o sin ille . na tri tulcha toghaide.
 Adeirim-si rit reime . is fír in ní raidim-ne,
 tucus cend Fiadmoir, fír dam . isin n-iarnoin ar n-imscar.
 Ba mor ar mbrig iss ar mblad . mor ar n-einech 's ar n-engnam,
 ní raibi ac imarcur sciath . nach dingébmais inar triar.
            IN triar.

'Ocus is missi ro marb Fiadmor, 7 Diarmait ro marb Circull, 7
Oscur ro marb Congna, 7 tucad na tri cind sin ar na tri
tulchaib-seo, conid uatha atáit na hanmanna sin orro, 7 conid
cath Tragha Eothaile ainm in catha sin isin fiannaigecht.'

'Adrae buaid 7 bennachtain, a Chailti,' ar rí Connacht,

---
¹ ar, *Laud.* ² medbaid, *Laud.*

'7 da mád áil let, séoit 7 maine dorechad duit.' 'Is ferr-de thusa a tairgsiu sin, 7 ní ricim-si a les iat.'

IS annsin tangadur na sluaig reompo co Breicsliab (.i. sliab Formaile i Connachta), risa raiter Sliab Formaile i Connachtaib isin tan-so, 7 co Suide Find a mullach in tsleibe, 7 mar do tsuidhidur ann ro moidedur déra co tróm falcmur tar a gruaidib do Chailti ac feicail inn inaid a mbíth Find mac Cumaill ina tsuidhe. 'Ocus crét dobeir caí ort, a m'anam, a Chailti?' ar rí Connacht, '7 in ac feicail in inaid a mbid Find ina tsuidhe 7 Formaile na Fiann?' 'Iss ed immorro,' ar Cailte, 'uair rogha selga na gnathFeinde in sliab-so, 7 Loch na n-eillted, risa raiter Loch Formaile isin tan-so, 7 Cluain na damraide, risa raiter Cell tulach isin tan-so, 7 baile siu Conain Máil meic Morna, 7 Ros na hechraide-'risa raiter inn Airm isin tan-so, bail a mbídis drong d'echaib na Feinde, 7 Dún Saltrain Sálfata, risa raiter Cell Chaimin ar Succa, 7 co Moin na fostada, risa raiter Moin in tachair conneda isi[n] tan-so, 7 co Carraic ind fomorach, risa raiter Dún mor isin tan-so.

IS annsin ro fiarfaig[1] rí Connacht do Cailti: 'can do Find mac Cumaill?' 'Do Laignib,' ar Cailte. 'Cá tuath do Laignib?' ar in rí.[2] 'A Híb Tairrsig Laigen,' ar Cailte. 'Ca baile issin tuaith sin?' ar in rí.[3] 'A Glaissi Bulgain,' ar Cailte. Ocus adubairt Cailte: 'Find mac Cumaill, meic Threduirnn, meic Trenmoir, meic Cairpri Garbsroin, meic Fiachach Fobric, a Glaissi Bulgain de Huaib Failge. 'Ocus can da máthair dono?' ar rí Connacht. 'Muirnne Munchaem, ingen Taidg meic Nuadat, do Thúaith dé Danann. Ocus rob é sin in lam thoirberta sét 7 maíni 7 indmusa iarthair thuaiscirt in betha, 7 rob é sin in cóiced gaiscedach is ferr thainic ar cúl sceith 7 chlaidim, 7 ba ferr uim thidlucud set 7 tuarustail ro bói d'feraib in domain, 7 in tres fer is ferr thainic a hinis na nGaeidel, 7 intí nar' díult re nech riam acht co mbeth cenn ré caithem neich aicci 7 cossa re himthecht, 7 nar' dech tar a ais riam arna haprad nech da

---

[1] fiarfaid, Laud.   [2] ríg, Laud.   [3] rig, Laud.

mbiath ina degaid ris comad eacla ra biath fair. Ocus ba hé seo,' ar Cailte, 'rogha šelga a gnathFéine in fir sin.'

'Ocus caide anmanna na gnathFcinde?' ar rí *Connacht* re Cail*te*. 'Ni *ansa*.'

6565 'FIND m*a*c Cumaill in c*é*tna fer dib,' ar Cail*te*, '7 Oissin *con*a ceith*r*i macaib .i. Osc*ur* 7 Oissind 7 Écht[ach] 7 Ulach a n-anmanna, 7 Raigne Rosclethan m*a*c Find, 7 Cáince Chorc-card*er*g mac Find, 7 Uillenn Faeb*ur*derg m*a*c Find, 7 Faelan Feramail m*a*c Find, 7 Aed Becc m*a*c Find, 7 Find mor m*a*c Cubain,
6570 mac M*ur*chada, rigfeindid¹ Fian M*u*man, 7 Find m*a*c Temenain rígféinnid² na nDeissi Muman, 7 Find m*a*c Casurla rígféindid³ Fiann m̄Breg 7 Midhi, 7 Find m*a*c Urgna rígfendid⁴ Chinel *Ch*onaill, 7 Find m*a*c Fogaith, 7 Find m*a*c Abratruaid, da rígféindid⁵ Dal nAraide atuaid, 7 Find Bán h*ú*a Bressail, ríg-
6575 féindid⁶ H*ú*a Ceinselaig, 7 Find *fer* in champair, rígféindid² Alban, 7 Goll Guban 7 Cas Cuailgne, da rígfeindid⁷ fiann Ulad, 7 tri m*ei*c Deghóic .i. F[e]th 7 Facth 7 Foscud, 7 tri m*ei*c Aencherda Berra .i. Glas 7 Ger 7 Guba, 7 Cail*te* m*a*c Ronain 7 a da mac .i. Faelan 7 Colla, 7 Goth gaithe m*a*c Ronain —
6580 iss é no bith urch*ur* saeigde roim cach intan ro thacrad a rith fein dó — 7 Le[r]gan Luath a Luachair aniar — 7 iss é sin dobeired na hellte d'edruth am*a*l doberid cach nech a ba disli. Diarmait h*úa* [fo. 141ª 2] Duibne d'feraib M*u*man — arna raibe scís cos, na luas anála, na scís maigi na taighi riam —
6585 7 Mac Lugach lonn laidir, sóerm*a*ccáem Fiann Eire*nn* 7 Alban, 7 aidlenn gaiscid na fiannaige*ch*t*a* uile, 7 Bran Bec o Buadachain .i. rí[g]rechtaire Fiann Eire*nn* 7 Alban, 7 Scannal h*ú*a Liathain taíssech m*a*ccaem Fiann Eire*nn* 7 Alban, 7 Sciathbrec m*a*c Dathchain saerfer cluiche⁸ Fiann Eirenn, 7 Goll m*a*c
6590 Morna *con*a deichneb*ur* ar *fichit* derbrathar 7 *con*a chuic c*é*t dec d'aenmaicne, 7 t*r*i fir in chairchi o eochairimlib tSleibe Fuait fonnscathaig atuaid, 7 tri cairchi chiuil accu, 7 iat ica ch*ur*

---

¹ rigfeindig. *Laud.* ² rifeinnig, *Laud.* ³ rifeindig, *Laud.*
⁴ rí fendig, *Laud.* ⁵ rigfeindig, *Laud.* ⁶ rí fenig, *Laud.*
⁷ rifeindig, *Laud.* ⁸ cluithe, *Laud.*

a n-ucht a cheile, 7 ni bith duag na deccair ar nech intan do chluined in ceol sin ro chanad in cairche cíuil accu.' 'Ocus caide anmanna na n-óclach sin?' ar rí Connacht. 'Luath 7 Leitmech 7 Lanlaidir a n-anmanna,' ar Cailte, '7 don gnathFeind iat,' ar Cailte.

Conid iatsin anmann na triath 7 na tigerna 7 na fer feraind do bith ac Find, 7 do freslad 7 do biathad fá thrí hé cacha bliadna ina lis féin, 7 ro chanad in dord fiannachta. Conid hí sin, a rí Connacht, in cheist ro fiarfaigis dím.'

Ocus ro thuit-sium ar in tulaig í roibe a nellaib 7 í támaib annsin, 7 ro bói teora lá 7 teora áidchi annsin gan tuailṅges aistir na imthechta a haithle a choicle 7 a chomalta.[1] IS annsin ro gabad longport ac rí[g] Connacht annsin, 7 dorigned fothrucud accu do Cailti.

Ocus tar a éis sin tangadur in sluag reompo co raṅgadur Clú[a]in na ṅdam, risa raiter Cluain imdergtha issin tan-sa, 7 ro gabsat longport ann, 7 ro bennaig Patraic in baile. Ocus ro fiarfaig rí Connacht do Chailti: 'crét 'ma tucad Cluain dam ár in n-inat-so, 7 crét 'ma tucad Clúain imdergtha ar in cluain seo?' Ocus ro frecrais Cailte sin .i. 'turchairthe[2] selga fuair Find annso, 7 tri catha na Féine .i. dam cacha deissi d'Fiannaib Eirenn 7 tri daim d'Find, 7 is aire sin tucad Cluain dam ar in n-inad sin. Ocus is uime thucad Cluain imdergtha fair .i. intan ro badur clanna Morna ac foghail ar Find, nír' rathaigetar in t-inam ro badur ar a cuit 7 a comraind ina fiadnaissi co tangamar-ne tri catha na Féine cor' gabsamar um inn druim-sea umpu. Ocus adubairt Goll mac Morna: 'is mor in t-imdergad,' ar se, 'tucsat na fir duind.' 'Ocus cá ferr ainm da mbiad ar in n-inad-sa?' ar Conan Mael mac Morna, 'ina Cluain imdergtha?' Conid desin tucad Cluain imdergtha uirre. Ocus a maith ní dleghmait do cheilt ar chlaind Morna,' ar Cailte, 'acht tangadur ina cipe throm trénlaidir trí lar catha na Feinde amach, 7 ní rainic fuiliugud na fordergud uainde orro, 7 ro tṡuidemar ac na teintib annsin, 7 tucad sithel banóir chum Find co n-uisci inti, 7 nighid a

---

[1] a choicled 7 a chomaltad, Laud.   [2] turchairche, Laud.

gnuis 7 a láma aisti, 7 cuirid a ordain fa dét fis, 7 ro faillsiged fírinde dó, 7 ro thairrrnngair co ticfatais nóim 7 fíreóin andso, 7 adubairt:

6630 *Rann.* Druim os loch bid ceall tsidach . cid port rigrad ar sodain,
cad*ùs* ar Cluain imd*er*gtha . tiucfa re deired domain.

Oc*us* tangadar rompo na sluaig iar*um* co Cluain carpait siar a mBreicthír, risa raiter Firchuing isin tan-so .i. carpat P*átraic* ro moid ann, 7 ro tsuid naemPat*raic* ar in firt fótbaig[1] 6635 ar Moidm na cuinge, 7 ní cían r[o] bad*ur* ann co facad*ur* in carp*at* da n-indsaige, 7 gilla óc issin charp*at*, 7 ba comd*er*g re corcair chaille cechtu*r* a da gr*uad*, ba comglas re bugha cechtar a da rosco, 7 ba geal ca*ch* ball aile ina cholaind, 7 ba comdub re gual in blai futairlli do bói fair, 7 tainic da n-indsaigid 6640 mar-sin. 'Ra thoillfed ort, a fir in charp*ait*,' ar Beineon, 'foirithin[2] nóemP*átraic*?' 'Cia siut amla*id*?' ar in gilla óc. 'Pat*raic* mac Alpraind siut,' ar Beineon, '.i. cenn irsi 7 crabaid fer nEir*enn*.' Oc*us* ro eirig in gilla assin charp*at*, 7 tuc a chenn a n-ucht P*átraic* 7 adubairt: 'Ní maith in carp*at* ré roind,' 6645 ar se, '7 in carp*at* uile do P*átraic*.' 'Raith duit gan chomraind 7 dot mac 7 do t'úa,' ar P*átraic*, '7 cá... léo .i. th*us*a a maccáim?' ar P*átraic*. 'Dub mac Muirgissa (meic Tomalt)aig misi,' ar se. 'Is fír um,' ar Beineon, 'is (rodub.)' 'Mo debroth um,' ar P*átraic*, 'bid Hí Raduib cháidchi (festa do tsíl) 6650 [fo. 141ᵇ 1] 7 do tsémed tré t'umaloit.' 'Mo ma*i*cne-si duitsiu eter béo 7 marb,' ar in gilla. 'Ac eter,' ar P*átraic* '.i. i cind cét blia*dan* oníu do béo 7 do marb damsa 7 do Dia co brath.' Oc*us* adubairt P*átraic*:

Radub caithfid mor do rath . sochaide a tsíl o so amach,
6655 uada in tres aicme co mbuaid . i crich Con*n*acht in morsluaig.
Da rabat sunn haithle áir . clann Raduib co mét con*aich*,
acht adhlaicfer co bráth mbán . am Fabhur is am Ch*r*uachan.
Fácaim-si dóib na [n-]inadh . búaid n-abbad is buaid fil*ed*,
buaid tighidhís orro de . búaid céi[l]le is buaid comairle.
6660 Adeirim-si ribsi de . bid fír dam ind faistine,
ragait a fír or and or . iss *ed* geinfes ó Radub.
Radub.

---

[1] fótbaid, *Laud*   [2] foirichin *Laud*.

'Ocus is cet lem,' ar Pátraic, 'grindiugud cacha dala 7 cacha caingne risa racha for do tsil do dénam dó, acht corub cóir. Uair is co grind tucais in carpat dam.' 6665

Ocus ní cian ro badur ann co facadur in carpat aile da n-indsaigid, 7 da ech chutruma chomméite fáe, 7 ben chroderg issin charpat sin, 7 brat croderg uimpi, 7 delg óir issin brut, 7 lann d'ór buidhe re hétan. Ro thairling assin charpat, 7 tuc a cenn a n-ucht Pátraic, 7 ro slecht dó. 'Cia tusa, a 6670 ingen?' ar Patraic. 'Aiffi Derg, ingen Chonaill Chostadaig, ingen rig Connacht mé,' ar si, '7 mathus mainech moradhbul fuil acum,' ar in ingen, '7 da chomairli riutsa thanac cá fer risa fáeiub,[1] uair is tú aenduine is ferr a nEirind.' 'Ac sin accut,' [ar Patraic] 'ar do lethlaim hé.' 'Cia seo amlaid?' 6675 ar in ingen. 'Dub mac Raduib meic Muirgissa meic Thomaltaig,' ar Pátraic. 'Ca tindscra ocus ca tirfocraic[2] fuil aici damsa?' ar in ingen. 'Ca tindscra chuinghi ar in maccáem? ar Patraic. 'Mo beith d'aenmnái ac in fir dobéra mé,' ar in ingen, 'uair ní hoirches lem mo léicen dó.' 'In fáeme-si siut, a 6680 maccáim?' [ar Pátraic.] 'Fáemaim,' ar in maccáem, 'cach ní adera-su rium do dénum.' 'Máss ed, fáe leissin ingin,' ar Pátraic, ['7 corob ria raib do clann 7 t'aicme, — Fr.73ᵇ] 7 tabair in comaid út di.' Ocus ro fáei[3] sium ló amlaid sin tre comairli naemPátraic. 'Ocus gan in ferann bodesta,' bar inn ingen, 6685 'iss ed is doilig ann.' 'Ocus cáit a fuil rí Connacht?' ar Pátraic. 'Sunna, a náemchleirig,' ar in rí.[4] 'Ferann do thabairt dam don dis seo,' ar Pátraic, 'neoch tuc a comairle damsa.' 'Rachaid um,' ar in rí,[4] 'in tricha cét is dual dó féin do [f]leisc lama do beith occa araen.' Ocus ro scarsat ris amlaid sin. 6690

IS annsin tangadur in sluag siar rompo co Bernnaid na con ind aidchi sin, 7 iss ó ba rí ar in tír anusin, Tigernach mac Cuind Chumachtaig. Ocus atchuala in sluag sin da indsaighe, 7 ro gab doichell 7 díbé hé, 7 ro fácaib a thír 7 a thalmain, 7 dochuaid ar theiched ríg Connacht 7 Patraic. Ocus ro chuala 6695 Patraic sin 7 adubairt: 'M'itgé-si ré Dia,' ar Pátraic, 'corub

---

[1] fáeigiul, Laud. [2] tiracraid, Laud. [3] fáeid, Laud. [4] ríg, Laud.

forlamus airechta aile bias foraib tré bithu.' Ocus ro tsuidhestar in sluag for da raith ro bói ann, 7 loth in tsluaig im cech raith dib.

⁶⁷⁰⁰ IS annsin ro fiarfaig rí Connacht do Cailti: 'crét in da raith-seo ara támait?' 'Da óclach grada d'Find mac Cumaill ro badur intib-sin .i. Conall Coscurach 7 Cobthach Cas, da mac rig Cheinéil Chonaill atuaid .i. da churaid 7 da chathmilid 7 da chliath bernnaig chét iat. Ocus ro badur bidbaid bunaid accu ⁶⁷⁰⁵ sin a nEirinn .i. clanna Morna, 7 rob ó adhbur a mbidbanais .i. selg tsleib[e] Gam dorigned ac Find 7 ac Fiannaib Eirenn, 7 is annsin dorala Conan Mael mac Morna ar aenseilg risna feraib in la sin .i. mellgalach muintire eissium, 7 trotach (airecht)a 7 deabthach laithrech, 7 nir' tair cóir ar duine (riam, ⁶⁷¹⁰ 7 tuc) a mallacht don duine doberad cóir dó, 7 tri mallachtain Chonain Mail fuaradar clann Morna uile bas 7 aided. Ocus [fo. 141ᵇ 2] ro duisced dam imdiscir alltaide doib annsin, 7 ro diubraic Conan a tsleg dó, 7 ro diubraigedar da mac rig Chine[i]l Chonaill a dá sleig dó, co tarladur ina crois trít, 7 adubairt ⁶⁷¹⁵ Conan: 'Léicid uaib in fiad, a firu,' ol se. 'Ní léicfium,' ol na fir. 'Ní mó ro marbuir-si hé,' ar Conan, 'annussa, 7 is mé ro cétgoin hé.' 'Dar ar mbreithir ám,' ar na firu, 'acht gé ro loitis ní leicfither duit, 7 dobéram breth Find duit,' ar siat. Ocus ro frecair Conan co hesccainti sin: 'mallacht ar in tí dober cóir ⁶⁷²⁰ dam,' ar se, '7 ní thiber féin do neoch hí.' Ocus tóc[b]ais Conall in laim, 7 tuc buille dó do crann na sleighe bói ina láim do Chonan, gur facaib comremur craind na sleige do chnoc 7 do chomarta fair. Ocus tangadur tiugh na Féinde cturru, 7 dorigned etrain eturru mar-sin.

⁶⁷²⁵ Cid tra acht fala na achmusan ní thuc Conan de sin nóco ndechadur Clann Morna ar foghail 7 ar dibeirg ar Find, 7 ro badur meic Morna ac marbad a dalta[1] 7 aessa grada Find, 7 tangadur Cailte co Forba na fer, risa raiter Lenna in baili isin tan-so.

⁶⁷³⁰ Is annsin adubairt Conan re Goll: 'in fetrais, a rígféindid,[2]

---

[1] daltad, Laud.   [2] rig feindig, Laud.

a Guill, builli do chrann tsleige do thabairt do mac rig Chineil Chonaill damsa ac seilg thSleibe Gam, 7 is áil lemsa dul da dighail sin orro anocht.' 'Dar ar mbreithir ám,' ar Goll, 'ní hé ar cara budh ail lind do thachar riu, uair is grithugud áil aenmuice leo.' 'Rachat-sa ceithri cét óclach da n-indsaigid,' ar Conan. Ocus do eirgedar da mac brathar dó leis, Taman 7 Tren a n-anmanna, 7 doriachtadur na ceithri cét óclach sin d'indsaighid in baile-sea im-medon láe do ló. Ocus do eirgedur som ceithri cét aile da n-indsaighi,' ar Cailte, '7 atorchair Trén 7 Taman lé da mac rig Chene[i]l Chonaill fachétóir. Cid tra acht fer indisti scél na thuillti tuarustail ní thernó assin acht Conan 'na aenur, 7 iris a sceith imma braigit, 7 rainic reime conici in n-inad ir-rabadar a braithri.

'Olc in turus sin, a Chonain,' ar na braithri so. 'Ro thuitsemar-ne treomutsa,' ar siat, '7 ro thuitsetar da mac ar mbrathar 7 na ceithri cét fer dochuaid let.' Ocus ro cuired na hocht cét óclach sin,' ar Cailte, 'fo thalmain annso, 7 ro tócbad a lia ossa lighi, 7 ro scríbadh a n-ainm oghaim ind.' Ocus adubairt Cailte:

> Raith Conaill is Chobthaig Chais . ataít fan tulaig tonnglais,
> atáit ann o sin ille . isin Chnuc 'na comnaide.
> Fertan Ailbi ocus Etain . i cind Atha imeacail,
> fuaradur bás leor truaige . do galur uilc aenuaire.
> Mor cath, mor congal, mor tres . mor sluag dorignes d'aimles,
> as bristi mo chraide am chlí . ac faicsin na ratha atchí.   Raith.

'IS mor in fis 7 in fíreolus sin ra indsis duind, a Chailti,' ar rí Connacht.

In marg. Topur Patraic.

Ocus tangadur in sluag uile reomp[o], 7 Pátraic maraen ríu, co Muine na n-ammaite¹ siar, risa raiter Tipra Pátraic isin tan-so, 7 doriacht rí² in tíre d'indsaigi Pátraic .i. Conn Cumachtach a chomainm. 'Ocus indis duind cid ima n-abar Muine na n-ammaite¹ ris-seo,' ar Cailte '.i. Nonbur ban ro bói ac ammaidecht, 7 ní léicdis ben na fer uaithib gan marbad, 7 ré ré

---

¹ nanaited, *Laud.*   ² rig, *Laud.*

6765 *fichet* bli*a*dan doib ic falmug*ud* ind orba 7 ind f*e*raind amla*id* sin. *Ocus* adubairt Conn Cuma*ch*t*ach* re P*átraic*: 'Maith, a m'anam, a naemchlei*rig*, dingaib dind na hamaiti 7 na haincisi atá ac mil*liud* in tíri 7 in tal*man*.'

IS annsin adubairt P*átraic*: 'Caide,' ar se, 'mac na tr*ath*?' 6770 'Sunna, a naemchlei*rig*,' ar se. 'Fég let in fuil uisci i comf̓ochraib duind.' 'Ní f̓eicim ann hé,' ar in mac ecalsa. Is ann sin tócbais P*átraic* in laim, 7 sáidhis¹ in t*r*ostan fa chomair in tal*man*, gur' moidh in lochtop*ur* glainide asin tal*main*. *Ocus* ro bennaig P*átraic* in t-uisci, 7 adubairt:

6775   IN t-uisci acaind ab*us* . ar P*atraic* gan imarb*us*,
       bid ord*r*aic íc cách² ule . in topur án ainglide.

[fo. 142ᵃ 1] 'IS cet liumsa,' ar P*átraic*, 'cora[b] coimde re teora la 7 re teora aidchi do ca*ch* aen ibius ní de, 7 ca*ch* aincis tar a racha a f̓urtacht 7 a f̓óirithin³ dó.'

6780 *Ocus* ní cian ro bad*ur* ann co facad*ur* na náe n-amaiti duba duaibsecha sin da n-indsaighi, 7 damad gnáth marb a tal*main* do eirge doberdais na heigmi donithi umpu do ca*ch* thaib díb. *Ocus* gabais P*átraic* in t-uisci bennaichthi, 7 crathais arna hamaidib hé, 7 ro theichset uad co rangad*ur* Inis guil, 6785 risa rait*er* Inis na scriine, ar Findloch Cera. *C*onid annsin ro cualad*ur* in gul fa deired uaithib, 7 ro tṡuided*ur* in sluag 'arsin ar in firt fótbaig,⁴ 7 adubairt rí Co*nn*acht annsin: 'Is tafann deigclei*rig* tucais arna demnaib, a chlei*rig*,' ar se.

Ocus is annsin adubairt Cail*te* re P*átraic*: 'In fetrais, a 6790 naemchlei*rig*, soithfir dom riachtain-sea i cath buidnech Beindi hEtair thair?' 'Cá soithfir sin alé?' ar P*átraic*. 'Mane mac rig Lochlann ro bói sleg neimnech aici, 7 ní therna duine di riam gan éc nó gan beith ainbech *acht* co ṅgontái di hé, 7 ro bad*ur* c*ét* lacch lanchalma a comrac rimsa issin cath,' ar 6795 Cail*te*, '7 ro badhusa cind comraic riusom, 7 ro diubraic Mane mac rig Lochlann misi gan rathug*ud* dam ar lar in chatha, 7 ní f̓etar-sa can assar' diubraiced dam hí, *acht* atchuala a fothrum 7 a fidhrén na sleige dom indsaigid,' ar Cail*te*, '7 ro thócb*us* in

---
¹ saighis, *Laud*.   ² íc chach, *Laud*.   ³ fóirichin, *Laud*.
⁴ fótbaid, *Laud*.

sciath suas do chomét mo chind 7 mo chuirp, 7 nír' foir sin ní
damsa, uair tís dorala in tsleg im' orcain 7 im' thairbfeith ¹ 6800
mo choissi, co ro facaib in tsleg a neim issin chois, 7 ní fetaimsi
gan dul d'iarraid furtachta 7 foirithnech.' ² 'Cia hairm arb'
áil let dul?' ar Patraic. 'Co hAed Minbrecc Essa Ruaid bo-
thuaid,' ar Cailte, '7 bancheile atá aicci .i. Bé bind ingen Elc-
mair in Brogha, 7 is aicci atá deoch, leighis 7 ícce Tuaithe dé 6805
Danann, 7 is aicci atá in neoch mairis do fleid ³ Gaibnenn, 7
issí dáilis doib hí, 7 do bo gairit m'eolus 7 mo tsligi da maired
Find mac Cumaill 7 Oissin 7 Diarmaid 7 Oscur.' Ocus adu-
bairt in láid ann:

> Eólus dam astír bothuaid . co hEs Moduirrnn in morsluaig, 6810
> do leighis mo choissi de . comad raidi-te m'uidhe.
> IS missi Cailti craide . aenmac Eithne mingile,
> is morsluag tucus a nglas . rob aithnid⁴ dam óclachus.
> Uch gan Oissin is gan Find . is gan Diarmait mebair⁵ lim,
> is gan Oscur miadach mas . comad gairdi-te m'eolas. 6815
> Eolus.

'Ocus cáid a fuil Cas Corach mac Cáincinde?' ar Cailte.
'Sunn, a m'anum,' ar Cas Corach. 'Eirig 7 tócaib do thimpan
ort co n[d]ernum imthecht.' Ocus ro eirgetar, 7 ro gabad
pater umpu, 7 adubairt Pátraic re Cailte: 'Atá dal fer nEirenn 6820
i cind bliadna co Temraig, 7 tarsa ann inar comdáil-ne 7 hí
comdail fer nEirenn [co n-innisi tú ní dot modgnimradaib gais-
cid fein 7 do gnimradaib Find meic Cumaill 7 Fian Erenn —
Fr. 74ᵇ]. Ocus faemais Cailte sin 7 adubairt: 'Cach ní aderussa
rium dogen-sa hé,' ar Cailte. 'Cubaid duitsiu,' ar Pátraic, 'a 6825
rád sin, uair is inmuin grádach lemsa thú.' Ocus timnais
Cailte ceileb[r]ad do Pátraic 7 do rí[g] Connacht annsin 7 don
tsluag uili, 7 dolodur rompo co Síd Droma Nemed, risa raiter
Síd Duma issin tan-sa, il-Luighnib Connacht. Ocus mar ranga-
dur co faichthe in tsída 7 atconncadur in t-aenmaccam, 7 brat 6830
uaine uimme, 7 delg óir ann, 7 mind óir uass a chind, 7 ba

---

¹ thairbfeich, Laud.   ² foirichnech, Laud.   ³ fleig, Laud.
⁴ aichnig, Laud.   ⁵ medbair, Laud.

ceol bind inní ro chanad, 7 tainic Cas Corach mac Cáincinde 7 tairbiris teora póc dó. 'Caide adhbur bur caradraid, uair nirb' aichnidh¹ duind anallana hó?' bar Cailte. 'Atá adhbur acaind,' bar in maccaem, 'inann mathair duind araen.' 'Ocus cá [fo. 142ᵃ 2] hainm thussa, a maccáim?' ar Cailte. 'Fer-maissi mac Eogabail m'ainm-si,' ar in maccaem. 'Dar lind ní forainm duit,' ar Cailte, 'uair is leor do maissige.' 'Ocus ticid issin síd anunn,' ar in maccáem. 'Ní rechur,' ar Cailte, 'nach tucthar a aithfir fortsu nóco cctaigi do lucht in tsída.' Ocus tainic in maccaem anunn, 7 ráidis do Fergus Foltfind mac in Daghda sin. 'Eirig-siu ara cenn,' ar siat, '7 tuc let isin síd iat, uair ní chualamar i comré ris mac óclaig bod ferr inás Cailte.' 'Ocus tucad issin síd iat, 7 ro freslad co maith do cach ní is ferr do bói accu iat, 7 ro badur re hed na haidhchi sin ann. Ocus a maith, a m'anam, a Chailti,' ar Fergus mac in Dag[d]a, 'ata dornnchor claidim accum, 7 is ail lem a chorugud duitsiu, uair ro opsat Túath dé Danann a chorugud.' 'Tabar am laim-si hé,' ar Cailte, 7 tucad in claidim dó, 7 ro bói re hed in choemlaithe cháidchi 'cá chorugud, 7 tairnic dó a ndeired in láe hé, 7 tuc in claidem il-laim Fergusa 'arna dénum.

'Ocus in fitir tusa, a m'anam, a Chailti, adhbur bunaid lesaigthi in claidim sin acainde?' ar Fergus. 'Ní fetar um,' ar Cailte. 'Óclach atá a mbidbanus re Túaith dé Danann re fada d'aimsir .i. Garb mac Tairb rí Lochlann atuaid, 7 Eolus 7 a brathair, 7 teccaid cach tres bliadain, 7 coblach mor léo dar n-indsaighid, 7 is amlaid thecaid 7 bangaisccedach accu .i. Bé dreccain ingen Iruaith a hainm, 7 ní bí diamair dí a síd do tsíd Túaithe dé Danann, [7 ben doilbthi dráidechta² ro oil hí, 7 is aire sin ná bi a síd do sídaib Túaithe dé Danann — Fr. 75ᵃ] ní nach roich lé do breith eistib sin do tsótaib 7 do máinib 7 do indmusaib léna heolus, co tabair-sí sluag 7 sochaide co lár cacha sída do tsidaib Túaithe dé Danann da n-argain 7 da n-inrad. Ocus ac-seo sleg it laim,' ar se, '7 déna a indsma fa comair na bangaiscedaigi sin.' Ocus dorat in tsleg

---

¹ aichnigh, Laud. ² draigechta, Fr.

ina láim, 7 do indsma Cailte hí. 'Ocus a[c]seo', ar se, 'fagha fogablach it laim, 7 déna a indsma fa chomair in tres fer dibsin.' Ocus tuc in crann ina laim, 7 ro moidh¹ ina hindsma, 7 tucad secht craind dó, 7 ro moidhset 'na n-indsma, 7 in t-ochtmad crann tucad 'na laim ro indsmustar co trebair daingen hé. 'Ocus mogenur,' ar-se Fergus, 'do gebad carait do gébad do laim in triur fa ndernad comair na hairm sin do tuitim léo.' 'Ocus ca hanmanna² na hairm-seo?' ar Cailte. 'C[ró c]osccur ainm in chlaidim,' ar Fergus, '7 Ben bodbda ainm na sleige, 7 Deoghbais ainm ind fagha.' 'Ro bói a ndán damsa,' ar Cailte, 'echt do denam damad buidech fir Eirenn 7 Alban 7 Túath dé Danann, 7 ní dernasa as m'óici sin, 7 cá fis nach aníu atá a ndán damsa sin do denam?'

'Cia thoitis don chlaidim?' ar Cas Corach mac Cáincinde. 'In bangaiscidach,' ar Fergus. 'Cia thoitis don fagha?' ar Fer-maissi mac Eogabail. 'Leithrí³ in domain, nó leithrí³ Lochlann, nó leithri³ Eirenn,' ar Fergus mac in Dag[d]a. 'Ocus cia toites do tsleig?' ar Cailte. 'Garb mac Tairb, rí Lochlann. Atá a tairngaire ic Túaith dé Danann do thoitim di,' ar Fergus. 'Ocus leic im laim-sea in tsleg,' ar Cailte.

Ocus ro badur ann mar sin re teora lá 7 re teora áidche ina degaid sin, 7 ro thimnadar ceilebrad do lucht in tsida, 7 tucsat léo na hairm-sin, 7 tainic Fer-maissi mac Eogabail léo, .i. dalta Fergusa, 7 tangadur rompo co hEs na n-én, risa raiter Es dara issin tan-sa, [7 do Droichet⁴ na nonbor, risi raiter Droichet³ martra isin tan-sa, — Fr. 75ᵇ] 7 do Druim derg na Feinde bothuaid, risa raiter Druim cliab issin⁵ tan-sa, 7 [fo. 142ᵇ 1] tar Ath daim glais, 7 do Chailli in chosnuma, risa raiter Cell mBuadnatan, 7 do Lighi in feindida, in bail ar' marb in mucc doilfi drái[d]echta Diarmait húa Duibne, 7 i Mag Céitne meic Allguba bothuaid, in bail i tabartha a cáin do fine Fomorach⁶ ó feraib Eirenn .i. ó Thuathaib dé Danann, 7 do Choisceim Essa Ruaid anuas, 7 d'Ard na macraide bail a ndendais mac-

---

¹ moigh, Laud.   ² hainm, Laud, hanmanna, Fr.   ³ leith rig, Laud.
⁴ droithchet, Fr.   ⁵ insin, Laud.   ⁶ fomra, Laud.

raid T*uaithe* d*é* Dan*ann* a n-immain. Badar a ndor*us* in tsída .i. Aed Essa Ruaid 7 Ilbrec Essa Ruaid. Oc*us* ro *f*erad faeilti gan meing, gan mebail¹ re Cail*te* accu.

'Is tairissi lind ind *f*aeilti sin,' ar Cail*te*. *Ocus* is annsin tainic Bé-bhind in*gen* Elcc*m*air in Broga amach *con*a tri .l. findban uimpi, 7 ro tsuidh ar firt fótbaig,² 7 tairbiris teora póc co dil 7 co dichra do cechtar de dib .i. do Chas Chorach m*a*c Cáincinde 7 do Fir-maissi m*ac* Eoghabail, 7 ro *f*ersat luc*ht* in tsída faeilt[i] re Cailti 7 riu-sum. *Ocus* adubrad*ur*: 'Olcc in caradrad duib in bail a cluinfed sib moréicen orainde gan tuid*echt* dár fóirithin.'³ 'Ní re hengnam ro hailed mé féin,' ar Cas Corach m*a*c Cáincinde, 'acht ind uair bud chóir nó budh ail duibsi m'eladhu do dénam⁴ duib dogenaind hí.' 'Ní ré gaisced atámaid anallana et*ir*,' ·ar F*er*-maissi m*a*c Eog*abail*, 'ocus dogénam cungnum libsi ind uair ricfaidthi a les.' *Ocus* is annsin ro indis Cail*te* a thoisc 7 a thur*us* do luc*ht* in tsídha. 'Dogentar do leighis acainde co maith,' ar siat. *Ocus* tangadur anunn issin síd 'arsin, 7 ra bad*ur* ann re téora [lá] 7 re teora áidchi ac ól 7 ac aibnius.

Ocus in fer thainic co dor*us* in tsída adubairt co raibe in cuan lan do longaib 7 do lúbarccaib amuich, 7 co tangad*ur* sluagh moradhbul ar in t*r*áig suas. *Ocus* is gan áirim sin,' adubairt Cail*te*:

  IS ó lín tainic ille . míle long co hesmaire,
   tangadar co cenn trachta . seirrgind *ocus* sithbarcca.

'Maith, m'anum, a rígféindid,⁵ a Chail*ti*,' ar siat, 'cid as chóir duind do dénam? 'Comha tsíd[a] as chóir duib d'iarraid orro,' ar Cail*te*, 'nóco ṅdernad T*ú*ath dé Dan*ann* tinol 7 toichestal.'⁶ *Ocus* dorónad mar-sin. *Ocus* ro thinolad*ur* T*úath* dé Dan*ann* co rabad*ur* da cath déc ar faichthe in tsída 'arnamairech. *Ocus* doriachtad*ur* techta ón loingis da n-indsaighi, 7 adubrad*ur*: 'Tabrad T*úath* dé Dan*ann* braigde duind,' ar siat re *f*eraib Eir*enn*. 'Ocus cind*us* dogentar sút, a Chail*ti*?'

---

¹ medbail, *Laud.*   ² fotbaid, *Laud.*   ³ fóirichin, *Laud.*
⁴ génam, *Laud.*   ⁵ rígfeindig, *Laud.*   ⁶ toicheltal, *Laud.*

ar lucht in tsida 7 ar maithi Tuaithe dé Danann. 'Denam in
da chath déc so atámait co cenn na trága da fechain,' ar
Cailte. Ocus tangadur rompo marsin in da cath déc sin, 7 ⁶⁹³⁵
adubairt Cailte: 'In fuil carpat cuchtglinde ac nech accaib?' ar
Cailte. 'Atá accumsa,' ar Midhir Mongbuide mac in Daghda.
Ocus tucad chucu hé, 7 dochuaid Cailte issin carpat, 7 tucad
in tsleg dó .i. Ben bodba, 7 do chóirgetar na hallmuraig ám-
dabhach do sciathaib ina timchell, 7 is annsin tuc-sam a glun ⁶⁹⁴⁰
clé rissin carpat 7 tuc a chorrmér gaiscid i suainem na sleighe,
7 dorat urchor do rí[g] Lochlann, co tarrla in tsleg co dírech
chuice, cor' daerbriss a druim ar dó ann, 7 ro thoit in rí ar
lár a tsluaig, 7 ro scarasdur anum re corp dó marsin. Ocus
adubairt Cailte: ⁶⁹⁴⁵

IN Garb ro marbad ar tus . a mesc a tsluáig 'na remtus,
ro marb Cailte cona neim . d'urchuir aindisc rop engbaid.

Ocus ro thócbadur a muinter léo hé ina luing 'arsin, 7
adubradur in sluag: 'as mor in gnim dorind[e] in duine,' ar siat,
'.i. in nech as ferr do bói ar in domun do marbad d'aenurchor.' ⁶⁹⁵⁰
Conid Traig in Gairb ainm na trága da éis.

IS annsin adubairt [fo. 142ᵇ 2] in bangaiscidach rissin sluag:
'Eirgid-si in bur longaib,' ar si, '7 biat-sa re haghaid Túaithe
dé Danann. Ocus is annsin ro fiarfaig Cas Corach mac Cain-
cinde do Thúaith dé Danann: 'In fuil sciath catat comdaingen ⁶⁹⁵⁵
acaib damsa?' ar se. 'Atá accumsa,' ar se Donn mac Midhir.
'Tabair damsa am' laim hé,' ar Cas Corach. Ocus tucad in
sciath dósum, 7 ro gabusdar¹ hé, 7 tuc in claidim ina laim
leis, 7 tainic reime mara raibi in bangaiscedach ac foraire 7
ac forcoimet a loingsi. 'Maith, a m'anum, a maccaim,' ar sí, ⁶⁹⁶⁰
'crét tú féin?' 'Do comrac riutsa thanac,' ar se. 'Gusaníu
riam,' ar in bangaiscedach, 'nir' comrac duine nó deissi missi,'
ar sí, '7 ba minci lem m'ecla ar cath croda cutruma; 7 tusa,
a maccáim, is beith [leg. becht?] nach fuarais inadh issin do-
man in trath tangais do comrac riumsa.' Ocus is annsin ro ⁶⁹⁶⁵
chomraicetar co fuilech fobartach firgnimach indus co tuc cech-

---

¹ gabusdardur, Laud.

tar díb .xxx. crecht n-ághmur n-inothrais ar a cheile. Ocus táinic maccaem ina timchell co tric 7 co tindisnach ic á hairlech, 7 tarraid béim baegail tar bile in sceith furri, cor' ben a cenn di, 7 tuc leis hé d'indsaighi Túaithe dé Danann. Ocus adubairt Cailte:

Rann. Ro marb Cas Corach na cét . in n-ingin — ní himarbrég, ro fagaib hí ar in tráig . is cubur ina comdáil.

Ocus adubradar sluag Lochland: 'Is mor in gnim dorinde in maccaem,' ar siat, '.i. in trén ro bói acaind, 7 ro dingbad cach éicen dind do marbad inar fiadnaissi.'

Ocus is annsin ro rígsat in loingis [leg. loinges sin] Eolus derbrathair in rig, 7 tucsatar ardrigi dó, 7 tangadur a tír do fogra catha ar Túaith dé Danann. 'Dobérum in cath,' ar si Túath dé Danann, 'uair is ussa 'sa chach lind cath do thabairt dóib.'

Ocus is annsin adracht Fer-maisi mac Eogabail mochtrath do ló resiu do éirig nech don tsluag, 7 ro gab in fagha fogablach ina láim, 7 is uime adertha 'fagha fogablach' ris .i. cóic gabla no bith ar cach táeb de, 7 corrana ar cach taeb díbsin co tescfad cach corran díb finda a n-aghaid in tsrotha. 'Ocus a mo déé,' ar in maccáem, 'ca delb duine Eolus?' 'Óclach is cruthaige 7 is ferr delb d'feraib in domain,' ar in fer ro bói ina farradh. 'Na hoirig a n-imcian úaim etir,' ar in maccaem, 'acht bí a[c] munad eolais dam.'

Ocus is annsin ro gabusdur Eolus a chatherred comraic 7 comlaind[1] uime, 7 ro gab a armgaiscced ina laim, 7 tainic ar sceimelbord na luinge amach. 'Ac siut, a maccáem,' ar se, 'in fer 'gá rabais d'iarraid orum do munad duit, 7 in mind óir fá cenn, 7 in sciath croderg fair, 7 in t-étach engach uaine uime. Ocus is annsin tuc som a chos re tacca na talman, 7 tuc a mér a súainim ind fagha, 7 tuc urchur dó co tarla a mbili in sceith co ráinic trít 7 cor' daerbris a druim ar dó ann, 7 cor' chuir a chraide ina dublia fola tar a bél amach, 7 cor' gab rind ind fagha bord na luinge trithi. Ocus adubairt Cailte:

---

[1] comlaind 7 comraic 7 comlaind, Laud.

Rann. Ro thoit lé mac na maissi . Eolus ba lánchaem taissi,
  cor'facaib hé ar in tuind . il-leapaid induair étruim.
  IS é sin scél na trága . cip é no beth 'gá ráda,
  esbaid in tsluaig táinic thuaid . a Lochlaind co méit moruaill.

Ocus dala in tsluaig assa haithli sin, ó'tchonncadur in 7005
triur-sin do thuitim, adubradur nach tibhradais cath do Thúaith
dé Danann, 7 ro im[thi]gedar da tír féin. Ocus adubairt Cailte:

  IS faeilid lucht in tsída . dar lind ní conair chissa,
  ar tiach[t]ain dóib 'sa cath cas . gan esbaid, gan imurbas.

Ocus ro hurdraiced fó Eirinn in triur sin do thoitim, 7 7010
ba hamra [fo. 143ª 1] le Túaith dé Danann 7 lé fcraib Eirenn
uili in gnim sin .i. in drem ticed cach sechtmad bliadain da
n-argain 7 da n-indrad a toitim leissin triur sin.

'Ocus caid a fuil Eogan fáid?' ar Cailte. 'Sunna,' ar
Eogan. 'Faghaib a fís 7 a fireolus damsa mo tsaegal, uair is 7015
crotball senórach¹ mé 7 deired aissi dam.'

    Cailte cecinit:
  Abbair rium, a Eogain fáid . taccair re Cailte don raith,
  cid atá dom tsaegul cert . cá fat biussa ar toirimthecht?'
    [Eogan cecinit].   7020
  Secht mbliadna déc ón ló aníu . duit, a Chailti co cáemchlú,
  co taethais ic Lind Temrach . cid doccair leissin teglach.

'Adrae buaid 7 bennacht, a Eogain,' ar Cailte: 'is inunn
in fáistine sin 7 in fáistine dorinde mo thriath 7 mo thigerna
7 m'oide cáem carthanach damsa .i. Find.' 'Ca saegal,' ar 7025
siat, 'adeir Eógan fáid do beith accut?' 'Secht mbliadna déc,'
ar Cailte. 'Bid fír sin,' ar siat, 'uair ní dubairt-sium saegal do
beith riam ac nech nach ticfad dó sin, 7 do bói ic á indissin
re mor do bliadnaib in triur út do thoitim libsi dona harmaib
sin.' Ocus adubairt Cailte: 7030

Rann. Adeirim-si rib roime . bid fír dam ind fáistine,
  is ní cheiliub ar in sluag . a canaim re hEogan rúad.

'Ocus [maith ám,] a lucht in tsida! in toisc risa tanac-sa dabur
n-indsaigi: dentar mo leighis 7 mo lessugud bodesta,' ar Cailte, '7
tucus lóg mo leighis duib, 7 in socur is mó dorigned duib riam 7035
is misi dorigne duib hé.' 'Is fír am a dénam duit,' ar siat, '7

---
¹ senórach senorach, Laud.

dogentar linde sódh crotha duit,' ar siat, 'co rabais fa luth 7 fá lánchoibled, 7 sóermacnacht T*úaithe* d*é* Da*nann* duit leis sin.' 'Truag d*o*n*o* sin,' ar Cail*te*, '7 missi do gabail deilbe 7040 druid*ech*ta umum. Ní géb *acht* in delb tuc mo Déntaid¹ 7 mo Dúilem 7 in fírDia fororda dam, 7 iris chreidme 7 crabaid in Táilgind intí t*arrus* a nEir*inn*.' Ocus adubrad*ur* T*úath* d*é* Da*nann*: 'Guth fírlaich 7 fírgaisc*id* sin!' ar siat, '7 is maith in ní ráidi, 7 cairde iarrmait umut leighis,' ar siat. 'Crét adhb*ur* 7045 na cairde?' ar Cail*te*. '.i. Tri fiaich tecait chuccaind atuaid ca*cha* bli*adna*, 7 ind uair bid ma*craid* in t*ś*ida oc imain toirnit ar in ma*craid* 7 berid f*er* ca*cha* fiaich leo díb.' Ocus adubairt Ilbrecc:

Rann. An triar theccaid don tśáile . adhaig tśamna bha báire,
7050   is berait triar dón faichthi . in triar uathmur anaichne.

'Oc*us* adhb*ur* do cairde sin, a Cail*ti*,' ar luc*ht* in tśida. Oc*us* ro bad*ur* ann ré hedh na haidchi sin co tainic lá co*na* lánśoillsi arnamairech. Is annsin ro éirged*ur* T*úath* d*é* Da*nann* i fiadnaissi na himmana, 7 tuc*ad* fi[d]chell ca*cha* seissir 7055 dóib, 7 branndub ca*cha* cúicfir, 7 timpan ca*cha* fichet, 7 cruit ca*cha* céit ic a seinm acco, 7 cuislenna fóighe forbartacha ca*cha* nonbair.

Oc*us* issin n-uair sin atconncad*ur* na tri fiaich a fudomain in mara atuaid, cor' turrnsatar in ṁbile ṁbúada do bói ar in 7060 faichthe mar a ticdis riam roime, 7 ro léicset tri screcha doilgi duibsecha eistib, 7 da mad gnath m*air*b a talm*ain* nó fuilt do chennaib dáine doberdais na tri screcha sin cor' mescbuaidhirset in sluag uile. Ocus do gabusd*ur* Cas Corach m*ac* Cáincinde fer d'f*eraib* na fi[d]chle, 7 tuc*us*d*ur* urch*ur* d'én díb, 7065 co tarrla ina bel 7 ina braigit, 7 cor' marb d'aenurch*ur* hé. Ocus ro diubraic F*er*-maissi m*ac* Eog*ain* urch*ur* d'én aile, 7 ba hed in cétna dó. Ocus do diubraig Cail*te* urch*ur* don tres hén, co r*us*-marb fan c*uma* cétna. Ocus adubairt Cail*te*:

Rann. Cas Corach is F*er*-maissi . marbsat da én iṅgaissi,
7070   ro marb Cail*te*, is ceird lamaig . in tres én í folámaig.

---

¹ dentaig, *Laud*.

Ocus fuaradur na heoin bás léo amlaid sin, 7 adubairt Cailte: 'atorcradur na héoin [fo. 143ᵃ 2] tra, 7 déntar mo leighis bodesta.' Ocus adubradur lucht in tšída: 'In fetrais, a Cailti, glifit mór il-lenmain Túaithe dé Danann fada anois?' 'Ca glifit sin?' ar Cailte. 'Tri meic rig Ulad atuaid .i. Conn 7 Congal 7075 7 Colla atait ac fogail¹ forro.' Cailte cecinit:

Conn is Congal is Colla . ní hinmain 'triar cutruma,
sirit mor n-ard is n-achad . ac digail a senathar.
Teccait sunn cacha bliadna . ní do choimet ar riagla,
is marbthar triar uainde ann . nocho n-ó in comrac comthenn. 7080
Adeirim-si rib reime . bid fír dam ind faistine,
is siat sin muirfither ann . meic ríg Ulad nach imgann.
Conn.

'Ocus tecait in triar sin chuccaind cacha bliadna,' ar Ilbrecc, 'd'iarraid éiricce Echach Mundeirg ríg Ulad a senathar ro 7085 mar[b]sat Túath dé Danann i cath Traga Baili thuaid, 7 sirit comrac trír cacha sída a nEirinn cacha bliadna, 7 ní bá comthenn in comrac ruc sin,' ar Ilbrec, 'uair in triur téighed uainde issin comrac ro marbtha iat, 7 térnaid in triar brathar as; 7 do lucht in tšída so roiches isin bliadain-seo comrac do 7090 denam ríu.'

Ocus is ann ro bói dís mac rig Ulad intan sin a mBennaib Boirchi í cuicid Ulad thair a haithle fogla² 7 díbeirge ar Túaith dé Danann cacha bliadna. IS annsin adubairt mac dib: 'Cá síd is lind a mbliadna d'indsaigit?' 'Síd Ilbricc Essa 7095 Ruaid,' ar na braithri. 'Atá óclach do muintir Find meic Cumaill annsa tšid sin,' ar fer dib, '7 dís maccaem ina farrad, 7 do bo iumgaibthi cach n-ágh³ 7 cach n-eislind dóib, 7 adéraid sin da ndernam-ne imgabail in tšída⁴ is ara n-agh 7 ara n-eislind féin dogenamais.' Ocus ro badur 7100 and ind áidchi sin, 7 ro daingnigetar a n-airm 7 a n-ilfaebair, 7 ro riachtadur co moch arnamairech co hEs Ruaid meic Moduirnd, 7 tangadur lucht in tšída⁴ amach, 7 táinic Cailte léo 7 a dias maccaem maraen ris ar in faichthi féraig.

---

¹ fodail, Laud.   ² fodla, Laud.   ³ nath, Laud.   ⁴ tšid, Laud.

7105 'Ocus ind iat siut,' ar Cailte, 'in triar thic da bur n-indsaighid si. 'Is siat co deimin,' ar iatsum. 'Is maith delb 7 tuaruscbail na fer,' ar Cailte, 7 adubairt:

    Conn is Congal is Colla . álaind triar is cháem comma,
    gabait siat uaind cert is cóir . sú comraicem achétoir.

7110 ['Cred fuil agutsa duind a cend ceirt, a m'anum, a Chailti?' Ocus adubairt: — Fr. 77ᵇ]

    Crét fil acaib a cenn chirt . a Chailti ocus a Ilbricc,
    crét ordaigis duind in sluag . uair atámait 'gá imluad.

'Ocus ca fat atáthi[1] a comrac re Túaith dé Danann?' ar 7115 Cailte. 'Atámait cét bliadan,' bar iatsom, '7 marbmaid tríur cacha bliadna díb.' 'Má donithí,' ar Cailte, 'do dighlabair fá thrí bar senathair forro, 7 issibh[2] atá ar in n-écoir, 7 da comraicem a mbliadain,' ar Cailte, 'is sibsi thoitfes ann, uair is sib atá ar in ccoir.' 'Doberaim-ne coma dáib,' ar Ilbrecc, 'as 7120 cach tsíd a nEirinn .i. fiche uingi d'ór 7 fiche uingi d'airget, 7 cach do thabairt slána da cheile.' Ocus adubairt Ilbrec:

    Rann. Fiche uinge gacha sída . don triar churad comgnima,
    a beith dáib tarcenn tachar . a ndíghail bur senathar.

'Gébmait sin,' ar siat, 7 tucad dóib sin, 7 ro imthigetar, 7125 7 rucsat léo ind ciric sin a senathar.

[IS i sin aes 7 uair tangadar tri heillti ruaga rocaema a (eo)carimlib Sleibi Fuait fonnchosaigh atuaid co faithci in tsída sa. Geltsat an fér co grian 7 co grindell co lecaib loma. Ilbrecc cecinit:

7130   Tegait tri heilti móela . rúagha remra rocaema,
    ocus geltaid an faithchi . nach fáchait dil aengraifne.

'Créd sut iter?' ar Cailti. 'Tri heillti tecait cecha bliadna cugaind, 7 ní faccait ní ar in faithci sin amuig gan ithc co grian 7 co grindell.' IS annsin ro dibraicedar tri clocha di- 7135 braicthi ro bí ina fiadhnaisi[3] riu 7 torcradar na tri heillti sin leo. 'Berid buaid 7 bennachtain,' ar siat, 'as maith an gnim dorindebar' — Fr. 77ᵇ, 78ᵃ].

'Mo leighis-sa do denam bodesta,' ar Cailte, 'uair is mithig

---

[1] nthathi, Laud.   [2] ísidh, Laud.   [3] fiaghnaisí, Fr.

lem hé.' 'Cáit a fuil Bébind ingen Elcmair?' ar Ilbrecc. 'Sunna,'
ar in ingen. 'Maith, m'anum, a ingen,' ar se, 'beir let Cailte 7140
mac Ronain i cúiltech diamair, 7 dentar a leighis 7 a lessu-
gud co maith, uair ro dingaib se fogail¹ 7 dibeirg do Thúaith
dé Danann 7 do feraib Eirenn, 7 dénad Cas Corach mac
Cáincinde céol 7 airfided dó 7 Fer-maissi mac Eogabail ic foraire
7 ic forcomét 7 ic frithoilem dó.'   . 7145

 Ocus tainic Bébind ingen Elcmair roimpi a tech na n-arm,
7 a da mac [fo. 143ᵇ 1] maraen ria, 7 dorigned lepaid luchair
leighis do Chailti acco isin tigh sin, 7 tucad loingṡithel bánóir
chum na hingine 7 a lán d'uisci inti, 7 tucastar lathamar
glaine da hindsaigid, 7 do chuir na lossa ind, 7 ro minaig iat 7150
ar in uisci, 7 tuc in tṡithal il-laim Chailti, 7 ibhis digh móir
aisti, 7 'ar n-ól na dighi dó ro scéestar sceith úainidhe. 'A
ingen,' ar Cailte, 'crét in baramail fuil accut di sin?' 'Gaeithe
cró na n-es 7 na n-abhann 7 na n-indber 7 na selg mochthrath ²
donithea-sa sin,' ar sí, '7 ibh digh aile,' ar in ingen. Ocus ibhis 7155
Cailte, 7 scéis arís cróbainde sceithe ruaide. 'Ocus cret in sceith
sin, a ingen?' ar Cailte. 'Crólindti neime na sleg 7 na faebur
tucad ort isna cathaib 7 isna comraicib ir-rabais riam.' Ocus
ibhidh³ digh aile aisti, 7 sceithid-sium sceith círdub. 'Cá bara-
mail doberi di sin?' ar Cailte. '[Gai cró] do choicle⁴ 7 do 7160
chomalta⁵ 7 do triath 7 do tigerna .i. Find meic Cumaill sin.'
Ocus ibhid digh aile aisti in cethramad deoch sin, 7 ro sceestar
sceith buidhe ina degaid sin. 'Crét in sceith sin, a ingen?' ar
Cailte. 'Coimét 7 fulrechta do neime 7 do gáe cró do neoch
ro bói indut anallana, 7 ibh in lóim ro fácais inti,' ar in ingen. 7165
'Is lesc lemsa sin,' a[r] Cailte, 'uair ní fuarus i cath na a
cliathaig na a comrac riam ní is doilgi lém' na a hól.' Ocus
gid ed atibh-sium sin, 7 ro scéistar sceith co n-ilbrechtugud
cacha datha inti. 'Ocus crét in sceith sin, a ingen?' ar Cailte
'Cumasc cacha retha⁶ 7 cacha ronirt 7 cacha hengnuma dorig 7170
nis ind aghaid⁷ cacha céite 7 cacha cnuicc 7 cacha cairrge, 7

---

¹ fodail, Laud.   ² mochrach, Laud.   ³ ibhigh, Laud.
⁴ choicled, Laud.   ⁵ chomaltadh, Laud.   ⁶ ratha, Laud.
⁷ aghaig, Laud.

dath fola ara huachtar ata urri crólighe do chuirp 7 do cholla féin sin, 7 iss *ed* is nessa do tšlainte hé.' *Ocus* tuc inn ingen baiglenn lemnachta dó, 7 atib ina degaid sin, 7 ina degaid sin
7175 do bói-sium anbhann imeslan a haithle na scethrach sin do denam dó re tćora lá 7 re teora áidchi.

'Dar-limsa, a m'anum, a Cail*ti*,' ar in in*gen*, 'fuarais furtacht 7 fóirithin'.[1] 'Fuar*us* ám,' ar Cail*te*, '*acht* mét treblaide mo chind ac tuidecht rim.' 'Dogentar folccad Flaind ingine
7180 Flidaissi duitsi,' ar si Bébhind in*gen* Elcmair, '7 ca*ch* cenn ara tabar hé ní thig teindis ris da éis, 7 ní thic maelad cind ris, 7 ní bói esbaid radairc air.' *Ocus* dorigned in leighis sin dó s*um* re hed 7 re hathaid[2], 7 do ordaigset lu*cht* in tšida trena dib da fís .i. *trian* do maithib mora, 7 *trian* do maccaemaib,
7185 7 *trian* do ingenraid 7 do bandalaib 7 d'fi*le*d*aib* da fís 7 do gairdiug*ud*, fat gairit do biath ina leapaid leighis. *Ocus* cach tu*r*chairthe šelga nó fiadaig dogeibdis lu*cht* in tšida doberthea do Chail*ti* hé risin.

Ocus ina degaid ro bói in in*gen* 7 a da mac 7 Cas Corach
7190 7 F*er*-maišsi ac ól 7 ac áibnius maraen ris. Fecht n-aen ro ba*dur* marsin co cualad*ur* in fog*ur* 7 in cairche cíuil chucu ó Es Ruaid m*eic* Moduirn, 7 do t*r*éicfed nech ilcheola in domain ar in céol sin, 7 ó'tchualad*ur* sin do chuirset na cruite i cernnadaib na colbad, 7 tangad*ur* uile amach ar in céol do
7195 chualad*ur*, 7 rob ingnad lé Cail*te* sin, 7 tuc da úidh 7 da aire beith a n-ingnais a luith 7 a lámaig 7 a lánchoiblid, 7 'Mor do borbgleoaib bodba, 7 do thoiscib fa téighind-si, 7 d' irgalaib 7 do thossach catha chum a roichind, 7 na*ch* fuil do nert na do t*r*acht accumsa dul amach maraen ré cach aníu!' *Ocus* ro
7200 moidhetar[3] déra tar a gruaidib.

Ocus doriachtad*ur* lu*cht* in tšida amuich a haithle in chiuil [fo. 143ᵇ 2] do chloistecht, 7 ro fiarfaig Cail*te* scéla dib, 7 'crét dorigne in cairche cíuil atchualamar?' ar Cail*te*. 'Uainibhuidhe a Síd Duirnn Buidhe andes ó Thuind Clídna, 7 énlaith Thire
7205 Tairrngaire ina farrud, 7 banairfidech Thíre Tairrngaire uli hí,

---

[1] fóirichin, *Laud.*   [2] hathaig, *Laud.*   [3] moigh, *Laud.*

7 aihbli*adn*a is lé tuidecht d'indsaigi in tṡída so, 7 bli*adain* dí ca*ch* sida,' ar in in*gen*, '7 bli*adain* di acainde. *Ocus* tangad*ur* andsa síd anunn 'arsin, 7 tainic inn enlaith cor' tṡuidhetar ar corraib 7 ar colbadaib in tṡída, 7 tainic *tricha* én díb i tech na n-arm in bail ir-raibe Cailti, 7 do gabsat cliar astigh, 7 ro gab Cas Corach a timpan, 7 ca*ch* adhbunn ro tṡeinded Cas Corach 7 ro gabdais ind énlaith leis. 'Is mor do cheol do chualam*ur*,' ar Cail*te*, '7 ní chualam*ur* céol a commaith sin.' 7210

Annsin dorigned folccad Flaind in*gine* Flidhaisi dós*um*, 7 esbaid ruisc *nó* chloistechta a gin ro bói béo ni raibe air, 7 ba slemain slancrechtach hé don leighis sin tuc*ad* fair issin tṡid. *Ocus* adubairt Cail*te*: 'In t-adhb*ur* 7 ind fochaind ima tanac-sa do leighis mo choissi dentar bodesta.' 'Dogentar issin maidin amarach,' ar in in*gen*. *Ocus* is annsin tuc sí da fetan Bindi ingin[e] Moduirn lé d'indsaigid Cail*ti*, 7 ro tṡuighistar banmogh fetan díb, 7 ro tṡuighistar fe*r*mogh fetan aile, conar' facad*ur* gal*ur* na eslainte na gái chró ina chois na tucsat aisti hé, cor'bo tṡlem*ain* sláncrechtach hé 'arsin. *Ocus* ro bad*ur* ann re teora lá 7 ré teora áidchi a haithle in leighis sin. 7215 7220 7225

IS ann sin do eirged*ur* lu*cht* in tṡída amach co hur Essa Ruaid m*eic* Modhuirn, 7 ro bensat a n-étaigi díb, 7 tangad*ur* ar in n-es, 7 doronad*ur* snám. *Ocus* adubairt Cail*te* annsin: 'Cid damsa gan dul do tṡnám, uair tainic mo tṡlainti dam.' *Ocus* doróni a mescad ar in uisci annsin, 7 tangad*ur* issin síd anunn iarsin, 7 ro hec*r*ad tech n-óla acco ind áidchi sin, 7 ro bói Cail*te* a[c] ceileabrad dóib 7 ac breith buidhechais a leighis. 'Uair is slemain slancrechtach missi,' ar se, '7 benn*acht* ám oraibsi.' *Ocus* adubairt C*áilte*: 7230

> Bennacht ar lu*cht* in tṡída . eter ríg *ocus* rigna, 7235
> slán bith slán don chuire chas . fuar*us* uile a n-óclacha*s*.
> Maith mo thur*us* issin síd . fuar*us* ann midh *ocus* fín,
> feb*us* a m̀ban 'sa fer de . is bind ceol a n-énlaithe.
> Maith mo thur*us* isin síd . fuar*us* ann faeilte gan fich,
> feb*us* a fer 'sa flatha . is a n-étach n-illdatha. 7240
> Beṅn*acht* uaimsi ar Bé-bind . ar in*gin* Elcmair imgrind,
> feb*us* a crotha sunn de . a céille 'sa comairle.

Adeirim-si rib reime . bid fír in ní raidim-ne,
gé imthigher buan mo sma*ch*t . fácaim af*us* mo benn*ach*t.
Benn*ach*t.

'Dar ar ṁbreithir ám,' ar lu*ch*t in tšída, 'ní faccamar-ne riam óclach bud ferr anaissiu ar tonnchlar in tal*m*an, 7 dar lind nír' ferr Find féin anáissiu.' 'Truag, no sin!' ar Cail*te*, 'damad hó Find do chífed¹ sibsi dob*é*radh sib in drong daen-na uile ina faisneis. Ocus as mithig damsa imthecht,' ar Cail*te*, '7 benn*ach*t ar lu*ch*t in tšída, 7 atá dail fer nEir*enn* a cind bli*adn*a do Tem*raig*, 7 ní fetaim-si gan dul d'accallaim mo choiccli 7 mo chomalta .i. Oissin mac Find, 7 tre for-chongra in Tailgind do aichin dim dul ann, 7 maithe fer nEir*enn* a n-aeninadh d'indissin mod 7 morgnim gaili 7 gaiscid na Feinde 7 Find m*eic* Cumaill 7 fer nEir*enn* archena, 7 do lesug*ud* údar 7 olloman dona scelaib indesmait-ne ann co d*e*red aimsire.' [fo. 144ᵃ 1] 'Ocus fil cobair accainde duit,' ar in in*gen*. 'Ca cobair sin?' ar Cail*te*. 'Deoch cuimnigthi céille d'indlucud duinde duit co Tem*raig* co*nn*ach tecma duit es *n*ó abhann *n*ó indb*er* nó a cath *n*ó a comlann na*ch* bia a cuimne accut.' 'Is furtacht carat 7 fírmuintire sin,' ar Cail*te*, '7 da ṁbeth accainde ní dobermais duib nó budh ail lib doberaind,' ar Cail*te*.

'Is mor in commáin tucais duind,' ar in in*gen*, 'uair is tú ro dingaib do Th*úa*ith dé Dana*nn* in lu*ch*t ro bói ac foghail 7 ac díbeirg f*or*ru gacha sechtmad bli*adn*a. Ocus atá léine esnadhach órsṅáith acumsa duit, 7 ní géba turbród tú aisti eti*r*, [7] brat cimsach corccarglan d'olaind Tíre Tarrṅgaire anall, *con*a chimais do bánór buidhe ina urthimchell, 7 sómaissi c*ach*a dala 7 gacha haire*ch*ta ar in tí imma ṁbia sé, 7 aiscid tšadhail tšenorach duit,' ar in in*gen* '.i. duban, 7 Aicill² m*eic* Mogha a chomainm, 7 ní chuirfea ind es *n*ó a n-abaind hé ara ticfa dilmain.'

'Ocus cid dogena-su, a Fir-maissi m*eic* Eog*a*bail?' ar Cail*te*. 'Dogen beith an*n*sa tšíd annso,' ar eissi*um*, 'nóco ṅdernntar feis Temra, 7 co ṁberar lium inní ro gell Bé-bind duitsiu.' 'Ocus tussa do*no*, a Chais Choraig, cid dogenair?' 'Dúl letsu,' ar

---
¹ chithfed, *Laud*.   ² aich*ch*ill, *Laud*.

Cas Corach, 'd'foghlaim fesa 7 fireolais nóco ṅdeiligit fir Éirend [1] í Temraig.'

Ocus is annsin ro thimnadur ceilebrad do lucht in tsida, 7 tángadar [2] co Cnoc in nuaill amach, 7 tucsat lucht in baile nuall mor annsin ac deiliugud ré Cailte. Conid Cnocc in nuaill a ainm ó sin anall. 'Ocus ní thiucub-sa ar in baile seo nocó tí in brath dithi in betha.' 7280

IS ann (táncatar) rompo co hEs na fingaile, frisa raiter Es Cronain meic in Bailb isin tan-so. Uair morseissiur derbrathair ro badur ann, 7 tarrla eturru immon n-es, co ro marb cach a cheile díb, conid uaithib sin atá Es na fingaile fair, 7 ro mairistar a n-athair da n-éis, 7 ticed conice seo .i. Crónan mac in Bailb, 7 donith Crónan ann a cáined a mac, 7 ro moid a craide ina medhon adhaig ann. Conid uad ata Es Crónain. 7285 7290

Ocus ní cían ro badur ann co tangadur néoill deirid láe chuca, 7 tangadur reompo ón es, 7 atconncadur fer mor a ferbrugh gaba[la] ar tulaig ara cind, 7 ro tsuidhedur i farrud ind fir moir sin.' 'Canus tangabair?' ar in t-óclach, 7 ro indissedur dó a n-ainm 7 a sloinded 7 a tuirrtechta. 'Ocus cuich thussa?' a m'anum?' ar iatsum. 'Blathmac Boaire missi,' ar se, 'ó eochairimlib tsleibe Luga inso o Chúil radairc annso,' risa raiter Cúl ó Find issin tan-so. 'Ocus áighidhecht [3] na haidhchi anocht rob ail linde uait,' ar Cailte. Ocus is amlaid ro bói in fer sin, fer is mó doichell 7 díbe ro bói a nEirinn hé. 'Da tucad sib a luag damsa,' ar se, 'doberaind frithailim 7 feis dithat na háidchi anocht dáib.' 'Carsat luag sin, a m'anum?' ar Cailte. Tri carthada cloichi atá a cind mo baile, 7 Carthada in trir atberar ríu, 7 ní fetamar cid o sloindter iat.' 'Rofetar-sa duit,' ar Cailte, 'uair isam mebrach [4] inni dia fuil' .i. 7295 2300 7305

Óclach maith ro bói i Fiannaib Eirenn .i. Find ban húa Bresail, 7 do chlannaib Baiscne dó, 7 ro badur tri hingena soinemla aicci, 7 ní raibi do chlannaib Baiscne acht mád triar fer a commaith .i. Find mac Cumaill 7 Oissin 7 Oscur 7 na tri mná sin, 7 ro badur bessa ac na mnáib [fo. 144ᵃ 2] sin a n-aghaid 7310

---

[1] eirind, Laud. [2] tangadar 7 tangadur, Laud.
[3] áidhighecht, Laud. [4] medbrach, Laud.

mathusa na fer sin, uair ro chindsetar ar mnáib Eirenn a
ndruinechus 7 a ṅdeglam[d]a, 7 ní raibe a nEirinn uili triur
ban rob fearr delb anait. Uair ótach digraissi degalaind do-
bered nech leis a n-aenach Thaillten nó a mordáil Uisnig nó
7315 a feis Temrach, 7 ní ba hail lé nech acht in t-étach donídis
na mná sin. Ocus adubairt Find ríu: 'A ingena,' ar se, 'na
dénaid feis ló feraib acht mád na fir da tibar-sa sib 7 da tibraid
Fianna Eirenn.' Ocus ro badur sum re breithir na flatha Find
a nAlmain Laigen amlaid sin re hed 7 ré hathaid.¹ Co tan-
7320 gadur triar do clannaib Morna seoch Carraic na hAlmaine, 7
co faccadar na tri hingena ac dénam a ndruinechais ar Car-
raic Almaine anairtuaid, 7 tangadur in triar óclach sin .i.
Conan 7 Art 7 Meccon a n-anmanna, 7 adubradur: 'Is maith in
baegul echta út ar Find 7 ar chlannaib Baiscne, uair ní fuil
7325 díb a n-ingnais Find 7 Oissin 7 Oscair triur is ferr ina in
triur út.' Ocus ro gabsat iat 7 tucsat léo iat,' ar Cailte, 'conici
in tulaig-seo in bail a raibe Goll 7 a ṁbraithri. 'Canas tucad
na banchimeda?' ar Goll. 'A hAlmain Laighen,' ar in ingen
ba sine díb. 'Adhbur sída do denam rissin Féind sin,' ar
7330 Goll. 'Dar ar ṁbreithir ám,' ar Conan, 'ní do dénam tsída riu
tucsamar lind iat, acht da marbad in bur fiadnaissi.' 'Ar mal-
lacht ar intí muir[b]fes iat!' ar Goll, '7 sind fein do beith i²
fiadnaissi a mar[b]tha ní bém etir.'

Ocus is annsin do éirgedar clanna Morna a n-aenfecht in
7335 tulaig acht mád in seissir ro badur sum, 7 adubradur na hin-
gena rissim. 'Inn é ar marbad-ne is áil lib do denam?' ar siat.
'Iss é immorro,' ar Conan. 'Doberam-ne coma maith duib,' ar na
mna, '.i. gach olcc 7 cach écoir dorindeabair ar Find 7 risin
Feind a maithem duib, 7 síd do dénam, 7 ar ṁbeith féin
7340 d'áenmnáib acaib.' Ocus nír' faemad sin dóib, 7 tucsat tri bei-
menna dóib, cor' bensat a tri cind dib, 7 ro cuired fo thalmain
annso iat, co fuilet fáe na tri carthadhaib sea. Conid uath[a]
ainmnighther na cairthedha³ so,' ar Cailte. Amail adubairt Cailte:

---

¹ trathaig, Laud.   ² in, Laud.   ³ cairtedh, Laud.

Feart trír atá ar in tulaig . is lemsa robo doilig,
inmain triar fá haille ille . atait fó na tri charthe.   7345
Mor ind esbaid Étain find . fa maith um biad is um lind,
Aífi ann is Aillbe ruad . ba mor in scél ac in tsluag.
'Arsin marbsat meic Morna . is gnim da raibi dobhra,
inmain triar fa blaithi lí . is díb ata fert in trír.   Fert.

['*Ocus* is iat sin', ar se, 'na mná ata fa na cairthib út' —*Fr.* 80ᵃ]. 7350
     'Adráe buaid 7 bennachtain,' ar in t-óclach: 'is maith in fis dam féin 7 dom mac 7 dom hua, 7 rachaid faeilte na tri n-áidchi seo daibsi, a Cailti, ar in senchus sin ro indisis dam.'
     Ocus tangadur reompo co Lis na mban í Cúil radhairc, risi raiter Cúil ó Find isin tan-so, 7 tangadur issin ndúnad 7355 anúnn, 7 ro frithailed co maith ind áidchi sin iat. [INa degaid sin tangatar rompu co Lis na mban i Cuil radairc, risi raiter Cúil a Find isin tan-sa, 7 tangatar isin dunad 7 isin degbaile, 7 ro freslad 7 ro frithoilit iat, 7 ro badar ann co táinic in lá cona lansoillsi arnabarach. *Ocus* is annsin ro gab a chois clí 7360 greim do Chailti an lá, 7 nír' léic imthecht dó, 7 ro bi óglach in tighi aca ráda ris: 'Is mór,' ar se, 'do deghlúth dorighned don chois sin ce tá a ngalar 7 a n-eslainti anocht.' *Ocus* atbert Cailti in láid ann:

     Do rithus a Temraig na tréd . is ed a fír is ní brég,   7365
     ro rucusa di fa thrí . tri fichit cét cétguini.

'Ar fír do ghaile *ocus* do gaiscid, a rí¹ Feindi,' ar Blathmec, 'indis dúinn adbar do retha riu-sin, a Cailti.' *Ocus* atbert *Cáilte*:

     An cetrith dorinnes díb . sochaidhi tuc a n-imsním,   7370
     dar' gabus, ba caem mo rith . lanamain gach fiadha ar bith.
     IN rith roba nesa dó . is ed a fír is ni gó, .
     dar cuirisa [   ] fa all . atha *ocus* muillidh Érenn.

'Ro ba mór an luth sin, a Cailti,' ar Blathmec. 'Ropa mor,' ar Cailti, 'uair on trath co chéili dorighniusa o Thuind 7375 Clidhna andes co Tuind Rudhraigi budtuaid.' *Ocus* atbert *Cáilte*:

     IS é mo rith 'sa tres ló . is ed a fír is ni gó,
     dar' léigius láigh do buáib . a nÉrinn alaind adfuair.

---

¹ righ, *Fr.*

'Ocus is é sin, a m'anum, a Blathmeic, adbar na rith sin ro
7380 fiarfaigis dim.'

IS annsin itcualatar coicedul tri cuanart ac denum selga
im cenn Sléibe Lughda lennbraenaigh re Taighlech mac Ail-
illa, re righ Luighne Condacht. 'Cred in taffann sa, a Cáilti?'
ar Blathmec. 'Taffann tri cuanart,' ar Cáilte, '7 tri fiada rompu.'
7385 'Cá fiada sin?' ar Blathmec. 'In ardgabail-sea doníat in cua-
nairt,' ar Cáilte, 'ardgabail dam imdíscir alltaidhi 7 eillti ro-
remur.' 'Ocus in cuanairt-sea 'na ndegaid,' ar in t-óclach.
'Bindgabail gadhar a ndegaid míl mínluath muighi sin,' ar sé.
'Ocus in tres cuanairt-sea,' ar Blathmec. 'Gabail ndreman
7390 nduthrachtach sin,' ar sé, 'a ndegaid torc taebtrom ac a ndían-
marbad.' 'Crét in cethramad gabail-sea, a Cailti?' ar Blath-
mec. 'Gabáil brocc taebtrom tarrisel.' Ocus itcualatar sum
ina degaid sin gáir na gillanraidhi, 7 in bá lúaithi dona macaib,
7 in ba solmu dona hóclachaib, 7 in ba hindilldirghi dibrucud
7395 dona feraib, 7 in ba mó eiri dona trenmogaib. Is iatsin ro bí
a ndegaid na selga in lá sin, 7 erghis in t-óclach amach da
féghadh ár sin, 7 mar adubairt Cailti a mbeith is amlaid ro
batar — Fr.80ᵃ, 80ᵇ]. Ocus tuc in t-óclach a lán a mbeind buabaill
assin dabaig medha ro bói aici do Cailti, 7 adubairt: 'In dabach
7400 duit, a Chailti, 7 cid re bliadain bud áil beith í fus dogéba.'
'Adráe buaid 7 bennacht,' ar Cailte, '7 nocho biam acht anocht.'
'Más ed,' ar in t-ócla[ch], 'atá ní aile dob áil lium d'fiarfaigi
dít .i. crét fa tucad Lis na mban ar in lis-sa?' Adubairt
Cailte: 'Nonbur deirbsethar ro bói annso do Thúaith dé Danann.
7405 7 tangadur i coinde nonbair óclach d' Fiannaib Eirenn, 7 ar
tiacht dóib ro urmaisedur clanna Morna orro ann, 7 ro mar-
badur iat ar tiacht a coinde in nonbair sin don Feind. Conid
uatha sin atá Lis na mban [fo. 144ᵇ 1] ar in inad so, 7 dorig-
ned [in] lis so,' ar Cailte.

7410 Ocus ro badur ann ind áidchi sin, 7 ro thimnadur ceilebrad
arnamairech, 7 ro facsat bendachtain, 7 tangadur reompo co
Carnn na fingaile, risa raiter Duma na co[n] issin tan-so. Ocus ac
tiachtain dóib issin tulaig atchonncadur nonbur ban mínalaind
ar cind ann, 7 rigan chacmalaind chruthach eturru a medon,

7 léine do tsroll rig re cnes, 7 inar maethsroill tairsi iar n-echtair, 7 brat ciumsach corcra uimpi, 7 delg óir ann. Ocus ro eirig inn ingen ac faicsin Chailti, 7 tairbiris póc dó, [7 ba cian roime sin o thuc ben póc dó — *Fr.* 81ᵃ]. 'Cia thussa, a ingen?' ar Cailte. 'Echna ingen Muiredaig meic Finnachta, ingen ríg Connacht missi,' ar in ingen. Ocus is amlaid ro badur na mná, 7 fi[d]chell acu icá him[b]irt 7 baiglend¹ do midh soóla acca ic á hól, 7 benn buabaill ar uachtar na baigglinde,² 7 in trath do thairsed in cluichi³ do breith do ibhdis deoch, 7 do bídis ac ól 7 ac áibnius 'arsin. Ocus is amlaid ro bói in ingen 7 tri buada furri, uair ro bo do mnaib glicca in domain di, [7 is í ben is aille robí isin doman hí, — *Fr.* 81ᵃ] 7 intí da tabrad comairli do bíth conach 7 airmitin aici. Cailte dixit:

Rann. A Échnach a ingen Find . is glan do niam ossin lind,
dobértha bretha co mbrí . d'feraib betha re haenmí.

'Ocus cáit a rabhais araeir, a m'anam, a Chailti?' ar in ingen. 'A tigh Blaithmeic boaire,' ar Cailte, 'a Cúil radairc tís a Luigne Chonnacht.' 'Ocus Dia do betha, a m'anum, a Cailti,' ar in ingen, '7 issí do chonair féin tángais, 7 gab,' ar sí, 'indarna cenn don fi[d]chill.' Ocus gabaid Cailte in fi[d]chill ina ucht. 'Fada uad,' ar se, 'nar' im[b]rissa fi[d]chell, a ingen, [uair ní bered Cormac na Find na Oisin lethfidchellacht orumsa,' ar Cáilte — *Fr.* 81ᵃ]. Ocus taréis a him[b]erta trell ro chuiretar in fi[d]chell uaithib, 7 atchonncadur tri dúnaid i n-imfocus dóib, 7 ro fiarfaig Cailte don ingin: 'Cé na tri dúnaid seo?' ar se. 'Accumsa dorónad,' ar in ingen. 'Is ac degmnái dorónad,' ar Cailte. 'Crét in t-airfidech út it farrud, a Chailti?' ar in ingen. 'Cas Corach mac Cáincinde, airfidech Túaithe dé Danann uili,' ar Cailte, '7 in t-airfidech is ferr a nEirinn uili 7 a nA[l]bain.' 'Is maith a delb,' ar in ingen, 'damad maith a airfided.' 'Dar ar mbreithir ám,' ar Cailte, 'acht gid maith a delb is ferr a airfited.' 'Gab bic ale do thimpán,' ar in ingen. Ocus gabais Cas Corach a timpan, 7 ro bói ic á sefnad 7 ic á saer-

---

¹ banglend, *Laud.*   ² banglinde, *Laud.*   ³ cluithi, *Laud.*

séinm, 7 tuc in ingen in da falaig ro bói imma lámaib dó.
7450 'Adrae buaid 7 bennacht, a ingen,' ar Cass Corach, '7 ni ricim-si
a les iat, 7 ni thiber do nech aile iat budh ferr lem anaissi
féin, 7 bennacht duit féin léo.'   [Ocus atbert Cáoilte:

> A Écna, a ingen in rí[gh] . in úair adorar a fír,
> ni faccusa ar tír na ar tuind . a comsuairc dalta echruim.
7455 > IS tú is féile atcondac ríam . ba ferr im lind is im bíadh,
> ni decha a ttech mna budh ferr . in iath Alban no Éirenn.[1]
> IS í is féile itcondac riamh . budh ferr im lind is im bíadh,
> is í ba ferr dealbh is dath . do sluágaibh na fuinedhach.
> Aderim-sea rit reme . bíd fír ina raidim-ne,
7460 > nochan faccusa o tá biu . commaith do dealbha, a Ecnu — Fr. 82ᵃ].

Ocus bá dered don ló annsin, 7 tangadur issin dún fa nessa
dóib dona tri dúintib, 7 tucad a tech nderrait ndiamair iat. Ocus
ro éirig Etrum mac Lugair a haiti na hingine, 7 ro ferus[tar]
faeilte reim Chailte, 7 doriacht in ingen astech ir-rabadur ina
7465 degaid sin, 7 ro badur ic ól 7 ic áibnius ann. 'Ocus, a m'anum,
a Cailti,' ar in ingen, 'crét 'ma tucad Carnn na fingaile ar in
carnn so, 7 crét ima tucad Duma na con ar in nduma so
amuich?' 'Ben mebla[2] ingen Ronain, bandrái do Thúaith dé
Danann, tucustar grád d'Find mac Cumaill, 7 adubairt Find
7470 ní thibred bandrái cáidchi in comfat dogebad mnái aile issin
domun. Ocus doriachtadur coin leic[th]e Find conici seo,' ar
Cailte '.i. deich coin 7 secht fichit, 7 tuc in ingen (sin) a anail
fuithib, cor' chuir issin nduma iat ar ulcaib [fo. 144ᵇ 2] re
Find. Conid díb atá Duma na con air seo,' ar Cailti.

7475   'Ocus Carn na fingaile, no,' ar in ingen, 'cret dia fuil?'
'Lám luath mac Cumaisc debtha, meic Dénta comlaind, do lucht
in tíre so hé, 7 in comlann ticed chum Cormaic ríg Eirenn
7 Airt 7 Cairpri Lifechair eissium 7 a athair 7 a tsenathair
donith cach comrac díb a cind a cheile. Ocus is annsin do bí
7480 óclach a nDubthír 7 a nDubfid[3] 7 a Sleib Guaire, risa n-abar
Sliab Cairpri, 7 Borbchú mac Trénlámaig ainm ind óclaig, 7
ro bói ingen aici .i. Niam ingen Borbchon a hainm, 7 nónbur
derbrathar ro bói ac Laim luaith mac Cumaisc deabtha, 7

---

[1] na Eirionn, Fr.   [2] medbla, Laud.   [3] ndubfind, Laud.

táinic cach fer fa leith díb d'iarraid na hingine ar Borbchoin mac Trénlámaig[1], 7 iss *ed* adeired cach fer díb re Borbchoin: 'Muirbfimid-ni[2] thú 7 do *secht* meic a n-aenfecht muna thuca th' ingen duind.' *Ocus* adeired Borbchú ré cach fer fo leith díb ar ecla a marbtha: 'Rachaid duitsi hí.'

Ocus is annsin adubairt Lám luath adhaig n-aen ann ar in tulaig-sea: 'In fír sibsi, a m'anum, a braithri,' ar se, 'd'iarr-[aid] na mná ro tṡiris-sa ar Borbchoin?' 'Is fír,' ar siat. *Ocus* is annsin táinic idhu éta da indsaigi, 7 ro eirig, 7 ro gab a chlaidim, 7 tuc béim don brathair ba ness[a] dó, cor' marb hé, 7 in morṡeisir derbrathar ro badur tucsat a mbeil re lar ac faicsin na fingaile do denum dó sum, 7 fuaradur bas do chumaid annsin, 7 ro cuirid issin carnn so iat, *con*id uathaib sin atá Carnn na finga(ile in) carnn so, a ingen,' ar Cailte, '7 *con*id ana inadh sin dor(igne b)uidhechus naemPatraic i Temraig [a fiadnaisi[3] fer nÉrenn, — *Fr.* 81ᵇ] 7 adubairt co ngebad do chlaidim air fein *acht* co n-aprad Patraic ris hé.'

'Adrae buaid 7 bennacht, a Chailti,' ar in ingen: 'is mor in fis do facais acaind. *Ocus* in fitir tusa,' ar in ingen, 'ind airesbaid fuil orainde, 7 ní fagaim a furtacht?' 'Cá hesbaid sin?' ar Cailte. 'Ceinneslainti tic rem chenn, 7 ní fuil uisci acaind focus duind da indfuarad, uair dogeibim furtacht intan chuirim uisci ar mo chenn.' '*Ocus* cait a fuil Cas Corach mac Caincinde?' ar Cailte. 'Sunna,' ar in t-airfitech. 'Eirig amach chum na tiprat, 7 beir in t-uisci coisrectha-sa let, 7 craith ar in tiprait hé, 7 rachaid in fiad dráidechta atá urri di, 7 fogenaid dó cach nech hí.' *Ocus* Tibra Aillbhi Gruadbricci ingini Cormaic in tipra sin. *Ocus* ro eirig Cas Corach mac Cáincindi, 7 ruc leis amach in t-uisci coisrectha, 7 crathais ar in tiprait, 7 tócbaid do chach hí.

'Fiach t'faeilte 7 do tṡoichle[4] duit, a ingen,' ar Cailte, 'in tipra d'fognum duit 7 do lucht na criche.' *Ocus* ro boi in tipra sin ac foghnum dóib nóco ṅder[n]sat da rig ro gab ar chuiced Connacht fingal eturru fein .i. Aed 7 Eogan a n-an-

---

[1] trenlabaid, *Laud.*   [2] muirfidmidni, *Laud.*   [3] fiagnaisi, *Fr.*
[4] tṡoithle, *Laud.*

manna; 7 ro marb*ad* Eogan la hAed ac L*í*c ind fomorach, risa
raite*r* L*í*c Gnathail issin tan-so, 7 ind a*í*dchi sin,' ar-si Cail*t*e,
'tuc*ad* na t*r*i hesbadha as mó thuc*ad* ar chuiced Co*nn*acht riam
.i. in t-es ro-imarcraid do thiced ó Indb*er* na f*er*, risa raite*r*
in Muaid isin tan-sa, do trágad, 7 in lan mara do thiced assin
muir amuich ar in ṅGaillimh[1], 7 co mbith lessug*ud* [fo. 145ᵃ 1]
coicid air cacha bli*ad*na do trágad fos ind a*í*dchi chétna 7 in
Tip*r*a so Aillbi.

'*Oc*us imtecht is lind amairech,' ar Cail*t*e, '7 ní thuc*us*a mo
chend a tech mná bod ferr aná*iss*i,' ar Cail*t*e. '*Ocus* raet so-
deithfirech rob ail liumsa d'f̄arfaighi dít re n-imthecht, a m'anum,
a Cail*t*i,' ar in in*gen*. 'Cá ní sin?' ar Cail*t*e. 'Cuich hé in
t-airfidech ut atá at farr*a*dsa, 7 cia a mathair n*ó* a athair?' 'Cass
Corach mac Cáincinde, mac ollaman T*ú*aithe dé Dana*nn* hé, 7
oll*am* T*ú*aithe dé Dana*nn* hé fein, 7 Bé bind in*gen* Elcc*m*air
in Broga a m*á*thair.' 'Dursan sin do*no*,' ar in in*gen*, 'nach
mac do Bodb n*ó* d'Aeng*us* nó do Thadg m*a*c Nuadat hé.' 'Cá
fáth it*ir* ón, a in*gen*?' ar Cail*t*e. 'Grád t*r*om tuc*us*a dó,' ar in
in*gen*, '7 ní thuc*us* grád do neoch roime r*í*am.' 'Ni bá ferr
nech díb sin fa deired na eissi*um*,' ar Cail*t*e, 'tre breith[ir]
naemP*á*t*rai*c com*b*ia ollam*n*acht Eirenn aicci fa dered, 7
cuirfid T*úaith* dé Dana*nn* ind-étnaib cnocc 7 carracc acht
muna faice trú tadhal tal*man* do thaidbsi, acht madh in t-air-
fidech so. Caide th'aicned uimmi siút, a Chais Choraig?' ar
Cail*t*e. 'Iss é m'aicned,' ar sc, 'na facca do mnaib in domain
riam ben budh ferr lem ina in in*gen* út.' 'Crét̯ dabeir oraib
gan comaentug*ud* do denam?' [ar] Cail*t*e. 'Do déoin-si 7 dot
chomairle,' ar in in*gen*. 'Feis Temra ac á denum ac f*er*aib
Eire*nn*,' ar Cail*t*e, '7 doberthar thussa do Chas Corach mac
Cáincinde ann, 7 dob*é*rthar ollom*n*a*cht* Eire*nn* 7 Alban dó leis,
7 naidmecar t*us*a a coraid*e*cht aenmná dó.' 'Ca fat co ṅdin-
gentar feis Tem*r*ach?' ar Cas Corach. 'A cind raithe onossa,'
ar Cail*t*e. Ocus fáemais in in*gen* sin 7 Cas Corach mar*a*en.

[IAr sin ro bai C*á*ilte ic f*or*moladh F*i*nd, 7 adubairt so and:

---

[1] ṅgaillibh, *Laud*.

A tainig do sluagh Banba . itir righ is righdamna,
ferr Find innáit sin uile . cathmilid ard Almaine.

'IS mor in teist sin, a anam,' ar Patraic. 'Ní mór,' ar Cáilte, 'uair da mbeitís secht tengtha im cind 7 secht solabarta súadh cecha tengad dib ní táirsed uaim leth na trian a maithesa fecht d'indisin¹ ar Find. Uair bai a adbar sin aigi², uair nír' díult Find roim duine riam acht co mbeith cend re caithem neich³ aigi 7 cosa re himthecht.' Ocus itbert:

INti nách leicedh nech 'na theach . ro leiced Find ina tech,
ro bith aigi re táib sin . i cen ro bái 'na bethaidh.

'Adrae buaid 7 bennachtain,' ar Patraic, 'is maith ro indisis sin.'

Asa haithle sin tancatar na sloigh rompu co Cnoc in eolaire re Cruachain aníartuaidh⁴. 'Cred 'ma tucad Cnoc in eolaire ar in cnoc-sa, a Cáilti?' ar Patraic. 'In t-aenduine is ferr delb don Ádhamcloind 7 do droing delbda duineta .i. Eolair mac righ in domain móir anoir, 7 dorinde a curu 7 a muinnterus re Find nói cét cú 7 nói cét gilla 7 nói [cét] oclach, — Fr. 22 [Lism. 195ᵃ 1], 7 doronad selg Sléibe gam 7 Sléibe na Seghsa ua Ebric 7 clármhachairi in Coraind chladhuaine ac Finn, 7 dorith in gilla a ndegaid fiadha ann co tárla a sleg féin a forfolumh a cléib, 'co ndechuid fot lámha laeich do chrund ruad roremur a sleigi fein trít. Ocus táncamar-ne trí catha na Féinne dá indsaigid, 7 do bói .ix. n-oidhche 'na bethaid ac taircsin a leighis acaind [7 ro féimed ní dó — Fr. 22], 7 fuair bás iarsin, 7 do múired in tulach thonnghlas so air.'

Finn cecinit in rann:
Truagh, a Eolair ilchrothach . a chur chródha chomramach,
fuil do chuirp ina crú thécht . do śil tar crécht confadhach!⁵

'Ocus Cnoc in eoluis ainm ele dhó,' ar Cáilte. 'Crét in t-eolus sin?' ar Pátraic. 'Coinnillsciath drái do mhuintir Finn do bhí ac cailleoracht ar néllaib na firm[a]menti i fiadhnaise

---

¹ inidisin, Fr.   ² aigi aigi, Fr.   ³ neith, Fr.   ⁴ aníartuaigh, Fr.

⁵ In Fr. 22 this quatrain is ascribed to Cáilte, and runs thus:
Truagh sin, a Eolair ilcrothaigh . a cleith corcra corrtharach,
fuil do cuirp na crú truim téct . ar siledh crécht confadach.

7580 Finn, [7 ro féchustar ar coiced nGáileón budes, 7 ro bai oc a
rada re Find — Fr. 22]. 'Ac sút,' ar sé, 'in bhaili a cuir-
fider bruiden¹ re Fathad Canunn mac Mec-con mheic Mhaic
niadh.' 'Atciu ámh sin,' ar Finn, [7 ro taispénustar do Coindel-
sciath drái, Fr. 22], — 7 atbert:

7585 [F.] Atciu trí neollu co neim . a Coindilscéith os bruidin,²
abair re cách masa cet . tucair gá fáth 'ma fuilet.
[C.] Atciu nél glan amar ghloin . fil ós bruidin² béillethain,
(biaid) triath dáma, tailc in modh . cailc na sciath (oc á) scoltod.
Atciu néll glas geallus brón . fuil eatorra i ceirtmhedhón,
7590 ticfa mian na mbadhbh don bhert . niamh na n-arm ic á n-imert.
Néll derg nach deirgi crú glan . atciu ann ara n-uachtar:
mad cath budh fatha feirgi . dath na fala foirdheirgi.
Tarngairit curpu do chrádh . ocus díth mórslóg mochtráth,
a rí Chliach atgeoin gach lá . na trí neoill chiach atchiu-sa.
7595 [F.] A Coindilscéith, abair sin . gach ní gá dtú fiafraigidh,
ná ceil ar do triath mar tá . na trí neoill chiach atciu-sa. Lism. 195ᵃ 1].

[Laud 145ᵃ 1] Ocus ro timnadur ceilebrad iardain don ingin,
7 tangadur rompo co Cnocc na dála bodes, risa raiter Carnn
Fraich meic Fidaig, 7 fuaradur aenduine [mór] aracind issin
7600 charnn, 7 folt garb treliath fair, 7 brat odhar uime, 7 fetan
finduma issin brat, 7 lorg find fata findchuill ina láim, 7 airghi
do buaib a férgurt gabala ina fiadnaissi. Ocus suidhis Cailte ina
farrad ar in tulaig. 'Cia thussa, a m'anum, a óclaig?' ar
Cailte. 'Bairnech mac Cairbh missi,' ar in t-óclach '.i. rechtaire
7605 do rig Eirenn .i. do Diarmaid mac Cerbaill, 7 issin crich-seo
atá ferann acum ó rig Eirenn.' 'Can duitsi do bunudhus, a
m'anum, a óclaig?' ar Cailte. 'A Collamair Breg anair,' ar in
t-óclach. 'Ocus in fetrais dam, a óclaig,' ar Cailte, 'cia a[s]
ferr tainic a Collamair Breg riam?' 'Rofetar 7 rofetadur
7610 fir Eirenn 7 Alban .i. Cailte mac Rónain,' ar Bairnech, '7 in
fitir tusa cáit a fuil in t-óclach sin?' ar Bairnech. 'Rofetar,'
ar Cailte. 'Atá som ar sáerchuairt Eirenn in bail ir-rabadur
a choicle 7 a chomaltada ina farrad, 7 missi in fer sin,' ar Cailte,
'7 brathair bunaid duitsi mé, 7 inann senathair lind araen.'

---

¹ bruigen, Lism.   ² bruigin, Lism. bruidhin, Fr. 82ᵃ.

IS annsin tairbiris Cailte teora póca co dil 7 co díchra 7615
dó, 7 ro ferustar fírcáin faeilti reime, '7 issí do chonair chóir
tangais, a m'anum, a rigféindid,¹ ar se, '7 a cind tsechtmaine
onoiss,' ar sé, 'doroich Pátraic, 7 maithe Connacht maraen ris,
co Fert an Druad,² risa raiter Fert in Geidig issin tan-so, 7 bí-
siu a tigh do brathar rissin a[c] caithem bíd 7 lenna, 7 cid 7620
iat in lín is lia ro badais d'feind ? d'foirind riam rosoistea
ale dogébtha faeilte nóco tíssad in Tailgenn do t'indsaighe.
Ocus atait soi[th]frech[a] mora acaind issin crich-seo,' ar Bair-
nech mac [fo. 145ᵃ 2] Cairbh. 'Ca soi[th]fír sin?' ar Cailte. 'Atait
acumsa airgeda imda annso, 7 tic aenben dar n-indsaighi 7625
cacha haidchi tsamna cacha bliadna a Síd Chruachna, 7 .ix.
ṁba is ferr in cach airge beirid lé gan iarmoracht urri, co téit
issin síd. Ocus ní lucht degluith missi ná mo meic,' ar in
t-óclach, '7 tucad ar cuit luith 7 lánchoiblid³ indutsa 7 in dá
mac bói accut .i. Colla 7 Faelán.' 'Ro bo maith lúth Cholla 7630
tra,' ar Cailte. 'Cá degluth ro bói ann tar in mac aile?' ar
in t-óclach. 'IMarbáig fi[d]chellachta dorala dó do dénam ar
múr na Temra adhaig n-aen ann tre fochaind mná Binde
Boinde rechtaire na Temrach ar tabair[t] gráda dó, 7 do-
rindset imarbáig retha 7 fi[d]chellachta [.i. Colla 7 Fianna 7635
Erenn, — Fr. 82ᵇ]. 'Cindus is áil lib comling do dénam?' ar-si
Colla rissin Féin. 'Tabraid-si bor n-aighedh ar aen leith trí
catha na Féine, 7 dobér-sa mo drúim reomum.' Ocus dorónad
in chomling amlaid sin, 7 ruc som leis in fi[d]chill ara chúla
ó Fiannaib Eirenn. Co ṅdechaid tar mullach Beinde hEtair 7640
amach issin muir, cor' báidhed⁴ ann hé. Ocus dursun,' ar in
t-óclach, 'nach eissin tárrasa, uair ní bérthái mo ba uaim gan
díghailt.'

'In fitir tusa, a Chais Choraig,' ar Cailte, 'cé do Thúaith
dé Danann in ingen út?' 'Rofetar,' bar eissium '.i. Scothniam 7645
ingen Chaissirne drúad² a Síd Cruachna andso doní ind
foghal sin ortsu, 7 Cathmog mac Firchirp, mac ríg Breg 7

---

¹ rigfeindig, Laud.   ² druag, Laud.   ³ lánchoiblig, Laud.
⁴ baighed, Laud.

Midhe ro marb a hathair 7 a senathair na hingine, 7 atá sí ac á ṅdighailt ar ca*ch* nech accaibsi a ndegaid a cheile.'

7650 O*cus* tangad*ur* rompo annsin co dún ind ócláig .i. co Lis na fleidhe, il-leith aniar do Charnn Fraich m*eic* Fidaig, 7 ro freslad co maith iat ann re teora lá 7 re teora aídchi. 'O*cus* maith, [a] anum, a óclaig,' ar Cail*te*, 'dar liumsa iss anocht áidchi tṡamna.' 'Mas sí,' ar in t-óclach, 'is inti sin tic in in*gen* 7655 d'fogail 7 do díbeirg orainde.' 'Cind*us* do biath damsa,' ar Cas Corach m*ac* Cáincind, 'dul co dor*us* in tṡída anocht [a Cailti?' 'Érigh, a mh'anum, 7 gabh th'arma 7 dena lámhach.' — *Fr.* 83]. O*cus* dochuaid, 7 ní cian bói ann co facaid in in*gin* seocho amach assin tṡid, 7 brat álaind aendatha uimpi, 7660 7 delg óir ann, 7 léine do tṡída buidhe re cnes, 7 snaidm don lénid it*ir* a da sliasait, 7 da tṡleig ina lámaib, 7 ní raibe ro-eacla urri don leith da haghaid, 7 nírb' ecail lé a bec don leith da cúl. O*cus* ruc Cas Corach síde ina haghaidh[1], 7 tuc a chorrmér gaiscid a suainem na sleigi ro bói ina laim, 7 tuc 7665 urchar don ingin co tarla in tṡlegh ina hucht, cor' bris a craide ina cliab.

Cail*te* cec*init*:

rann. Ro marb Cas Corach na cor . in n-ingin mir, nir' bo chol,
in dor*us* in tṡída thuaid . cor*us*-commáig re haenuair.

7670 O*cus* ro díchend hí 'arsin, 7 tuc leis in cenn chum in óclaig 7 chum Cail*ti*. 'O*cus* ac siut, a m'anum, a óclaig,' ar se, 'cenn na hingine doníth ind fogal 7 in díbeirg ort ca*cha* blia*dna*.' O*cus* ro bad*ur* ann re téora lá 7 ré teora áidchi ina degaid sin.

IS annsin adubairt in *fer* cétna: 'Maith, a m'anum, a 7675 Chail*ti*, in fitir t*usa* in t-ingreim aile atá orumsa isin tír-seo?' 'Cá hingreim sin, a m'anum?' ar Cail*te*. 'Tri sadha[2] con tic a huaim Cruachan ca*cha* blia*dna* co millit in neoch bís do moltaib 7 do chaerchaib accaind 7 ni thair baegal co tragit [fo. 145ᵇ 1] ind uaim Cruachan doridhissi, *acht* is mogenar cara 7680 da ticfad a ndingbail dínd.' 'O*cus* maith, a m'anum, a Chais Choraig,' ar Cail*te*, 'in fitir t*usa* cé na tri coin doní ind foghal

---

[1] hadhaigh, *Laud.* [2] sagha, *Laud.*

ar ind óclach?' 'Rofetar ám,' ar Cas corach, '.i. Tri hingena airitig do deired na tromdáimi a huaim Cruachan 7 is ussa leo foghal do dénam ina conaib ná ina dáinib,¹ 7 ní thabrad táeb re nech,' ar Cailte. 'Ní tabraid *acht* re haendroing,' ar 7685 eissium. 'Carsat drong sin?' ar Cailti. 'Da faicdis cruiti 7 timpain ac feraib in domain doberdais taeb ríu.' 'Doberat taeb re Cas Corach marsin,' ar Cailte, '7 cait a clechtait tiacht?' ar Cailte. 'Co carnn mBricrenn annso,' ar in t-óclach. *Ocus* cindus do biath damsa,' ar Cas Corach, 'dul amairech, 7 mo thimpan do breith 7690 lium co mullach in chairnd?' *Ocus* do eirig co moch arnamairech, 7 dochuaid co mullach in chairnn, 7 ro bói ac sefnad 7 ac sírséinm a timpain co fuined nell nona. *Ocus* amal do bói adchonnairc na tri coin chuice co ro laigset ina fiadhnaissi ic eistecht in chéoil, 7 ní fuair Cas Corach accmaing falmaissi 7695 orro, 7 tangadur uad bothúaid² chum na huamad re deirid don ló, 7 tainic Cas Corach ar cula chum Cailti, 7 indissid in scel sin dó. 'Eirig-siu amairech annsin doridissi,' ar Cailte, '7 raid ríu comad ferr doib beith ir-rechtaib dáine ic eistecht ré céol 7 re hairfited ina beith ir-rechtaib con.' *Ocus* tainic Cas 7700 Corach reime arnamairech conice in carnn cetna, 7 ro indill a muintir imon carnn, 7 doriachtadur na coin conice in carnn, 7 ro laigset ara rigthib oc eistecht rissin ceol. *Ocus* ro bói Cas Corach ic á rad ríu. 'Damad dáine sib,' ar se, 'ar mbunudh, ro ba ferr duib eistecht in bar ndáinib rissin céol na in bar conaib.' 7705 *Ocus* atcualadur sum sin, 7 ro bensat na cochaill chiarleabra ro bói umoib, uair ro bo maith leo in céol sírrechtach síde. *Ocus* amal ro badur taeb ré táeb 7 uillind re huillind atchonnairc Cailte iat, 7 tuc a chorrmér gaiscid is-suainim na sleighe, co tarrla in tsleg ina seol neme a mullach a hochta issin mnái 7710 ba sia uada dib ar ndul trithfa a triur, co rabadur ina ceirtle *contra*ta ar in sleig marsin. Amal adubairt Cailte:

> Ro marb Cailte cona neim . in triar ingnad anaichnid,³
> cor' thuitset fa lór truaigi . re haithle na haenuaire.

---

¹ na ina indainib, *Laud.*   bo thuaig, *Laud.*   ³ anaichnig, *Laud.*

7715 Ocus atracht Cas Corach chucca, 7 ro ben a tri cindu dib. Conid Glenn na conricht ainm in glenna il-leith ituaid do Charnn Bricrenn o sin anall gusaníu.

'IS maith in t-engnum dorignis, a Cailti,' ar Cas Corach, '7 ní hengnum senórach sin aniu, 7 ro bói ba(?) 7 roba maith do 7720 t'airfidech beith it farrud. Ocus ca ferr in t-engnum dorigniusa na eng[num] ind airfidig .i. dorignis a mbrégad o rechtaib con í rechtai dáine.'

Ocus tangadur rompo [fo. 145ᵇ 2] dochum dúnaid[1] ind óclaig 'arsin, 7 cind na tri mban sin leo a mbuaid coscair 7 chom-7725 maidme, 7 ro badur ann re teora lá 7 re teora aídchi.

IS íssin aes 7 uair doriacht naemPatraic co Fert in druad[2] risa raiter Fert in Gedig issin tanso .i. Gedech espoc do muintir Patraic ro bói ann. Nó dono Geidech drái Medba 7 Aililla atorchair ann. Ocus is annsin doríacht Aed mac Muiredaig 7730 meic Finnachta, rí Connacht, co Raith chaeirech Medba, risa raiter in Mairtini meic Conrach isin tan-so. Ocus ind aídchi sin ro gab slaetan tromgalair d'indsaigi Bé-bind ingen Echach Leithdeirg rí Laigen, ben rí[g] Connacht, 7 fuair bás ann, 7 ro hadhlaiced hí ind-Ard na n-aingel, risa raiter Uaran nGaraid[3] 7735 isin tan-sa, uair míli d'ainglib tainic fa thri ann d'accallaim Patraic and ac denam a trath. Conid aire sin aderar Ard na n-aingel riss.

Ocus tainic iarsin rí Connacht co Fert in druad,[4] mar ir-raibe naemPatraic, 7 dorighned tinol 7 toichestal chuicid Con-7740 nacht leo ó ta Leic Essa Lomanaig, risa raiter Luimnech, co hEss Ruaid meic Moduirnn.

Dala Chailti, immorro, tainic roime cona muintir ó ta Lis na mban co hairm ir-raib Pátraic 7 maithi Connacht, 7 tuc a chenn a n-ucht Pátraic annsin. 7 ro feradur maithe Connacht 7745 faeilte re Cailte 7 ré Cas Corach mac Cáincinde. 'Ocus dar ar mbreithir ám,' ar siat, 'ní faccamar ó do scarabair rind dám budh annsa lind ina sib.' 'Dar mo breithir ám,' ar Cailte, 'ní

---

[1] dúnaig, *Laud*.   [2] druag, *Laud*.   [3] ṅgaraig, *Laud*.
[4] druag, *Laud*.

facca-sa dám bud annsa lem ina sibsi o dochuaid in flaith Find as.' Ocus ro eirig Cas Corach mac Caincinde, 7 tuc a chenn a n-ucht Pátraic, 7 ro slechtastar do. 'Buaid n-urlabra ort, a meic,' ar Pátraic, '7 cach tres focal adér fer t'eladna comad bind le cach hé, 7 fer leptha ríg díb, 7 caindel cacha hairechta re t'eladhain cháidchi.' Ocus ba gairdiugud menman 7 aiccenta lé Pátraic a torachtain chuice na deissi sin.

Ocus is annsin do fiarfaig Pátraic scéla do Chailti o ro delaig ris co toracht chuicci doridissi, 7 ro indis Cailte scela fíre d(ó). 'Ocus maith, a Brogain,' ar Pátraic, 'scribthar 7 lesaigther let scela Cailti nach dechat a mudha,[1] corub gairdiugud do drongaib 7 do degdáinib deirid na haimsire iat.'

'Ocus maith, a naemPátraic,' ar Cailte, 'crét do scela féin 7 do thuirrthechta o ro deiligisa riut gusaniu?' 'Atáit acumsa duitsi ón,' ar Pátraic '.i. Maelan 7 Mugan 7 Brothrachan 7 Dubchú na celg d'indarba a hAenach derg,' risa raiter Achad abair Umaill isin tan-sa.

Patraic cecinit:

IN tipra d'accus as tír . 's ma dá bratan cen imsnim,
is merdait ann co brath mbán, adér riut. a Chailtican.

Fer bend 7 Fer bogha 7 Fer gabla .i. triar brathar ro badur ac dénam uilcc 7 écórach a n-iarthar Eirenn, 7 tri cét míle do demnaib imo(n) Cruaich, co ro indarbus amach iat tar Ailen in tsnáma issin muir, corub rissin aderar Ailen na ndeman issin tan-so.

Patraic cecinit:

[fo. 146ᵃ 1] M'én 7 m'uisci 7 m'ilar . is mo Chruach álaind idhan,
is siat sin bus chomarchi . do cach uaim a n-andliged.

'Ocus maith, m'anum, a naemPatraicc,' ar Beineoin mor mac Aeda, 'cá dliged ar ar mbreithir immi sin ac cach aen imthechus fonn na Cruaiche 7 ibhas uisci in dabair?' 'A mbeith ar do chomus féin, etir tsen 7 óc, 7 ro facus comad inad naem 7 fír in t-inad, 7 comad crínad clainde 7 ciniuil 7 aiccme do cach aen dogenadh ann olcc na écoir na imdell, 7 mo chin don tí dongena [a] cadus 7 a cumdach. Conid iat sin, a m'anum, a

---

[1] mugha, Laud.

Chail*ti*,' ar P*á*t*raic*, 'mo scéla 7 m'imthechta risiu ṁbli*adain* atáisi am' écmais.'

7785 'Adrae buaid 7 benn*achtain*, a naemP*á*t*raic*,' ar Cail*te*: 'is mor in sochur sin ro facais do Gaéidelaib issinn inudh sin.'

IS annsin ro scailed a pupull tar P*á*t*raic* ind áidchi sin, 7 dorigned longport ac rí[g] Conn*acht* ann ré hed caeicis ar mís nóco toirsitis cóic ollchoicid Eir*enn* do dénam feissi na 7790 Tem*r*ach. Oc*us* dorigned tech derrait diamair do Chail*ti* acco ite*r* thech rig Conn*acht* 7 pupall P*á*t*raic*, 7 is uime dorigned a tech aml*aid* sin, comad urgairdiug*ud* do cechtar de eistecht ris.

Oc*us* is annsin ro gab Cas Corach m*ac* Cáin[cindc] a thimpan, cor' chuir ina suan sírchotalta iat. Oc*us* ro eirgetar arna-
7795 mairech, 7 tuc*ad* fi[d]chell da n-indsaighid da himirt, 7 do frith esp[aid] t*ri* f*er* don fi[d]chill, 7 adubairt in rí¹: 'Ni fuigh-ther fir b*us* chosmail ria a nEir*inn* na a nAlpain.' Oc*us* is annsin adubairt Cail*te*: 'Na himridh in fi[d]chill,' ar se, 'nóco ndechur-sa d'iarraid fi[d]chle atchonnarc ic á folach fecht aile.'
7800 Oc*us* tainic reime sair co cenn Sleibe Clithair, risa raiter Sliab Baghna issin tan-so, 7 atchonnairc carthe comdaing[en] cloiche a ndo*rus* in tśída amuich, 7 tuc a da láim uimin carthe, 7 tuc a tal*main* hé, 7 faircle comdaingen cloiche ro bói ar in fi[d]-chill a n-inadh in chairthe, 7 faircli fuithe, 7 tuc in Sol*us*tair-
7805 tich as .i. fi[d]chell Guill m*eic* Morna, 7 rucustar t*ri* fir óir 7 t*ri* fir airgit aisti, 7 do cuir in fi[d]chill it*ir* in da chlar com-dluta chloiche chétna, 7 tainic reime d'indsaigid rig Conn*acht*, 7 tuc na fir 'na laim, 7 dornn ind fir fa mó don tś[l]uag iss *ed* do bith in c*ach* fir díb. 'Oc*us* in raibi ní budh mó inás [s]o?' bar
7810 in rí¹. 'Ro bói imm*orro*,' ar Cail*te*, 't*ri* c*ó*eca f*er* n-óir 7 t*ri* c*ó*eca f*er* n-airgit.' 'Cret tuc ort,' ar in rí¹, 'gan in fi[d]chill do thabairt let damsa?' 'Ní fi[d]chell do tśiris orum,' ar Cail*te*, 'acht t*ri* fir chum tf̃i[d]chle, 7 tuc*usa* gein 7 aithgein duit, 7 ní dingen-sa a gluassacht assin n-inad ina tuc in t-óclach assa
7815 fi[d]chell hí.' Oc*us* tuc*ad* na fir ar in fi[d]chill 'arsin. 'Oc*us* cia ic á raibe ind fi[d]chell?' ar rí Conn*acht*. 'Ac Goll mac

---

¹ ríg, *Laud*.

Morna,' ar-si Cail*te*. 'Dursan gan a tabairt duitsi let damsa,' ar rí[1] Con*n*acht. 'Na cuir-si ris sin, a rí,' ar Cail*te*, 'uair ní thiber in fi[d]chill duit et*ir*, 7 ní thibar ní b*us* mó da foirind.'

Ocus ní cian ro bad*ur* ann co faccad*ur* Aillenn Fialchor- [7820] cra ing*in* Buidb Deirg meic i*n* Dagda, da n-indsaigid 7 t*ri* .l. ban do mnáib T*u*aithe dé Danan*n* ina farrud, 7 ro tsuidh(es)tar ar in firt fótbaig[2] iffarrad naem Pátr*a*ic 7 rig Con*n*acht, 7 ro bói in ing*en* ac indissin a toisce ann. 'Ocus caide do frecra urri ut, a rí Con*n*acht?' ar Pá*tr*aic. 'In ní adérús-sa 7 bus [7825] maith let (do) denam dam iss ed dogén-sa,' ar in rí[1]. 'Is maith lemsa a tab-[fo. 146ª 2]-airt duit,' ar Pá*tr*aic, 'uair ro gell*us* ria co tiubartha-sa hi acht co léiced a creidem doilfi drai[d]*echta* uaithe 7 co slechtad sí do tsoiscel Rig nime 7 talm*an*.' 'In faemai-si siut, a ingen?' ar in rí[1]. 'Faemaim,' ar inn ingen. [7830] Ocus ro eirig in ing*en* con*a* bantracht, 7 ro tslechtad*ur* uile do Pátraic, 7 ro chengail Pá*tr*aic iat 7 ro phós, corub hí sin cét*l*ánumain ro pos in Tailgenn inn-Eir*inn* am*al* airmid udair. 'Ocus luach in posta,' ar Beineon mor ma*c* Aeda. 'Rachaid um,' ar in rí[1] '.i. ragha baile cac*ha* tuaithe o Leic Lomenaig — rissa [7835] raiter Luimnech —, co Leic Essa Ruaid.' 'Ocus luag uaitsi ina adhaig siút, a Pat*ra*ic,' ar Beineoin, 'do luc*ht* in chuicid.' 'Do- bér imm*orro*,' ar Pá*tr*aic '.i. tri rig do gabail Eir*enn* uaithib, 7 rath Eir*enn* fo deired acco gan dib*aid*.' Ocus scribais Brogán na fácbala sin do choiced Con*n*acht, 7 scribais neoch tuc*ad* do [7840] Pátraic. Ocus ro faeid*ur* in lánamain sin ind áidchi sin ar feis leaptha 7 lámdéirigthi .i. Aed ma*c* Muiredaigh me*ic* Find- nac*h*ta 7 Aillenn Fialchorcra ing*en* Buidb Deirg meic in Dagda.

Ocus ro eirig in rí[1] co moch arnamairech, 7 rí[g]lia cloiche ro bói ar in tul*a*ig acco. Tuc in rí[1] a d*r*uim rissin carthe 7 [7845] do fiarfaig[3] do Chail*t*i: 'Cid imma tuc*ad* Lia in imracail ar in lia so?' ar se.

'Fecht n-aen da tangad*ur* me*ic* Morna co Cuaill Chepain ind-Echtge Con*n*acht,' ar Cail*t*i, 'ac fogail 7 ac díbeirg ar Find 7 ar in Féin, 7 doriachtamar-ne t*ri* catha na Féine co mullach [7850]

---

[1] ríg, Laud. [2] fótbaid, Laud. [3] fiarfaid, Laud.

tsleibe Cairnd tes i crich Corcamruad, 7 ro bói ceist ac Find im dála mac Morna .i. ní fitir ind annsa Mum[ain] bodes dochuadar nó in sechu bothuaid i cuiced Connacht. Ocus adubairt Find rena dá mac féin dul a cuiced Muman d'fís scel
7855 mac Morna .i. Uillend 7 Cáince cona féin 7 cona foirind, 7 do chuir Aedan 7 Cathal, da mac rig Ulad, 7 da cét óclach maraen riu, i cúiced cháem[ál]aind Connacht d'fís clainde Morna. Ocus ro badur dá mac rig Laigen in[a] fiadnaissi .i. Conla 7 Cellach a n-anma[nna]. Ocus tangadur sin da cét óclach
7860 a ndegaid a comalta,¹ 7 tarraid cach ara cheile díb co rabadur ceithri cét óclach a n-aeninad, 7 doriachtadur chum inn inaid sea,' ar Cailte, '7 do tsirdis cach láe o Ath colta co hAth mbercha ac iarraid mac Morna, 7 ticdis cach n-aidhchi conici seo. Ocus ba hingnad lé Find dala a muintir[e], uair ní tainic
7865 fis uaithib da indsaighid.

'Ro eirgemar-ne tri catha na Féine 7 do fuaramar slichtlorg in tslóig romaind, 7 dar lind ba hé slicht chlainde Morna, 7 ro iad cach a laim a cheile umpu, 7 ro luathmarbad, etir gilla 7 óclach, na tri cét fer ro badur. Ocus ind uair thainic lá cona
7870 lánsoillsi arnamairech is ann tucsat aichne ara muintir féin, 7 ro léicset annsin tri gaire mora eistib ic á cáinead a muintire ro marbsat a n-imrull, 7 adubairt Find rí[g]lia cloiche d'iarraid ar in cethrur caem sin .i. air da mac rig Ulad 7 da mac rig Laigen. Ocus do eirgius-sa,' ar Cailte. '7 Oissin co Raith Medba,
7875 risa raiter Raith Chaerech Medba isin tan-sa, 7 fuaramar in rí[g]lia cloiche ann, 7 tucsamar conici seo hí, 7 ro tsáidemar² os chind na fer sin annso.'

'Adrae buaid 7 bennachtain, a m'anum, a Chailti!' ar in sluag uili, 'is mor in fis 7 in faillsiugud fírinde doberi duind
7880 ar cach ní [fo. 146ᵇ 1] fiarfaigther dít.' Ocus is desin atá Lia in imracail ar in lia so, d'imracal Find 7 na Féinde, cor' marbadur a muinter fein a richt Chlainde Morna.

IS annsin dochuadur co Temraig, 7 ro indissetar mor d'fís 7 d'fíreolus i fiadnaissi fer nEirenn .i. Cailte 7 Oissin,
7885 7 ro lessaiged cach ní adubradur ac ollomnaib Eirenn.

---

¹ comaltad, Laud. ² tsáigemar, Laud.

'Adrae buaid 7 bennachtain, a uaissle,' ar fir Eirenn. 'Gin co beth d'fis na d'fireolus a nEirinn uile acht in meide ro facabair accu anos ro bo tinolta fir Eirenn uili ind aeninadh.'

Ocus is ann sin ro eirig Cas Corach mac Caincinde, 7 adubairt: 'Maith a m'anum, a Cháilti,' ar eissium, 'is mithigh. Is mithig damsa imthecht festa, 7 bennacht cach dalta fortsu.' 'Bennacht cacha hoide ic a roibe dalta˙ ortsa,' ar Cailte, 'uair is tú is ferr eladha atconncamar riam.' Ocus adubairt ri Eirenn .i. Diarmait mac Cerbaill: 'ollamnacht Eirenn uaimsi dait in comfat rabursa ir-rigi.' 7890

7895

IS si sin uair 7 aimsir tangadur tri nonbair d'iarsma na Feinde ro bói iffarrad Chailti ar in tulaig leth aniar do Themraig, 7 tucsat da n-úidh 7 da n-aire beith a n-ingnais a lu[i]th 7 a lánchoiblidh,¹ 7 gan a beith do rath orro nech a[c] comrad ríu, 7 tucsat a mbel re lár talman issin tulaig sin, 7 fuaradur bás ann, 7 ro cuired fo thalmain² iat, conid Cnoc na nonbur ainm in chnuic sin dia n-eis. 7900

'Truag dono sin,' ar Oissin, 'iss ed sin ro mairistar d'iarsma na muintire moire maithe ar triath 7 ar tigerna accaind .i. Find mac Cumaill.' Ocus ro badur na senoire co toirrsech truag in lá sin tar eis na tri nonbur sin ó nar' mair do tri cathaib na Feinde acht mad Oissin 7 Cailte 7 na tri nonbair sin. Ocus ro badur fir Eirenn uile ina tast gan [fer] do labra re cheile díb ara mét ro chuir orro a ndernnsat na senóraig do thoirrsi tar éis a Féine 7 a muintire. Ocus adubairt Oissin: 7905

7910

'IN fuil sunn nech ro feissed . gémad fann, gemad eissel,
in fail ar fácad cuach Find . 'na aenuran a Cromglind.

Ocus ní rabusa riam,' ar Cailte, 'lá nach · budh éscaid lém labra riut, a Oissin, acht mad aniu.' Ocus adubairt Cailte:

Atá sunn nech ro feissed . mar ar' impo for deissel,
in fail ata 'sin glind glais . ní folaig acht feth³ fithnais. 7915

Oissin dixit:

IN fil sunn nech ro feissed . gémad fann, gémad eissel,
cia dorat cenn Curraig chain . issin chnoc os Badamair?

---

¹ láncoibligh, Laud.   ² talmann, Laud.   ³ fecht, Laud.

7920 'Tusa ro ben a chenn de,' ar Cailte, '7 t'athair ro loit hé,' ar
Cailte, '7 missi ro muir in cnocc.'
    Oissin dixit:
        Da mbeth sunn nech ro feisid . mina impodar deissel,
        ann rus-geogain Find bodéin . o rus-dichenn Oisséin.
7925   Ocus adubairt Cáilte:
        Rucus lim in cenn 'arsin . gusin cnuc os Badhamair,
        co fuil ann ossin ille . issin cnucc 'na comnaidhe[1].

'Ocus in cumain letsu, a m'anum,' ar Oisin, 'cia ro diubraic
Goll mac Morna maiten ós Beluch Gabrain?' 'Missi ro diu-
7930 braic hé,' ar Cailte, 'cor' chuir in cathbarr óir ro boi imma
chenn de, 7 co ruc coibeis craind na sleige da feoil de.' 'Ocus
uallach ro bas [fo. 146ᵇ 2] faisin,' ar Oisin, 'ger'bo mor in chned
ro gab in cathbarr imma chenn, 7 ro gab a airm, 7 adubairt
re braithrib nach raibe poind air.' Ocus adubairt Oissin:
7935   IN fuil sunn nech ro feissed . gemad fann, gem[ad] eissel,
    cia ro diubraic Goll commbaid . maiden ós Beluch Gabrain.

Ocus adubairt Cailte:
    Missi ro diubraic a rí . a Oissin gusin caemlí,
    urchur fagha cert dochuaid . a ndiaid meic Morna morcruaid.

7940 IS annsin do fiarfaig rí Eirenn dibsum: 'Cia ro marb
Cairpre Lifechair mac Cormaic i cath Gabra?' 'Oscur mac
Oissin,' ar Cailte, 'ro marb hé.' 'A firinde as maith do denam,'
ar Oissin. 'Cia chena ro marb hé?' ar in rí. 'Orlám rí Fotharta
andes,' ar Oissin '.i. óclach gráda ro bói acumsa 7 'gom athair
7945 reomum.' Oissin adubairt:
    Orlam mac rig Fotharta . nochar'b é in fer co maithfech,
    brathair Brónaig, ní brég lib . ro marb Cairpre Lifechair.

'Ocus Osccur dono, cia rus-marb?' ar rí Eirenn. 'Aenur-
chur Cairpri Lifechair meic Cormaic ro marb hé.' 'Ocus Mac
7950 Lugach, cia rus-marb issin chath?' ar Diarmait mac Cerbaill.
'Bressal mac Eirge, mac ríg Gallgaeidel anall, 7 taissech teglaig
rig Eirenn he.'
    Ocus rob hí sin adhaig déidinach[2] feissi na Temrach, 7

---

[1] comnaighe, Laud.   [2] deiginach, Laud.

ro badur ac ól 7 ac aibnius ann ind aidchi sin, 7 ro eirgetar
na sluaig 'arnamairech, 7 ro scailset fir Eirenn da crichaib 7 7955
da cóicedaib féin 7 da n-inataib bunaid. Ocus atracht rí Eirenn
co moch arnamairech co Lic na nDruad[1] fri Temraig anair-
tuaid, 7 Bé-bind ingen Alaisc meic Aengusa, ingen rig Alban, a ben.

'IS áil lemsa,' ar se ré mnái, 'dul ar saerchuaird Eirenn.
[7] is áil lem do beith-si i Temraig ic frithailem na senórach 7960
arna ría ail nó aithis missi ó feraib Eirenn.' 'Dogentar a reir
mar oirdechair-si 7 mar adérat féin,' ar in rigan. Ocus tanga-
dur araen rom[po] issin tech ir-rabadur na senoraig .i. Oissin
7 Cailte, 7 ro indis in rí[2] doib sin. Ocus is amlaid ro bói
Oissin: iss é fer ba fialnáirige ro bói a nEirinn hé, 7 adubairt: 7965
'Ní hamlaid dogentar, a rí[2], ar eissium, 'acht bíd do bancheile
it' farrud féin 7 aithin don rechtaire sinde.' 'Máss ed, tabair
in rechtaire chucaind,' ar in rí[2]; 7 tucad hé féin 7 a ben ann.
Ocus adubairt in rí ríu: 'Ac seo mar ordaigim duib biathad na
senorach .i. secht fichit bó do chur i fergurt gabala, 7 a mblegon 7970
sin dóib cach n-aidchi, 7 proind deich cét o feraib Eirenn doib
a lind 7 a loim i Temraig, 7 fothrucud cach re lá, 7 esrad úr-
luachra ina lepdaib, 7 cona tair deired in lenna d'ól intan bias
in lind nua urlum acco. Ocus ataít secht meic accutsa,' ar
rí[2] Eirenn, '7 muir[b]fither accumsa iat 7 tusa leo da raib ní 7975
a n-airesbaid dóib.'

Annsin adubairt Oissin:

'Nir' hinganta,' ar eissium, 'lighi ind abaic a Temraig, da
tictis fir Eirenn uile da fegad, inar mbeith 'gar n-aithne ar
Mael muirir mac nDubain, ar rechtaire na Temrach, 7 do Chuarnait 7980
ingen Béccain bóaire ar a mnái.' 'Ocus maith, a m'anam, a
Oissin, cret eissein in t-abhacc?' 'Turchairthe flatha fuair Conn
Cétchathach,' ar Oissin '.i. abhocc, 7 tri duirrnd Cuind Cetcathaig
ina airde, 7 iss e fi[d]chellach 7 brannaige as ferr do boi a
nEirinn he. Ocus uile galra in domain do beith ar nech acht 7985
co tucad a lam air ro foirf(ed) [Lism. 195ᵇ 2] 7 fir Eirenn do
beith i láthair catha 7 comraic doghénad-san sídh eturru, 7

---

[1] ndruag, Laud.   [2] ríg, Laud.

cloch ro bói sunna i Tem*raig*,' ar Oisin, 'is uirre sin ro bói a leapuid. *Ocus* ba hingnad dala a leaptha,' ar Oisin, '.i. in fer ba mhó d'feruibh Eir*enn* do bídh a choimsi i leap*aid* in abhuic, 7 in náidhe ba lugha dogheibhthea ní bidh *acht* a coimsi innti. *Ocus* ba hé sin 7 in Lia Fáil bói i Temh*raig* dá ingnad na Temrach.'

'Ca hingnad ro bói ar in Lia Fáil?' ar Diarm*aid* m*a*c Cerb*aill*. 'Gach aen ara mbiadh leithbr(ia)thar d'feraibh Eir*enn*,' ar Oisín, 'dobeirthea ar in leicc sin hé, 7 damad díleas é gile 7 dergi donídh do, [7] a chur ar in Lia Fáil 7 dámad aindíleas hé ball dubh do bheith a n-inad suaichnid fair. *Ocus* intan ticedh rí Eirenn fuirre do ghéised in lecc fái co freacraitís prím-thonna Eir*enn* hí .i. tonn Clídhna 7 tonn Tuaidhe 7 tonn Rudh-raigi. *Ocus* intan ticced rí cóicid fuirre ro bhúiredh in lecc fái. *Ocus* intan téighedh ben aimrit fuirre drúcht dubhfola no mhaidedh trempi. *Ocus* intan téigedh ben do b... ticedh braen alaid[1] tríthe.' ('*Ocus* cia ro thócaib) in leac sin nó ruc a hEir*inn* í?' ar Diarmaid m*a*c (Cerbaill). 'Oclach mórmenmhach ro ghabh ríge ...

Caetera desunt.

---

[1] aláig, *Lism.*.

Translations of parts of the Acallam omitted in Silva Gadelica.

How Patrick healed Cáilte's right side.

[Text: lines 3976—4048.]

One day Patrick was reciting his hours, and when he had finished, they heard on the hill beside them the noise of a hunt and chase out of Berrobail. "Feeble is the cry of the hounds and the men that we hear", says Cailte; "and 'tis owing to the death of the lord Find that this hunt is making it (so faint), and to the death of Mac Lugach the valiant, and the death of Diarmait O'Duibni, and of Aed the Little, son of Find, who was killed in the east in England in a furious battle, and the lack of Dub dá Chonn and Dub Dithrib, son of the king of Leinster, and the decease of Dithrubach, son of the Scál, son of Eogan, the son of Find's mother, slain by Cáilte Coscar-ríg, son of the king of France, and the burial of Conán the Bald, son of Morna, and of Ferdoman, son of Bodb, because of Findinne, Bodb's daughter."

Then said Patrick to Cáilte. "Sad is thy wail of sorrow to be thus bereft of thy Fiann! But it is not in them thou shouldst *now* believe, but in the glorious God who created heaven and earth." "Well, my soul, my holy cleric," (says Cailte), "hadst thou known the Fiann thou wouldst have loved them, since *I* am dear to thee, *I*, who have spent my vigour and my spear-throwing."

The whole host heard that, and sad they were at the true hero and true brave's doings on that day in the absence of his Fiann. "Cáilte, my soul,' says Patrick, "why dost thou not go to see (the hunt)?" "Fain would I go, holy Patrick, but for a spearcast which Sescenn, son of Fer-dub, made upon me at the battle of Kenmare in the south, and I cannot go because of the bloodclots of that cast. But it was his last shot, for he himself fell there. And now I thank the King of heaven and earth that I may be listening to the crow of the cock in this place."

"Whereon then did the spear alight?" asked Patrick. "On my right side here, holy Patrick, where the shield was not protecting me." Then Patrick put his right palm to the olace of the blow, and the spear(head) came forth through the wound, and the knee of the biggest man of the host would pass through the socket and fitting of the spear. The nearest to Cailte in the church was Mael-trena, son of Dínertach. "My boy", says Cailte, "take hold of my hand, for the Adzehead has gone to see the hunt."

Cailte sang:
O scholar, take me out, since Celebration has ended,
To hear the hound that hunts a deer out of Berrobol . . .
O cock that crowest clearly, for whom dost thou make thy music? etc.

Then Cáilte came forth, and Mael-trena, Patrick's primal pupil, held his hand, and took him to the bed-house after the spear had been extracted, and there he remained that night, groaning and lamenting.

The Death of Dubchraide the Robber.
[Text: lines 4049—4053].

There was a brigand in that country, Dubchraide, son of Dubtnúthach ('Blackheart, son of Dark-envious'), emperilling[1] and persecuting Patrick; and Patrick said:

I give permission to dear Cailte, who has put many heroes into graves, though he kill Dubchraidech and get him gratis.

And after that the man died.

---

[1] or perhaps 'getting advantage over'. see Glossarial index.

The Origin of Ard Senaig.
[Text: lines 4054—4077.]

And there they abode for three days and three nights, and then they all fared forward to the Fiann's Valley on the hither side of Cruachan, and sat down on Ard Senaig (Senach's Height') above the Fiann's Valley. "O Cáilte," said Patrick, "why was this height called Ard Senaig?" "I will tell thee," answers Cáilte. "Find had an excellent minstrel named Senach ua Daigri, and here he died of an hour's illness. And the hillock was built over him, so that from him it is called Ard Senaig." And Cáilte said:

'I remember what Senach got from Find for his music — 'twas no grief and being with naught — thirty ounces every quarter. A golden penny for every man in the host to comely, ruddy-haired Senach, that he might sing — great the deed — and send them into a (charmed) sleep.'

"Cáilte, my soul," says Patrick, "manifold was that abundance of wealth." "It *was* manifold," says Cailte; "for if he had given no treasure save what he gave to women and minstrels the treasure (so given) would be vast." "And did he endow many women thus?" asks Patrick. "Truly he did endow them," answers Cáilte, saying:

Three hundred women Find endowed, by the King who is above my head (God), a separate brideprice to every woman — vast was the treasure altogether.

"Great was that warrior's generosity!" says Patrick. "It *was* great," says Cailte; "for he left no woman without her brideprice, nor servant without his due, nor man(-at-arms) without his pay. And he never promised in the night what he would not fulfil in the (following) day, and he never promised in the day what he would not fulfil in the (following) night."

The story of Étain Fairhair's wooing and death.
[Text: lines 5638—5724.]

Once upon a time, when Find son of Cumall was on this hill, they saw upon it a woman a-waiting them. She wore a crimson fringed mantle with a golden brooch therein, and she had a frontlet of yellow gold at her forehead. Find asked tidings of her, whence she came, and she answered him: "From the Peak of Étar, son of Étgaeth the champion, in the east[1]." "What is thy name, O damsel?" says Find. "Étáin Fairhair is my name," says she, "daughter of Aed Whitebreast, out of the Elfmound of Benn Étair in the east". "Why hast thou come hither thence?" says Find. "'To ask one of the Fiann of Erin to race me,' she replied. "How dost thou run?" asked Diarmait O'Duibni. "Good is my running," says the damsel, "whether long or short is the earth or ground under my foot, 'tis the same to me to be running." Said Cáilte:

'When we came to Benn bán a woman joined our company', etc. [They raced to the hillock over Badammar, thence to Dublin, where Cailte was the first to arrive, and thence to the elfmound at Howth, where they found mead and wine, and remained twenty nights.]

"And this was our number when we reached that elfmound", says Cailte, "twenty hundreds of the Fiann of Erin including Find son of Cumall; and we sat on the bedrail of the palace in the elfmound, and then our feet were washed, and our hunger was abated, and our thirst was quenched. And as we were there, Find saw a gentle yellow-haired damsel in front of the vats, with a cup of white silver in her hand, and she distributing to every one.

Then said the prince Find: "It seems to us that yon is the damsel that challenged the Fiann to run and race from the Fort of Slieve Grod in the west to Benn Étair'. "It was not she at all," says Aed Whitebreast, the king of the elfmound, "for yon is the slowest of our women." "Who then was it?" asked Find. "Bé-mannair, daughter of Ainceol," replied Aed Whitebreast, "the she-messenger of the Tuath dé Danann. And 'tis she that shifts into the shape of a *spegduban* and a whale, and forms herself into the semblance of a fly, and of a true lover, both man and woman, so that all leave their secret with her. She it is that outraced thee in the east, and not yon damsel, who was (then) drinking and making merry at the vats in the elfmound". "And how is yon damsel named?" asked Find.

---

[1] i. e. from Howth.

"Étáin Fairhair", says Aed, "a daughter of mine, and a darling of all the Tuath dé Danann. And thus is that girl, with a lover in the Fianns of Erin." "Good, my soul," says Find, "which of us is that lover?" "Oscar, son of Ossian," says Aed; "and 'tis she that sent the messenger for you to the Fort of Slieve Grod in the south. And Cairbre Lifechair, son of Cormac (king of Erin,) has offered to give the Tuath dé Danann, as her bride-price, the cantred nearest to Bregia and Meath, and to put himself and an equal weight of gold and silver into a balance, and to give it all to her." "Why did ye not agree (to yield) her for this to the king of Erin's son?" "We did not accept it," says Aed, "for she had not a whit of desire or inclination herein, and therefore we made no dealing or covenant about her." "Well," says Find, "what condition dost thou seek from us? Well, my soul, my damsel, what condition dost *thou* ask from the son of the son of the king-champion, even Oscar?" Said the damsel: "Never to leave me until my own evil deeds come against me!" "Verily", says Oscar, "thou shalt have this condition." "Give us sureties and guarantees for it," says the damsel. "What sureties dost thou demand?" "Goll mac Morna of the sons of Morna, and of the Fianna of Erinn, Find, son of Cumall." So those sureties were given to her, and the damsel and Oscar were wedded; and we staid there for twenty nights afterwards.

Then Oscar asked Find: "Whither shall I take my wife?" "To broad-green Almu (*Allen*) of Leinster," says Find, "till the end of seven years; and thenceforward do thou thyself leave the place to her."

And, after that, the banded battle of Benn-Étair (*Howth*) was delivered, and in it Oscar was sorely wounded, and thereby the Fiann were distracted, and Find also was distracted. And one night Étáin Fairhair came upon the bed into Oscar's company, and saw that the great and kingly form that he wore had departed: so greenness and darkness came to her, and the damsel raised aloft her mournful cries and her high lamentable wail, and she went to her (own) bed, and (there) her heart in her breast broke like a nut, and she died of grief for her husband and her firstlove, as she beheld him. And she was taken to her own elfmound, to the Elfmound of Benn Étair, and was laid in earthen hollows. So that *Fert Étáine* ('Étáin's Grave') is its name. She left three noble sons with Oscar. Luath and Indell and Oscar were their names. That is the story which you asked of me," says Cáilte, "and therefore this place is called *Benn bán in retha*" ('the White Peak of the Race.')

The story of Cuillenn and Callann and their son Fer óc.
(Text: lines 5725—5886)

And there they staid that night till day with its full radiance came on the morrow. And saint Patrick and all the host arose and fared forth to Cuillenn and to Callann in Húi-Cuanach, and there Patrick sat down, so that *Suide Pátraic* ('Patrick's seat') is the name of the place from that time to this. The king of Munster sits at Patrick's shoulder, and in front of him sat Cáilte.

Then Eogan Redside, son of Oengus, king of Munster, demanded of Cáilte: "Why was this place called Callann and Cuillenn? and why was the name *Lige in óic* ('the Warrior's Grave') given to yonder hill, and *Clad na Féine* ('Dyke of the Fian') to this dyke surrounding the land and the district?" And Cailte answered that question (thus:)

"One day," says Cailte, "Find, son of Cumall, was at Ráith Chuiri between Dundalk and the sea, at the end of Tráig Baili, and *Lepaid na hiubraige* ('the Bed of the Iubrach') on one side of Find, and *Ráith na hechraide* ('the Rath of the horses'), the place of the Dub-sainglenn and the Liath Macha[1], on the other side, and Dundalk behind us. We had not been there long when we saw on the strand to the north thirty charioteers coming straight towards us. They alighted and unyoked their horses, and the great wide-eyed warrior, who was eldest and noblest of them, sat down by Find's shoulder. The lord Find asked his tidings: "whence hast thou come, my soul, my warrior, and who

---

[1] Cúchulainn's two horses.

art thou thyself?" quoth he. "Callann, son of Fergus the Fair, am I," says the warrior, "son of the king of Ulaid in the north; and my own brother Aed Donn, is banishing me, and he lets me not be with (king) Cormac húa Cuinn, and keeps me off my own heritage. So I have come to have speech with thee, O royal champion, for we are related, Mes Mungel ('Whiteneck,') daughter of Oengus, king of Ulaid, thy grandmother, being own sister to my father and mother of Cumall.

"If so," says Ossian, "'tis from the Ulaid we have brought the fury and the fierceness (?) that are in us.' "'Tis from them assuredly," says Find. "Is it in Ulster that thou wouldst get land?" "Nay indeed," says Callann, "since we should not commit parricide between us." "If so," says Find, "I will go tomorrow to Eochaid Red-edge, son of Find, king of Munster's two provinces, and I will seek for thee land from him for a time and a season. And unless I get thee land from him with his consent, I will deliver battle at the end of Tráig Baile to the king of Ulaid for thine own land."

Then the three battalions of the Fiann, with Callann, son of the king of Ulaid, before them, marched southwards to the Fort of Slieve Grod, to the place where the king of Munster was dwelling. And the king came and met Find and the Fiann of Erin, and said: "Welcome is thy arrival, my soul, O Find, "and loyal is this greeting of ours." "'Tis loyal indeed," says the king (of the Fiann). Then they entered the fortress, and they were ministered to, and the drinking-house was arranged for them, and Goll mac Morna was placed on one of Find's hands, and the son of the king of Ulaid on the other hand.

Then said the king of Munster: "have ye seen of the men of Erin, or the men of the whole world, a third whose shape is better than that of yon warrior at Find son of Cumall's shoulder?" And the king asked: "who is that warrior in thy company, O Find?" So Find told him Callann's name and description, and that Callann had come to ask him for land and heritage. "By my word," says the king of Munster, "if one as good as yon should come himself to ask for territory and land, it were proper to bestow it upon him; but when thou, my soul, my royal champion, askest it, 'tis the more proper to give it to him. And lo, there are two cantreds from me to him," says the king of Munster. "And a third cantred to me and to the Fian!" says Find. And that also was given to Callann, so that he had three cantreds.

"In what place dost thou give him that land?" says Find. "Breccthír — now called Húi Chuanach — and Tulach na dála" — now called Cuillinn. "Rude and Ultonian are my people," says Callann, son of Fergus. "I have a counsel for thee as to that," says the king of Munster. "Let the Fiann there build a rampart and a fortification round thy land." So the Fiann's three battalions arose, and built it in the seven days of the week, and a 'host-door of contention' was made on it. And after it was built for him, Find and the Fiann's three battalions, and Callann, son of Fergus, son of the king of Ulaid, went with them again to the Fortress of Slieve Grod.

Then said Find: "Well, my soul, O king of Munster, knowest thou on what other errand we came to thee?" "Truly I know not", says the king. "To demand thy daughter Cuillenn for Callann, son of Ulaid's king." "What is her bride-price and her present?" asked her father. "An hundreded bride-price," says Find, — that is, a hundred to her of every kind of cattle and of every generation (now existing); and by my word, it shall go to her,[1]" says Find. So that (bride-price) was bound to her, and on that night the king of Munster's daughter was wedded to the king of Ulaid's son.

And Callann went northward for his people, and they came with him to the land which the king of Munster had given him, and there he built a great fortress.

The damsel bore him a famous and beautiful son named Fer óc ('young man'); and in all Ireland there was scarcely one whose shape and vigour and spearcasting were as good as his.

---

[1] I read (with Fr.) *rachaid, dar mo breithir,* instead of the corrupt *rach sin ar breithir* of Laud.

To this place we went, three battalions of the Fiann, having ten hundred and twenty hundred in each battalion; and as we were standing there we saw a single youth playing on the green, with a heavy lump of a stone on his palm, and he used to give a cast of it so that it would fly over ten furrows, and he would run beneath it, and catch it with his hand in the air. And we, the three battalions of the Fiann, were long looking at him. "Never," says Find, "have we seen better casting than that; and who, my men, is the youth that achieves it?" "The son of the owner of this place," says every one, "even Fer óc, son of Callann, son of the king of Ulaid." "Never," [says Find] "has there come from the Ulaid, since their great and gallant men departed (life), better makings of a warrior than that youth." "Never indeed has there come," say all at the same time. "And he does another casting that is harder than that." "What is it?" says Find. "He puts the shafts of his two spears against the ground, with his back to the homestead, and he leaps with the spearshafts over the gate, and alights on the stone on the other side with the spears in his hand, and he leaps back with them out over the stead, and lights upon this green."

"O Fer óc," says Find, "for the truth of thy conscience, perform this feat in our presence!" "We will do it," says the youth. "But I am ashamed to perform it in the presence of the Fiann of Erin, unless I succeed in doing it well." Then he performed the feat in presence of Find and the Fiann, as well as ever he had done it.

To them then came Callann and Cuillenn, the father and mother of the youth, and gave a beautiful welcome to Find and the rest of the Fiann. "Well, my soul, my son," say they (to Fer óc), "make thy covenant and thy fellowship with Find." He arose and made his covenant and his fellowship with Find; and, after that, we entered the fort, and there we abode carousing and enjoying ourselves.

Then said the lord Find: 'where is Berrach, daughter of Cass of Cuailgne?" "Here, my soul, my royal champion," says the damsel. "Take the 'measure of hundreds' unto thee, and put into it thrice its fill of gold and thrice its fill of silver, and give that to Fer óc as his wage." And the youth divided it into three, to wit, a third to his father, a third to his mother, and another third to sages and to ollaves and to the treasurers of the Fiann of Erin. "Wisely hath the wage been divided," says Find. And they were there till on the morrow day came with its full radiance.

Then was a hunt and a battue held by the three battalions of the Fiann. Howbeit, on that day, owing to Fer óc (and his superior skill) to none of the Fiann it fell to get first blood of pig or deer. Now when they came home, after finishing the hunt, a sore lung-disease attacked Fer óc, through the (evil) eyes of the multitude and the envy of the great host, and it killed him, soulless, at the end of nine days. He was buried on yonder green-grassed hill," says Cailte, "and the shining stone that he held when he was at games and diversion is that yonder rising out of his head.

So that from him *Tulach in óic* ('the hill of the youth') is the name of that hill.

And his mother remained for a year in this stead after her son. And every day she would go to her son's grave, and throughout that year she was bewailing him. And one day she died of grief for her son, and she, too, was put into this hillock.

So that from her is the name *Cuillenn*.

"And this", says Cailte, "is one of the four places at which the Fianns of Erin used to don their fine comely-mantled garments, namely, Tara of Bregia, and Temair Luachra, and in broad-great Allen of Leinster, and here in Cuillenn. Here, too, in every year the lord Find used to deliver three battles to the Fiann, and champions were brought and chosen for valour in place of all the Fiann that were killed. And here the fierce wild stags and the heavy-sided boars were brought to us to the floor of the house of drinking and delight. And on that day Cuillenn was an abode of deer and game.

And Cailte said:

Cuillenn was an abode of deer, was a fort of a king with rule, was beautiful in the hour of battle, with its raiment of many colours, etc.

"Victory and benison be thine," says Eogan Redside, son of Oengus; "and O Cailte, sad is the tale thou hast told us, the tale of Fer óc."

The beginning of the story of the Ridge of the Dead Woman.
[Text: lines 5887—5940.]

Not long were they there when they saw a great and gallant body of men marching towards them in two divisions: eight score armed with shields in each band of them, and bulwarks of brown red shields around them; a wood of lofty spears at their shoulders; a lad, brown, excellent, beautiful, in the van of the band, with a golden diadem on his head as a sign of royalty, a purple mantle round another warrior who was their chief, and who wore on his head a helmet of gold. They knelt to Patrick, and laid their heads in his bosom.

"Who are ye, O warriors?" says Patrick. "Two kings of West Munster. I am Derg, son of Dínertach, son of Mael-dúin, and the other is Flann, son of Flann, son of Failbe. A great and beautiful banquet we have (ready) for thee, O king of Munster", say the warriors; "and we shall be the better if thou bring saint Patrick with thee to drink our feast. For we wish our districts and lands to be blessed by him, and (we also wish) to give him our live-service and our dead-service, for never have we had a clerical friend except him."

"Precede us," says the king, "and we will follow in your rear." They remained there that night, till on the morrow day came with its full radiance. And the whole of that host, and Patrick with his people, came southward to Cathair na cét on one of the two summits of Slieve Mish. The two kings of West-Munster came to meet them, and made welcome to Patrick and the king of Munster, and they gave saint Patrick a 'gospel-penny,' to wit, for each of them three score ounces of gold and three score ounces of silver.

Then Eogan Redside, king of Munster, asked Cáilte: "And why was this place called the Oakwood of the Conspiracy,' and why was this ridge called the Ridge of the Dead Woman, and why was this little rath called the Little Rath of the Incantation?" Cáilte answered: "I have knowledge thereof, though its origin is ancient."

'Once upon a time, when Find and the three battalions of the Fiann came hither to have a hunt and a breaking-up (of deer), we were not long here till we saw a single person approaching us. He sat down on this hillock in our company, and a woman was there, with a smock of royal velvet next her skin. Around her was a mantle fringed and purple, with a golden brooch therein. She wore a soft[1], plaited, gilded tunic, with a golden breastplate thereon, and a diadem of gold on her head. Not trifling was the thing to which we compared her, to wit, the mast of a great ship over a high summit; and there were but few of us who felt not horror and fear and awe at the excellence of the woman's shape and at her size. For we were not folk of the same era as she, for she was bigger, greatly bigger. Goll, son of Morna, was then at Find's right hand, and there, in presence of Munster's two provinces, Cáilte gave a great testimony as to Goll. "He," said Cailte, "was the upper hand (in fighting), and the deadly wave over fierce bands, and the bold lion, and one of the five best warriors behind shield and sword and spear that were in Erin and Alba at the same epoch and era as he. For these were the five whose bravery was best at one time in Erin, namely, Find, son of Cumall, and Lugaid Lágda, and Oscar, son of Ossian, and Goll, son of Morna, and by my word," says Cailte, "'tis no bragging (to say) that *I* was the fifth."

Then said Find to Goll, (speaking) past her: "Hast thou ever seen a woman bigger than yon woman?" "By my word," answered Goll, "I never saw, nor has any other ever seen, a woman bigger than she is."

For the rest of this story see Silva Gadelica II, 238 bis 242.

---

[1] lit. weak.

The story of the Oakgrove of the Conspiracy.

[Text: lines 6083—6141.[1]]

"And why, O Cáilte', says the king of Munster, "was this oakgrove called 'the Oakgrove of the Conspiracy?'" "The four of whom thou hast heard me tell (as being) at 'the Little Rath of the Marvels,' namely, the three warriors and the hound, to kill these the Fiann here conspired." 'What cause had they to conspire against them, and they in the Fiann's own service?" "The cause of the conspiracy was that the Fiann understood not the arrangement or the procedure which the warriors chose to follow, namely, their having a camp apart and a rampart of fire flaming about them, and none to see them from that rampart of fire until dawn on the morrow. And Find said: "By no means would I have them killed, for of the world's men they are the three best in spearthrowing and vigour. And they possess three arts, and it would not be right for the men of the world to kill them because of their having those arts," "Namely, says Cailte," were the men of (all) the world in disease and sickness, should one of the three apply herbs to the ailment of each, he would thereafter be smooth and scarless. And whatever is asked of the second man is gotten from him. And as to the third man, let the wants of the world be told him, and they will be fully satisfied by him. And in addition to, and beyond any of these he had a pipe, and the men of the world would sleep (at its sound), however great their illness. Moreover, as to the hound, though none of us should kill a deer or other animal, thanks to it we should have no lack (of food)."

Then said the lord Find to them: "Know ye why ye have been brought to parley with me?" "We know not," say the warriors. "The Fianns of Erin deem you disloyal because of the arts which ye practise with them, and they desire to order you to depart and to give you your wage." "What evil have we done?" ask the warriors, "that we are ordered to depart?"

---

[1] The part of *Lism.* corresponding to lines 6083—6096 is accurately translated in *Silva Gadelica*, II, 242.

"We know not," say the Fiann, "save that ye have customs which we never saw nor heard of being practised by men before you, namely, a rampart of fire around you every night, and that after nightfall ye do not like anyone to see you, so ye put that rampart of fire around you." "And what harm to you is our doing that, O Find?" say the warriors: "for not to you shall we be oppressive, (but) every good thing we do, to *you* it belongs." Then said the lord Find: "that is the speech of gentlemen; and shewing you spite or making reproach by me or any of the Fianna of Erin shall never occur by day or by night. And there is something I fain would ask you," says Find. "If we know it," they say, "it shall be told thee." "What names do ye bear?" asked Find. "I am called Dub" ('Dark') says the warrior who wrought the cures. "I am Ág" ('Battle') says the middle warrior. "I am Ilar" ('Eagle'), says the other warrior. And Cailte said, in describing those men and the hound:

Dub and Ág and Ilar, loving the triad, dear was the place, and Fermac, good was the hound, used to be in the midst among them, etc.

"Now go to your home," says Find; "and so long as anyone shall follow me ye shall be[1]...., and the fellowship ye have not found ye shall get henceforward." "And therefore," says Cailte, "this oakgrove about which you questioned me, O king, was called 'The Oakgrove of the Conspiracy.'

'Victory and benison fall to thee!' says Eogan Redside, king of Munster, to Cailte: "well hast thou solved those two questions. But thou hast been asked a third question (still) unanswered, namely, why was this little rath called *Ráithín na Sénaigechta?*

The story of the Little Rath of the Incantation.
[Text: lines 6146—6269.]

One day when Find was here on his seat, with the three battalions of the Fiann, we saw three bald-red husbandmen

---

[1] some word seems wanting here in Laud. The '7 *tuilled*' of Fr. 70ᵇ onakes no sense.

coming towards us, holding three red hounds in their hands, and three spears; and (there was) venom on their weapons, and venom on their dress, and on their hands and their feet, and on everything which they touched. "Whence have ye come, my men?' says Find, "and who are ye yourselves?" "Three sons of Uar, son of Indast, are we," they answer, "of the Tuath dé Danann. A warrior of thy people killed our father in the battle of the Tuath dé Danann on Sliab Én ('the Mountain of Birds') in the east — now called 'the Mountain of Aige, son of Ugaine' — and we have come to demand of thee, O Find, the eric of our father.' "You have been long in coming to demand it," says Find. "We supposed," say they, "until thou camest to the Feast of Tara, that it was Mider's sons that fought that battle, and the men of Ireland knew that it was thou that gave hostages of the Tuath dé Danann to the sons of Mider in that battle." "And what warrior of my people," asked Find, "do ye charge with the killing of your father?" "Cáilte, son of Rónán," they reply. "By my word," says Find, "he is one of the six men who were in my company there. And what names do ye bear?' asks Find. "Aincél ('Ill-omen') and Digbail ('Damage') and Espaid ('Want') are our names; and what answer do you give us, O Find?" "No one before me has given an eric for a man killed in battle, and *I* will not give one," says Find. "We shall inflict plunder and robbery upon thee." "What plunder is that?' says Find. 'We are three brothers," they say, "and we shall, each of us, inflict plunder." "I will do (this)," says Aincél: "whether three or two or four of the Fiann chance upon me, I will take all their feet and hands from them." "I will do (this)," says Digbail; "I will not go a day from them without (causing) lack of hound or gillie or warrior to the Fianns of Erin." "And I will not leave them," says the third man, Espaid, "without their lacking a band or company or foot or hand or one eye." "Unless we get somewhat to help us against them," says Cailte, "no one of us will be alive at the end of a year."

Then said the lord Find: "Well, ye Fianns of Erin, let a

fortress and goodly stead be built by you here, where yonder men met me; for, until I find out which of us is the stronger I will not be (retreating) before them throughout Erin, and they in my rear (pursuing)." So the Fiann arose, and each of their captains built a little rath (*ráithín*) and fortress around him and his company, from the summit of Slieve Mish in the west as far as this," says Cáilte. "We suppose," says the king of Ulster, "that for some reason these little raths were (each) called *Ráithín na n-othrus*" ('the little rath of the healings') "It was for this," says Cailte; "because the three remained here for a month and a quarter and a year inflicting every ailment and every bane upon the Fiann. And here the healing of the Fiann from these hurts was performed."

At that time and hour the three sons of the king of Iruath, who were accompanying Find, came to have speech with him, and took him apart on a 'sod of scrutiny of prudence,' and said to him: "Well, my soul, O Find, we desire to give thee a circuit of our wolfhound, that is, to let him go round thee thrice in every day. And then, though a multitude be intending to do thee evil, or to plunder thee, they will achieve nothing from one day to the next, provided there be not fire or weapon or dog in the same house with him. For it is a *geis* (tabu) of his, to have none of these things in the same house." 'None of them,' says Find, "shall be in the same house with your hound, and he shall return safe to you." Thus, every day the hound was sent to Find, having about his neck his ridgy red golden chain, wherein were fifty *conchlanns* of refined gold. And the hound used to go in that wise thrice round Find, and put his tongue thrice upon him. And to those who were nearest the hound it seemed as if a vat of mead, after being strained, was there, from the odour that would come from him, and to others it seemed that the odour that came from him, when he entered the house to Find, was the perfume of a fragrant apple-garth. "During that year", says Cailte, "those three (sons of Uar) committed great plunderings on the Fiann: but for every sickness and every evil that Aincél caused, Dub, son of the king of Iruath, used to apply his herb and his leeching, so that the patients were hale on the morrow. And to those whom Espaid and Digbail injured Ág and Ilar would give their help and succour.

"Then," says Cailte, "Cormac húa Cuinn was told of those foemen doing evil to Find, and 'tis from them", says Cailte, "come the famous proverbs, namely, to one whom bane or want afflicts, this is the common saying: *Aincél has visited thee.* And also, to one whom damage or want afflicts, *Digbail and Espaid have visited thee.*

"'Tis then," says Cailte, "that a gathering and muster was made by Cormac húa Cuinn, the king of Ireland. Eight and twenty battalions, with a thousand and two thousand in each, came to this hill to work with Find and the Fianns of Erin. And Find made welcome to Cormac and to the other nobles of the men of Ireland, and related the great distress in which he and the Fianna had been during that year, "save that the three sons of the king of Iruath were helping us against them." 'Why', asks Cormac, 'should not folk possessed of such arts find some spell or charm or craft which would drive the sons of Uar out of Ireland?' So then," says Cailte, "Cormac told me to go for the three sons of the king of Iruath. I went and fetched them to Cormac and Find and the nobles of Ireland, and Cormac beheld them. "Handsome are the men," says Cormac, "and good are their shape and character. And well, my sons, would ye find a spell or charm which would banish from Ireland yon three foemen who are destroying the Fianns of Erin?" "If", say the warriors, "we could find them near us (tomorrow), we would enjoin them[1]. to depart (and) drive them from the men of Ireland". "Where", says Find, is Ág, son of the king of Iruath?" "Here", says the warrior. "Where are yon three foemen who are destroying Ireland?" "They are on Daire's Cairn, here at the end of the camp", answers Ág. "And where are Garb-cronán and Saltrán Longheel?' asks Find. 'Here, O royal champion!" say the gillies. "Go for

---

[1] The words *ni ris a*, which here seem meaningless, are not in *Fr.* and have been omitted in the translation

yonder men, and tell them I will give them what the king of Ireland awards in respect of their father." So the gillies fared forth for them as far as this, and gave them the message. Then they came, with the messengers, to Cormac and Find, and those three sat down on the dyke of this rath; and Cormac was there, with eight and twenty battalions, and we (also), the three battalions of the Fiann".

Then said Cormac: "Arise, O Dub, son of the king of Iruath, and command them by spell and charm to leave Ireland!" So Dub arose and said: "Go by virtue of this spell and charm, ye three foemen, one-eyed, lame-thighed, foul-thighed, half-blind, left-handed, of the race of wondrous evil, from the gravelly plains of Hell below, and of the race of Buadnat, daughter of Herod, daughter of him who gave up and delivered into the hands of the unbelieving Jews the true and glorious God and the Lord of all human beings! And go forth on the bitter-deep brine, and let each of you deal a sword-blow on the crown of each of his brothers. For long enough are ye plundering and robbing the truly-judging royal champion, even Find, son of Cumall. Get you gone to the original kindred of your father and mother and grandsire, to the gravelly hillocks of Hell below, and may fire consume you there!"

Then the wolfhound raised his tail, and brought a blast under them from below, and forth they fared on the fruitful green-sided sea, and each of them dealt a swordblow on the other's head. So thus the three brothers died and went to Hell.

Cailte sang:
They fared forth from us on the sea that was hugely-waved, etc.

And because of that spell this little rath is called 'The Little Rath of the Incantation'.

The story of the baleful Birds: Cailte's problem; and Aillenn's love for the king of Connaught.
(Text: lines 6270—6399).

Then said Flann son of Flann and Derg son of Dínertach: "It were meet for us to ask for that spell, O Cailte, my soul".

"For what reason?" asks the king of Munster. "Each of our men, including the two that we are, has eight cantreds, which amount to the whole kingdom of West Munster, and at the very time and hour for reaping our harvest three flocks of birds come to us from the western sea, with beaks of bone and breaths of fire out of their necks; and as cold as a spring-wind is the wind that issues from their wings. And when every one wishes (to put) a hand to the fields, they come to us", says Flann, son of Flann, "and at one time in every twelve-month a bird attacks every ear in our cornfield, and they carry it off: the second time they bear away (our fruit), so that they leave neither apple on appletree, nor nut on hazel, nor berry on rowan; and when they come the third time they leave neither fledgling nor fawn on the ground, nor silly little child; nor is there aught that they can lift that they take not away". "And whence do they come?" says Cailte, "or what are they themselves? or to what end do they go?" "Some of us are saying", quoth Derg, son of Dínertach, "that they come out of the elfmounds and from the Tuath dé Danann. Others are saying that they are a birdflock out of Hell (sent) to do evil and injury to the men of Ireland". "But whencesoever they come", say the warriors, "we must leave them this district and land, for we cannot any longer endure them".

Then said Cailte to Patrick: "Where is the lord of know-ledge and computation, even saint Patrick? I would fain ask thee a question'. "If I know the answer", says Patrick, "thou shalt have it, for I have often put questions to thee". "In what year is there a month without a moon", says Cailte, "and a moon without a month, and a month that includes three moons?" "The year of the Quartill", says Patrick, "which is between two thousands of years, that is, a thousand before it and a thousand after it. The first month of that year is without a moon. In the next month there is a moon, but the moon has not a month because of the following month. The third month", says Patrick, "takes three moons upon it, i. e. the first moon of the first month, which we have reckoned in the course (?) of our previous question, and the first moon of the previous quarter the same month takes; and the third moon", says Patrick, "is the moon of the kalends of that month's original era".

"Success and benison attend thee, O saint Patrick!" says Cailte; "and a blessing came to the generation of the men of Ireland the day thou camest unto them. For there was a demon at the butt of every single grassblade therein before thine advent, but today there is an angel at the butt of every grassblade therein. And blessing to the men of Ireland who shall see thee and to those of them who shall not see thee, for thy miracles and marvels will serve them. And well, my soul, O Patrick", says Cailte, "when is that year of the Quartill of which thou toldest me?" "Yestreen was the first night of it", says Patrick, "And the month that contains the three moons", says Cailte, "when comes it?" "Tomorrow night is the eve of its commencement, and the day next to it. "And when are your cornfields ripe, O Derg, son of Dínertach?" "Unless that ill-omened flock of birds tarry (here), we shall be reaping tomorrow", says the warrior. "When do ye expect those birds to come to you?" asks Cailte. "Tomorrow certainly", says Flann, son of Flann, "at the same time[1] of day tomorrow as Dub, son of the king of Iruath, put a spell and charm on the three sons of Uar, son of Idast, when weapons killed them, and the wave of the flood overwhelmed the three brothers". "And why then", says Cailte, "should I not bestow a spell and charm on Flann and Derg, the two kings of West Munsters, in the name of the Trinity, unchanged and unchangeable, against the birds that come every year to ruin them?"

So, early on the morrow, he fared forward, with the nobles of the provinces of Munster, and Patrick together with them, up to the summit of Slieve Mish. Then the birds came to the cornfields as they used to come every year, and every one beheld them, and they settled on the cornfields, and Cailte said:

---

[1] For comai*n*m I non read comaim*ser*.

"Depart, ye children of Ruadmael daughter of Rugatal, of the seed of the Miller of Hell, who destroys the cattle and food and gold and silver of the world, and all its many other treasures, and for whom gathering and grudging are practised, so that he casts it (hoarded wealth), into the mouth of (this) mill, and makes dust and ashes thereof.

"And go", says Cailte, 'ye children of Bolcan, son of Nemed — the worst that is and that will be! And go, by virtue of this spell and charm out to the choice blue-fronted sea, so that each of you may kill the others, and make dust and ashes of them, and that ye may not know the just and truly-judging apostle of the Gaels' island, even saint Patrick son of Calpurn, chief of the devotion and faith of the Gaels. And betake yourselves to the Mountain of Witness, and leave Ireland to him, for it is not fitting that you should be therein against him!"

Then the birdflock arose at that charm which Cailte put upon them, and they fared forward out to sea, and each of them killed the others with their beaks of bone and their breaths of fire. Wherefore 'Crag of the Birdflock'[1] is the name of the crag over the edge of Slieve Mish by the sea, and 'The Spell of the Birds of the cornfields' is the name of that spell thenceforward. And Cailte said:

Good (was) my journey, O vehement Derg, to reach you from afar, since I put from you the birds away on the awful, stormy sea.

Then Patrick consecrated the district and the land, so that neither horror, nor witch, nor destruction came into it thenceforward. And the host entered the fortress, having Patrick along with them, and there they were till the end of the week, merry and easy, a-drinking that feast. And this was the king of Connaught when that birdflock was cast out of Ireland, Aed, son of Muiredach, son of Finnachta.

The king of Connaught was then at Dún Leoda Loingsig, and there he was partaking of a great feast which he held. And one night there, at fall of (the clouds of) evening, he came out on the greengrassed lawn; and as he was there, with the nobles of his household around him, he saw on one side a gentle, yellow-maned damsel, who looked not at the host, but at the king alone; and strange was the damsel's fashion. "Whence hast thou come, my damsel?" says the king of Connaught. "Out of the glittering Brugh in the east", says the damsel. "For what hast thou come?" says the king. "*Thou* art a sweetheart of mine.' "Whose daughter art thou?" says the king, "and what is thy name?" "Aillenn the Multiform I", quoth she, "daughter of Bodb the Red, the Dagda's son". "Knowest thou, my soul, my Aillenn", says the king, "that a sore lung-disease seized me, and draughts of sudden death were gotten by my father and my mother; but the Adze-head, saint Patrick, brought me back to life, and bound me to have only one consort, even Aifi the Multiform, daughter of Eogan Redside, the king of Leinster. And yet, by my word", says the king, "never have I seen a woman whom I would rather have to wife than thou, were I not subject to the cleric's discipline and to fear of the King of heaven and earth. And now, my soul, my damsel", says the king, "wouldst thou like to be seen by the nobles of the province?" "I should like, indeed", says the damsel, "for I am not a...elfwoman, but one of the Tuath dé Danann, with my own body about me". And the damsel displayed herself to the host, and never saw they, before or after, a woman lovelier than she. "And what doom dost thou pass upon me", O king of Connaught?" says the damsel. "Truly", says the king, "I will pass the doom that saint Patrick will pass. *That* I will give thee".

Then the king commanded seven of his household to go for saint Patrick to Cathair na Cloenratha in the south, to the summit of Slieve Mish; and they fared forth till they came thither, and there they found Patrick.

Then Patrick bade farewell to the two provinces of Munster, and left a blessing with them, and came on with those envoys to Benn in Bailb, now called Benn Gulban, in Maenmag. And thither Aed the king of Connaught came to meet saint Patrick, and he laid his head on Patrick's breast, and knelt to him, and gave him power over the province from small to great. And the king was relating to Patrick the story of the damsel. "And art *thou*", asked Patrick, "the damsel that gave love to the king of Connaught?" "I am", replies the damsel.

For the rest of this story see *Silva Gadelica* II. 243.

Fiadmor's quest of Find's daughter Aé.
(Text: lines 6444—6493.)

Then the king of Connaught welcomed Cailte and enquired of him (saying): "Well, Cailte my soul, why was this place called Fert Fiadmoir ('Fiadmor's Gravemound') and why was this height to the west called 'Circall's Hill,' and why was the hill beside it called 'Congna's Hill?'",

Cailte answered this question, because he knew what it referred to.

Find mac Cumaill had a good, very loveable daughter named Aé Arduallach, and Fiadmor, son of Arist, king of Alba in the east, sought her of her father. Find said that, if she herself wished to wed Fiadmor, he, Find, would not refuse him. So the question was put to the damsel, and she said that she would never sleep with a husband outside Erin. Then said Find to his daughter: "I will give thee, my daughter, to the man whom thou hast refused, even to the king of Alba." Now the girl had a lover in the Fianns of Erin, namely Ailbe Airmderg ('Redweapon') from Athlis, from the borders of Feeguile, and Ae said to him: "Ailbe, my soul, how wilt thou deal with me, and Find giving me to the king of Alba?" Then Ailbe answered: "Go under the safeguard of Goll, son of Morna, and of the Fiann of Erin, not to have compulsory wooing upon thee." Then the damsel bound her safeguard on the three equal families that were in the Fiann, namely, on the Children of Morna, the Children of Báiscne, and the Children of Nemnann. And she binds her safeguard on the whole of the Fiann, and the Fiann accept it.

And this is the time and season that Fiadmor, king of Alba, with three great battalions, came to the Strand of Eothaile. His two brothers, Circull and Congna, were along with him; and a message came from them to Find, even to this cairn, (demanding) Fiadmor's wife. But the damsel refused: so Fiadmor said that unless she were given him, battle against the Fiann would be proclaimed by the king of Alba. And he declared that he would not leave Ireland until either his wife was given him, dead or alive, or the head of Find. Then said Find: "Let three of you go to Ess na n-én ('the Cataract of the Birds') — today called Ess Dara — and keep watch and ward against the foreigners who are on the beautiful Strand of Eothaile in the north." So we three Fianns obeyed that order, myself and Diarmait O' Duibni and Oscar, son of Ossian. And as we reached the end of the strand we beheld three huge men approaching us, and the six of us warriors met in the midst of the strand. We asked tidings of them, and they said that the king of Alba was there — three warriors in all — himself and his two brothers, Circall and Congna, — to seek a 'chance of slaughter' on the Fiann.

"By my word," says Cailte, "if ye desire the Fiann to suffer shame or want, ye should put *your* face upon us, and (then) we should be naught in Find's opinion." "And if," says the king of Alba, "in his opinion ye were lacking, what is it to us that ye are not lacking to him?"

"So then," says Cailte, "we fought a duel, bloody, aggressive, truly-venomous. Hands were moved quickly, blows were dealt boldly, hearts were hardened, and feet were stayed."

For the rest of this story see *Silva Gadelica* II. 244.

The sequel of the story of the Lawn of Reproach[1].
(Text: lines 6626—6631.)

And a basin of pale gold with water in it, was brought to Find, and he washes his face and his hands, and puts his thumb beneath his tooth of knowledge; and the truth was re-

---

[1] see *Silva Gadelica*, i. 218, II 247.

vealed to him, and he prophesied that saints and righteous men would come thither, and said:

> The ridge over the lough will be a peaceful church, though after this a place of kingfolks: honour on 'the Lawn of Reproach' will come at the end of the world.

The Tale of Rodub and Aifi the Red.
(Text: lines 6632—6690).

And then the hosts came westward to Cluain Carpait ('Chariot-lawn') in Breccthír — which is now called Fírchuing ('True-yoke'). Patrick's chariot broke there, and after the fracture of the pole, the saint sat down on a mound of sods. They had not been there long when they saw (another) chariot approaching them, with a young lad therein. Red as valerian was each of his cheeks, blue as a hyacinth each of his eyes, white was every limb in his body, and black as coal was the shaggy mantle upon him. Thus he came towards them. "It would be profitable for thee, O man of the chariot", says Benén, "to help saint Patrick?" "Who is yon?" asks the young lad. "Patrick, son of Calpurn", says Benén, "head of the faith and the devotion of the men of Ireland." Then the lad got ont of his chariot, and laid his head on Patrick's breast, and said: "Not good is *this* chariot at breaking, and it is all for Patrick." "Grace without division (of district) to thee and thy son and thy grandson! And what surname hast thou, my boy?" asks Patrick[1]. "Dub ('Black'), son of Muirgius, son of Tomaltach, am I," he answered. "True it is", says Benén, "he is very black (*rodub*)'. 'My good doom!" says Patrick, "because of thy helpful service thy race and thy seed shall always be (called) *Húi Roduib* ('Rodub's descendants'). "My service, both living and dead, to thee (alone")," says the lad. "Nay," says Patrick, "at the end of a hundred years from today, thy living and thy dead will belong to God and to me for ever." And Patrick said:

---

[1] *Lism.* is here corrupt. The translation follows *Fr.*, which has ca slondud tusa, a maccaim? ar Patraic.

Rodub, of much grace will a multitude of his race partake henceforward: from him (descends) one of the three gifted families in the territory of Connaught of the mighty host, etc.

"And I permit," says Patrick, "the *grindiugud* (?) of every decree and every covenant in which one of thy race shall be concerned to be made in his favour, provided it be just. For lovingly (*co grinn*) hast thou bestowed the chariot upon me."

They had not been long there when they saw another chariot coming towards them, with two well-matched horses harnessed to it. Therein was a ruddy woman, wearing a red mantle, with a brooch of gold therein, and a frontlet of yellow gold at her forehead. She alighted, and laid her head on Patrick's breast, and knelt to him. "Who art thou, O damsel?" says Patrick. "Affi the Red, daughter of Conall Costadach, daughter of the king of Connaught, am I", quoth she. "I have vast and treasurous wealth, and I have come to consult with thee — for thou art the best man in Ireland —, as to whom I shall wed." "Behold him there," says Patrick, "at one of thy hands." "Who is he?" says the damsel. "Dub, son of Rodub,' says Patrick. "What bride-price and present has he for me?" asked the damsel. "What brideprice dost thou demand of the youth?" asks Patrick. "That I should be the only wife of him that marries me; for I do not deem it fitting that I should be left by him." "Dost thou accept that, O youth?" says Patrick. "I accept," the youth answers, "whatever thou tellest me to do." "If so, wed the damsel," rejoins Patrick, "and let thy children and thy family be by her, and grant her that condition." So thus he wedded her through saint Patrick's counsel. "But at present we have no land," says the damsel, "and that is sad." "Where is the king of Connaught?" asks Patrick. "Here, thou holy cleric," says the king. "Grant land for me to this couple, who gave me the right to advise them." Says the king: "the cantred of land that belongs to himself shall belong to them jointly." And so they parted from him.

The story of the raths of Cass and Conall.
(Text: lines 6691—6757.)

That night the host came on to Berna na Con ('the Gap of the Hound'). The king over that country was then Tigernach, son of Conn the Mighty. When he heard the host approaching him, he got a fit of grudging and niggardliness, and he left his land and country, and fled from the king of Connaught and Patrick. Patrick heard this and said: 'I pray to God that the sway of another sept be on them for ever!" Then the host sat down on the two raths that were there, half the host at either rath.

Then the king of Connaught asked Cailte: "What are these two raths on which we are?" "Two of Find's dear warriors dwelt therein, even Conall Coscurach and Cobthach Cass, two sons of the king of Tyrconnell in the north, two heroes and battle-soldiers and 'hurdles of a gap of hundreds.' They had in Ireland inveterate foes, even the clans of Morna, and this was the cause of their enmity. A hunt of Slieve Gam was held by Find and the Fiann of Erin, and Conán the Bald, son of Morna, chanced to be hunting along with the men on that day. Now he was the *mellgalach* of the household, and the quarrelsome one of the council, and the contentious one of the assembly; and he never sought justice from any one, and he cursed the man who gave justice to him; and through Conan the Bald's curse the whole clan Morna died and perished. Now a fierce savage stag was started by them there, and at him Conan cast his spear. The two sons of the king of Tyrconnell also cast their spears at the stag, so that they passed cross-wise through him. Said Conan: "Let go the deer, my men." "We will not let go," say the men. "Ye have not killed him more than I, and it was I that first wounded him." "By our word," say the men, "even though thou woundedst him, he will not be yielded to thee; but we will give thee Find's award." And Conan answered banningly: 'Curse on him who shall give me justice, and I will not give it to anyone." Then

Conall raised his hand and dealt Conan a blow with the shaft of his spear, and left on him a lump and a mark as thick as the spearshaft. Then the bulk of the Fiann came between them, and thus there was an intervention.

Howbeit, Conan neither shewed grudge nor made reproach, till the Children of Morna began plundering and robbing Find. They were killing his fostersons and his dear ones; and they came", says Cailte, "to Forba na fer ('the Men's heritage'), which is now called Lenna in baili.

Then said Conan to Goll: "knowest thou, Goll, thou royal champion, that the blow of a spearshaft was given me at the hunt of Slieve Gam, by the son of the king of Tyrconnell, and I desire to go and avenge that on them tonight. "By our word," says Goll, "we should not wish a friend of ours to fight them, for they have the 'grunting of a single pig's brood.' Says Conan: "I will attack them with four hundred warriors." So he and two sons of of his brothers, named Taman and Trén, arose, and, with the four hundred warriors, came to this place in the very middle of the day. But four hundred then attacked them," says Cailte, "and Taman and Trén straightway fell by the two sons of the king of Tyrconnell. And no one (on either side) escaped to tell the tale or earn the wage, save Conan alone, with the sling of his shield round his neck; and he fared forth till he reached the place where his (other) brothers were biding.

"Bad is this journey, O Conan," say these brothers. "Through thee have we fallen, and two sons of our brothers, and the four hundred men who marched with thee." "So those eight hundred warriors," says Cailte, "were buried here, and their gravestones were raised over their graves, and thereon their ogham-names were inscribed." And Cailte said:

> The raths of Conall and Cobthach Cass are under the green-swarded hill: there they are from that to this in the mound continually, etc.

"Great is the knowledge and true wisdom that thou hast told us, O Cailte," says the king of Connaught.

The story of Patrick's Well and the nine Witches.
(Text: lines 6759—6788).

Then the whole host, having Patrick with them, fared westward to the Witches' Brake, now called Patrick's Well. And the king of the country, whose name was Conn the Mighty, visited Patrick. "And tell us," says Cailte, "why this is called the Witches' Brake?" "There were nine women," [says Conn], "who were practising witchcraft, and they let from them neither woman nor man without being killed, and thus for the space of twenty years they were wasting the heritage and the land. And Conn said to Patrick: "Holy cleric, my soul, drive from us the witches and the ill-luck that are ruining the country and the ground."

Then said Patrick: "Where is the 'son of the hours'?" "Here, thou holy cleric," says he. "Look thou if there is water near us." "I see none here," says the ecclesiastic. Then Patrick raised his hand and thrust his (pastoral) staff against the ground, whence a clear, pellucid well brake forth. And Patrick blessed the water, and said:

> The water we have here, saith sinless Patrick, 'twill be famous with every one, the shining radiant well.

"I grant," says Patrick, "protection for three days and three nights to whomsoever drinks aught of it, and help and succour to him in every misfortune."

And they were not long there till they saw the nine dark, savage witches approaching them; and if the dead were wont to rise out of the ground they would have uttered the screams which were made on every side of them. But Patrick took the holy water and sprinkled it on the witches, and they fled from him to the Isle of Wailing — now called the Isle of the Shrine, — in Findloch Cera. And there they heard the wail from them at the end. The host afterwards sat down on the mound of sods, and then the king of Connaught said: "'Tis a good cleric's hunting you have shewn to the demons, O cleric!"

Cailte's Visit to Assaroe.
(Text: 6789—6918).

Then said Cailte to Patrick: "knowest thou, O holy cleric, the misfortune that befell me in the banded battle of Howth in the east?" "What misfortune is that?" asks Patrick. 'Mane, son of the king of Norway, had a virulent spear, and no one struck by it ever escaped without death or blemish. There were a hundred valiant warriors fighting against me in the battle, and I was at the head of the fray when, without my perceiving it, Mane made a cast at me in the centre of the battle. I knew not whence the cast came, but I heard the noise and rushing sound of the spear as it sped to me, and I lifted my shield to guard my head and my body. But this did not help me, for the spear struck below on the calf and sinew of my leg, and left its venom in the leg, so that I am compelled to go and seek for help and succour." "Whither dost thou desire to go?" asks Patrick. "Northward to Aed Minbrecc of Assaroe," says Cailte, "for he has a wife, even Bé-bind daughter of Elcmar of the Brugh, and she has the Tuath dé Danann's draught of leechdom and healing, and with her is all that remains of Goibniu's ale, and 'tis she that dealt it to them. And brief were my guidance and my road if Find mac Cumaill were alive, and Ossian and Diarmait and Oscar!' And then he uttered the lay:

> Guidance to me from (this) country northward, to the Cataract of Modorn of the mighty host, to have my leg healed, so that my journey may be the longer, etc.

"And where is Cass corach, son of Caincenn?" asks Cailte. 'Here, my soul," says Cass corach. "Arise and take thy lute upon thee so that we may wend our way." And they arose, and a paternoster was recited for them, and Patrick said to Cailte: "At the end of the year there is an assembly at Tara of the men of Erin. Come thither to meet us and the men of Erin, that thou mayst relate some of thine own great deeds of valour, and the deeds of Find and the Fianns of Erin." Cailte agreed to this, and said: "What thing soever thou hast told me, that will I do." "'Tis meet for thee to say that," quoth Patrick, "for to me thou art dear and loveable." Then Cailte bade farewell to Patrick and to the king of Connaught and the whole host, and forth they fared to the Elfmound of Druim Nemed, — now called Síd Duma — in Luigni of Connaught. When they reached the green of the elfmound they saw a youth clad in a green mantle with a brooch of gold therein, and on his head a golden diadem, and what he was singing was melodious music. Cass corach came, and the youth bestowed three kisses upon him. "What," says Cailte, "is the cause of thy friendship, for hitherto he has been unknown to thee?" 'Good cause have we,' replied the youth; "we have the same mother." "And what is thy name, my boy?" asks Cailte. 'Fer-maisse ('man of beauty'), son of Eogabal, is my name," says the youth. "Meseems it is not an excessive name for thee," says Cailte, "for thy beauteousness is sufficient."

"Come ye into the house," says the youth. "I will not go," says Cailte, "until thou gettest leave from the folk of the elfmound, lest the blame of my intrusion be put on thee.' Then the youth entered the elfmound, and told this to Fergus Fairhair, the Dagda's son. "Go out for them," say they, "and bring them into the elfmound, for never have we heard of a warrior's son in his time better than Cailte." So they were brought into the elfmound, and were well entertained with all the best they had, and there they abode for the space of a night.

"Well, Cailte, my soul", says Fergus, the Dagda's son, "I have a swordhilt, and I wish thee to put it to rights, for the Tuath dé Danann have refused to do so." "Let it be placed in my hand," says Cailte. So the sword was delivered to him, and for the whole fair day till night he was arranging it, and he finished it by night, and put it complete into Fergus' hand.

"And knowest thou, Cailte, my soul, our real reason for repairing that sword?" "Truly I know not", says Cailte. "A warrior has long been at enmity with the Tuath dé Danann, namely, Garb, son of Tarb, king of Norway in the north. And he, with Eolus his brother, comes to us every third year with a great fleet. And thus they come, having with them a she-brave named Bé drecain, daughter of Herod, and nothing is hidden to her, from elfmound to elfmound of the Tuath dé Danann. For a woman of magical formation fostered her, and hence there are no jewels or treasures or valuables in the mounds that she does not succeed in carrying off by her knowledge. And she brings a host and a multitude to the midst of every elfmound of the Tuath dé Danann, to sack and harry them. And behold the spear in thy hand," says he, "fit it (to a spearhead) against that she-brave." So he put the spear into his hand, and Cailte fitted it. "And behold," says he, "the barbed javelin in thy hand: fit it against the third of them" (Eolus). So Cailte took the shaft, and it broke in its socket, and seven shafts were brought to him, and they too broke in the socket. But the eighth shaft that was put into his hand, he fitted skilfully and strongly. 'Blessed," says Fergus, "were he who should get a friend to undertake that the three against whom these weapons were made should fall by them!" "What names (have) these weapons?" asks Cailte. 'Blood of mangling' is the name of the sword," answers Fergus, "and 'Warlike Woman' is the name of the spear, and 'Drink of death' the name of the javelin." "It was my fate", says Cailte, "to do some deed for which the men of Erin and Alba and the Tuath dé Danann would be thankful. I did it not in my youth. Who knows but that my fate is that I should do it today?'

"Who shall fall by the sword?" says Cass Corach. 'The she-brave," answered Fergus. "Who shall fall by the javelin?" says Fer-maisse. "One of the two kings of the world or of Norway, or of Erin," says Fergus, son of the Dagda. "And who shall fall by the spear?" says Cailte. "Garb, son of Tarb, king of Norway: the Tuath dé Danann have a prophecy that by it he will fall." "Let the spear be in *my* hand," says Cailte.

After that they remained there for three days and three nights. Then they bade farewell to the folk of the elfmound, and brought those weapons with them. Fer maisse accompanied them, and they fared forth to the Cataract of the Birds, now called the Cataract of the Oak, and to the Bridge of the Nines, now called the Bridge of Maiming, and northward to the Red Ridge of the Fiann, now called Druim cliab, and over the Ford of the Grey Stag, and to the Wood of the Contention, (now) called Buadnatán's Church, and to the Grave of the Champion, where the pig fashioned by magic killed Diarmait O'Duibni, and northward into the Plain of Cétne, son of Allguba, — where their tribute used to be delivered to the tribe of Fomorians by the men of Erin, i.e. the Tuatha dé Danann, — and up to the Footstep of Assaroe and to the Height of the Boys, where the boys of the Tuath dé Danann used to play their hockey. In front of the elfmound were Aed of Assaroe and Ilbrecc of Assaroe; and they welcomed Cailte without guile or fraud.

"Dear to us is this welcome!" says Cailte. And then Bé-bind, daughter of Elcmar of the Brugh, came forth surrounded by her thrice fifty fair women, and sat down on the turfen mound, and gave three kisses, lovingly, fervently, to each of the twain, Cass corach and Fer-maisse. And the folk of the elfmound welcomed them and Cailte; and they said: "Bad were your friendship if ye heard that we were in great necessity and came not to succour us!' "Not for prowess was I prayed (to come)," says Cass corach; "but when ye deem it fitting or desirable for me to shew my skill I will display it unto you." "Not at all for valorous deeds have we come hither", says Fer maisse; "but we will help you when ye need." Then Cailte related his errand and his journey to the folk of the elfmound. "We will leech thee well", say they. And then they (all) entered the mound, and abode therein, for three days and three nights, carousing and making merry.

And a man who came to the door of the elfmound reported that the haven was full of vessels and boats, and that a vast army had landed on the shore above. "And it cannot be counted." Cailte said:

This is the number that has come hither, a thousand vessels . . . . they came to the end of the strand, scythe-heads and long-ships.

"Well, Cailte, my soul, my royal champion!" say they, "what is meet for us to do?" "Ye should ask them for a truce",[1] answers Cailte, "until the Tuath dé Danann make a gathering and a muster." And thus was it done. The Tuath dé Danann assembled, so that on the morrow there were twelve battalions on the green of the elfmound. And envoys came to them from the fleet, saying to the men of Erin: "Let the Tuath dé Danann give us hostages." "How shall that be done, O Cailte?" said the folk of the elfmound and the chiefs of the Tuath dé Danann. Answered Cailte: "Let us send these twelve battalions of ours to the end of the shore to observe them." So those twelve battalions marched forward, and Cailte said: "Hath any of you a . . . chariot?" "*I* have," says Midir Yellowmane, a son of the Dagda. So it was brought to them, and Cailte got into the chariot, and the spear (called) Warlike Woman, was given to him. The outlanders arranged a fence of shields about them; but then Cailte set his left knee against the chariot, and put his valorous fore-finger into the thong of the spear, and delivered a cast at the king of Norway, so that the spear sped straight to him and miserably broke his back in twain. The king fell in the midst of his army, and his soul thus parted from his body. And Cailte said:

Garb was slain at the beginning, amid his host in the van. Cailte killed him with his virulence, by a fatal cast that was cruel.

Then his people carried king Garb into his vessel, and the army said: "A great deed the man has done, to have killed with a single cast him who was best in the world!"

Hence 'the Shore of Garb' is the name of the shore after him.

Then said the she-brave to the host: "Board your ships", quoth she, "and I will face the Tuath dé Danann." And then Cass Corach enquired of the Tuath dé Danann: "Have ye for me a hard and strong shield?"

———————

For the rest of this story see Silva Gadelica II 247.

[1] lit. a condition, or article, of peace.

How Cailte and his comrades killed three bird-flocks from Sliab Fuait.
(Text: lines 7126—7137.)

That was the time and season that three ruddy beautiful birdflocks came from the borders of Sliab Fuait in the north to the green of this elfmound. They ate the grass down to the gravel and bedrock and bare flagstones. Ilbrecc sang:

Three bald flocks, ruddy, thick, beautiful, come and graze the green, leaving not enough for a single race.

"What are yon?" asked Cailte. "Three birdflocks that come to us every year, and they leave nothing on the green outside without eating it down to the gravel and bedrock." Then Cailte and his comrades threw three throwing-stones that lay before them, and the birdflocks fell thereby. "Take success and a blessing!" say the elves: "good is the deed ye have done."

Cailte's running and the Chase of Sliab Lugda.
(Text: lines 7354—7398.)

They fared forward to Les na mban ('the Garth of the Women') on Cúil Radairc, now called Coolavin, and entered the fortress, where they were well served that night. There they remained till the morrow, when day came with its full radiance. And then his left leg caused pain to Cailte for the day, and kept him from walking. And a warrior of the house was saying to him: "Great the vigour that has been shewn by that leg, though tonight it is in sickness and ill health!" And Cailte uttered the lay:

I ran from Tara of the troops — this is truth and no lie — thrice I carried off from it three score hundred first bloods.

"For the truth of thy valour and gallantry, O Cailte, thou king of the Fiann," says Blathmec, "tell us the cause of thy racing against them." Then said Cailte:

The first of the runs that I made brought many to grief, when I took — fair was my run — a couple of every wild animal. The run that was next thereto — 'tis the truth and no falsehood — when I put . . . under a cliff the . . . and . . . of Erin.

"Great was that vigour, O Cailte," says Blathmec. "It *was* great," answered Cailte; "for from one day to the next I sped from Tonn Clidna in the south to Tonn Rudraigi in the north." And Cailte said:

> This is my run on the third day — 'tis the truth and no falsehood — when I cast calves to cows in beautiful, chilly Erin.

"And *that*, Blathmec, my soul, is the cause of those runs as to which thou didst enquire."

Then they heard the concert of three packs of hounds hunting round the head of Sliab Lugda with Taiglech, son of Ailill, king of the Connaught Luigni. "What is this chase, O Cailte?" says Blathmec. "A chase by three packs of hounds, with three quarries ahead of them." "What are those quarries?" asks Blathmec. "The chief chase which the packs achieve is the chase of fierce wild stags and bulky hinds." "And this pack after them?" asks the warrior. "*That* is the melodious chase by beagles after swift and gentle hares." "And this third pack?" says Blathmec. "*That* is the furious and urgent chase after heavy boars, killing them vehemently." "What is this fourth chase, O Cailte," asked Blathmec. "The chase of heavy-sided, low-bellied badgers." And behind the hunt they heard the shout of the gillies, and the swiftest of the boys, and the readiest of the warriors, and the men who were the straightest shots, and the strong slaves who bore the greatest burdens. On that day Cailte and Blaithmec were at the rear of the hunt; but the warrior (Blaithmec) went forth to see them (the packs); and just as Cailte had said, so they were.

Cass corach's marriage, the Praise of Find, and the beginning of the story of the Hill of Guidance.

(Text: lines 7537—7564.)

"And thou, Cass corach," said Cailte, "what is thy mind about her?" "My mind is this," he answered, "that of the world's women never have I seen one that pleased me better than yon damsel." "What then," asked Cailte, "hinders you from coming to an agreement?" "(Be it) according to thy will and thy counsel," replies the damsel. "The men of Erin will be holding the Feast of Tara," says Cailte, "and there thou wilt be given to Cass corach, and the ollaveship of Erin and Alba will be conferred upon him, and thou wilt be wedded to him with the rights of a single wife." "When will the Feast of Tara be held?" asked Cass corach. "At the end of a quarter hence," answered Cailte.

Thereafter Cailte was lauding Find, and then he said this:

"Better than all that have come of Banba's host, both kings and crownprinces, is Find, the high battle-soldier of Allen."

"Great is that testimony, my soul," said Patrick. "It is not (too) great," rejoined Cailte; "for were there seven tongues in my head, and seven sages' eloquence in each tongue, not half nor a third of his excellence would be uttered by me as to Find." And this was his reason; because Find had never refused aught to anyone, provided he had a head to consume (the food bestowed on him) and legs to go away (with the rest of the bounty). And Cailte said:

Him that no one would leave in his house Find would leave in *his* house: besides that, he would be with Find so long as he was alive.

"Success and benison attend thee!" says Patrick: "well hast thou said thy say."

After that the hosts fared forward to Cnoc in Eolairi, to the north-west of Cruachan. "O Cailte, why was this hill called Cnoc in Eolairi?" asked Patrick. "The one man of the children of Adam and of the comely human throng whose shape was best was Eolair, son of the King of the great world in the east; and he, with nine hundred wolfdogs and nine hundred servants and nine hundred warriors, made his covenants and his fellowship with Find.

(For the rest of this story see Silva Gadelica II 260 261.)

The story of Bairnech and the slaying of Scothniam.
(Text: lines 7597—7677.)

And thereafter they bade the damsel farewell, and came on southwards to the Hillock of the Assembly, now called the Cairn of Fraech, son of Fidach. They found before them on the cairn a man whose hair was rough and very gray. He wore a dun mantle with a hollow pin of bronze therein: in his hand was a long staff of white hazel, and in front of him was a herd of kine in a fenced grass-field. Cailte sat down beside him on the hill. "Who art thou, my soul, my warrior?" asks Cailte. "Bairnech, son of Carbh, am I," answers the warrior, "the steward of the king of Erin, even Diarmait mac Cairill; and in this district I hold land from the king of Erin." "Whence is thy origin, my soul?" says Cailte. "From Collamair of Bregia in the east," says the warrior. "And knowest thou," says Cailte, "who was the best that ever came out of Collamair?" "I know, and the men of Erin and Alba know. 'Tis Cailte, son of Rónán; and dost *thou* know where that warrior is?" "I know," answers Cailte. "He is making a circuit of Erin wheresoever his comrades and his fosterbrothers used to be in his company; and *I* am that man," says Cailte, "and I am thy first cousin, for we have the same grandsire."

Then Cailte bestowed upon him three kisses, lovingly and fervently, and Bairnech made a beautiful welcome before him. "And 'tis thy right way thou hast come, my soul, my royal champion," says he; "and at the end of a week hence comes Patrick along with the nobles of Connaught to the Druid's Grave" — which is now called Geidech's Grave — "and do thou abide in thy cousin's house, partaking of food and ale; and though formerly thou didst repair to it with a greater number of Fiann and people, thou wouldst get welcome until the Adzehead comes to thee. And in this district," says Bairnech, "we have great troubles." "Which be they?" asked Cailte. "I have many herds of kine, and on Halloween in every year a woman comes to us out of the elfmound of Cruachain, and the nine best cows in every herd she takes, and there is no pursuing her, so that she gets (back) into the elfmound. And neither myself nor my sons," says the warrior, "are athletes; for our share of vigour and might is in *thee* and in the two sons that thou hadst, namely Colla and Faelán." "Good indeed was Colla's vigour," says Cailte. "What vigour had he beyond the other son?" asks the warrior. "It chanced that he played a match at draughts one night on the rampart of Tara, because the wife of Bind Bóinde, the steward of Tara, had fallen in love with him; and they — that is, Colla and the Fianns of Erin — had a match at running and draught-playing. "How would ye fain have the race?' says Colla to the Fiann. "Let you, the three battalions of the Fiann, set your faces in one direction, and I will run backwards" ¹). And thus the race was run, and he took away the draughtboard from the Fianns of Erin. And he went over the summit of Benn Étair out into the sea, and was drowned therein. And alas," says the warrior, "that it is not he whom I have met (?), for (then) my cows would not be lifted without vengeance."

"Cass corach," says Cailte, "knowest thou which of the Tuath dé Danann yon damsel is?" "I know," he answered: "it is Scothniam, daughter of Cassirne, the wizard. Out of the elfmound of Cruachan here she makes this plunder upon thee. Cathmog, son of Fircherp, the son of the king of Bregia and Meath, killed the damsel's father and grandsire, and she is taking vengeance (for them) on each of you, one after the other."

Then they fared forward to the warrior's stronghold, Less na Fleide ('The Garth of the Feast') on the western side of Fraech's Cairn, and there they were well tended for three days and three nights. "Well, my soul, my warrior," says Cailte, "meseems that tonight is Halloween." "If it be," says the warrior, "'tis then that the damsel comes to plunder and rob us." "O Cailte," asks Cass corach, "how would it be for me to go tonight to the door of the elfmound?" "Go, my soul, and

---

¹) literally, 'I will put my back before me'.

take thy weapons, and cast thy spear." So he went. And not long afterwards he saw the damsel passing by them out of the elfmound: a beautiful, one-coloured mantle about her, with a brooch of gold therein: a smock of yellow silk at her skin, a knot of the smock between her thighs, two spears in her hands; and she had no great fear from the side she faced, and little was her fear from the side behind her. Then Cass Corach blew a blast against her, and placed his forefinger of valour into the thong of the spear that lay in his hand, and hurled the spear at the girl, so that it lodged in her bosom and broke the heart in her breast.

Cailte sang:

Cass corach of the melodies killed the furious girl — 'twas no sin: at the door of the elfmound in the north, and in one hour triumphed over[1] her.

And then he beheaded her, and brought the head to the warrior and to Cailte. "Behold," said he, "O warrior, the head of the girl that used every year to wreak plundering and robbery upon thee." And after that they were there for three days and three nights.

The story of the three She-wolves.
(Text: lines 7678—7729.)

Then said the same man: "Cailte, my soul, knowest thou the other persecution which I suffer in this country?" "What persecution, my soul?" asks Cailte. 'Three she-wolves issue every year from the Cave of Cruachan, and destroy all our wethers and sheep, and we get no chance at them till they retreat again into the Cave. Blessing on the friend by whom they shall be driven from us!" "Well, Cass corach, my soul," says Cailte, "knowest thou what are the three wolves that plunder the warrior?" "Truly I know," answered Cass corach; "three daughters of Airitech, of the rear of the Oppressive Company, from the Cave of Cruachan. "Tis easier for them to plunder as wolves than as human beings. And they trust to

---

[1] I take *commáig* to be misspelt for *commáid*.

no one?" says Cailte. "They trust only to one set." "What is that set?" asks Cailte. "If they were to see harps and lutes with the world's men, they would trust to them." "Then they will trust to (the minstrel) Cass corach," says Cailte. "And whither are they wont to come?" "To Bricriu's Cairn here," replies the warrior. "And how would it be for me," says Cass corach, 'to go tomorrow and carry my lute to the top of the cairn?" So, early on the morrow, he arose, and went to the top of the cairn, and kept playing and performing on his lute until the fall of the evening clouds. And as he was there, he beheld the three wolves coming towards him, and they lay down before him, listening to the music. But Cass corach found no means of attacking them, and at the close of day they went away from him northward to the Cave. Cass corach came back to Cailte and tells him this tale. "Go there again tomorrow," says Cailte, "and say to them that, for listening to music and minstrelsy, they would be better in shapes of humans than in shapes of wolves." So on the morrow Cass corach fared forth to the same cairn, and he ranged his people around it, and the wolves came thither, and couched on their forelegs, listening to the music. Then Cass corach kept saying to them: "If ye were humans," quoth he, "by origin, listening as humans to the music would be better for you than listening to it as wolves." And they heard this, and cast off the long dark coverings that were round them, for dear to them was the entrancing (?) music of the elves. And as they were side by side and elbow by elbow, Cailte beheld them, and put his forefinger of valour into the thong of the spear, so that the spear in its virulent course passed through three of the women, and landed in the top of the breast of her that was farthest from him. And thus they were on the spear, like a skein close-drawn together. As Cailte said:

<small>Cailte with his venom killed the strange unknown trio, so that they fell, etc.</small>

Then Cass corach went to them, and struck off their three heads. So from then till now the Glen of the Wolf-shapes is the name of the glen on the northern side of Bricriu's Cairn.

"Good is the prowess thou hast wrought, O Cailte!" says Cass corach: "today it was not an old man's prowess, and well it was for thy minstrel to be in thy company." "And what better" [says Cailte], "is the prowess that I wrought than the prowess of the minstrel? For thou beguiledst them from the shapes of wolves into the shapes of humans."

Then they fared forward to the warrior's fortress, having the heads of those three women as prize of slaughter and triumph; and there they abode for three days and three nights.

The death of the king of Connaught's wife: Patrick's meeting with Cailte and Cass corach; and the king's wedding with Aillenn.

(Text: lines 7726—7843.)

That was the time and season when saint Patrick reached the Druid's Grave, now called 'the Grave of Gedech, a bishop of Patrick's community, who dwelt there. Or it was Gedech, Maive and Ailill's wizard, who fell there. And thither came Aed son of Muredach, king of Connaught, to Raith cháirech Medba ('the rath of Maive's sheep'), now called the Mairtine of Conra's son. And on that night a sore lung-disease attacked the king of Connaught's wife, Bé bind, daughter of Eochaid Redside, king of Leinster; and there she died, and was buried in Ard na n-Aingel ('the Height of the Angels') — now called Uarán Garaid — for thrice did a thousand angels come thither to speak with Patrick when he was reciting his (canonical) hours.

Thereafter came the king of Connaut to the Druid's Grave, where saint Patrick was biding; and they made a gathering and muster of the province of Connaught from Liac Essa Lomanaig ('the Flagstone of Lomanach's cataract'), now called Limerick, to Ess Ruaid meic Moduirn ('the Cataract of Ruad son of Modorn', *Assaroe*).

As to Cailte, he and his people fared forward from the Garth of the Women to the place where Patrick was staying with the nobles of Connaught, and there he laid his head on Patrick's breast. And the Connaught nobles welcomed Cailte and Cass corach. "By our word," say they, "never since you parted from us have we seen twain that were dearer to us than you." "By *my* word," says Cailte, "never since Find departed, have *I* seen a band that was dearer to me than you." And Cass corach arose, and laid his head on Patrick's breast, and knelt to him. "Palm of eloquence on thee, my son," says Patrick; "and let every third word uttered by men of thine art seem melodious to every hearer, and let one of them possessed of thy skill always be a king's bedfellow and the torch of every assembly!" And unto Patrick the arrival of that pair was a delight of spirit and nature.

Then Patrick asked Cailte's tidings from the time they separated till Cailte came to him again. And Cailte told him true tidings. 'Well, Brocán," says Patrick, "let Cailte's tidings be written down and revised by thee, so that they may not be lost, and that they may be a pastime to the multitudes and the nobles of the end of time."

"And holy Patrick," says Cailte, "what are *thy* tales and tidings from the time I parted with thee till today?" "Here they are for thee," says Patrick: "Maelán, and Mugán, and Brothrachán, and Dubchú of the Wiles have been banished from Oenach Derg" — now called Achad Abair Umaill.

Patrick sang:

The well which I left in the land, and my two untroubled salmon: they will remain there till the white Judgment, I will tell thee, O dear Cailte.

"Fer benn, and Fer boga, and Fer gabla, three brothers who were doing evil and injustice in the west of Ireland, and three hundred thousand demons round the Cruach (*Croaghpatrick*), I drove them forth into the sea over Ailén in tsnáma" ('the Isle of the Swimming-place"), — wherefore it is now called Ailén na ndeman 'the Isle of the Demons.'

Patrick sang:

My bird and my water and my eagle, and my beautiful holy Cruach: they will be a safeguard from me to every one in transgression.

"And well, holy Patrick, my soul," says Benén Mór, son of Aed, "what dost thou ordain to be our word as to that (place) for all who go to the earth of the Cruach and drink the water of the Dabar?" "They shall be in thy power, both old and young. And I have left (my word) that the place be a place of the holy and true, and that whosoever shall there commit evil or wrong or fraud shall have decay of children and kindred and people; but my blessing to him who shall honour it and defend it!"

"So these, Cailte, my soul," says Patrick, "are my tidings and adventures during the year that thou hast been absent from me."

"Success and benison attend thee, holy Patrick!" says Cailte: "great is the profit thou hast left in that place to the Gaels."

On that night then, his tent was spread over Patrick, and a camp was pitched by the king of Connaught for a fortnight and a month, until the five great provinces of Erin should come to hold the Feast of Tara. And they built a secret secluded house for Cailte between the king's house and Patrick's tent — the reason why it was so built being that each of the two (the king and the saint) might have the enjoyment of listening to him.

Then Cass corach took his lute and sent them into a long slumber and sleep. And they rose on the morrow, and a draughtboard was brought them to be played upon. Three of the men were found lacking, and the king averred that none like them were to be gotten in Erin or Alba. Then said Cailte: "Do not play until I go and seek a draughtboard which once upon a time I beheld when hiding it." So forth he fared eastward to the head of Sliab Clithair, — now called Sliab Baghna —, and out before the the elfmound (there) he saw a solid pillar-stone. Round the pillar he put his arms and heaved it out of the earth, and there was a strong lid of stone on a draughtboard in the place of the pillar, and a lid beneath it. And he lifted out the *Solustairtech*, the draughtboard of Goll son of Morna, and took therefrom three men of gold and three men of silver. Then he put the board into the same two compact coverings of stone, and came back to the king of Connaught, and placed the men in his hand; and each of them was as big as the fist of the biggest man in the host. "And was there nothing more than this?" quoth the king. "There was indeed," says Cailte — "thrice fifty men of gold and thrice fifty men of silver." "What induced thee," rejoined the king, "not to bring me the board?" 'It was not a draughtboard that thou askedst of me, but three men for playing draughts, and I gave thee *gein ocus athgein*[1]; and I will not stir the board from the place into which the warrior to whom it belongs put it." So then the men were put back on the board. "And who owned the board?" asks the king of Connaught. "Goll son of Morna," answered Cailte. "Pity he did not give it to thee for me!" says the king. "Set not thyself against him, O king: for *I* will never give thee the board." And he gave nothing more to his retinue.

They had not been there long when they saw Aillenn Fial-chorcra, daughter of Bodb the Red, son of the Dagda, coming to them, with thrice fifty Tuath dé Danann ladies in her company. The damsel sat down on the turfen mound along with St Patrick and the king of Connaught, and told them her errand. "And what is thy reply to her, O king of Connaught?" says Patrick. "Whatever thou mayst say and wish me to do, that I will do," says the king. "I wish to marry her to thee," says Patrick, "for I promised her that thou wouldst wed her, provided she rejected her false druidic belief and knelt to the Gospel of the King of heaven and earth." "Dost thou agree to that, O damsel?" asks the king. "I agree," replies the damsel. So she and her train of ladies arose, and they all knelt to Patrick, and Patrick joined her and the

---

[1] 'more than enough?' 'enough and to spare?' lit. 'birth and like.'

king in wedlock, and as authors reckon, *that* was the first marriage that the Adzehead performed in Ireland. "And the wedding-fee?" says Benén Mór. "Ye shall have," says the king, "the choice of the homesteads of every tribe from Liac Lomenaig" — now called Limerick — "to the Flagstone of Assaroe." "And," says Benén, "the fee from thee in return, O Patrick, to the folk of the province?" "I will grant," says Patrick, "that three kings of their race shall capture Erin, and the prosperity of Erin at the end shall be theirs without extinction." Then Brocán wrote down those blessings[1] on the province of Connaught, and also all that had been given to Patrick. And on that night, after the feast of bedding and handspreading, that couple slept together, even Aed, son of Muredach, and Aillenn Fialchorcra, daughter of Bodb the Red.

The story of the Stone of the Mistake.
(Text: lines 7844—7882.)

On the morrow the king rose early, and upon the hill hard by them was a huge mass of rock. The king set his back to the pillar stone, and inquired of Cailte: "Why was this stone called *Lia in imracail* '(The Stone of the Mistake')?"

"Once upon a time," says Cailte, "when the sons of Morna came to Cuaill Cepain in Echtge of Connaught, plundering and robbing Find and the Fiann, we, three battalions of the Fiann, marched southward to the top of Slieve Cairn in the district of Corcomroe. And Find was doubtful as to the doings of the sons of Morna, that is, he knew not whether they had gone southward into Munster or past them northward into the province of Connaught. So he ordered his own two sons, Uillenn and Caince, to march with their Fiann and their people into Munster to get news of the sons of Morna, and for the same purpose he despatched Aedán and Cathal, the two sons of the king of Ulaid, together with two hundred

---

[1] lit. leavings, which may be either curses or (as here) blessings.

warriors, into the dear and beautiful province of Connaught. Now there were two sons of the king of Leinster in his (Find's) presence: their names were Conla and Cellach; and they, with (other) two hundred warriors, followed their fosterbrothers (Aedán and Cathal), and overtook them, so that in all they were four hundred warriors. They came to this place," says Cailte; "and every day they used to scout from Áth Colta to Áth Berrcha, seeking the Children of Morna, and every night they used to come here. And Find marvelled at the doings of his people, for no messenger reached him from them.

Then we, the three battalions of the Fiann, arose and found the track of the host before us, and it seemed to us to be the track of the Children of Morna: so we closed round them (at night), hand in hand, and killed them quickly, both gillie and warrior, the three [leg. four] hundred men that they were. But on the morrow, when day came with its full radiance, then we recognised our own people, and we uttered three great cries, bewailing those whom we had killed in error. And Find ordered a royal pillar-stone to be sought for those dear four, the two sons of the king of Ulaid and the two sons of the king of Leinster. So I," says Cailte, "and Ossian went to Ráith Medba" — now called Raith Chaerech Medba — "and there we found this stone, and we fetched it hither and planted it here above these men."

"Success and benison attend thee, Cailte my soul!" said the whole host. 'Great is the lore and the disclosure of truth which thou givest us upon all that is asked of thee!"

Hence this stone is called 'The Stone of the Mistake,' from the mistake of Find and the Fiann, when they killed their own people, supposing them to be the Children of Morna.

Notes
on Acallam na Senórach
(co foire Muire 7 Pátraic mo láim!).

Line 1—3. *Fr.* (the Franciscan ms.) begins thus in a bad modern hand: A haithle chatha Comhor et catha Céide 7 catha Gabhra 7 catha Ollarbha 7 catha Muighe Deilg. uair iss é sin cath déighinach tugsad an Fían, 7 do thuitsed an Fían as na cathoibh so iona drongoibh 7 iona díormaghoibh, iona ġcuiruibh 7 iona gcédaibh, *connar* mhair, etc.

3. *hamm*, misprinted *hainm* in SG. (Silva Gadelica) I. 94.

20. *in tres sét is ferr* 'one of the three best treasures,' not 'the third best thing of price,' SG. II 102. Examples of this use of the ordinals are numerous.

21. *in t-Anghalach . . . Chámha:* ór anglónnach tuġasdur Muirfath inghen ri Greg lé tar muir, 7 dobhert don flaithfeinnigh d' Fíonn e, 7 tug Fíonn do Chama do chionn a choimhéda féin, 7 do ġheabhamne oidheacht na hoidhche ano*cht* uaithe. *Fr.* 1ᵃ, 1ᵇ.

22. SG. 1. 94 omits *mhara:* Morfath was daughter of the king of the Sea of the Greeks.

45, 46. Is túirse*ch* aniugh ar Cama · dorala a cáoine*d* na bfer,
Cama gion mac gan úa . dorala mho núar ciodh sen. *Fr.* 2ᵃ.

42. That three days and three nights was the regular period for which a guest could claim hospitality see 436, 1601, 1823, 2797, 3531, 7352, 7652, and Rev. Celt. IX. 495, note 3.

43. Here *R.*, the copy in Rawl. B. 487, begins to be legible.

45. *dorála i cind a snámha* 'it has come to an end with her career' (lit. swimming) is rendered in SG. II 102 by 'she is come to the point where she must swim.'

46. *senrúa* 'old and blighted' SG. II 102. But see the glossarial Index, s. v.

51. *Sidh ochta Cleitigh:* Síodh Och*t*air, *Fr.* 2ᵃ.

52. *Bla:* Bláth, *Fr.* 2ᵃ.

Notes on Acallam na Senórach. 273

53. The mention of the Monastery of Drogheda, which was founded in 1142 by Donnchad mac Cerbaill, gives a *terminus a quo* for the composition of the *Acallam na Senórach*: see also note on l. 909. And as the *Dindsenchas* § 45, cites the *Acallam*, we must bring down the date of the *Dindsenchas* at least as low as the latter half of the twelfth century.

64, 65. In *Fr.* 2ᵇ St. Patrick is glorified thus: an t-éo úr 7 an cólbha foráis 7 an ineóin oirechúis 7 an glanbhile gegdíoghoinn Gáoidheal. *In t-éo flaithemnais* of Lism. literally 'the salmon of princeliness', is rendered by 'Heaven's distinguished one' in SG. II 103.

87. *lochtobar* 'a bright well,' not 'a loch well,' as in SG. II 103, 129.

91. *Trágha*: Thrátha *Fr.* 3ᵃ.

92. Gusan gcleithe ata ort, *Fr.* 3ᵃ.

96. *li do ghas ngeghair* 'the colour of thy sprigs of cuckoopint' (not 'the colour of thy purling streams,' SG. II. 104).

101. Táinig co ríasc in tobair. Bladh etc. *Fr.* 3ᵃ.

126. *doéirghidis*: doérgemáis, *Fr.* 3ᵇ.

145. Caingasta *Fr.* 3ᵇ, Tamgasta, SG. i. 97.

146. is ris ro thíbhthea mór ngean, *Fr.* 3ᵇ.

147. *Leascach*: Flescán, *Fr.* 3ᵇ.

174. *raibchedaigh*: raibhéccedaigh, *Fr.* 4ᵃ.

184. *Gaimiach*: Geníath, *Fr.* 4ᵇ.

190. For *amail ba gnáth aca*, *Fr.* 4ᵇ has: ardáigh na fáctha cú a mothar na a slíabh na fidh nó a fánglëntoibh do cóic ollcuicedaibh dib.

191. *an file*: Fergus Fínbél: *R.* 13ᵃ 1, where the following quatrain runs thus: Áirem cráibhi ar chonaib Finn. do chuanartaibh go céoilbinn . tri cét gadhar, comall ngle, *ocus* tri cét gaidhríne.

200. After *hindised* (hinnsedh, *R.*) *R.* 13ᵃ 1 has sin.

203. *tuc*: bertais, *R* 13ᵃ 1. As to Find's 'tooth of knowledge' see also 1414, 1835, 2408, 2607, 2662, 5416, 6627, and Reinhold Köhler, *Kleinere Schriften* I 265.

205. *toghuidh . . . dá n-iarraidh*: toghaidh fein nonmur óglach do dul 'na n-iarmoracht, *R.* 13ᵃ 1.

206. Diarmait's pedigree stands thus in *Fr.* 5: Diarmait m. Duind m. Dubain m. Donnchada m. Duib aidci d'feraib Muman andess.

209. Goll mac Morna Moir, maic Garuid Glunduib, maic Aedha Cinnclair, maic Conaild, maic Shainbh, maic Ceit, maic Maghach, *R.* 13ᵃ 1.

212. To the account of Cael Cróda *Fr.* 5 adds these quatrains:
A Cháil, na tagair do gái . cucum tar fedaib fidhghai,
cech aen is tarrnocht fuil fer . ní blais biad a athmuinter.
Adubairt rim mo dét fis . in cétlá docuadais ris,
cech aen teilgfed fuil fat dornd . conach targa a hífforn.

218. *inté*: intía, *Fr.*

222. Ní mó ro athcuingid nech ciamad indrigh a eineach. — *Fr.* 5.

224. Here in *Fr.* 5 follows the account of Oscar's first battle (infra 1023.): Adbar in catha sin a anum, a *Cailti?* ar *Pátraic* .i. Níam ingen Aeda Duib me*ic* Fergusa Find, inge*n* righ Ulad 7 lendan d'Oscur mac Oisin hí, 7 tuc rí *Condacht* tar a sarug*ud* hí, 7 ba hé sin adba*r* in catha, a P*a*traic, ar C*ai*lte, 7 idubairt Find re hOscur: Erigh suas etc. (Text 1032—1043).

226. The Irish set great store by skill in *lámach* (τὰ ἀκοντιστικά), the art of throwing javelins: see infra 576, 1648, 1652, 2007 etc. After *n Erinn*, *R.* 13ᵃ 2 has: ina ré fein, 7 do bo dingmala Éiri do be*th* aigi.

228. *con*ach raibi o Tibrait bo faine co cathair na nIsperda, *Fr.* 5. con*á*ch raibe o Thipraid bo finne co Gardhai na nIsber*r*dha, *R.* 13ᵃ 2, 'from Taprobane to the Garden of the Hesperides'.

253. *Doratsamar cura:* Do ucsamar ... curu, *Fr.* 6 Lines 253, 254 are printed as prose in SG. i. 100.

254. ba hógla*ch* dil*es* iar sin. gu*s*in laithi re n-égaib, *R.* 13ᵇ 1. Find is said, l. 2538, to have lived 230 years. As to the fabulous longevity of heathen heroes and Celtic saints, see Lism. Lives 346.

264—285. *R.* omits this poem.

266. *Eoch*aid: échtach, *Fr.* 6 *A*ignech: Oighrech, *Fr.* 6.

267. *in Coscrach*: in Nosta, *Fr.* 6. *Gormlásrach*: Gormlainti, *Fr.* 6.

268. *in Badhbh*: Ben bai, *Fr.* 6.

270. *In Échtach*: créchtach, *Fr.* 6.

271. For *mairg* and *Sidhmaill Fr.* 6 has *mairge* and *Sighmoill*.

276. For *Dub esa is Fr.* 6 has *Dubdess* ocus, and for *Angluinne* it has *Aengluindi*.

277. *amach*: co mblad. *Fr.* 6.

279. *ar sliabh*: i fán. *Fr.* 6.

283. For *mórsluaigh Fr.* 6 has *marcsluaigh*. After this line *Fr.* has Gerbo línm*ur* eich ḟer Fáil. i n-entulaigh, i n-éndáil,

gér' mór grada cech eich ann. do cinde*dh* ar cách in *C*oncenn.

287—289. a*ch*t muna maidn*echt* urn*ai*gt*he* 7 muna tréigean molta in Coimdhedh cumach*t*aigh hé, *R.* 13ᵇ 1.

294. *Aibelán:* aillen, *Fr.* 7ᵃ *R.* 13ᵇ. 2.

295. in budh móid le Righ nime 'whether it were the King of heaven's wish' (*móid* borrowed from Lat. *vōti*). Otherwise in SG. II 108.

támlorg 'a tablestave' (a contraction of *tabul-lorg*), also in 2589, 3105: see the story in the Book of Armagh 19ᵃ 1, where such tablets were mistaken for swords.

301. *do dronguibh* 7 *do degdáinibh:* do rigaib 7 do romaithib, *Fr.* 7ᵃ.

310. *Linn:* Rinn, *R.* 13ᵇ 2.

311. *Failbe:* Ánle, *Fr.* 7ᵃ.

314. An fetabar cidh ma tuc*ad* c*u*cumsa sib? *Fr.* 7ᵃ.

318. For *ag cinn*, Fr. 7ᵃ has .*i. cend*. The passage is wrongly printed and translated in *Silva Gadelica*, where 'preparatory to the baptism and conversion of all Ireland' should be 'by the head of the baptism and belief of the men of Ireland.' With *tonn baitsi* cf. *teora tonna torunni* ('three waves over us') in babtismo, Wb. 27 a 14.

324. *do ghabudh*: do soithed (leg. do soiched), Fr. 7ᵃ, do roichedh, R. 14ᵃ 1.

326, 327. Tucadh iarsin ar ceolánuibh 7 chailchibh aifrinn le Patraic hí, R. 14ᵃ 1. The *ar findcheolannibh tráth* of Lism. ('on blessed handbells of the canonical hours') is rendered in SG. II 108 by 'on canonical handbells.'

335. *in chái*: an cúach, R. 14ᵃ 1.

340—351. R. omits this poem.

341. *a mbiadhta*: fa mbenntar, Fr. 7ᵃ.

342. *monainn*: mointi, Fr. 7ᵃ.

344, 345. Milcoin is gadair garga . sméra 7 airne is ubla, draighne dluithi ina fedhaib . daim ar deguil sin dairbairibh, Fr. 7ᵃ, 7ᵇ.

347. *surdghail laeig breaca ac bedhgaigh* ('leaping went on and fawns were skipping', SG. II 109) is corrupt . Read surdgal laeg [m]brecc ic bedgaigh, Fr. 7ᵇ, 'the noise of dappled fawns a-skipping.'

350. Breicc i mbruachaib a habann . aibind doib o tic soinend, Fr. 7ᵇ.

351. *finn-all* 'white cliff' (not 'grand cliff', as in SG. II 109).

354. *uaid budhdes gach ndirech* 'due south from him.' Otherwise in SG. II 109.

362. *aniartúaid*: anairtuaid, Fr. 7ᵇ.

366. The 'wool of the Land of Promise' is mentioned again in 5226 and 7268. It was produced by the seven sheep which furnish the inhabitants of the Irish Elysium with all the clothing they require, *Irische Texte* III 197, 215.

371. *ruithendacht* = ro + *tendacht* 'great starkness', not 'dazzling achievement,' as in SG. II 110, the translator thinking of *ruithen* = ro + *ten*.

373. IS annsin ro érgetar na meic 7 ba ceim re less 7 re lith sin, Fr. 7ᵇ.

374. R. 14ᵃ 2 adds .i. Brugh na Boinne.

377. Here fasting (*troscad*, the Indian *dharna*) is used to compel the Tuath dé Danann to deliver land.

381. one of the many proofs that the aristocracy of the ancient Irish was yellow-haired: see also 779, 2166, 2706, 3704.

382. *caelsnáithe óir* 'a slender snood of gold.'

402. *mblaith*: mblaitheguir, R. 14ᵇ 1.

405. 7 ro linadh lathur léo, 7 ro cinnedh comairli dus cid dogendais re clainn ríg Erenn, R. 14ᵇ 1.

406. *huiregda*: urrunta, R. 14ᵇ 1.

415. *n-abusach*: n-abhasach, R. 14ᵇ 1.

420. The change of water to mead was an ordinary miracle, see *Lismore Lives*, p. 331: suggested, of course, by John II, 6—10.

432. *ruidhbh 'arna ruachtad* cannot mean 'though saws were being plied', as in SG. II. 111. The corresponding words in *R.* 14^b 2 are midhaigh 'arna rébhadh, 'brave men lacerated.'

437. *Fidh Omna:* Fidh Domna *R.* 14^b 2.

444. *R.* 14^b 2 adds: 7 tath*r*usa na firsin da nd*e*rnadh hé.

446. Tri tuile sin, tri tuile . tigdis d'fis arda Ruidhe, *R.* 14^b 2, where the scribe has spoiled the metre (*randaigecht chetharchubaid garit recomarcach*) by inserting *sin* and repeating *tri tuile*. Similar mistakes are made in SG. i. 104, 113.

446, 447. Tri thuili . tascnat dún ard[a] Rudé . tuile n-ooc, tuile n-ech . tuile milchon mac Lughdech, H. 3. 18, p. 42. The whole poem is in LL. 206^a. where *ercca* 452, is glossed by *bó*, and *as bla brui[d]ne* 454 by *uas faigthi in baile*.

452. *gair ceathnata* (Lism. *ceachnata*) 'sound of sheep' ('not sound of tramping', as in SG. II 112).

454. gair mogh os findlind ena, *Fr.* 8^b.

461. *a foghla:* a forba, *Fr.* 8^b.

462. ní dubairt riam ní budh gái . is ní bái laech bud am*r*o, *Fr.* 8^b.

466. *cétaig:* cotái. *Fr.* 8^b.

470. Falartach's dress is thus described in *Fr.* 8^b: bratt corcra uime 7 delg airgid ann, 7 inar fandclechtach fororda uime co*n*a uchtclár órdaigi ann, 7 léne do slemin sída buide re grian a cnís, co cimais óir buidi ina timchill.

472. *urtlach:* ultach, *R.* 15^a 1.

475. *gégáluinn Gaibli:* gécanach Gaillbi, *Fr.* 8^b . glanala*ind* Gaillbhe, *R.* 15^a 1.

483. *cnuas:* cnúasach, *Fr.* 8^b.

487. *sacart méise*, lit. 'priest of the table' is said to mean 'chaplain.' See Trip. Life, pp. 264, 266, 574.

489. *dochma sealga don Féin*: díth ar seilg na Feindi, *Fr.* 8^b.

490. tri la 7 teora oidhche, *R.* 15^a 2.

496. *roireabaig*: rorcmair, *Fr.* 9.

497—504.

> Ge bet leighind isin loind . ro bai tan nír' bo tollchoill,
> ba hadhba snámha masech . adhba crana in cluain clethach.
> Maith a crim re carn na n-én . maith a mes railgech rotrén,
> caem a hairne cen urchra . maith a hubla firchumra.
> Tainig in tairngire tra . tailgind trebait Cluain Cessan,
> adubairt Find fial failghech . comad nemed naemainglech.
> Tri *fichit* righan co recht . batar agum a 'n-aonfe*cht*,
> donín a lessa uile · bam clesach in cluanaighi. — *Fr.* 9.

502. *co huain* 'leisurely' ('at their own discretion', S G. II 113).
505. *Gá trath do ló ann anois?* Cia áis in lái anosa? *R.* 15ᵃ 2.
514. *érais . . . iat*: citighis um bíadh na hoidhche sin e, *R.* 15ᵇ 1.
520. in fad rabh grían ar deiseal . ná rabh seise*r* d'íbh Becan, *R.* 15ᵇ 1, 'so long as the sun shall travel right-handwise, let there not be six of Bécán's descendants' (not 'let Becan not make mirth for them', SG. II 113). Here we seem to have an old juristic formula, like *céin beti ncóil im gréin gil*, LL. 154ᵃ 35, *céin robeth muir im Erinn*, LL. 215ᵃ.
521. 'Then the earth swallowed up Bécán', etc. A common miracle of the Irish thaumaturgus: see infra 4520, and the Tripartite Life 37, 131, 205, 395. Suggested, probably, by the story in Numbers, xvi 31—33.
525. *anallana* etc. ica cosc do galar 7 do dibirg, *Fr.* 9.
527. *nogu . . . eclais*: noco tís rim, *Fr.* 9.
528. *Dith mBécain*: Oiged Becain *R.* 15ᵇ 1.
532. *Cithrumach*: Féinidid, *Fr.* 9. Feinne*dh*, *R.* 15ᵇ 1.
535. Find ocus Fithel, fir dam . *ocus* in Féindigh fírglan, *Fr.* 9, Finn *ocus* Fithel fír dam . is Feinne*dh*, fíanna fírglan, *R.* 15ᵇ 1.
539—541. *.i. . . . féin*: 'ar comria*ch*tain doib fri aroili, *R.* 15ᵇ 2 — one of the many instances of incest in Middle-Irish stories. Lines 537—544 are left untranslated in SG. II 114. They mean: 'He was son of Dáire the Red, son of Finn, and of Lug, daughter of Finn i. e. a daughter, proper (or) improper, whom Find had, and all the women swore that she was Finn's proper daughter. But her own brother, after drinking ale in Temair Luachra, had lain with her, and on her begotten that son, to wit, Mac Lugach. And to the end of nine months she was pregnant there, and (then) *bressa brige ocus ella* came unto her, and she brought forth a manchild.' See infra, note on 4698.
547. *as gáine leam*: IS gáinne linn, *R.* 15ᵇ 2.
561. *coraigecht*: curu, *Fr.* 10.
577—579. IS annsin adubairt in flaith Find rísium, uair is air ro bata*r* na téora buada, 7 is dona buadaib sin intía da tabra*d* comairli ní bidh cen ce*ch* lanchonách fair *co* ndecha*id* do écaib, 7 tuc*us*tar comairli do Mac Lughach, 7 ro mairestar co bás aigi, *Fr.* 10.
564—5. do roiche*dh* cétguin muici, *R.* 15ᵇ 2.
580—605. A metrical compendium of the duties of a gentleman. Cf. the prose lecture of Cú chulainn to Lugaid, LU. 46ᵇ, and the Instruction of Cormac to his son Cairbre Lifechair, LL. 343—345.
581. *sidhuigh*: subaigh, *Fr.* 10.
584. na déin re cléir imarbáidh, *Fr.* 10.
585. *ammaid* means 'crone' or 'witch', not 'madman', SG. II 115.
586. 'two thirds of thy gentleness (be shown) to women and to *echlacha urlair* 'messengers on the floor', i. e. little children, according to SG. II 115. So Peleus to Achilles: $\varphi\iota\lambda o\varphi\varrho o\sigma\acute{v}\nu\eta$ $\gamma\grave{\alpha}\varrho$ $\mathring{\alpha}\mu\varepsilon\acute{\iota}\nu\omega\nu$, Il. ix. 256.

587. *dénta*: canta, *Fr.* 10.
588. dhé . rett aes alle . ret fer, *Fr.* 10.
589. *imghaibh luighi claen is coll*, rendered by 'perverse alliance shun and all that is prohibited', SG. II 115, seems to mean 'avoid sodomy and incest.'
591. Ferr cen a radha co tend . mina thí ditt a comall, *Fr.* 10.
592. Narsat tréigid do ruirigh . comfad beir ar bith buidhi, *Fr.* 10. 'do not forsake thy lord so long as thou art in the yellow world' (not 'the universe', SG. II 115).
594. Na hécnaidh cid it ferda . . . uair ni dála duine, *Fr.* 10.
603. at furáil seoch cách cech maith . nar écnaighe cech ardflaith, *Fr.* 10.
605. *ná déna dibhe fád rath* 'do not be niggardly in thy bounty' (not 'do not renounce to back thy luck', SG. II 115).
618. *dorinde*: ro gabhsat, R. 16ᵃ 2.
622—623. folt findbuidi ar lár 7 ar lántalmain anair 7 aniar uime, *Fr.* 11ᵃ, 'pale yellow hair on the ground and the earth before and behind (i. e. on every side) about her.'
625. robi ic sefnad 7 ic sírseinm a cruiti i*tir* da gelśliasait Find, playing 'his harp between Find's white thighs', *Fr.* 11ᵃ.
628. *in tres turcairthe as ferr* 'one of the three best windfalls' (not 'the third best windfall', SG. II 116).
636. *sléib ban finn*: Sidh bhan bfind, R. 16ᵇ 1.
642. is do thánac tar cech n-acht, *Fr.* 11ᵃ.
643. de tanag ta*r* Glend na n-echt . do b*eith* seal ad coimed*acht,* R. 16ᵇ 1.
644. *ocus* ó*r* de*rg* deghdáine, *Fr.* 11ᵃ.
658. Doráidh Sgiri mac Éogain, R. 16ᵇ 2.
659. indeosat dar cend mbágha, *Fr.* 11ᵇ . bean a fuil a dingmhala, R. 16ᵇ 2.
661. indis duinne, rádh cen scís, *Fr.* 11ᵇ.
663. ata thall taiténaig rit, *Fr.* 11ᵇ.
670. Ce*th*ri duirnd i n-airdi an fir . a cóic isin mnái meirghil, *Fr.* 11ᵇ 'four fists in the man's height, five in the white-fingered woman'.
673. embroidery is mentioned again in ll. 7312, 7321. It was taught to chieftains' daughters by their fosterers, Laws II 154.
675—678. na tucustar grad uile . do Cnái cu*sa* caemglaine.
In uair ticed doinenn dron . is an Fiann in forcomol[1])
do bí ac Find fein fa brut . Blathnait becc is an t-abucc, *Fr.* 11ᵇ.
The picture of Bláthnait ('Floweret') and her mannikin husband sheltered in the storm under Find's mantle is beautifully tender. Note the prophetic powers ascribed to these elves.

---

[1] An uair tiged doinend trom . ar an Fein, ba hécomlo*nn*, R. 16ᵇ 2.

681. ba becc a fogur fa deóigh. *acht* a ndénad Cnú deróil, *Fr.* 11ᵇ.

689. *mainchisa*: manchu, *Fr.* 11ᵇ.

698—701. Et a senMad [leg.-Mag] nAe, risi raiter Mad Laighisi in tan-sa, 7 tar in mBeóir nfiuchraigh nfuaranaigh, 7 i sen-Sligid nDala meic Umóir, *Fr.* 11ᵇ.

699. *iuchar-bratánach* 'full of salmon-spawn', a derivative of *bratán* 'salmon' 734, 2335, for which fish there are three other names in the *Acallam*, viz., *écne*, *eo* and *maigre*.

711. *do scailed*: do cresad, *Fr.* 12ᵃ.

713. *ac todhúscad* etc.: ac taithbeóugud daine 7 oc a saerad ar galar 7 ar eslainti 7 ar cech n-aingeis arcena, *Fr.* 12ᵃ.

721, 742. *Findtrágha*: Findtrachta, *Fr.* 12ᵃ.

722. *Fethana fithnais*: féth fithnaisi, *Fr.* 12ᵃ.

733. *breca*: becca, *Fr.* 12ᵃ, 'particoloured squirrels out of Berramain and little nests from mountain-peaks.' As there are no edible birdnests in Ireland, these 'little nests' must have been used for the cooking-fire, perhaps as a charm against evil spirits. As to the efficacy against *rakshasas* of milk-porridge boiled on a fire made of birds' nests, see M. Bloomfield, *Atharva-veda* 458.

734, 735. *Lindinuine, Fidhrindi*: Linduaine, Fidgrinti, *Fr.* 12ᵃ.

737. *Fáide*: feiti, *Fr.* 12ᵃ.

738. *snámh na*: snamrad, *Fr.* 12ᵃ.

739. *ar do thaeb* etc. ort a taebglas a tulach, *Fr.* 12ᵃ.

748. *ardnuachair*: blaithben banntrachta, *Fr.* 12ᵃ.

752. ni fuilet tri seóit i nErinn na i nAlbain nár' bréc-si docum a dunaidh, *Fr.* 12ᵃ.

758. *do áilsedhmar*: Ro eislemar, *Fr.* 12ᵇ.

759. *Loch Cuire*: Carraicc cloch Cuiri, *Fr.* 12ᵇ.

782. The Irish ladies not only blackened their eyebrows, but dyed their nails, Ir. Texte i. 79.

787. *dochma*: dochta, *R.* 17ᵃ 1. For other instances of thatch made of wings see l. 806, *Irische Texte* III 226, 283, and SG. i. 245, where Iubdan says of his house: is d'eitib én bfinnbuidhe dar lium fil a thugha.

789. *aircet échta* (earged echta, *R.* 17ᵃ 1, airget echt, *Fr.* 12ᵇ) is rendered in SG. II 120 by 'silver taken as spoil from the slain.' But *échta* (leg. *echta*) is O'Clery's *eachda . i . glan* 'pure', and seems cognate with Lat. *aequum*, and OHG. *êhaft*, now *echt*. With Crede's lintel (*fordoros*) of silver cf. the ἀργύρεον ὑπερθύριον in the palace of Alcinous, Od. VII 90.

792. *line*: láighi, *Fr.* 12ᵇ.

793. *Tuile*: Ainnle, *R.* 17ᵃ 1.

795. *co mbricht mbugha* 'with brightness of hyacinth' (not 'having appearance of the foxglove's flower', SG. II 120).

797. is corcra is ní slím a mbruitt . is fada find a forfuilt, *Fr.* 12ᵇ, gidh ad casa slima a fuilt . is casa finna a ffarfuilt, *R.* 17ᵃ 1.

798. That sleep is irresistibly caused by fairy music is a commonplace in the *Acallam*: see also 433, 1668, 1700, 1727, 3469, 4620, 5609, 7794.

799. *bhorduibh*: barraib, *Fr.* 12ᵇ.

804. on cu[i]rr corraigh co ceile, *Fr.* 12 . ann ón ursainn co céile, *R.* 17ᵃ 1.

807. a tu*r*scur tall do cop*ur*, do glaine *is* do carrmogal, *Fr.* 12ᵇ. a fír chorrthair ag tobur . do gloine is do charrmhocul, *R.* 17ᵃ 1.

810. Dabhach ann do chrann lacha . a silend súgh sáorbracha, *R.* 17ᵃ 2. Dabach and do crund latha . a silend sugh suarcbracha, *Fr.* 13ᵃ. The *crúan* of Lism., rendered by 'bronze' in SG. II 121, rather means 'red enamel', as to which see the Tripartite Life, p. 86 l. 7, LU. 85ᵃ, *Cóir Anmann,* § 27, and O'Dav. gl. 71 . *crúan* from *crú* 'blood', as *haematinum* (Pliny H. N. 36, 198) from $αἷμα$. Rev. Celt. XIV. 345.

822—823. *acht* mad le*t*hlamh n-oll n-aile ar Find, *Fr.* 13ᵃ. *acht* anbhuain eile ar mbreith orainn ar Finn, *R.* 17ᵃ 2.

829, 830. Ocus do bam*ur* se*c*ht laithi d*éc* a[c] cur catha Finntragha 'na dhiaidh sin, 7 is sí Creidhe do biath*ad* d' ass 7 d' firlem*n*a*cht* sinn uile in cein do bás i[c] cur in chatha, *R.* 17ᵃ 2—17ᵇ 1.

831. *thidhnacul*: thinnlucu*d*, *R.* 17ᵇ 1.

834. do báidhedh hé isin lá deighenach don chath 'ar ndul a lenmhain a fir com*r*aic 7 coml*ainn* isin fairrge amach dhó, 7 do bhádur beth*a*daighe ele 7 comtsaoghul re Cáel Crodha acu, 7 fúaradur bás da cumaigh [leg. cumaidh] Chail, *R.* 17ᵇ 1. 'On the last day of the battle he was drowned while pursuing his opponent out into the sea, and there were living creatures of the same age as Cael the Hardy which died of grief for Cael.' For the death of birds etc. coeval with Cael cf. the first Homeric hymn to Aphrodite, where trees coeval with a nymph perish when her soul leaves the light of the sun.

838. *R.* 17ᵇ 1 adds: ainm in ferta.

844. bath*ud* láich Lacha dá thonn, *R.* 17ᵇ 1.

846. *coinfiadh*: sinnach, *R.* 17ᵇ 1.

852. sé anos *ocus cros* fá cend, *R.* 17ᵇ 2. a beith is cross uasa cind, *Fr.* 13ᵃ. In SG. (I. 113, II 122) the corresponding passage is printed: a bheith [is t]ros fá a chionn, and translated 'should be now with a truss beneath his head.'

861—862.

Cithi *c*rom . doní tonn *t*rom Tulcha leis,

misi nocha nfuil mo máin . o ro máigh in scél ro géis.

Marb in géis . dubach a *le*th én da héis,

mor doní domenmain dam . in doghra rom gab in géis. *Fr.* 13ᵃ.

862. *ó rom-maidh in scél rom-géis* [leg. with *Fr. ro géis*] 'since the tale which it (the wave) roared has broken me' (not 'the calamity that

is fallen upon me has shattered me', 'SG. II 122). For another instance of waves speaking see LL. 186ª, where a seawave bewails to Néde the death of his father.

861—864. thus in *R*. 17ᵇ 2:
Marbh in géis. dub*a*igh a heoin da héis,
mor do ni do m*e*nma dam. in dog*r*a ro gabh an ghéis.
Ro báith*ed* Caol mac C*r*imth*a*in. noçhan*f*uil mo máin da éis,
is mor t*r*íath ro thuit lé laim. a sc*í*ath a ló gáidh ro géis.

864. *a sciath a ló gáidh nir ghéis* 'on a day of danger his shield never roared.' Compare *Ir. Texte* II² 141, 169 for the sympathetic roaring of a shield when its owner was in peril of his life.

867, 1074, 3174, 3194, 6748. For the practice of building barrows and planting pillar-stones in honour of the dead cf. Iliad XVI 457: ταρχύσουσι ... τύμβῳ τε στήλῃ τε. τὸ γὰρ γέρας ἐστὶ θανόντων.

873. Here again we are reminded of the Iliad: φραχθέντες σάκεσσιν, XVII. 267, σάκεσσι γὰρ ἔρχατο πάντῃ, ib. 354.

876. *R*. 17ᵇ 2 adds: 7 labrais a tigerna fri P*a*tr*a*ic ó brét*h*rib cendsa.

888—9. 1521, 1952, 2839, 3266, 3379. In the *Kalevala* Wäinämöinen weeps with a like abundance, and cf. Iliad ix 570: δεύοντο δὲ δάκρυσι κόλποι.

900. Lism. has here *liath*, not *luath*, as wrongly stated in SG. i. 114.

908—918. *c*ona raibi o Moin in cosnuma andes, risi rait*er* Móin mór isin tan-sa, 7 o Cnoc in churad an*f*ar, risi rait*er* Cnocc mbuidnech mBrénaind an*f*ugh, 7 o Cnocc na rígh a Mairtine Muman, risi rait*er* Caisel na rígh isin tan-sa, 7 o Dobéinne an*f*ar a *c*richaib o Morc, risi n-ab*a*r Ua *C*onaill Gabra isin tan-sa, nír' fagais fiad foluaimnech ar muigh *n*ó ar móin *n*ó ar muine *n*ó a slíab no a ndinghna no a ndroibél nar' cuirestar ar Loch mbó a fiaghnaisi [leg. fiadhnaisi] P*a*tr*a*ic. Ocus ro gab*u*st*ar* grain 7 ecla 7 uroman iat risin fidrén 7 risin fothrom n-ad*b*ul mor sin na ndam 7 na n-eilted ruagh [leg. rúadh] roremu*r*, 7 re torcaib taebtroma, 7 is becc nach muirbfed Ben[eoi*n*] re bresaib bríghi 7 fosaithi iat. i. re fad in r[e]atha 7 re mét an uathbais 7 re scís n-anala. Ro marbsat na sluaigh imon loch uile iat *co nach* dech*uid* fiad beó uaithib dib, 7 do roinded an tselg léo, 7 rangat*ar* ocht *c*ét mucc 7 ocht *c*ét dam cecha leth*i*.di, *Fr*. 13ᵇ — 14ª.

915. *ni mór nach*: is beg nach, *R*. 18ª 1.

916. *scís*: hanfainne, *R*. 18ª 1.

919. The mention of tithe (*dechmad*) points to the twelfth century or later, *Lismore Lives*, p. 337. *Aisl*. pref. x.

937. *dúine deightheanna* 'forts good (and) strong' (not 'holds of a good lord', SG. II 124).

938. *snaidm druad* 'wizard's knot', some magical contrivance for the defence of fortresses, reminding one of the knots of coloured thread made by the Babylonian priests and of the knotted amulets still used in Russia. Between this line and 939 *Fr*. 14ª has the following quatrains:

Cailigh fedha ós maeth cluain . ergid re gredhain gaethsluaigh,
iasc Locha bó cuid ar sluaigh . laigh brecca beindi maethruaigh.
Flaithes fer a le*th*cuarain . co*na* coin a Cnuc Maine,
For doman a Findinis . Co*nan* a Cnucc na haire.

940. *nocha dénmais dighairse* 'we used not to make any halt', SG. II 124. The meaning of *dighairse* is obscure: it occurs also in LL. 345c. *ferr luathe dígairsi* 'better is speed than hurry' (?) (*dé-gairsi* from *di-gressi?*).

957. The frontlet of gold is mentioned also in ll. 3895, 5640, 6669.

959. *iat*: íadsan leisna mnáibh, *R*. 18b 1.

969. Seanchán m*a*c Mail cróich, *R*. 18b 1.

972. *d'findruine*: d'finnbruine, *R*. 18b 1.

978. *ut in imel*: ata a cind imellaigh, *Fr.* 14b.

985. Another story illustrating the use of philtres by the Irish will be found in *Lismore Lives* 1478—1487.

1008—1009. *anes ... nUladh*: a Martine moir Muman andes 7 do Loimenach Ul*ad*, *Fr.* 14b.

1010. *uighi*: uidhi, *Fr.* 14b, uidhe *R*. 18b 2.

1021. *fótbhaigh*: fótnaighi, *Fr.* 15a.

1032—1043. This spirited poem stands thus in *Fr.* 5 (the metre is *rindard*)

Érigh suas, a Oscair . ro fess is tú in bunad,
ce beit[h] méd na ndaighfer . dinggaib dim c*ét* curadh.
IM[th]igh t*r*ithu is tarsu . cursat maela meidi,
geib sciath engach uaine . geib cloidem[1] *co* ngéiri.
Geib sciath is geib sleagha . naram maeth rot-ruba,
geib luirigh rot-meala . nar' maidet do tuba.
As mor in gnim damsa . a fiadhnaisi[2] m'fiadhan,
derrlucu*d* mo náidhen[3] . a cinn a *deich* mbl*iadan*.
Ni ticf*a* is ní tainic . is ferr lam na luighi,
is ní fuighi[4] c*r*and sleighi . is sia rosia in nduine.
Mairg risi tibre a s*́i*de . le cloidem[1] *co* ngeiri
o thic ferg a laime . an fir gairg ar n-érghi[5].

1046. For *gan acht*, *Fr.* 15a has na le*cht*, and for *crodha*, cuicidh.

1051. *Baetan*: Bécan, *Fr.* 15a.

1052. *hathladh*: hathlum, *Fr.* 15a.

1053. *chomhalta*: comdalta, *Fr.* 15a.

1054. Líne m*a*c Léith in laech toir . ros-marb Oscar a n-imrail, *Fr.* 15a.
Line m*a*c Léig an láoch dor . ro marbh Osc*ur* a-n-imrol, *R.* 19a 1.

1060. *nirbo cert*: nirba ter*c*, *R.* 19a 2.

1069. The obligation of giving poets and musicians a proper fee for their work (δωτίναν ἀντάξιον τέχνας, Theocr. XVII. 114) is constantly recognised in Irish literature. See infra 3252, 3472, 4621, 5488, 6078, 7489.

---

[1] Ms. cloigem.   [2] ms. fiaghnaisi.   [3] ms. naighen.   [4] leg. fuil?
[5] ms. nérghidh.

1071. *isin ló aniu*: do génum [leg. dénum] a traiti, *R.* 19ᵃ 2.

1080. As to the appearance of righteous souls in the form of doves or other white birds, see Revue Celtique II 200, XIV 48.

1136. dobenfadh rem féind Fáthod, *Fr.* 16ᵃ.

1140. *Lánamna*: Anamna, *Fr.* 16ᵃ.

1150. One of the many tales of death from grief: see also 3405, 4168, 5718, 5857, 7491. In 835, 842 wild ‚birds die of grief for their coeval Cael. *cróbhainne*: crobuindi, *Fr.* 16ᵃ. It means a jet of gore (not 'an apoplexy', SG. II, 129).

1158. *ros-mughaig* (rectius *ros-mudhaigh*): ro marb *Fr.* 16ᵃ.

1160. *isseal*: sísil, *Fr.* 16ᵃ.

1161. *Cnuc dhen*: Cnuc Dhóin, *R.* 19ᵇ 1.

1161. *ro ghonasdar*: ro buailestar, *Fr.* 16ᵃ.

1195. For *fegha fidhlis*, *Fr.* 16ᵇ has *fedha findlis*, which seems the gen. sg. of a place-name (Fid findlis?).

1198. *an leas... ghar*: a flesc laime ro bo ghar, *Fr.* 16ᵇ.

1203. Marb an rí sin do cnedaibh. d'fuillídhain is d'anfalaigh, *Fr.* 16ᵇ.

1207. *ro fuacrad*: ro cruthaige*d*, *R.* 19ᵇ 2.

1210. The *slaetán tromgalair* seems to have been a pulmonary disease.

1217. ro búi in mac marb ar lár in tighi, 7 coilcid clumdéraighti, 7 brat corrtharach tairis, 7 cuilebair caín corcarda ina timcell, *Fr.* 16ᵇ.

1220. *a deirbhsiur*: a dhá derbhsiair, *R.* 19ᵇ 2.

1233. tucsat a seoit 7 a máine 7 a maithiu*sa*, a mbrad 7 a mbótáinti, a n-eich 7 a n-echradha, a failgi 7 a seóit archena ar com*us* P*a*traic, *Fr.* 17.

1248. After *táinic R.* 20ᵃ 1 has: a Lochlannuibh atúaidh.

1250. *Cathair... Rosarach*: Cathraig... Ruis árach, *R.* 20ᵃ 1.

1254. *Bracan*: Bocan, *Fr.* 17.

1259—1281. For these lines *Fr.* 17 and *R.* 20ᵃ 2 have only: 7 it b*er*t
Almo robo caem da cois. ing*en* Bocain[1] breccsolais,
is uaithi sin — slec*h*taibh súadh — o rait*er* Almo armrúadh[2].

1260. *do ghab almhain don dún* 'he put (burnt) alum to the fortress', so as to whiten it. Here SG. II 131 goes far astray: 'from which fortalice he produced an *almha* or 'herd of kine.' But see Rev. Celt. II 88, LU. 41ᵇ. *Alamu* or *almu*, acc. *almain*, is of course borrowed from Lat. *alumen*.

1285. *Sprédh aithinne*: Spréidli aithindi, *Fr.* 17.

1286, 1287. *Ocus... Alban*: is annsin do fáidhestar Find fessa 7 tech*t*a do timsug*ud* na Feindi co héninad, *Fr.* 17. The 'she-messenger' (*bain-echlach*) of Lism. often occurs in Irish stories. Were women used by the ancient Celts as envoys from reliance on the chivalrous feelings of those to whom they were despatched, or were they sent for the purpose mentioned in Spencer and Gillen's *Native Tribes of Central Australia*, pp. 97—98ᵃ?

---

[1] Bécain *R.*   [2] armruagh *Fr.*

1290. *doronad*: bacres (better *focres*), *Fr.* 17. *crandchar* (crand-chur, *Fr.* 17) 'lot-casting' was as common a practice in Ireland as in Homeric Greece (v. Iliad III 325, VII 182, Od. X 206).

1300, 1301. *imechtair, ro folchamar*: imechtraigh, ro foilgemar, *Fr.* 17.

1314. *Ré carpuit Fearghusa*: Róidh charbuid Fergusa, *R.* 20ᵇ 1.

1318—19. *do chan a thrátha*: dorighne adhradh, *Fr.* 18.

1320. *an t-ochtmad relecc dhéc bhus díli* 'one of the eighteen burial-grounds that will be dearest': see note on l. 20.

1326. saidhis in trostan ann 7 canuidh an orrthuin uaisde, *R.* 20ᵇ 1.

1331. *dhighbhugud*: dibhad, *R.* 20ᵇ 1.

1333—34. 7 *gach* duine gal*uir* ibh*us* a huisci mailli-re creidem budh slan foch*ét*óir, · *R.* 20ᵇ 2.

1335. *ima tarmairt*: fa tarmas, *Fr.* 18, imar fobrad *R.* 20ᵇ 2.

1342. *an treas fidcheallach is ferr* 'one of the three best draught-players': see note on l. 20.

1348. *ail 7 aithis*: oil 7 athoil, *R.* 20ᵇ 2.

1354—55. *Indister ... mharbad*: 'Maith, a anum, a Aod Mortreoín, a m*eic* rech*t*aire na Temrach', ar Find, 'findta let crét 'ma fuil in tairm mórsa a longp*or*t na Feindi'. *Ocus* tainic an gilla co fis in sceoil sin leis d' Find, uair itclos dó é, 7 adubairt Find 'arsin: 'Marb*th*ar Find Bán m*ac* Bresail c*ona* fianaib', *Fr.* 18.

1374. uair robi scithlim [leg. scichlim] ara luth 7 ara lámach 7 ar laighi áisi fair, *Fr.* 19ᵃ.

1379. It would seem that old Garad, having locked the seven doors, burned the women alive in the house.

1382. sibsi os bar n-áindri glicc, *Fr.* 19ᵃ.

1383. Bruth áisi tuc snas mar sin. im comsen re bar n-aithrib, *Fr.* 19ᵃ.

1384. *is áithe cach delg as só* 'every younger thorn is sharper', an ironical proverb (strangely misrendered in SG. II 134) applied to conceited youngsters. So *luaithi mang iná máthair* 'the fawn is swifter than the dam,' Corm. Tr. 118. Other proverbs occur in 3669, 4480, 6214, 6215.

1395. fial allata allmarda, *Fr.* 19ᵃ.

1397. *Cumaill*: Cúain, *Fr.* 19ᵃ.

1403· Guaire do gillasa fein . ar caman blarda a blaithsleib, *Fr.* 19ᵃ.

1411. A ardflaith airis ret ceill . do raid Oisin co caemgne, *Fr.* 19ᵃ.

1414. *luaithbreith*: lethbreath, *Fr.* 19ᵃ.

1415. *barrtruim*: barrduinn, *Fr.* 19ᵃ.

1424. rom caín tre áil, tre aithis, *Fr.* 19ᵇ.

1430. do gilla laeich Locha gair . ní can fathadh do buailed, *Fr.* 19ᵇ, which couplet lacks rhyme. For *na fledh* 'of the feasts', SG. i. 125 has *na flath*, which is rendered (ibid. II 135) by 'of the chiefs'.

1432. rot-fia screpull oír cech fir . mad fó let a athcuingidh, *Fr.* 19ᵇ,

1440. *sárbeim*: salbeim, *Fr.* 19ᵇ.

1446. nach tachar rem tighernaib, *Fr.* 19ᵇ.

1450. Here in *Fr.* 19ᵇ 2 and pp. 20, 2 follows the story of Clidna, infra 3725 et seq., the account of Ráith Medba (ll. 3859—3870), Gort in fostada (ll. 3871—3879) and Ross Cailled (ll. 1451—1480).

1453. *cnuc*: carnd, *Fr.* 21.

1459. *deich fichit*: XXX. *Fr.* 21, and see line 1477.

1465. *do thidlacad*: d' indlucud, *Fr.* 21.

1470. *(Bóinde)*: Boindi, *Fr.* 21; *(7 ro dhéch)*: 7 rodféch, *Fr.* 21.

1477. Trichat do macaib righ rán. bái annsa teghlach tondbán, *Fr.* 22.

1479. Ni faca irchra mar sin riam. dar Mac Muire na morghiall, *Fr.* 22. The *Ní faca urchra mar soin* ('I never saw a perishing like that') of Lism. is misprinted *Ní fada urchra mar soin* in SG. i. 126, and misrendered, ibid. II 137, by 'Thus... this was no long-drawn destruction.' Here in *Fr.* comes the passage printed infra as ll. 7547—7565, the story of the prophecy of Cainnelsciath (ll. 7577—7596), the decrepid Caeilte and his fairy-love Scothniam, (which reminds one of Tithonus and Aurora), the account of the hunt from Berrobail (3976—4049), the death of Dubchraide ('Blackheart' 4049—4053), and the origin of Ard Senaig (4054—4077).

1489. *choicli*: cloiceda, *Fr.* 24ᵇ, by metathesis for *coicleda*.

1497. *cross-figil*: This practice (praying with the arms stretched out in the form of a cross) is mentioned again in l. 4599. See O'Clery: *Croisfighill* .i. urnaighte no faire doní duine ar a ghlúinibh 7 a lámha sinte a gcrois.

1502. *Es mac nEircc* 'the Cataract of the sons of Erc', misprinted *es meic Néira* (sic) in SG. i. 126, and misrendered (ibid. II 137) 'the waterfall of Nera's son.'

1506. *in fidhren*: in fothrum 7 in fidhrén, *Fr.* 24ᵇ.

1526. *Fr.* 25 gives Diarmait only *four* sons (cethri maic).

1532. *Dithrumach*: Dithrebach, *Fr.* 25.

1536. ro tocsat fidhu re feirg, *Fr.* 25. ar in leirg ós Áth daim glais 'on the slope' ('upon the path', SG. II 43) above the Gray Stag's Ford.'

1537. *in sleigh* etc.: in tslegh tre gais is tre gail, *Fr.* 25.

1540. After the poem *Fr.* 25. inserts Ro ba maith an Fiann an la sin!

1542. *Muadhnatan*: mBuanata, *Fr.* 25. *Mhaeilghairbh*: Urgairb, *Fr.* 25.

1544—1546. dogniset fianboth fada urfairsing leo and, 7 ro egratar hí do seisc buncorcra deghgablannaigh o féici co fornosc, 7 dorighned indéonad ardberbad acco in adaigh sin, *Fr.* 25. Cf. for the thatching with sedge Iliad XXIV 450 καθύπερθεν ἔρεψαν λαχνήεντ' ὄροφον.

1552. *cuach airgdidhi*: an cuach féta findairgid, *Fr.* 26.

1556. *seimnigi sodibraicthi*: sithfaebraighi, *Fr.* 26.

1560. *Mhoduirn*: Modairnd maic Dalairc, *Fr.* 26.

1562. *tonnglais*: fondglais, *Fr.* 26.

1564. The 'white shield' (*gelsciath*) has already been mentioned in 231: cf. *Δεἱφοβον λευχάσπιδα*, Iliad XXII 294. 'The Irish covered their targets with leather, which they pipeclayed', SG. II 561.

1566. '*na laim . Ocus ar rochtain*: ar fótaib faenglasa ina fiagnaisi, [leg. fiadnaisi] 7 ic dirghug*ud*, *Fr.* 26.

1574. *mBromhac*: mbrodhmucc, *Fr.* 26.

1577. *atconnarcsa... comraic*: itcondcamarne tú ac Ath Comair tess aitt i comraicend, *Fr.* 26.

1583. *mo cliu cain* 'my fair body' (*cliu* for *cli* 5662 = *crí*), misprinted *mo chú chain* in SG. i. 128, and mistranslated 'my gentle hound [and myself consequently],' ibid. II 140.

1584. Nocha raibi mísi riam . tuaidh na thes na thoir na thiar, *Fr.* 26.

1587—1592. IS misi 7 t*u*sa ro adnaic he, cinco beith a fis acum [leg. acut?] .i. Cuindscleo m*ac* Gilla m*eic* Annscleo, m*ac* rig Brettan 7 Saxan 7 Frangc.' D*er*g cecinit:

Cuindscléo m*ac* Gilla m*eic* Andscleo . ro foirrgid firu a fuirrsceó,
nonbar fo dairbri duilli . foirrged in cuingid Cuindscleo.

Cuindscleo ger' baeth nír' bria*th*rach . ní geib o cleith a cruadhbhach,
ucht ro tolladh sceith brecca . *no*carb é in t-ecal uaimnech, *Fr.* 27ᵃ,

where the first line is hypermetrical.

1596—1613. Cf. LL. 206ᵇ and Rev. Celt. VII. 290—296.

1613. is ferr duit na dul cen ní . a m*aic* Cumaill Almaini, *Fr.* 27ᵃ.

1620. *damalta*: samalta, *Fr.* 27ᵃ. *Dam-alta* (rendered by 'shades' in SG. II 141), literally 'ox-herds' (cf. *altaib* 'flocks', AU. 960) here metaphorically applied to the clouds of night. So the Vedic poets regard the clouds as the rain-making cows of the sky, and the stars as Rinder or Rinderheerde, Grassmann s. v. *go*.

1624, 1625. *do innis... sin*: do indis *Cáilte* d' fácb*ail* leth amuich don tsidh, *Fr.* 27ᵃ, 'he told (them) that Cáelte was left outside the elfmound'.

1626—1628. *luid .. tsid .* doluidh D*er*g ar a cend, 7 tuc isin sid é, 7 tuc*ad* in nónba*r* robuí ina farrad, 7 tuc*ad* a cathair ngrind ngloinidhi ar laechlar an tsidha iat, *Fr.* 27ᵃ.

1628. *aimser*: aes 7 uair, *Fr.* 27ᵃ.

1629. *Ilbreac*: Aed Minbrecc, *Fr.* 27ᵃ.

1645. *a comraidh in sceith* 'into the box of his shield', as O'Curry renders it, The Fate of the Children of Tuirenn, p. 231: see also ll. 319, 2373 . *Comra* usually means 'ark' or 'coffin'. Here it seems to signify the hollow of the boss (*ὀμφαλός*) in which the owner of the shield could keep a small rod, an ingot, or a chain: it certainly does not mean the 'rim' (*bile*, *ἄντυξ*), as in SG. II 108.

1653. *no* for *dno*, O. Ir. *dono*, occurs frequently in LL.

1657. *a foirtcedh* 7 *a hincasnaidi*: a fortci 7 a himtacfaind, *Fr.* 27ᵇ.

1660, 1710, 1722, *Congha*: Cnomga, *Fr.* 27ᵇ, 28ᵃ.

1662, 1698, 1733 *Midhna*: Midgna, *Fr.* 27ᵇ, 28ᵃ. Faillén mac Fidhgha, *R.* 21ᵃ 1.

1666. *i lithlaithi na samhna gacha bliadhna*: la cinnti gacha bliadna, *R.* 21ᵃ 1.

1668. *do séidedh . . . teinedh*: ro imbolgad re nert anala in cairchi tened, *Fr.* 27ᵇ. do tséted a anáil 7 doligedh cóirthi tenedh asa bhél, *R.* 21ᵃ 1.

1675. do bi ag gabháil oirberta air, *R.* 21ᵃ 1.

1677. *Fcis na Temra.* It seems from ll. 1680 and 5367 that the Feast of Tara lasted for six weeks, and during that time feuds were forbidden (l. 1680ᵃ): cf. the sacred armistice (ἐχεχειρία) during the Olympic games.

1680. *rathaigset*: mothaighedar, *Fr.* 27ᵇ. The nine lines next after 1680 have been accidentally omitted in the marginal numbering. They will be referred to as 1680, *a, b, c, d, e, f, g, h, i.*

1680 *a after* mbliadna, *Fr.* 27ᵇ inserts .i. in mál mulletan, and *R.* 21ᵃ 1: 7 máolmullach lethan fair.

1680 *b*: *Ro dhech*: Ro midh 7 ro mór-dféch, *Fr.* 27ᵇ.

1700, 1703. *uair* etc. Uair roidb 'arna roguin, 7 mna re cuír lamna, 7 milid maithi mórmenmnacha 'arna luathledrad, ro coideoltais risin ceol sirbind sidhi, 7 risin ngothan nglesta nguthbind, ro canadh an fer sirrechtach sidhi ticed do loscud na Temrach cecha bliadna, *Fr.* 28ᵃ.

1706. Cithrúadh mac Aithairne on aos dána, *R.* 21ᵃ 2.

1713. *dibraicedh*: teilged, *Fr.* 28ᵃ.

1714. *ghéba do lamh dheas*: fogéba do lethlam des damsa tre bithu, *Fr.* 28ᵃ.

1718. *ben . . . cráisighi*: boin-siu a coimét do iarand na sleigi, *Fr.* 28ᵃ. bean a coimed d'iarann na sledhe [leg. sleghe], *R.* 21ᵇ 1.

1720. *gráin*: fidhrén, *Fr.* 28ᵃ. In Lism. *gráin na sleigi* means 'the point of the spear', not 'the missile's horrific effect', SG. II 144: see note on l. 1726.

1723, 1724. *a tigh Themra . . . Temra*: a n-Erinn. Gabais Find an sgiath 7 an tslegh, 7 adubairt Fiacha: 'mar itcluinfea tu an ceol sirrechtach síghi [leg. sídhe] 7 in timpán tetbind 7 in fedan fuidhi fírbind déna a ndubart rit', ar Fiacha. Ocus ro cuimnigh Find iarsin a ndubairt Fiachna fris, *Fr.* 28ᵃ.

1725—6. tuc Finn fograinne na sleidhe [leg. sleighe] neime réna édan, *R.* 21ᵇ 1. Here *fograinne*, like the *forgrain* of Lism., means 'spear-point', not 'dire energy', SG. II 144.

1737. *ádhmar* 'fortunate' 'lucky', not 'well-calculated', SG. II 144.

1739. *lia* 'flood' (.i. tuile, O'Cl.), not 'lump', SG. II 144.

1739—1751. *Ocus . . . chuairt*: co tainic a máthair da indsaigid .i. Tudhcha banliaigh Abairchi, 7 atbert *Cáilte*:

Do gaet Aillen mac Midhgna . do sleigh Fiacha meic Cnomga,
don brut bodba, don birgai . marbthar andsin mac Midhgna.
Aillen mac Midhgna a Sliab Fuait . ris n-argairit a caemcuairt
[*Here in the ms. a blank space is left for a line.*]

Ro érigh a máthair do tarraing na sleighi asa mac, 7 nír' fét a bec di, 7 tainig Find isin síd 7 ro tarraing an sleigh ass, 7 ro dichend, 7 tuc leis in cend ar cúl co Temraig, 7 ro cuir in cend ar beocuailli bodba, co raibi and cor' erigh righ Érenn 7 grian glansolus asa circaill truim tentigi, co ro lín alla 7. essa 7 indbera in betha, *Fr.* 28^b.

1740. ro chuir ar bir bodhba hé, *R.* 21^b 1. *cuaille badhbhdha* a warlike stake' (not 'a pole of sinister significance', SG. II 144), i. e., the stake or pole on which the head of a slain enemy was fixed. Cf. Iliad XVIII 176: κεφαλὴν δέ ϝε θυμὸς ἀνώγει πῆξαι ἀνὰ σκολόπεσσι ταμόνϑ' ἀπαλῆς ἀπὸ δειρῆς; and see R. Köhler, Kleinere Schriften i. 411, and Ralston, Russian Folktales, 93, 94, 181.

1744. *Toirrche, a bainnliaig Amharrtha* 'come hither, O she-leech of Amartha!' or Abairche, (not 'A lamentable case, O most admirable she-physician', SG. II 144). She is called Tudhcha banliaigh Abairchi in *Fr.* 28^b, and doubtless resembled Agamede, ἣ τόσα φάρμακα ϝῄδη ὅσα τρέφει εὐρεῖα χϑών, Iliad xi, 741.

1749. *a Boirche* 'out of (Benn) Boirche'.

1767. *Luachair Degadh*: Luachair Degha tiar, *Fr.* 28^b.

1769—1820. This story was edited and translated by O'Curry, *Children of Tuirenn*, pp. 231—233, where 'houses' is a misprint for 'hounds'.

1780, 1781. *seitfedach . . . mhórslóig*: in fothrom 7 in fidrén .i. teitimnech na téd 7 basgaire na n-ech 7 culgaire na carbat 7 glondbeimnech na sciath 7 drongair na luirech 7 taitim in morsluóigh, *Fr.* 29^a, *Seitfedach na n-ech* 'the snorting of the steeds' is misrendered by 'blowing of horns', in SG. II 145.

1780. séitfedhach na n-ech 7 gíscánach na carpad, *R.* 21^b 2.

1783—4. Truagh lim a ticfa dhesin, ar Aedh Minbreac, *R.* 21^b 2.

1790—92. Ro soich treithirne tulaigh . re conairt 'con crobhcubhaigh, ro soich buiredhach a bhidhg . re conairt chúanna croibhdirg, *R.* 22^a 1.

1802. do ghaánaibh bega biracha, *R.* 22^a 1.

1803, 1804. ro cuired in cath co fergach fortrén feramail 7 co lond leidmech lánlaidir o tosach in lae co tainic midi medoin lae 7 laithi, *Fr.* 29^a.

1810—1813. do tócaib Derg Dianscothach in sleigh, 7 tucustar sréo n-urchair co tarla tar ségh[l]aind a inair 7 tar brotlach a léned don cétfir, cor' tregd a craidi 'na clíab, 7 co ndeghbris a druim isin fir ba sia uada. *Fr.* 29^a.

1829. *arbithin* 'because of', not 'the rehabilitating of', SG. II 147. *Findine*: Finninne, R. 22^a 2.

1834. The thumb denoted vigour in Wales and, probably, also in Ireland. That vigour combined with knowledge attains to truth seems the meaning of Find's symbolic action here and elsewhere. (203, 2408, 2607, 2662, 5416, 6627).

1837. The 'house' here mentioned was, of course, the monastery of Clonmacnois, founded in 548 by Cíarán macc in tsáir.

1838. *Cailte*: Find, *Fr.* 29ᵇ.

1839—40. INmhain ceall fa comrumach . bhías a fochur na habhann,
    inmhain fertan forburach . bus adhlacad mórcalann. *R.* 22ᵃ 2.

1855. *Sáilim*: Áilim, *R.* 22ᵇ 1.

1862. *nai cloidim inntláis órdhaidi* 'nine swords of golden inlay', i. e. inlaid with gold, is rendered in SG. II 148 by 'nine long swords with hilt and guard of gold'. *nai coin*: ix. cuilfuin, *R.* 22ᵇ 1.

1864. *an cath*: le cách, *Fr.* 29ᵇ, le cach, *R.* 22ᵇ 1.

1871—1873. in aenduine da n-indsaigid .i. bathlach ruagh [leg. bachlach rúadh-] moel rindtach, 7 cend carrach cnocremar, 7 bánsuile mora a n-iarthar cind in bathlaig [leg. bachlaig], 7 srón odhar édigh attmar aigi, 7 ba samalta re maelcladh coicrichi hí, 7 fiarfaigit scela da céile. Cia thusa, a óclaich? ar in bathlach [leg. bachlach] fria *Cáilte.* Don Feind mísi, ar se. *Fr.* 29ᵇ, 30ᵃ.

1876. *Becnait*: Beccoc, *Fr.* 30ᵃ, Becan, *R.* 22ᵇ 2. — a good example of the interchange of diminutives.

1878. is slan .xxx. bliadan duinn araen, *Fr.* 30ᵃ.

1883. *Cidh ro dhighbadh*: Cid ro díth 7 ro dighbaidh, *Fr.* 30ᵃ. Crét ro dhibaidh, *R.* 22ᵇ 2.

1884. *ro mhill sinn* 'who ruined us', is misrendered by 'whom Finn ruined' in SG. ii. 148. (In SG. i. 135 *sinn* is misprinted *Fionn*).

1885. *comlana*: comslana do bhí agum, *R.* 22ᵇ 2.

1893. After *Eogan R.* 22ᵇ 2 has: Luidset le Eogan isin dun.

1899, 1900. triur ann .i. an t-athair 7 a ingen 7 a chú .i. onchu gerr glas, *R.* 22ᵇ 2.

1907. *cu ro loingi*: co ro loinged, *Fr.* 30ᵃ. co ro loinge, *R.* 23ᵃ 1.

1917. tricha goin o hinn a hordan go a erla fair, *R.* 23ᵃ 1.

1918. After *air*, *Fr.* 30ᵃ has: 7 ro chruadhaigh Maelan mac Mongaigh a comrac, co ro fortamlaigh ar *Cáilte* co mor isin comrac sin.

1920. *urgranna*: imgerra, *Fr.* 30ᵇ.

1932. *Ocus*: IS and sin, *Fr.* 30ᵇ. *taisi* is rendered by 'dimness in SG. II 150. It means *weakness, softness*.

1939. *Cuillend-ros na Féinne*, 'the Holly-wood of the Fíann', is misprinted *cúillios na Féinne* in SG. i. 150, and misrendered by 'the Fianna's rear-fort', ibid. II 150.

1946, 1947. *bruinne . . . uime*: 7 léne do sroll rigda fria cnes 7 inar maeth sroill tairis amuigh, *Fr.* 30ᵇ.

1955—1958. 'Ro ba maith t'athair', ar *Cáilte*, 7 itbert:
  Rob é in brighach buan bladhmar . rob é an feindigh fircalma,
  rob é in craeb toraidh co mblaid . ac foghail tsét in domain. *Fr.* 30ᵇ.

In 1957 *brighach* 'vigorous' is misrendered by 'disdainful' in SG. II 150.

1964, 1969, 1980, 1991. *dithre*: dithrib, *Fr.* 30ᵇ.

1968. *scithlim* (better *scichlim*) is rendered by 'a debility' in SG. II 151. It rather means 'a vanishing'.

1969, 1972, 1978. *Muc Smaile*, not *Mac Smaile*, as in SG. II 137.

1985. *toluibh*: codnaib, *Fr.* 31ᵃ.

1989. *scenmdha*, better spelt *scenbda* in LL. 108ᵃ 48, is derived from *scenb* LL. 88ᵃ 44, 114ᵃ 42. Whatever it means, it certainly is not 'ubiquitous', as in SG. II 151.

1990. Here *Lism.* omits the second half-quatrain:

se*ch*t treghdtai míle*d* tar magh¹ . isin arm re himbuala*d*, *Fr.* 31ᵃ.

1994. Here in *Fr.* 31ᵃ ends the poem, the whole of which *R.* omits.

1999, 3033, 6155, 6165, 7085. *éraic*, anglicised *eric*, 'were-gild', ποινή, in the Acallam always means compensation for death wrongfully caused. In Niam's case, 3031, the amount of the compensation was fixed by three arbitrators, one of whom was a woman.

2012. *fialnár*: fíal náirech, *R.* 23ᵇ 1.

2020. *deich cét*: xxx. *Fr.* 31ᵃ.

2021. *a ráidhemne*: an faistine, *Fr.* 31ᵃ.

2024. *as é ro oileasdar mhé*: mh' oidi tairisi, *Fr.* 31ᵃ . iss é rom-alt, *R.* 23ᵇ 1.

2025. *tóthacht*, rendered by 'reversion' in SG. II 152, rather means 'property': see *tothacht* in Wind. Wörterb. 'though *he* has the kingship, 'tis *I* that have the property in it', i. e. the right to it.

2030. *Ro thaimhsen*: ro taispén, *Fr.* 31ᵃ.

2040. *Carn Gairbh daire*: Carnn Duibh doire, *R.* 23ᵇ 2.

2050. *dorigned uball ion rendaib de* 'an apple round spearpoints was made of him' — a kenning for a corpse pierced by many spears.

2057. The practice of burying armour with its owner (doubtless for his use in the other world) prevailed in Ireland as elsewhere. See infra 2076 and 3175.

2068. ta*b*air proinn cét gach lái da m*u*intir, *R.* 24ᵃ 1.

2074—5. 'The cairn was dug up and Garb daire was found therein with his arms, and Lug mac Ethlenn's chain was found'. The words 'Gaire *cona* airmgaisced and 7 frith' are omitted in SG. i. 140, though plainly in *Lism.* 173ᵃ 1.

2078. *tulaig sin*: tslúogh, *Fr.* 31ᵇ.

2082. *do naemPatraic*: do rí Érenn no do P*a*traic da tigernda fein, *Fr.* 31ᵇ.

ro muired: ro dunadh, *R.* 24ᵃ 1.

2090. *in tres inadh* 'one of the three places.'

---

¹ madh, *Fr.*

2094. *irgairdiugud menman* 'an amusing of the spirit'. Derived from *gairit* 'short', as Cymr. *di-fyrwch* from *byr*.

2097. *iiii. ix. traig*: secht . xx. traighed, *Fr*. 31ᵇ 2.

2098. *ocht traigthi . xx.*: . xx . traighed, *Fr*. 32ᵃ.

2101. *in cethramad ben is ferr* 'one of the four best women'. *laighestar*: loigh, *Fr*. 32ᵃ, *Lism*. 173ᵃ 2.

2109. *co taite n-imbuilg*: co luan taite n-imbuilc, *Lism*. 173ᵃ 2, where the transported *n* is wrong. After *n-imbuilg*, *Fr*. 32ᵃ has: 7 ba hé seiscend a aighidechta an cétadhaig a rogha, etc.

2110. *R*. 24ᵃ 2 *adds*: ag tigerna nó ag bainntigerna oile.

2111. do gheibedh uaithi a lórdhaethain, *Lism*. 173ᵃ 2.

2113. *ro ailestar*: tuargaib, *Fr*. 32ᵃ.

2114. ní raibi bancomalta, *Lism*. 173ᵃ 2, not 'banchomdalta' as in SG. i. 140.

2116. *deoin*: ced, *Fr*. 32ᵃ = O. Ir. *cet* 'permission'.

2117. *ar a tibarsa duit hí*; ar a tibrinn duit hi, *Lism*. 173ᵃ 2.

2118. *ar se . . . leicen*: mine tucar ni tiber. Cred an coma? ar Find. Can a legon, *Fr*. 32ᵃ.

2121. *Do ragha cuir*: Do rogha cor, *Fr*. 32ᵃ, 'thy choice of covenants': *ragha*, *rogha* for O. Ir. *rogu*, root *gus*.

2124. *Uillind*: Illann, *R*. 24ᵃ 2.

2128, 2129. are omitted by *Lism*.

2129. *ocus gan airem na fer*: is eolach dam lín na fer, *Fr*. 32ᵃ, is éol damsa lin a fer, *R*. 24ᵃ 2.

2133. tarthamairne orra and tri catha na Feindi, 7 ní r'ergetar maic Morna asa longphort amach anuair rucumairne orra, *Fr*. 32ᵃ. For *re siu deirgedar*, *Lism*. 173ᵃ 2 has ré siu do éirghetar.

2134. *degarmach*: datharmacha, *R*. 24ᵇ 1.

2137. *tuc sciath tar lorg*, literally 'he put shield over track', a common idiom for 'he covered the retreat'.

2140, *do léigen*: do léicen as, *Lism*. 173ᵃ 2.

2144. *'ca rada créd*: 'gá brethnugad cid, *Lism*. 173ᵇ 1.

2155. *cacha slessa*: gacha háirdi, *Lism*. 173ᵇ 1., *issin nibaile*: isin dúnad, *Fr*. 32ᵇ, ann, *Lism*. 173ᵇ 1.

2163. *ro hadhlaiced hi issin dún*: ro hadhnacht isin firtsa, *Lism*. 173ᵇ 1.

2165. For the Bearrach breac of *Lism*. 173ᵇ 1, SG. i. 142 has, wrongly, Berrach brec ón Berrach brec: see note on l. 446. For *nir cert*, *Lism*. has mo śearc; for *ocus dirma*, fa ben díla; for *nar thlaith*, nár cáir; and for *rob í in fogail gan mirún*, dob í in foghal co mírún.

2166. *ocus*: a tús, *R*. 24ᵇ 2.

2169. *brandub*: brannam, *R*. 24ᵇ 2.

2178. *nír fetsat ni di*: nír' fétadar a becc dí, *Fr*. 32ᵇ.

2181. *trian*: tres mír, *Fr.* 32ᵇ.
2183. *do tharraingset*: ro tairngetar, *Fr.* 32ᵇ.
2189. After *óir*, *Lism.* 173ᵇ 2 has: 7 dabach aircit.
2193. *do Patraic iat*: don Tailgend 7 don tabartach é, *Fr.* 32ᵇ.
2199. *uair is scíthech me*: ór am scith, *Lism.* 173ᵇ 2.
2200. *isin airechtus*: re fed in airechtais, 7 isim senduine noda-caemnácair, *Fr.* 33ᵃ. isam scítheach ó oire*chtus* 7 isam senóir dh'áis, *R.* 25ᵃ 1.
2201. The Irish used goads, not whips, when urging chariot-horses.
2205. *risa licthea*: frisa léicthi, *Lism.* 173ᵇ 2.
2210. *ba lór a gloine*: 'sufficient was his jaw', not 'of abundant symmetry', SG. II 157. Here *gloine* is = glaine (gl. mala) Sg. 48ᵃ 17.
2214. Bái faelan 'ca fongaire . os tondaib arda uaine, *Fr.* 33ᵃ.
    Saeth leam oidh*ed* Con*bice. ós tonnuib árda uaine, Lism.* 173ᵇ 2.
2219. *Druim Náir*: Druim nDogair, *Fr.* 33ᵃ. Druim nDanair, *R.* 25ᵃ 1.
2220. *na dáine*: náit fir, *Fr.* 33ᵃ, náit dáine, *Lism.* 173ᵇ 2.
2222. *7 denam.*: co ndechsum, *Fr.* 33ᵃ.
2228—2231. *roimpe . . . Donn*: rempi, 7 raides so and: ·Scréchas muc fa lámaib laech*ra*idi . is fiad co fuaram*ar* . is fell co facmait ní on rí 'ca rabamar ar einech 7 ar incháib na muici', ar Donn. 7 is cuma mo betha 7 mo bás. Aiscid curad sin, ar *Cáilte*. [   ] 7 tainic an gilla ar einech 7 ar incháib na muici, 7 oc tabairt cuir don muic *cum* in gilla, tuc *Cáilte* builli do sleigh inti, cor' gab on ascaill co céile di, *Fr.* 33ᵃ. co riacht ón ascaill co araili di, *Lism.* 173ᵇ 2.
2235. The 'Slanga pig' is mentioned also in ll. 2246, 2304.
2249—2250. *A sochar . . . Cailte*: Ac so cor 7 athcor, a gille, ar se, in cloigem ort, *Fr.* 33ᵇ. *Dochar* 'loss', the opposite of *sochar* 'profit', is rendered by 'peril' in SG. II 158.
2260, 2261. *Tar sunn*: Aléra anís, a *Chonaill*, ar Diarmait mac Cerbaill. Acc um, ar *Conall, acht* sunda a n-u*cht* P*atraic* co rob é bes os mo chind etc., *Fr.* 33ᵇ.
2265. 7 tuc *Conall* a laim tar brotlach a inair 7 a léne, 7 tuc in t-escra óir ass, 7 tuc il-laim P*átraic*, *Fr.* 33ᵇ.
2274. *in sét eli as ferr* 'one of the two best treasures.'
2278. *cloidem*: cloigem aith urnocht anſar, *Fr.* 33ᵇ.
2279. *dornchla*: dorndchor, *Fr.* 33ᵇ.
2283, 2284. *do bo mhaith h'athair 7 do ṡenathair*: gér' náma t'athair 7 do senathair is inmain lind tú, *Fr.* 34ᵃ ('though thy father was a foe, and thy grandsire, thou art dear to us') . ger' naimdi damsa na fir sin rob de*d*hfir [leg. deghfir] iad, *R.* 25ᵇ 2 ('though those men were foes of mine they were noble men').
2296. *cath Cuire*: cath Cuirri, *R.* 25ᵇ 2.
2300. *coimhdhi*: cómhdha, *Fr.* 34ᵃ. coimhdhe, *R.* 25ᵇ 2.

Notes on Acallam na Senórach. 293

2310. *ré loigi*: re luighe 7 re n-éirghe, *R.* 26ᵃ 1.

2319. do Slíabh in connaidh budh deas risi n-ab*ur*thar Slíabh Breagh aníu, *R.* 26ᵃ 1.

2327. *caincinn*: cairchi, *Fr.* 34ᵃ. chainchinn, *R.* 26ᵃ 1.

2331. adco*n*nairc na ho*cht* n-égne ag tórmachadh ann, *R.* 26ᵃ 1.

2332. *do dhiamhair*: do clithar diamaire, *Fr.* 34ᵇ. In SG. II 161 *diamair* is rendered by 'intricacy'; but it means 'obscure' 'obscurity', 'a hidden place'.

2340. *Ní ... daibhsi*: Nocha n-amhlaid, ar Pá*traic*, óir lía do gresa 7 do glamudsa, a airdrí, *Fr.* 34ᵇ.

2342, 2343. '*ná ... ditsa*: robensat in dias úd do cuid nime ortsu'. Cid ní andsin, a naemPa*traic*? ar rí Érenn. Feb*us* a mathar 7 in ath*ar* 7 a feb*us* fein, *Fr.* 34ᵇ. 'Yon two have taken from thee thy share of heaven.' ιHow is that, O holy Patrick?' says the king of Ireland. "The excellence of their mother and of their father, and their own excellence, (have turned thy thoughts to them from God)"

2347. *Tlachtgha*: Tlachtga in*gi*ne Magruaigh Maill, *Fr.* 34ᵇ.

2348. *Rot na carpat*: Raen na carbut, *Fr.* 34ᵇ.

2349. *firu Eirenn*: cethri coigid Érenn, *Fr.* 34ᵇ.

2351. *athlaech*, lit.'ex-layman', means, like the Pāli *vuddha-pabbajito*, a man who becomes a monk in his old age, ('not 'a decayed warrior', SG. II 162): see Kuhn's Zeitschr. 35, 150. In the Irish of Keating *athlaoch* means 'a very old man' (older than a *senóir*) 'a dotard': see his *Three Shafts of Death* ed. Atkinson, p. 315.

2353. Mo Cua mac Lonain, 7 rob ail lium a fiarf*aigi* do mac na flatha .i. d' Oisin aréir. Fregrais Cáilte co comnart in ceist sin, *Fr.* 34ᵇ, ‚and last night I wished to ask this of the lord's son, Ossian. This question Cáilte answered mightily.'

2355. *Blait breacduirn*: Blaith breghduirnd, *Fr.* 34ᵇ.

2360. *Alléra*: Aléra, *Fr.* 34ᵇ. Tárr, *R.* 26ᵃ 2.

2361. *fer gualann*: fer le*th*lama, *Fr.* 34ᵇ.

2369. *na Flesce*: na finn[F]lescaighi, *Fr.* 34ᵇ.

2374. *Eithlenn*: Eithlend ass, 7 do leig, *Fr.* 35ᵃ.

2380. ro bo maith in ceathr*ur* do bhab*ui*rsi a coimré, *R.* 26ᵇ 1.

2384, 2385. Da tístais fa brón dála . a mac cuici 'sa náma
                is do maithib líne do . ní bered gó eturro, *Fr.* 35ᵃ.
                Da tigdís etc. *R.* 26ᵇ 1.

2392. *enaigh*: enaigh thes, *Fr.* 35ᵃ.

2393. *dar' dhichuir sibh*: do díchrab*ui*r, *R.* 26ᵇ 1.

2394. As to Mesgegra's brain see Rev. Celt. VIII. 63. LL. 123ᵇ, 124ᵃ. O'Curry's *Ms. Materials* 275.

2396—2400. *nogu ... phéisd*: noco tísad tailgend do m*ui*ntir in clerigh sea ata ar in cnuc 7 descipul dó hé 7 do m*ui*ntir Rí[g] nime 7 tal*man* é, 7 co dísad se re deired n-aimsiri 7 co tí in brath adbulmor do mes ar bísb 7 ar mar*baib*. Cidh fodera, ar rí Érenn, ar feraib 7 ar *con*aib na Feindi cen dul do marb*ad* na piasta ar in loch sin?', *Fr.* 35ª.

The tale is obscure and defective. Why does it bring in Finn's rejected fairy sweetheart? Did she transform herself into the quarry that caused the drowning of the Fianna and their hounds?

2407. *tuitfis*: taethsadh, *Lism.* 175ª 1.

2413. *dubad . . selaibh*: duba . . séala, *Fr.* 35ª.

2419. Coscrach adcíusa an muir mbig . r*us*-geoghuin brath t*ar* buidhnibb, *R.* 27ª 1.

2431. *ailithrech uar*: oirithlech n-úar, *R.* 27ª 1.

2432. *ticfa Cáemgein*: co ti Caimgein, *R.* 27ª 1.

2434. Ní fuil a rim, 7 ní fétar a faisnés 7 ní toillend a nuimir in neoch ro indsedar do, *Fr.* 35ᵇ.

2442. *ligdha*: licda, *Fr.* 35ᵇ.

2444, 2445. *deich fichid*: .xxx., *Fr.* 35ᵇ.

2445. *chuirm glain gabaltaig*: brogóid, *Fr.* 35ᵇ, *R.* 27ª 2.

2448. *rachaisi*: raghthaise, *Lism.* 175ª 1.

2457. *sobrónach*: somhenmnach, *Lism.* 175ª 2.

2460. *ach rigdamna*: acht rí n*ó* rígdamna, *Lism.* 175ª 2.

2476. *a fiadach*: a tuirc taebtroma 7 a heilti ruagha [leg. rúadha] roremra 7 a daim imdisciri alltaidi, *Fr.* 36ª.

2478. *samlaithi*: hinand, *Fr.* 36ª. samhalta, *Lism.* 175ª 2.

2486. *eolus*: d'éolus, *Fr.* 36ª.

2489. *cia ros-dil fa thuarusdul*: cia do ícc a tuarustal? *Fr.* 36ª.

2493. *a ardflaith*: itt ardflaith, *Fr.* 36ª.

2496. *morrigu*: righan, *Fr.* 36ª. morrighan, *R.* 27ᵇ 1. After 249⁶ *R.* has: Feradhach Fech*t*nach ba flaith . rob é athair in m*a*ic maith. Eithne in*g*en Daire Duibh . dobi in ríghan a math*a*ir.

2497. *tind a tind*: cind a cind, *Fr.* 36ª. druim ar druim, *R.* 27ᵇ 1.

2498. bat*a*r ar Érinn can on . cen cocadh do commórodh, *Fr.* 36ª.

2502. *trebaire*: treab*a*iri, *Lism.* 175ᵇ 1, misprinted *rebraide* in SG. i. 149.

2505. *ó dorochair*: on ló torchair, *R.* 27ᵇ 1.

2506. gabthar nert Er*e*nn uile . lais t*a*r murmac Rochraide, *R.* 27ᵇ 1.

2507. *morcheill*: morscéim, *Fr.* 36ª. móirmhéin, *Lism.* 175ᵇ 1.

2509. *ina flaithius*: a n-áirdcennus, *Lism.* 175ᵇ 1.

2511. *'na flaithius*: a n-oirechus, *Lism.* 175ᵇ 1.

2513. *Nárchada*: Marcada, *Lism.* 175ᵇ 1.

2514. *bliadan co leith a line*: da bli*a*dain co leth líne, *Fr.* 36ᵇ. a dhó co leith a line, *R.* 27ᵇ 2.

2515. *neim*: gail, *Lism.* 175ᵇ 1.

2518. *aithig Arann*: athaig Érenn, *Fr*. 36ᵇ.

2520. *ségda in roind* . . . *Crimaill*: ferda a roind . . . Cramaill, *Fr*. 36ᵇ.

2522. *rigsatar a rig andes*: do rígsat é tuaid is tes, *Lism*. 175ᵇ 1.

2526. *sunn ana* . . . *Chuncha*: sunda na . . . Cnucha, *Fr*. 36ᵇ. sunna dna . . . Cnucha, *Lism*. 175ᵇ 1. sum dono . . Cnucha, *R*. 27ᵇ 2.

2528. *a ngal*: a mbladh, *Lism*. 175ᵇ 1̊.

2538. *fata re*: fada a ré, *Fr*. 36ᵇ. Find's death by the leap which he took in his old age is referred to also in ll. 254, 1766.

2539. *Secht rí déc, is deimin lem*: Se*ch*t righ déc, lanmebair lem, *Fr*. 36ᵇ.

2540. Here in *R*. 27ᵇ 2 the scribe writes Comairce so, a Muire.

2541, 2542: *Cóicer druadh*[1] is ferr tainic . a n-fath Érenn imainic, is ferr do cuala can *acht* . ocus do bí re draide*acht*[2], *Fr*. 36ᵇ.

2544. *Stocán mac Cuirc chrechtaig*: Stocán mac Cuirc chéd*aig*, *Lism*. 175ᵇ 2. Cithruagh mac Fir cóecat, *Fr*. 36ᵇ.

Mog Ruith: Mughronn, *R*. 28ᵃ 1.

2545. *tir Banba*: thír mBanbha, *Lism*. 175ᵇ 2.

2554. *Carpre*: Find, *Fr*. 36ᵇ.

2555. *prap ro fuaslaiced*: lúath do fúascladh, *R*. 28ᵃ 1.

2556. *chuicer*: ce*th*rar, *Fr*. 36ᵇ.

2557. *luaidis*: láitis, *Fr*. 36ᵇ. *ferga*: ferrdha, *R*. 28ᵃ 1.

2562. *maith ro chaithset a maine*: cin co caithidis maíne, *Fr*. 37ᵃ. gin gur' cátaighset maine, *R*. 28ᵃ 1.

2563. Lugh Lamfada, luath in áigh, *Fr*. 37ᵃ. Lugh mac Ethne, Aengus án . Cúchulainn ba laechda lám, *Lism*. 175ᵇ 2.

2564. *nar' chlé*: nár' chlái, *R*. 28ᵃ 1. nár' chlaei, *Lism*. 175ᵇ 2.

2565. *ferr-di*: fírthar, *Lism*. 175ᵇ 2.

2568. Aenghas Tuirmhech, ba trén gail. Conn cédchathach, Finn fortail, *Lism*. 175ᵇ 2.

2569. *co ngnim nglonn*: gnimaib glond, *Fr*. 37ᵃ. gnimaibh glonn, *R*. 28ᵃ 1. ar gním lonn, *Lism*. 175ᵇ 2.

2570. *flaith*: fáidh, *Fr*. 37ᵃ.

2572. *acht girra a saegail cech tan . 's gan Mac Dé do móradhradh*, *Fr*. 37ᵃ.

2574. *gan cleith*: 'na thigh, *Lism*. 175ᵇ 2.

2575. *rig*: triath, *Lism*. 175ᵇ 2, which alliterates with *táissech*.

2576. mét a con *ocus* a bfer . mét a sciath is a cl(oidem), *Lism*. 175ᵇ 2.

---

[1] druagh, *Fr*.   [2] draigeacht, *Fr*.

2586. mac do Cairill ingen Scáil, *Fr.* 37ª. mac do Chair ingin in Scáil, *R.* 28ª 2. mac dho Chairill Chnuic in Scáil, *Lism.* 176ª 1.

2589. scribthar libh a tamlorguibh filed 7 a mbreachtaibh ollaman gach ní ro innis Cailte 7 Oisin duinn, *R.* 28ª 2.

2592. do gach fis 7 do gach forus 7 do gach dhinnsenchus 7 dona gnímuibh gaili 7 gaiscid do innis Cailte 7 Oisín, *Lism.* 176ª 1.

2593—4. 7 do scribad oc a n-ugdaraib 7 oc a filedaib 7 oc a n-ollamnaib in scélaighecht sin, 7 ruc cách a cuid cum a crichi 7 a coigid leis di, *Fr.* 37ª.

2595. cred fadera díth selga isin Giusaigh Find? ar se. Naeim 7 fireoin ac adhradh dhi sech cech inad ele isin crich, 7 lubgort selga d' Find í, ar Oisin, *Fr.* 37ª.

2598. *lubgort*: longphort, *R.* 28ª 2.

2601. *ós do chind*: uasat, *Lism.* 176ª 1.

2616. *bat imfoicsi do Dia*: biaidh a osadh ac Dia, *Fr.* 37ᵇ.

2618. *bid roibhchind duini Dia*: bid roim indlaicthi do Dia, *Fr.* 37ᵇ.

2620. *daria mac na rétlainde* 'the son of the star will arrive.' The mother of Ciarán of Saigir was impregnated by a star, and see *Lives of Cambro-British Saints*, p. 232.

2621. Bid é an t-inad oirdnigi . ní bia fianda fan fulacht, *Fr.* 37ᵇ.

2623. *tulcháinim* superl. of *tulcháin* 'fair-browed': tulcháin, *R.* 28ᵇ 1. tulchaighi, *Fr.* 37ᵇ. tulchainim, *Lism.* 176ª 2, 'I prognosticate', SG. II 168.

2635. *Laigen*: Gaileon, *Fr.* 37ᵇ.

2636. *ac cechtar de dib*: ag cechtarnae, *Lism.* 176ª 2.

2642—2643. *foirid...mbenann*: cech aen bis a ngalar 7 a n-eslainti icaidh uisci an baile sin é, corob slemain slancrechtach da éis. An fetraisi a adbar sin, a Find maic Faebair?' ar Cáilte. Ní fedar, ar Find, *Fr.* 37ᵇ. fóiridh gach galar risa mbenann, *Lism.* 176ª 2.

2652, 2653, 7 *ni thernó .. ann*: cona ternógh fer indisti scél na tuillti tuarustail as cen loscud, *Fr.* 37ᵇ.

2654. *intan tairnic*: mar thairnic, *Lism.* 176ª 2 (tháinic, SG. i. 153, perperam).

2658. *ar faichthe in dúnaid*: ac féchain in bhaile tré thenidh, *Fr.* 38ª.

2662. *in tres fis is mó* 'one of the three greatest revelations': cf. 628.

2666. *in cethramad fer* 'one of the four men'. The other three prophets of the Gaels were Colomb cille, Brénann of Birr, and Berchan.

2668. As to the battle of Moira and Suibne Geilt see *The Banquet of Dún na ngédh* etc. 231. As to the *geilt* ibid. 234.

2669. *aidhlécthar*: adlaicfidter, *Fr.* 38ª.

2673. cid cian gairit no co tí, *Fr.* 38ª. gairid co ticfa náim ind, *R.* 29ª 1.

2674, 2675. Taidiu corach caemlindtech . ar ur cairgi cloch is lía, doroiset sund sochaidi . d' etarguidi ar Dia, *Fr.* 38ᵃ.

2681. uingi d'or dobéra nech . ara tech do lecan ind, *Fr.* 38ᵃ.

2684. *co Tech Moling*: co soich an chill, *Lism.* 176ᵇ 1.

2687. bud tarba d'anmain Find fos, *Fr.* 38ᵃ.

2693. *co cend mbliadne*: com[b]a slan ar mbliadain, *Fr.* 38ᵃ.

2705. *Artrach*: Artraigh, *Fr.* 38ᵇ.

2709. *in caemlaithe*: na haidci, *Fr.* 38ᵇ. na hoidhche, *R.* 29ᵃ 2.

2711. táinic Conall co maithib a mhuinnteri 7 Cailte cona nonmur óglach ar in firt fódbláith do bhí ar inchaib an bhaile, *R.* 29ᵃ 2.

2717. *imressan*: imresain 7 imarrán, *R.* 29ᵇ 1.

2721—23. uair ni fuil a fulang féin d'ferand acu acht a fuil ag Artrach amháin, *R.* 29ᵇ 1.

2726. arsin tancatar na tri maic sin cuinn (sic) righ Érenn. Cred 'ma tancabair, a ógu? bar rí Erenn, *Fr.* 38ᵇ.

2726—2763. *R* omits.

2731, 2732. *bruiden . . . ndáim*: tech n-aighedh coitcend, 7 failti trebliadnach do cech nech ticed and, *Fr.* 38ᵇ.

2735. *deich bliadna fichit* '10 years + 20', i. e. thirty years. (xxx. bliadan, *Lism.* 176ᵇ 2).

2738. *ballach breicderg*: ablach crandcaem, *Fr.* 38ᵇ.

2739. *órbuidhe*: odhurbuidhi 7 co n-imat toraid 7 maithiusa archena, *Fr.* 38ᵇ.

2744. Caillidi 7 d'ublaibh áilli órbhuidi, *Lism.* 177ᵇ 2 (misprinted in SG. i. 155). *na cloichi*: 'na comhnaidhi, *Lism.* 177ᵇ 2.

2749. *fó fuill*: fó bhfuil, *Lism.* 177ᵃ 1.

2756. *cor' thóc*: cor' thócuibh, *Lism.* 177ᵃ 1.

2763. Adráe búaid 7 bennacht, a Cáilti, is maith in senchus ro indisis duinn, *Fr.* 39ᵃ.

2765. *níl a fis acaind*: ní fuil a fis, *Fr.* 39ᵃ. ni fetamar, *Lism.* 177ᵃ 1.

2768. *in tres tulaig*: One would expect *na tres tulcha*.

2772. *coibchi*: coibthi (sic) anécéillidhi, *Fr.* 39ᵃ. tinnscra, *R.* 29ᵇ 1.

2773—2776. *7 rob . . . Femen*: uair da sirthea in doman uile ní fuigthea and ben ba ferr ina in ben sin ro shír in coibchi ar Find mac Cumaill, uair nír' mó na í[a]rna 'arna leghad a tenidh delb cech mná ina farrad, uair ní raibi i nÉrinn na i n-Albain fer bud ferr ina Find, 7 ro snaidmed dó hí ac Sidh ar Emher *(sic!)*, *Fr.* 39ᵃ (sídh dar Eimir, *R.* 29ᵇ 1).

The *Tipra fáine* of Laud, from *Taprobane*, is a good specimen of Volksetymologie. So in *Fr.* l. 224 supra.

2777. The '7' here is a scribal error. 'Find went on the trail (*slichtlorg*) of the Children of Morna, who were plundering', etc.

2782. *ail . . . eisleis*: éislind, *Fr.* 39ª.
2784. *A cethrur comalta*: A cethri derbcomdalta, *Fr.* 39ᵇ.
2791. *arsi*: ar siat, *Fr.* 39ᵇ.
2792. *disli* by metathesis for *dilsi(u)*, compar of *dilis*.
2795. *ro canad*: ro ferad, *Fr.* 39ᵇ.
2797. *dighi*: lenda, *Fr.* 39ᵇ.
2798. *R.* 29ᵇ 2, adds: sul doronsat a n-uraghall (leg. n-uradhall).
2800. 7 *ro raidset ria*: 7 ro tircanatar a n-ail 7 i n-aithesc risin in*gin*: Maith, a anum, a in*gen*, ar siat, *Fr.* 39ᵇ.
2803—2805. *cét . . . talman*: tri cét in*gen* righ 7 righan co soine édaigh cecha datha, it*er* brecc 7 glas 7 gorm 7 corcra 7 buidhi 7 uaine; 7 doria*ch*tadar *con*ice in tulaigh taebalaind togaidi sea, 7 ro scuirit a n-eich 7 a n-echrada, 7 ro cuirit a fidletrenda fosta fuithib, cor' geltadar fér barrglas barruaine co grian 7 co grindell 7 co leccoib loma, *Fr.* 39ᵇ.
2806. *itu mor*: tart n-íta, *Fr.* 39ᵇ.
2811. *ro moid*: ro mebaid, *Fr.* 39ᵇ.
2812. *assa hinad*: a bun in cairthi anís, *Fr.* 39ᵇ.
2814. *atibset*: ebait sin, *Fr.* 39ᵇ.
2819. *cach dirge*: gach ndíreach, *Lism.* 177ª 2.
2822. *dar n-indsaigne thic*: dar ndianmarba*d*ne in lín atamait, *Fr.* 39ᵇ.
2824. *aithnimaid*: aithnighimait im*morro*, *Fr.* 40ª.
2827. *glun . . . heislind*: glun re gail 7 re gaisced, *Fr.* 40ª. glún re gliaigh [leg. gliaidh] 7 aghaidh re hirghail, *Lism.* 177ª 2.
2829. after *dib*: do soighdib sithgorma 7 do beraib birgéra 7 do laighnib lethanglasa lánmóra, *Fr.* 40ª.
2838. 7 ro tuit a sciath da muin 7 a cloigcm [leg. cloideb] da braigid, *Fr.* 40ª.
2849. *ossa cind*: uasda, *Lism.* 177ᵇ 1. The inscribing of names in the Ogham character is mentioned also in 3103, 3195, 6748.
2850. Funeral games — the Roman *ludi funebres*, Gr. ἐπιτάφιοι ἀγῶνες — are mentioned also in l. 3102, and in *Togail Troi*, LL. 241ª. After *ann*: 7 ro tócbad a lía londerda osa cendaib, *Fr.* 40ª.
2856. *Rob imda iat*: nírb imda air iat, *Fr.* 40ª. Nír imdha íad *R.* 30ª 1.
2858. The following poem is ascribed to Find in *Fr.* 40ª, where it begins thus: IS fuar in gnim da mac duib . 's da mac in righ a Mumain. cét gilla *ocus* cét con . cét fer ar a tuarustol. *R.* also ascribes it to Find.
2864. *meraid . . . mmeadh*: méraidh co brach [leg. bráth] in bithlén, *Fr.* 40ª. bidh urdraic in scél ag cách . méraidh co tí bráth na mbráth, *Lism.* 177ᵇ 1.
2865. *a moin Breg*: um Bóinn Breagh, *R.* 30ᵇ 1.

Other tabus of Find are mentioned infra, to refuse the offer of a feast 4961, to look at the corpse of one not slain by weapons 5480.

2866. cen feis adaigh ac Dún Raech . is gan tuarustal d'óclaech, *Fr.* 40ᵃ.

2868. is argain Sidha ar Emir . re gilla núa ndergtenid, *Fr.* 40ᵃ — 40ᵇ. sídh ar ghach Sidh ar Eimhir . re gilla ndubh ndergeinigh, *R.* 30ᵇ 1.

2869. dar Mac Muire na morgiall: fa maith a cruth is a chiall, *Lism.* 177ᵇ 1.

2873. Another mention of Find's fatal leap.

2877. After *acaind*, *Fr.* 40ᵇ has: 7 ocar n-ughdaraib, and *R.* 30ᵇ 1 has: agar n-ollamnaibh.

2881. ar leith aili: leth n-aill, *Fr.* 40ᵇ.

2890, 2891. 7 atconnairc . . . láid: amar doronsat na meic ecalsa ele 7 itcondcatar *Cáilte* 7 itcondaic *Cáilte* iat. A fir Dia fororda, ar se, is mór n-ingnad itcondcus, 7 ní mo na pend risi tairised sin, ar se 7 dordan deghban 7 na Feindi itcluinind-sea andsin, uair ruidb 'arna roguin, 7 mná re gúiri lamna 7 mílid maithi menmnacha 'arna luathletrad ro coideoldais risin ceol donídís findbandtracht na Feindi and. *Cáilte cecinit*, *Fr.* 40ᵇ.

2892. cloistecht re léigind os lind: éisdecht re léigenn láinbhinn, *Lism.* 177ᵇ 2.

2894. ica mbiad: 'cá tecmad, *Fr.* 40ᵇ.

2895. is truagh mo thurus abhus . mór d'inga[n]taibh do fuarus, *R.* 30ᵇ 2.

2901. hé, ar-si Colman, 7 is: meic Cumaill, 7 do deired na Feindi, 7 ethar da n-indsaigid, ar Colman, uair, *Fr.* 40ᵇ.

2904. after *iat*: 7 ro freslad 7 ro frithoiled co maith iat, *Fr.* 40ᵇ.

2909. lendbraenaigi: lanbraenaigh[e], *Fr.* 40ᵇ.

2910. Tárthamarne: rucamarne, *R.* 30ᵇ 2.

2913. Lugach: Lughach Laméchtach, *Fr.* 40ᵇ.

2914. do chaithim: is ann ro dibraicsium, *Fr.* 41ᵃ.

2920. co beraind: co mbéraind, *Fr.* 41ᵃ. co` mbéruinn, *Lism.* 178ᵃ 1.

2924. Do reathadh re conuib Finn . re tíachtain ó glinn do ghlinn, *R.* 31ᵃ 1.

2932. do marthain ac nech: do facais acaind, *Fr.* 41ᵃ.

2934. muir 7 tir: lá 7 agaid [leg. adaig], *R.* 31ᵃ 1.

2935—2937. IS annsin ro érigh *Cáilte* docum na cúile iarthuraigh[e] ro bai isin oilén, 7 tuc a laim sís isin bruach 7 a bail a tuc sathud sétrech sircalma iter tul na tuindi tulguirme 7 in bruach cét mbliadna reme sin, 7 tuc leis anund [in congna] co laechlar in tighi a ra batar na clerigh, cor' lín o airidin co hurlár, *Fr.* 41ᵃ.

2940. *sé meic ecalsa*: arnamarach seisiur mac n-ecalsa, *Fr.* 41ᵃ arnamhárach 7 cuiger mac cléirech, *R.* 31ᵃ 1.

2942, 2943. *deich ... ann*: xxx. fer-óglach ar lár a dunaidh 7 a deghbaile fein, *Fr.* 41ᵃ.

2947. *senchus cacha criche*: coicrich cecha feraind 7 cecha cnuic, *Fr.* 41ᵃ.

2948. *eterdeiliugud cach fine accaind* 'discrimination of each of our families' (not 'of all our countries', SG. II 176).

2952. *a n-eirigthisi*: a n-éirgenn sibse, *Lism.* 178ᵃ 1.

2956. *co ceilet*: congheiltet, *Lism.* 178ᵃ 2.

2964. *Maiten*: Maidnín, *Fr.* 41ᵃ.

2963. iairmeirgi fuar leathrannach . re máidhmhigi móir, *Lism.* 178ᵃ 2.

2965. Here ends Addl. 18, 949.

2975. Other elopements are recounted infra ll. 3393, 3816, and stories about such incidents (*aitheda*) formed a large section of Irish literature.

2983. ro bai oc indladh a glacc 7 ac cur uisci imma gnuis righda ruithenta, *Fr.* 41ᵇ.

2986. *sul do chifed*: suil do cichsedh, *Lism.* 178ᵃ 2.

2989. Another instance of death from shame will be found in 4166, 4171.

2990. *lia* 'a flood' (not 'a lump' SG. II 178).

2996. *oraind*: orumsa, ar rí Muman. Rucsat mh' ingin uaim, 7 fuair bás do naire acco, 7 ergidh-si damsa co Sliab cind con i fail itá Find, 7 fuacarthar cath uaimsi air a n-ícc mh' ingine tucsat leo, *Fr.* 41ᵇ.

2999. *áit ir-raibe ind Fiann*: co hairm a raibi Find, 7 se oc frasad 7 ic fath imbert na fithcilli 7 mac a mic .i. Osgur mac Oisin, *Fr.* 41ᵇ.

3003. *éliugod*: élechon, *Fr.* 41ᵇ.

3007. mine tarda cath co grind . cath ar do shelbad, a Find, *Fr.* 41ᵇ.

3013. tucsat aithne air co raibi mor sothli fir aigi, *Fr.* 41ᵇ. forfeadatar co raibhi deithber mhór air, *Lism.* 178ᵇ 1.

3014. after *Fiann*: in ndornchuraib a cloigem [leg. cloideb] trom tortbuillech 7 a slegh seimnech snasta slemoncruaid, 7 a cusalaib a sciath mbreccrendach retlannach, 7 ro coraighed cath firalaind firétrocht Find maic Cumaill, 7 ro coirighed amdubach do sciathaib disle deligthi dondcorcra ina n-urtimcell amuigh anechtair, 7 fidnemed do sleghaib urarda orchrai re gelguai[l]lib doib; 7 ro ba loch ar leithi, 7 ro ba cathair ar cruindi, 7 ro ba dún dithoghlaighi ar daingne in cath sin Find maic Cumaill, *Fr.* 41ᵇ — 41 Aᵃ.

3018. *is cath écoir duitsiu in cath sin do thabairt*: ní fuil fír catha acatsa do thabairt catha, *Lism.* 181ᵇ 1. For the inexpediency of fighting in a wrongful cause see Iliad VII. 351: *écoir*: ectaidhi, *Fr.* 41 Aᵃ.

3020. *ac maithib*: ag ocht fichit feróglach do maithib, *R.* 32ᵃ.

3021. Smirgat is called 'ingen Athaidh Étualaing' in *Fr.* 41A^a, and her dress is thus described: ro gab*ustar* a léne do slemain sída buidi fria cnes, 7 inar maethshroill tairrsi anechtair, *cona* uchtclar órdhaigi ann, *co* ngab*ad* on gualaind co ceile di, *Fr.* 41A^a.

3024. *ollaman ... Fir chaecait*: ollamdha ... Ait*her*ne dóibh, *R.* 32^a.

3025. Do imthigh an echlach 7 do slonn a haitheasc, *Lism.* 178^b 1.

3029. *Diarmait ... Donnchada*: Diarmait ó Duibhne. Tainic in bhainechlach iar*um* lais sin co Finn 7 ro innis dó uile sin, *R.* 32^a.

3030. *do fáem Find sin*: dobérsa sin, ar Find, sul do berar cath, *Fr.* 41A^a.

3033. Fixing the amount of a penalty by the weight of the person injured is an interesting piece of popular jurisprudence. In Montesquieu's time, if the students of Pisa on St. Catharine's day caught a Jew in the streets, they weighed him and made him pay his weight in sweetmeats, *The Quarterly Review*, July 1899, p. 55. Compare 5693, where the bride-price of a fairy princess is similarly determined, and note that still in India a rájá sometimes gives his weight in gold to Brahmans. It would be rash to cite Iliad XXII 351 — οὐδ' εἴ κεν σ'αὐτὸν χρυσῷ ϝερύσασθαι ἀνώγῃ Δαρδανίδης Πρίαμος — as proof that some similar practice existed in western Asia.

3035. *atorchair*: dorochair, *Fr.* 41A^a.

3046. *a écnairc do gabail* 'to sing his requiem' (not 'to entertain his complaint', SG. II 179): *do guidhe fair*: do ghuighi dia raith, *Lism.* 178^b 2.

3050. *benad*: boined, *Fr.* 41A^a.

3058. 7 bái céin mháir gan fer, *R.* 32^a.

3060. *inti*: inntibh, *Lism.* 178^b 2.

3066. dias grádha dod ghnáthmuintir féin linn co mba móidi creitfes an rígan sinn, *Lism.* 178^b 2.

3069. *luidsim*: lodmar, *Fr.* 41A^b.

3073. *ro indissemar:* ro slonnsam dó, *Lism.* 178^b 2.

3074. *R.* 32^b adds: 'gudt farraid, and *Lism.* 178^b 2, dod chuin(*gid*).

3080, 3081. *dorigned ... ann*: dorigne Find dunad 7 dingnad 7 deghbaile 7 tigi rindradercacha 7 grianana gloinidi 7 sondaighi sitharda, *Fr.* 41A^b. doronadh dunadh 7 de*dh*bhaili leo, 7 issi Aine ro bo m*aith* ann, uair issi ro freasd*lad* 7 ro frithoile*d* tri catha na Féinde re bl*ia*dain gan easb*aid* bidh n*ó* leanna orra, re taebh riartha a n-aig*ed*, *R.* 32^b.

3091. *Illan*: Uillend, *Fr.* 41 A^b. Illann, *Lism.* 179^a 1.

3096. *anfis*: ainmhfís, *Lism.* 179^a 1 (i. e. *ainvis*).

3101. doc*uired*h fo talm*ain* hi isin du sin a nderna maith, *R.* 32^b.

3106. *il-lechtaib fiann*: a mbriat*h*raib ollaman, *Fr.* 42^a. a slechtaibh fian, *R.* 32^b.

3119. ní raibi olc na maith na heladan riam ac nech ar a rachad uaithib cen ní dó, *Fr.* 42ª, literally: 'never was there bad or good of the art possessed by any for which he would go from them without somewhat to him', i. e. whatever were the excellences or defects of an artist, he was sure not to quit the two princes without some reward.

3123, 3124. 7 *do ba ... iat:* 7 is tecmais ma ro soithed [leg. soiched] cétguin muici na oigid [leg. aige] na duine do neoch d'Fianaib Érenn nach iat son ro soithed, 7 tuarustal ar leith uaithibsium do cliaraib na Feindi; 7 damad amlaid co teicemad 'Cormac' no 'Find' ar da mac d' feraib Erenn ba dingmala na hanmanna sin do beith ar da mac righ Condacht, ar *Cáilte, Fr.* 42ª.

3128. *do da mac*: do dá mhacuib, *Lism.* 179ª 2.

3134. *in dá ríg*: in dana rígh, *Lism.* 179ª 2.

3140. Aithinis ainm slegi Eogain, *R.* 32ᵇ. In *R.* 33ª this spear is called *in Aitinis derg.*

3145. ni sinne í; ar clann righ Connacht, *R.* 32ᵇ.

3149, 3150. *ro chumaisc ... medonaidchi:* ro cindsetar sum imguin 7 imbualad, 7 tucsat glún re gail 7 re gaisced 7 re heislind o fuined néll na nóna co tainic tar medon na haidci, *Fr.* 42ᵇ.

3151. *da ron glasa*: da rón rianglassa, *Fr.* 42ᵇ. The function of interpreting dreams, here performed by a poet, is generally ascribed to a wizard (*druí*): see, for instance, the *dindśenchas* of Loch Garman, Rev. celt. XV 429.

3152. *ro muscail*: ro duisigh, *Fr.* 42ᵇ.

3160—3164. *Fr.* 42ᵇ describes the two princes thus: irisi a sciath ica congbail, 7 a slegha oca n-imfulang, 7 a n-édaigi ina mbréidib umpu, 7 a craidheda amar ceirtli i fasbulg, 7 a cuirp ina crolindtib fola.

3174. *tócthar*: tócaibter, *Lism.* 179ᵇ 1.

3176. The burial of weapons along with their owners has been mentioned in 2057 and 2076.

3178, 3179. *is i sin ... da n-eis*: is buanfata martanach a mbladnós dia n-éisi, *Fr.* 42ᵇ.

3183. *maitius*: amus, *Fr.* 42ᵇ.

3188. After *iat, Fr.* 42ᵇ has: Is mait[h] lindi a faghail a righfeindi[d], ar siat. Madh maith lib, ar se, dogebthai.

3201. After *sin, Fr.* 43ª has: 7 nírb' éitir leis imtecht do denam, 7 in nech ro indis d'fís 7 d'eolus an lá sin nír' lesaigedar ughdair na hollamain a becc de, 7 ro batar and re hed na haidchi sin co tainic lá arnamarach.

3208. After *tselg, Fr.* 43ª has: iter Etaigh 7 Cend con a mBennaib Bairchi.

3209. *Ethaig*: Étaigh, *R.* 35ª. *ind aird tuaiscirt*: i n-airthiur tuaisceirt, *Fr.* 43ª, a n-ardtuaisceirt, *R.* 33ª.

3219—3221. Lí bán in*gen* Eogain me*i*c Ai*l*ella misi, ar si, in*gen* righ Érenn, 7 ro báighed [leg. báidhed] mé ar in tuind-sea, 7 filet tri cét bl*iadn*a ann, 7 itusa uirri oc marcaide*ch*t risin ré sin, 7 tecaid tonda Érenn 7 Alban do troid rim, 7 ní cuimgit a becc dam. IS *ed* sin, ar rí Ul*ad*, badera in síanargan sidhi fil isin tuind. Is *ed immorro*, ar si, uair on ló testá in flaith Find nír' taispenasa cend ar in tuind-sea cosaniugh, 7 bai cách oc eiste*ch*t risin sianarghan sidhi donim, co cuirend óic 7 tréoin in tiri ina laemannaib codulta, *Fr.* 43ᵃ.

3222. *R.* 33ᵃ adds: dam.

3239. *Cailti*: Cáilte 7 rí Ulad, *Lism.* 179ᵇ 2.

3245. *Raith inmil*: Raith inmíl, *Fr.* 43ᵇ. Raith inmhil, *R.* 33ᵇ.

3251. After *mongbuide*, *Fr.* 43ᵇ has: détbán níamanda.

3252—3253. oc tidhnacol tséd 7 maíne ar in neoch do gabad do duanaib 7 do dréchtaib 7 do admol*ad* isin tigh, *Fr.* 43ᵇ.

3257—3264. As to matching half-quatrains, see Cormac's Gloss. s. v. *Prull*, and compare the Portuguese singing *ao desafio*, and the Indian *samasyá* 'giving to another person part of a stanza and requiring him to complete it' (Benfey).

3262. Dún fir dhuib . as é in dúnad fo atá ar bhfuil, *Lism.* 180ᵃ 1.

3264. dochuad*ur* ass uile in Fían. nocha mharann Fíal ar fuin, *R.* 33ᵇ.

3262—3264. 'The Dark (*Dub*) Man's fort, this is the fortress whereunder is our blood.'

Cáilte said:

'All the Fiann have departed: Fial remains not at the end of them.'

Here *Fial* (son of Dub) is a proper name, and not (as taken in SG. II 185) an adjective.

3270. After *ríu*, *R.* 33ᵇ has: Ní fedar ón, ar in rí. Indéosadsa duid fad, ar C*áilte*.

3271. *séin* (*sein*, *Lism.* 180ᵃ 1) a sisterform of *féin* 'self' from *svēsni, cogn. with Goth. svēs 'eigen', Pruss. swais.

3272. after *sin*, *R.* 33ᵇ has: ta*r* Finn 7 ta*r* Oisin.

3288, 3289. *daibir* . . . atch*luinmid*: daidbir . . . itcualamar, *Fr.* 44ᵃ.

3282. *chloistecht*: cluinsin, *Lism.* 180ᵃ 1.

3301. 5796, *crud*, dat. of *crod* 'cattle', 'wealth', is cogn. with Cymr. *cordd* 'group', 'troop', Goth. *hairda*, Eng. *herd*, O. Slov. *črĕda*.

3305. *ni héitir a airim*; ní toillend [= toil lend?] a rim na a faisnés, *Fr.* 44ᵃ.

3314, 3315. *tuc . . . marb*: tuc dó i n-odhur a cichi clé co tainic lán ballain chloichi ro bái ar in faithchi ass, 7 co ticed in coibés cétna d'fuil 7 d'fulracht as on uair ro loited é co cend *secht* mbl*iadan* . xx . co fuair bás fadeóigh dhe tre tnuth 7 tre format Túaithe dé Danann, *Fr.* 44ᵃ.

3334—5. co cenn tri lá 7 téora n-oidhche, *R.* 34ᵃ.

3338. *annso*: annso amara*ch*. Aemaimsi sin, ar *Cáilte, R.* 34ᵃ.

3339. Itcondarc amh, ar Cailte, 'na machaire alaind so, ciatá 'na coill duilligh 7 ina mothar móradbul 7 ina dos dítin [leg. díten] anossa, *Fr.* 44ᵇ.

3347. *brot*: sithalbrat, *Fr.* 44ᵇ.

3349. After *muin, Fr.* 44ᵇ has: 7 imcoimed do línigh logha uimpi, *Fr.* 44ᵇ.

3351. *andes nó*: 7 rot-aistrigh, 7, *Fr.* 44ᵇ.

3355. *doroine*: do ghabh a thimpán 7 doróini, *Lism.* 180ᵇ 1.

3360. *do denum*: d'fogluim, *Lism.* 180ᵇ 1.

3369. truagh in beatha beith mar táim . taróis Diarm*ada* is Conáin, *Lism.* 180ᵇ 1.

3373. *gan Dub dírma ic Tech Drumand*: cen Dub dibraictech Drumand, *Fr.* 44ᵇ.

3379. After *dó, Fr.* 45ᵃ has: 7 adar leis ce*ch* cnoc 7 ce*ch* céiti 7 ce*ch* dingna tar a racha*d* co teicémad dias no triur *nó* cethrar *nó* cuiciur no cuiri don Féind dó, 7 ní bitis a*ch*t 'na tulchaib folma 7 'na muighib mínreidi, cen coin, cen gilla, cen oclach d'faicsin orra.

3385. *inad*: lcacht, *Lism.* 180ᵇ 2.

3392. *comśeirc*: comśercus, *Fr.* 45ᵃ. coimhśearc, *Lism.* 180ᵇ 2.

3398. *ro éladur*: do éladar na mna, *Lism.* 180ᵇ 2.

3400. *ro eirgedur*: do mhusgladar, *Lism.* 180ᵇ 2.

3407. *Catt*: fer Cat, *R.* 34ᵇ.

3410. *iudhlaidhe ingantacha*: engacha idlaighi órdaighi aladbreca, *Fr.* 45ᵃ.

3424. After *iat: Fr.* 45ᵇ has: 7 ní faca*tar* beo riam triur ban bud aille innáit 7 iat marb.

3440. In the battles of Gáirech ('some distance S. E. of Athlone') and Ilgáirech the Ulaid routed their invaders in the Táin bó Cuailgne: see the Rennes Dindśenchas, nos. 66, 120, Rev. Celt. XV 465, XVI 72.

For *andegaid catha, Fr.* 45ᵇ has *cum catha*.

3445. a cinn Recadh na carpat, *R.* 35ᵃ.

3451. *ro delaig*: ro deghail, *Fr.* 45ᵇ. do dealuigh, *Lism.* 181ᵃ 1.

3456. *a mbrut gorm*: abhradghorm, *Lism.* 181ᵃ 1.

3466. *riam reime*: na cléirig, *Lism.* 181ᵃ 1.

3475, 7750. With St. Patrick's blessings on minstrels and minstrelsy cf. Odyssey VIII. 479—481:

$$\pi\tilde{\alpha}\sigma\iota\ \gamma\grave{\alpha}\varrho\ \dot{\alpha}\nu\vartheta\varrho\acute{\omega}\pi o\iota\sigma\iota\nu\ \dot{\epsilon}\pi\iota\chi\vartheta o\nu\acute{\iota}o\iota\sigma\iota\nu\ \dot{\alpha}o\iota\delta o\acute{\iota}$$
$$\tau\iota\mu\tilde{\eta}\varsigma\ \ddot{\epsilon}\mu\mu o\varrho o\acute{\iota}\ \epsilon\dot{\iota}\sigma\iota\ \varkappa\alpha\grave{\iota}\ \alpha\dot{\iota}\delta o\tilde{\upsilon}\varsigma,\ o\ddot{\upsilon}\nu\epsilon\varkappa'\ \ddot{\alpha}\varrho\alpha\ \sigma\varphi\acute{\epsilon}\alpha\varsigma$$
$$o\ddot{\iota}\mu\alpha\varsigma\ \mu o\tilde{\upsilon}\varsigma'\ \dot{\epsilon}\delta\acute{\iota}\delta\alpha\xi\epsilon,\ \varphi\acute{\iota}\lambda\eta\sigma\epsilon\ \delta\grave{\epsilon}\ \varphi\tilde{\upsilon}\lambda o\nu\ \dot{\alpha}o\iota\delta\tilde{\alpha}\nu.$$

3478. The honour of being a king's bedfellow (*fer leptha ríg*) is mentioned also in 7752. Ossian was Cáilte's bedfellow for seventeen years (2467). As to Find's bedfellows, see 2206, 2789. Cf. Stevenson's *Catriona*, c. 6.

3479. *soirbius dóib*: aenfer do cét a n-ifrinn dib, 7 nem doib ina ndán 7 ina n-eladain, *Fr.* 46ᵃ.

3482. *sianargan*: sianorgan sidhi mhfuil [leg. ní fuil] ní ba cosmaile re ceol Rí[g] nime 7 talman inás in ceol sin, ar P*a*t*raic*, *Fr.* 46ᵃ.

3488. léne línidhi lángheal re grian a cnis, 7 brat lasamain locharbláith uime, 7 delg oir isin brutt os a bruindi, 7 claighem [leg. claideb] indtlais órdhaighi fa gelbraigid, 7 lorg indfada findcuill isindara láim dó, *Fr.* 46ᵃ.

3489. A 'staff of white hazel' is mentioned also in 7601. It doubtless had some significance in Irish folklore. St. Senán dug a well with a stake of hazel. St. Maedóc's mother held a hazel distaff when she was bringing him forth.

3490. genuflexion (or perhaps prostration) to St. Patrick is constantly mentioned: see 876, 2260, 3712, 4457, 5378, 5391, 6396, 7829.

3493. *atclos duind*: itcualamar, *Fr.* 46ᵃ.

3495. bishop Soichell, called Patrick's 'chief spencer', is not one of the twenty-four members of the saint's household, who are mentioned in the Tripartite Life, pp. 264, 266. He is probably identical with Sachell bp. of Caissel Mór, ibid. pp. 108, 304, 319, 337.

After l. 3495, *Fr.* 46ᵃ has: Ca baghaid in aghaid ano*cht*? ar Eogan ardbrugaid. *R.* 35ᵃ has Ca hag*aid* ano*cht*? ar Eog*an*.

3504. delgi imtroma iarnaidi ina mbrataib osa mbruindib, 7 a mbruit cethirfillti umpu, *Fr.* 46ᵃ.

After *mbrataib*, *R.* 35ᵃ has: Ro feacsat a n-ain[f]e*cht* do P*a*t*raic*.

3505. After *sin*, *Fr.* 46ᵃ has: 7 lu*cht* turgnuma mo thighi sea.

3506, 3507. *mbéomaicne ... marbmaicne*: mbeomainchine ... marbmainchine, *Fr.* 46ᵃ.

3510. *gatsnim*: caitsnim, *R.* 35ᵇ. *barr*: barraib, *Fr.* 46ᵇ.

3511. *dáine imdecht ann*: treoin tathugud, *Fr.* 46ᵇ.

3512. *d'eilltib*: d'eilltibh eadurbhúasacha, *R.* 35ᵇ.

3513. *a n-indib*: a nditnib, *Fr.* 46ᵇ.

3513, 3514. *eicned ... ann*: d'eicnedaib aille eocharbreca do dul a cusalaib talm*an* 7 a ndiamraib dídherc, 7 do erig doinenn 7 fuard*acht* ann, *Fr.* 46ᵇ.

3516. *ge beth*: geibidh, *Fr.* 46ᵇ.

3519. Misi Cailti is Diarmait donn. *ocus* Osc*ur* áith étrom, *Fr.* 46ᵇ, *Lism.* 181 b 1, *R.* 35ᵇ.

3520. *ro chloisdis*: ro éisdmís, *R.* 35ᵇ. no choistmis, *Lism.* 181ᵇ 2, with which cf. O'Clery's *coisteacht* .i. eisteacht.

3523. IS aníugh 'sam senoir sean . ním rataighind cach aen fer, *Fr.* 46ᵇ.

3535, 3536. ro bai oc indisin na sothbirech ro bai aigi dó .i. a boith con an, cen uisci oc foghnum dó, 7 co caithed moghaidh 7 moghlatraind ac tarraing uisci docum an baile, *Fr.* 46ᵇ. do bi ag innisin a amhgoire dho .i. gan uisci do bheith, etc. *R.* 35ᵇ.

3543. *iarnleastar*: ibarlestair, *Fr.* 46ᵇ. iarannlest*ur*, *R.* 35ᵇ.

3550. *Conán* mac a[n] Luin Leith a Luachair aníar, *Fr.* 46ᵇ.

3553. *Rónáin*: Baiscne, *Fr.* 47ᵃ, *R.* 35ᵇ.

3558. tar a armgaisced é 7 tar a formna in flaith Find m*a*c *Cumaill* m*ai*c Trenmoir . amar gabar mac becc tar a aidblib ainiu*s*a anec*h*tair, cen rathug*ud* dó, *Fr.* 47ᵃ.

3567. *ris*: ris i Carnd Luighdech i coiced Muman thíar, *Fr.* 47ᵃ, ris ar Carna Lúighdec*h* tíar a coice*d* Muman, *R.* 35ᵇ.

3569. *mó ba námuit*: mó bái iná namuid da chéile, *R.* 36ᵃ.

3570. *R.* 36ᵃ adds: .i. Finn 7 *Conán*.

3571. *inár mórolcaibh*: is ina holca*ib* dorinnis rinn? *R.* 36ᵃ.

3573. *doria cucaibh*: doragha dabar n-indsaig*id*, *Fr.* 47ᵃ.

3574, 3575. *da toitersa . . . thoiter*: da taetharsa and do tairistissi bur fal*aid* 7 bur n-écóir or*um* 7 mina taethar is oraibsi bias a nós 7 a all*ud* 7 a urdarcus, *Fr.* 47ᵃ. da toit*er* ann táirfidhisi b*ar* fala 7 b*ar* n-écóir ór*um* 7 mina thoit*er* is oraibsi bhias a nós 7 a orrderc*us*, *R.* 36ᵃ.

3576, 3577. ní tuc nech riam roime sin frogra bud ferr ina sin, 7 ní tiub*ra* co brach [leg. bráth], *Fr.* 47ᵃ.

3591. *Fr.* 47ᵃ adds: a Moidh [leg. Maigh] Dala tcass a Crich Eile, *R.* 36ᵃ: a Muighi (*sic!*) Dhal theas a Crich Éle.

3604. *Smirgat*: Smirgat ingen Athaigh Etualaing hí, *Fr.* 47ᵇ. Smirgad ing*en* Fatha*ig* Étualai*ng* cuice, *R.* 36ᵃ.

a Duibsléib: in Duibhśléibhe, *R.* 36ᵃ.

3606. do ghénsa dhi bhar n-airdles, *R.* 36ᵃ.

3608. Ní fuil tiprait isin dun, *R.* 36ᵃ.

3622. IN cloch 7 in tibra d'faghba*il*, a *Cáilti*, ar P*a*t*ra*ic. Is ecail, *Fr.* 47ᵇ.

3629. *ródbhuindi roimer*: buire*dh* remar, *R.* 36ᵃ.

3631. *creadhail*: crédhai n-ait*h*righi n-ídhain, *Fr.* 47ᵇ.

3642. After *bruindi*, *Fr.* 47ᵇ has: 7 folt fada fathmandach forórda findbuidhi, 7 forthlacht buidi bocálaind tar a f*or*mna siar seal dó, 7 caelśnáithi óir in cech trilis don folt sin ardaigh nach gluaised in gaeth g*rod* gailbech gabalach finda fa rosc no fa radharc de. Ulcha deghgablanach findbuidi co corran a caithrech fair, *Fr.* 47ᵇ. After *bruinne R.* 36ᵇ has: 7 ba maith córug*ud* in ógla*i*ch sin.

3647. *fiafrochainn did*: fiarfochaind dít, *Fr.* 48ᵃ.

3648. *Carn Manannáin*: Carnd bréctha mna Maic Lir ar in carndsa, 7 cred ma tucad Carnd Manandain ar in carndsa, *Fr.* 48ᵃ.

3650. tucustar Manannán grad da derbsiair sium .i. do Aine ingin Eogabail, *Fr.* 48ᵃ.

3653. *ro tráigh*: ro teimligestar, *Fr.* 48ᵃ.

3665—6. *scéla da cheile*: a turrthachta díaroile, *R.* 36ᵇ.

3669. After *Aillén, Fr.* 48ᵃ has: Ca ferr ainm da mbia air, ar Beneoin, ina gablanach in rét in scelaighecht don gabail ata ar in scel sin. And *R.* 36ᵇ has: Ca ferr ainm da mbia ar in scél ina gabhlánach in scelaigecht, ar Beineoin, don dá scél ata ass.

3690. *Muindter Diugra*: Glend Munteri Dungair, *Fr.* 48ᵃ. Glenn Diúgra, *R.* 36ᵇ.

3691. *ac Milcoin uac hui Buain*: Milchon maic Dubain, *Fr.* 48ᵃ. ag Mílchoin macu Bháin, *R.* 36ᵇ. This is the Miliuc maccu Buain of the Bk. of Armagh and the Tripartite Life.

3700. For the dindśenchas of Mag Raigni, a plain in the barony of Kells, co. Kilkenny, see Rev. Celt., XV 434.

3702. *Sliab Cainte*: Sliab Caincend, *Fr.* 48ᵇ. Slíabh Cáince, *R.* 37ᵃ.

3704. after *mongbuide, Fr.* 48ᵇ has seta semide solusta.

3707, 3708. *mbeomaicne ... marbmaicne*: mbeomaincine ... marbmaincine, *Fr.* 48ᵇ.

3710. *a léinid*: línsgóit a léned, *Fr.* 48ᵇ.

3716. *do cheileabair dhóibh*: ro deilig an ingen ríu, *Fr.* 48ᵇ.

3725. Here *Fr.* 48ᵇ has the tale of Aed, son of Eochaid Redside, infra 4080—4100. The tale of Clidna is in *Fr.* 19ᵃ.

3733, 3803. *Imdeirg*: Airmdeirg, *R.* 37ᵃ.

3734. *in t-éscca ina chuiced dég* 'the moon in her fifteenth (day).' i. e. the full moon. The corresponding passage in *Lism.* 182ᵇ 2 is *ésca ina ollchoiged déc*, which is misrendered in SG. II 198 by 'the moon in her twelve provinces'. Cf. LL. 265ᵇ 48: samalta ra ésca 'na ollchóiciud déc a gnúis, 'her face resembled the moon in her great fifteenth (day)'; cf. too, the Homeric hymn to the moon: ἐσσυμένως προτέρωσ' ἐλάσῃ καλλίτριχας ἵππους, ἑσπερίη διχόμηνος, ὅτε πλήθῃ μέγας ὄγκος, λαμπρόταταί τ' αὐγαί τότ' ἀεξομένης τελέθωσιν οὐρανόθεν.

3735. *ardrennachaib*: rétlannaib, *Lism.* 182ᵇ 2.

3744. 'a high-prowed, sword-straight boat of bronze.' For *colgdíriuch* SG. i. 106 has *cóil[deiridh]*, and the passage is misrendered thus: 'a high-prowed currach having a narrow stern of copper', SG. II 198.

3745. *phutairle*: phudhairle, *R.* 37ᵃ.

3751. in tibreadh cumaid don churach dho? *Lism.* 183ᵃ 1. cf. a n-aenleapaid riut 7 a n-aen-chumaid infra 4106. An tibrad sibh leaba luinge don tí doberadh cungnum éoluis dáibh? *R.* 37ᵃ.

3754. *dín*: díden, *R.* 37ᵃ.

3755. do thimain ceilebrad dá m*huintir*, *Lism.* 183ᵃ 1.
3757. doronsat a comann 7 a cairdine *fria* céile, *Fr.* 20ᵃ.
Ro thógaibhset in seol íarsin 7 ro cenglad*ur* a c*umann* re Cíabhan, *R.* 37ᵃ.
3768. IN t*r*iar atamait ar tuind . rom-tarrla i n-aitt n-écomlaind, *Fr.* 20ᵃ.
3769. *rochtain*: nduthaig, *Fr.* 20ᵃ.
3772. *ṅdaghles*: n-aimles, *Fr.* 20ᵃ.
3776. each boccasach dubhghl*as* fái 7 srían se*ch*tairghech óir fris, *R.* 37ᵃ.
3777. *in nóbad tonn do eirged*: in dechmad tonn do éirged ar a huachtar, *Lism.* 183ᵃ 1.
3780. Ata im*morro*, ar Manannan, bar mbeith fein ar curu 7 ar m*uinterus* don tía do foirfed sib, *Fr.* 20ᵃ.
3786. 'Land of Promise' (also in 5226) is one of the names for the Irish Elysium.
3787. co Loch lúachra ('lake of rushes') dú a mbái cathair Mhanannáin, *R.* 37ᵇ. The *Loch Luchra* of Laud and Lism. is rendered in SG. II 99 by 'loch of the pigmies', which surely is not the meaning.
3793. *cruite nuabinde náethétacha* 'fresh-melodious, nine-stringed harps'. naethétach = ἐννεάχορδος, not 'dulcet-chorded', as in SG. II 200.
3810. *Fr.* 20ᵇ and *R.* 37ᵇ add hé.
3815. *gái chró*: gaithi cró, *Fr.* 20ᵇ. gáithe cró na genmn*aig*echta 7 br*á*enan na maisi do luighe for*r*a, *R.* 37ᵇ. *gai cró na genmnaidechta* literally 'the deadly pang of chastity', is rendered in SG. II 200 by 'pernicious effects of continence'.
3821. *barr uachtar*: midhuachtar, *Fr.* 20ᵇ.
luidedur reompo: seoluit rompa, *Lism.* 183ᵃ 2.
3824. For *chluiche Laud* 130ᵇ, has *chluithe*, *R.* 37ᵇ adds: docum na trágha. The sport perhaps resembled the surf-riding of the Pacific islanders.
3831. *Illathach:* Illdathach, *Fr.* 20ᵇ. Ildathach, *Lism.* 183ᵇ 1.
3833—3852. This poem is also in the Rennes Dindsenchas, 104ᵇ 1.
3834. iss e sin gidh garbh in gairbh . in ní dá t*ar*la in senainm, *R.* 38ᵃ.
3835. *in t-aenach te*: in t-aenach de, *Lism.* 183ᵇ1, in tanach te, *Fr.* 20ᵇ.
3840. *foltchas*: fódghlas, *R.* 38ᵃ.
3841. *deggres*: deghmais, *Fr.* 20ᵇ. deghéis, *R.* 38ᵃ.
3842. mor in gnim is a luindi . docum Clidna cennfindi, *Fr.* 20ᵇ.
3846. *benas*: buinges, *Lism.* 183ᵇ 1.
3850. ro baitea ar tondaib Clídhnai, *Fr.* 21, l. 4.
3852. is mairg ro adhair don luing . nachar' ainic ar aentuind, *Fr.* 21. ll. 3, 2.
3856. *Imderg*: Lethderg, *Fr.* 21.
3867. nach roithed [leg. roiched] braen uisci a c*on*air hi 7 glomraidhi na hechraidi, *Fr.* 21.

3868. *glomarchind na hechraidi* lit. 'muzzle-heads of the horses', ('froth from the horses', SG. II 202.)

3869. *Adhbur subhach*: Súcach in t-adbar, *Fr.* 21. adhbur sughach sin, *R.* 38ᵃ. adhbar subachais sin, *Lism.* 183ᵇ 1.

3880. *hurbágha*: hurbádha, *Fr.* 21, hurbhadha, *R.* 38ᵃ.

3881. is cétlá dot celebrad, *Fr.* 21. is cétlúdh do cheilebrad, *R.* 38ᵃ.

3891—92. is fis re hairem 7 is forus re indisin sin, *Fr.* 21. After l. 3892 *Fr.* 21 has the story of Ross cailled, told in ll. 1451—1484.

3895. *niamlann* . . . *hédan*: bánlann óir fria hédan, *R.* 38ᵃ.

3903. After *Laigen*, *Lism.* 183ᵇ 2 has: ór is ann do gealladh a fagháil duid.

3905. *ildelbach*: neamarracht, *R.* 38ᵇ.

3907. *lucht comaimsire*: d'áinchinél, *R.* 38ᵇ.

3912. *soghradhach*: meic Soghrach, *Fr.* 23ᵃ.

3913. *Lugbordach*: Lugbartach, *Fr.* 23ᵃ.

3916. 7 *do folaig*: co ros-folaigh, *Fr.* 23ᵃ.

3924. cethri cét uingi d'ór derg, *Fr.* 23ᵃ.

3937. *Goduilb* (rhyming with *cochluib* 3938?) seems gen. sg. of some placename.

3957, 3958. Ni ceilim oirbsi de . a meic Alpraind co míne, co mairit na hindile . is na mairid na daine, *Fr.* 23ᵇ.

3969. *túsca*: taisci, *Fr.* 23ᵇ.

3978. *gotha* should probably be corrected to *gothán*, a diminutive of *guth*.

4080. The description (*tuaruscbail*) of Aed in *Fr.* 48ᵇ is worth quoting: Ni himchian ro batar and co facatar in aenoclach n-óc n-allata da n-indsaigid, 7 léne do sroll rígh ria grian a chnis, 7 inar maeth sroill tairis amuigh anechtair, cona uchtclar órdaigi co ngebed ón gualaind co seitci dó, 7 se mín mullach-lethan, 7 sé aigim abratgorm, 7 .l. erla deghbuidi on cluais co céli dó, 7 bindithir re tedaib mendcrot i lámaib suad oc a sírseinm fosgad a gotha 7 urlabra in macaim . sciath co tuaghmílaib dergóir fair, 7 da sleigh coicrindi ina laim, 7 cloigem [leg. cloideb] orduirnd indtlais ima bragaid fa comfada re clár do luing lebair ar lanfaide hé.

4085. After *thes*, *Fr.* 48ᵇ has: ingine Dobráin Dubthaire.

4090. *in da mnai*: da ingin maela, *Fr.* 49ᵃ. doriachtatur da ingin mháola, *R.* 38ᵇ.

4096. After *faichthi*, *Fr.* 49ᵃ has: ferglais, co saine édaigh cecha datha im cech macam ocaind.

4098. *am rith ón brug*: im sighi [leg. sidhi] 7 im sirrith o faithchi in brogha, *Fr.* 49ᵃ.

4103. *ann 7 mainchesa do gabail ann*: indtib, manaig 7 mainchesa do gabail ann, *Fr.* 49ª, 'to acquire monks and nuns therein.' In SG. II 205 *mainchesa* is rendered by 'benefactions to the Church.' *R.* 38ᵇ has: 7 mainchesa d'fagail úadh.

4106. *a n-aen-chumaid* 'in the one berth' (not 'in the one condition', SG. II 205): see note on l. 3751. *cumaid* perhaps for *cubaid*, cogn. with Lat. *cubo?*

4114, 4115. ar in tuaith os fert*us* blai . is fud ata sí abus, *Fr.* 49ª.

4123. *Carnn na curad*: Caill na curadh, *Fr.* 49ª.

4134. *Eochaid*: Eochaid Doimlen, *Fr.* 49ª.

4156. ní taispenann sin soinenn na suba dam, *Fr.* 49ᵇ. ni thaimsenann sáimhe ná subhaighe damsa, *Lism.* 184ᵇ 1.

4170. *tubhaig*: tsub*aigh*, *Lism.* 184ᵇ 1: toraid, *Fr.* 49ᵇ.

4173. *garb-thanach* 'rough washing' is rendered by 'cruel burial' in SG. II 205, 206. But the *tanach* (better *tonach*, root *nig*) means the washing of the two girls' corpses in the ford, see the *Boroma*, Rev. Celt. XIII. 38, 124. The Greeks, too, washed their corpses: Iliad 18, 350: Odyssey 24, 44, Eurip. Phoen. 1319, 1667 I, and the Romans: Verg. Aen. VI 218.

4180. *soithim*: soithimh, *Lism.* 184ᵇ 1. For *férbrug gabala indimoccus*, *Fr.* 49ᵇ has: fer . bruit glancorcra i n-athfocus.

4194. *umal-ósaic* lit. 'humble feetwashing' (*ósaic* borrowed from *obsequium*). Paraphrased in SG. II 207: 'where with all reverence they were ministered to.' Cf. 5033, 5059, 5528, 5668 and *Lism. Lives*, pp. 326, 392.

4200. *ro bói*: do bhí maraen fris, *Lism.* 184ᵇ 2.

4203. After *fair*, *Fr.* 50 has: 7 da crotha urtlach do cnoib cendcorcra caille fair *con* anfadais a n-imairib 7 a n-etrighib an fuilt findclechtaigh forordha bai fair.

4208. *cora*: curob, *Lism.* 184ᵇ 2.

4424. *annsin*: 7 is e*d* tacmaingid . uii . xxx . cét, all 7 eas 7 abaind 7 madhreigh [leg. maghreidh], *Fr.* 50. 'and 'tis this they surround, seven cantreds, cliff and cataract, river and plain.' $\dot{\varepsilon}\varrho\chi o\vartheta\eta\varrho\varepsilon\nu\tau\iota\varkappa\acute{\eta}$ was well understood in ancient Ireland.

4428. *línta*: línta fiad*aig*, *Lism.* 185ª 1: cf. $\dot{a}\gamma\varrho o\tau\acute{\varepsilon}\varrho o\iota\varsigma$ $\lambda\acute{\iota}\nu a$, Theocr. 8, 58.

4432. *réo n-urchuir*: rot n-urchair, *Lism.* 185ᵇ 1.

4437. *Druim ndeirg*: Druim derg, *Fr.* 50.

4458—59. *7 Cailte . . . fair*: 7 an gérait aingcooil 7 in tlam tuathail [leg. tuachail?] ro bai ac milled a maithi*us*a 7 a arba do tuitim le *Cáilte* in less aile, *Fr.* 51.

4465. 'the stone on which the Fiann used to grind their weapons on *samain* (Nov. 1.) every year' is mentioned also in 4196. The grinding was probably some kind of religious or magical observance.

4466. After *bliadna*: *Fr.* 51 has: 7 ní claechlaidis na faebair doberdis orra i cath *nó* a cleith *nó* a comlann.

4469—4472. For similar legends see Cormac s. v. *ána*, and the story of Frodi in Saxo Grammaticus.

4473. *dochuadar as na riga sin* 'those kings departed (this life)'. So *bebais* 'he went' in Fél. Oeng. qrol. 95, Feb. 18, means 'he died'.

4474. *ro thuit Cairpre i cath Gabra*: ro scaigh Cairpri Lifechair a sen-Gabar i *crichaib* Ua-Morc, risi raiter Ua *Conaill* Gabra, *Fr.* 51.

4480. *deibidach*: deibercadhach, *Lism.* 185ᵃ 2, (misprinted *deinmnedach* in SG. i. 185) seems a 'contamination' of *deibedach* and *deifireach*, both words meaning 'hasty'.

4490. A Coscraigh, in aithnidh in lia. cos' t[ath]aighed an righnía', *Fr.* 51.

4502. *mo dimda*: m'ail 7 m'airbire, *Fr.* 51.

4505. *Fae*: Fodha, *Fr.* 51.

4515. *co ti tú*: co tís, *Lism.* 185ᵃ 2.

4518. Walking round a certain stone *desel* 'righthandwise' will ensure victory to the king of Leinster, see *Lismore Lives* 348.

4526, 4527. Tipraid na Sciathšerci, *R.* 39ᵃ 1.

4528. *Scathderc*: Sciathšerc, *R.* 39ᵃ 1.

4528, 4546, 4562. The *smirdris* or *smeirdris* (smirgrís, *R.* 39ᵃ 1) of Loch Lurgan must have been a water-monster, like the *muirdris* of Loch Rudraige, Laws I. 73. The translation 'bramble-bush' in SG. II 210, 211, seems a bad guess. The *smer-* may possibly be cognate with Gr. σμαρίς and NHG. *schmerle*.

4532. *ic lethnachud*: oc lethadh, *Fr.* 52ᵃ.

4533—37. This strange tale seems the tradition of an ancient attempt to drain a lake or swamp.

4537. *Fr.* 52ᵃ adds: co nach mó na inad aenindsi ata ar marthain.

4551. cethri meic righ Cailli in cosnuma, *Fr.* 52ᵃ.

4555. *Cernabrog*: Cernnbolg, *Fr.* 52ᵃ. Cernnabhorg, *R.* 39ᵃ 2. Cernd 7 Cernabrocc, *Lism.* 185ᵇ 1.

4557. *tri rig*: tri meic rig, *Fr.* 52ᵃ.

4558. *Delga*: Elga, *R.* 39ᵃ 2. *Breg*, better mBreg, *Lism*.

4599. *cros-figill* 'prayer with the arms crossed', misrendered by 'fervent prayer' in SG. II 212.

4560. *Gallgaeidel* 'of Galloway'.

4563—4565. ro sgaigh mo lúth 7 mo lámach 7 mo lancoibled o ro deilighius re hesaib 7 re hindberaib na hErenn do snam, 7 docuaid mo treoir uisci uaim, 7 ro scaigius fein o sin ille, 7 tarradhsa in madhsa [leg. magh-sa] cor' ba loch linidhi lindfuar hé, 7 ro ba glas gledhrach a uisci, *Fr.* 52ᵇ.

4565. *gleorda*: gleblusda, *R.* 39ᵃ 2.

4566. *gleoraigi . . . fuam*: greagraige . . . fuaim, *R.* 39ᵃ 2.

4569. noca nfuil co romra rían . noca chian nach cechlaighi, *Fr.* 52ᵇ.

4575. 'After the drowning of Blae and his son, ah the warriors of Islay are the worse!' The printer should have given us Y*le*, with a mark of length over Y.

4581. *lonn*: luind, *Lism.* 185ᵇ 2, lond, *Fr.* 52ᵇ. *marb is ni do chlaind aenfir*: marbus ar comlond aenfir, *Fr.* 52ᵇ.

4584. *Ro scáil ... muirbillach*: Ro sgaigh ... muirbellach, *Fr.* 52ᵇ. Ro scáil ... me*r*balla*ch*, *R.* 39ᵃ 2.

4586. *dochuaid ... muirbillach*: Ro sgaigh ... muirbellach, *Fr.* 52ᵇ.

4587. is ro bris mo *ch*raidhi ar trí . o ro scar*us* re huisci, *Fr.* 52ᵇ.

4596. *toirrsi*: in triteamla na in to*i*rsi, *R.* 39ᵇ 1.

4603. *do chuirm soóla tsomblasta*: do bunad ce*ch*a beoiri 7 ce*ch*a braithlisi [leg. braichlise], *Fr.* 52ᵇ.

4604. *dara buidecha*: dara buidighi, *Fr.* 52ᵇ. darub buidhighi, *Lism.* 185ᵇ 2.

4607. *doirséoraid ... ronnairida*: doirséoraigh ... rondairi, *Fr.* 52ᵇ.

4608. *ro benad:* ro boincdar, *Fr.* 52ᵇ.

4609, 4610. *ro eirgedar ... sin*: ro ergetar macaim becca bratuaine le hescraib óir 7 le humaidhib 7 re hirlighib óir 7 airgid, 7 ro dianscailtea biad 7 linn do cách do cech leth, *Fr.* 52ᵇ.

4614. *mac na trath*, lit. 'son of the canonical hours', is rendered by 'acolyte' in SG. II 212. But the Irish of 'acolyte' is *caindlóir*, Wb. 24ᵇ, 32, 31ᵃ, 20, or *fer brithe lésboiri*, 25ᵃ 3.

4619—20. *tuc ... choiteldáis:* ro bhen sian ndordan sídhe eisde inn*us* co coideldáis, *R.* 39ᵇ 2.

4620. *do reir a hindisti*: is amlaid indister, *Lism.* 186ᵃ 1.

4626. *dogeib*: dá faghann, *R.* 39ᵇ 2.

4637. The incident of fairies carrying off human children is common in modern Irish folklore.

4639—4641. Is gaeth re héinbhile mhisi tar éis m'aeinmheic, *Lism.* 186ᵃ 2. Is gaeth re henbile misi da éisi, ar se, a n-écmais m'aen m*e*ic cen nech oc ramruatha*d* m'f́orba na m'f́eraind, 7 testa in m*a*c sin amla*i*d sin, ar se 7 atússa 'na easpaid o sin alle nach feadar cait isin doman a fuil, *Fr.* 53ᵃ. At*i*sa m*a*r aenbhile re gáith o sin ale a fégm*ai*s mo m*a*ic, 7 ro bo maith leam fis a bí *nó* a mairbh d'fagai*l* úaidse, a naemPa*t*raic, *R.* 39ᵇ 2. The expression 'like wind against a solitary tree' of Laud and Lism. and Fr. is a much worse simile for a bereaved and lonely father than the 'solitary tree against wind' of *R.*

4649. *ticfait sloig*: doroiset sluoigh, *Fr.* 53ᵃ.

4650. *dar n-indsaigid ann:* inar coinne, *R.* 40ᵃ 1.

4651. *crabud*: creisine, *R.* 40ᵃ 1.

4659. *Aehel*: Aiel, *Lism.* 186ᵃ 2.

4665. After *ann Fr.*53ᵃ has: oc creicc duan 7 duchand 7 drécht 7 eladan.

4666. *testa*: túaruscbala, *R.* 40ᵃ 1.

4675. *dorinde in ingen*: ro cruthaigh Aiffi, *Fr.* 53ᵇ.

4677. After *Eirenn*, *Fr.* 53ᵇ has: 7 inas dech ro bai do sédaib 7 do máinib.

4679. *meic Étgaith*: meic Edghaeith, *Lism.* 186ᵃ 2.

4684. *inadh*: snidhi, *Lism.* 186ᵃ 2.

4685. After *Dubrind*, *Fr.* 53ᵇ has: mac Dubailech. For *Dubrind*, *R.* 40ᵃ 2 has Dubhailech.

4687, 4688. Duibrind . fer cuidighthi mo cuibrind.
menic gairmim im cuirmlind.
mo daltán bladach buadach,
mo craidhen duanach Duibrind, *Fr.* 53ᵇ.

4688. mo dhaltán builid béilcert. mu chraidhi ín déinmech Duibrinn, *Lism.* 186ᵃ 2.

4690. *chaeltráigh*: cuantráigh, *Lism.* 186ᵃ 2.

4695. After *furri*: *Fr.* 53ᵇ has: 7 ní faccaid don droing bannda rempi riam ben bud ailli na in ben sin.

4698. *annsin ... tainic*: cen meirg cen mebail cen mírún ar foisgi [leg. foicsi] caratraid an tía cum a tainic dó, *Fr.* 53ᵇ.

mac a meic 7 a ingine 'son of his son and of his daughter': see above, note on 539.

4707. *selg iartharach*: selg óirrthir, *R.* 40ᵃ 2.

4709. *dó sined*: bucress [leg. focress], *Fr.* 53ᵇ.

4712. *mar ... archena*: mar do fiarfaigetar maithi Fiand Erenn, *Fr.* 54ᵃ.

4715. ag so as mo laimsi deit hí, 7 ní ba truime duitsi a catha 7 congala ina dhamsa 7 don Féin, *R.* 40ᵇ 1.

4718—19. *ro faeestar ... ingen*: ro faemustar Mac Lughach annsin feis lepta 7 lamderaighthi risin ingin in aidci sin, *Fr.* 54ᵃ.

4719—20. *re mís 7 ré* [leg. *re*] *bliadain*: re mís 7 re raithi 7 re bliadain, *Fr.* 54ᵃ.

4725. *do díghailt*: ar tocht do díghuil, *R.* 40ᵇ 1.

4728. IS andsin atracht cach docum araile dib, 7 do dibraiced etarro soighdi sithgorma a srengaib 7 craisecha cendcorcra cendgarba, *Fr.* 54ᵃ.

4734. *tar braigit*: tar bráighdínibh, *R.* 40ᵇ 1.

4735. 7 ro comraicedar ar larmedon in catha, 7 ro caithset i n-armu co garb grib gubamnach glond glicc re araile, *Fr.* 54ᵃ.

claidmib: claidhmibh claislethna, *Lism.* 186ᵇ 1.

4740. *luathguinib*: laechbhuillibh, *Lism.* 186ᵇ 1.

4744. ba laechdha a lámh a n-irghuil, *Lism.* 186ᵇ 2.

4750. *gen*: i cen, *Fr.* 54ᵃ, in céin bás ac cur in chatha, 7 ní thernó do lucht na secht long táinic Mál isin chath sin acht lucht aenluinge, *R.* 40ᵇ 1 — 40ᵇ 2.

4755. *fiad*: fiand, *Fr.* 54ᵃ, fiadh, *R.* 40ᵇ 2.

allaniar: alla aníar, *R.* 40ᵇ 2.

4756. *Raith in Mail*: Raith imill móir, *Fr.* 54ᵃ.

4761. After *bliadne Fr.* 54ᵃ,ᵇ has: ac ól assa 7 lemnach*ta* and 7.

4766. *coracht* is doubtless meant for *co reacht*, the *reacht* alliterating with *ríg*.

4773. *Caelesna*: Cellas na ndám, *Fr.* 54ᵇ.

4777. doráidh Find nach tibh*rad*, *R.* 40ᵇ 2. 'Find said that he would not give hostages (*gialla*) or 'guarantees': (not 'he would not yield so much as a *gilla* or other captive', SG. II 217).

4782. This distribution of a defeated invader's limbs among the hills of Ireland, reminds one of Lucan's opinion (*Phars.* X 22—23) that the members of Alexander the Great should have been scattered over the whole globe, and, like that opinion, smacks of primeval savagery. *Fr.* 54ᵇ substitutes a more civilised incident: co tucad anmanda cec*ha* tulach 7 cec*ha* dingna de, 7 ro fágadh dáma imda isin tulaigh sea, *con*id uada ata Cellas na ndám fair.

4785—4787. This quatrain was inadvertently inserted in the printed text, supra p. 130. It should have been here in the notes.

4790. *Fea*: Fedha, *Fr.* 54ᵇ.

4791. *n-óla*: n-óil 7 aibnesa, *Fr.* 54ᵇ.

4793. *tabar*: tab*artar*, *Fr.* 54ᵇ. tabur*thar* a timpán a laim Chaschorach, *R.* 40ᵇ 2.

4797. ro ghabh in tene greim a féige, *R.* 41ᵃ 1.

4802. *linscoit a léned* 'the linen sheet [ON. *linskauti*] of his shirt', not 'a corner of his shirt', SG. II 217.

ró n-urchair: sreó n-urchair, *Fr.* 54ᵇ. rod n-urchair, *Lism.* 187ᵃ 1.

4803. *tar sonnaigib*: tar secht sondaigib, *Fr.* 54ᵇ.

4809. *buaid ... coscair*: buaid rúine 7 buaid comloind 7 buaid coscair ar rí Laighen caidhci ina tigh n-óla, *acht nach* dernntar doithcell and, *Fr.* 54ᵇ.

4815. *ann*: a Mullach Maisten, *Fr.* 54ᵇ.

4834. *leochaill*: léochaille, *R.* 41ᵃ 2.

4835. *Dubain*, a scribal error for *Maeláin* or for *Maelain meic Dubain*. Ca lín ataisiu e*ter*, a anum, a Maclain m*aic* Dubain? ar P*at*raic. Cen m*a*c, can in*g*in 7 cen fer fine na haicme *acht* mé am óenur. Sirim-siu ar Dia, ar Pa*t*raic, ní raib fer fine na haicme acut, 7 cid cech baile do Laighnib gabthar nír' gabthar do baile-siu co brath, *Fr.* 55ᵃ.

4847, 4866. Cuanaighe m*a*c Linne m*i*c Fáebu*ir*, *R.* 41ᵃ 2.

4848. *nír' bo deigben a máthair* 'his mother was not a lady' (she was only a she-miller, 4855). The rendering in SG. II 218 — 'she was not a good woman' — conveys an erroneous impression.

4853. After *chathbarr*, *Fr.* 55ᵃ has: 7 ní raibi dornd des cen da manais móra muirnecha inar lámaib. Ro bamar oc fécain na haille 7 na haband.

4860. *ni . . . annso*: ni hinadh dot dechelt nuaglan-sa beith 'com áil-siu ann, *Fr.* 55ᵇ.

4869. *tri adam glun*: trit adam luan, *Fr.* 55ᵇ. trém glun, 7 isin úair is mall mhisi iss é íarsma neime na sleidhe [leg. sleighe] sin tig rium, *R.* 41ᵇ 1.

4891. *cend ainmi*: ainem cind, *Fr.* 55ᵇ. cenn ainmeach, *R.* 41ᵇ 1.

4894. *feth fithnaissi* 'a magical smoothening, dressing or finish'. The corresponding words in Lism. *feth fithnaisi* — are misprinted *cetri fithsnais*, and misrendered by 'four touches of thy skill', in SG. i. 194, II 219. *Fr.* 55ᵇ has here *feth fithnaisi*, while *R.* 41ᵇ 2 has: dob ail lim fiacha a thsnoighe do thaba*irt* duidsi.

4896, 4897. *Aderim . . . nach*: Ní bai isin doman uile crandaigi bud commaith rim, ar *Cáilte*, uair in crand na, *Fr.* 55ᵇ.

4904. *ró n-urchair dochum in chind*: sreo n-urchair docum iaraind na sleighi, *Fr.* 56. rot n-urchair docum in cind, *Lism.* 187ᵇ 1.

4909. *fiach indsma*: fiacha imsna (*sic*), *R.* 41ᵇ 2.

4915. *mebaid*: mebata*r*, *Fr.* 56. mhebhadar, *Lism.* 187ᵇ 1.

4916. *cred . . . ri*: Cid. donísiu co ciamail toirrsech eter? *Fr.* 56.

4918. *adubartas*: adubart, *Lism.* 187ᵇ 1.

4921. *co findam*: co fesam, *Lism.* 187ᵇ 1.

4923. *co lánchalma*: co tainig lán airmidhi cét do sblangcanaib tined tar gingob na sleighi, *Fr.* 56.

4924. *7 rot-mela*: 7 gur mhela, *R.* 42ᵃ 1.

4928. *IN*: Fís na [f]idhland na aisling d'faghbail dó, ar Pa*t*raic, ní fuighbea *acht* in, *Fr.* 56.

4929. An bás do ord*aigh* an Déntóir dó, ar Pa*t*raic, iss é doghébha, 7 ni fuighe d'urch*r*a *acht* sin, *R.* 42ᵃ 1.

4936. The words *issin tan so* are omitted by *Lism.* and *Fr.*

4942. *itcondcamar* an énin*gin* máil ar in cloich cuirr úd a cind inn átha tall, 7 leine 'arna dérghudh do de*r*gór re grian a cnis, 7 inar s*r*oill sotacmoing tairsi anechtair, 7 b*r*att uaine oendatha uimpi, 7 delg óir isin brut os a bruindi, 7 .l. urla ndeghbuidi on cluais co ceile di, 7 mind oir a comartha righn*ach*ta os a cind, *Fr.* 56.

4952. After *feis*, *Fr.* 57 has: leptha 7 lamdéraighti.

4958. cuach féta findairgid co cetheora ngem nglainidi ima bél, *Fr.* 57.

4959. *tuc . . . Cumaill*: itnái il-laim Find in mid imon áll 7 imon abaind, *Fr.* 57.

4961. *d'obu*: d'obadh, *Fr.* 57. *Lism.* 187ᵇ 2.

4965. *ro thubh*: ro thubhad, *Fr.* 57. ro thuibh, *Lism.* 187ᵇ 2.

4970. *na fác*: na fácaid, *Fr.* 57.

4974. *ro fastissa*: do fastusa, *Fr.* 57. ro fosdus, *Lism.* 188ᵃ 1, (not *do fhosdas*, as printed in SG. i. 195).

4976. *darna la*: in dara la 'one of the two days', *R.* 42ᵇ 1.

4978. 7 tucus in chorrimerci 7 an t-ór ass, *R.* 42ᵇ 1.

4980, 81. *Ath fostada:* Árd fosdada ... ard fosdadha, *R.* 42ᵇ 1.

4987. *cath fithnassach Findtrága:* a cath uáthmur Finntráchta, *R.* 42ᵇ 1.

4988. *Déicill:* degh-gilla, *Fr.* 57.

4989. *Ailbi:* Failbhe, *Lism.* 188ᵃ 1.

4990. *do ... hidhna:* do ainic rí ar irchra, *Fr.* 57.

4993. *airbire:* éccaine, *Lism.* 188ᵃ 1.

5002, 5003. *Sliab na mban ... sliab Aighi:* Sliab na fian ... Sliab Aighid, *Fr.* 58ᵃ. Slíabh na n-én ... Slíabh Aidhne, *R.* 42ᵇ 1.

5006. *sin:* sidhi seo, *Fr.* 58ᵃ.

5014. *derdaine:* ferthana, *Fr.* 58ᵃ. After *ann*, *Fr.* has: 7 ro soithched [leg. soiched] in snechta co formnaib fer 7 co slesaib miled 7 co fer[t]sib carpat. And *R.* 42ᵇ 2 has: conar'bó hinředma neach úainn de.

5016. *bertugud:* bertnugud, *R.* 42ᵇ 2.

5026. *chaem chennálaind:* chaemhchruthach, *Lism.* 188ᵃ 2.

5028. *futairli:* pudrailli, *Lism.* 188ᵃ 2.

5030. After *sirseinm*, *Fr.* 58ᵃ has: 7 bindithir re ceolaib cuislindi bindfoghar a gotha 7 a gaedeilgi na hingine, 'and sweet as pipe-tunes was the melodious sound of the maiden's voice and her Gaelic'.

5037. *óclach dibseom:* aenóclach a hairenach in tighi, *Fr.* 58ᵃ.

5040. *n-ingnais:* n-écmais, *Lism.* 188ᵃ 2.

5044. *Cungnum:* Cudhna, *Fr.* 58ᵇ. The whole poem is omitted by *Lism.*

5048. *a fuilet cach ac ind ól:* a bail itá cách oc ól, *Fr.* 58ᵇ, where *a bail* is = *i fail*, here taken to be a substantive.

5053. *A Caltiu:* re cudnu, *Fr.* 58ᵇ. The *-u* in *Calti-u*, added to make a rhyme with *aniu*, is an example of *dechned*, Rev. celt. XX. 150, 152.

5062. *tairnic:* do scuir, *R.* 43ᵃ 1.

5066. *in comlín so:* in oiretsa, *Lism.* 188ᵇ 1.

5069. After *iat*, *Fr.* 58ᵇ has: a Brí Léith atuáid. *R.* 43ᵃ 1 has: ag in Brugh Breacsolus atúaid.

5071. *deich mbliadna .xx.* 'ten plus twenty years', xxx bliadan, *Lism.* 188ᵇ 1.

5076. *tiurmais:* tibrimís, *Fr.* 58ᵇ. tibramais, *R.* 43ᵃ 1. tibremis, *Lism.* 188ᵇ 1.

5082. *ille:* cosaníu cingob comaing duind a gabail, *Fr.* 58ᵇ.

5084. *ro dibaigthea:* ro foirrghit 7 ro fodbaighid, *Fr.* 58ᵇ. ro díbhadh, *R.* 43ᵃ 2.

5089. *fert Diangalaig drai sin:* fert Fíanghalaig drúadh sin, *R.* 43ᵃ 2.

5090. *ocus in tres easbaid as mó ... issí sin hí:* ocus as é sin an treas esbaidh as mó, *Lism.* 188ᵇ 1, 'and that is one of the three greatest losses' (not 'the greatest loss', SG. II 224, translating an erroneous text).

5098. *Fidhaid*: Fidhaigh, R. 43ᵃ 2.
5110. *arnamairech*: ar madain, *Lism.* 188ᵇ 2 (omitted in SG. i. 198).
5115. *Cia dib ... asa dáil*: cia dhibh asa dáil, *Lism.* 188ᵇ 2 (*dhibh* is misprinted *diol* in SG. i. 199).
5119. *Tadg*: Tadg mór, R. 43ᵇ 1. Before *Dond Ailen*, *Fr.* 59ᵃ has: 7 Derg mac Buidb *cona* clannmaicne as-Sidh in duirnd buidi andes o Thuind Clídhna.
5120. *Dumaigi*: dumaig, *Lism.* 188ᵇ 2, misprinted *dabhaige* in SG. i. 199.
5123. After *atuaid*, *Fr.* 59ᵃ has: don muir. Seolbrat 7 Sidhi a Sengabair andes a crich*aib* Ua *Co*naill Gabra. Uáine 7 Mogh du[i]rnd 7 Brecc 7 Buidhi a Sidh Brighrend a hAird Ulad atuaidh.
5124. *a Mumain aniar*: a Mairtine moir medon Muman, *Fr.* 59ᵃ.
5125. A fourth son, Cobthach, of the elfking of Síd Monaid is mentioned in *Fr.* 59ᵃ. Cián 7 Cobhach 7 Conn, R. 43ᵇ 1.
5128. *Fr.* 59ᵃ adds: cona fétait treoin tathug*u*d occo amail doníat a n-engnam.
5129. *a Lifenmaig*: ailpeanaigh, R. 43ᵇ 1.
5130. *Ubhalroisc*: Ubalroisc, *Lism.* 188ᵇ 2 (misprinted *Aball roisc* in SG. i. 199).
5131. *Catharnnach*: Cathrandach, *Fr.* 59ᵃ.
5136. *thochailt*: thoghail, R. 43ᵇ 2.
5139. *a aes cumtha* 'O comrades', misrendered by 'my faithful folk', SG. II 225: cf. *coinlet t'oes cumtha fuil imot chend* 'let thy companions rub blood round thy head', LB. 27ᵃ.
5141. *icabar*: ocabar, *Fr.* 59ᵇ, agab*ur*, R. 43ᵇ 2 = the compound prep. *oc-ua* plus the possessive pron. of pl. 2.
5144, 5145. Cf. Iliad IV 351: πῶς δὴ φῂς πολέμοιο μεθιέμεν;
5145. *Doberimsi mo breithir*: Bértaimsi briath*ur* ris, R. 43ᵇ 2.
5149. *Find seissir óclach*: Finn cona *seiser* óclach, *Lism.* 189ᵃ 1. But the omission of the preposition in *Laud* is regular in the older language, cf. 5324.
5152. *comdail*: Fa šamaltaib, *Fr.* 59ᵇ. Ré huch*t*, R. 43ᵇ 2.
5157. *duind*: cuguinn. Docoidh fer na foroire amach, R. 43ᵇ 2.
5159. After *indsaige*, *Fr.* 59ᵇ has: co *n*-amdabaigh do scíathaib delighti disli dondcorcra ina n-urtimcell 7 fidnemed do sleghaib urarda orcrai fria gelguailib doib.
5160. *innoss*: 7 ro sgailset buidne uime, *Fr.* 59ᵇ.
5161. *atrasta*: istráthsa, *Lism.* 189ᵃ 1 = isin tráth-sa.
5162—63. Is comlín laech fert in drúagh . is ro sgailed a mbuidhne ercha ruibni rudigud . fuil ata a tosach na buidhne, *Fr.* 59ᵇ.
5163. *rádamne*: rád imne, *Lism.* 189ᵃ 1, (leg. rádimne).
5164. *tend tairismech*: caemh comramach, *Lism.* 189ᵃ 1.

5165. *hursclide*: hurlaighe, *Fr.* 59b.
5178. *7 uathad*: úair begán, *R.* 44a 1.
5184. *ár so*: ármach, *R.* 44a 1.
5199. *rob ainicnech sinn* is rendered in SG. II 227 by 'we were come off well'. But the phrase means exactly the opposite, *ainicnech* being a derivative of *ainicin* (= *an* + *écen*) 'torment, outrage'.
5201. *lubán findchuill*: lúba faidi finnchuill, *R.* 44a 1.
5205. *d'facbail mo dalta 7 mo comdalta* .i. Oscar 7 Diarmait, *Fr.* 60a.
5213. *munar' tesccad smir a ndroma*: mine tescta a smera smertain, *Fr.* 60a.
5215. Cinn*us* doghébhmáisne hé, ar Finn, on ló nach charaid fire dúinn inti 'ga ta, *R.* 44a 2.
5218. *co táirthed*: gu mbenann, *R.* 44a 2.
5219. Faghaibhsi duinn, *R.* 44a 2. Faghaibhse dhamsa, *Lism.* 189a 2.
5228. *issin cath*: a cath Sleibi ón, *Fr.* 60a.
5232. *arna dechad*: na deach, *Fr.* 60a.
5235. *fia fiad . . . sind*: féth fia umaind, ar *Cáilte, conar'* léir do neoch sind risin feth fia ro bai umaind, *Fr.* 60b. fé fiadh umainn, ar Cailte, *conar'* leir do neoch sinn, *R.* 44a 2. fédh fia etc., *Lism.* 189b 1.
5239. *leisin fia fiad:* féth fia, *Fr.* 60b. trésin fédh fia, *Lism.* 189b 1. See also 7505, and cf. Iliad XI 752 ($\kappa\alpha\lambda\dot{\upsilon}\psi\alpha\varsigma\ \dot{\eta}\acute{\varepsilon}\rho\iota\ \pi o\lambda\lambda\bar{\eta}$) and XX 341 (᾽$A\chi\iota\lambda\tilde{\eta}o\varsigma\ \dot{\alpha}\pi'\ \dot{o}\varphi\vartheta\alpha\lambda\mu\tilde{\omega}\nu\ \sigma\kappa\acute{\varepsilon}\delta\alpha\sigma'\ \dot{\alpha}\chi\lambda\acute{\upsilon}\nu\ \vartheta\varepsilon\sigma\pi\varepsilon\sigma\acute{\iota}\eta\nu$).
5248. Ní fuil acu acht cech*tur* do dha com*ur*li, *R.* 44b 1.
5249. *scailed*: sailgiudh, *Fr.* 60b.
5251. *taidbsech*: taidhíur taibsenach, *Fr.* 60b. *co trom taidbsech* 'heavily, manifestly' is rendered, by 'bitterly [lit. heavily], copiously' in SG. II 228.
5263. *ré naemaide*: ré nómaidhi, *Lism.* 189b 2.
5264. conárbó ainmhech cech*tar* díbh, *R.* 44b 2.
5266. ar mbúain cheille d'Finn, *R.* 44b 2.
5267. *d'ól*: a mbreith d'ól, *Fr.* 60b.
5269. *fir*: coin 7 duine, *Fr.* 60b.
5270. *Fr.* 60b adds: acht mad in seisiur óclach ro bai ar iarr*aid* uaithib risin mbl*ia*dain sin.
5272. After *Érenn*, *Fr.* 60b has: uair is é is ánrata 7 is urrundta ro bai d'Fian*naib* Érenn andsin.
5278—9. *Ocus . . . in t-inrum*: Ca hindrum, *Fr.* 61a. Gá hindramh no sdiurad, *Lism.* 189b 2, misrendered (SG. II 229) by 'what navigation or steering', *indramh* (i. e. *indrem*) being mistaken for *imram*.
5281. duidsi a Ghuill m*i*c Morna resin mbl*ia*dain sin, *R.* 44b 2.
5286. *i talmain*: d'esbaidh for cách, *Lism.* 189b 2.
5287. Érenn: na d'feraib Alban, *Fr.* 61a.
5295. *Der hua Daighri*: Donn mac Daigri, *R.* 45a 1.

5297. *senscélaide* 'the teller of old tales' — the *scitlivissi* of a British monument.

5304. *Prim[ś]ordan*: Primśorthan, *Fr.* 61ᵃ (the ś inserted by a corrector), prímhsorrdhan, *Lism.* 190ᵃ 1. prímhordan, *R.* 45ᵃ.

5305. After *Rudraigi*, *Fr.* 61ᵃ has: 7 aisgid ar leith o cec*h* mnai 7 o cec*h* fir d'feraib Érenn, 7 einech cec*h* righ coicidh a nÉr*i*nn leis sin doib.

5308. *Loichi*: Lóich, *R.* 45ᵃ 1.

5309. fa śorr*th*ain dáibh, *R.* 45ᵃ 1.

5310. *Assa . . . Temraig*: 7 tancata*r* rompu i tech Temrach 'arsin, 7 let*h* an istudha ro bai oc in Féind in comfat *r*o bítis a Temr*aig*, 7 trian bid doib, *Fr.* 61ᵃ.

5311. do suidhige*d* gac*h* nech do reir a úaisli le Cormac ann, *R.* 45ᵃ 1.

5312. *duthaig*: dualgus, *Lism.* 190ᵃ 1.

5316. After *Aillbi*, *Fr.* 61ᵃ has: 7 Muriath in*g*e*n* righ Mara Gréc, banceile do Find, ar a laim-sid*e*, 7 *C*rimthan fial, in*g*en Eoghain, ar a laim-side.

5316—17. For *rocoirged . . . iar sin*, *Lism.* 190ᵃ 1 has: cách ar dánuib 7 ar dhualgus ó sin amach. 7 ro forscáileadh biadh 7 ro dáile*dh* dig orro iarsin.

5318. *adracht*: sic *Lism.* 190ᵃ 1 (ro éirig, SG. i. 203, perperam).

5322, 5328. *Bernngal*, *Berrnngal*: Braengal, *Fr.* 61ᵃ. Braenghal Boigśedach, *R.* 45ᵃ 1.

5325. After *bói*, *Fr.* 61ᵃ has: 7 ro bui ac accaine mé*t* na draighechta [leg. dráidhechta].

5340. *ó thesta*: ó'dbath, *R.* 45ᵃ 2.

5343. Airim Find is mebair lind . raithi is mí, blia*d*a*n* blaithbind, *Fr.* 61ᵇ.

5356. *hindsind*: finnann, *Fr.* 61ᵇ.

5358. ní ferr-de lé Find fein scel do denam fair 'not the better would Find himself be of (my) telling on him', ('he would not himself wish', etc. SG. II 231).

5360. *cach ní thurgaib* (For *ní* the ms. has *nir*, but the *r* is imperfectly erased): cach ní ro tirchan, *Fr.* 61ᵇ. cach ní ro thirchan, *Lism.* 190ᵃ 2. do fedad*ur* gach ní ro raidh Cithr*u*aidh gur' fír hé, *R.* 45ᵃ 2.

5362. *atcithfither*: atchífisiu, *Fr.* 61ᵇ. adcichfider, *Lism.* 190ᵃ 2.

5387. *ó dá* for *ó thá*, as in *Lism.* 190ᵇ 1.

5400. *atchifea*: dochichfe, *Lism.* 190ᵇ 1. An instance of measuring a grant of land by the extent of the donee's eyesight. For other such instances see J. Grimm's *Deutsche Rechtsalterthümer*.

5403. *leigeon 7 mile*: mile leighidhon, *R.* 45ᵇ 1. As *leigeon* means 'ten thousand', *leigeon 7 mile* should be rendered by 'eleven thousand', not (as in SG. II 232) by 'a thousand and one legions'.

5410. The other two fires are: teine Bríghde a n-Áth dara 7 teine Coluim chille, *R.* 45ᵇ 1.

5416. *ar a dét fis*: *for* a dhét fis, *Lism.* 190ᵇ 1. (correct accordingly SG. i. 205, penult. line).

5423. *cloch daingen*: cladh daingen, *Lism.* 190ᵇ 1.

5426. *haithle*: d'aithle, *Fr.* 62ᵃ.

5427. *benn ima teigfea*: baile ná báidfi, *Fr.* 62ᵃ.

5428. *gan...reomainde*: liss a mbói mór righ roime, *Fr.* 62ᵃ. ní ró a chís do rígh ele, *Lism.* 190ᵇ 2.

5429. *morsluaig*: cathśluaig, *Lism.* 190ᵇ 2.

5435. *is ed gabus* caem mo chell. d'abbadaib indsi Érenn, *Fr.* 62ᵇ.

5436. *paitrecha*: saltracha, *Fr.* 62ᵇ.

5444. *isindarna cind*: 'sa dara cend, *R.* 45ᵇ 1.

5454, 5455. *Fr.* 62ᵇ describes the hound thus: moa ina cech cú aili, 7 ilbrechtnugud cech datha inti. gile na snechta, duibi na fiach, gurma ná bugha . cech dath mar sin ac cinned ar araile.

5461. *feidm*: fedmanna, *R.* 45ᵇ 2.

5461—5467. According to *Fr.* 62ᵇ, the answer of the first warrior is: Cach uair bes oman nó ecla ar Fiannaib Erenn...a foraire ormsa, 7 ní baeghlaidter cú na gilla na fiannaigi acco thorm. The second warrior answers thus: Ata feidm agumsa . . . .i. cech eigen catha 7 comluinn imdeogus ortsa 7 ar Fiannaib Erenn dingébatsa can cungnum o nech aile. The third warrior says: Ata feidm agumsa . . . .i. cecha chuinghi cnesta 7 ecnesta da n-iarfaigther ortsa 7 ar Fiannaib Érenn dogebthur a riar agumsa in comfad ber a fianaigecht, 7 gach galar 7 gach cned 7 cech crécht 7 cech aingcis imdeoghus orra leigheosat uile iat. The third warrior, according to *R.* 45ᵇ 2, replies: Gach mór thsoifir theigemhus docum mo tigérna dingebhadsa hí (etc. as in *Laud*).

5479. After *énrian*, *R.* 45ᵇ 2 has: 7 innósam sin duid. Ní śireabh ón, ar Finn.

5481. bidhmáidne 'ga faire 7 is uime sin nach áil linn neach dar faicsin, *R.* 46ᵃ 1.

5488. Airm: Airne, *R.* 46ᵃ 1.

5490. *Fr.* 63ᵃ adds, unnecessarily, that Find had not the fee demanded by the seven poets (7 *ní raibi sin ac Find*).

5493. IS ferr linn a fagail amárach, ar iadsom, *R.* 46ᵃ 1.

5504. tan no tócaibhthea don dáil . ba hadhbhul a láin do linn, *Lism.* 191ᵃ 1.

5505. *Tabar*: Tucthar, *R.* 46ᵃ 1.

5522. *mac Duibdét*: mac Duib deda, *R.* 46ᵃ 1.

5523—24. Occus cia ro bói in maithius mór sin aicisium ní raibi isin doman uile duine bud dimicnigi na budh léochaille oldás, *Fr.* 63ᵃ.

Ocus ni roibhe ar doman ina ré féin nech do ba mhó cuid díbhe 7 doichill inás, *R.* 46ᵃ 2.

5523. *a tséoid:* a treda 7 a innile, *R.* 46ᵃ 1.

5529. *cen mothugud d'Find:* cenmothá Finn, *Lism.* 191ᵃ 2. cenmothá in flaith Find, *Fr.* 63ᵃ.

5530. *mac Ainscleo:* mac meic Annsceoil, *Fr.* 63ᵃ.

5533. *Tarrais:* Doradais, *Fr.* 63ᵃ. Tathradais, *R.* 46ᵃ 2. *buaid focail:* buadhfocal, *Lism.* 191ᵃ 2.

5534. *R.* 46ᵃ 2 adds: *conad úadh ainmnigh[ther]* Raith chinn *con.*

5537. *ban n-gressa:* baingrésach, *R.* 46ᵃ 2.

5540. *Dergoda:* Degodban, *Fr.* 63ᵃ. Dhergfoda, *R.* 46ᵃ 2.

5551. That the *timpán* was a stringed instrument, played with the fingers and nails, is clear from the *Battle of Moira*, ed. O'Donovan, 168.

5552. *deilgib:* deilgnib, *Fr.* 63ᵇ. For *mná re gur lamnada ro choiteldais, R.* 46ᵃ 2—46ᵇ 1 has: do choideldáis fir ghonta.

5554. *ro chandais:* donítis, *Lism.* 191ᵇ 1.

5555. *in da fert:* in dana fert, *Fr.* 63ᵇ.

5573. *bis ic roduine:* bhís ac ríghain nó ac rodhuine, *Lism.* 191ᵇ 1.

5576. *raga* [.i. rogu] *cacha lenna* 'the choice of every liquor'. The wonderworking hound might have said with Mephistophiles: Nun sagt, was wünschet ihr zu schmecken? Ich stell' es einem Jeden frei.

5580. *a herboll:* a lái, *Fr.* 63ᵇ.

5587. *ocus is sí a min 7 a ndengor ata fo na* (?) *fertaibh úd, R.* 46ᵇ 2.

5589. *duind:* duine, *R.* 46ᵇ 1.

5599. *ro folaig:* do-s-falaig, *Lism.* 191ᵇ 2.

5600—5615. *Fr.* omits this poem, and *Lism.* omits the fourth, fifth and eighth quatrains. *imrissin:* imreson, *Lism.* 191ᵇ 2.

5617. In *Lism.* 191ᵇ 2 the words *asa haithle* come next after *do bádar.*

5631. For *a ndala sin conici sin, R.* 46ᵇ 2 has: ni tangadar clann na hIruaithe o thsin amach chugainn.

5638. *R.* 51ᵇ 2 adds: *co Féinn* Erenn *uime.*

5640—5939. The corresponding part is wanting in *Lism.* and is therefore omitted in *Silva Gadelica* i. 210, and left untranslated in the second volume. The lines corresponding with 5632—5724 are in *R.* 51ᵇ 2.

5644. in*gen* Aeda Uchtghil a Sídh Aeda ó Beind Édair anair, *Fr.* 64.

5656. *gan rún:* cin lúd, *Fr.* 64.

5662. *is na turcnam dom:* suaill nar' scarus rem, *Fr.* 64.

5679. *spegdubain:* specuban, *R.* 51ᵇ 1. With Bé-mannair's shapeshifting cf. *Fled Bricrenn* § 75: 'A man of great (magical) power was that Uath, son of Immomun (Horror, son of Terror). He used to transform himself into any shape that he pleased'.

5687. 7 lennann aidci d'Fian*naib* Érenn aici, *Fr.* 65. 7 lennán d'Féinn Erenn aici, *R.* 51ᵇ 1.

5693. The *tindscra* and the *turthochmarc* seems to have corresponded with the Greek δῶρα 'gifts from the wooer to the bride'.

5697. '*arsin*: da haindeoin, *R.* 51ᵇ 2.

5704. ó *Fiannaib Eirenn*: o chlannuibh Báiscne, *R.* 51ᵇ 2.

5705. *ro foeestar*: ro faemustar, *Fr.* 65.

5714. *do scuch uaidi*: do sóad uada, *Fr.* 65. ar scuchad, *R.* 51ᵇ 2. Étáin became green with fear (cf. χλωρὸς ὑπο δείους, Iliad X 376), and dark with sorrow.

5720. do claidhedh a fert ar faithci in tsídha, *R.* 51ᵇ 2.

5721, 5722. ro facaib tri coin maithi acoscur .i. Luath 7 Indell 7 Cocur i. n-anmanna, *Fr.* 65 — (where it is doubtful whether we should read *ac oscur* 'at bounding', or *ac Oscur* 'with (*apud*) Oscar', or *a(c) coscur* 'at triumph') . ro fagaibh tri maccu maithe re hOscur .i. Luath 7 Inneall 7 Oscur a n-anmanna, *R.* 51ᵇ 2.

5738. *Baile*: Baile maic Buain, *Fr.* 65.

5742—3. *cach dirge*: gach ndíroch, *R.* 47ᵃ 1.

5755. *torcdacht*: togranntacht, *Fr.* 66ᵃ. torchantacht, *R.* 47ᵃ 1.

5760. *Fr.* 66ᵃ adds: duitsiu uada.

5775. d'iarraid crichi 7 feraind, *Fr.* 66ᵃ.

5780. in treas tricha cét adt onóir-si dó, ar rí Muman, 7 a n-onóir Féinne Erenn, *R.* 47ᵃ 2.

5786. dénad in Fian annsud, os ríu doberisi taeb do thairisi cladh 7 daingen fad t'ferann innus nach soithedh [leg. soichedh] noch soighin fair, *R.* 47ᵃ 2.

5797. 7 rach sin ar breithir di: rachaid dar mo breithir, *Fr.* 66ᵇ.

5804—5. 7 ni raibe d'feraib Erenn na Alban fer budh ferr denum 7 ludh 7 lámach 7 lancoibliud inás, *Fr.* 66ᵇ.

5808. The youth is thus described in *Fr.* 66ᵇ: in t-oenmacam séda semidi sithgel snechtaidhi, 7 donnfuathróc builidi breccsroill fri denocht a chuirp arnichtur, lénc asnadach órsnaith fria grian a chnis, 7 inar sroill sothachmaing co cnaipeachaib disle delighti donncorcra dar brollaigib 7 dar bernadaib in inair sin.

5811. 7 *do gabad etarbuais ina glaic*: co ngabad iter cnnaib a glac, *Fr.* 66ᵇ.

5814. in fedrabur, a firu, cía hé in maccaem? *R.* 47ᵇ 1.

5816. The 'great and gallant men' here referred to were Cú chulainn, Conall Cernach and Laeguire Búadach, *R.* 47ᵇ 1.

5818. Doní-sium cles is doilghe ina súd, ar cách, *R.* 47ᵇ 1.

5820. *urlann da tsleg*: urlann a dá slegh, *Fr.* 66ᵇ. orrlann da taleg, *R.* 47ᵇ 1.

5821. *sluagdorus*: stuaghdorus, *Fr.* 66ᵇ. sduaghdorus, *R.* 47ᵇ 2, an arched doorway. The *sluagdorus* (if this be right) is = the πύλαι ἐκ δ'ἔσσυτο λαός of Iliad VIII. 58.

5822. *allanall*: alla anall, *R.* 47b.

5834. tuc a lam 'na laim, 7 tuc Finn a lam 'na laim-sium. An fetabar, a m'anum, a Find, ar Oisin, cles eli do be*ith* ac Fir óg na fédait fir Ére*nn* na Alban ni dó? Cia cles sin? ar Finn. *Nói* slega seimnecha sithfada do dibruc*ud* do nonbu*r* oclach fair 7 frithailig-sium sin uile gan fuiliug*ud* gan forderga[d] fair, 7 .ix. liathróiti do diubruc*ud* i n-aenfe*cht* air, 7 frithailig-sium sin isindara laim dó cen ni do ro*cht*an talma*n* dib, 7 na slegha isin laim ele dó. Ar fir do gaile 7 do gaisc*id* rit, a Fir óig, ar Find, dena dún in cles út. Ro érig in m*a*caem 7 dorinde in cles a fiaghnuse Finn m*ai*c Cum*aill*. Ocus ro t*o*ghait da nonbu*r* oclach don Feind 7 .ix. slegha il-laim nónbu*ir* dib, 7 .ix. l*i*athroiti il-laim nónbu*ir* ele, 7 ro dibraicedar sin uile i n-oenfe*cht* ar in m*a*caem iat fecht fa nóe gan fuiliug*ud* i[s] gan fordergad fair. Ocus adubairt a m*á*thai*r* .i. Cuillenn inge*n* rig Muman, nach biad a fiagnusi a m*ai*c ac a dibruc*ud* don Féind, 7 ro thoiris in t-athair .i. Calla*nn* mac righ Ula*d* i fiaghnusi a m*ai*c aml*aid* sin ac*a* dibruc*ud*.

IS annsin dorigne in m*a*caem cum*a*c*h*ta lamaigh orro .i. na nóe slega ro dibraiced air a frithalum 'na laim clé, 7 na .ix. l*í*athroiti ro dibraic*ed* dó a fritholum 'na laim deis. Da roib co fada 'na beth*aid* in m*a*c, ar Find, ni ba hurd*a*irc*i* nech da raibi 'sa Féind riam in*á*s, *Fr.* 67ª.

Compare the conditions required from a candidate for admission to the Fiann, one of which was that nine warriors were to cast their javelins at him simultaneously, and if they-wounded him he was not admitted, *Lismore Lives*, preface XI.

5836. *Berrach*: Berrech Brecc, *Fr.* 67ª. Berreach Breac, *R.* 47b 2.

5839. *Fr.* 67ª adds: 7 tabair cros óir 7 cros airgid ar ua*cht*ur cecha hairmidh dib.

5842. *do luchtraid maithiusa Fiann Eirenn*: do lu*cht* ráiti maithi*u*sa i fiaghnusi Fiann Ere*nn* 7 Fian Alban, *Fr.* 67ª.

5849. As to the superstition of the evil eye, see also Cormac's glossary s. v. *milled*, and cf. fer tuádcáech co suil millethaig, LU. 97ª.

5880, 5881. IS truag ruirigh in rigthigh ráin . is moch docuat*ar* don dáil.

nach mairenn dib sun*n* amne. acht mad mísi is Oisine, *Fr.* 67b.

5852. *in lia lainderda*, cf. the πέτρον μάρμαρον hurled by Patroclus, Iliad XVI 734—5.

5866, 5902. For these lines *R.* 48ª 1 has only: Co*n*adh fad sin na neiche ro f*i*arf*a*igis dím, ar *Cáilte*.

5887—88. Ni himcian ro bamar co facamar in da buidin croda cu*t*ruma dar n-innsaig*id*, *Fr.* 67b.

5891. *in tossach*: i n-airenaigh, *Fr.* 67b. The *in tossach* of *Laud* must be a scribal error for *ina tossach* or *i tossach*.

5893. After *cenn*, *Fr.* 67b has: 7 sciath caladbuailtech co tuagm*í*laib dergóir fair, 7 ro cuirsitar i n-airm re fótaib faenglindi naithib.

5899. *ma* seems a scribal error for *na*, the reading of *Fr.* 68ᵃ.

5900. *mbéomaicne . . . marbmaicne:* mbeomainchine . . . marbmainchine, *Fr.* 68ᵃ.

5905. *lethmullach*: laechmúllach, *Fr.* 68ᵃ.

5914. After *anes*, *R.* 48ᵃ [1] has: 7 créd fa tucadh Druim na mná marbhe ar in druim-si? see infra l. 6081.

5924. *os¹ ardmullach*: os murloch lánadbul, *Fr.* 68ᵃ. Another giantess is described in the Life of Brénainn, *Lismore Lives*, pp. 109, 255.

5927. *uair bo mó issi co mór*: acht mar do bemais 'nar lenbaib blia*dn*e nó 'nar n-abhcaib beca, *Fr.* 68ᵃ.

5930. *borbbuidnib*: borbbuindi, *Fr.* 68ᵇ.

5936. *do bocassach*: do bogasaigh, *R.* 48ᵃ 2.

5941. *leabargasta*: leabairghil, *Lism.* 192ᵃ 1.

5943. *comremur*: remithir, *Fr.* 68ᵇ, a comparative of equality.

5948—5952, a passage reminding one of *Gulliver's Travels*, where the Man-Mountain offers to lie down that the Principal Secretary to Lilliput might the more conveniently reach his ear.

5960. *ro geined*: ro genir, *Fr.* 68ᵇ.

5967. *do gluais*: ro sgúab, *R.* 48ᵇ 1. *Fr.* 68ᵇ adds: 7 ro imluaid tonna.

5971—2. *do benastar al-lámaind di*: ro ben a cennmaisi laime da laim .i. a lamann, *Fr.* 68ᵇ. Hence we see that the hand used in striking a contract must be naked.

5984. *frithailem*: fritholum agut, uair ní mó na coindium carat atamait do coiclib 7 do comaltaib .i. tri catha na Féindi 7 do tigerna fein, ar Find, .i. misi, *Fr.* 69ᵃ.

5985. *findairge accumsa*: findairghidh agumsa il-lestraib findruinne, *Fr.* 69ᵃ.

5986. *Luachra*: Lúachra Deaga*d*, *R.* 48ᵇ 2.

5992. do scail a folt finnal [leg. finnálaind?] a raibhe ocht .xx. dúal deghdatha, *R.* 48ᵇ 2. ro scáil a folt finnchas forórdha im a cenn ina hocht [not shecht, as in SG. i. 212] fichtib dual, *Lism.* 191ᵃ 2.

5993—4: ba . . . *scailed*: ba samalta re dosbilc bereas eaga o fidhbaid in folt bói ar in in*g*in, *Fr.* 69ᵃ.

5994. Another adjuration of heathen gods is in 6987.

5998. Maith am, a anum, ar *Finn* fria, ca proinn foghn*us* duid? Ro crom sisi ar in abhac, *R.* 48ᵇ 2.

6001. *a fiadnaissi Find*: iter da geléliasait Find, *Fr.* 69ᵃ.

6003. *ni bec limsa urdail ris*: is lor limsa a oiret, ar si, *R.* 48ᵇ 2.

6006. *Smera tuill*: maic Smera cuil, *Fr.* 69ᵃ. Smérthaill, *R.* 48ᵇ 2. Smera puill, *Lism.* 192ᵃ 2.

---

[1] misprinted *as*.

6017, 6018. 7 gér ... air: 7 ní suail lium ní ris ba samalta ó acht in sliab is mó ro bi i nÉrinn 7 i mAlbain nírb' airdi lim hé inás in t-óclach, 7 samalta lim re stuaig moir nime i n-aér cechtar a da laim [leg. lám], 7¦ tuidnech [leg. tuignech] fircluimhe fair, *Fr.* 69ª. The *tuignech fircluime* 'dress of veritable feathers' is curious. Cf. *Lismore Lives*, p. 394, and the description of poets' togas in Cormac's Glossary, s. v. *tuigen*.

6018. *tuighnech futairlli*: tuighnech phudurle, *R.* 49ª 1. tuighnech pudrailli, *Lism.* 192ᵇ 1.

6022. *craebach corcarderg*: craebach corcra, *Lism.* 192ᵇ 1. (not *craebchorcra*, as in SG. i. 212). The 'branchy' shield was probably tasselled or tufted, like the Homeric αἰγίς (or ἀσπίς) θυσανόεσσα.

6023. *neimnech uillendglas*: chrannreamar churata, *Lism.* 192ᵇ 1.

6035—36. *tuc ... ingin*: tuc sághud [leg. sádhud] sétrech sircalma ar in ingin, cor' deghbris a cridhi a midhuachtur a cleib, *Fr.* 69ᵇ. tuc sádud sleidhe [leg. sleighe] ar in inghin, co raibhe fedh laime láich do cronn na sledhe [leg. sleghe] don táobh thall di ar ndul tríthe, *R.* 49ª 1. tuc sáthad sanntach sotalbhorb etc., *Lism.* 192ᵇ 1.

6040. nach aithfe in ainicin út ar an óclach, *Lism.* 192ᵇ 1.

6046. *a forbaissi a[r] Cathair*: ac forbais ar Cathair, *Fr.* 69ᵇ. ag forbaisi ar Chathraig, *R.* 49ª 2.

6057—8. *tucusa ... degaid*: tucusa sidhi retha rodirigh mar eirb nó mar fainle nó mar iarainn nó mar soighid a bogha nó mar luas menman duine, nó mar sidhi gáethi géri gailbighi doilbtrai draighechta [leg. doilbthi dráidhechta] a timchell muine maigh[s]leibi il-ló cruadhgáethi erraigh, *Fr.* 70ª.

6066. *cach dirge dar n-indsaighid*: gach ndirech da innsaigid, *Fr.* 70ª.

6067. after *fiadnaisi*, *R.* 49ᵇ 1 has: 7 do frithoiled agá foirinn in borbláech, 7 ro impáidhedur taranais siar isin luing cétna, ar *Cáilte*, 7 do chúalamar a cinn athaid annsin, ar sé, na gárthi troma toirtemla do bi isin luing aga himrum co fada síar isin sruthaigén, 7 ni fes duinn cía leth dochúaidh úainn o tsin ale.

6073. After *ingen*, *Fr.* 70ª has: .i. nír' gonad nech tar in sciath sin riam, 7 nír' teilg nech urchar n-imraill don tsleigh sin riam, 7 nír blais betha nech ara fuileochad.

6082. *Fr.* 70ª adds: Ocus ro gab Find in slegh dar' loitted in ben sin ina laim, 7 ní raibi d'fat inti acht o ind a gualann co hind a meoir, 7 ro raid Find in rann so:

A Bebind, a inghen Treoin . is truagh do thurus do chéin,
is bristi do chridhi it clí . do sleigh gairid co caemlí.

6084. *atcualaidis*: itcualais, *Fr.* 70ª.

6087. *acco féin*: 'sa Féind chena, *Fr.* 70ª.

6090. *feicail*: faicsin, *Lism.* 192ᵇ 2. *trath*: prím, *R.* 49ᵇ 2.

6103. *Fr.* 70ᵇ adds: 7 ní fácad éigneda áille eocarbrecca na doburchoin i n-all *nó* a n-es *nó* a n-in*ber* no i n-abaind gan marb*ad*. IS annsin adub*air*t Find: Érighsiu, a Chailti 7 a Oisin 7 a Oscuir, ar cenn na n-oglach sin. *Ocus* tangamairne ara cenn, ar Cailti, 7 t*u*camar lind iat d'indsaig*id* Find m*ai*c *Cu*ma*i*ll. This last sentence is also in *R*. 49b 2.

6115. uair ní bá horaib traisgér*us ach*t is líb cuingénas cech maith dodenum [leg. dogénam]. IS and sin adub*air*t Find: Glór dáine socenélach sin, ar se, 7 dar mo brethir falad na frith[r]alad do tobairt damsa dib, ar Find, na do neoch d'Fianaib Érenn ní racha do ló na d'oidchi, *Fr*. 70b.

6138. Érgid docum bur tighi, ar F*i*nd, 7 in com*f*at bés duine im deg*aid*-si bíthí si 7 tuilled. m*uinterus* nach fuarabair inallana dogebtai uod*esta, Fr.* 70b.

6154. Sl*i*ab Aidhne m*ei*c Ughaine, *R*. 50a 1.

6171, 6173. *ni rechsa*: ní rachsa, *Fr*. 71a. ni ragha la uaimsi don*o*, *R*. 50a 1.

6179. *tardhadar*: tárustar, *Fr*. 71a. tathrad*ur*, *R*. 50a 1.

6189—6216. omitted in *R*.

6191. *fót scrutan gaisse* seems a legal phrase denoting, perhaps, a place to which judges retired to consider their decision. *Fr*. 71a omits *scrutan gaisse*.

6198. *chu ind*: dochum, *Fr*. 71b.

6200. *conchlann d'ór forloiscthe*: conglonn d'ór órlasrach a tír Arabia anair fair, *Fr*. 71b.

6201. *fair*: tar ce*ch* goltracht don rigfeindig, *Fr*. 71b.

6203. *arna himscagad*: ar n-am in scacaid, *Fr*. 71b. *boltunud*: bolltnug*ud*, *Fr*. 71b.

6204. *chubra*: cumbra, *Fr*. 71b.

6230. *tuaruscbail*: táichim, *Fr*. 71b.

6232. *náimde*: hamaidi, *Fr*. 71b.

6232—34. Da faghmaisne iat amarach a comfog*us* duinn d'fúageoramais doib imtecht, 7 do dingébamais d'feraib Érenn iat, *Fr*. 71b.

6236. *naimhde*: hamaiti, *Fr*. 71b.

6237. *i Carnn Daire*: i clár Daire moir, *Fr*. 71b.

6238. *Saltrán Salfata*: Saltrach Sálfada, *R*. 50a 2. Hence to 6565 there is a lacuna in *Fr*.

6247. Another specimen of an incantation will be found in 6632—6344.

6250. That Buadnat is made the daughter of Herod is, of course, due to Christian influence. So in Russian exorcisms the Twelve Sisters are called the Daughters of Herod, Ralston, *Songs of the Russian People*, p. 397.

6257. go grían [broghuib] ifrinn i*ch*taraigh sís, *R*. 50b 1.

6276. 'The wind that comes from their wings is as cold as the wind of spring.' Like the wind of hell, *in gaith n-uair n-aigidi*, LU. 113a.

6284. *lenum*: leanbhán, *R*. 50b 2.

6294. should have been printed: dít'. 'Da raib accumsa a fis' etc. Patrick's solution of Cailte's problem — 'in what year is there a month without a moon, and a moon without a month, and a month that contains three moons?' — is a good example of *obscurum per obscurius*.

6315. *in lá má n-airther*: in la is nessa dhi, *R*. 51ᵃ 1.

6321. *fuair* should of course be *Uair*, gen. sg. of *Uar*, as in 6153.

6326. nar' cumscnai*ged* 7 nach cuimscneoch*ur*, *R*. 51ᵃ 1.

6332—6636. *Rugatail*: Rugadmhail, *R*. 51ᵃ 1. The Miller of Hell, who grinds to dust and ashes the treasures of niggards, appears also in the *Voyage of Maelduin*, c. xiv, and the *Voyage of the Húi Corra*, § 62, Revue Celtique IX 483, 485, XIV 53.

6341. in fid*ir* sibh in seis*edh* leasd*ur* dég duine is *ferr* tainig a colaind do beith ar in sleibh in bar fíadnais*c* .i. P*a*tra*i*c mac Arpla*inn* airdeasb*o*c na hErenn 7 cenn cr*a*baid 7 irsi na hinnsi-si cl*a*in*n*i Gaig*i*l, 7 fágb*a*id Ere, uair ni cub*a*id ris b*e*ith a n-aen oilen ribh, *R*. 51ᵃ 2.

6382. Aillenn's exhibition of her beauty to the host is a parallel to Cúchulainn's display in the Táin bó Cualngi, LU. 81ᵃ, and to that of Niall of the Nine Hostages to the Frenchwomen, v. the *Rennes Dindśenchas*, Rev. Celt. XV 296.

6401. *do tuarascbail*: t'indheall, *Lism*. 193ᵃ 1, misprinted *t'imdhell* in SG. i. 214. *chothaigis*: chonnmhus, *Lism*. 193ᵃ 1 (printed chongbus in SG.).

6402. The prophylactic virtues of Goibnenn's (better Goibniu's) feast are mentioned elsewhere. As to Goibniu himself, the mythic smith of the Tuath dé Danann, see the first of the St. Gallen incantations, GC.² 949, Windisch, *Berichte der Königl. Sächs. Gesellschaft der Wissenschaften* 1890, LL. 94, 97, and d'Arbois de Jubainville, *Cycle Mythologique*, pp. 181, 308.

6418. nir' bo einech fírgadair . rachaidh riut in phailm, *Lism*. 193ᵃ 1, SG. i. 215 (where *duit* is misprinted for *riut*).

6432. *firthrom*: fírtruagh, *Lism*. 193ᵃ 1.

6437. *noco tabair in scel fuirmed doridhissi furri* 'until the story again touches on her', see l. 7820.

6441. For the 'magh meic Allgubha', of *Lism*. 193ᵃ 1 (SG. i. 215), *R*. 52ᵃ 1 has 'magh [nAei] mhallghuba'.

6446—6493 are omitted by *Lism*.

6457. *leth amaich*: alla amuidh, *R*. 52ᵃ 1.

6458. Dobersa t*u*ssa dodt' ainneóin dó, ar Finn, *R*. 52ᵃ 1.

6462. *acom thabairt*: 'gum tabairt dom ainneoin, *R*. 52ᵃ 1.

6467. *Nemnaind*: Nemnuaill, *R*. 52ᵃ 1.

6495. co raibhe ar n-éidedh ina brédaigh brisdi inar timc*ell*, 7 ar cuirp ina cosair cró, *R*. 52ᵃ 2.

7 *cid ed tra is sinde fa trén*: ar ái tra as sinne ba choscarach, *Lism*. 193ᵃ 2.

6509. *cengailte* as applied to battalions is rendered by 'serried' in SG. II 244; cf. the πυκιναὶ φάλαγγες of Iliad IV 281, V 93. But it may mean that the warriors were chained together to prevent one from fleeing without the consent of the other, see the *Battle of Mag Mucrime* § 48 (Rev. Celtique XIII 454), and the *Battle of Moira* ed. O'Donovan, p. 178.

6528. *dorechad*: dobérmais, *Lism.* 193ᵃ 2.

6541. *Ros na hechraide*: *Lism.* 93ᵃ 2 has, corruptly, Ros na macraidhe 'the wood of lads.'

6576. *Guban*: Gulbain, *Lism.* 193ᵇ 1.

6565—6596. The corresponding list in *Fr.* 72 begins imperfectly thus: mac Bregmaile Bregha .i. fer gabala longport Fian Érenn 7 in colais 7 coraigthi a catha . 7 Conan mac na Cerdi ro coraighedh Fiana Érenn iter coin 7 gilla 7 oclach ina n-inadaib selga, 7 Allae Banchenn, fer cloistechta Fian Érenn na gluaised én do áth nó d'eas nó d'abaind no d'indber na hairighed sum, cidh i n-aidhci nó il-ló, do cluinfed ['the Irish Fiann's 'man of hearing'. No bird used to stir from ford or cataract or river or estuary without his perceviug it: he would hear it whether by day or by night']. Dabur Dalléiges, 7 nír' dibraic al-lam urchar n-imraill riam do ló na d'oidchi, 7 Rónan Rigbrithem, fer dobered bretha d'Fíanaib, 7 ní bered imurcraig iter a mac 7 a námait, 7 na trí Bailb Bodra a Boirind aníar.

Cred iat sein fein? ar rí Connacht.

Triur ingnad ro bi isin Feind, ar Cáilte, 7 ní cualatar ní o duine riam, 7 ní cuala nech ní uaithib, 7 ní facatar do denum do duine riam ní nach tuicfitis, 7 ní tuiced nech ní uaithib, 7 ní raibi d'feraib in domain uili co coitcinn triur bud caeme innáit. Ocus tech ar leith acco ó longport na Feindi amach, 7 engnum enduine acco, 7 gemad becc mór in ní cum a tabrad oenduine dib a lam doberdís a triur i n-oenfecht. Adubairt in rann ann tareisi sin:

<blockquote>
Na trí Bailb . is caem ro biathaidis baidb,
   ní deachaid na bethaidh riam . acht co riachtais air i n-airm.
</blockquote>

Ocus na trí fir in chairchi a heocharimlib Sleibi Fuait fonnchosaigh athuaid, 7 tri cairchi cíuil acco, 7 siat aca chur i n-ucht a chéili, 7 ní fuil do dúagh na do decair tecmad do chinn neich ara cuiredh air risin céol sirrechtach sídhi ro chanad in cairchi ciúil iter glaccaib na n-óclach.

Anmann na n-oclach sin?' ar rí Condacht.

Lúth 7 Léitmech 7 Lanlaidir i n-anmanna, 7 don gnat[h]-Feind iat, ar Cáilte. Druim derg dana mac Duib Decheat 7 a mac Fer corra ocus Artúir mac Beindi Brit maic rig Bretan inall, óclach ro bi ac fogail 7 ac dibeirg ar Find é, 7 ro gabadar an Fian é, 7 tucad fuaslucud mor d'Find da cinn .i. ccc. do cech crudh, 7 na .u. Gairb .i. Garb crott, 7 Garb gréine, 7 Garb fidgrinne, 7 Garb Sída ar Emhir, 7 Garb Daire. Aed ua Demnain, 7 Aed ua hUaine, 7 Aed Ollbertach Áine, 7 Aed ua Teimnéin, Ocus Conan .c. 7 Conan Étan ré sliab, 7 Concerr, 7 Fer scara cona secht macaib, 7 tri maic Leitdech leith .i. Dond 7 Eochaid 7 Fuarchu i n-anmanna. Finntan a Fidcholl 7 Ablach mac Échtaid 7 Mug smoili mac Smoil maic Duib dithruib, 7 Fergus Bithnua mac Duib dithruib, uair núa ro bíd a delb caidchi air. Dub dala 7 Dub det 7 Dub dromma mac Mail cruim. Ocus primcruitiri na gnathFéindi .i. Daigri cruitiri ollum Find maic Cumaill cona ocht cét óclach 7 comlonn .u. cét e fein, 7 adubairt Find in rann ann:

Ni bud díth cemad é a dán . taeb re sciath Lonntan londbán,
fosad a thréid cruaid a ferg . ua maic i cuad fer foenderg.

Ocus Luighni lonn 7 Luatheiscid da cuicid Connacht, 7 Duban mac na crichi, 7 Duban Derg, 7 Duban mac Daelgusa . Flann Abratruag [leg. -ruad] 7 Flann Fili, 7 Flann feig . Cairpri Lifechair mac Cormaic ro bi da bliadain déc ac foghlaim a lúith 7 a lancoiblidh 'sa Feind, 7 Cellach mac Cormaic a brathair, 7 gér' bó maic rig Érenn sin robdar óclaigh d'Finn 7 don Feind iat, 7 Idlaech ua hIdhmann, 7 Aed Rind mac Ronain dó clannaib Baiscne. Lir mac Gabra asan Gabair andes a hUaib Conaill Gabra, 7 Cu-cuirrig a cóiciud Laigen anair. Tamun 7 Daingen 7 Dingi, tri maic rig Frange. Étarn 7 Eochaid 7 Ulb i n-anmann tri maic rig Soxan inair. [P. 72b] Idhol 7 Ecland 7 Uath, tri maic rig Bretan anall. Lughaidh mac Floind 7 Lughaid mac Fallomain 7 Lugaid mac Failbi, 7 flaithius fer a leth Chuarain, 7 in da Conn amuig 7 da Conn andes, 7 Carrthach clesa[m]nach a Sleib Cairpri a Breifne, 7 Corc mac Suain a hairiur Alban cona ocht cét oglach, 7 Fergus Fínbel fili na Feindi 7 i n-ughdar 7 i n-ollum 7 a craeb sída 7 forsidaigthi Fian Érenn 7 Alban . 7 Flann fili mac Fergusa Fínbeoil, 7 fer coiméta modgnimrada gaile 7 gaiscid na Feindi.

6581. Le[r]gan: Laegán, Lism. 193b 1.

6582. Milking does is mentioned also in the Cóir Anmann § 26 (Ir. Texte III 294). A doe (or hind) was milked daily for St. Brénainn when a child (Lismore Lives 3398). And it is said that in India a species of white deer was formerly bred for milking, Payne, Hist. of America i. 289.

6590. deichnebur ar fichit derbrathar: tricha derbbráthar, Lism. 193b 2 (wrongly: dhá tríocha d., SG. i. 217).

6593. duag: duadh, Lism. 193b 2 (not duad, as in SG. i. 217).

6599. fiannachta: fiansa, Fr. 72b.

6601—6604. Ocus ro tuit Cailti risin tulaig taitnemaig, co tancadar deocha dianéca da indsaigid, 7 ro bí sin annsin re teora lá 7 re teora aidchi, gan tualaing aistir na himthechta, a haithle a choicled 7 a comaltada do tuirem, uair in lucht ba comáis dó dib ba comaltada dó iat, 7 in lucht ba sine dib ba hoidedha dó iat, 7 in lucht ba só dib ba daltada dó iat, Fr. 72b.

6601. a nellaib 7 i támaib annsin: i támh 7 i taisi, Lism. 193b 2.

6623. tangadur ina cipe throin trénlaidir: tancatar 'na cáeir truim tentighi, Fr. 72b.

6626—6954 are lacking in Lism.

6632. Firchuing: Firchaill, Fr. 73a.

6636—6641. *comderg* . . . . *marsin*: dergithir re corcair lossa líac cechtar a da gruad, 7 glaisithir re bodb mucc cechtar a da righrosc, samalta re snechta núa n-oenaidchi cech n-alt 7 cech n-áighi dhe, 7 duibithir re sméraib 'arna cur a ndobur-uisci gemreta an curach fuilt cais duib ro bí fair, 7 doriacht an carpat da n-indsaigid, *Fr.* 73ᵃ.

6640. Ro thoillfed ort, a fir in carpait, ar Beneoin, bennachtain noemPátraic do tuilled, *Fr.* 73ᵃ.

6645—47. Anuair ro sía rath duit, ar Patraic, cen comroind crichi coidhci rét mac na rét ua it degaid. Ca slondud tusa, a macaim? ar Patraic, *Fr.* 73ᵃ.

6648. *debroth*: deghbreithir, *Fr.* 73ᵃ.

6650. *maicne-si*: mainchine, *Fr.* 73ᵃ.

6656. Doraghadh sunn d'aithle áir . cland Raduib co mét conaich, accom aidléctar co brath . 'com ádhbaid is 'com cruachán, *Fr.* 73ᵃ.

6663. *grindiugud*: glinniugud, *Fr.* 73ᵃ.

6665. uair is cuithglind in carput tucais dam, *Fr.* 73ᵃ.

6680. *ní hoirches lem mo léicen*: ni biris lim mo leccud, *Fr.* 73ᵇ.

6696. *M'itge-si*: M'firt-sa, *Fr.* 73ᵇ.

6697. Cf. the Homeric hymn to Apollo 542, 543: ἄλλοι ἔπειθ' ὑμῖν σημάντορες ἄνδρες ἔσονται, τῶν ὑπ' ἀναγκαίῃ δεδμήσεσθ' ἤματα πάντα.

6708. *trotach*: trotghalach, *Fr.* 73ᵇ.

6712. *dam*: calpach doim, *Fr.* 73ᵇ.

6734. *grithugud*: cruthugud, *Fr.* 74ᵃ.

6738. *immedon láe*: uair midi medon, *Fr.* 74ᵃ.

6772. *sáidhis in trostan*: sáithis an bachall, *Fr.* 74ᵃ.

6775. In t-usque fáccaim abus . ar Patraic gan amurus,
bid crechtra do cach i clí . .in topur án ainglidi, *Fr.* 74ᵃ.

6781—6783. 7 *damad* . . . *dib*: 7 fuilt do connaib daíne marb a talmain anís umpu do cech táib, *Fr.* 74ᵃ, 74ᵇ.

6789. nach fedraisiu eigin eile orumsa . a naemPatraic? Ca heigin sin? ar Patraic, *Fr.* 74ᵇ.

6831—32. 7 *ba ceol bind in ní ro chanad*: 7 binnithir re tétaib menncrott il-lámaib súadh oc a sírseinm bindfogur gotha in macaim 7 a irlabra, *Fr.* 74ᵇ, 75ᵃ.

6837—38. *Dar lind* . . . *maissige*: Dar lind, ar Cáilte, ni facamar d'feraib in domain riam nech bud áille innái, *Fr.* 75ᵃ.

6841. *Fr.* 75ᵃ adds: 7 d'Áifi Foiltfind da síair 7 d'Étain inghen Buidb Deirg maic in Dagda.

6845—46. *Ocus* . . . *iat*: 7 tainic Cailte reme isin síd 'arsin, 7 ro ferad fircháin fáilti ris, 7 tucad a cathair grind glóorda gloinidi ar laechlár an tsída iat, 7 ro freslait 7 ro frithailit do cech maith 7 do cech líth iat, *Fr.* 75ᵃ.

6855. *re fada d'aimsir*: re mile bliadan, *Fr.* 75ᵃ.

6856. The 7 after *Eolus* is an obvious scribal error.

6874. *Coscour*: Cró coscair, *Fr.* 75ª.
6883. *leithri Érenn*: rí Érenn, *Fr.* 75ᵇ.
6886. *Fr.* 75ᵇ adds: uair ro tairrngired damsa óen écht do denum ré deired mh'áisi 7 mh'áimsire dámad buidech fir Erenn 7 Alban 7 Túath dé Danann.
6894. after *glais*, *Fr.* 75ᵇ has: 7 do Lighi Cailti Coscor rig, bail ar' marb Dithrubach mac Scáil Deirg, mac máthar Finn maic Cumaill hé.
6897. *Allguba*: Allóid, *Fr.* 75ᵇ.
6898. *do Choisceim Essa Ruaid*: do Chaisceim na Feindi os Eas Ruaig, *Fr.* 75ᵇ.
6900. *a n-immain . . . tsída*: a n-imain a ndorus in tsídha cecha sechtmad bliadne, 7 is ar in tulaigh sin do batar smachtcumachtaighi in tsída in lá sin, *Fr.* 75ᵇ.
6920. 7 tancatar .x. catha .xx. ar in traigh suas 7 .x. cét ar .xx. cét gacha catha dib. *Cailte* cecinit:
IS ed re rím tainic ille . mfle long co línmaire,
tancatar co cend trachta . sithlonga ocus sithbarca, *Fr.* 75ᵇ—76ª.
6936. *cuchtglinde*: cuithglind, *Fr.* 76ª.
6940. Cf. Iliad VIII 389: ἐς δ'ὄχεα φλόγεα ποσὶ βήσετο, λάζετο δ'ἔγχος, κ.τ.λ.
6942. *co direch*: dar sedhlaing a leined 7 tar brollach a inair, *Fr.* 76ª.
6943. After *ann*, *Fr.* 67ª has: 7 cor' bris in sciath o bili co brón.
6964. *beith*: becht, *Lism.* 194a 1.
6965. *Ocus is annsin ro chomraicetar*: ar ái sin ro chomraicset, *Lism.* 194ª 1.
6967. after *n-inothrais*, *Fr.* 76ª has: ó ladair choisi co hurla.
6985. *corrana ar cach taeb díbsin*: .xxx. corrán ar cech ngabail, *Fr.* 76ᵇ.
As to cutting hairs against a stream see *Irische Texte* III 227—228, and add *no didlastais finnae for uisciu*, LU. 79ᵇ 12, 95ª 34, 96ᵇ 28.
6995. *uaine*: idhlaighi, *Fr.* 76ᵇ.
6997. *mbili*: mbolg, *Fr.* 76ᵇ.
6998. *co ráinic trit*: co nducu[a]idh trit, *Lism.* 194ª 2 (omitted in S.G. i. 219).
6999. *ina dublia fola*: 'na chaip chró, *Lism.* 194ª 2.
7012. *sechtmad*: treas, *Lism.* 194ª 2.
7022. *ic Lind*: a nGlind, *Fr.* 76ᵇ.
7040. After *unum*, *Fr.* 77ª has: Acc iter, ar sé.
7043. *firgaiscid*: firgaiscedaigh, *Fr.* 77ª.
7044. *iarrmait*: co maidin duinn, *Fr.* 77ª.
7047. after *dib*, *Lism.* 194ᵇ 1 has: gach agaid [leg. adaig] samhna.
7049. *bha*: na *Fr.* 27ª.
7050. *in triar uathmar*: na tri hamait, *Fr.* 77ª.

7055. After *cúicfir Fr.* 77ᵃ has: 7 taiplis ga*cha* cet*h*rair. For *cacha fichet, Lism.* 194ᵇ 1 has: gacha deichenbair.
  7058. *fudomain*: himdhomain, *Lism.* 194ᵇ 1.
  7060. *mara ticdis*: mar donítís, *Lism.* 194ᵇ 1.
    screcha: grécha, *Lism.* 194ᵇ 1.
  7072. *atorcradur na heoin tra*: Dorocradar na héoin, ar Cailti, trit in cairdi leighis robi ormsa, *Fr.* 77ᵃ.
  7090. *in tsidha so roiches*: Sic in *Lism.* 194ᵇ 1, though S.G. i. 221 has: in tsída soichios.
  7098. *iumgaibthi*: inggaibthi, *Fr.* 77ᵇ.
  7099. *ingabail*: inggabail, *Fr.* 77ᵇ.
  7106. *tuaruscbail*: indeall, *Lism.* 194ᵇ 1.
  7115. *marbmaid triur*: doníamait triur do marb*ad, Fr.* 77ᵇ.
  7122—23. IS fitchi gacha sída . do chur duibh is caemcisa,
    a breith dib is gnim fachad . a ndighail ar senathar, *Fr.* 77ᵇ.
  7153. *Gaeithe*: gai, *Fr.* 78ᵃ.
  7134. Cf. . . μεγάλοισί τε χερμαδίοισιν, Iliad XI. 255, 541.
  7156. *cróbainde*: crobuindi, *Fr.* 78ᵃ.
  7160. *gai cró*: sic *Fr.* 78ᵃ; but *Lism.* 196ᵃ 1 has cumha 'grief'. The first spewing (greenish) was the results of the hardships which Cailte had suffered in his hunts: the second (red) was the gore of his wounds in battle: the third (jetblack) was his grief for his comrades and his lord.
  7164. *coimét 7 fulrechta*: coiméta 7 fuilre*chta* (misprinted fuibrechta, S.G. i. 222), *Lism.* 196ᵃ 1.
  7174. *baiglenn*: baidhleng, *Fr.* 78ᵃ. For the second *ina degaid sin, Fr.* 78ᵃ has: atib a lán do senmid ina diaigh [leg. diaidh].
  7180—81. *7 cach . . . éis*: 7 cech oen tara tabartar ara chend é ni cumgand gual na grés na gorta tre bithu sir ní dó, 7 intí da tabhurtar se*cht* foilc[th]i tar a chend de is commaith a radarc il-ló 7 i n-oidchi, *Fr.* 78ᵃ, 78ᵇ.
  7194. *cernnadaib na colbad*: cernaib na colba, *Fr.* 78ᵇ. cernuibh na colbhadh, *Lism.* 196ᵃ 1.
  7197. *borbgleoaib*: barrannglaedaig, *Fr.* 78ᵇ.
  7200. *ro moidhetar*: ro mhoidhset [not 'máidset'], *Lism.* 196ᵃ 2.
  7203. *Uainibhuidhe*: Uaine ing*en* Buidi, *Fr.* 78ᵇ.
  7204. For a lovely legend of the birds of the Land of Promise see the *dindśenchas* of Findloch Cera, Rev. Celt. XV 468.
  7205. *banairfidech* 'female minstrel', not *ba[hairfitech]*, as in SG. i. 223.
  7207. After *acainde, Fr.* 78ᵇ has: 7 ní cualais riam, a m'anum, a *Cáilti*, ceol bud commaith risin ceol doní an in*gen.*
  7209. *corraib*: corrogaib, *Fr.* 78ᵇ.
  7212. *7 ro gabdais ind énlaith leis*: do gabdis an enlaith fóe, *Fr.* 78ᵇ.
  7216. *esbaid ruisc nó chloistechta*: esbaidh amhairc ná éisdechda, *Lism.* 196ᵃ 2. *agin*: cen, *Fr.* 78ᵇ, incéin, *Lism.* 196ᵃ 2.

7220—24. The use of pipes or tubes to extract noxious matter from Cáilte's foot seems a primeval anticipation of the cupping-glass. Cf. Iliad IV 218: αἷμ᾽ ἐκμυζήσας κ.τ.λ.

7228. *doronadar snám*: dorindset culsnam 7 taebsnam 7 traigedsnám and, *Fr.* 79ª.

7229. After *dam*, *Fr.* 79ª has: uair ní raibi necch bud *ferr*-treóir ar lindtib lindfuaraib 7 ar uiscidhib ochargorma na misea, ar *Cáilte*.

7241, 7242. Benna*cht* ar Bhé binn gan chiaidh . ingen Ealcmair mo ba innliaigh,

is maith a cial is a cruth . fácbhaim ibhus mo bhen(nucht), *Lism.* 196ª 2. *ar ingin Elcmair imgrind*: glan a frithlacht osin lind, *Fr.* 79ª.

7259. This 'drink of remembrance' is the converse of Lucian's Λήθης ὕδωρ.

7267. *7 ni géba turbród tú aisti etir*: 7 meraid cein bes beó agut, 7 inar sroill somaisech tairsi amuig anechtair nach ticfad breodh na brecadh na caithium *cui*gi tri bithu, *Fr.* 79ª, 79ᵇ.

7268. *d'olaind Tire Tarrngaire*: d'olaind na n-osmolt a Tír trédaig trebargloin Tairngire, *Fr.* 79ᵇ: see as to this wool the note on l. 366.

7270. *sé*: 7 ní faicfidh fer na ben é nach tibra gradh dó, *Fr.* 79ᵇ.

7275. *in ni*: in lín, *Fr.* 79ᵇ.

7289. *7 donith . . . a mac*: *con*id andsin docuaid do cumaid a cloindi, *Fr.* 79ᵇ.

7291—92. *co . . . chuca*: co *n*dechadar nélla ailli aengeala an lái uaithib 7 neoill troma taibsenacha na hoidchi da n-innsaig*id*, *Fr.* 79ᵇ.

7304. *cid*: in mná *n*ó an fir ata fúithib no, *Fr.* 79ᵇ

7310. *bessa*: trédhe, *Lism.* 196ᵇ 2, 'three things' (embroidery, handiwork, beauty).

7321. *a ndruinechais:* a ndruine 7 a ndísle 7 a ndeghláma, *Fr.* 80ª.

7324. Before *uair*, *Fr.* 80ª has: in triar ban út.

7334. After *n-aenfecht*, *Fr.* 80ª has: 7 rofácsat.

7338. *dorindeabair*: dorónabhair, *Lism.* 197ª 1.

7348. *dobhra*: doghra, *Fr.* 80ª.

7356—7359. The passage beginning with *INa* and ending with *iat* was inadvertently inserted from *Fr.*, and should be cancelled.

7400. *i fus dogéba*: i bhus doghébha, *Lism.* (not *bus d.*, as in S.G. i. 226).

7416. After *ann*, *Fr.* 81ª has: 7 fossair delba do mnáib in domain uile hí.

7425. *ro boi*: ro boi, *Lism.* 197ª 2, though SG. i. 227 has *do biodh*. *tri buada* . Echna's 'three perfections' (one of which is omitted in *Laud* and *Lism.*) were wisdom, beauty, and profitable counsel.

7462. *dúintib*: duintibh, *Lism.* 196ᵇ 2 (not 'dúnaib', as in SG. i. 228).

7480. Next after this line four lines have been overlooked in the marginal numbering. They will be denoted respectively by 7480ª, 7480ᵇ, 7480ᶜ, and 7480ᵈ.

7488. *tainic* ... *indsaigi*: tangata*r* na hidain ro mill in bith da indsaig*id* .i. idhu eithigh 7 idhu éta 7 idhu *for*luaimnigh, *Fr.* 81ᵇ.

7500. *rem chenn*: rim, ar si, 7 gan mo dáithin suain na codulta *acht* mar cuirim usque eochargorm umum chend, *Fr.* 81ᵇ.

7505. *fiad*: fiancruth, *Fr.* 81ᵇ.

7509. 7 *tócbaid do chach hi*: 7 tadhbhaidh do chách hí, *Lism.* 197ᵇ 2. 7 do téighed glún Cáilti, 7 se fillti tre cuas cecha gais biroir 7 fothlu*ch*ta ro bi ar in tip*r*ait, *Fr.* 81ᵇ.

7514. *fomorach*: fomoraigh, *Fr.* 81ᵇ.

7530. *Bodb*: Bodb D*er*g *mac* in Dagda, *Fr.* 81ᵇ.

7533. *breith*[*ir*]: bréthir, *Fr.* 81ᵇ. breith, *Lism.* 197ᵇ 2.

7541—7565 are lacking in *Lism.*

7544. *naidmecar*: snaidmebhthar, *Fr.* 82ᵃ.

7551. Cf. Iliad II 489: οὐδ᾽ εἴ μοι δέκα μὲν γλῶσσαι δέκα δὲ στόματ᾽ εἶεν, κ.τ.λ.

7578. Coindelsciathach, d*r*ai do m*uintir* Find, ro bui andso a fiagnaisi [leg. fiadnaisi] Find ac fechain in aeoir, *Fr.* 22.

7579. *nélladóirecht* is said to mean 'astrology' (Ir. Glosses, p. 63). In H. 3. 18, p. 623 *nelladoirecht* glosses *airdmhes*. But its primary meaning must have been νεφελομαντεία.

7586. indis do cách masa cert . abair ca fáth 'ma fuilet, *Fr.* 22.

7588. The practice of chalking shields is often mentioned. See *Fled Bricrenn* § 15: co mbo énlaith glegel al-lcth n-aile di cailc na sciath, *Ir. Texte*, i. 259.

7597—7882 are lacking in *Lism.*

7600. hollow fibulas of gold have been found in Ireland.

7615. *Cailte*: Bairnech, *Fr.* 82ᵇ.

7619. *Geindig*: Geigidh, *Fr.* 82ᵇ.

7679. As to the Cave of Cruachu, see also *Fled Bricrenn* § 57.

7837. *adhaig*: corrupt spelling of *aghaidh*.

7883. 7 do indiseada*r* mor d'fis 7 d'eolus a fiadhnaise *f*er nEire*nn*, *Lism.* 195ᵃ 1 (not 'do innis i fiadnaise fher nEirenn', as in SG. i. 230).

7888. ro badh tinóilte d'fearaibh Eire*nn* i n-aeininad dá *f*agáil, *Lism.* 195ᵃ 1.

7898. *a n-ingnais a lu*[*i*]*th*: a n-ćcmais al-lúith, *Lism.* 195ᵃ 2.

7908. *labra*: sic *Lism.* 195ᵃ 2: (misprinted labairt, SG. i. 231).

7909. *senóraig*: senóraig, *Lism.* 195ᵃ 2 (misprinted senóire, SG. i. 231).

7915. *for deissel*: for deseal, *Lism.* 195ᵃ 2, misprinted Fionn deisel, SG. i. 231.

7931. *coibeis*: coimremhar, *Lism.* 195ᵃ 2.

7944. *óclach gráda*: óclach gradha, *Lism.* 195ᵇ 1 (SG. i. 232 omits gradha).

Index of Things.

abbacy (*abdaine*) 2263.
adultery of Manannán etc. 3649—3671.
aera 6304.
ale (*cuirm, linn*) 2445. 2449. 4603. in elfmound 642.
alehouse (*cuirmthech*) 1229.
altars, erection of, 1499.
alum, fortress whitened with 1260. 1280.
angels 3974. 5407. 6308. 7735, bless water 2644. Patrick's guardian 294.
antler (*benn, congna*) 900. huge 2744.
'apostle of the Gaels' island' 6341.
'apple round spearpoints' 2050.
applegarth 6204.
apples 472. 813. 815. 2739. 6280.
apple-trees 6281, of Fid Omna 437, in Créde's house 811.
apportionment of eric 3036.
armour, burial with 2057. 2076.
arrow 6057 n.
aspergillum (*asriat*) 66.
assembly (*airecht*) 597. 7270. 7752. (*airechtus*) 2200.
assignation (*bandál*) 1228.
athlaech (a man who becomes a monk in his old age) 2351.
award (*breth*) 3023. 3031.
author (*ugdar, údar*) 2593 n. 7257. 7833.

badger 1766. 2630. 2672. 7392.

barren woman 8002.
baptism in wells 81, of Cáilte and his comrades 314—318, wave of Christ's 317, by Patrick 2698.
basin, golden, 202.
bath 6005, daily 7972, containing fairy herbs 987.
battle of Ventry 823, Oscar's first 1022. of Mag Mucruime 1159. of Moira 2668. Samain 1165. Cnucha 1670 2526. Cuire 2296. Tráig Rudraigi 3192. Gáirech and Ilgáirech 3441. Tulach in máil 4749. Tráig Eothaile 6526. see challenge.
battles in which the Fianns were destroyed, 1, 2. 33. 1095.
beamends, boat on 3785.
beagles 502. 7388.
beard 380. 6018.
beating hounds and servants 565.
'bed of leeching' 7186. Créde's 792. Cormac Cas', 1174. hound's 5495, 5510. *imdas* spread 1467, see rushes.
bedfellow 2467. 2789. 4106, king's (*fer leptha ríg*) 3478. 7752. Find's hound 2206.
bedhouse 26. 4047.
beheading foes 247. 1739. 1921. 6498. 7715.
bellies of cows, swine and sheep 924. 925.

336   Index of Things.

bells 2411. 2610. Moling's *Bennán* 2682.
beltane 731.
betrothal 1025. 2775. 3075.
bills of bone 6275, 6347: of iron 1630.
bird with iron beak and tail of fire 1630.
birds of Aran 338. from oakwoods 732. of Land of Promise 7204. fairy birds 799. out of hell 6288. see fowling.
bishops 109. 292. 3443.
bits of gold 244.
blackberries (*sméra*) 344. 729.
blackbird (*lon*) 848.
blackening eyebrows 782.
blessing a rath 59, food 109, water 1224. 6774. a hill 1319. by Patrick 2698. a homestead 3973. a stone 5406. the provinces of Munster 6391. the elves 7225.
boar 914. 1787. hunt of, 2224—2233. 7390, Diarmait killed by, 1516. killed by Cáilte 1555.
boat (*curach*) 740. 3744. 3755. 3763. (*ethar*) 4742, (*lúbarc*) 6504. 6920.
body see weight.
bogberries (*monainn*) 342.
book 608.
books of Hours 2610.
bowing to Patrick, 2350.
box (*comra*) of shields 319. 1645. 2373.
bragget (*brogóid*) 2445 n.
bragging 1651.
brain, Cormac Cas' 1169. Mes gegra's 2394.
breastplate, golden 5922.
breath of hound 5585, fiery 6276, 6347; of druidess 7472.
bride-price (*coibche*) 669. 2772. 3900. 3918. 4072. 4074.
bridle 242. 243. 3929, golden 3776. see bit.
brine 4741. 6252.

bronze, white (*findruine*) 972.
brooch (*delg*) of gold 367. 471. 958. 3488. 3641. 4202. 4858. 5375. of silver 956. 1563. 3347. of iron 3504.
brooklime (*fothlucht*) 88. 2336. 2369.
buffoon (*genaide*) 583.
bulwark of shields (*amdubach do sciathaib*) 873. 4418. 5889. 6939.
burial with armour 2057. 2076. 3176.
burial-mound (*carn, fert*) 2039. 2097. 2375. 3189.
burial-place (*reilec*) 1320. 4514. (no).
burning women alive 1378. the country 4513.

cairn 2039. 2375.
camp (*longport*) pitched 6565 n. 6604. 6608.
canonical hours (*tratha*) 2610. 2955—2965. scriptures 2885.
canticles, heavenly, 2614.
cantred (*tricha cét*) 2729. 3580. 5691. 5779. 6272. 6689.
'carbuncles' of white bronze 3938.
casting (*focherd*) Cúchulainn's 2316.
cattle (*crod*) 828.
causeway (*tóchar*) 695. 1237. see road.
cavalcade, elfin 3308.
celebration 2610.
chain, iron 1900. golden, 2758. silver 3928. of Lug mac Ethlenn 2058. 2075. 2081. 2374. dog's 6199.
challenge to battle 4511. to race 3964. 5645.
chalk of shields, 7588.
chanting the dominical canon 58.
chaplain (*sacart méise*) 487.
chariot 260. 2823. 3047. 3440. and pair 2198. 4908. 6666. given to Cáilte 6645.
charioteer 5742.
charm (*sén*) 1762. 6320. 6337. 6331. 6246.

chastity 3815.
chiefs, the five best, 2565—2570.
childbed, death in 1256. 3091. 4112.
childlessness 4833. see barren woman.
children, gentleness to 1586. see Elf-woman.
choice of every liquor 5576.
church to disseminate the gospel 1007. share of, 924. 925. 2341. see canonical hours.
clerics, Patrick's, 77.
clouds, fall of evening, 10. regarded as oxen or cows 1620 n. of day and of night 7291 note. omens from 7579—7596.
coal 3953. 6639.
cock-crow 4002.
collar, hunting (*muince selga*) 1981. hound's (*muince con*) 5326.
Colloquy of Líbán and Cáilte 3210—3241.
colours, of birds of Aran 338. dress of all, 414. 2803. 3423. hound with all 5454.
compensation for homicide 1999 n.
compline 2962.
computation (*rím*) 6293.
concert (*coicetul*) 7381.
conspiracy (*coccur*) 6086.
conversion of Connaught 1005.
cooking 732. 1546 and note, (*fulacht*) 2621.
copper javelin 1911.
Cormac's Glossary 1384 n. 5849 n. 6017 n.
corn (*arbar*, gen. *arba*) 4459.
counsel to Mac Lugach 580—605. profitable, 7425.
counting of hounds 189—193.
couple, married, 820. of every wild creature 3615. 7371.
coverlet (*colcaid*) 780.

covenant with Find 253. 561. 5458, with king of Erin 1691. with Goll 5976. extorted 3557—3566.
cow (*erc*) 452.
Creator (*Dúlem*), lauding the, 59. 2885. 3533. 3991. wish of the, 1331.
cross at Cael's head, 852. erection of 1499. spears crossed 6714.
cross-vigil 1497, 4599.
crownprince (*rígdamna*) 2460.
cuckoo, call of, 335. 800.
cuckoo-pint (*gegar*) 96.
cup (*copán*) 122. 3791. 4957. 5018. 5095. *cuach* 5575. 5670. 6006. *baiglenn* 7174.
cupbearer (*dáilem*) 4607.
curse (*mallacht*) 4839. 6710. 7331.

deacons 3443.
dead, raising the 713. watching the 5481. seeing the 5482.
deadly property of Cael cróda 214—216. deadly leap, see leap.
death in childbed 1256. 3091. 4112. from horror 2832, from grief 2836. see pillow-death, sudden death.
dechned 5053 and note.
deer (*doim*) 94. 914. 1507. *damrad* 497. see doe, stag.
deerhound, Find's 2204—2215.
demons 67—70. 1498. 5404. 6307. 7770.
desel, walking 5418. 7915.
dew 385. 5219.
dharna 377 n.
diadem, 4944. 5892. 5923. 6831. 6980.
diminutive 1876 n.
dindšenchas 2436. 2593. 4787. date of, 53 n.
disciple of Patrick 2396.
disease, freedom from 6403.
Dith Bécáin 828.
divination, by Find 203, by Cainnel-sciath 7579.

division of Ireland 2472—2476. see provinces.
doe (*eilit*) 850. 914. 3512. milked 6582.
dog (*gadar*) 193. 344. (*madra*) 1900. see beagle, deerhound, hound, pup.
Doomsday 2398. 2864. 6657.
doorway, arched 5821 n.
dord fiansa 760. 881.
dotard 2351 n.
dove, soul in form of, 1080.
down (*clúm*) 780.
draining Loch Lurgan 4534—4537.
draughtboard (*fidchell, brandub*) of Crimthan Nia Náir 3945, of Cáilte 3949. 3951 of Goll, 7805—7811.
draughtmen 7810.
draughts (*fidchell*), match at, 1337— 1350, 1374, 7054.
dream (*aislinge*) 748. interpreting 3151.
drinking-horns (*cuirn*) 21. 122—126. 132—162. 418. 1695. Find's 5501.
drinking-house (*tech n-óil*) 598. 681. 1636. 7231.
druid see wizard.
druidess 7470.
duel 7477.
dulse (*duilesc*) 737.
dust and ashes 5585. 6336. 6340.
dwarf (*abacc*), bed of the, 7978. see mannikin.

eagle 7774.
earth, Bécán swallowed up by, 521. and Ailill king of the Dési 4520.
ecclesiastic (*mac ecalsa*) 2933. 2943. 6771.
eels 734.
ἐχεχειρία 1677 n.
elfmound (*síd*) described 5017—5033, digging-up 5136. see *síd* in Index of Places.
elfwoman carrying off child, 4637.
elopement 2975. 2981. 3393. 3816.

embroidery (*lámda, druinechas*) 673. 7312. 7321.
emetic 7151.
enamel, red (*cruan*) 810.
enlistment, forcible, 3566.
envy (*format*) effect of, 5840.
equative 5943 n.
eric 1999. 3033. 3039. 6155. 6165. 7085. 7125.
eulogies 4669.
evil eye 5849.
exhibition by girl 6382.
eyebrows blackened 782.
eyesight, measurement by, 5400.

fairy sweetheart (*lennán síde*) 748. 2400. birds 799. deer 1084. herbs as philtres 985.
family (*fine*) 2948. 4836.
farewell, bidding, 825. 1937. 2880. 3045. 3716. 5385. 6390. 6826. 6888. 7279. 7410.
fasting for land 377. by the king of Munster 5408, *trédan* 519.
fawn (*láegh*) 94. 347. (*oissén*) 6283.
Faust cited 5576 n.
fear, green with, 5714, of God 6378.
Feast of Tara 1677. 1680 c. lasted six weeks 5367.
feathers, dress of, 6017 note. see wings.
feats 5810. 5820.
fee for baptism 320—322, for gift of sword 2285. 2291. for poem 1069. 3252. 3472. 4621. 5488. 6098. 7489. for leeching 5261. 7035. for marriage 7834.
fenced grassfield 2309. 7602.
feud (*fala*) forbidden at Feast of Tara.
Fiann, destruction of the, 1093—1097.
fiann-booth for cooking 1514.
Fiann-chieftainship 2286. 2295.
fillet (or snood) of gold 382.

fire, kindling 1374: from mouth 1665, fort attacked with 2154. 2168. 2651, thrice a year 5546: wall of, 5188. 5562. 5570. 5583. 6089. of hell 6258.
fires, at Beltane and St. John's eve 2868. the three last, 5409. and note.
fish (*iasc*) 95. fisherman (*iascaire*) 5967.
fishhook (*duban, aiccill*), wonderful, 7271.
fishing 2889.
fitting spears 4901—4906.
flax, see spearthongs.
Fled Bricrenn 5679 n. 7679 n.
fleet (*coblach*) 6857 (*loinges*) 6977.
foals (*serraig*) 167. 258.
food 28.
footwashing (*ósaic*) 4195. 5033. 5059. 5528. 5668.
foreigner (*allmurach*) 3610. 6052. 6477. 6939.
forkpole (*gaballorg*) 2442.
fortnight 3975. 5367.
fortress 424.
fosterbrother 4846.
fosterfather (*aite*) 364. 2987. 6413. 7463.
fostering 2024. 2113.
fosterling (*dalta*) 198. 2113. 4046. 4685.
fostermother (*muimme, buime*) 364. 747. 6413.
fowling 1846.
fox 'the wild dog of two colours' 846.
'free circuit of Ireland' 7959.
Friday, journey on, 772.
fringe (*cimais*) of silver, 367.
frontlet of gold 957. 3895. 5640. 6669.
'fulfilment in our tongues' 120.
funeral game (*cluiche cáinte*) 2850. 3102.

games, in Manannán's house 3796—3799. see draughts, funeral game, hurling, swimming.
generosity of Find 116. 117. 500: of Oisín 217—222: of the king of Connaught's sons 3120. of Cascorach's gillie 4622: the five most generous 2561—2564: the four most generous 3270—3272.
gentian (*crem*) 730.
gentleman, duties of, 580—605.
gentleness 605. to women, children and poets, 586.
genuflexion 876. 2260. 3490. 3712. 4457. 5378. 5391. 6396. 7829.
giantess 5920—5925. 5945.
gifts by Find to Cama 19. on marriage 410—435. from wooer 5693.
glass (*bus*), goblets of 122. 5018. 5096. *glan* 807.
glove removed in making contract 5972.
goad (*brot*) 2201.
goblet (*bleide*) 122. (*escra*), Find's, 2192—2194.
God, Find and the Fiann's knowledge of 1457—1484. prolonged Cáilte's life 2968.
gods (*dee*) adjured 5994. 6987.
Goibniu's ale 6402. 6806.
gold, goblets of pale, 122. basin of pale, 202. bridle adorned with 242. of Arabia 1658. 6200 n. of Ealpa 791. dogchain of 6199.
gospel 316. 7829 of Patrick 1006. 5385.
"gospel - penny" (*screpul soiscéla*) 3711. 5393. 5907.
grass (*fér* gen. *feoir*) 386. grassblade (rushlet?) (*feóirnín*) 6307. 6308.
gravemound (*fert*), huge, 2097. opened 3189.
graveyard (*relec*) 1320.
grazing 2805.
green (*faithche*) 291. 2658. 3307. 3638. 4121. 4462. 5087. 6363. 6929. 7104.
greyhound (*mílchú*) 344. 447. 1940.
grief, death from 1150. 1152. 3405. 4168. 4171. 5718. 5857. 7491. animals dying from 835. 842.

grinding weapons annually 4197. 4465. 4495.
guardian angels, Patrick's 294.
guesting 12. for a night 7298.
Gulliver's Travels 5948 n.
gulls (*fáilinn*) 351.

haematinum 810 n.
hair, yellow 381. 779. 2166. 2706. 3704. fillet for, 382. hair against stream, cutting, 6986.
half-quatrains, matching 3257—3264.
halloneve (*aidche samna*) 7626.
hand in making covenants, 562. 1760. 1763. 3782. see glove.
handbells 327.
hare (*mil maige*) 7388.
harp (*crott*) 450. 625. 648. 649. hung on corners of couches 7194.
hawthorn (*scechaire*) 729.
hazel, (*coll*) 349. 729. staff of white, 3489. 7601. loop of white, 5201.
head, enormous 2077. see worm. beheading.
head-ache 7500.
healing sick 929. see herbs.
hearing, the man of, 6565.
heart, Patrick's, 1222. broken 5717. 7289.
heaven granted by Patrick 1090. 1330. 1493. 3475. promised by Colmán and Eoganán 3045.
height of the Fiann 76.
hell 1852. 6250. 6257. 6262. the Miller of, 6332. Airnelach released from 1080. birds out of, 6288. wind of, 6276 n.
helm (*lae*) 4691.
helmet (*cathbarr*) 232. begemmed 1130. of gold 5893. 7930. on woman 5991.
herbs of healing 1932, dewy 5219. 5227.
herds 514. 1882. 5985. (*alma*) 4189.

heron (*corr*) 845.
hills, see limbs.
hind see doe.
historian (*senchaid*) 2589. history (*senchas*) 2947. 4497.
hocky (*immán*) 1207. 4088. 6900.
holly (*cuillenn*) javelin of, 1156.
holy water 66. 1224. 6783. 7504. 7508.
hood (*culpait*) 1219. (*cochall*) 4608. 4889.
horn (*adarc*) 1269.
horse, 241. Cailte's race with Find's 1595—1618. Cúchulainn's, 2318.
horses of the Fiann 166. 257. 264— 285. of Cúchulainn 5740. not at first used by the Fiann 257.
horse-race 15.
horse-rod (*echlasc*) 2318.
hospitality claimable 42 n., of Berrach Brec, 2108. of Cellach Braenbili and Moling the Swift 2639.
hostages, (*bráigit, eteri, géill*). chained 2058. feeding, 4761. demanded from Find 4776. of the Tuath dé danann 2059. 5368. 6931.
hound, wondrous 5454.
hounds of Find 189—193, of the Fiann 5334—5338.
hours, Patrick chanted his, 1319. eight canonical 2359. books of, 2610. saying the 2880. 3959. 'son of the hours' (*mac na trath*) 6769.
hunt of Benn Étair 171. the Fiann's best 329. of Benn Boirche 3203— 3246: from Berrobal 3979.
hunting, privilege of 2293.
hunting-mound (*duma selga*) 237.
hunting-collar (*muince selga*) 1981. 1986.
hunting-nets 4424—4429.
hunting-preserve (*lubgort selga*) 484.
hyacinth (*buga*) 795. 6637.

Index of Things. 341

idols 1500.
Iliad, see Homes, Index of Persons.
images (*arrachta*) 1500.
impregnation by star 2620.
incantation 6247—6258: 6632—6344.
incest (*col*) 589. of brother and sister 541. 4699.
infant 7991.
ingot (*bruth*, *tinne*) of gold 3710. 3941.
inkhorn (*adarc*) 608.
instrument of music (*crann ciúil*) 617. 3456. 3480.
iron, chain of, 1900. vessel of, 3543. spearpoint 1718 n.
islands, 2086. 2902. escape to, 2053. (*inis*) 2920.

javelin-throwing 226 n.
jaw (*glaine*) 2210 n.
jealousy (*ét*) 3741. 7488.
journey (*turus*), see Friday.
judges 3031.
justice, Find's, 2384.
juristic formulae 520 n.

Kalevala 888 n.
kennings, 586. 2050.
kerne (*ceithern*) 524.
king, diadem of, 5892. king's shoulder, man of a, 2361. king's presence, man in, 2362. marks of a good, 3050. king's bedfellow 3478. king's pillars (supporters) 4182.
kiss 7417. three kisses 1567. 2367. 3663. 6832. 6905.
knife (*scian*) 3933.
knowledge, tooth of, 203 n.

lady (*dagben* pl. *degmná*) 2893. 4848.
lake, draining 4524.
lake-monster (*péist*) 2391. the *smerdris* 4528. 4546.

lamentation for the dead 840.
lampoon, (*glámad*) poet's 1070.
land refused to king's sons 397: given to the Fiann 2469.
Land of Promise (*Tír Tairngire*) 366. 3786. 5226. 7204. 7268.
lapdog (*crannchú*) 5573.
lapful (*urtlach*) 472.
lay (*láid*) 818. 2955.
leap, Find's deadly 254. 1766. 2538. 2873.
leashes 1565. 3208.
leeches, the five, 2545—2548.
lid (*faircle*) of well, 3603. 3624. over draughtboard 7803.
life of Find (230 years) 2538.
limbs of defeated invader distributed among the hills 4782.
lime (*ael*) 784. 1280.
lintel (*fordorus*) 789.
longevity 254 n. 2538.
lord (*ruire*, *tigerna*) 592. 594. (*coimdiu*). see oblation, Son of God.
lots, casting 1290.
love won back by philtre 987. for Ciabán 3739. from reputation 4672. first 7532.
lunatic (*geilt*) 2668 'the flighty man' 2679.
lute (*timpán*) 450. 1664. 3793. (*mennchrott*) 4080 n. 6831 n. 5552. 5610—11. 7055.

madness caused by potion 4963.
magic mist 5235. 5239. 7505.
malt (*braich*) 810.
mannikin minstrel, Find's 619—629.
mantle (*brat*) 956, (*faideran*) 2440.
mare (*láir*) 167, (*bainech*) 256.
marriage, alliance by 442. first Christian 7832.
massbells 2610.
mast 95. 343. of ship, 5924,

Index of Things.

match at draughts 1337. at draughts and running, 7632—7642, between man and horse, 1595—1618.
matins 2964.
mead 2445, water changed to, 420. drunk in elfmound 642. vat of, 7339.
measure 5838.
memory, Cnú dereóil's 630. 631. potion to strengthen 7259.
messenger (*techt*) 2783. 6391. 6930. (*techtaire*) 4423. 4425. 6242. (*fessa*) 5384. (*echlach*) 586. 3025 n. see she-messenger.
metres, see *randaigecht, rindard*.
midsummer-night 2867.
milk 829. 2070. 2309. 7970.
milking hinds 6582.
miller, of hell 6332. see she-miller.
minstrels of Bodb Derg 431. of the Fiann 611. 5295, prophecy as to Irish 3475.
minstrelsy, blessings on, 3475, like the music of heaven 3485, payment for 4064. 4621.
miracles, Patrick's, 6310. 6373. 6772.
missals (*lebuir oiffrinn*) 328.
mist, magic 5235. 5239.
mnemonic potion 7259.
modesty of Cáilte, 2455. 5035. of Ossian 7965.
monastery of Drogheda, 53. of Clonmacnois 1837 n.
monk, 3498. see *athlaech*.
monogamy 3333. 6406. 6410. 6679.
month 3975. of *trogan* 333. with three moons 6296. 6313: without a moon 6295.
moon, rising of the 2933: fifteenth day of, 3734: see month.
music, sleep caused by 432; three kinds of, 449. 450: customary 460. see singing.
musicians of the Fiann 650. 6590. of Crédo 777.
mustache (*féssóc*) 6019.

nails dyed, 782 n.
names from words etc. at birth, 550.
nets as fuel 5524 and note thereon.
nets, hunting, 4428.
niggardliness punished 4833, 6332—5, of Cellach son of Blacktooth 5524.
nine pillars of gold 1299, nine vestures, shields, spears, swords, hounds 1862, nine tusks of boar 2225. nine chariots, four sets of, 3865. nine fostersisters 4148. 4676. nine sons of a true chief to fast with king of Munster 5408. nine best cows carried off 7626. nine attendants of queen 7413. nine witches 6763. death before or at end of nine days 216. 5850.
nine-stringed harps 3793.
ninth wave 3777.
nocturn 2963.
nones 2960.
noon (*medónlae*) 2959.
nuts 349. 472. 729. 2738. 3085.

oak 343.
oath 2580. 2869. 5775. 5936. 5939. 6162. 6376. 7246. *mo debroth* 6648. 6733.
oblation of the Lord's Body, 2611.
'odd-drove' (*corr-imirche*) 4978.
Odyssey, see Homer, Index of Persons.
offer of jewels to Cáilte, 6528.
ogham, names in, 2849. 3103. 3195. 6748.
old men, not to be carped at, 598.
ollave 300. 2590. 7257. 7885. of the Fiann 1357. of the Tuath dé Danann 3352. of Manannán 3811.
ollaveship of Erin 7894.
omens from clouds 7579.
ordeal 7995—7998.
ornament (*comcor*) of Find's sword and goblet, 2193. (*imdénum*) of drinking vessel, 6015.
osier (*birgass*) 3798.

otters 735.
ounce (*uinge*) of gold and silver 321. 412. 668. 972. 1340. 1360. 2681. 2744. 2758. 3711. 3924. 7120. 5594. 4063. 5489.

paddock, fenced (*lubgort gabála*) 3890.
palace (*bruiden*) 454. 967. of Créde (*rigthech*) 756. 772—819. with seven doors 1378. 2731. of Manannán 3799.
palm of hand 6009.
pangs, three 7488 n.
parricide 1239. a well affected by, 3635. 7513. 7521.
parturition 543.
pasture-field 4181.
paternoster 6820.
peacemakers 3121.
pen 609. 2894.
penalty fixed by weight, 3033 n.
phalanx (*cathgrinde*) 2153. (*luathgrinde*) 2819. 4417, (*cipe*) 6623.
Pharsalia 4782 n.
philtre 985.
pilgrims 2431.
pillars of gold 1299. king's 4182.
pillar-stone (*coirthe cloiche*) 1081. 1945. 2702. 3450. 3940. 4464. 5592. 7343. 7350. 7801. 7845. (*liacán cloiche*) 1173.
pillow-death 3590.
pipe (musical) 1718. 6100. (*cuislenn*) 7056. pipe-tunes 5030 n.
pipe (*fetan*) of white copper in mantle 2441. 7600. used as a cupping-glass 7222.
plebeian (*aithech*) 2518.
ploughlands (*seisrecha*) 4210.
plunderer (*foglaid*) 478. of the church 1851.
poem (*duan*) 755. 769. 1067.
poet of the Fiann 3017. 5302; the five poets 2549—2552, poets' tabular staves 300. 'Garth of the Poets' 2714. 2734. poets' trains (*cliara*) 2725. 2734. togas, 6017 n.
poetry, rewards for, 3252. 5488.
pole, head placed on, 1740.
polygamy 965. 4955.
popular etymology 2773 n.
potion, curative 6805. see emetic.
prayer 128. 288. to God 3046.
preaching 4823. 4830.
presbyter (*cruimthir*) 2883.
preserve (hunting) 484. 488. 2598.
priests 109. 292. 'priest of the table' (*sacart méise*) chaplain 487.
prime 2958.
privilege of hunting 2293. 5281.
promise 4076.
pronged javelin (*foga fogablach*) 6868. 6948.
prophecy 499. by Cnú Dereóil and Bláthnait, 678. 679. on *samain*, 3864. by Find 6628. by Eogan 7021.
prophet (*fáith*) Find was a, 1456: four Gaelic prophets 2664. Eogan *fáith*, 7014. 7027.
proverbs 1384. 3669. 4480. 6214. 6215.
provinces, of Ireland 2264. 4129. 7789. of Munster 5759. 6390.
provincial kings 1706. 3889. 5272.
psalmodists 109. 292. 3443.
psalters 327.
pupil, benison of 7891.
pup (*gaidrine*) 193.

quarrel (*bruigen*) 3395. 3402.
quartill, year of 6297. 6312.
quatrains, Find's three pacifying 3878. half-quatrains 3257.
queen (*rigan*) 503. 1056. 4691. 7414. diadem of 4944.

Index of Things.

racing (*graifne*) 452.
rainbow 6017 note.
rakshasas 733 n.
randaigecht 446 n.
ransom of foreign slaves 1992: of Find 4977.
raven (*branén*) 5191. three ravens (*fiaich*) 7045. 7060, (*badb*) 7590.
reaping 4211. 6274. 6317.
recensions of sages (*slechta suad*) 2590.
remembrance, drink of, 7259.
requiem 3046.
retreat, covering, 2137.
revelation to Find, 203.
rib (*esna*) 4773.
rindard metre, 1032 n.
ring of gold 972. 5942, to test efficacy of rule, 4469. 4484. given to artist 6078.
rivets of gold 1658.
road (*rót*) 2348. 3439. (*slige*) 3918. see causeway.
roaring of shield 864.
robber (*díbergach*) 479.
robe (*tuignech*) 3745.
rooftree (*féice*) 3799. 4797.
rowan 2314. 3439. 6282.
rowing 6065.
rule of Patrick 2698.
rushes, beds of, 784. 7972. monster bound with 2397. see sedge.

safeguard (*comairce*) 593. 5971. 6077. 6463. 6465.
sage (*súi*) 2590.
sails 3820, sailtree (= mast) 5924.
salmon 699. 734. 2332. 2335. 2371. 2475. 3513. 3761. 'salmon of gold' 2531, 'salmon of the princedom' 64.
salutation 2443. 3746.
samain, prophecies on, 3864. grinding weapons on, 4465, eve 7047.
samasyâ 3259 n.

satin 3348. 4857.
satirising (*áerad*) 1071.
scales (*meid*) 3033.
science, rewards for, 3253. 3343.
scitlivissi 5297 n.
scribe 607. 870. 1062. 1311. (*scribneóir*) 3450.
sea (*muir, ler*), dangers of, 741. 2214. 3838. depth of 6064. birds from western 6275.
seafish 736.
seafruit (*morthorad*) 2475.
seals 3151.
sedge for thatch 1545.
sempstresses 5537.
sermon 4823. 4830.
serried battalions (*catha cengailti*) 6509.
seven doors of a palace (*bruiden*) 1378. 2731. seven poets 5487, seven envoys to Patrick 6386.
servant (*gilla*) 198. servants (*gillanrad*) 566.
shame, death from, 2989. 4165. 4171.
shape-shifting 2401. 2402. 5104. 5679. 7037.
she-captives 7328: she-chief and custodian 15. 16. she-cook 429. she-deceiver 751. she-leech 1744. she-landowner 1877. she-messenger 1286. 2997. 5678. she-miller 4855. she-minstrel 5098. 7205. she-physician 1744. she-slave 954. 7222. she-warrior 4535. 6858. she-wolves 7676.
sheep 452.
shield whitened 231. 1564. 7588. dun-crimson 873. purple-red 6022. box of, 1645. 2373. *amdabach* of, 873. 4418. peg of, 1632. buried with owner 2076. branchy 6022. chalked 7588. 'shield over track' 2137 n.

ship (*long*) 6920.
shirt 2442. 4802. magical 7267.
shoes (*assa*) 384. 1127.
shoulder (*gualu*), see king.
shouts, three 3011.
sick, healing 714. tending 828. healed by water of Uaran Garad, 1333.
sickle (*corrán*) 6985, where it means a sickle-shaped barb.
silk 471. 3348 (*siric*) 1128.
silver, bridle, 244. fringe 367. shoes 384. 1127. lintel 789. leashes 1565. thirty *conglanns* of white, 1087.
singing (*dordan*) of ladies 2893.
sins, eight capital 2955—2965.
Slánga-pig 2235. 2246. 2304.
slave 954. 2251. 7222. 7395. from over-sea 1992.
slavery 3690.
sleep at fairy music 433. 798. 1668. 1700. 1727. 3469. 4620. 5609. 7794.
slings of shields 3160. 6059. 6742.
sloes (*áirne*) 344.
slough (*lathach*) 702.
smock (*léne*) 3710.
snowstorm 3508. 5012.
sockets of gold 761. 874.
'sod for scrutinizing wisdom' 6191. gravemound of sods (*fert fótbaig*) 1021. 1243. 1586. 3187. 3704. 4174. 6634. 6787. 7823.
sodomy (*luige claen*) 589.
solitary tree against the wind 4640 n.
Son of God 2570. 2572. 2964. of Mary the Virgin 3525.
sorcery, see wizardry.
soul, gift for weal of Find's 523. in bird-form 1080.
soulfriends (*anmcharait*) 2616.
spawn (*iuchar*) 699.
spear reddened 341. riveted 423. withies on 722. withdrawn 4007. rack of, 1633. covering of, 1657. 1718. deadly 1994. whose cast never missed 1713.
spearcasting (*lámach*) 6. 224. 576. 1648. 1652. 2007. 2638. 2733. 4809. 5805.
'spearpoints, apple round', 2050.
spearshafts, trimming, 4899.
spearthongs see thong.
spencer (*ronnaire*) 3495. 3607.
spewing 7160 n.
spigots 3790. 4608.
spinal marrow, 1747. 5213.
squirrels (*togmaill*) 733.
staff (*trostán*), Patrick's, 1325. 6772. of white hazel 3489. 7601.
stag 175. 850. 1788. 3512.
stake (*gell*) at draughts, 1340. at race, 3965.
stake or pole for heads 1740.
stallion 256.
star, son of a, 2620.
steward (*rechtaire*) 1469.
stock of cattle (*crod*) 4188.
stockade (*sonnach*) 425. 1279. 4803.
stone over grave 867. 3174. 6748. 7876. walking round 4518. oracular 5406.
stories of the Fiann, a pastime 296—302. 7758. 7792.
storm at sea 3759.
story-teller, Find's old, 5297.
story-telling (*scélaigecht*) 3354.
stream, cutting hairs against, 6985 n.
strength of the Fiann 129.
striking a contract 5971 n.
strings of harp 3793 n.
'sucker' the, 4534.
sucking Cáilte's foot 7221.
sudden death by red spearpoints 1851.
suicide 7495.
sun, course of, 520: sets in *Tir na n-ingen* 5954.
'sundering of soul and body' 49.

sunrise 1740. 2709. 4645. 5441.
sunwise (*deisel*) 520. walking, 4518.
sureties 1705. 2121. 2294. 3026. 5702.
surf-riding 3824 n.
swallowing up, earth 521.
sweetheart (*lennán*) 6368. see fairy sweetheart.
swimming 498. 738. 3785. 7228—7230: three modes of, 3212—3. 7228 n. of deer 177, = career 45.
swine 348. 453.
swoon (*néll*) 6601.
sword 423. inlaid 1862. gilded, 3489. straight 3744. three hundred swords 1606, pillow of, 1632. Find's (the *Craebglasach*) 2275. gold-hilted 5375.
sympathetic roar of shield 864 n.

tablet-staves of poets 300. 2589. 3105.
tabus (*gessa* sg. *geis*) of Find 2865—2868. 4961. 5482. of a hound 6196.
tail of magic hound 5580. (*lae*) 6259.
Táin bó Cúalngi 2316. 3440.
targets pipeclayed 1564 n.
tasselled shields 6022 n.
tent (*pupall*) 251. 711. 795. 875. 1017. 1242. 1317. 2459. 7787. the moon's aerial, 2933.
terce 2958.
thanks 7232.
thatch of sedge 1545. of wings 787. 806.
thighs, playing harp between Find's 625 n.
thong of spear 232. 1737. 1811. 6941. 6997. 7664. 7709.
three battalions of Fiann 332. 568. 833. 3850. three fifties 764. 1296. 3442. three jets of water 1327. three birdflocks 7126. three kisses v. kisses. three days and three nights' hospitality 42. 42 n. 436. 1601. 1823—24. 2797. 3531. 7352. 7652.

7673. three drops of holy water 1226. three hundred cows, three hundred swords 1606. three warning shouts 3011. three bitchwolves 7676. three perfections of Echna 7425 n. three enneads 7896.
throne (*catháir*) 395. 790.
throwing javelins (*lámach*) 226 n.
thrush (*smólach*) 847.
thumb, Find's, 203. 1834. etc.
tidal wave, (*tonn tuili*) drowning by, 55. 1512. 2208. 6322.
timpán a stringed instrument 5551 n.
tinscra 4139. 4958. 5692. 5795. 6678.
tithe 919. 4825.
'tooth of knowledge', Find's, 203. 1414. 1835. 2408. 2607. 2662. 5416. -6627. front-teeth (*cláirfiacla*) 1352.
'track, shield over' 2137 n.
trail (*slichtlorg*) 2777. 7866.
trap (*sás*) 4449.
treasures of niggards 6332 n.
tree, a thousand of every kind of, 1464. torn up in wrath 1536.
tresses 5993.
tribute to chief of the Fiann 2293: to Cú-rói 6052.
trimming spearshafts 4899.
Trinity, belief in, 1854. 6326.
triple immersion 318 n.
Tromdám, the, 7683.
trout (*brecc*) 93. 350.
truth of the Fiann 129.
tunic (*cliabinar*) 1128.
tuning musical instrument 3465.
tutor (*aite, oide*) benison of, 7892.
Twelve Sisters, the 6250.

vat (*dabach*) 418. 3935. 7399.
venery (*fiannaigecht*) 879.
vespers 2961.
vessels (*longa*) 755. 756. 4691. 4741. 6504. 6993.

Index of Things. 347

vigour denoted by thumb 1834 n.
vision 3151.
volksetymologie 2773 n.
vomiting, liquor 5576: gold and silver 5496. Cáilte cured by repeated 7151—7176.
vuddha-pabbajito 2351 n.

wage (*tuarastal*) 322. 2866. 3176. 3362. 5301. 5592. 5839. 6108.
washing face, 202. hands and face 1833—34. 2979. corpses 4172. 4173n. fcet4194. Flann's 7189. 7215.
water, douching head with 1175: miraculously produced 1325: wall of 5189. see holy water.
watercress (*biror, bilar*) 88. 91. 2335. 2369.
wave lamenting 844. 855—858: speaking 6050. famous waves 3226—3231. three chief-waves 8000. sitting on a wave 3213. 'thick of the waves' 6064. wave-game 3824.
weapons buried with owner 2057. 2076. 3176. grinding Fiann's 4196. 4465.
wedding-feast, 820.
week 3687. 6357. 7617. seven days of, 5788.
weeping 24. 40. 888. 1520. 1952. 2658. 2838. 3265. 3379. 4198. 4845. 5250. 6432. 6533. 7200.
weight of body, fine fixed by 3032: used as a measure 5693.
welcome for month, quarter and year 690. for three nights, 7352. for three years 2731 n. by maidens, boys and warriors 2706. in elfmound 2795. by king 3054. 5765. 6444. by Patrick 4523. from Halloween to Beltane-eve 3497. to Cáilte 6901.
well, baptism in, 82. virtues of Uaran Garad 1328—1331. gushing forth 2811. discovered 3592. drying up from fratricide 7510—7513. 7521.
wergild 1999 n.

whale (*mil mór*) 5679.
wife (*ben, banchéle*) 555. 582. 2066. 2106. 2271. 5540. fortune or misfortune from, 408. the four best wives 2101—2106. third wife 2119.
wild swine 93.
wind against a solitary tree 4639. of hell magical 5581. from wings 6277. 6276n.
windfall (*turchairthe*) 628. 647. 682. 6611. 7982.
window, gilded 1632.
wine, brine changed to, 420.
wings used as thatch 787. 806. see feathers.
winter 3515.
wise women 7425.
witch (*ammait*) 585. 3963. 6763. 6780. (*bandrái*) 7468. 7470.
withies, charmed (*fethana fithnais*) 722.
wizard, Find a, 1456. five wizards 2541—2544. interprets dreams 3151 n. Créde's wizards 777. Medb's wizard 3863. expulsion of wizards 1498. wizards from Germany 4535.
wizard's knot 938.
wizardry 1500.
wolfdogs, huge 62.
women, gentleness to, 586.
woodcocks, 735.
wooing of Créde 765, of Áine 3063.
wool of the Land of Promise 366. 7268. of wethers, 5226.
worm in Conán's head 3590.
wounded men sleeping at fairy music 798. tending, 828. supporting clothes of, 5201.
wrongful cause, fighting in, 3018 n.

year of *quartill*, 6297. 6310.
yellow hair 381. 623. 779. 2166. yellow silk 3348. 3641. 7660. yellow world 592 n.
yew, vessels of, 110. vats of, 3790. 4608.
yoke (*cuing*) 1300. 5943. broken 6635

Index of Persons.

(Bare numbers refer to the lines of the text: numbers followed by n. to the notes. b. = ben *wife:* i. = inghen *daughter:* m. = mac *son.* References to the *Dindsenchas* (Dinds.) are to the edition of the prose tales in the Rennes *Dindsenchas, Rev. Celt.* XV and XVI. References to the *Cóir Anmann* (CA.) are to the edition in *Irische Texte,* Bd. III.)

Abartach 3021.
Admallán, rí Laigen 1066.
Admall 3415. 3433.
Ae m. Allguba 6441. see Dinds. 69.
Aed 4985.
Aed Aileain a Rachrainn 5122.
Aed Álaind m. Buidb Deirg 2716. 2733.
Aed Becc m. Find 2123. 3091. 3981. 6569.
Aed Donn m. Fergusa Find 1024. 1049. 5748.
Aed Essa Ruaid see Aed Minbrecc.
Aed Lethderg m. Eogain 311.
Aed m. Aeda na n-abusach 415. 3643.
Aed m. Aeda Rind 3554.
Aed m. Echach Lethdeirg 4089.
Aed m. Fidaig 1047. 3116.
Aed m. Find 3597.
Aed m. Garaid 1955. 2179. 2221. 2248. 2282.
Aed m. Midir 5222.
Aed m. Muiredaig 1206. 1227. 6358. 7729. 7842.
Aed m. ríg Caille in chosnuma 4550. 4573.
Aed m. ríg Ceneoil Eogain 4559.

Aed m. ríg Laigen 4807.
Aed Minbrecc m. in Dagda 1623. 1649. 1783. 6803. Aed Essa Ruaid 1561. 5126. 6901. see Dinds. 91.
Aed na n-abusach 3643.
Aed rí Connacht 7513.
Aed Rind m. Rónáin 3553.
Aed Uchtgel 5644. 5675.
Acdán 4570.
Aedán m. Blac Aeda 2355.
Aedán m. ríg Ulad 7856.
Aehel m. Domnaill Dubloingsig 4659.
Ael m. Dergduib 1155.
Aencherd Bórra 2913. 3391. 3399. 3403. 3405.
Aengus a cuiced Laigen 4548.
Aengus ain 2563.
Aengus Angluinne 276.
Aengus m. Buidb Deirg 2717. 2723. 2732.
Aengus m. Mugna 2355.
Aengus m. Natfráich 5515. 5910, king of Cashel temp. Patricii, Trip. Life 194. 196. 250.
Aengus óc m. in Dagda 424. 5116: also called Aengus mac ind óc, see Dinds. 19. 32. 71. 79. 141. 149.

Index of Persons. 349

Aengus Tuirbech (Temrach) 2568. CA. 99.
Aengus Tírech 2785. 2807. 2825. 2974. 2980. 3022.
Ágh m. ríg na hIruaide 6122. 6125. 6189. 6210.
Ai Ard-uallach i. Find 6453.
Aibelán 294, aingel.
Aicher, Acher, m. ríg Caille in chosnuma 4550. 4573.
Aiffi Derg i. Chonaill 6671.
Aiffi Foiltfind i. ríg Ulad 1212.
Aiffi Ilchrothach i. Eogain Leithdeirg 6375.
Aiffi i. Ailb 4661. 4667. 4749.
Aiffi i. Find báin 7347.
Aiffi i. Iruaith 3389.
Aiffi i. Libra 3813.
Aiffi i. Midair 410.
Aige m. Iugaine 5003. 5010. 5253. 6154.
Ailill Ólomm m. Moga Nuadat (alias Eogan Táidlech) 1149: his seven sons 1157. CA. 38. 41.
Ailill m. Scandláin 4511.
Aillbe 134, Aillme 275.
Aillbe 2554.
Aillbe Armderg 6460.
Aillbe Gruadbrecc i. Cormaic 2104. 5288. 5314. 7506.
Aillbe i. Find báin 7347.
Aillbe i. Iruaith 3389.
Aillbe i. Midair 410.
Aillbe m. Máin 4989.
Aillén m. Eogabail 3649. 3667. 3682. 5123.
Aillén m. Midgna 1662. 1698. 1726. 1733. 1744.
Aillenn 147.
Aillenn Fialchorcra 7820. 7843.
Aillenn Ilchrothach i. Buidb Deirg 6370. 6415.
Aine i. Eogabail 3651. 3672. CA. 41.

Aine i. Mugduirn (Moduirn) 428. 3057. 3085.
Aingcél 6163. 6207. 6214. 6266.
Airest 54.
Airnélach m. Admalláin 1066. 1078.
Airitech gen. -tig 7683.
Alasc m. Aengusa 7958.
Alb m. Scoa, rí Lochlann 4661. (Is *Alb* for *Albdon* = Halfdan, Trip. Life 522?)
Alma 1255.
Amairgin fili. 2551. see the introduction to Dinds.
Annscleo 1598.
Anu, gen. Anann 774. 'the goddess of prosperity' CA. 1.
Araide (in Dál nAraidi, q. v.) m. Fiachach Finscothaig, CA. 249.
Aralt m. ríg Alban 4553.
Art don Maig m. Muiredaig 2357.
Art fer Clainne Morna.
Art m. Aeda 3128. 3137. 3169. 3180.
Art m. Cuinn Chétchathaig 1693. 4468. CA. 166.
Art m. Muiredaig 211.
Art m. ríg Alban 4553. 4573.
Art m. ríg Caille in chosnuma 4550.
Artrach m. Buidb Deirg 2716.
Artúir m. Bénne Britt 170. 176. 237. 258.
Artúr m. ríg Gallgaedel 4560.
Assal m. Úmóir 3855.
Aurora and Tithonus 1479 n.

Badgna (Badbgna) drúi 2543.
Baetán 3706. 3713.
Baetán m. Fir nairb 1051.
Baetán m. Gairb 309.
Bairnech m. Cairbh 7604.
Báiscne 3038.
Balb, in, 7285. 7289.
Ballgel a Síd Ochta Cleitig 5129.
Banb Sinna sciathbrecc 1998, ('Banb Sinna of the spotted shield') punc-

Index of Persons.

tuated in SG. II 151 as if three persons were intended.
Banba 2545. Dinds. 51.
Barrae m. ríg tuaiscirt Lochlann 4556.
Barrán 1109.
Bé-bind i. Alaisc 7958.
Bé-bind i. Chobáin 4888.
Bé-bind i. Chuain 4086.
Bé-bind i. Echach Leithdeirg 7732.
Bé-bind i. Elcmair 6804. 6904. 7139. 7146. 7180. 7241. 7258.
Bé-bind i. Muiredaig 2066.
Bé-bind i. Treóin 5956. 5997.
Bé dreccain i. Iruaith 6859.
Bé-mannair i. Ainceoil 5677.
Becc gilla na mBromac (?) 1574.
Becc Loingsech 54.
Béccán bóaire 4761. 7981.
Béccán m. Fergusa 480. 510.
Beccnait banbrugaid 1876.
Beithech 1109.
Ben mebla i. Rónáin 7468.
Beneoin (rectius Benén) mór m. Aeda 1091. 13328. 3498. 5393. 6640 = Benén, Benignus, Trip. Life, passim.
Bénne Britt 170. 237. 1158. CA. 220. Rev. Celt. XIII. 460.
Berrach Brecc i. Chais Chualngi 2105. 2144. 2165. 2271. 5836.
Berngal Bóchétach 5322. 5328.
Bind i. Mogduirn 7221.
Binde Bóinde 1469.
Blae Aeda m. Fergais 2355.
Blái m. Oissín 51. 101.
Blai rí Ili 4554. 4574. 4575.
Blat Breccduirn m. Aedáin 2355.
Blathmac Bóaire 7296. 7367.
Bláthnait b. Cnú dereóil 663. 677. 5299. 6079.
Bodb derg m. in Dagda 224. 390. 896. 1830. 2715. 2844. 3350. 4091. 5077. 5115. 5133. 5183. 6370. 7821. As to Bodb's elfmound see Dinds. 12. 55. 57.
Bolcán m. Nemid 6337.
Borbchú m. Trénlámaig 7480a. 7480d.
Bracan 1254, leg. Breccán?
Bran 4983.
Bran Becc ó Búadacháin 6586.
Bran m. Deirg 877. 920.
Brattán a Síd Ochta Cleitig 5129.
Brénann 1241.
Bressal 4983.
Brossal derg 1109.
Bressal m. Eirge 7951.
Bricriu, gen. Bricrenn 7689. 7717.
Brigit noeb, 5433. of Kildare, patroness of Leinster.
Briuiu 553.
Broccán scríbnid 607. 870. 1062. 1146. 1311. 3481. 3485. 7757. 7839. Perhaps the crumthir Broccán mentioned in LB. 220b (Trip. Life 574) as one of St. Patrick's waiters.
Brónach 7947.
Brothrachán 7762.
Buadnat i. Irhuaith 6250.

Cael cróda cétguinech húa Nemnáin 212. 744. 767. 834. 4853. 4863. In 863 he is called m. Crimthainn.
Caem m. ríg Dáil Aruidi 4552. 4573.
Caemgin 2420. 2432. Coemgein, Trip. Life, 398.
Caicher m. ríg Dáil Araidi 4552. 4573.
Cáilte Coscair ríg 1532. 3985.
Cáilte m. Crundchon, maic Rónáin 5. 73, but mac Rónáin 6578, visits Cáma 11—46, meets Patrick 52—78. 1790. 1806. his journey to Ráith Aine 3047. his colloquy with Lí bán 3215. his bride-gift to Scothniam 3918. journeys to Leinster 4108. refuses to be reshaped by magic 7040. collects a

pair of every animal as Gráinne's bride-price 3615. 7371. joins Patrick in Connaught 7742. at Tara 7884. 7964. his mother Ethne 6812. his drinking - horns 141. 159. see Dinds. 45. his hounds 5337. verses ascribed to, 91. 116. 125. 197. 210. 253. 264. 340. 446. 493. 534. 630. 726. 935. 990. 1045. 1077. 1086. 1163. 1181. 1230. 1262. 1302. 1475. 1529. 1535. 1580. 1606. 1612. 1791. 1839. 1926. 1957. 1975. 2017. 2055. 2128. 2165. 2210. 2354. 2384. 2491. 2741. 2859. 2892. 2922. 2993. 3094. 3224. 3324. 3364. 3428. 3515. 3606. 3674. 3719. 3833. 3921. 4013. 4062. 4071. 4114. 4159. 4165. 4170. 4490. 4517. 4566. 4687. 4739. 4764. 4786. 4807. 4875. 4980. 5450. 5485. 5503. 5600. 5650. 5870. 6125. 6264. 6352. 6512. 6750. 6810. 6923. 6946. 6972. 7001. 7008. 7018. 7031. 7069. 7077. 7108. 7235. 7344. 7365. 7370. 7377. 7429. 7453. 7576 note. 7668. 7713. 7915. 7926. 7938.

Caimín 6543.

Caince Corcarderg m. Find 226. 3699. 3701. 5241. 6567. 7855.

Cainén m. Failbi 1148. 1179.

Cairbre (Cairpre) 2555.

Cairbre Cas 1125.

Cairbre Cnesbán 749.

Cairbre fili 2551.

Cairbre Garbsrón m. Fiachach Fobricc 6551.

Cairbre Lifechair, ancestor of the Airgéill, 1876. 2382. 2389. 3283. 3295. 4468. 4474. 5990. 7941. Dinds. 4. 31. 117. CA. 114.

Cairell 1980. 1988.

Cairell gein Scáil 2586.

Cairell m. ríg Dáil Araidi 4552. 4573.

Caissirne drúi 7646.

Caithrí from Síd Droma Deirg 5130.

Callann m. Fergusa Find 5747. 5762. 5784. 5790. 5799.

Calpurn 1533. 3957, corruptly Alprand 57, Calpurnius diaconus, St. Patrick's father, Trip. Life 8. 16. 357. 494.

Cáma (Cámma?) 15. 23. 45.

Carbh (= Cymr. *carw*?), gen. Cairbh 7604. 7624.

Carman 1274.

Cass Corach m. Caincinne 3345. 3447. 3457. 4104. 4613. 4617. 4619. 4631. 4793. 6817. 6832. 6906. 6954. 7143. 7899.

Cass Cualñgi 2105. 2115. 2272. 3420. 6576.

Cass m. Cannáin 2515.

Catháir m. Ailella 1600. 1607.

Catháir Mór 5996, overking of Ireland from A.D. 120 to 123. Dinds. 18. 40. 102. CA. 40. 198.

Cathal, gen. Cathail 4982.

Cathal from Síd Droma Deirg 5130.

Cathal m. Cuinn Cétchathaig 2787.

Cathal m. Duib 2785. 2871.

Cathal m. ríg Ulad 7856.

Catharnach a Síd Droma Deirg 5131.

Cathbad drúi 2543. Ir. Texte II[a] 110. 118. 143. 170, where it is misspelt (by the scribe) *Cathfach*.

Cathmog m. Firchirp 7647.

Cellach Braenbili 2634.

Cellach caem 1102. 1105.

Cellach m. Duibdét 5522.

Cellach m. ríg Laigen 7859.

Cepán m. Morna 1012.

Cernabróg rí Inse Gall 4555.

Cernd (leg. Cerna?) rí Inse Gall 4555.

Cessán m. ríg Alban 487.

352 Index of Persons.

Cétach Crobderg 5963. 5965.
Cétne m. Allguba 6896.
Ciabán Casmongach m. Echach Imdeirg 3733. 3737. 3802. 3836. 3854. verses ascribed to, 3768.
Cian m. Cáinti 2559.
Cian m. ríg Sída Monaid 5125.
Cíarán m. in tsáeir 1837 = Céranus filius artificis, Trip. Life 104. 305. 318. abbot of Clonmacnois, Mart. Gorm. at March 5.
Cinaed m. Fiachach 2355.
Circall m. Airist 6484. 6523.
Cithramach m. Cumaill 532.
Cithruad m. Airme (?) m. Fir chóecat 5488.
Cithruad m. Fir-chóecat 1706. 3024. 5354. 5362.
Clidna Cennfind i. Libra 3813. 3812. In the Dindšenchas 45 her father is Genann mac Triuin. see tonn Clidna.
Cnú Dereóil 614. 632. 669. 5298. 6000. 6079, Find's mannikin minstrel.
Coban m. ríg Sída Monaid 5125.
Cobthach Cass, m. ríg Ceneóil Conaill 6703. 6750.
Coinchenn 97.
Coindillsciath drúi 7578. 7585. 7596. verses ascribed to, 7587.
Colla m. Bairnig 7630.
Colla m. Cáilti 5240. 6579.
Colla m. ríg Ulad 7076. 7077. 7108.
Colmán Ela (Elo) 2886. 2899. 2940. 2955. 3045. verses ascribed to, 2956. Colmán Elo, Trip. 246. Ob. 610. Mart. Gorman Sep. 26. Trip. Life 246. 398.
Columb cille, his birthplace 1942. buried with Patrick and Brigit, 5433. Ob. 597.
Comán 1434.
Conaing m. Duib 2785. 2807.

Conaire (Mór) 2564. 5275. Dinds. 3. Trip. Life 534.
Conall Cernach 2559. Dinds. 2. 72. 106. CA. 249. 251. 252.
Conall Coscarach m. Aengusa 307, m. ríg Ceneoil Chonaill 6703.
Conall Costadach rí Connacht 6671.
Conall Cruachan 4018, Dinds. 132, where he is said to have been fosterfather of Conn of the Hundred Battles.
Conall Derg m. Néill 2880. Conall m. Néill 2015. 2027. 2040. 2085. 2259. 2306. 2696. 2704.
Conán Cerr 5874.
Conán comalta Find 2122. Conán do clannaib Morna 7323.
Conán m. in Léith Luachra 3550. 3556. 3574. 3589.
Conán Mael m. Morna 894. 1844. 2141. 3915. 3985. 5875. 6620. 6707. 6711. 6725. 6730. his horse 268.
Conang (leg. Conaing?) 4982.
Congal Clídna 4985.
Congal m. ríg Ulad 7075. 7077. 7108.
Congna m. Airist 6485. 6524.
Conmael 3132. 3168.
Conn cétchathach 1678. 1759. 2568. 2840. 4468. 5276. overking of Ireland from A.D. 123 to 157, Dinds. 4. 58. 132. 153. Trip. Life 534.
Conn cruthach m. Midir 5198.
Conn cumachtach 6761. 6766.
Conn m. ríg Sída Monaid 5125.
Conn m. ríg Ulad 7075. 7108.
Connla 1109.
Connla Derg 1161. 1188. 1192.
Connla m. ríg Laigen 7859.
Conus 3132. 3168, rí Lochlann.
Corc m. Dáiríni 3728, m. Dáiri 3858.
Corc m. Suain 1123.
Cormac Cass, m. Ailella Óluim 1166. 1186. 1197. Dinds. 4 § 28. CA. 165.

Cormac m. Airt 1459. 2381. 2388
— Cormac úa Cuinn 1028. 1288.
2719. 3023. 4468. 5265. 5267.
5995. Dinds. 1.
Cormac m. ríg Dáil Araidi 4552. 4570.
Coscrach na cét 4187. 4206. 4114.
4438. 4601. verses ascribed to 4440.
Créde i. Cairbri 749. 764. her lament
for Cael 843, her death 865.
Crimall m. Trénmóir 2520. 2523.
Crimthan m. Cuinn Chétchathaig
2787. 2871.
Crimthan Nia Náir 3945. CA. 106.
Crónán m. in Bailb 7285 7289. 7290.
Crist 317. 6420.
Crundchú, gen. Crundchon 5.
Cuán 653.
Cuán m. Fintain 4087.
Cuanaide m. Lind 4847. 4875.
Cuarnait i. Béccáin 7980.
Cuban m. Murchada 6570.
Cú-chulainn 2316. 2559. m. Subal-
taigh 3944 — Cú na cerda 2563.
Dinds. 2. 53. 54. 66. (where C.'s
father is *Sualtach* 'well-jointed'),
95. 106. 119. (where C.'s mother
is *Dechtere*), 130. 132. 144: see,
too, CA. 266 and LU. 60^b—61^a.
Cuile b. Nechtáin.
Cuillenn i. Dubthaig 4848. 4859.
Cuillenn i. ríg Muman, 5794. 5829.
Cuillenn m. Morna 704.
Cuinnscleo m. Ainscleo 1589. 5530.
Cú-maige 553. 4570.
Cumall m. Treduirn 6550.
Cumall m. Trénmóir 1256. 1671.
2520. 2531: his mother Mess
Mungel 5753.
Cumasc debtha m. Dénta comlaind
7476.
Cú-r(o)í m. Dáiri, 6047. gen. Con-
r(o)í 3943. dat. Coin-r(o)í 6053.
Dinds. 53. Trip. Life 554.

Dagda, the, 225. 390. 1502. 2772.
2780. 5069. Rev. Celt. XII 124.
XIII. 125. Dinds. 91. 129. CA.
150.
Daigre, name of two minstrels 652.
Daigre comalta Find 2122.
Daigre cruitire 6079.
Daigre m. Garaid 2511.
Daigre m. Morna 5295.
Dáire Derg m. Find 538. 546.
Dáirenn i. Buidb deirg 4951.
Dairethe 553.
Dáirine (Dáirfine?) i. Tuathail Techt-
mair 4133. 4138. 4170. 4171.
Dál mac Umóir 700.
Déicell 4988.
Delga m. ríg Tuath Breg 4558.
Dér dhubh 3604.
Dér m. Daigri 1113.
Dér húa Daigri 5295.
Derg a Síd Benne hÉtair 5895.
Derg Dianscothach m. Eogain 52.
1569. 1622. 1776. 1865., verses
ascribed to, 1589. 1597.
Derg m. Dínertaig 5895. 6286. 6315.
6324.
Derg m. Dulaig 1104.
Dergoda (Derg-fota?) i. ríg Bretan
5540.
Dian m. Dílenn 697.
Dian-cecht 2547. Dinds. 108. CA.
157.
Diangalach drúi 5089.
Diarmait m. Cerbaill. 2240. 2244.
2321. 2588. 3492. 7605. 7894.
reigned from A. D. 539 to 558.
Trip. Life 514.
Diarmait m. Duinn 206. 3029.
Diarmait [mac Duib] húa Duibni
136. 246. 1343. 1516. 2912. 3967.
3981. 5057. 5143. 5164. 5195.
5646. 6055. 6480. 6583. 6896.
Dinds. 49. his horse 267. his

hounds 5336. his drinking-horns 136, 141. his sons. 1530.
Digbáil 6163. 6209. 6215. 6266.
Dil mac dá creca 1596. 1609. CA. 42.
Dínertach m. Máile duin 5896.
Dithrubach m. in Scáil 1532. 1539. 3983. 4023.
Diure m. ríg tuaiscirt Lochlann 4556.
Dobarchú a cúiced Laigen 4549.
Dobrán Dubthaire 2695. 4636. 5121.
Doirenn i. Midair 410.
Domnall Dubloingsech 4659. 4724. 4729.
Donn Ailéin 5119.
Donn Dumaige 5120.
Donn m. Aeda 1955. 2178. 2221. 2248. 2282.
Donn m. Donnchada 3029.
Donn m. Ergi Anglonnaig 1807.
Donn m. Midir 5082. 5091. 5099. 5152. 5210. 5368. 5376. 5381. 6955.
Donn m. Míled 662, 665, Trip. Life 424.
Donn m. Morna 2512.
Donn m. ríg Ulad 5558. 5563. 5604.
Donnchad m. Diarmata 1530.
Donnchad m. Dubáin 207.
Donngus m. Lánamna 1140.
Dorn buide 3846. 3847. 7204.
Dregan a Síd Benne hEtair 5132.
Druimderg daire 4549. 4572.
Druimderg dána 3874. 3880.
Dub dá conn 3982.
Dub dá dét 4549. 4572.
Dub dírma 3373.
Dub dithre 1969. 1991.
Dub dithrib m. ríg Galeon 3983. 4022.
Dub drummann 273. 1111. 1400.
Dub m. Aengusa Tírig 2785. 2807. 2825.
Dub m. Dolair 2296.
Dub m. Ergi Anglonnaig 1807.
Dub m. Muirgissa 6647 = Dub m. Raduib.

Dub m. ríg na hIruaide 6121. 6125 6189. 6208. 6245.
Dub m. Treóin 3271. 3279. 3287. 3297.
Dub tuinne 276.
Dubán 270.
Dubán m. Caiss 2516.
Dubán m. Dubnóna 150.
Dubán m. ríg Ulad 5558. 5563. 5604.
Dubchraide m. Dubtnúthaig 4050, Dubchraidech 4052.
Dubchú na celg 7763.
Dubdechelt 3875.
Dubrind m. ríg Ceneoil Eogain 4685.
Dubróit 1110.
Dubthach m. Dairene 1116.
Duibne m. ríg Tuath Breg 4558.

Eba (gen. sg.) i. Geibtine 1512.
Ebrec gen. Ebric 1503. 7565.
Echna (Echnach, Ecna) i. Muiredaig 7419. 7429. 7453.
Échtach m. Oissín 6566.
Echtge i. Nuadat Airgetlaim 1011.
Elcmar in Broga 7528.
Eóbrán m. Aeda Rind 3554.
Eóbrán m. ríg Bretan 4554.
Eochaid Abratruad 1167, Dinds. 139.
Eochaid Ainchenn 4134.
Eochaid Doimlén (= Do-mlén), rí Laigen, 4134. Dinds. 91. CA. 141.
Eochaid Faeburderg m. Find 5758.
Eochaid Faeburderg m. Fir-glinne, rí Ulad, 2938. 3042. 3048. 3107. 3205. 3329.
Eochaid Imderg 3737. 3803.
Eochaid Lethderg, rí Laigen 2257. 2390. 2693. 4083. 4501. 4545. 4893. 4998.
Eochaid m. Eogain 3219.
Eochaid m. Lir 266.
Eochaid m. Luigdech 359. 367. 458.

Eochaid m. Nárchada 2513.
Eochaid Munderg, rí Ulad, 7085.
Eochair m. ríg Fer Catt 3407.
Eogan Airmderg 306.
Eogan Ardbriugaid 3491.
Eogan Derg m. Aengusa 2258.
Eogan Fáith 7014. quatrain ascribed to, 7021.
Eogan Flathbrugaid, 1875. 1923. 1937.
Eogan Lethderg m. Aengusa, rí cóicid Muman, 686. 709. 716. 5389. 5447. 5515. 5589. 5732. 5884. 5910.
Eogan m. Aeda 3128. 3169. 3180.
Eogan m. Aeda Rind 3554.
Eogan m. Ailella 3219.
Eogan m. ríg Bretan 4554.
Eogan m. ríg Fer-maige 962.
Eogan m. ríg Mairtine 4557.
Eogan Mór 1148. 1185. CA. 36, 37.
Eogan rí Connacht 7513.
Eoganán 2886. 2899. 2940. 3045.
Eoganán m. ríg Ceneoil Eogain 4559.
Eolair 7563.
Eolus br. Gairb 6856. 6977. 6991. 7001.
Eolus m. ríg na Gréce 3748. 3818.
Eremon m. Míled 2561. also called Gede Ollgothach CA. 78.
Erge Anglonnach 1807.
Espaid 6163. 6209. 6215. 6266.
Étáin Find i. Find báin 7347.
Étáin Foiltfind i. Aeda Uchtgil 5644. 5685. 5713.
Étáin Foiltfind i. Baetáin 3706.
Étáin Foiltfind i. Libra 3813.
Étar m. Etgaeith 188. 249. 4679. 5674. Dinds. 29.
Étgáeth 189. 249. 4679. 5674.
Ethne i. Dairi Duib 2496.
Ethne i. Taidg 4525.

Ethne Ollamna i. Catháir Móir, 2103. 3024. 5313. 5996. mother of Catháir Mór, CA. 114.
Étrum m. Lugair 7463.

Faeburderg, rí Húa Cennselaig 2595.
Faelán Feramail m. Find 6568.
Faelán Findlacha 4548.
Faelán m. Bairnig 7630.
Faelán m. Cáilti 5241.
Faelán m. Feradaig 210.
Faelán m. Feradaig Find 2666. 2680.
Faelán m. Find 2123.
Faelchad 1416.
Faelchú m. Fir chruim 1415.
Faeth m. Degóic 6577.
Failbe m. Fergusa 1148.
Falibe m. Flainn 306.
Failbe m. ríg Dáil Araidi 312.
Faindle m. Eogabail 5124.
Falartach (leg. Fulartach?) m. Fergusa 476. 508. 523.
Fathad (better Fothad) Canonn 3398. m. Mec con 7582. Perhaps Fathod 1135. 1136: see Rev. Celt. XIV. 248.
Fer ái m. Eogabail 5123.
Fer benn 7768.
Fer boga 7768.
Feradach Fechtnach 2470, Findfechtnach 4128. CA. 107.
Feradach Find m. Fidgai 2666.
Feradach m. Fiachach 211, the first name of king Dathi, CA 146.
Ferchertne fili 2552. CA. 175.
Ferchis m. Comain 1154. 1183. — Ferches, Rev. Celt. XIII 434. 464.
Fer cóecat 1706.
Fer-doman 1831. 1844.
Fer-doman m. Buidb Deirg 224. 896. 2780. 3028. 3986.
Fer-doman m. Immomain 4543.

Fer gabla 7768.
Fergal Foltbuide 4570.
Fergus Fínbél m. Find 896.
Fergus Fínbel ollam (fili) na Féinne 1356. 3017. 3153. 5302. 5339. Dinds. 52. verses ascribed to, 5343.
Fergus Find 1024.
Fergus Foltfind m. in Dagda 6841. 6847.
Fergus m. Cinaeda 2355.
Fergus m. Eogain Móir 1148.
Fer-maissi m. Eogabail 6836. 6882. 4961. 6889. 6907. 6982. 7066. 7144.
Fernn m. Cairill 2604. 2609.
Fer óc m. Callainn 5815. 5839. 5847. 5849.
Fer tuinne m. Trogain 432. 450.
Feth m. Degóic 6577.
Fethnait i. Fidaig 5097.
Fiacc, gen. Féic 56.
Fiacha Findfolaid 4128. CA. 108. Rev. Celt. XIII. 452.
Fiacha Find m. Feradaig Fechtnaig 2471. 2495.
Fiacha Fobrecc 6551.
Fiacha m. Airt 2356.
Fiacha m. Congha 1660. 1722. 1745.
Fiacha m. Luigdech 358. 366. 458.
Fiacha Muillethan 1161. 1187. 1192. 1610. 5421. CA. 42.
Fiadmór m. Airist 6454. 6469. 6523.
Fial m. Duib 3272. 3280.
Fidach m. Finntain 1047. 3116.
Find a Formail 2544.
Find Bán m. Bressail 269. 1338. 1342. 1387. 1439. 6574. 7306.
Find Fer in champair 3062. 6575.
Find Faeburnocht 2552.
Find Findabrach 4984.
Find in crotha 283.
Find m. Abratruaid 6573.
Find m. Casurla 6571.
Find m. Cuain 5982. 5985. 5989.

Find m. Cumaill 14. 16. 60. 74. 114. 554. 572. 969. 1343. 1604. 1614. 1676. 1687. his belief in God 1455. 1826. 2106. 2381. 2534. his wife Moingfinn 555, his wife Sadb 2771. 2826. 3133. his vision of the seals 3150. 4538. 4542. his fight with the Tuath dé Danann 5180. 5173. 5737. 6565. his deadly leap, 254. 2766. 2538. 2873. Find húa Báiscni 2548. 2560. Find na fled 281. 2556. his drinking-horns 21. 142. 151. his brothers 531. his tabus 2856. his hounds 179. 159. 2204. 3415. 5334. his horses 280—283. his sword 2244. 2275. verses ascribed to 580. 1032. 1101. 1843. 2411. 2672. 3180. 3880. 5044. 5162. 6630. 7575. 7585. see Dinds. 27. 31. 139. Trip. Life 536.
Find m. Faeburdeirg 2595. m. Faebair 2626. 2641.
Find m. Fogaith 6573.
Find m. Temenáin 6570.
Find m. Urgna 6572.
Find mór m. Cuain 1998. m. Cubain 6569.
Findbarr 5184.
Findbarr Meda siuil 5117.
Findchaem i. ríg Sída Monaid 5069.
Findchad 267.
Findchas i. ríg Húa Cennselaig 5550. 5606.
Findingen i. ríg Húa Cennselaig 5551. 5606.
Findine (Findinne) i. Buidb 1829 3986.
Findruine i. ríg Hua Cennselaig 5551. 5606.
Findtan Ferda 1997.
Fithel 2554, perhaps the Fithel Féigbriathrach of Trip. Life XXXIV.
Fithal m. Cumaill 532.
Fithir i. Tuathail Techtmair 4133. 4160.

Flaithius Faebroch 1336. 1343.
Flaithius Fírálaind 2002.
Flaithri m. Fithil 2554.
Flann 4984.
Flann i. Flidaisse 7179. 7215.
Flann m. Failbi 943.
Flann m. Fergusa 307.
Flann m. Flainn 5896. 6278. 6319.
Flann Fúilech m. Midir 5222.
Foscud m. Degóic 6577.
Fraech m. Fidaig 1452. 7599. 7651.
Fulartach m. Fingin 312.

Gabrán liaig 2548.
Gaeine m. Dáiri Deirg 552.
Garad comalte Find 2122.
Garad Glúndub 5315.
Garad m. Morna 1365. 1955. 1965. 2283. verses ascribed to 1381. Clanna Garaid 1995.
Garb cronain (cronan) 3009. 5306. 6238.
Garb daire m. Aengusa 2043. 2055.
Garb m. Tairb, rí Lochlann 6856. 6884.
Geibtine m. Morna 1512.
Geidech drúi 7619, 7727.
Geidech eps. 7728.
Gér m. Aencherda Bérra 2913. 3391. 6055. 6578.
Glas, dá, a Síd Glais 5120.
Glas m. Deirg 1119.
Glas m. Dreccain 1248. 1295. 1299. 1308.
Glas m. Aencherda Bérra 226. 6577.
Glas m. G[n]athail 154.
Glas m. ríg Tuath Breg 4557.
Gnathal 7514.
Goibniu 6806, the smith of the Tuath dé Danann.
Goll Guban (leg. Gulbán?) 6576.
Goll Gulban 3420.
Goll m. Morna 208. 241. 1675.
 1758. 1764. 2116. 2136. 2207. 2604. 2821. 3370. 4112. 5271. 5275. 5703. 5928. 5935. 5973. 5976. 6043. 6589. 6618. 6730. 7805. 7816. 7929. CA. 35. his horse 278.
Gothán 148.
Goth gaeithe m. Rónáin 6579.
Grian i. Find 1013.
Guaire Goll 1336. 1387, mac Beobertaig 1423. Dinds. 139. In a poem in the Book of Leinster 206b (Rev. Celt. VII 290) Guaire Goll is an alias for Oissin mac Find.
Guba m. Aencherda Bérra 3391. 657.8
Gulban Gort m. Maeilgairb 1542.

Idae m. ríg tuaiscirt Lochlann 4556.
Ilar m. ríg na hIruaide 6123. 6125. 6189. 6210.
Ilbrecc Essa Ruaid 1623. 1629. 1770. 1774. 6901. 7084. 7095. quatrains ascribed to, 7049. 7122. 7130.
Illann Faeburderg m. Find 3091.
Illann m. Diarmata 1530.
Illann m. ríg Cenéoil Eogain 4559.
Illathach 3831. 3851.
Inber m. ríg Gallgaedel 4560.
Indoll m. Oscair 5722.
Indell m. ríg Mairtine 4557.
Irhuath = Herōdes 6250.
Iruath m. Ailpin 3388.
Iruath m. Diarmata 1530.
Iubar (Ibar) m. ríg Caille in chosnuma 4550. 4573.
Iuchna 1266. 1272. The name occurs in Dinds. 16. 45.
Iugaine 2567.

Labar i. Míled Espáine 6049.
Labraid Lámderg 2517. The name occurs in Dinds. 23.
Labraid Lorc 2552. = Labraid

Loingsech, Dinds. 9. CA. 174. 175. 212.
Laegaire m. Ugaini 4501. 4517.
Lám luath m. Cumaisc debtha 7476. 7480c. 7485.
Lán-láitir 6596.
Leitmech 6596.
Lend m. Faebair 4847.
Léod Loingsech 6361. 6394.
Lergan Luath a Luachair 6581.
Liag i. Cuarnatáin 695.
Liamain Lennchaem i. Dobráin Dubthaire 2695. 4636.
Liath Luachra 2517.
Lí bán i. Echach m. Eogain 3219. 3236. 3547.
Lí m. Eogabail 5123.
Lí m. Oidremail 6051.
Libra prímliaig 3812, liaig 5255.
Ligarne Licon 1573.
Linne m. Ligne 1054.
Lir m. Gabra 1121.
Lir Sída Findachaid 1629. 1770. 1785. 1794. 1805. 5117. 5185.
Lochán m. ríg Fer maige 962.
Lodan m. Lir 185. 234. 702. 1077. For the story of his daughter Sinenn see Dinds. 59.
Lodán m. ríg na hIndia 3747. 3809. 3818.
Loingsech m. Baetáin 3713.
Lomanach, gen. Lomanaig 7740, Lomcnaig 7835.
Lonán m. Senaig 2354.
Luaimnech Linn 310.
Luath, in dá, a Lifenmaig 5129.
Luath, fer in chairchi 6596.
Luath m. Oscair 5722.
Luath m. ríg Mairtine 4557.
Lug 5276.
Lug (gen. Lugach) i. Find 538.
Lug m. Céin 2559.
Lug (Lámfada) m. Ethlenn 635.

1942. 2058. 2075. 2374. 2563. Rev. Celt. XII. 75. 127.
Lugand Lágda (Láigde) 2560. 5935. Dinds. 48. 118. CA. 22. 70.
Lugaid Mac con 1136. Rev. Celt. XIII. 460. CA. 71.
Lugaid Menn m. Aengusa 357.
Lugaid tri rém 158.

Mac Bresail 1404.
Mac dá dér 1110.
Mac con 1153. 1159. m. Maic niad 7582. Dinds. 131, Trip. Life 122. 324. 570. et v. Lugaid
Mac Luchta 2564.
Mac Lugach 33. 327. 536. 577. 738. 1999. 2912. 3067. 3084. 3980. 4019. 4707. 4712. 4718. 4737. 5057. 5165. 5195. 5207. 5347. 6583. 7949. his hounds 5338, his horses 267. 268, his drinking-horns 138.
Mac Muire Ingine 3525. 3609. v. Crist.
Mac Nia(d) 3296. Dinds 89.
Mac Rethi 155. 553.
Mac Sidmaill 271.
m'Aedóc 2613. etc. bp. of Ferns, Mart. Gorm. Jan. 31. Ob. 624.
Maelán 1927.
Maelán banished 1162.
Maelán m. Dubáin 4833.
Mael enaig 1399.
Mael-garb 1542.
Mael muirir m. Dubáin 7980.
Mael-trena m. Dínertaig 4009. 4046.
Maiginis i. Garaid 5315.
Mainc m. ríg Alban 4553. 4576.
Mál 2503, m. Rochraidi?
Mál m. Aeil 4660. 4663. 4666. 4724. 4729. 4736.
Manannán m. Lir 3650. 3658. 3674. 3683. 3788. 3797. 3805. 3830. Dinds. 29. 74. CA. 156.

Mano m. ríg Lochlann 6791. 6795.
Meccon do chlannaib Morna 7323.
Medb (Cruachan) i. Echach Feidlig 3861, b. Ailello, Dinds. 61, leader of the Táin bó Cualngi ib. 66.
Meille m. Lurgan Luime 4682.
Merge 4989.
Mess-gegra rí Laigen 2394. Dinds. 28. Rev. Celt. VIII. 56—62.
Mess Mungel i. Aengusa 5751.
Miach liaig, m. Diancecht 2547. Rev. Celt. XII. 66, 68. 127.
Midir Mongbuide m. in Dagda 407. 5068. 5184. 6937. also called Midir Brí Léith and Midir Mórglonnach.
Míl (Espáine) 399. 2059. 3909. ancestor of the Milesian Irish. CA. 78. 79. 99.
Mílid m. Trechossaig 4774. 4778.
Miliuc mac húi Buain 3691. Trip. Miliuc maccu-Boin magus, Trip. Life 302. gen. Mílcon Maccu-Booín, ib. 311.
Modarn 1510.
Mod-ruad, son of Fergus by Medb. a quo *Corcomruad*.
Mogduirn rí Alban 3057. 3071.
Mog Nuadat 1149.
Mog Ruith 2544. 2552. m. Fergusa. Dinds. 110.
Moling Luath 2635.
Moling (Luachra) m. Faeláin 2666. 2673. 2680. Mart. Gorm. June 17. Ob. 697.
Mongfind i. Dubáin, Find's wife 555. His fostermother was also called Mongfind, Dinds. 52.
Moriath 21.
Morna m. Cairpri 2509.
Morna m. Faeláin 210.
Morrígan i. Ernmais 5127. Dinds. 4. 13. 111. 113. CA. 149.
Muadnatán 1542.

Mu Chua m. Lonáin 2352. Mart. Gorm. Dec. 24. Ob. 657.
Muc Smaili m. Dub dithre 1969.
Mugán 7762.
Mugna m. Blait Breccduirn 2355.
Mugna Mianchraesach 1285.
Muiredach m. Eogain 211. 2357. Trip. Life 150. 480.
Muiredach m. Findachta rí Connacht, 1205. 1230. 1246. 1495. 2066. 2256. 3726. 7419. 7729.
Muiredach m. Tuathail 4184.
Muiredach Mór m. Fínachta 1016. (= M. m. Find?)
Muirenn i. Deirg 746, 757.
Muirenn i. Muirisci 2997. verses ascribed to 3002,
Muirenn Macha 1990.
Muiresc i. Iruaith 3389.
Muirgius m. Tommaltaig 6647. rí Connacht, Trip. Life 520.
Muirne Munchaem i. Taidg m. Nuadat 1672. 6553.
Mumain i. Buidb Deirg 4091.

Nemed 1259. 1264. m. Agnomain? Dinds. 94. Trip. Life XXVII.
Nemnán 212. 744.
Niam i. Aeda Duinn 1024. 1055.
Niam i. Aengusa Tírig 2974.
Niam i. Borbchon 7480a.
Nuada Airgetláim 1011. Dinds. 24. CA. 154. Rev. Celt. XII 66.
Nuada drúi 1260. 1278.

Oirmed liaig, m. Diancecht 2547, Airmed i. Diancecht Rev. Celt. VII 68. Airmed banliaig LL. 9 b. 23.
Oissín (Oissén) m. Find 5. visits Cáma 23—46, goes to Síd Ochta Cleitig 50. his generosity 217. 221. 246. 740. 2255. 2382. 2389. 2447.

2448. 2494. 2973. 3967. 5057. 6565. 7253. 7965. Trip. Life 1 VIII. thirty years junior to Cáilte 2466. his horse 277, his hounds 5335. verses ascribed to, 45. 1345. 2486. 2613. 7766. 7774. 7911. 7918. 7923. 7935. 7946. see Dinds. 52.

Oissind m. Oissín 6566.

Orlám rí Fotharta andes, 7943.

Oscar m. Oissín 32. 145. his prowess 223. 239. 1022. 1031. 3028. 5057. 5165. 5173. 5195. 5541. 5688. 5713. 5722. 5935. 6056. 6480. 6566. 7941. 7948. his drinking-horn 145. his hounds 5336. his horse 270.

Patraic m. Calpuirn (Alprainn) 57. 65. his delight in Cáilte's tales 126. 163. 286. 352. 467, his guardian angels 294, baptizes Cáilte 317. at Sliab Fuait 3446. brings Airnelach out of purgat-ry 1079, raises the king of Connaught's son from death 1225. produces water 1325. invited to Tara, 2697. journeys to Munster 692—710. heals Bran mac Deirg 928, journeys to Connaught 1007. his guerdon to the minstrel 3475. journeys to Leinster 4108. his sermon 4823, curses Maelán 4835. restores his son to the king of Leinster 4920 goes to Benn sán in retha 5633, goes to Húi Cuanach 5727. meets two kings of West Munster 5895. answers Cáilte's problem 6297. leaves Munster 6390. invites Cáilte to Tara 6821. verses ascribed to 519. 4838. 5425. 6415. 6654. 6775. 7774.

Ragamain, gen. Ragamnach 3822.

Raigne Rosclethan m. Find 225. 3697. 3700. 5241. 5247. 6567.

Ráirenn (Róiriu) i. Rónáin Rúaid 4109. This is probably the Roiriu i. Ronain rigfiled rig Laigen of Dinds. 33.

Rochraide 2506.

Roiche, gen. Roichet, i. Déin 696.

Rónán 5. 160.

Rónán rígóclach 3062.

Rúad m. Mo(g)duirn 1560. 1880.

Rúadmael i. Rugatail 6332.

Rudraige 3109.

Rugatal 6332.

Ruide m. Luigdech 358. 365. 858.

Sadb i. Buidb Deirg 2771. 2799.

Sadb, gen. Sadba, i. Cuinn Chétchathaig 1151. 1182. 2102, b. Ailella Ólnim Trip. Life XXIII. Rev. Celt. XIII. 427. 460, 462.

Sálbuide m. Feidlecair 1083.

Saltrán 1434. Saltrán Sálfota 6005. 6238.

Samaisc m. ríg Gallgaedel 4559.

Sanb acríchaib na nDéise Muman 5133.

Scál fo caill 271.

Scál, in, m. Eogain 1532. 3984.

Scandal húa Liatháin 5491. 6587.

Scandlán m. Aengusa 308.

Scandlán m. Dungaile 4513.

Scathderc i. Chumaill 4528.

Scí m. Eogain 658.

Sciathbrecc m. Dathcháin 4947. 4948. 6588.

Scothniam i. Buidb Deirg 3898.

Scothniam i. Choissirni 7646.

Scuirín 273.

Sechnall eps. 106.

Selbach m. Diarmata 1530.

Semenn Sacaire 1574.

Senach airfitech 652.

Senach m. Aengusa 2354.

Senach m. Maeilchró 969 = Senchán 991.

Senach na Daigri 4059. 5295.
Sercach m. Diarmata 1530.
Sescenn m. Fir duib 3999.
Sétna Sithbacc 2519. CA. 186.
Slat i. Buidb Deirg 4091.
Smirgat i. Abartaig 3021. 3027.
Smirgat i. Fathaig 3604. 3612.
Smól m. Edlecair 558. 4531. 4683.
Soichell eps. 3495. = Sachell of Caissel Mór, Trip. Life 108, 301, 304. 319. 337. Mart. Gorm. Ang. 1.
Solusbrethach, aingel 294.
Spelán m. Dubáin 4762. The name O'Spealain is now anglicised Spillan and Spollan, Top. Poems 1 XXXVI.
Spréd aithinne i. Mugna 1285.
Stocán m. Cuire 2544.
Suanach n. Seinchinn 5296.
Suanach m. Senaig 5296.
Subaltach 3944, a. Conculainn.
Suibne Geilt 2668.

Tadg m. Morna 210.
Tadg m. Nuadat 1672. 5119. 7530.
Taiglech m. Ailella 7382.
Tailtiu i. Magmoir 2348. Dinds. 20. 99.
Taman br. Conáin 6736. 6739.
Taman m. Tréin 2438.

Téite Brecc i. Ragamnach 3822. 3823. 3845.
Tigernach m. Cuinn Chumachtaig 6693.
Tredorn m. Trénmóir 6551.
Trega (gen. sg.) 1275.
Trén br. Conáin 6737. 6740.
Trén rí Tíre na n-ingen 5956.
Trénmór a. Cumaill 1256. 2585, húa Báiscni 2519. 2523.
Trénmor m. Cairbri Garbsróin 6551.
Tuathal m. Feradaig Fechtnaig 2471.
Tuathal m. Findachta 4184. 4420.
Tuathal Techtmar 4127. 4170. Dinds. 8. CA. 109.

Uaine i. Féil 3324. = $\pi\acute{o}\tau\nu\iota\alpha$?
Uaire i. Moduirn 2401.
Uainebuide 7203.
Uar m. Indaist 1240. 6152. 6321.
Uath m. Diarmata 1530.
Uballroisc a Síd Ochta Cleitig 5129.
Uchtdelb i. Aengusa Find 3657. 3665.
Uillenn m. ríg Fer Catt 3407.
Ulach m. Oissín 6566.
Uillenn Faeburderg m. Find 2123. 6568. 7855. Dinds. 88, where Sliab Uillenn is said to have been named after him.
Umor, gen. Umhóir 701, Úmoir 3855.

Index of Places.

Abann déise 3384. 3430.
Achad Abair Umaill 7763.
Achad bó b. . . . 699.
Aenach Cuile 705.
Aenach derg 7763.
Aenach sétach sen-chlochair 706.
Ail find 3888, now *Elphin*.
Ailén in tsnáma 7770.
Ailén na ndeman 7771.
Alba gen. Alban 159. 487. 3058. dat. Alpain, Albuin 330. 356. 3059, acc. Alpain 332, at first = *Albion*, but in the Acallam *Scotland*.
All in bruic 1766.
Almáni *Germany* (Alemanni), gen. sg. Almaine 4535, dat. Almáin, Mart. Gorm. July 8, gl. 5.
Almu (Alma) Laigen 1251. 1262. 3365. 5862. gen. Almaine 285. 1419. 1447. dat. Almain 7328. acc. Almain 4717. 5708, the Hill of *Allen*, co. Kildare.
Amarrtha, gen. 1744 = Abairchi Fr.
Araib *Arabia*, gen. Araipe 321.
Ard Abla 1140, now *Lisardowlin* near Longford, Lism. Lives p. 264.
Ard Caemáin (Coemáin) 3719. 3721, now *Ardcavan*, co. Wexford.
Ard Cuanaidi 4813. 4873.
Ard cuillenn 4840. 4844. 4878.
Ard féice 4804. 4808.
Ard fostuda na Féinne 4935. 4980.
Ard in procepta 4827.
Ard na maccraide 2035. 2852. 4817. 6899.
Ard na n-aingel 7734.
Ard na teined 1731.
Ard nglas 2035.
Ard Pátraic 709. 999. in the barony of Coshled, S. of Kilmallock, co. Limerick, Trip. Life 208.
Ard Ruidi 446.
Ard scol 4817.
Ard Senaig 4056. 4061.
Àru *Arran*, gen. Árann 330. 351. 2518, the island between Galloway and Cantire.
Áth ainmnedo na scíne 4040.
Áth Bercha 7862. (Bercna LL. 55^b 17.)
Áth Braengair 707
Áth Colta 7862. (Coltna, LL. 55^b 17.)
Áth daim glais 1514. 1531. 6894.
Áth dergtha in daim 4435.
Áth Ferna 2603. 2613. Mart. Gorm. Feb. 11 gl. 4. FM. 1030.
Áth findglaisse fía 2617.
Áth fostada na Féinne 5234.
Áth Guill 2317.
Áth hí 990.
Áth immecail 6752.
Áth in chomraic 1513.
Áth in daim 4431.
Áth lethan 1188, now *Ballylahan?*
Áth lethan Loichi 5307.

Áth lethan luain 5308. *Athlone*.
Áth moga 3968. now *Ballymoe* on the river Suca.
Áth mór 3968, elder name of Áth moga. The Ath mór of Dinds. 66 is the elder name of Áth luain.
Áth na carpat 2317.
Áth sísel 1191, pahaps Áth ísel, now *Athassel*, on the Suir, W. of Cashel, co. Tipperary.
Áth tuisil 1162. 1163.

Badamair 5652. 5654. 7919. 7926.
Bái (gen. sg.) 736. *Cuan Baoí* Top. Poems 164 is now Bantry Bay.
Banba 7548, a bardic name of Ireland, as in Dinds. 40. 78. 160, and Mart. Gorm. March 27. Trip. Life 426.
Belach Átha hí 990.
Belach Gabráin 7929. 7936, *Gowran Pass*, co. Kilkenny, Dinds. 37. Trip. Life 194. 468.
Benn bán in retha 5633.
Benn Boirchi 3204. 3207. 3209. Benna Boirchi 1748, 2818. 7092, part of the Mourne Mountains co. Down, Dinds. 98. Trip. Life 408. 422.
Benn Étair (*Howth*) 171. 188. 249. 2600. 3228. 4679. 4681. 4683. 5309. 5642. 5658. 5674. 5710. 6790. 7640. Dinds. 29. 30. CA. 70.
Benn Gulbán 1515. 1542. 6392. 6395, now *Binbulbin*.
Benn in Bailb 6392. 6395. 6439.
Beoir gen. = F-eoir 1578.
Berba (the river Barrow, in Leinster) 694. 1578. 2630. 2655. Dinds. 13, when the legend reminds one of Theocr. XXIV 86 and Verg. Ecl. VIII 101.
Berna na cét 1504.

Berramain 733. 1614. 5875, near Tralee, Dinds. 63 and Rev. Celt. VII. 295.
Bérre (Béire) 736, Bérra 2913. 3391. 3399, *Beare*, co. Cork.
Berrobol 4014.
Bóind dat. acc. Bóind 56, 2346, the *Boyne* river.
Both chnó 1941.
Brecc-sliab 6530, now *Brecklieve*, a mountain in co. Sligo.
Brecc-thír 5782. 6633.
Brega, gen. pl. Breg 53. 82. 313. 2736. 6572. 7647. Dinds. 115. CA. 206, the eastern part of the co. Meath.
Breg-mag 5130. = Mag Breg *Plain of Bregia*, CA. 262. Top. Poems 14. XV.
Breicc-thír 1014, old name of Tír Maini.
Bretain, pl. gen. Bretan 185. 204. 4554. 5531. 5540, dat. Bretnaibh CA. 54. Hence *Bretnaigh* CA. 156.
Brug, gen. Broga 374. 388. 745. 1254. 2716. 4093. 5073. 5224. Commonly called the Brug maic ind Óc, near Stackallan Bridge, co. Meath. v. Dinds. 28. 79. 141. Trip. Life 516. or Brugh na Bóinne, Top. Poems VII. O'Don. Supp.

Cael-esna 4773.
Caerthenn Clúana dá dam 2314. 3439.
Caerthenn ban find 2314.
Caill coiméta 1362.
Caill mac nDraigh (?) in casain 3945.
Caill Muadnatan 1541.
Caill na mbuiden 1541.
Cailli in chosnuma 4512. 6894.
Caissel na ríg 5387. 5397 cenn

364   Index of Places.

Érenn 5427, *Cashel*, co. Tipperary. Trip. Life 194. 196.
Callann 5727. 5733. A river so called, near Armagh, is mentioned in Top. Poems 97.
Carn Abla 3947.
Carn Bricrenn 7689. 7717.
Carn Cáireda 3902.
Carn Daire 6237.
Carn Findachaid 1663. 1735.
Carn Fraeich 1452. 7599, now *Carnfree*, co. Roscommon, Dinds. 132.
Carn Gairb daire 2040.
Carn in féinnida 173, 'to the west of Rossach Ruaig', CA. 28.
Carn Manannáin 3648.
Carn na háirme 1451.
Carn na curad 4123.
Carn na fingaile 7412. 7475.
Carn Ruidi 3884.
Carn sográdach 3912.
Carrac Almaine 7320. 7321.
Carrac Conluain 558.
Carrac Guill 1965.
Carrac ind fomorach 6545.
Carrac na hénlaithe 6348.
Cathair daim deirg 1870.
Cathair daim dílenn 1250.
Cathair na cét 5905.
Cathair na claenrátha 6047.
Cathair Sléibe Crot 5673. 5690. 5763. 5791.
Catt, fir, 3407, *Caithness:* see Bezz. Beitr. XVIII 92.
Céis Corainn 1504. now *Keshcorran* co. Sligo, Dinds. 77.
Cell Buadnatan (leg. Muad°?) 6895.
Cell Chaimín ar Succa 6543.
Cell dara 693, now *Kildare*.
Cell tulach 6540.
Cellas na ndám 4786.
Cenél Conaill 307. 2015. 2705. 5131. 6572. 6703. *Tirconnell*, co. Donegal.

Cenél Eogain 4559. 4686. *Tyrone*, Reeves *Columba* 33 note f.
Cenn Abrat Slébe cáin 707. 891. 906. 947 = Cenn Febrat, Dinds. 48. 121, CA. 61, one of the Ballyhowra mountains, co. Cork: see O'Don. Supp.
Cenn mara 3999, *Kinvara*?
Cenn tíre 729, *Cantire*, Dinds. 66.
Ciarraige Luachra 755, the northern part of co. Kerry. Trip. Life 426.
Cícha Anann 774, 'Anu's Paps.' = Dá Chígh Anann ós Luachair Degad, CA. 1. in the barony of Magunihy, Kerry, Corm. Gl. s. v. *Ana*. O'Don. Supp. s. v. *Dá chích Danainne.*
Clad na Féinne 5735.
Clár Daire móir 702.
Clárach 100.
Cland Degad (Dedad?) 6048.
Clére gen. sg. 737, *cuan Clére* the bay between Cape Clear and Mizen Head, in S. of co. Cork, Top. Poems 104, LXV.
Cliu, gen. Cliach 7594. rí Cliach Muman, Dinds. 61. Trip. Life 342.
Cloch na cét 5425.
Cloch na n-arm 4196. 4464 = Lid na n-arm 4492.
Clúain cáin na fairche 4123. 4448.
Clúain carpait 6632.
Clúain Cessáin 493. 495. 499.
Clúain dam 6609. 6612.
Clúain falach 4487.
Clúain gamna 3721.
Clúain imdergtha 6610. 6621.
Clúain na damraide 6539.
Cnái 651.
Cnámchoill, now *Cleghile*, co. Tipperary, see Corróca.
Cnocc Aiffi 4657.
Cnocc Ardmulla 416. 3643,

Cnocc Den 1161.
Cnocc in áir 1482. 2990. 3041.
Cnocc in banchuiri 2851.
Cnocc in chircaill 6446.
Cnocc in chongna 6447.
Cnocc in eolairi 7559.
Cnocc in eolais 7577.
Cnocc in nuaill 7282.
Cnocc Maini 897.
Cnocc na h-áeire 894.
Cnocc na dála 7598.
Cnocc ná dechmaide 4825.
Cnocc na laechraide 2850.
Cnocc na ríg 1316. 4814.
Cnocc uachtair Erca 2252.
Cnucha (Cuncha) 1671. 2526. Dinds. 153, *Castleknock* near Dublin.
Coiscéim Essa Ruaid 6898.
Collamair Breg 7607. 7609.
Commar 1, perh. the *Comar tri n-uisque* 'meeting of the three waters' of Dinds. 102. and Trip. Life 238. But there were at least three other *Commars*, Lism. Lives, p. 377.
Connachta (gen. Connacht, dat. Connachtaib) 308. 1016. 1018. 1205. 2132. 3875. *Connaught*, Reeves *Columba* 53.
Connlón 3941.
Corann, in, 1505. 7566. = Corond Dinds. 77, now *Corran*, a barony in the co. Sligo.
Corcach Maige Ulad 6045.
Corco-Duibne 309. 3728, now the barony of *Corcaguiny*, co. Kerry. Bk. of Rights 47.
Corcomruad 7851. N. W. of co Clare, Dinds. 131. = corco Modruad, Top. Poems IXXII. 65n. now *Corcomroe* in Thomond.
Corróca Cnámchaille 703, now *Corroge*, a townland and parish E.

of the town of Tipperary, O'Don. Supp.
Corrsliab na Féinde 1502.
Cretsalach 1010.
Crích cosnama 1511.
Cromglenn 156.
Crotta Cliach 615. 636. Dinds. 47. the Galtee Mountains, co. Tipperary, Top. Poems IXXXIII.
Cruach 7774. = Cruach Aigli, Dinds. 78, now *Croaghpatrick*, co. Mayo.
Cruachán 6657 perhaps = Cruachán Aigle, Dinds. 68. Trip. Life 84 etc. Lism. Lives pp. 263, 266.
Cruachu, gen. -an, dat. -ain, 3890. 3896. 3912. 4018. 7560, now *Rathcroghan* in Roscommon. CA. 274. Rev. Celt. XV. 463.
Cruithentuath 332. here means the Pictish territory in the S. W. of Scotland.
Cuaille (Cuaill) Cepáin 1011. 7848
Cualu, gen. Cualann 2684 a district in the co. Wicklow, Dinds. 126.
Cúil ó Find 7298. 7355. *Coolavin*, a district in the S. of the co. Sligo, the inhabitants of which were descended from Oengus Find, son of Fergus, a king of Ulster in the first century, Bk. of Rights, 99, note d.
Cúil radairc 7297. 7354. 7432.
Cuillenn 5727. 5733, ˙Cuilenn húa Cuanach 703, now *Cullen* in co. Tipperary, FM. 1579. O'Don. Supp.
Cuillenn-ross na Feinne 1939.
Currach na cuan 1940.
Currach na milchon 1940.

Daile, leg. Dáile?. (gen. sg.) 735. *Dael*(dat. Dáil), or *Daoil*, anglicised *Deel*, the name of several rivers

in Ireland, Dinds. 78, Top. Poems
XIIX. In 735 it probably means
the Deel rising near Charleville,
co. Cork, and flowing through
Rathkeale and Askeaton, co. Limerick, into the Shannon.
Daire Brain 4029.
Daire dá doss 852.
Daire Dairbri 3674.
Daire Guill 1932.
Daire in choccair 5910. 6140.
Daire na damraide 1543.
Daire na fingaile 4424.
Daire Tarbgai 2132. 4031, in Connaught, Dinds. 73.
Dál nAraidi 312. 1138. 2883. 2887. 2999. 3691. 3706. 6574. Dinds. 20. CA. 249, the district from Newry to Slemish, co. Antrim. 4512.
Déssi Dóssi andes 2606. Déssi Muman 6571. Dinds. 55. CA. 169. now *Decies*, co. Waterford. Top. Poems. IXII.
Déssi Temrach 478. Dinds. Introduction, *Deece* S. of Tara in Meath.
Dermag 694. now *Durrow*, in King's County.
Droichet átha 53, now *Drogheda*.
Droichet martra 6891.
Droichet na nónbor 6891.
Druim n-Assail 3855: there was a Cnoc Droma Asail, now Tory Hill, near Croom, Limerick, Bk. of Rights 296.
Druim cliab 1513. 6893, *Drumcliff*, co. Sligo.
Druim críad 693, former name of Celldara.
Druim críad, 1363, latter name of Caill Coiméta.
Druim dá leis 849.
Druim dá thrén 845.
Druim derg 1513. Druim derg i nAlbain 3133.

Druim derg na damraide 4437.
Druim derg na Féinde 6892.
Druim ndiamair 1832.
Druim lethan 4436.
Druim lethan Laegairi 4501. 4517.
Druim na mná mairbe 5912.
Druim náir (Náir? n-áir?) 2219.
Druim Silenn 850.
Druim tinne 3934.
Dubfid 5002. 7480.
Dublind, tond Duiblindi 3231, 'wave of Dublin', dún Dublinde 5655, 'fort of Dublin', Top. Poems 82. F. M. 840.
Dubsliab 3604. 3612.
Dubthír 7480, hardly the Duibhthir, now *Duffry*, co. Wexford.
Dubthír Dáil Araidi 1138.
Duma Massáin 3930.
Duma na con 7412.
Dún Delga 5738, Dún Delgain 2319, the Moat of Castletown near *Dundalk*, Dinds. 54. 119.
Dún Dublinde 5655.
Dún Eochair 1181. 1190.
Dún Leoda Loingsig 6361. 6394. now *Dunboe* at Ballinasloe co. Galway.
Dún Mogdorn 3940. now *Doon* in Aruhall.
Dún Monaid 3070.
Dún mór 6545. *Dunmore*.
Dún na mbarc 2217. 2975.
Dún rath 2866.
Dún Rosarach 1250.
Dún Saltráin Sálfota 6542.
Dún Sobairchi 3743, *Dunseverick*, on the northern coast, co. Antrim, Dinds. 66. 98. Trip. Life 162 etc.
Dún trí liac 1201, now *Duntryleague*, in co. Limerick, nine miles E. of Kilmallock, O'Don. Supp.

Echlais Banguba 363.

Index of Places.   367

Echlasc ech Conculainn 2318.
Echtge 3518. Echtge Connacht 7849, *Slieve Aughty*, on the confines of Galway and Clare.
Éla 2967, *Ely O'Carroll* in King's co.
Elpa 791 gen. sg. for Sliab Elpa *the Alps?* or for *Alba?* as in Fiacc's hymn, stanza 5.
Ériu, Éire, gen. Érenn, dat. Érinn 1332. *Ireland*.
Érennaig 1294. 6131. 6477, *Irishmen*.
Érnai Muman 310. Dinds. 22. CA. 29. 31. 56. Top. Poems IXXI. FM. 186.
Espáin, gen. sg. Espáine 6049. dat. Espain, Trip. Life 426, Mart. Gorm. May 15, *Hispānia*.
Ess Crónáin 7285. 7290.
Ess dara 1511. 6891. now *Ballysadare*, co. Sligo.
Ess mac n-Eircc 1502, Trip. Life 142, now *Assylin*, (Ess húi Floinn) near Boyle, co. Roscommon.
Ess na fingaile 7284.
Ess na n-én 6476. 6890.
Ess Rúaid maic Moduirn 1510. 1560 6819. 7102. 7192. 7226. Dinds. 81. now *Assaroe*, a cataract on the Erne, near Ballyshannon. Top. Poems XXX.
Ethach, gen. Ethaig, 3209.

Fabur 6657, for Fobar, now *Fore* in Westmeath.
Fáide (gen. sg.) 737.
Fánglenn 4056.
Fatharlaig, dat. sg. 4027.
Feda cuill 1997.
Feóir 698. 2630, the river *Nore*. gen. na Feoire, Top. Poems 94.
Fert Caeil 838. Fert Caeill ocus Créde 868.
Fert Diangalaig 5089.

Fert Étáine 5720.
Fert Fiadmóir 6440. 6446.
Fert in druad 7619. 7726. 7738.
Fert in Gcidig 7619. 7725.
Fert na ndruad N. W. of Tara 361.
Fert Ráirinne 4107.
Fid dorcha 5002.
Fid énaig 1832.
Fid Gaible 693. 474. 484. 6460. now *Feeguile*, a wood in Leinster, in which St. Berchan built the church of Clonsast, King's co. Top. Poems li Dinds. 11. The wood has disappeared, but the river which flowed through it is called by its name, Bk. of Rights 214.
Fid na cuan 1009.
Fid Omra 437.
Fidrenn, gen. Fidrinni 735.
Find-flescach tipra Uisnig 2329.
Find-inis 895.
Find-loch Cera 6785, *Lough Carra*, co. Mayo, Dinds. 68.
Find-tráig 721. 742. 4987, *Ventry* in the west of co. Kerry.
Find-tulach 719. 999.
Fir Bolg 1266, Dinds. 128. CA. 224. 225. Trip. Life 532.
Fir maige 961, the barony of *Fermoy*, co. Cork. Trip. Life 208.
Fír-chuing 6632.
Fochaird Muirthemne 2315. now *Faughard*, co. Louth.
Fomoraig CA. 234. gen. pl. Fomorach 6897. Dinds. 42. dat. Fomorchaib ibid 147.
Forba na fer 6728.
Formael 2544.
Formaile na Fiann 6537.
Forud na Féinne 3338. 3364.
Fotharta 7943. 7946, the barony of *Forth*, co. Carlow. Top. Poems IVIII.

Frainc Trip. Life 104, pl. gen. Franc, pl. n. 3985. 4536. CA. 92. 118. *Franks, France.*

Gabra gen. sg. 1. 1095. 7941, now *Gowra*, a stream flowing into the Boyne, near Tara, co. Meath.

Gaedil 66. 2763. 7786, *the Irish.*

Gaillim 7519, *the Galway river.*

Gáirech 3441. Dinds. 66. 120.

Galeóin *Leinstermen,* Gailoin CA. 212. 226, pl. gen. Galéon 3983. Gailian 4543.

Gall-gáedil 4560. 7951, *Galloway.*

Gann-mag 1236.

Garb-ross 1543. 4880. FM. 807.

Garb-thanach, in, 4124. 4173.

Garb-thír 2730.

Garrdha na nIsperda 229, *Garden of the Hesperides.*

Giussach Find 2596. 2601. 2603.

Glaiss berran 1389.

Glaisse Bulgain 6549. 6552.

Glaisse na fer 2769. 2813.

Glenn in Scáil 3689, 'the Valley of the Hero'. Another glen so named is in the parish of Oranmore, co. Galway, O'Don. Supp. s. v. *scál.*

Glenn na caillige 3960.

Glenn na conricht 7716.

Glenn Ruiss énaig 2392. 2411. = Glenn énaig 2429.

Godolb (?), gen. Goduilb 3937.

Gortín tige Meille 4682.

Gréc 3748. 3808. 3818, *Greece,* Dinds. 134.

Húi Chennselaig 2596, in co. Wexford, conterminous with the diocese of Ferns.

Húi Chúanach 5727. 5731. 5783, Trip. Life 198, the barony of *Coonagh,* in the east of Limerick.

Húi Fáilgi 6552, Dinds. 155, the barony of *Ophaley* co. Kildare, and parts of King's and Queen's counties.

Húi Méith Macha 3501, in the barony and county of Monaghan, Top. Poems, XXII.

Húi Muiredaig 4124, Dinds. 33, the tribe-name of the Húi Tuathail, the southern half of co. Kildare. Top. Poems. XVII, LIII.

Húi Raduib 6649 = Clann Raduib 6656.

Húi Tairrsig Laigen 1363. 6548.

Iarmumu 5895. 5906. 6273. 6324, *West Munster.*

Iath n-Elga 2557, a bardic name for Ireland. Dinds. 42. CA. 243, where *elg* is said to be Old-Gaelic for 'pig'.

Íle 4555, Ýle 4575, *Islay* in Scotland.

Ilgáirech 3441. Dinds. 66.

Immaire meic Chonnrach 1315.

Ind Airm 6541.

Indber Bicc Loingsig 52.

Indber Colp[th]ai 3228, the estuary of the Boyne, Dinds. 4. 28. Trip. Life 40. 278.

Indber Dubglaisse 2655.

Indber Labarthuinne 6049.

Indber Mara Gaimiach 184.

Indber na fer 7517.

Indber Ollarba 1095.

Indeóin Maige Femin 2600, called *Indeóin na nDése* in' Dinds. 55. now Mullaghnoney near Clonmel, co. Tipperary.

India 3748. 3810. 3818. 4535.

Inis Cuinn Chétchathaig 395 b.

Inis guil 6784.

Inis na nGaedel 6558, 'the Isle of the Gaels', *Ireland.*

Inis na scríne 6785.

Insi Gáid 1807, 'Islands of Gādes', (Cadiz) Ir. Texte i. 303. I suppose the Island of Leon and that of S. Peter.
Insi Gall 4555, *the Hebrides*.
Iruath 6189. 6208. 6235. 6246. Iruath mór 5457.
Isperda, gen. pl. *Hesperides* 2775.
Iubar-glenn 4986.

Laigin *Leinstermen*, gen. pl. Laigen, dat. Laignib 1067. 2599. 2635. 4019. Dinds. 9.
Laigne 943.
Laignig *Leinstermen*, pl. dat. Laignechaib 4522. CA. 111.
Lámraige 5875, Trip. Life 200.
Lathach bó Lodáin 702.
Lathair luinge 6048.
Lathraig cain, dat. sg. 4031. 4543.
Lebaid v. Lepaid.
Lecc Essa Lomanaig 7740, Lecc Lomenaig 7835.
Lecc Essa Ruaid 7836.
Lecc Gnathail 7515.
Lecc ind fomorach 7514.
Lecc na cét 5400. 5401.
Lecc na ndrúad 7957.
Lecht chinn chon 3385. 3413. 3418.
Lecht na laechraide 2766.
Lecht na maccraide 2768.
Lecht na muicce 1515.
Léim ind féinnida ('the Champion's leap') 705.
Leitir broin 3949.
Leitir laeig 848.
Lenna in baili 6728.
Lepaid (lebaid) Diarmata 1517.
Lepaid in chon 5510.
Lepaid na hiubraige 5739.
Less (liss) in bantrachta 5517. 5520.
Less na mban 7354. 7408. 7742.
Less na n-éices 2734.

Less na fleide 5509.
Less na laechraide 5387.
Less na Morrígna 4818.
Leth Cuinn 2029. 'Conn's half', the northern half of Ireland.
Leth Moga (Ruith) 2585. 'Mug Ruith's half', the southern half of Ireland.
Lia in imraccail 2846.
Lia Lodain 1076.
Lia na n-arm 4492.
Liacc na ndruad 3953.
Lifenmag 5129 = Mag Life, a level plain in co. Kildare, through which the river Liffey winds, Top. Poems liv.
Lige ind féindida 6895.
Lige in Léith Macha 2318, 'the grave of the Gray of Macha', one of Cúchulainn's horses.
Lind Féicc 56. 234 b.
Lindmuine 734.
Líne 651. Dinds. 103.
Loch bó 893. 912.
Loch Cróine 1015. = Loch Cróni la Hú Maine. Trip. Life 86.
Loch Cuire 759. 786.
Loch dá chonn 844.
Loch daim deirg 2882. 2906. 2922. 2946.
Loch nÉnaig 2421. 2425. 2427.
Loch Formáile 6539.
Loch Gair 1598, now *Lough Gur*, N. of Bruff, co. Limerick.
Loch Gréine 1013. now *Lough Graney* in Thomond.
Loch in eóin 1370. 1385.
Loch Léin 568, now the *Lakes of Killarney*, Dinds. 55.
Loch Linngaeth 1014.
Loch luchra 3787.
Loch Lurgain (Lurgan) 4529. 4546. see Dinds. 36. Another loch so

370 — Index of Places.

named is now 'the Bay of Galway', Bk. of Rights, 105.
Loch na bó girre 1013.
Loch na n-eillted 6538.
*Lochla, gen. Lochlann 1248. 3131. 3167. 4556, *Norway*, Dinds. 5, CA. 245, where the gen. sg. is *Lochlainne*, as if from a nom. sg. *Lochlann*.
Lochlannaig, pl. dat. Lochlannachaib 3166, *Norwegians*.
Loingsi gen. sg. 738.
Luachair 2000. 2909. 5986, now *Slieve Logher*, a mountain-range dividing Limerick from Kerry. Trip. Life 208.
Luachair Degad (Dedad?) 1767. in Munster, CA. 1. 53.
Lugbarta (Lubgorta?) bána 8, the old name of Lugmad.
Lugmad 9, *Louth*.
Luigni Connacht 6829. 7383. 7433. Dinds. 103. CA. 238. LL. 338ʰ, the barony of *Leyny*, co. Sligo.
Luimnech, gen. Luimnig 2683. 7740. 7836, the Lower Shannon. Dinds. 55. Hence *Limerick*.
Luimnech Ulad 1009, perhaps miswritten for *Luibnech*, Dinds. 121.

Macha 1981. 1990. 3499. 3507, *Armagh*.
Machaire in Scáil 6440.
Machaire Laigen 4506. 4647. 4654.
Machaire Lí 5045.
Maelglenn 98.
Maenmag 278. 6292, now *Moinmoy*, co. Galway, Dinds. 63.
Mag, dat. Muigh 1844.
Mag n-Áe (n-Ái) m. Allguba 6441. a plain in co. Roscommon, also called *Machaire Connacht*.

Mag Cétni m. Allguba 6896, in Tirconnell, FM. 1011.
Mag Femin 5443. 5507. 5523, a plain in the S. E. of co. Tipperary, Dinds. 44. Trip. Life 468.
Mag Find 1236, in Húi Maini, barony of Athlone. Dinds. 79, Top. Poems XLVI.
Mag in trín 4826.
Mag Laissi 698.
Mag luirg in Dagda 1501. Hy Fiachr. 77, *Mag luirg* of Dinds. 72, 140, now *Moylurg*, in the barony of Boyle, co. Roscommon. CA. 42, 43.
Mag Mucraime 1159, Dinds. 70, a plain near Athenry, co. Galway.
Mag Raigni 3700. 4513. 4520, a plain in the barony of Kells, co. Kildare, Dinds. 43.
Mag rath 2668. 2678. 2939, now *Moira*, co. Down?
Mag (ruad) Roichet 697, perhaps the *Mag Rechet* of Dinds. 154. 155. now *Morett* in Queen's co.
Mag Ulad 6046, Dinds. 96.
Mainistir Droichit Átha 53 'Monastery of Drogheda', now *Mellifont*, co. Louth.
Mairtíne meic Conrach 7731.
Mairtíne Muman 4557, a Firbolg tribe, in co. Tipperary about Emly. Dinds. 72. Top. Poems LXIX. O'Don. Supp. s. v. Mairtine.
Maistiu 4815. 4818, now *Mullaghmast*, co. Kildare, Dinds. 32.
Mide 83. 313. 6572. 7648, *Meath*, Dinds. 7.
Móin Breg 2866.
Móin in tachair chonneda 6544.
Móin na fostada 6543.
Monad 4988.
Muaid, (better Muad) in, 7518, the

Index of Places.   371

Moy, a river flowing into the bay of Killala, in Connaught.
Muine na n-ammaite 6762.
Muinter Diugra 3690.
Muir Gaimiach 184.
Muirthemne 1850, the part of the co. Louth from the Cualnge (*Cooley*) mountains to the Boyne, Bk. of Rights 22.
Mumu *Munster*, gen. Muman, dat. Mumain 660. 662. 687. 2044. CA. 1.
Múr maic Dairine 3231.

Ollarba 2. 1095. 5879, *the Larne Water*, co. Antrim.
Osmetal 893.
Osraige 1964. 5121, *Ossory*, in Queen's County, Dinds. 18. CA. 213.

Rachlainn, Rachrainn 416. 3644. Rachrann 5122, now *Rathlin*, off the N. E. coast of Ireland.
Ráe na carpat 3442. 3445.
Ráith Aeda na n-eices 2746.
Ráith Áine 3043. 3051. 3056. 3094.
Ráith Artrach 2705. 7212. 2779. 2861.
Ráith Brénainn 1241, now *Rathbrennan*, co. Roscommon.
Ráith Chairill 4767.
Ráith chaerech Medba 7730. 7875.
Ráith Chairbri (Lifechair) 4766. Dinds. 117.
Ráith chinn chon 2999. 5516. 5543. 5600.
Ráith Chobthaig 427.
Ráith chomair 4767.
Ráith Chonaill 4766.
Ráith chró 3882.
Ráith chuiri 5738.
Ráith droma deirg 57. 60.
Ráith Glais 1241. 1247. 1302. 1309.
Ráith immil 3245.
Ráith in bantrachta 5542.

Ráith in máil 4756.
Ráith Medba 3859. 7874.
Ráith Mongaig 2713. 2745.
Ráith Mongáin 2734.
Ráith mór ar Machaire Laigen 4506.
Ráith mór Maige Fea 4791. 4884. 5383. 4505.
Ráith na caerech 6044.
Ráith na maccraide 6044.
Ráith na scíath 3108. 3245.
Ráith Nái 3884, perhaps = Ráith Núi, Dinds. 154. now *Rathnew*, co. Wicklow?
Ráith Speláin 2736. 4756.
Ráithín na n-ingnad 5443. 5448. 5495. 5510. 5556. 6084.
Ráithín na nónbur 5620.
Ráithín na n-othrus 6184.
Ráithín na sénaigechta 5913. 6144. 6268.
Ré (leg. Roe?) carpait Fergusa 1314.
Rind cána 6051.
Rind dá barc 843.
Rind Eba 1512.
Rind ruiss i n-Albain 4663.
Rómáin 55.
Rosach (leg. Rossach?) na ríg 716.
Ross mbrocc 2630.
Ross cailled 1463.
Ross Camain 1239. — Ros Commáin Mart. Gorm. Dec. 26, gl. 1, now *Roscommon*.
Ross Cró 702, *Roscrea*, co. Tipperary.
Ross cuill 3937.
Ross in churad 701.
Ross ind féinnida 567.
Ross meic Treoin 484. 494, now *New Ross*, co. Wexford.
Ross na hechraide 3888. 6511.
Ross na fingaile 1239.
Ross na ríg 1462.
Ross Temrach 1475.
Rót na carpat 2348. 3439.

24*

Saxain *Saxons, England,* gen. Saxan 281. 3982. 4536. pl. acc. Saxanu Dinds. 122.
Segais, see Sliab Segsa.
Sen-Bregmag 56.
Sen-Chae 3943.
Sen-Gabair na sreth 4984.
Sen-Luimnech 3927.
Sen-Mag n-elta n-Étair 250, the plain of Clontarf.
Sen-Mag n-eo 698.
Sen-Mag Roichet 696.
Síd Aeda Essa Ruaid 1561, Dinds. 81. 161, *Mullaghshee,* a little to the north of Ballyshannon.
Síd Almaine 5119.
Síd ar Femin 2776. 2868.
Síd Badgna (Badbgna?) 2543.
Síd ban find, 615. 619. 642. 2776. 2794. 2844.
Síd Benne hÉtair 5132. 5719.
Síd Cruachan 7626. 7646. Dinds. 57. 65. 113.
Síd dá én 5253.
Síd Droma deirg 5131.
Síd Droma Nemed 6828.
Síd Duirn buidi 7204.
Síd duma 6829.
Síd Eogabail 3682. 5124.
Síd Essa Ruaid 5127 = Síd Aeda q. v.
Síd Findachaid 422. 1629. 1770. 1785. 1795. 1805. 5118. 5185.
Síd Liamna Lennchaime 2841. 4085. 4636. 5121.
Síd Monaid 5069. 5125.
Síd Nennta 1986, Dinds. 60.
Síd Ochta Cleitig 51. 5130.
Sinann the river *Shannon,* gen. Sinna 734. 1998, (*Sinnæ, Sinnae* Trip. Life 312, 313) dat. Sinaind 1829. The gen. is cogn. with Skr. *sindhu.*
Siúir 1578. 2630. the river *Suir,* CA. 42. 47.

Sláine 4431. 4985. 5234, the river *Slaney,* in Leinster, CA. 133.
Sliab Aigi m. Iugaini 5003. 5019. 5253. 6154.
Sliab Baghna 7800, leg. Badbgna? now *Slieve Baune,* co. Roscommon, Trip. Life 94. 619.
Sliab ban find 636. leg. Síd b. f.?
Sliab Bladma 559. 4531. 4682. 4707, now *Slieve Bloom,* Dinds. 10, on the frontiers of the King's and Queen's counties.
Sliab Breg 2320 in co. Louth
Sliab Caince(nn) 3701.
Sliab Cairbri 1869. 7481, now *Slieve Carbry,* co. Longford.
Sliab cairn 7851. ad montem Cairnn, Trip. Life 337.
Sliab céite 1869.
Sliab Cláire 1151. 2843. 5633, a hill in the barony of Coshlea, co. Limerick, O'Don. Supp. s.v. *Cláire.*
Sliab clithair 7800.
Sliab crot 1156, 5633, now *Slieve Grud,* co. Tipperary.
Sliab Cúa 2843. 5527, *Slieve Gua Knockmeldown,* co. Waterford.
Sliab cuire 1869.
Sliab Echtge 1011. *Slieve Aughty,* between Galway and Clare, Dinds. 60. Bk of Rights 260.
Sliab Elga 3760.
Sliab én 5364. 6154.
Sliab Étair 3760.
Sliab Formáile 6531. now *Sliabh ui Floinn,* co. Roscommon.
Sliab Fúait 7. 1735. 1750. 2313. 3438. 3446. 3923. 5323. 6591. 7127. the *Fews,* a mountain in co. Armagh, Dinds. 100. 132. CA. 276.
Sliab Gam 6708. 6732. 7565, *Slieve Gamph,* co. Sligo, Dinds. 137.

Sliab Guairi 7480, Dinds. 19, *Slieve Gorey*, co. Cavan. Top. Poems VI.
Sliab Lodáin m. Lir 185. 234.
Sliab Luga or Lughda 7297. 7382, a mountainous territory in the barony of Costello, co. Mayo, Bk. of Rights 18, note d. now *Slieve-Lowe*.
Sliab Mis 3760. 5906. 6183. 6329. 6348, now *Slieve Mish*, a mountain in Kerry, between Tralee and Killarney.
Sliab Monaid i n-Albain 4675, Dinds. 18.
Sliab na mban 5002.
Sliab Segsa húi (ms. ua) Ebric 1503. s. na Seghsa ua Ebric 7565. *Segais* (gen. *Segsa*) was the ancient name of the mountain-district of *Coirsliab* (Curlieu) in Roscommon and Sligo, Bk. of Rights 20.
Sliab Smóil meic Edecair 558. 3925. 4531. 4682.
Sliab uige in ríg 1010.
Slige Dala 700. Dinds. 58, the great southwestern road of Ireland.
Snám dá én 1843, Dinds. 105, Vadum duorum Auium, Trip. Life 312, part of the Shannon near Clonmacnois.
Sruth na Féinde 2034.
Succa 6543. now the river *Suck*, in Connaught, Dinds. 132.
Suide Find 6532.
Suide Pátraic 906. 4507. 5729. 6442.

Taediu 2645. 2674. 2676, a river: gen. Molling thes na Taedcn, LL. 303ᵃ 2, dat. is' Toidin, LL. 283ᵇ 29, 285ᵃ 29, acc. sruth immar in Toedin, LL. 44ᵇ 9.
Tailtiu gen. Tailtenn, 265, 2348, 7314, *Teltown*, co. Meath: the latinised acc. sg. Taltenam occurs in Lib. Arm. 10ᵃ 2.
Tech cruind 4831.
Tech drummann 3173.
Tech Duinn 'house of Donn', son of Míl, 662. 665. Trip. Life 424, 'three islands at the mouth of the bay of Kenmare', Bk. of Rights 51, note n.
Tech Moling 2680. 2685, *St Mullin's*, co. Carlow.
Tech (mór) Midchuarta 1679. 5311. 5316.
Temair *Tara* in Meath, gen. na Temrach, na Temra, acc. Temraig 362. 428. 1405. 1697. 1703. 1722. 1724. 1728. 1751. 7315. Temair Breg. 2001. 5861.
Temair Lúachra 2916. 3080. 5629. 5862. in co. Kerry, Dinds. 50. Temair Lochra .i. airm i Fói, LU. 85ᵃ.
Teprofánc 229 = Tipra fáine 2774. *Taprobane*, Ceylon.
Tipra Aillbi 7521.
Tipra in banchuiri 2991 = Tipra in bantrachta 2971. 3041.
Tipra in láeich leisc 6050.
Tipra na scathderce 4527.
Tipra Pátraic 6760. Three wells, so called, are mentioned in the Tripartite Life 92, 162. 164.
Tír mBanba 2545. 'Land of Banba', *Ireland*.
Tír Conaill 2730. *Tirconnell* = Cenél Conaill.
Tír Maini 1014. Dinds. 158. O'Kelly's country, in Galway and Roscommon.
Tír na fer 5962.
Tír na n-ingen 5954. 5956. 5960.
Tír Tarngairi (Tairngiri) 366. 3683. 3786. 3807. 3811. 3835. 5226. 7205. 7268, 'Land of Promise', the Irish Elysium, Dinds. 45. 68.

Index of Places.

Tlachtga 2347. *the Hill of Ward* near Athboy in Meath, Dinds. 110.
Tóchar Find 1238.
Tóchar in banchuiri 1237.
Tóchar Léige 695.
Tonn Clídna 3230. 3725. 3729. 3829. 3850. 3852. 5304. 7204. 7375. Dinds. 45. now *Touncleena* in Glandore Harbour, FM. 1557.
Tonn Rudraigi 3109. 3226. 5305.
Tonn Téite 3730.
Tonn tuile 3209. 3210. 3224.
Tonn Tulcha 861.
Torach 1881. 5008: 5104, gen. Torchae, Ann. Ult. 616, *Tory Island*, off the N. W. coast of Donegal.
Tracht Rudraigi 3108 = Tráig R. *q.v.*
Tráig Baili 3229 5738. 5761. 7086. 'Baile's strand', now Dundalk, co. Louth. Dinds. 95.
Tráig Berramain (-mna?) 1618.
Tráig Caeil 838.
Tráig Conbice 2202.
Tráig dá ban 91.
Tráig Eochailli 6470. 6478. 6526, rectius T. Eothaille 3227. Tracht Eothaili, Trip. Life 98. litus Authuili, ibid. 327. now *Trawohelly*, co. Sligo.
Tráig ind eich duib 1617.
Tráig in Gairb 6951.
Tráig in chairn 3742.
Tráig Lí 2896. 6051, the *Littus Ly* of the Latin Lives of St Brendan, Top. Poems IXXII, now *Tralee*, co. Kerry.
Tráig na trénfer 3742.
Tráig Rudraigi 3115. 3125. 3146. 3159. 3192.
Tráig Téite 3822. 3825.

Tuaig-imne (?) 3932.
Tuatha Breg 477. 511. 4558. 5691.
Tuatha dé Danann 392. 400. 405. 442. 2720.
Tuatha Temra 1288. dat. Tuathaibh Temrach CA. 198.
Tuath-Mumu 311. 1104. 'North Munster', *Thomond*.
Tuile 793.
Tulach Aiffi 4749.
Tulach dá ech 1938.
Tulach in banchuiri 2767. 2832,
Tulach in Máil 4647. 4654. 4656.
Tulach ind óic 5854.
Tulach in trír 3380. 3383. 3428. 3435.
Tulach na n-arm 2939.
Tulach na cét 1938.
Tulach na dála 5783.
Tulach na faircsina 1258. = Tulach na faircsen, Dinds. 133.
Tulach na Féinne 708.
Tulach na fiad 4755.
Tulach na ríg 1371.

Uaim Cruachan 7677. 7679. 7683, *Cave of Cruachu*, Dinds. 70 80. 113. *Tri dorcha Eireann, Uaimh Cruachna, Uaimh Sláine, Dearc Fearna*, O'Don. Supp., citing II. 1. 15, p. 947.
Uarán Garad (Garaid) 1316. 7734. Dinds. 66. Trip. Life LVIII. 106.
Uisnech, gen. Uisnig, 83. 2253. 2254. 2303. 2336. 7314, *Usnagh Hill* in Westmeath. Dinds. 7. 160.
Ulaid *Ulstermen, Ulster*, properly the eastern part of co. Down, gen. Ulad, dat. Ultaib 306. 1212. 2513. CA. 245.
Yle = Ile q. v.

Glossarial Index.

(Bare numbers refer to the lines of the text. Numbers followed by n. to the notes. SG. denotes *Silva Gadelica*. For words occurring in the text and not found in this Index, see Windisch's Wtb., *Irische Texte* I.)

abacc *dwarf* 5998n, pl. dat. abcaib 5927n.

abaisse 6110.

aball F. *appletree*: compd. aball-gort 6204, *applegarth*.

abasach 415, 415n, 3643, for amsach, q. v.?

abba 963, *cause*, = apa in *ar aba* 'because' O'Don. Gr. 285. *ar-apai-de, ar-apa*, Zimmer KZ. 30. 5, *mór-abba* LL. 56a 3.

abbdaine 2263, *abbacy*. deriv. of abb *abbot*, pl. dat. abbadaib, 5435n.

ablach 2738n., for aballach *having appletrees*.

abrat-gorm 3792. 4080n. 4856, *dark-eyebrowed*.

ac eter 6651, *not at all* = acc iter 7040n.

acáined 7289, *a lamenting, bewailing* (ad-cáiniud), accaine 5325n. Cymr. *achwyn*.

accmaing falmaisi 7695 *power of opportunity*.

acc-seo 4906. 6865. 7969. ac-sin 6674. 5256. *lo that!* ac so 2249n. ic seo 3290, *lo this!* ac-siut 5779. 6993. 7671, *lo yon!*

ach 2460. 5482. 5546. 6014, for acht *but, except* (ἐκτός).

achétóir 7109. acétóir 421. 610, fachétóir 6740. O. Ir. fo-chét-óir 3169. 4168, *at once*.

achmusán 6117, 6725, 'reproof, reproach, censure', O'R., a corruption of *athchomsán*.

ad for ed 5004, 5019.

adám 4869. 4908, *my two*, LL. 208ᵃ 27.

Ádam-chlann 7562, *the human race*, Cymr. *plant Addaw*.

adar *seems*, adar lind 5672, dar lem 1755, adar limsa 4434.

ad-agar = Lat. adigitur. 4450.

ad-araim do *I stick close to*, pret. sg. 3 d'adhair 3852 (= ro adhair Fr. 21) 'that trusted' SG. 2017: verbal noun *adharadh* from Low Lat. *adherere*, O'Br., but the root is prob. *ar*. To this verb, and not to *adraim* 'adoro'. belong ni adraim do gothaib én YBL. col. 320. ro adhrattar do bharamhlaib examhlaib, FM. 1537 (p. 1444), adhair dot triath da mbc i tres, H. 3. 18, p. 37, etc.

adarc *horn* 1269. but in 608, *inkhorn*.

Adarcán 135, 'Little Horn', name of a drinking-horn.

ad-bonn, adhbunn 7211. (ad-vonn-) *melody, tune*. Hence *adbannach* YBL. 129a 26.

adbul-mor 2396n. *vastly great*.

ad-fúar 3520. 3526. 6130. 7378 *very cold* = aduar, Wind. Wörterb.

admall 133, name of a drinking-horn, *adhmall* 'wanton, desultory, nimble', O'Br. v. LL. 267b 35: airlabra airard admall aci.

ádmar 1737. 1811, *lucky, fortunate* deriv. of *ád* 'luck': cogn. with Skr. *padyate* 'falls'? corruptly *aghmhar*, O'Br.

ad-molad 3252n. *laudation?*

ad-nacht 2432, *a burial-place.* (adhnacht O'Cl., O'R.)

aemaim for foemaim 3338n.

aen-chomalta 4846, 'a special fosterling'.

aéoir 6304, gen. sg. of *aer*, borrowed from Lat. *aera* 'an era or epoch from which time is reckoned'.

aérda 2933, *aerial*, from *áer* 5405, borrowed from Lat. *aer*.

áes cumtha 588. 5134, *companions* 'familiars'. áes dána 4664. 6078. *poets,* aess gráda 6727 *beloved ones,* aes galair 7 othrais 827, *invalids.*

áes na trebaire 1290, 'the settled [i.e. non-nomadic] folk'. SG. II 132.

áes (áis) in lái 505n = trath do ló.

aes na huaire 1625 'that instant hour's date'. SG. II 141.

aos ocus uair 2321. 3442. 7726, ais 7 uair 3150. 'the very point and period of time'. SG. II 161.

ágmar 6967, *warlike*, Cóir Anm. 100, eoin etecha ingnecha ágmara iarnaide, LU. 33a 28, a deriv. of *ág* 'battle'.

aicén 3224, *ocean* = aigén .i. fairrge, O'Cl., gen. sg. aicgéin SR. 6, borrowed from *ōceanus*. Compd. sruth aigén q. v.

aicill 7271 *fishhook?* borrowed from Fr. *aiguille*, Hence the mod. diminutive *aigilin* 'a tag' O'R.

aidbli ainiusa 3558n. seems an error for *aidmi ainiusa* 'toys', or *adbena ániusa* LL. 62a 45, 62b 26.

aidche beltaine 3497, *beltane eve.*

aidlenn 1633. 1655, *a rack* for javelins: metaph. aidlenn gaiscid 6588.

aigide *icy*, 6276n. deriv. of *aig* = ON. *jaki*.

aigim 4080 (leg. aidim?)

aignech 266 *agile?* name of a horse: v. Cóir Anm. 100.

áil *disgrace* 1348. 4502n. cogn. with Goth. *agls*.

ail *spearpoint*, acc. sg. 6040. *ail* .i. arm, O'Cl. 'a sting or prickle', O'Br.

áil 165. 3398, (where *bad áil* is misprinted ba *dáil*) 4135. 4155, *pleasant*, cogn. with Goth. *fagrs*.

ailén 2086. 2902, *island*, gen. ailéoin Ann. Inisf. 867, pl. dat. 2053, LL. 6763.

aillsigim *I neglect*. do áilsechmar [leg. aillseghmar] 758. a denom. from *aillse* 'delay, neglect, heedlessness', O'Br.

aim-les 3772n. *disadvantage.*

ainbech 6793, *blemished,* for ainmech, a deriv. of *anim* 'blemish'.

ainbthech 6353. *stormy*, deriv. of ainfed = an-feth O'Don. Supp.

ain-cél gen. aincoil 6316, aingcél gen. aingceóil 4458n. *ill-omened? ainceoil* i. uilc orra, O'Cl.

aincis 3508, 6778, 'distress', SG. II 192. pl. acc. aincisi 6767.

ain-deóin, ainneóin 6458n. 6462n. *unwillingness:* also aimdeóin.

ain-disc 6947, *utterly destructive?* Tá an tobar i ndísg *the well is without water*, dísgighthe *exterminated*, dísgiughadh *extermination* I.T.S. i. 202.

ainglide 6776 *bright*, O'Br. deriv. of *aingel* 'sunshine, light, fire', O'Br.

ainicim 3852, *I find mercy.*

ainicin 6040n. and SG. I 213, l. 9, *great need* (an-écen), *sore distress* (not 'foul deed', SG. II 241) O'Br. *anachain* 'danger, misfortune, a bad accident', seems a corruption of this word: v. Rev. Celt. XIII 16, note 1.

ainicnech 5199, *sorely distressed.*

ainmech 4891n. *blemished*, deriv. of *ainim* 'blemish'.

áirbemar 6302 for áirmemar *we numbered.*

airbire 4502n. 4993, *reproach, blame.* = oirbire LB. 214ᵃ. 64.

airbirt acc. sg. 3408, 'attempt', SG. II 189.

airc acc. sg. 363. *strait, difficulty,* O'Br.

aird-les 3606n. *great* (lit. *high*) *benefit*, aird-rige 2530, *overlordship.*

áirem craeibe 192, *counting branches* i. e. a great number.

airenach in tige 5037. dat. airenaigh 5891 n. *front.*

air-espaid 7498, 7976, *great defect* or *deficiency.*

airidin sg. dat. 2935n. o airidin co hurlár: cognate and perhaps synonymous with *airide* 'high seat','dais'.

air-med *a measure*, gen. airmidhi 4923 n. airmidh[e] 5839n. acc. a(i)rmidh 5838. *eirmed aridas res metitur*, Corm.

airm-derg 306, *red-weaponed.*

airther 3048. 6315 *front, eastern part.* The phrase *in lá ma n-airther* corresponds with *in lá is nessa dhi* of R. 51ᵃ 1. Read perhaps, *in lá iná hairther.* 'the day in front of it', i.e. the following day.

aistrigim *I remove*, rot-aistrig 3351 n. 3899. astrioghadh *to remove* O'Br.

aistrech 'unsteady', Rev. Celt. XI, 128.

aith-chéo 3003 *a contradicting or gainsaying,* O'Br.

áith-étrom 3519 *keen (and) light-(footed).*

aithfir 6840 = aithbir *censure, blame: reproof,* aithbhior O'Br.: cf. airbire.

áith-imrind 4980, (adér riut co haithimrind) seems an adj. compounded with *áith* 'keen'; but the meaning is obscure: *keen (and) pointed* perhaps.

áith-géire 5062, 'hunger's keenness'.

aith-geonad 1275 *(she) was pierced* (in sensu obscoeno).

aithinne 1285, *firebrand.* O'Br.

al *weapon*, acc. ail 6040.

ál *brood*, grithugud áil aen-muice, 6735. a hál óg *her young ones,* O'Br.

alad-brecc 3410n. *speckled-spotted:* alad Laws i. 26, corruptly *ala,* O'Br.

alamu, almu (burnt) *alum,* 19. dat. alumhuin 1281, acc. almhain 1260.

alé 6791. gab bic ale do thimpán 7447, et v. 7622.

aléra 2260n. 2360n. alléra 2360 'come up'. SG. II 162.

alla n-all 3413. 4844. 5822. allá nall LU. 84ᵇ 18 *to the other side.*

(alla anall 5822 n). do athchor a ndíbergæ allánall, LU. 84ᵇ 18.

alla n-íar do 894, 4755 = al-la aníar 4755 n. *to the westward of.*

allata 1395 n. 4080 n. *famous?* deriv. of *allud* 'fame'.

all-marda 1395 n. *savage?* cf. allmar Wind. Wörterb.

all-murach 823 lit. 'an over-sea man', *a foreigner, stranger, outlander*, cf. Russ. cf. *zamorskaya.*

alma 4189. *herd, drove.*

alt *house* .i. teach, O'Dav. 54. ('bed' SG. II 219), the socket of a spear, 4905.

alta *flocks* 1620 n.

-altaig for -atlaig 4121.

altramaim *I foster,* ro altramais 4928.

1. am 1582. 2199 n, *I am,* at 1581, *thou art.*

2. amh *indeed*, 3512. 7036. am 38. 7233. 3566. 1522. 1547. 3753. 3764.

amáin 2186, *alone.*

amar *as* 2890 n. 3160 n., 3558 n.

amarc *eyesight,* gen. amhairc 7216 n.

amaros 3720, amurus 6775 n. *doubt, suspicion, mistrust,* amharus O'Br.

amdabach do sciathaib 873. 4418. 5159 n., 5889. 6939, *a bulwark of shields:* for damdabach.

am-goire 3535 n. *unkindness.*

amm na huaire 3, lit. *the time of the hour,* 'point of time' SG. II 101. co ham na huaire sea 3452.

am-bliadna 7118. 7206. *the time* (amm) *of year.* The dot over *m* is a scribal error in *Laud,* which does not occur in *Lism.* amm may come from *ad-men, as aimser from *ad-mensera.

ammait F., 585, 6355. 6760. 6763, *witch,* not 'mad man', as in SG. II 115. ind ammait LL. 120ª 16, pl.

dat. amaidib 6784, pl. acc. am(m)- aiti 6767. 6780, na teora ammiti LL. 120ª 11:

ammaitecht 6763, *witchcraft.*

amne 5880 n. *thus,* Asc. Gloss. XI.

am-rath 409, *misfortune.*

amsach 3643, note 3. *soldiers,* collective of *amus.*

an *water* (from *apnā?), acc. an [leg. ain?] 3535 n.

an-aithnid 632, *unknown.*

an-bann 7175 = an-fann, *weak, feeble.*

anbíasaig (leg. anbásaid?) 6266. deriv. of *anbhás* 'a sudden or untimely death', O'Br.

an-borlan, 3148, an-forlann *tyranny, oppression.*

an-buain 822 n. *uneasiness, anxiety* — anbhuan O'Br.

an-buaine 1420, *impermanence.*

andar lemsa *meseems* 4209. andar leo 6220, *it seems to them.*

an-diúit 4027, *inflexible, stubborn,* ar bá bágach andiúit in challech, LL. 46ᵇ 36.

an-écéillide 2772 n. *not unreasonable?*

an-fainne 916 n. *great weakness.*

an-fala, dat. anfalaig 1203 n. better anfolaid? pl.

an-falta 5700, *evil deeds.* see O'Don. Supp. s. vv. anfolaidh, anfoltach.

an-fial 602 *shameless,* (not 'penurious', SG. II 115), ar in ngalar n-anfial n-olc, Chalcidius 68ᵇ. compar. anféliu LU. 69ᵇ 29.

anghalach 21, name of a drinking-horn.

annlacud 2087, *sepulchre.*

ann-siut 5786, *there yonder.*

ánrata 5272 n. *warlike,* deriv. of *ánrud.*

an-šuairc 809, *unpleasant.*

anum *soul,* used as a term of endearment 70 etc. cf. Fr. *mon âme*, Span. *de mi alma*.

-apraim 3486, enclitic form of ad(b)-eirim 3598.

ar prep., co mbeth ar a tšoiscéla 5387, 'that he would adhere to his gospel'.

araill do chonaib 5979, *certain of the hounds*.

arbar *corn*, gen. sg. arba 4459, = O. Ir. *arbe* Wb. 10ᵈ 6, dat. *arbaimm*, pl. n. *arbann*, a neuter n-stem declined like Lat. *iter, jecur*, gen. *itin(er)is, jecin(or)is*, Skr. *ūdhar*, gen. *ūdhnas*.

arbíthin 1829, *because*.

ard-berbad 1544 n. *great boiling*.

ard-blad 1751, *high fame*, gen. sg. i flaith Herenn ardbláthe, LL. 129ᵃ 36.

ard-brugaid 3495 n. 3534, -briugaid 3491, 'arch-hospitaller'.

ard-buaid, pl. ardbuada 2412, 'precious virtues'.

ard-chennas 2509 n. *dominion, power, supremacy*, O'Br.

ard-flaith 603 n. 1411 n. *high prince*.

ard-gabail 7385. 7386, *high-catching*.

ard-les 3606 n. *high benefit*.

ard-lestar 756, 'a fine vessel'.

ard-mullach 5924, *high summit*.

ard-nuachar 748, 'a splendid match'.

ard-rennach 3735, *high star*.

ard-uall 1045, *high haughtiness*.

ard-uallach 6453, *high and haughty*.

arm-rúad 1259 n. *red-weaponed*.

arracht 2392 *image* ('monster', SG. II 163), arrachta .i. iudula, Ml. 42ᵃ 11. O. Bret. *arrith* gl. penace (πίναξ).

as *whose is* 3311. *whose are* 3332.

asnadach 5808 n. epithet for a shirt: *ribbed?* deriv. of *asna* 'rib'?

ass *milk*, gen. assa 4761 n., dat. as 829. ass 829 n.

assa *whose is*, 7814.

assidein 249. *thence*.

atathar 3203. *is*.

atchíu 7585. 2419 *I see,* atcíat 3694. atchichera 6309.

at-condarcc 2429. *I beheld*.

at-connac *I beheld*, pl. 1. atconncamar 3216, 3. chonncadur 3211.

athad 2973. 2975, *elopement*, for aithed.

ath-beóaigim 1231, *I revive.*

ath-chor 2249 n. lit. *replacing, transposing*, here forms part of an idiom.

ath-chuingim 6097, *I request, entreat, beseech*, O'Br. ro athcuingid 222 n. verbal noun athcuingid 1432 n.

ath-focus 4180 n. *very near.*

ath-lad: re hathladh na haenuaire 'at the one instant of time', = fri athlad na óenuaire LU. 116ᵃ 33 = LL. 277ᵃ 2.

ath-laech 2351 and note, 'one who becomes a monk in his old age.'

athlis 6460, perhaps a place-name.

ath-muinter 212 n. *worthless people.* cid athfer, cid athmunter LL. 216ᵃ 14.

ath-oil 1348 n., *oil ⁊ athoil* for *áil ⁊ atháil* 'disgrace and re-disgrace'.

ath-scél 1334, *a second tale.*

ath-scís 1602 *great weariness.*

at-ibim 4962, *I drink.*

atlochur (ms. -ar) do 3525. *I thank.*

attmar 1871 n. *swollen, blistered.*

atorchair 2048. 3035. 4731. 4780. 6739. 7729. *cecidit*, pl. atorchradar 2830. 2860. 5623. adorcradar 3173. 7072.

atrae = ad-t-roe, 3ᵈ sg. s-subj.: (with infixed pron. of 2ᵈ sg.) of a

compd. of *ad* and *reg* 'venire':
cf. *at-ræ* 'extolle te' Ml. 126ᶜ 3,
where the root is *reg* regere, rectum
tenere, Asc. Gloss. 195. 196.
atrasta 5161 = *a sin trath-sa*.

ba *whose was* 223.
baam 1615, *I have been*.
Badb 268, name of a horse.
badbda 908, *warlike? ravenous?*
cuaille b. 1740, bodhbhda 1745.
3011. bodba 1739 n. a deriv. of *badb*.
badera for fodera 3219 n.
baegul - brath, briathar baegalbraith
1412, 'blustering words of menace',
SG. II 135.
baegul échta 6485. 7324, 'a chance
to slay', SG. II 244, baegul tened
2651, 'a chance to fire' (a house)
SG. II 169. béim baeguil 6969,
a dangerous blow.
baeth - láeg 5007. 5010. 5104, *a
skittish fawn* (a 'timorous fawn',
SG. II 222, a 'daft fawn' II 224.)
baeth-lémnech 2335. *reckless leaping.*
baeth-lenum 6283, *a silly child.*
báigim 1650 *I pledge*, also bágaim:
denoms. from bág .i. briathar,
O'Cl., and cogn. with Gr. $\beta\acute{\alpha}\zeta\omega$,
$\beta\acute{\alpha}\xi\iota\varsigma$ and Skr. *gájati*.
baiglenn 7174. 7421, *a cup*, gen. na
baiglinde 7422. pl. acc. baiglenna
v. Ir. Texte II 1. 186. 2, 222.
bail for baile 6899. 6909. 7210.
7327. 7612.
bailcim *I embolden? deal boldly?*
ro bailcit beimenna 6492. denom.
of *balc*.
ballach 2738 'speckled', O'Br. 4688,
'pleasant' SG. II 214.
ballán cloiche 3314 n. *a bowl of stone.*
ban- *she-:* ban-airfitech 5098. 7205.
she-minstrel.

ban-brugaid 1877. *she-hospitaller.*
ban-chéile 2066. 2106. 3662. 4661
wife.
ban-chimmid 7328, *she-captive.*
ban-choic 429, *she-cook.*
ban-choimétaid 16, *she-custodian.*
ban-chomalta 2114 n. *foster-sister.*
ban-chuire 1237. 2833. 2851 *a
troop of women.*
ban-drái 7470, *druidess, witch.*
ban-ech 256, *mare.*
ban-echlach F. 2997. 3029 n. *she-
messenger.*
ban - flaith 15. 27. 41. *she-chief-
tainess.*
ban-gaiscedach 4535. 5128. 6952,
warrioress, amazon.
bain-grésach 5537 n. *sempstress.*
ban-liaigh 1744. 1749, *she-leech.*
ban-melltóir 751, *she-deceiver.*
ban-mog 7222, *bondmaid.*
ban-muilleóir 4855, *she-miller.*
ban-tracht, bantrocht 1445. 1447.
gen. in bantrachta 2971, bann-
trachta 748 n.
bán *fair, pale:* compds. bán-airget
405. *pale silver.*
báṅ-lann 3895 n. *a pale plate.*
bán-ór 1223. 7269, *pale gold.*
bán - srothach 5673. 2347, *fair-
streamed*, 'bright-streaming'.
bán-súil 1871 n. *pale-eye.*
banda *feminine*, dat. sg. f. 4695.
barann-glaed 908. 3011. *battle-shout,
warcry.* Hence barann-glaedach
7197 n.
barr *top*. pl. dat. barraib 799 n. Compds:
barr-donn 1415 n. *brown-topped.*
barr-glan 91, *pure-topped.*
barr - glas 1544. 2803 n. *green-
topped.*
barr-tromm 1415, 'heavy-haired'.
barr-uaine 2803 n. *green-topped.*

bás re hadart 3590, *death at the pillow*, not in battle.

basgaire na n-ech 1780 n. *clatter of the horses.*

becc *small.* Compds. becc-buiden *a small band*, pl. bec-buidhne 5619. becc-ní 3936, *a little thing.*

bécc see cen-bécc.

becht 6964 (the reading of Lism.) *certain.* For *becht Laud* and *Fr.* have *beith*, which makes no sense here: cf. *scela bechta* 'authentic stories', Bk. of Fen. 285, and the adverb *cobecht*, LL. 129ᵃ 19. Hence *beachdaghim* 'I certify or assure', O'Br.

bedach leg. bétach (?).

bedgach F. act of *leaping, starting*, dat. sg. bedgaig 347: see the corresponding adjective, Wind. Wörterb.

béilgib 244, *bridle-bits*, pl. n. beilge óir friu, LL. 248ᵃ dat. cona nbeilgib óir friu, LL. 249ᵇ. I have not met the nom. sg.

béim baegail 6969, 'a cut he chanced to get', SG. II 248.

beither 5259, *it will be.*

bél-chert 4688 n. *small-mouthed.*

bél-lethan 7587, *wide-mouthed, wide-doored.*

ben-gressa 5537, *sempstress.*

ben Manann 269, name of a horse.

ben mebla 7468, lit. 'woman of disgrace'.

bendaigim do *I greet, I salute*, ro bennaigedur do ríg, 2443.

benim re 583. 599, *I meddle with.*

bennán baeth 942, 'the flighty young buck with the sprouting horn', SG. II 124.

Bennán Moling 2682, name of a bell.

beo-chuaille bodb[d]a 1739 n.

beodacht *vigour, sprightliness*, O'Br., gen. -achta 3617. deriv. of *bcoda* SG. 39ᵃ 11, 117ᵃ 1.

beo-gonta 6043, 'wounded unto death', SG. II 213.

beo-guin 3180, *a mortal wound?*

béo-maicne 3506. 3707. 5900, seems a corruption of *béomainchine* q. v.

béo-mainchine 3506 n., 3707 n., 5900 n. *live-service*, i. e. the service by the living in tithes, first-fruits, etc. as contrasted with *marb-mainchine* the service by the dead, in bequests. Cf. the gloss on *biu 7 marbu*, Laws III 28.

beoir F. *beer*, gen. beoiri 4603 n., beorach, O'Don. Gr. 96.

berna a *gap* or *slash* in a tunic, pl. dat. bernadaib in inair 5808 n.

bert F. *play*, acc. trena beirt ndírig 1392. beart s. *m.* (sic) *a game at tables*, O'R., the simplex of *im-bert.*

bértaim 5145 n.

bertugud 5016. tucus b. orum 'I suppled myself' (SG. II 222) verbal noun of *bertaigim* vibro, Ml. 26ᵈ 5, as bertnugud 5016 n. of bertnaigim, Wind. Wörterb.

bét 833, *calamity*, béad *mournful news*, O'Br.

bétach 4688, (et v. luathbétach), *deedful,*(not 'right-spoken' as in SG. II 214), a deriv. of *bét* 'deed', LU. 83ᵇ 31, 114ᵇ 13. cen bétaib cethirn comlain, SR. 3538.

bethadach 2403, *animal*, pl. n. bethadaighe, 834 n.

do bídur, 5942, *fuerunt.*

1. bile *rim*, a mbili in scéith 6997. o bili co brón 6943 n. a sister-form of *bil.*

2. bile *a sacred tree*, bile búada 7059.

bind *melodious:* equative bindithir 4080 n. binnithir 6831. bindither 5049. compar. binde 5295. Compds: bind-fogur 5300 n. 6831 n. LU. 90ᵇ. bind-gabáil 7388.
bind - guth, pl. dat. binnghothaib 336.
bir-gae 1745. 1902, *spit-spear*, a compound of *bir* = Lat. *veru*.
bir-gass *osier*, gen. bunsacha birgaissi 3798, 'osier-rods' SG. II 200, compd. of *bir* 'water' and *gass* 'stalk'.
bir-gér 1802, 2829 n. *spit-sharp.*
bith-bind 192. 3002, *ever-melodious.*
bith - dogra 2019. 2527, 'constant heaviness', 'chronic sorrow'.
bith-glas 694, *evergreen.*
bith-lén 2864 n. *constant sorrow.*
bith-mairge 1856. *eternal woe.*
bith-slán 7236, *ever-whole.*
blad bréthre 903, *bragging.*
blad-nós 3178 n., *a famous custom?*
blai from Low Lat. *plaia, plagia,* Ducange. blai bruidne 454, *a palace-green,* fertas blae 4115. blá .i. faithche O'Cl. et v. 446 n. *a green field,* O'Br.
blai ocus bruinne 889 'breast and chest'. blai futairlli 6639, *shaggy breast.*
blai for brai *eyebrows* 782.
1. blaisechtach 1554 *tasting*, 'sound of fluid mouthed', SG. II 139.
2. blaisechtach adj. pl. n. m. blaisechtaigh 4037.
bláith-ben 748 n. bláith-bind 5343 n. blaith-ecor 402 n. bláith-mín 5049, *smooth-gentle.* bláithsliab 1403 n.
blárda 1403 n. 'military, warlike' P. O'C. citing from *Seandánta* p. 15, the line *ar camán blárda a bláithsleib.*

bláth - cháin 1696, 'smooth and polished'.
bleide *goblet,* (AS. *bledu*), gen. bledhi 3599, pl. n. bleidida 122, gen. bleide 2170, dat. bleidedaib 5096.
bó - aire 4761. 7296. 7432. 7981, *cow-chief.*
boccaim, *I shake,* bocais LL. 65ᵃ 21. ro boc 'wielded', SG. II bogadh *to stir, shake or toss,* O'Br. root gvag, Teut. *qak.*
bocc-álaind 381. 3642 n. *soft-beautiful.*
boccasach 1651. 3776 n. 5936, *bragging.*
bó-chétach 5322. 5328, *having cows in hundreds.*
bocóitech 241, 'flecked with spots', S. G. II 107, bocoidech (gl. maculosus) Ir. Gl. 653.
bodb mucc 6636 n., name of some plant.
bodesta *henceforward* 5246. 6140. 6408. 6685. 7073. 7138. also fodesta, KZ. XXX 20. feasda O'Br.
boga 6057 n. *a bow.*
boinim: ro boinedar 4608 n. boined 3050 n.
bolgum 6010, *a sup,* Trip. Life li.
boltunud 6203. 6204, *odour,* bolltanadh, Ir. Gl. 1088.
borb - buiden 5930, *a savage band.*
borb-chú, *savage hound,* gen. dual, da borbchon 3675.
borb-gleó 7197. *fierce fight.*
borb-láech 6067 n. *fierce hero.*
bord in daire 1944 'the grove's edge', bord na luinge 7000, *gunwale.* From AS. *bord.*
borrslat 1186, *a great rod.*
boss F. *palm* (ex *bos-tā) acc. bois 6009.
braenach *dewy,* 374. 389. 745. 1254.

5073. 5224 a standing epithet for the Brugh macc ind óc, variously rendered 'perilous' SG. II 119, 'teeming' ib. 131, 'hospitable' ib. 224, 'dew-shot' ib.

braen uisci 3867 n.

braenan na maisi 3815 n. *the shower (abundance) of beauty.*

braen-gor, gen. braengair 707. leg. bréngair? broengar?

braen-scóit 3868, 'miry spattering' SG. II. 202.

braichles 4603 n. *malt-wort*, ler do braichlis, LB. 215ᵇ.

bráige *neck, gullet*, gen. bráiget. dimin. bróighdín 4734 n.

brandub 2169. 3949. 7055, brannam 2169 n., some kind of *draughts*, and the board on which it is played: see KZ. 30. 79, Ir. Texte II, 1, 197. Arch. f. Celt. Lex. i. 71.

brannaige 7984, a player of *brandub*.

bran-én 5191, *a raven.*

brat - uaine 1392. 2707. 4603 n., *green-mantled.*

brecad 7267 n. (leg. brécad? breccad?) gen. bréctha 3648 n.

brécaire *liar*, brécaire daim 900, 'a rogue stag', SG. II 123, lit. 'a liar of a stag'.

brecc-derg 157, *speckled-red* (the name of a drinking-horn), 2738.

brecc-dorn 2355, *freckled fist.*

brecc-rendach 3014. n. epithet for a shield, *speckled (and) pointed.*

brecc-solus 374. 389. 1254. 1259 n. 'flecked with light', 'glittering', a standing epithet for the Brugh maic ind Óc.

brocc-sroll 5808 n. *speckled satin.*

breg-dorn 2355 n. *having a beautiful (breg) hand.*

bréit *a cloth*, pl. dat. bréidib 3160 n.

compd. snáthbréid brétach briste 6495 n. 3820.

bressa brige 7 ella, 543, bresa bríghi 7 fosaithi 908 n. 6.

brethach 2965 'judicial', deriv. of breth.

brethnugud 2144 n. *adjudging, deciding.*

brí 7430. *anger? strength?* = bri 'anger' O'Br., or a misspelling of *brig.*

briathrach 1591, *wordy.*

1. bricht buga 795, *colour of hyacinth.* briocht .i. taithneamh, briocht .i. dath no lí, P. O'C. Cf. Goth. *bairhts*, Ags. *beorht briht*, Eng. *bright*. The Irish word may possibly be a loan.

2. bricht (gl. carmen) Ml. 76ᵃ 21, pl. dat. a mbreachtaibh ollaman 2589 n. Cognate with ON. *bragr* 'poetry', *Bragi* 'god of poetry'. Or identical with 1. bricht, just as Skr. *arká* means sunbeam as well as song and ṛk. means brightness as well as poem.

bricht síde a *fairy spell* or *charm.* gen. brechta síde 3482.

-briugaid 3491. 4186. 4758, for brugaid: for *iu* from *u* cf. Iugaine 2567, for Ugaine.

brocóit, brogoid 2445 n., *bragget,* Cymr. *bragawd.*

brocc *badger* (Cymr. *broch*), pl. gen. 7392.

broinn-derg 94, *red-chested.*

brollach 283. 4871. 6942 n. *sinus,* pl. dat. brollaigib 5808 n. KZ. 30, 87. In brotlach a léned 1810 n., brotlach a inair 2265 n. the *tl* (pronounced *dl*) seems a dialectical development of *ll.*

brón acc. sg. 6943 n., a mistake for *broinn*, acc. sg. of *brú.*

brondad 4021. bronnadh *to bestow*, O'Br.
bruiden a *palace* (with seven doors) 1379. 2731. Cogn. with Goth. *baúrd* KZ. 35, 151.
bruigen 3395. 3402, *a quarrel*. bruighean O'Br.
bruigin, bruighin *a hillock*, O'R. v. grian-bruigin.
búaball *buffalo*, gen. sg. benn buabaill 4634. Compd. Buabalchenn, gen. Buabalchind .i. cendmar e, LL. 318[a].
búad-focal 5533 n. *a palmary word*.
búaid comairli 5406 'virtue of counsel'. SG. II 232.
búaid focail 5533, *a palm of a word*, 'a happy word', SG. II 235.
buaidert 1554, for buaidred *troubling, disturbing*.
búailim *I strike*, ro buailestar 1161 n. do buailed 1430 n. Also *búalaim*.
búain céille de 5266 n. *deprivation of sense*.
búan-bládach 1957, 'of lasting fame' SG. II.
búan-fota 3178 n. *lasting (and) long*.
búan-scélach 596, 'continually tattling' SG. II 115.
bu-cress for fo-cress 4709 n.
buidnech 908 n. *troopful*, deriv. of buiden.
builid 4655 n. *beautiful*. builigh (leg. builidh) Corm. Ecc. 146.
builide 5808 n. perhaps a sister-form of *builid*.
búiredach 943, the *belling* (of a stag) buireadh O'Br. do dín na mac mbuilid mbinn, Fél. Oeng. Jan. 18 note.
buinde 843, *outburst, spouting*, 'race'.

buindén *a shoot*, pl. buindéin 731. buinnéan O'Br.
buirech 1792, seems a corruption of *buired* q. v.
buired remar 3629 n. seems to mean *a thick jet of water*.
buired 3629 n. *bellowing*, buireadh O'Br. Hence buiredach 1792 n and buiridán 1788, *bellower*.
bun-chorcra 1544 n. *purple at the base?* bun-gel 1545, 'pale towards the roots', SG. II.
bunad-chinél 6256, *original kindred*.
bus *glass, crystal* .i. gleor no glaine, O'Dav. 56. gen. buis 122. 5018. 5096.

cach dírge 5742. 6066, gach ndírech 470, *directly*. 'as straight as may be', SG. II 112.
cach're n-adaig 5469, *every second night*, cach're fer 5169 *every second man*. gach're mbaile 1882 *every second homestead*. So cach ra n-úair *every second hour*, LU. 30[b] 13, from cach-ara-n-úair, where *ara* = Old Ir. *ala* in *indala*, GC 309.
cael (O. Ir. cóil, *slender*, compds.
cael-esna 4783, 'short-rib'.
cael-snáithe 382. 3642 n. *a slender fillet*.
cael-tráig 4690, *narrow strand*.
caem (O. Ir. cóim, cóem) *dear, mild*, Compds:
  caem-álaind 701, 7414. 7857, *dear and beautiful*.
  caem-chass 1200, *fair and curly*.
  cáem-chlú 7021. *fair fame*.
  caem-chlúain 502. *a fair lawn*.
  caem-chrott 649, *a mild harp*.
  caem-chruthach 5026 n. *beautifully formed*.

caem-chuairt 1739 n.
caem-chur, gen. -churad 4494.
caem-dil 648, *mild (and) dear*.
caem-escra 783, *a beautiful goblet*.
caem-gel 670, *'smooth-white'*.
caem - glaine 157. 675 n., *'dear purity'*, dat. coemgloni 5430.
caem-glic 641, 'mild and deft'.
caem-gne 1411 n.
caem-lae 886, *a fair day*.
caem-laithe 2709. 6502, c. *a beautiful day*, gen. in choemlaithe 6851.
caem - lennán 2156 *a gentle love*.
caem - lepaid 791, *a delicate bed*.
caem-lí 3611. 6082 n. 7938, 'gallant show', SG. II.
caem-lindtech 2674 n. *beautifully watered.*
caem-šelg 1863. 5238, 'pleasant chase'.
caem-šlat 795, *a fair rod*.
caep cró 6999 n. *a clot of gore.*
cáer F. .i. imad, Rev. Celt. XVI 67, dat. cáeir (= cipe) 6623 n.
caiche 2455, for caidche.
cailc na sciath 7588. *the chalk of the shields.*
1. cailech *cock*, guth cailig *cockcrow* 4002, a cailig! 4015. cailech feda *woodcock* 735. pl. n. cailigh fedha 938 n. Cymr. *ceiliog*, Gr. χαλαϊς.
2. cailech *chalice*, pl. dat. cailchib 326 n.
cailleóracht ar néllaib 7579, *divining by the clouds.*
cáin 6897, *tribute*, from *kâpni.
caince corr 861, 'a woful melody', SG. II 122. *caince* (leg. cainche?) is a deriv. of root *kan*, and *corr* means 'dismal', H. Soc. Dict. citing *latha corr*.
cainc(h)inn acc. sg. 2327: do chuir

Irische Texte IV, 1.

in caincinn frithroisc for a buirg. Meaning obscure. The 'kept his face turned backwards on his track' of SG. II 161 seems a mere guess at *caincinn*, which is bisected in SG. i. 145. *Fr*. here has *ro cuir in cairchi rithroisc ina diaigh*. R. 26a 1, has *do chuir in cainchinn rithroisc ina lorg*.
caindel airechta 7752, *torch of assembly.*
caindelbra 5545, *candelabrum*, Corm.
cain-gasta 145, name of a drinking-horn.
cairche cíuil 1755. 3466. 6592. 6594. 7191. 7203, rendered in SG. by 'all his music' II 145, 'volume of melody' II 191, 'instrument of music' II 246, 'gush of music' II 252, 'burst of music' II 253. *Cairche* seems to mean a sound, and to be cogn. with *cor* .i. ceol, O'Cl., *cechrus* .i. canfus, O'Dav. 62, *cocur* 'whisper', Lat. *carmen*, Gr. κῆρυξ etc. In 6592 it must mean some musical instrument. In Moyt. 131 it expresses the rattling of a quiver or dartbag.
cairche tined 1665. 1668. 1728. 1730 literally *a tail of fire*, is rendered in SG. by 'blast of fire', 'flame' II 142. 144. In LL. 236a 20 *cairche* means the plume of a helmet (*grith cairchi na cathbarr ica crothach).*
cairde leigis 7072 n. lit. 'truce of leeching'.
caithim lit. *I consume*. no chaithdis fiallach na trebaire 5369, 'they had intercourse with the men of settled habitation', SG. II 231.
caithrech gen. sg. 3642 n. meaning obscure.

25

calad-buailtech 5893n. *hard-smiting*.
calann v. mórchalann.
calath-port 3786. 3817. 3827, *a landing-place*.
callanraid 6304, gen. sg. of a deriv. of *calland* 'Kalendae'.
calpach (for colpach) doim 6712n. *a fawn*.
caman 1403 n., meaning obscure.
camm-lindtech 2674, 'of the eddying pools', SG. II 170.
campar *anger, grief, vexation*, fer in champair 3062. 6575, 'man of quarrel', 'man of contention', SG. II 180. 246.
cánachus 2292 'tribute'. cis chanachais 6052. a c(omair chísa 7) chana chair, 3914. From *kŏpn..
canaim *I make?* dochan = dorighne, 1318n. canta = dénta 587n. ro canad = roferad 2795 n. ro chandais = donítis 5554 n. cach clessach na chanad cheilg. manach sein [i]sin gaedilg, LL. 144b 27.
canóin coimdeta 58, *dominical canon* (of the Scriptures).
caratrad *friendship*, gen. caratraid Ml. 61c 8, but in 4165, 4698, *relationship, alliance*, a deriv. of *cara*, 'friend, relative', gen. *carat*.
carmocul lit. *carbuncle*; but carmocuil findruine 3938 means *studs of white bronze*.
1. carpat *chariot*, c. cuchtglinne 6936, from *carpentum*. Cymr. *cerbyd*.
2. carpat 1352. 1913. 2225. 2226, *jaw*, carbad, gen. carpait, Wind. Wörterb. Seems Cymr. *gorfant* 'upper mandible', but how?
carrach 1871 n. *scabby*, cend carrach cnoccremur ciar, LL. 210a 61. Hence *carraige* 'scald-head': cosc ar carraigi 'a remedy for scaldhead', Rev. Celt. IX. 243.
carsat 390. 475. 3490. 4205. 7302, *what is to thee?*
carthanach 4685. 7025, *loving*.
casair 791 'an overlay' SG. II. 120, *a shower?*
casán 3945 *a path*, O'Br.
casnaide 3934, *chip, shaving* = casnoidhi(gl. s[c]indola) Ir. Gl. 253, casnaighe, Four MM. 1434(p. 900.)
cass-mongach 3838, *curlymaned*.
catat 6955, *hard*, catot, cotat Wind. Wtb.
catháir *chair*, gen. caithairi 792.
cath-erred 6991, *battle-garb*.
cath-grinne 2153, *battle-phalanx*.
cath-milid 7549, dá chathmilid 6703.
cath-sluag 5429n. *battle-host*.
céim re less 7 re líth 373 n.
cechlaigi 4569n.
ceisim *I complain* (lit. *I question*) nir cheis menma Finn 1097.
ceist 932 *anxiety, perplexity*: ('dread' SG. II 124). 5363. 5364 *question, problem*.
1. celebrad 4013, *celebration, mass*, gen. ceilebartha 2610.
2. celebrad *farewell* 3881, timnais c. 2880. 5385. 6826. ro timna c. 3045, ro thimain c. 6390. ro thimnadar ceileabrad 3687. 6888. 7279. 7410. 7597: verbal noun of celebraim, Wind. Wtb.
cengailte 6407, *wedded*: 6509 'serried'. part. pass. of cenglaim, Wind. Wtb.
cenn ocus forcenn 5361, *head and end*.
cenn-álaind 159. 5026, *having a beautiful head*.
cenn-ard 3744, 'high-prowed'.
cenn-buide 472, *yellow-headed*.
cenn-chass 3456, *curly-headed*.

cenn-chorcra 4203n., 4728n. *purple-headed*.
cenn-essláinte 7500, *headache*. (essláinte 2642).
cenn-find 3842 *white-headed*.
cenn-gal 858, *butting*.
cenn-maise láime 5971 n. 'glove'.
cenn-mullach 6253, *crown of the head*.
cenn-bécc 3790. 4608. *spigot*. The *bécc* may perhaps be cogn. with Goul. *becco* 'gallinacei rostrum', Sueton., whence Ital. *becco*, Ir. *bec*; but the length of the *e* makes a difficulty.
ceoil-bind 191 n. *musically-sweet*.
cerc fráich 3679, *moor-hen*, *heathhen*, O'R.
cernada na colbad 7194, 'corners of the couches', SG. II 252.
cet, ced *permission* 2116 n.
cét-*first*, cét-adaig 6312. *first night*.
cét-chath 1022, *first battle*. cétchuindscleo 6501, *first conflict*.
cét-ésca 6301. *first moon*.
cét-Fiann 4562, 'original Fiann'.
cét-fras 3371, *first discharge* (lit. shower.)
cét-goinim 6717, *I first wound, draw first blood*.
cét-guin 564 n., 4821. 5846, 'first blood', pl. gen. cétguini 7366.
cét-guinech 212. 767. 4853, a standing epithet for Coel cróda, means either 'one who draws first blood', or 'one who slays a hundred (*cét*).
cét-lánamain 7833, *first married couple*.
cét-mí 6298, *first month*.
cét-muinter 2151. 5718.
cét-rith 7370.
cétach *consisting of a hundred*, tindscra cétach 5796.

céte 1488. 2948. 3434 'a compact kind of hill, smooth and plain at the top', O'Br.
cetheora 4958 n. *four*, fem.
cethern *kerne*, gen. ceitheirne 524.
cethir-fillte 1731. 3504 n, *fourfold*.
cethnait *sheep*, pl. gen. cethnata 452.
cethramad 2101. 2666. 3589. 5277, *one of four*.
cetlud 3881 (leg. cétlúd), an obscure word, rendered 'a matter of rejoicing' in SG. II 202. But cf. cétlúd sine samraid, Corm. s. v. Cetsoman, which Ascoli, Gloss, 183, renders by primus vigor tempestatis aestivae, see lúth *infra*.
chu-ind 2719. 5719. 6198, cu-inn 2726 n. = co ind *usque ad finem*, synon. with *dochum*.
ciamail 4916 n. *sad*, = ciamhair Fél. Gorm. June 23, Nov. 1.
cian, gairit 2673 n. 4736, 'be it a long time or a short time'.
ciar-lebar 4617. 4889. 4923. 7706, 'dark and ample': *ciar* cogn. with *cir*, gen. *cera* 'jet'.
cinn comraic 6795, *at the end of the conflict*.
cinnim ar *I surpass*. ro chindsetar ar mnáib Erenn 7311. rachind ar a chomdinib, Ir. Texte III 508.
cipe *phalanx*, dat. 6623, in a chruadchippe chatha LL. 243ᵃ 36, a deriv. of cepp = Lat. cippus.
cir *jet*, in círdub q. v. gen. cuach cera, *Cath Finntrágha*, p. 101. acc. dubidir cir *as black as jet*, LL. 252ᵇ 20.
circall 2709. 4645. 5442, *zone*, circul Wind. Wtb. gen. sg. circaill 6447, but dat. sg. circaill 1739 n. 5442, as if it were *fem*. Pl. dat. de chirclaib cruaidíairn, LL. 218ᵇ 49.

25*

cír-dub 3963. 7159, *jet-black*, a compound of *cir* q. v. with the *i* lengthened by position, as in *cír-bachlaib* LL. 248ᵇ 3.

císs 4765, *tribute*, gen. conair chissa 7008.

cithi crom 861 n.

clad-uaine 7566, *green-dyked*.

cláen-ráith F. 6047. 6387, *a sloping rath*: better *clóen-r*.

claideb-ruad 6512, *red-sworded*.

clais-lethan 4735 n. *wide-trenched* (class-l.)

cland-maicne 4861. 5118. 5119 n., 5283 'clan' SG. II 219, 'offspring' ib. 225, 'issue' ib. 229. In Dinds. 132 Conall *cona clandmaicne* denotes C. with his three sons.

clár a dá les 623, 'his loins', lit. the flat of his two thighs.

clár-fiacuil 1352, *front-tooth*.

clár-machaire 1504. 7566, 'level land'.

clechtach 5922 *folded*, see finnchlechtach. *clecht* plectilis = Cymr. *pleth*.

clémnas 442, *affinity, marriage-alliance*, clemnus, LB. 123ᵃ 20, a deriv. of *cliamain*.

cles 5818. 5834 n. *feat, game*, O'Br. clius, cogn. with Skr. *krīḍati* (Thurneysen)

clesán 3943 *trick*, seems a dimin. of *cles* 'feat'.

clethach 497 n. *having stakes, rods or wattles* (cletha).

clí for crí *body* 5662. 6082 n. 6755. 6775 n. clíu 1583. 5441. mochlíu .i. mo chorp LU. 119ᵃ 25. clí *body, ribs* in the Highlands.

clíab-inar 1128, LU. 81ᵃ 29, *jacket*.

clíaraigecht 4018, LB. 121ᵃ 22, 'singing' O'Br. 'bardship, singing', O'R.

clíath *combat:* dat. cléith 4466 n.

clíath berrnaig (leg. bernaid?) chet 6704, lit. 'hurdle of a gap of hundreds'.

clíathach *a conflict*, O'Br. dat. cliathaig 7167.

clithair *recess?* 2332 n. acc. clithair 4957. clithair Wind. Wtb. cliothair O'R.

cliu *body* see *clí*.

cloch daingen 5423, prob. a scribal error for *cladh daingen* 'a strong dyke'.

cloice by metathesis for coicle (q. v.) 1489 n.

cluanaide 504, 'artfully skilled'. deriv. of *cluain* 'deceit'.

cluiche cáinte 2850. *a funeral game*, cluiche thuinde 3824 'a wave-game' [i. e. surf-riding] SG. II 200—201.

clúm-déraigthe 1217 n. *featherbeds*, Alexr. 872.

cnaipech 5808 n. seems a deriv. from *cnap* 'button', LL. 98ᵇ 50. CG.G. 142, a loan from Ags. *cnæpp* 'knop, top'.

cnes-bán 750, *white-skinned*.

cnesta 5461 n. Fél. Gorm. May 11, *modest* (cneasta and cneasda, O'Br.)

cnoc-remur 1871 n. *thick-lumped*.

cnó-maidm 5717, Dinds. 118, *breaking like a nut*, verbal noun of *cnómaidim*: see O'Cl. s. v. cnómhoidh.

cnú mo chraidi 4876, 'nut of my heart'.

cnuasach 474, 483 n. *a gathering, collection*.

cocar 1715, ('inmost confidence' SG. II 143), cogar *a whisper*, O'Br.

cocraim: *I whisper, I conspire*, ro chocrumar 6497.
coccthach 2524, *warlike*, deriv. of coccad., cogthach *rebellious* O'Br.
co-ceilim = coigilim *I rake up or kindle*, O'Br. coceilet 2956, 'that gnaw us', SG. II 177.
codnaib 1985n.
coibche *bride-price* 669. 2772. 3900. 3918. 'dowry' SG. II 117, 'marriage-gift' ib. 172. 203. 'bride-gift', ib. 203.
coibés, coibeis *an equivalent* 3314n. 7931. cobéis 5300.
cóiced 6556, *one of the five*.
cóicedach one of the five provincial kings of Erin, pl. n. coicedaig 5272.
coicle (= co-céle) *comrade* 1522. 6603. 7160. 7253. 7613, coigle *companion* O'Br.
cóic-rind 4080n. *five-barbed*: cf. πεμπώβολον.
coimde (leg. coimte?) 2300. 6777, 'preservation', SG. II 160. Hence *cóimhdeach* 'safe, secure', O'R.
coimdeta 58, *dominical*, deriv. of *coimdiu* 'lord'.
coim-dilse 1977, *mutual settlement*.
coimsech 4191, *having power*, pl. n. damtís comsig for iltuathaib LL. 223b 38.
coindium 5984n. *billeting, entertainment?* = coinnmed.
coin-fiad dá lí 846, *fox*, lit. 'wild dog of two colours'.
coir cairdi 802, 'terms of postponement': SG. II 111: *coir* pl. n. of *cor*.
cóirigim *I arrange*, ro cóirig 4145. 4426, ro chóraig 4427. do chóirig 4428 'he stretched', SG. II 208.
coirr-sleg 3524 'a sharp javelin' SG. II 192. cf. coirr-dheabhaidh O'Cl. cf. *corrán*.
cois-céim 4734, *a footstep, pace*, cosscheimm Mer. Uilix.
coisricim from Lat. *consecro*. ro coisric 6354, ro choisricsat 109, part. pass. coisrictha 67.
coistim (for coitsim. Wind. Wtb. = con-tóisim) *I hear:* no choistmis 3520n. verbal noun coistecht ibid.
col 5891 *incest*, ('all that is prohibited', SG. II 115.)
colba 4902. 4903 *column, post, pillar*, pl. dat. colbadaib 7209, gen. colbad 7194, colbha forais 64n.
colba chiúil 5058. 5527. 5667, *bedpost, bedrail*. 'edge of a couch', SG. II 223.
coll *hazel*, dat. sg. cnú ar cull 6282.
com-aentugud 7540. *agreement*, c. do dénam 'to make a match of it', SG. II 260.
comaid *bedroom*, én-chomaid 4767. see cumaid.
com-aimser 63. 2364. 2450. 2969. 3907. 4540. 5932. *one-time*.
comair: ro bai urlam fa comair e, 440. fa chomair na sleige seo 4919. fa chomair in talman, 6778. fa comair erraid 7 etaig do dénam 5538, 'for the purpose of making raiment and wearables', SG. II 236: fana comair 1483. fa comair na bangaiscedaigi 6866.
comáis 6601n. *coeval*.
comaitecht, *indulgence?* ca met cornn comaitechta atá ac Find? 5501 'how many right [?] drinking-horns has Finn'? SG. II 235. Cf. Wb. 10b 28.
comall 120. 591. 1705, *fulfilment*.
com-bind 3466, *equally melodions*.
com-bocc 5608, *equally soft*.

com-chluiche *playing together* 1384, where the o is added to make a rhyme with *só*.

com-cruaid 3230, *equally hard*.

com-dál na haidche 5152 'night's junction with day'. cubur ina comdáil. 6973.

com-daingen 1945. 3603. 4464. 4902. 5544. 6955. 7801. 7803, *equally strong*.

com-dalta 1053 n. *fosterbrother*.

com-díne 2450. 4441. 4442, 'the same generation', pl. dat. comdinib LL. 74b 1.

com-dlútha [leg. -dlútta] 3603, 'hermetically sealed' SG. II 195.

com-dub 6638. *equally black*.

com-ecor 808. 2194, 'laid together cunningly'. SG. II.

com-ét 3480, *a case* for a musical instrument'.

com-fat 592 n. 5310 n. 6138. 7470. 7894, *equal length*: comfad 5461 n. O. Ir. comfota) 4080 n. *equally long*.

com-fial 97. *very modest*.

com-glas 6637, *equally green*.

com-gním, *prowess* LU. 87b, 88a, gen. sg. comgnima 7123.

com-lenmain 1377, *following with*.

com-lethan 6054, *very broad*.

com-lín 5066. 5146, *an equal number*.

com-ling F. 7636. 7639 *a contest*, gen. comlenga 5645 dat. comling 5682, acc. comling 5651. 5673.

comma = com-be 7108, gl. talleacio' Ir. Gl. 918, 'beautiful (is)the trio whose smiting is dear!' cf. ath-chomma ath-chuma *wounding laceration*.

com-mer 5169 *equally furious*.

commórod 2498 n.

comnaide 7927, *a dwelling*. cómnaide rig na nIudaide, LB. 137b 25.

com-nert 4905. *force*.

compar cléib 1812, artus .i. compur in chleib (gl. pernas), Gildas 71. as easgad compair chroidhe, Misc. Celtic Soc. 162. 'compuir' *body, chest, trunk*, O'R. carcase SG. II.

compléit 2962, *compline*.

comra *coffer, ark;* comra scéith 319. 1645 and note, 2373, 'box of a shield' (not 'rim' SG. II 108. 141. 162.)

com-raicim *I contend*, ro comraicetar 6966. comraicem 7109. 7118.

com-raithnech 4445, rhymes with *gáibthech:* meaning obscure.

com-rann *equal part*. 6002. *division* 6645: cen comroind crich, 6645 n.

com-ré 63. 4540. 5932. 6844, *one epoch*.

com-rith 5673, *running together*.

com-ṡaegul 835, *equal age:* com-tṡaeghul 835 n.

com-ṡen 1383 n. *equally old*.

com-ṡerc 3392, *equal love*.

com-ṡercus *equal affection* 3392 n.

com-ṡuairc 7454. *equally pleasant*.

com-thenn 1048. 7080. 7087, *equally hard*.

com-throm 3033. 5693, *an equal weight*.

comunn (communn?) 2569. 3757, 'affectionate fidelity', SG. II 167.

com-úar 6276, *equally cold*.

conách *wealth*, gen. conáich 6656 n.

conn-chenn 266. 281, *wolfhead*, name of a horse.

con-chland 6200. a *plate* (or *a weight*) of gold or silver: conglann 1087, conglonn 3928. 6200 n. *cland* = Low Lat. planta. 'tabula plana, asser'.

confad *fury*, ar letrad na con confaidh, O'Gr. Cat. 240.

confaite 102, conpaite 3621. 3982, *furious*, conphatte LL. 208a 4.

confadach 7576, *furious*, ('cruel'. SG. II 261.)
conféire F. *torment*, gen. sg. 6265 = coinpere Rev. Celt. XIV 454. 458, conpére LU. 59ᵇ 6 = crád LL. 62ᵇ 43.
con-gaib 3850, 'assemblage', SG. II 200.
con-galach 2524 *combative, warlike*, deriv. of *congal*.
congland see conchland.
congna M. 2917. 2919. 2927, *antler*, gen. in chongna 6447. A sister-form, *congan*, exists, which Strachan (KZ. 33. 305) connects with Lat. *cornu*.
congnach 4451, *having antlers*.
con-iall *dog-thong, leash*. acc. conéill 3208.
con-richt *a wolfshape*, gen. pl. 7716.
con-tagaim *contingo*, b-fut. pl. 3 contagfat 2426: cf. *taghad* '*a feeling, or the sense of feeling*' O'Br. Lat. ta-n-gere, Gr. τε-ταγών.
contrata 7712, seems borrowed from the participle *contractus* 'closely' drawn together'.
copar *copper*, dat. sg. copur 807 n.
corrach 2674 n. for corrach q. v.
coraigecht 1691. 1707. 2122, *stipulating*, coraigecht aenmná 4954. 7544. 'stipulation to be a sole wife'; coraigecht ar écin *a contract obtained by duress*.
corcach F. *marsh*, dat. corcaig 6045. Ags. *horh*.
corcair caille 6637, corca(i)r lossa liác 6636 n, purple or crimson flowers, not yet identified.
corcair-derg 226, *purple-red*.
corn na mban 133. 143, *the horn of the women*, name of a drinking-horn. corn dála 1683, 'horn of state'.
cor-onn 3521, 'bulging rock', SG. II 192.
1. corr, dat. sg. f. cuirr 4942, 'round' SG. II 221.
2. corr *odd* 4530. 4978, *dismal* 861. Compounds:
corr-aball 4530, 'the odd appletree', SG. II 211.
corr-imirche 4978, 'odd drove', SG. II 222.
corr-luirgnech 3963, *crooked-shinned*, SG. II 204.
3. corr *corner*, O'Br. pl. dat. ar corraib 7 ar colbadaib in tsída 7209 'on the cornices and couches of the dwelling' SG. II 253.
corr-mér 6941. 7664. 7709, *forefinger*. 'index', O'Gr. Cat. 270.
corrach 2674, *eddying*, 'turbulent' SG. II 170, 'wavering, inconstant' O'Br.
corran a caithrech 3642 n. meaning obscure.
corróc dimin. of corr *corner*, pl. dat. corrogaib 7209 n.
corsat 4444, *that thou art*.
coscrach 267, name of a horse.
cossair lepaid 5202. *a litter-bed* cosair cró 6495 n. *a litter of gore*.
cothaigim *I support, maintain?* cothaigis 6401 'maintains' SG. II 243. Verbal noun: cothugud LL. 218ᵇ 39. 239ᵇ 29.
craeb glasach 2192. 2244. 2275, name of a sword.
craeb šída 7 forsídaighte 6565 n. *branch of peace and pacification*.
craebach 6022, epithet of a shield, *branchy?*
craide 7290 *heart*: tainic a chraide forro 1222. becc nar' bris mo chraide ar tri 4587, see cnú. pl.

n. craidida 6493. dimin. craidh-én 4687 n.

cráisech F. 1719, *a javelin*, gen. na craisighi 1719. pl. n. craisecha 4728 n.

crána 497 n. (rhymes with *snámha*), borrowed from Ags. *crán?*

crann ciuil 617. 3456. 3480, 'instrument of music' SG. II 116. 190.

crann-chaem 2738 n. *having beautiful trees.*

crannaige 4896. 4896 n. 'a shaft-trimmer' SG. II 219.

crann-chú 5573, 'lapdog', SG. II 237, following O'R.; but this would be *orce. crann* here probably means 'a wooden table' (or 'platter'?); cf. the Homeric κύνες τραπεζήες.

crannóc F. 3914. 3917, *a hamper* O'R., anglicised 'crannoge' SG. II 203.

crann-remur 6023 n. *thick-shafted.*

crechtra (= cretra?) 6775 n. *relics*, W. *creir.*

créda 3955. 5436, *crēdos.*

creisine 4651 n. = crábud. creisine cen tsechta, Rawl. B. 512, fo. 37ᵃ.

crem (crim 497 n.) 'gentian'. gen. creama 730, SG. II 119, generally means *garlic.* Cymr. *craf*, Gr. κρόμυον, Boeot. κρέμυον.

cremach 496. 498, 'gentian-bearing'. SG. II 113.

-cresad 711 n. = -scailed.

crichnaigim *I decide.* do crichnaiged 182, 'was put into action' SG. II 105.

crinna 1053, 'prudent', SG. 127.

1. cró 4922 *hut, socket* cogn. with Ags. *hró*, Eng. *roof*, cró-daingen 1553 'solid-socketed' SG. II 139.

2. cró *gore* (Lat. *cruor*) in compds:

cró-bainne 1150. 7156, *a gore-drop.*

cró-lige 7172, *gory bed.*

cró-lindti 3163. 7157, *pools of gore.*

cró-lintech 5194. *having pools of gore.*

3. cró *death* Wind. Wtb. in the phrase *gae cró* q. v. *cró* .i. bás, O'Cl. Cognate with κήρ and κήρα.

crob-chubaig 1790 n. leg. -baid?

crob-derg 1790 n. 5963. 5965, *red-handed.*

crob-glicc, 'expert of foot' SG. II 157, compar. 2211. 2213.

crod *cattle, stock, wealth*, dat. crudh 828. 3301. 5796. 6565 n. crod cas 818, 'bride-gift out of shape', SG. II. 121. Cymr. *cordd* M. 'a group, collection, tribe', idg. *kordho-* in ablaut-relation to *kerdhā-*, Goth. *hairda*, Ags. *heord.*

cromm-'chennach, *head-bowed*, pl. nom. m. cromcendaigh 4038.

cromm-liath 3906, *bowed (and) gray.*

cros 852. 1499. 3620. 5419. 5838 n. *a cross.* tarladar ina crois 6714, fer nachar' creid crois na cill 3620. inad crabaid is cros 3720.

cros-figill 1497. 4599, *prayer with the arms stretched out in the form of a cross*: see *The Academy* for Feb. 10. 1894, p. 125.

crotach 3906 *hunchbacked*, 'bent in the back', SG. II 203, deriv. of *crott.*

crot-ball senórach 'a decrepid ancient,' SG. II 249. crotfall crine 4441, a compd. of *ball* 'limb', and *crott* = Cymr. *crwth* anything bulging, a kind of rounded box, S. Evans.

crot-boll sádaile 7 senórdachta 3200 'a fit of inertness and old age',

SG. II 184; but crotboll seems
= *crotball* q. v.

crúadaigim *I harden*, ro chruadaigh 1918 n. pass. pret. pl. 3. ro cruadaigit 6493.

crúad-airmech 4019, *having hard weapons*.

crúadbach 1587 n.

crúad-gaeth 6057 n. *a hard (cruel) wind*.

crúad-lám 4020, *a hard hand*.

crúan flatha, 810, *a prince's enamel*: 'princely bronze' SG. II 121, but that *crúan* primarily meant red enamel (Pliny's *haematinum*) is tolerably clear. See Trip. Life 86, *srian cruanmaith* LU. 85ᵃ 32, *cruan*, O'Dav. 71, where it is explained as 'a kind of the ancient art-work' (*gné don tsencerdacht*). See d'Arbois de Jubainville Rc. also XIV, 344. 345.

cruim neime 3590, *a venomous worm*.

cruind *avaricious*? in colt cruinn .i. in bíad bec, Egerton 1782, fo 8ᵃ 2. pl. n. cruindi 4037.

cruinde 6335. *avarice*? primarily, perhaps, *a gathering*, as in YBL. col. 320: Nocha nfitir mac duine cúich dá ndenann sé cruinne. in cruindi dó bodéine *nó* in cruinde do neach aile.

cruindiucc 385, *dewdrop*, cruinnioc .i. drucht, O'Cl. dimin. of *cruinde*, *cruinne* .i. drucht P. O'C.

cruthach 819, *shapely*.

cuach-snaidm ar a folt 1564, lit. *a cup-knot on his head*, paraphrased in SG. II 139 by 'his hair behind was rolled into a ball covered with a golden *cuach*'.

cuanairt, dat. sg. 192, *pack of hounds*, pl. dat. cuanartaibh 191 n.

cúanna adj. 1790 n. *fine*.

cuass *cavity*, Trip. Life 84, 536. pl. dat. cuassaib 3514.

cúan-tráig 4690 n. *haven-shore*.

cubur 6973, *foam*.

cuchtglinde carpat c. 6936, meaning obscure.

cuilebair 1217 n.

cúil-tech 7191, *backhouse*. cultech ndemin Carm. Ml. 2.

cuinnscleo 2001 do fer cuinnscleo re Goll 'that had dared to fight with G.' 'a challenge,' SG. II 152.

cundscli *Angriff*, Ir. T. III 537.

cúir lámna 1700 n., a mistake for *gúiri lámna*, see 2890 n. Or is *cúir* borrowed from Lat. *cūra*?

cuirim for *I distress*. adaig as mó rochuir orum, 5042, 'a night that distressed me more sorely', SG. II 223.

cuirm 6416 *ale*, do chuirm glain gabaltaig, 2445, shews that this old neuter noun had become fem.

cuirm-lind 4687, 4687 n. *ale-pool* 'flowing ale', SG. II 214.

cúis F. 3178. 5477 *cause*, borrowed from Lat. *causa*.

cuislenna 7056, *pipes*, nom. sg. *cusle* 'vena'. cuislen (gl. stipula) Philarg. 109.

cuit menman na aiccenta 5696.

cuitiugud *taking part;* gan nech do chuidiugud leis, 1209 'without assistance', SG. II 130.

cuithglind 6665 n., 6936 n., for cuchtglind, q. v.

cúla: ruc som leis in fidchill ara chúla o Fiannaib 7639, seems to mean 'he took away the draughtboard, (i. e. he won the game of draughts) from the Fianna.' Cf. *ar ccúl* 'off, back, away', O'Br.

cúl-snám 3212. 7228n. *swimming on the back*, SG. II 184.

culpait 1219, clupait 1226, *hood*, Wind. Wtb., seems based on Lat. *colobium*, though the meanings differ.

cuma nai 1751, = co fo nói.

cumaid, comaid 3751n. 4106, 4767, dat. *bedroom*, 'berth' SG. II 199, not 'condition' ib. 205) cognate with καμάρα, camera, perhaps, too, with Ir. *míl-chumae*(gl.cimex)Sg.69b.

cumtach 347 *cover;* in 1718 the *casing* of a javelin.

cumthach 602 'a familiar', SG. II 115: cf. aes cumtha supra.

cupa *cup*, pl. cupada· 1772.

curach fuilt cais 6636n.

cusal 3014n. *rim?* (a cusalaib a sciath: cf. i cúslaigib a sciath, LL. 304b 15), 3513n. (a cusalaib talman).

cutrummaigim *I equalise*, = cutrummaigur Ml. 25c 12, 55d 3. imperat. 2454.

dabar *pitcher*, gen. dabair 7778, where it seems the name of a well on Croaghpatrick.

daennacht 6434, for doendacht *the human race*.

daer (O. Ir. dóir, doer). daer-brissim 4871. 6943. 6998. daerbris 'grimly cracked,' SG. II 219.

dag-fer 4518 *a nobleman*, pl. daigfir Wind. Wtb.

dag-les 3772 *good profit*.

daibir 3288 (better daidbir), *poor, needy*, opp. to *saidbir*.

daigir 2868, *blaze*, deriv. of *daig* 'fire'. Hence *daigderda* LU. 106ᵃ 20.

dáil 599 *decree, ordinance* ('conduct,' SG. II 115.)

daltán 4687n. 4688. *fosterling*, dimin. of *dalte*.

dam dílenn 850. 1250, *a mighty stag*, lit. 'a stag of flood'.

dam-alta dorcha 1620, *dam-alta* lit. 'herds of oxen', and then 'clouds?'

damim *I suffer, allow, permit,* dam 5033, ní dém 5034. pl. 1 ni didemam, Wind. Wtb.

dana-n 256. 555n. 3134n. *two*.

dánaigim in comrac 1919, *I dare the conflict*, denom. of *dáne* audax.

dar for adar q. v. dar limsa 7177. dar liumsa 7653. *meseems*, dar lind 6837. 7247. 7867, *us-seems*.

darírib 1392, *in earnest, really:* 'certainly', Bk. Fen. 248, 'particularly', O'R.

darna 4976 *one of two*, a corruption of *ind-ala n-ai*.

dath-armach 2134n. *having coloured arms*.

debroth 6648. an obscure word used by S. Patrick, and supposed to mean 'good judgment', or 'God's doom.'

debthach laithrech 6709, *contentious one of the meetingplace*. From *debaid*, Wind. Wtb.

deccair 6565n. 6593. *hardship*, pl. dat. decraib, Mart. Gorm. Sep. 25. *deacair* 'hard', O'Br.

decc 2285. 2286, 'fee', SG. II 160.

dechelt 4860n. *doublet*, dechealt *cloth* O'Br.

dechmad F. *tithe*, gen. dechmaide (where it means a *third*) 4825. dechmad in fiaduigh 914.

déé 6987. *gods*, voc. pl. Root *dhves* whence also θεός and *dusius*.

deg- *good*, prefix:
deg-álaind, 5891. 7313, *good (and) beautiful*.

Glossarial Index. 395

deg-amra 2543. *good (and) wonderful.*

deg-armach 2134, 'well-weaponed'.

deg-árus 354. 752, *a good dwelling-place.*

deg-baile 717. 950. 4663. 4884. 5420. 6178, *a good homestead.*

deg-briathar 6648 n. *a good word.*

deg-brissim 1810 n. 6035 n. *I break well.*

deg-buide 4080 n. 4942 n. *good (and) yellow.*

deg-clérech 4926. *a good cleric,* gen. deigcleirig 6788.

deg-daingen 5292, 'well-secured.'

deg-dath 5992 n. *a good colour.*

deg-dorus 805, *a goodly door.*

deg-écosc 470, *a goodly appearance.*

deg-éis 3841 n.

deg-enech 3289. *good hospitality.*

deg-eolas 1817, *good guidance.*

deg-ere 3942, 'an ample load'.

deg-fer 4780 *a gentleman.*

deg-fethem 1809, 'vigilant defence'. SG. II 146.

deg-gablach 380 *well-forked.*

deg-gablánach 1544 n. 4642 n.

deg-lámach 4034. *good spearmanship.*

deg-lámda 7312, *skilled handiwork* SG. II 255.

deg-les 3606, 'especial weal', SG. II 195.

deg-lúth 7362. 7631. gen. degluith 7628, *good vigour.*

deg-mac 4859, *a good son.*

deg-mais 3841 n.

deg-raith 2745, *a good rath.*

deg-slúag 872, *a goodly host.*

deg-thenn pl. deightheanna 937, *good (and) strong.*

dega 453, gen. pl. an epithet for swine, 'excellent', SG. II 112, as if it came from *deg.*

déga let 2269, 'consider it well,' SG. II 159. from *de-féga?*

-degail for -delaig 3451 n.

deibidach 4480. deibeadhach *Fr.* 51, 'perfervid' SG. II 209, rather seems to mean *quarrelsome,* from *deibedh* 'dispute,' Laud 615, p. 106.

deiligim: ro deilig 3716 n. ro deilighius 4563 n.

déinmech 4688, *practical, active,* deriv. of *dénum?* gen. pl. cét fer ndéinmech dó oc foglaim druidechta úad, LU. 61ᵃ 21. A *děinmech* with short penult, means *vain, frivolous'* gen. sg. m. nírb opar duine denmeich, BB. 351ᵇ 19, Hence, apparently, the 'sportive' of SG. II 214.

deimnitach 4481, denmnidach *Fr.* 51, *hasty, impatient:* 'perfervid' SG. II 209.

deithbir 3013, *haste, urgency,* deithfir O'R. Hence so-deithfirech *infra,* and deithbhreaghadh *a making haste,* and deithbhrighim *I hasten,* O'Br.

delb druidechta 7039, *a shape caused by magic.*

delg 5552, *peg of a stringed musical instrument.* deilgnib 5552 n. seems dat. pl. of a diminutive (*delgne?*)

delgán 1632, *peg on which shields were hung.*

den 535 *notable? distinguished?* 'of the feasts' SG. II 114. Connexion with *air-dena* 'sign' is possible.

dendgor 5547, *dust* ('grime', SG. II 236), dengor 5587 n. acc. sg. co faca dendgor na sliged do chairpthib a mac, Dinds. 144.

de-nocht 5808 n, *pudenda*.
déntaid 7040, *Maker*.
deoch *potion*, d. léighis 7 ícce 6805. deoch cuimnigthi céille 7259. (cf. deoch dermait, Wind. Wtb.), pl. deocha dianéca 6601 n. cf. dig tonnaid LL. 129ᵃ 30.
derb-chomalta 3406, *own foster-brother* = derb-chomalta 2784 n.
derdan F. 2945, *storm*, gen. na derdaine 5014. mét na derdaine, Laud 610, fo. 134ᵃ 2.
derg *red*: equative dergithir (= comderg) 6636 n. Compds.
derg-baeth 3515 'red and unquelled' SG. II 192.
derg-einech 2868 n.
derg-thene 2868, *red fire*.
dergaim *I redden* (i. e. hack and hew' O'Gr.), 2 dy pres. pl. dergmais mór laech 943.
der-lágad 1039, 'devoting' SG. II 127. (dearlúghadh! O'R), Cogn. with *laigim* 'I lie', Goth. *ligan, lagjan*, etc.
des-dorn 232, *right hand*.
dét fis 203. 1414. 1885. 2408. 2607. 2662. 5416. 6627, *tooth of knowledge*, the tooth under which Find placed his thumb to obtain revelations: cf. Fr. dent de sagesse, Eng. *wisdom-tooth*.
dét-bán 3251 *white-toothed*.
Dia do betha 7433, *hail!* (lit. 'God be thy life!')
dían *vehement* 3516. 'ungovernable SG. II 192. Compounds:
dían-bádud 3630, 'to completely swamp' SG. II 196.
dían-éc 6372. 6601 n. *swift death*.
dían-marbad 2822 n. 7390, *swift killing*.
dían-scailim 4609. 4609 n. *I quickly distribute*.

dían-scothach 52. 101, *having vehement words*, 'of the forcible language,' SG. II 103.
díbe 5524. 6694. 7300, *niggardliness, churlishness*, acc. ná déna dibhe fád rath 605, *never shew niggardliness in thy bounty*.
dibraictech 3378 n. do dibraiced 4728 n.
di-berg *plundering*, dat. dibirg 525 n. corruptly dibfeir(g) 525.
díbugud fo thrí 1331. *extinction or failure, thrice* (SG. II 133 omits 'thrice'.)
díchraigim 1919, *make eager (vehement)*, denom. from *dichra* 'fervent'.
dí-chuimne 299, 'lack of memory', SG. II 108.
di-derc 3513 n. perh. *a great cave*, from *di*-intensive and *derc*.
dí-gairse 940 *hurry?* 'halt' SG. II 124.
dí-glaim 346, *a gleaning*, díoghluim, O'Br. 'a crop', SG. II 109. Perhaps cogn. with O.Fr. *glenir*, whence Eng. *glean*.
dí-goinn *plentiful*, in géc-dígoinn,' q. v. díoghainn .i. neamhghann, O'Cl.
digraisi 2134, 'assured' SG. II 155. digraissi 7313, an epithet for raiment; 'special' SG. II 256.
dígu selga 5475, lit. *unchoice of hunting*, 'the worst of hunting', 'the poorest game-country', SG. II 234. Cf. dígu anme, Wb. 4ᵇ 3.
díl 4597, 'state', SG. II 212, seems rather to mean 'fate' or 'end': torchratur sund ... is é a ndíl LL. 45ᵃ 20. díol 'an end', O'Br.
dílaim *I pay*, da ndíla 801, 'if she requite': dílait 2954, 'they purge', ro dílad 3342 'was assuaged'.

dilmain 7272 *empty:* cf. ro-n-dilmainaigset (gl. uacasse) Ml. 76ª 1.

di-micnech *contemptible,* compar. dimicnigi 5523 n.

dind-senchas 2436. 4788, *history of notable places, topology,* 'legendary lore', SG. II 164.

dingbáil deigfir 4780, 'capacity to handle a good man'. SG. II 217. cf. dingbail fir forrana iter fiallach, H. 3. 17, col. 848. Hence *dingmala,* 226 n. for *dingbhala.*

dírma 2166. .i. buidhen, O'Cl. pl. dat. diormaghaibh 1 n. 659 n.

dísle 7321 n. *great nobility* .i. díuaisle .i. uaisle mhór O'Cl.

disli (for dílsi?) 5159, epithet of shields, 5808 n. of buttons.

dithat F. *repast,* see feis dithat. nir bo dithat 152, gen. sg. praind céit ... cacha díthata, LB. 217ᵇ. acc. sg. co tormalt feis 7 dithait, LL. 5916. pl. n. na nói ndíthata, LB. 217ᵇ. Perhaps a loan from Lat. *diaeta,* with *th* inserted to prevent hiatus, as in *gaeith-e* 7153.

díthaigim *I destroy, extinguish,* ro dithaig 1093; verbal noun dithugud 2.

díthmar 4022, *destructive.*

dí-thoglaide 3014 n. *indestructible.* Marco Polo 7.

diubrucud 4011, 6063, verbal noun of diubracim. (díbairgim Windisch wtb.). 6713.

díul, dat. sg. 3152, *a sucking.*

dluig 1597, 'desire,' SG. II 212. Ir. T. III 546. dluig a séna LL. 207ª 50 dlug Corm.

dlús 15337, *closeness*: dlús n-imairic LL. 88ᵇ. tre dlús gaiscid grinn thro' *the closeness of fine valour.* 1557, (not 'such was his pretty weaponplay's perfection' SG. II 138.

dlúth-chomrád 235, *close converse.* 'dialogue' SG. II 107.

dó duit 4615.

dobar, dabar *pitcher,* gen. dabair 7778. Cogn. with *dabach*?

dobra 7348, perhaps a corruption of *dogra* q. v.

dobrón 155, name of a drinkinghorn.

dobrónach 40, 2659, *sad.*

dobur-uisce 6636 n. *dark water.*

doccair *troublesome* 7022. opposite to soccair 6357.

dochma 489, 787, *defect, scarcity,* SG. II. 113, 120, Hence *dochmatu,* acc. tria chocadh 7 tria dochmataidh, Ann. Ult. II 194.

dochta 187 n. *niggardliness.*

dochuaid 3221. *he went (to death),* pl. dochuadur 3264. noco ndechaid óc 3333.

do-fuil 3906 *adest.*

do-gabála 243, *hard to lay hold of.*

doichell 664, 7300. *grudging, inhospitality,* doithcell 4809 n. gen. doichill 5523 n., cend doichill Ereann, Four Masters 1486.

doilfi (for doilbthe) 5581, 'factitious' SG. II 237.

domain in mara 6065, *the depth of the sea.*

do-menmnach 9, 40, 3756, *dispirited,* deriv. of *domenma* Wind. Wtb.

donal (donnal O'R.) *howl* of a dog, pl. donala 3417.

dondarna 5188, *to one of the two* (dondala n-ae)

donn 4419, *dun, brown*: Compds. donn-chorcar 873. *brown-crimson.* donn-chorcra 3014 n. 5159 n. 5890. donn-chraebach 6074, *brown-branchy.*

donn-fuathróc 5807n. *a brown apron.*

donn-iubar 3790. 4608, *brown yew.*

dord fiannachta 6599. something, perhaps, like "the long drone half hum, half roar, with which Zulus beguile the warpath", sir John Robinson, *Cornhill Magazine*, Dec. 1899, p. 724.

dord fiansa 760, 881.

do-rithim *accurro*, dororithius 2924.

dorn-chla 2279, *hilt.*

dorn-chor 2279n., 6848, *hilt*, pl. dat. dornchuraib 3014n.

dorus *door*, in the nominal prep. andorus 2039, 4507. 4527. 6900. 7802, *before, in front of.*

dremnib drenn 1280, dremne gal 2508, chevilles.

droch- *bad*:
    droch-engnam 5144, *bad prowess, slackness in fight*, 'faintness' SG. II 225.
    droch-fath *a paltry cause*, pl. acc. 1396.

drocht 2964 *black, dark, obscure*, O'Br., 'sullen' SG. II 178.

dron *sure, steadfast, firm, solid*, Wind. Wtb. doinenn dron, 675n. Compds. dron-ard 1278 'strong-high'. dron-gair na lúirech 1780n.

drong-buiden 4651, da drongbuidhin 'two great companies', SG. II 214.

dronnmar 453, *great-chined.* cf. dronnán *the back*, O'Br.

duag 6565n. 6593, duadh Lism. 'trouble' SG. VI 246.

dúal 478, *belonging to.*

dúal 5993, 5992n. *tress.*

dúalgus 5312n., 5316n. *a right, due.*

dúanach 4687n. *poetic.*

dúas dúaine 5488. 5492, *fee for a poem* (dúan).

dub subst. Dub esa, Dub thuinne 276, names of horses.

dub adj. *dark*, equative duibithir 6636n. Compds.:
    dub-droigen 344, *blackthorn.*
    dub-fuil 1739, *black blood*, gen. dubfola 8002.
    dub-glas 3775. *dark-grey.*
    dub-gorm 242, *dark-grey.*
    dub-lia 6999, *a dark flood.*
    dub-luirgnech 270, *dark-shinned*, name of a horse.

1. dubán v. specdubán
2. dubán 7271, *fishhook.* le dubhánib iasgairechta, O'Br.

duchand 4665n. *melody*, duchonn i. loinniucc no ceol, O'Dav.

duilesc 637, *dulse*, a kind of edible seaweed.

duille derg 3924 *red leaf*, name of a sword: 'a spear's name' SG. II 203. But one of the Irish leaf-shaped swords seems meant.

duinn-scleo 1590, meaning obscure.

-duisig 3152n. *awoke.*

duma selga 237, *a hunting-mound.*

dún-chlad 5786, *rampart.*

dúr 2964, *hard, dull* ('enslaving', SG. II 178.)

dúr-chraidech, 1917, *hard-hearted*, deriv. of dúrchride Wind. Wtb.

echlach F. 3000, 3025n. *messenger*, acc. echlaig 5689n. pl. echlacha 7 oblaire LL. 10914[b] dat. echlachaib urlair 586. see ban-echlach.

echta 789, *pure* an, epithet for silver: eachda 1. glan, O'Cl., 789n.

échtach 270 name of a horse: deriv. of écht *murder.*

écnaire 3046, *requiem*, O'Don. Supp.
a éccnairc do gabail *to chant his
requiem* (not 'to entertain his complaint,' SG. II 179.)

écnesta 5461 n. *immodest*, v. cnesta.

écóir *wrong*, gen. écórach 7769, acc.
écoir 7781. is sib atá ar in ócoir
7119. cath écoir 3018n.

ectaidhi (?) 3018n.

ega 5993n.

égaib for écaib *death*, 254 n.

éicin *some*, uair eicin 3901. 'once
upon a time', SG. II 203.

eislemar = áilsedhmar 758n.

eistim 3520n. for étsim.

eitigim *I refuse*, eitighis 514n.

eitim 4019, *danger, hazard*, O'Br.
gen. sg. tancatar ... do gabail
etma for Brigit, Lism. Lives, 320.

éitir *it is possible* 3385, but used
as a subst. in 3201n.

ele 2274 (= aile) *one of two*: in
sét ele as ferr *one of the two best
jewels*, not 'the second best treasure', as in SG. II 159.

élechon 3003 n. = éliugud *accusation* Wind. Wtb.

ell bressa brige 7 ella 543, meaning
obscure. P.O'C. has 'eall .i. greim
nó baegal, a strait or difficulty,
hazard, danger'.

éloidech 517, 917, *fugitive*, a deriv.
of *élud*, verbal noun of *élaim*.

en *water*, gen. ena, 454n.

enach 2415, *a moor, a marsh*, gen.
enaig 2411, 2414.

énach 1846, *fowling*, a deriv. of *én*
'bird', acc. sg. do[g]nitis fiadach
7 enach 7 iascach, Dinds. 134.

enech, einech 4073, 4623, 4625, *generosity*. enech-nár 1417. 1443, 'of
tender-honour', 'high-punctilious'.

1. engach 1035, epithet for a shield,
angular? ('resonant,' SG. II 127).

2. engach 6995, epithet for raiment
(*étach*), 'of mail' SG. II 248.

3. engach 6418, nir' bo engach fírgadhair; meaning obscure.

engmaid 4027 engbaid 6947, perhaps
for *engnamaid*, a deriv. of *engnam*
'prowess,' 'bounty'.

éo *salmon* Wind. Wtb., éo flaithemnais 64, éo fír 64n, éo óir 2531.

eochair, *brim, edge*, Wind. Wtb.:
eochair na habann 1839. Compds.
eochair-brecc 2332. 2476. 3762.
eochar-gorm 419, 1327, 1834, 2979,
3607, 3629, 7500n,
eochar-immel 5322. 6591. 7297.
border-edge, Aisl. p. 175.

eolaire 7560, 7261, *a guide*.

eolus *guidance, way* 4427.

erb *kid*, acc. sg. eirb 6057n.

erc *cow*, pl. gen. erca 452. ercc .i.
bo, Rawl. B. 502, fo. 57ᵇ1. carc
.i. bó, O'Cl. et v. 446n.

erctha 5163. *crowded? a crowd?*
'let us mention the crowd of spears,
which is in the forefront of the
band'. For the verb ercaim see
Zimmer, KZ. XXX. 100.

éric F. *bloodfine, ποινή*. Wind. Wtb.
gen. eirice 6155. éiricce 7085, dat.
éric Ml. 127ᵃ 1, acc. éiric 6165.

érim 268, *course*, name of a horse.

erla 1917n., 4080n. *hair*, also *urla*.

escaid 920. *readiness*, cogn. with the
adj. escaid, Wind. Wtb.

escann *eel*, pl. n. escanna 734, a
corruption of esc-ung, gen. escongan LU. 74ᵃ 40.

escra óir 2265n. *cup of gold*.

esleis 638, 1427, 2781, *neglect, carelessness*, 'indifference' SG. 116, 'indiligence' ib. 135, nir'bo thabarta
d' eisleiss, LL. 110ᵇ. 22, toirsi

cen eisleis, Rawl. B. 512. fo. 37ᵃ
gan eisleis 794 'unerringly', SG.
II 120. eislis O'Br.

eslinn 2828. 5651, *danger*, Wind.
Wtb. (not 'fray', SG. II 174). ni
reilced ríam in-eislind, LL. 106ᵇ
10. No bítís cauraid . . . ara bél-
aib hi cathaib 7 immaircib arna
bad eslind dó, ibid. 12.

esmaire, co hesmaire 6923, meaning
obscure.

esnadach 7267, epithet for a frock
(*léne*), 'ribbed', SG. II 254.

esrad úrluachra 7971, *a strewing of
fresh rushes.*

esriat 66, *sprinkler* (of holy water).

ess *cataract*, gen. essa LL. 298ᵃ 13,
pl. dat. esaib 4563n.

esseic 6034, *he*, essideic 4833.

essel 7911. 7918, 7935, 'unlearned'
SG. II 262, seems O'Clery's *eisil*
.i. eiseólach no nemhcolach.

éstechtach 600, *listening*, for étsech-
tach, deriv. of étsecht.

estrecht 3183, *a plaything?*, pl.
milchoin 7 estrechta archena (eis-
rechta olchena, YBL. Corm. s. v.
orc tréith, im essrechta maccru,
Laws i. 124, such as hurlets, balls
and hoops (*camána 7 liathraiti 7
lubóca*) ibid. 138.

étan *brow* (of a hill), pl. dat. étnaib
3438, 7535. 'face' SG. II 190.
'foreheads', ibid. 260.

etar-baegul 4095, 'a chance opening
to escape' SG. II 204.

etar-molad 59. 289, 2785, *laudation*,
gen. -molta 289.

étedach, gen. sg. m. eitedaig, 5225,
'clad in garb of defence', SG. II
227.

eter-deligud 2948, 'discrimination'
SG. II 177.

ethach (= aithech) 5532, 'boor' SG.
II 335.

é-tláith, 31, etlaith 1924, *feeble*:
Another *étláith* (*éadtláith*, O'Br.)
means *courageous, strong*.

etruth 6582, *milking-time?, evening?*
o etartrath co hetrud LB. 219ᵇ
34. '*from noon to evening*'.

fácbála 1328. 7840 the *leavings* of
a saint, i. e. his blessing or his
curse.

1. fáe *under* = Gr. ὑπαί: fáe na
tri carthadhaib, 7342.

2. fáe *under him*, 3776. fái 7999.

faebar-glicc 664, 'skilled to ply the
edge', SG. II 117.

faebar-nocht 1441, *bare-edged*.

faelan 2214n., for fáilenn?

faen-glas 1566n. *sloping-green*, better
foen-glas.

faga M. for fogae *javelin*, gen. rind
ind fagha 7000. ainm ind fagha
9876. dat. 6881.

faidi 5201n.

fail F. *bracelet*: gen. na falach 4485,
acc. dual, dá falaig 5942. 7449.
pl. nom. failgi 5942 (acc. pro nom.)
gen. pl. falach 972. dat. failghibh
1090 acc. failgi 6078. Hence
failghech adj. 497n.

fáilenn *gull*, pl. n. fáilinn 351.

fala 1684 6117. 6725, for fola *feud*.

fainle 6057n. *a swallow*.

faitiurán, faidaran 366, 957, 2440,
'mantle', SG. II 264. faideran .i.
inar 'tunic', Lec. Voc. 544. The
fuideran of Egerton 90 (Bezz. B.
XIX 33) may be a corruption
of *faidéran*.

falcmar 2838. *drenching, steeping,
abundant*, for *folcmar*, deriv. of
folc.

falmaisse, gen. -i. 7695, *advantage, opportunity*, for folmaisse, (folmhaise, O'R.)

falmugud 6765, for folmugud *emptying, devastating.*

fán-glenn, *a sloping valley*. pl. dat. fanglentoibh 190n.

fann 7911, 7918, *ignorant?* ('of low estate', SG. II 262.) *fand* .i. aineolach, H. 4. 22, p. 37ª.

fann 470n. 5922. *weak*, and hence, when applied to a garment, *soft.*

fás-bolg *an empty bag*, dat. fasbulg 3160n.

fássach *wilderness*, pl. n. fássaigi (leg.-e) 2500.

fata for fota *long*, compar. faidi-te 6811.

fata gair 5648, *long* (or) *short*, fata gairit 5478. fat[a] gairit 7186, deriv. of fat 7544, *length*, better fot 7568.

fáthad 1430n. *causing*, deriv. of *fáth* 'cause', Wind. Wtb.

fáth-imbert 2999n., fáith-imert 1387, 'scientific play': cf. fáth 'skill, knowledge; also a poem', O'Br. Cogn. with *fáith* etc., Urkelt. Sprachsch. 261.

fathmannach 3642n. an epithet for hair, fathmainnech, Corm. YBL. s. v. prull.

féchsanach 600, *watchful?*

fed 5343, *extent*, in fedh dia fuil 'how long he is', SG. II 231. fedh laime 6035n.

feicail 6090, 6413, 6534, 6536, verbal noun of feicim *I see* 6771, féccim Wind. Wtb.

féice 3799. 4797, 4083, *rooftree.*

feidm ar leith 5460, 'a separate qualification', SG. II 234. pl. fedmanna 5461n.

feis dithat 18, 522, 5036, 5381, 7301, lit. *a feast of messes?* 'lodging and provision', 'lodging and entertainment', 'entertainment', 'provant', SG. II 101, 113, 232, 255. see dithat.

feiss na hoidche sin 23, 'hospitality for that night', SG. II 102.

feiss leptha 7 láimdéraigthe 820, 4718n., 4952n., 7841, lit. *feast of bed and hand-strewing* (omitted in SG. II 121) seems to have been some part of the marriage-ceremony.

feornín, féoirnín 6307, 6308, lit. *rushlet*, dimin. of *feorna* .i. semenn 'a rush', Corm. s. v. *itharna.*

fer baeth 271, name of a horse.

fer dána 1068, 3259, *a poet*, 'man of verse', SG. II 128. 185.

fer ferainn 4561. 6597, pl. gen. 'men of territory', SG. II 212. 246.

fer fiadnaisi ríg 2362, *one who is only entitled to be in his king's presence.*

fer fine 4836, *a relative.*

fer gráda 487, 'a confidential', SG. II 112. gen. fir grádha 1690, pl. gen. fer ngráda 3097.

fer gualann ríg 2361, *one entitled to be at his king's shoulder.*

fer lethláma, 2361n.

fer leptha ríg 7752, *a king's bedfellow.*

fer uaine 151, fer tuillid 154, names of drinkinghorns.

Compds. of fer:

fer-ech 256, *a male horse, stallion.*

fer-gaiscedach 5128, *a male warrior.*

fer-mac 5578. *a manchild.*

fer-mug 954, fer-mog 7222, *a manslave.*

fer-óclach 40, 2942n., 3020n. *a manly warrior*.
férach 43, 65, 7104, *grassy*.
feramail, 1803, *manly*.
fér-brug gabála 4179, 7292.
fér-gort gabála 2069. 2309. 4181. 7602. 7970. '*a fenced grassfield*'.
fér-glas 2144, 4096n., 6363, fér-uaine 1661, 3438, *green-grassed*.
fert fótbaig 620, 1021, 1243, 1586, 1593 *a turfbuilt gravemound*.
fertais *axle? shaft?* pl. dat. feirtsib 3510, 'axle-trees' SG. II 192.
fertán 1078, 1839n., 3180, 3943, 6752, *a little tomb*, dimin. of *fert* 6076.
fertais blae 4114. meaning obscure.
féta see fetta.
fetan 1718, 7222 *pipe, tube*, dá fetan 7220.
féth? féth fia 5235n., 5239n., leg. féth fiada, lit. *deer's veil, a magic mist or darkness*, =
feth (feth) fithnais 7916, ('a magic veil' SG. II 262, druid .i. doníat in feth fia *nó* in [f]aisdinecht, BB. 345ᵇ 26. fáeth fiada, LH. 19ᵇ. Skr. *vyāyati*, root *vyā* 'envelope.'.
féth fithnaissi 722n, 4894.
fethana fithnais 722,'charmed withies', SG. II 118.
fetrais 2642n. 3268. 6730, 6789, 7073. 7608. *knowest*, fedrais 601. 750, 1786, a barbarous formation from *fetar* 'scio'.
fetta 1225, epithet for a cup, 'exquisite', SG. II 130. féta 1552n. 4978n.
fía .i. tar áth Findglaissi fía 2617. meaning obscure.
fia fiad 5235, 5239, 'a magic vapour', SG. II 228, leg. *fiath fiada?* = *féth fia* q. v.

fiach a lenna 1607, 'honorarium for his liquor', SG. II 140, fiach indsma na sleige 4909 'in guerdon of the finished spear', ibid. 220.
fiad dráidechta 7505, 'magic veil', SG. II 259.
fiad síde 1084, 5325, *a fairy deer*.
fiadach *hunting? game*, gen. fiadaig 5870, deriv. of fiad *deer*.
fiadnige 2221, *hunter*.
fiadan gen. pl. 1038, *witnesses*.
fiad-míl 851, 5868, pl. gen. oc fuiniu na fiadmil, LL. 249ᵃ. Cymr. *gwyddfil*, a wild animal.
fiadrad 886, *game*, collective of *fiad* 'deer'.
fiadugod 589, *a welcoming*, (not 'reverence', SG. II 115): fiadhucchadh, Four MM. 1567, a deriv. of *fiad* 'welcome': ní fuarussa fiad n-óiged ga thanac a tírib imciana, LL. 62ᵇ. 40.
fiafrochainn 3648, for f-iarfochainn. cf. fiarfochum 5063.
fial-charatrad 5751 *family relationship*: deriv. of *fial-chara*, pl. dat. *fialchartib*, LB. 142ᵇ. 31.
fial-chorcra 6415, 'generous, crimson-cheeked', SG. II 243.
fial-garg 1996, 'generous, stern', SG. II 151.
fial-goit 136, *a generous drop?* (from Lat. *gutta*).
fial-nár 2012 'delicately generous', SG. II 152.
fial-náirech 2012n., compar. used as superl. fial-náirige 7965, 'most modest,' SG. II 263.
fiallach na trebaire 5369, 'the men of settled habitation', SG. II 231.
fiann-, fian, *fenian*. Compounds:
fian-choscar 181, *fian-breaking-up* (of deer) ('silvan slaughter', SG.

II 105), gen. fiann-choscair 5281, dat. fiann-choscur 5918, LU. 104ᵃ 11.
fian-chruth 7505n., *fian-shape.*
fian-gaisced 5208, 'fian-service in arms', SG. II 227.
fiannaige 5461 n. 6526, *a fenian.*
fiannaigecht F. 879, 5286, 6039, fianaigecht 5454n. *fian-ship*, gen. na fiannaigechta 6586.
f-farfolt. gen. sg. fiarfuilt, 797 n. *dark hair.*
fid-choll 349, leg. findcholl. q. v.
fid-gae, tar fedaib fidhghai, 212 n. perhaps a placename.
fid-lann 4928n., some magical process, possibly ξυλομαντεία, Rev. Celt. XII. 440.
fid-letrenda 2803n. lit. *wooden traces*, lethrena, Wind. Wtb. s.v. loman.
fidrén 913, 1506, 1780n., 2159, 6798, 'rushing noise', SG. II 124, 'rushing sound' ib. 137, 'hurtling sound', ib. 156,
fín-bél 191n. *wine-mouth.*
1. find *milk (fionn .i. lachd, O'Cl.).* Compound: find-airge 514, 1882, 1887, 5985, *milch-herd.*
2. find *white, blessed, bright*, Compounds:
find-all 351, *white cliff.* finnal 5992n.
find-ben, *a fair lady*, pl. gen. findban 6905.
find-bantracht 2890n., 5289, 'fair woman-folk'.
find-bruine 972 n. *white bronze.*
find-buide 787n. 3642n. *pale yellow.*
find-chas 5992 n. *fair (and) curly.*
find-cheolán 327, 2610, *blessed handbell*, findcheolán celebartha *a mass-bell.*

find-chlechtach 381, 4203n. *fair (and) plaited.*
find-choll 3489, *white hazel.*
find-gel 1975, *bright-white*, 'fair-skinned', SG. II 151.
find-lebar 2610, *white book.*
find-liath 3487, *silvery-grey.*
find-lind ena 454n. *a fair pool of water.*
findruine F. (ex *find-bruine?) 5612, *white bronze*, findruinne 5985 n.
find-uma 2441, *white copper*, bronze of some kind.
fír-*true*: is often a mere intensive prefix:
fír-áige 772, *a true guest* (óigi).
fír-álaind 2003, 3014n., 3629, 'exceeding handsome'.
fír-bind 1723n., *truly melodious.*
fír-brethach 6255. 6341, *justly judging.*
fír-buillech 5046. *truly striking.*
fír-cháin 5830, 9845n. *truly gentle.*
fír-cháine 561, *true gentleness.*
fír-chalma 1955n. *truly valiant.*
fír-chlúm 6017n. fír-chorrthair 807n. fír-chumra 497n.
fír-Dia 2890n. *very God.*
fír-eolas 6756. 7015. 7277, *true guidance.*
fír-étrocht 3013n. *truly bright.*
fír-fáth 1163, 1191, *a true cause.*
fír-fert 1230, *a true miracle.*
fír-fial 682, 1262, 2006, 3325, *truly generous.*
fír-flaith 5408, *a true prince.*
fír-gadhair 6418. meaning obscure.
fír-gaeth 2535, *truly-wise.*
fír-gaiscedach 3996, 6025. In 7043 perhaps the gen. sg. fírgaisce*id* should be fírgaisge*daigh*, as in 7043 n.

26*

fír-galach 1957, 'of genuine audacity', SG. II 150.
fír-garg 1043, *truly fierce.*
fír-glan 535 n. *truly pure.*
fír-gnímach 6966, *true-deeded.*
fír-gorm 367, 2440, 'deep blue'.
fír-grána 1884, 'most hideous'.
fír-grinn 197, *truly pleasant.*
fír-laech 3996, *a true hero*, gen. fírlaich 7043.
fír-lemnacht 829, 829n., 'new milk'.
fír-muinter 7262 *a true lover*, furtacht carat 7 fírmuintire 'helpful gift of very kinsmen and of friends', SG. II 254. But here *carat* is gen. sg. and *muinter* (as in *cétmuinter*) denotes a single person.
fír-mullach 3925. *very top.*
fír-neimnech 6492, *truly virulent.*
fír-scél 1428, *a true tale.*
fír-throm 6432. *truly heavy.*
fír-thrúag 1521, 1952, 4199, 4845, 5715, 6432n. *very lamentable.*
fír-uaine 957, 1327, 'bright green'.
fír-uisce 82. 3592, *spring-water.*
fír catha 3018n. *truth of battle.*
fírmamaint F. 4639, 5405, *firmament*, gen. sg. na firmamenti 7579.
fithnassach 4987, *magical?* where it corresponds with *úathmur* 'awful' in R.
f-iuchrach 998 n. *spawnful*, deriv. of *iuchar* with prothetic *f.*
flaith-fóndid 19, *prince-champion*, 'captain of the Fianna', SG. II 102.
flath-brugaid 1875, flaith-briugaid 2439. 5323. 5521, 'princely hospitaller', SG. II 148, 'principal *brughaid* ib. 164, 'royal hospitaller' ib. 230. 235.

flesc gilla óic 5225, 'a strapping young fellow', SG. II 227.
flesc láime 1198n. f. láma 6689. fleasg lámha .i. fearann, O'Cl. *fleasglámha* 'land, a field, farm, or tenement', O'Br. a ruidles .i. a flesc láma, LU. 51ᵃ 23.
flescán 147n. dimin. of *flesc.*
fliuchaim *I drench*, pass. pres. sg. 3 fliuchthar 3847.
fóbartach 6966 *aggressive*, deriv. of *fuapart*: 'with good endeavour' SG. II 248, as if it were a compound of *fó* 'good'.
fochla féinneda 3251, *champion's seat.* sg. dat. dind fochlai fenneda, LL. 111ᵇ 6.
fochlaide 1177, 2847, fochlaite 2606, 'excavation', 'dug-out cavity', SG. II 129, 168: part. pass. of *fo-claidim.*
fodbaigim *I disarm*, ro fodbaighid 5084n. denom. of *fodb*, verbal noun *fodbugud*, LL. 240ᵃ.
fo-dílmain 909, fiadh fodilmain 3244 SG. II 123, 'a free-roaming stag', ráinic XXX. fiagh fodhilmhain 'for their aliquot share came thirty deer', ibid. 185.
foen-derg 6565n. (p. 329. l. 7) *prone-red.*
fo-gablach 6868, 6984, *pronged.*
fo-grainne 1725n. *spearpoint*, (gl. cuspis) Sg. 67ᵇ 1.
fogur-bind 1718, *sweet-sounding* ('dulcet-breathing', SG. II 144)
foi-cherd gaiscid 2316, 'heroic casting', SG. II 161.
-foirim for forithim *I succour.* pret. sg. 3 nír' foir 6799.
foirithnech 6802, *assistance?* gen. sg. arbithin a foirithnech do Choinculainn, Cóir Anm. 149.

Glossarial Index. 405

foirtched 1657, the 'wraps' of a javelin, SG. II 142: cogn. with *fortcha* 'cushion'? 'curtain'? Is inunn fortched 7 fordorchad, Rawl. B. 502, fo, 56ᵃ 1.

foithre *woods*, 2500, 'wilds', SG. II 165. foithre .i. coillte, O'Cl., *woods* O'Br.

foithremail 8, 96, 'bosky', SG. II 101, 'with the reflection of surrounding copsewood', ibid. 104.

folcad Flaind 7179, 7215, *Fland's headwashing*.

folcmar 1520, 'copious', do bebarnatar fuili folcmara fair, LL. 116ᵃ 23. cíís déra folcmara, LL. 171ᵃ 19.

folt *hair of head*: Compounds: folt-chas 3841, 'tangletressed'. folt-ruad 4064, *red-haired*.

folúaimnech 841, 908n., 2678, *hovering, fluttering*; 'restless' SG. II 122, 'flighty' ibid. 170. deriv. of *foluamain* Wind. Wtb. Cf. forluaimnech infra.

fomor 1884, 'pirate', SG. II 148, fomorach, gen. fomhoraich 1881, but fomorach 6545, 7514.

fond-chosach 6565n. 7127.

fond-glas 1562 n.

fond-scothach 8, 6592, 'flowery-soiled' SG. II 101.

fongaire 2214n. leg. forngaire?

forad-mullach 6182, leg. fosad-m.? v. *fossad* 'fest', Wind. Wtb.

for-baelid adj. 5359, *rejoicing*.

forbaise *besieging*, gen. il-longfort a forbaissi 6046, dat. acc. forbhaisi fair 1967, forbais 6046n.

for-barach 1840, ὑπερφερής. Lism. Lives, p. 392.

for-bartach 7056, 'dominant', SG. II 250.

for-chanad 6345, *incantation*, Cymr. *gorchan*.

for-chenn 481. 'a definite term', SG. II 112.

for-cloistiu *overhearing*, acc.-tin 5157.

for-comol 675n. *bondage, restraint*. i forcomol foréicne LL. 227ᵇ 47. But in 675n. *in forcomol* seems miswritten for *in-orcomol, in-urcomol*.

for-dergud 6625 'a superficial [?] reddening', SG. II 247, verbal noun of *fordergaim*.

for-doros 789. *lintel*, ὑπερθύριον.

for-folt 'redundant hair' SG. II 120, gen. forfuilt 797, 797n.

for-folum a cléib, 7568, 'the hollow of his side', SG. II 260.

for-glide 6255, *manifest*. doss fina fial forglide, Rev. Celt. XX. 146.

for-grain 1726, *point of a spear*.

for-imell 2843, *border*.

for-lámus 1819, 6697, *domination*.

for-luaimnech *volatility, instability?* ídu forluaimnigh 7488n. cf. imboth forluamna, Rawl. B. 512, fi. 37ᵇ.

for-molad 114, 4670, 7547, *praise, eulogy*.

for-mullach 6328, *summit*.

for-nasc 1545, 2474, *tie-beam, clasp*, fornosc 1534n.

forom flatha 4203 'a princely port'. SG. II 207. forumh rí[g] 465, forumh ngnath 456, ba forumh ngrind 494 seem mere chevilles.

for-raigim *I overcome*, ro foirrghit 5084 n.

for-ruad 3511, *russet*.

for-scáilim, *I divide, distribute*. ro forscáileadh biadh 5316n.

for-sídugud *pacification*, gen. -aigthi 6565 n.

fortail 2568n. *able.*
for-thlacht 3642n. *a cape, overcoat?*
forusta 2535 *learned?* deriv. of forus 3891 n.
fosaithi gen. sg. 908n., meaning obscure: leg. fosaigthe?
foscad a gotha 7 urlabra 4080n.
foss-mullach 2313, 3438, *summit.*
fossad-mullach 3446, *summit?*
f-óssaic 5528, from Lat. *obsequium.*
fossair delba 7416n.
fót *sod*,f. scrutan gáisse, 6191. Compds. fótbláith 2711n. fót-glas 3840n.
fothlucht 7509n. *brooklime.*
fothrom 913, 1506n., 1780n. 'resonance', SG. II, fothrum 6797, a corruption of *fothrond* (= Cymr. *godorun* 'tumultuous noise'?). Wind. Wtb.
fraigred 345, 'dwellings' SG. II 109. Collective of *fraig* 'wall'.
francán 272, 273, name of a horse.
frasad 2999 n. *making ready?* from *fras* 'ready', 'active', P.O'C.
frestlaim *I attend on*, ro freastladh 1894. denom. of *frestal* Wind.Wtb.
frith-dáilem 814, 'dispensing', SG. II 121.
frith-fala 1680d. 'cross-feud', SG. II 142, frithfalad 6115n.
frith-ing,dat.sg.5822,*backward track.*
frithir 'sore' O'R., cer'ba [f]rithir le muinntir 4160, ferglond frithir, Laud 615, p. 106.
frithlacht 7241n.
fritholum 5834n. *attendance.*
frith-roisc 2327, *backwards*, SG. II 161.
f-úaranach 698n. *full of springs.*
f-úardacht 3513n. *chilliness.*
fuib-si, 2173, *under you.*
fuidhi, meaning obscure: in fedan fuidhi fírbind 1723n.

fuilim *I am* 1576, fuilmid 2477. 5140 *we are*,filet 2765 fuilet 2854*they are.*
fuiliugud 5834n. 6624. fuileochad 6073n. *drawing blood.*
fuill 2749 for fuil *is.*
f-uill-ídu 1186, 1203, *a great pang* (for *uill-ídu, oll-ídu*),
fuinedach *a western*, pl. gen. 7458, a deriv. of *fuined*, Wind. Wtb.
fuirmed 6437, *a setting*, noco tabair in scél fuirmed furri 'until the story touches on her'. SG. II 243.
fuirrsceó 1587, 1586, meaning obscure.
fuithe 2756, for *fuie* 'under it'.
fulachtad 1546, 'seething', SG. II 139. imda na *fulachtori* .... triar oc, dénam fulachta, LU. 94, line 24. tri primfulachtore ib. fulachtaig [leg. -taid] mennan 7 berid lais in brothchan, LB. 113ᵇ 49. Derived from *fulocht*, Wind. Wtb.
fulracht 3314n, *much blood* or *gore*, P.O'C.
futairli, futairlli, 5028. 6918, see putrall.

gaán *javelin*, pl. dat. gáanaibh 1802n. dimin. of *gae.*
gabáil, écnairc do gabail 3046.
gabálach 3642n. *forky*, ep. for wind.
gabal-lorg *a forked pole*. pl. gen. 2442 'fork-spears,' SG. II 164.
gabaltach, dat. sg. f. gabaltaig 2445, 'fermented', SG. II 164.
gablánach 3666, 3669n. 3674, 'complicated' SG. II 197, deriv. of *gablán* 'a little fork'.
gach ré n-, see cach re-n. gach ndírech 355. 5742n. 6066n.
gád *want, need, danger* (gadh .i. gábhadh, O'Cl.), gen. gáidh 864, acc. arin-chomalnathar cach ngád,

Wb. 31ᵃ 14 'that he may supply it, every want', where *gád* = χῆτος.

gadar *dog*, pl. nom. gadair 344 n. gen. 1947, a corruption of *gagar*, borrowed from ON. *gagarr*.

gác chró literally *a dart*, or *shooting pain, of death, a deadly pang*, (not 'clotted blood', SG. II 253). pl. n. gaeithe cró 7153, dat. gácib cró 4000, acc. gái chró 7223. gái chró na genmnaidechta 3815 *the deadly pang of chastity*, ('pernicious effects of continence', SG. II 200).

gaeth re haenbile 4639, *wind against a solitary tree*.

gáeth-slúag 938 n., lit. *wind-host*, the fairy-host coming in a blast of wind: cf. tanic sluag síd na side, LB. 186ᵃ 14. (K. Meyer).

gaidríne 191 n. 193, *puppy*, dimin. of *gadar* 'dog', q. v.

gailbech 383, 3642 n. 6057 n. *tempestuous*, rectius *gaillmech*, deriv. of *gaillim*?

gaillim *storm*, gen. gaillme 582, dat. ní raibhe rempe riamh adhaigh bú mesa inás an adaigh sin, do ghaillim 7 do snechta do dorchada[i]dh, Three Frags. 72.

gáine 547, 552, *good*. gáoine .i. maith, O'Cl. gáinne 547 n.

gairb 3834 n. *a torrent*, Cymr. *geirw*.

gair-descad, gen. gairdcasc[th]a 783, 'fermenting grains' SG. II 120.

gairechtach *bellowing*, 3759. Cogn. with *gairim*, ich rufe, Wind. Wtb.

gairit *short*, compar. gairde: is gairde duit 4649 'it will divert thee more' gairdi-te 6815.

gairtiugud 287. 301, 5549, *pastime*.

gal retha dat. sg. 1617, lit. *puff of run*, 'over-galloping', SG. II 140.

garb *rough*. Compounds:
garb-findach 190, *rough-haired*.
garb-liath 2576. *rough-grey*.
garb-thanach 4173 *rough-washing*.
garb-thír 2730, *rough land*.

gardha *garden*, 228 n. ON. garðr.

gartha 597, 'chivalrous qualities', SG. II 115.

gasán 730, *sprig*, dimin. of *gas* 'stalk, stem, boy'.

gasrad 727, 'a picked body', SG. II 118, 'a band of domestic troops', O'Br. collective of *gas*.

gat-sním 3510, 5013, *withe-twist*.

géc toraid 1958 'productive branch', SG. II 150.

géc-álaind 475, *beautifully branched*.

gécánach 475 n. deriv. of *gécán* 'branchlet'.

géc-digoinn 64 n. *abounding in branches*.

gegar barba Aaron, *wakerobin, cuckoo-pintle* (Rev. Celt. IX. 242), gen. geghair 96.

géisim *I resound*, geisid 843, 850, ro[m]geis 862, nír' gheis 864, (rhyming with *éis*). Cogn. with *géis* 'swan', as Lat. *sonare* with Eng. *swan*.

gel *bright, white*. Compounds:
gel-brage 3488 n. a *white neck*.
gel-glac 1833, 2004, *white hand*.
gel-guala *white shoulder*, dat. pl. gelguaillib 3014 n.
gel-mérach 148, *white-fingered*.
gel-mór 1276, *fair (and) big*.
gel-sciath 231, 1564, *a white (or bright) shield*.
gel-sliasait 625 n., acc. dual 6001 n. *a white thigh*.
gel-tracht 2162, 6201 n. *a white strand*.

genmnaidecht F. *chastity*, gen. sg.

-echta 3815, deriv. of *genmnaid* 'chaste', Wind. Wtb.

gérait gaiscid 3399, *champion of valour*. gérait aingceoil 4458 n.

gerr in arcait, gerr in óir, names of horses 274.

górsat 39, 461. 597, *though they were*.

gilla fedma 5627, 'drudge' SG. II 238, gilla na fidchle 1344, 'lad of the chessboard', SG. II 133.

gilla scuir 778, 'horsekeeper', SG. II 120.

gillacht chon 2489, 'the post of *gilla con*' (dogboy), SG. II 165.

gillaigecht 1349, *servitorship*.

gillanrad *servitors*, gen. -raidhi 566. 7393. gillarad LL. 109b. 219b.

gin-gob na sleigi 4923 n., lit. 'the mouth-beak of the spear'.

giscánach na carpad 1780 n. *the rumbling of the chariots*, deriv. of *gioscán* 'the noise of a wheel or door', O'Br.

glan, *clear, pure*. Compounds:
  glan--álaind 475 n. *pure and beautiful*.
  glan-bile 64 n. *pure sacred tree*.
  glan-chorn 785, 'a polished drinkinghorn', SG. II 120.
  glan-gilla 727, *a fine boy*.
  glan-grianán 799, *a pure bower*.
  glan-mebra 3731, *clear memory*.
  glan-solus 1739 n. *clear and bright*.

glas *green, gray*: equative glaisithir 6636 n.

glas gaillme 282, name of a horse. Compounds:
  glas-garb 604, *gray-rough*.
  glas-muir 741, *green-sea*.
  glas-odar 1900, *gray-pale*.

glasach 2192.

glé *clear*. Compounds:
  glé-blasta 4565 n., leg. gléblasta, *clear-tasted*.

glé-garg 1272 'cheery yet vehement', SG. II 131.

glecaim *I fight*, glecsat 1269, denom. of *glec* 'a fight' (*gleic* Wind. Wtb., *gleac* or *gleic*, O'Br.)

gledrach (glegrach?) 4563 n. ep. for water. O'Br. has *gleaghrach* 'a loud cry or shout'.

gléorach 4566, i. q. gléorda.

gléorda 4565, 5060. 6845 n. 'bright, transparent, luminous', O'Don. Supp.

glésta 1702, *tuned, tuneful?* 'subtle', SG. II 143.

glifit 7074 *agony? torture?* glifid .i. gáir *outcry*, O'Cl. 'noise', O'Br. gen. ic fulang gábaid 7 glifiti a galair, LL. 227ᵃ 46 (Hercules 'enduring the danger and agony of his illness'), certainly not a 'feud' as in SG. II 250.

gloine 2210, for glaino 'jaw', Sg. 48ᵃ. 17.

gloinide 6845 n., for glainide *crystalline*.

glomraide na hechraide 3867 n. *foam from the horses' bits?*

glonn-béimnech 1780, 'clashing', SG. II 145.

gluaisim *I move* (transitive) 5967.

glún *knee*, idiomatically: tucsat glún re gail, 3149 n.

gnáth-fiann 6538, 6563, 6565 n. 'the standing Fiann,' SG. II 245.

gnáth-focul 6214. 6215, *a proverb*.

gnáth-gell 3964,' a customary stake,' SG. II 204.

gnáth-muinter 3066 n. *a standing household*.

gon *wound*, gen. pl. 1917.

gorm-lasrach 267, name of a horse.

goth gáethe 6579, *'spear of wind'*, a man's name.

Glossarial Index. 409

gothán 1700 n., 3978 n. dimin. of *guth* 'voice, word'.
gothnait 1911, *a dartlet*, gothnad O'Cl., dimin. of *goth*.
graifne, gen. sg. dil (aen) graifne 7131. Seems a sisterform of *grafand* 'a horse-race': from *graig-svend- (Henderson).
gráin *point*, gráin na sleige 1720: the simplex of *forgráin* 1726, and cogn. with Eng. *grains* 'an instrument with barbed prongs, used for spearing seafish', Germ. *granne*, *grat*.
grech *screech*, pl. grécha 7060n. (leg. grĕcha?, grecha gorta, LB. 140ᵇ 51: cf. nos-grechat na geniti dó, LU. 109ᵃ 15.
gredan (gretán?), acc. gredain 938 n. some kind of *noise*, *clamour*?: greadánach *clamorous*, *obstreperous*, O'Br.
grennaigim *I beard, I challenge*. rom-greannaig 1422.
gres luighthi 818, 'epithalamium', SG. II 121.
grés 2340n. 7180n. *an attack*.
grian 'the ground or bottom of a sea, lake or river', O'Br. *gravel* (W. *graian*). In 2956 *bottom*, coceilet co grian 'that gnaw us to the bone', SG. II. 177. re (ria) grian a chnis 471, 470 n., 4080 n., 4942 n., 5808 n., 'next to his skin', SG. II 112.
grianach 2676, *gravelly*.
grian-bruigin 6257, *gravel-hillock*, grian-brug *gravel-plain* 6249.
grian-tracht 2331, *gravelly strand*, acc. sg. 2331, where it applies to a well, and is therefore rendered by 'gravelly brink', SG. II 161.
gribda 3938, supposed to mean 'pleasant', Aisl. pp. 49, 180.

grindiugud 6663, meaning uncertain.
grinnell, grindell 2803 n., 7128, 7134, *the bottom of the sea or a river*, O'Br.; but here it means *bedrock*.
grithugud 6734, seems equivalent to *grithál* 'the noise or grunting of young pigs', O'Br. Derived from *grith*, Wind. Wtb.
grot, grod. 3642 n. *bitter*, epithet for wind. v. Corm. s. v. gruiten. *grod* .i. goirt P.O'C.
gruad-brec 2104 *freckle-cheeked*, 'of the variegated [i. e. red and white], cheek', SG. II 154.
grugán (leg. grucán?) gann 133, 142, name of a drinking-horn.
gual 3953, 6639, *coal*, 7180 n. *fire*. Skr. *-jvalás* 'flaming', idg. γevel, Uhlenbeck.
gubamnach 4735n., deriv. of *guba* 'seufzer, klage', Wind. Wtb.
guibelta 383 (gobélta?) an epithet for wind, deriv. of *gobél*, Wb. 23ᵇ 36.
gúire lámna 2890 n. *soreness of parturition*.
gur-lámnad 433, *painful parturition*, pl. acc. gúr-lámnada 5553, 'sharpest of their pangs' SG. II 236.
guth-bind 1702, *sweet-voiced*.

ían *mug*, pl. n. éna. 110.
iara *weasel*: bá faru ar athlaime, Ir. T. III 486. acc. sg. iarainn 6057 n. P.O'C. gives the gen. as *iaradh*. O'R. has *iar* 'weasel', *iaradh-ruaidh* 'the male weasel'.
iarann na sloge, 1718n., 4904 n.
iar-folt *dark hair*, gen. (f)farfuilt 797 n.
iarla 149 *earl*, name of a horse.
iarmarta 6416, meaning obscure.

iarn-lestar 3543, *an iron vessel.*
iar-nóin 6519, *afternoon.*
iarsma 4870, 7896, 7903, *relic, remnant*, O'Br. 'after-effect', SG. II. 219 'remnant', 'residue', ibid. 262.
iarthar cinn 1871 n. *the backpart of the head.*
iath fuinid 2541, *country of the west*, Ireland.
ibar-lestar 110, 3543 n., *a vessel of yew.*
icabhur 5141, *at your.*
icseo 3290, *lo this* = acc. seo 4906.
íc-sláinte 5227, *healing*, 'balsamic' SG. II 228.
ídu éta 7488, *pang of jealousy*. pl. idain 7488 n.
il- *many*. Compounds:
 il-armach 2741, 'filled with many weapons', SG. II.
 il-brechtnugud 5454 n. *multivariety*, deriv. of *ilbrecht* πολυποίκιλος.
 il-brechtugud 7168, = ilbrechtrugud q. v.
 il-cheola 7192. *many melodies.*
 il-clessach 2732, 'of the many accomplishments'. SG. II.
 il-chrothach 6375, 7575 *multiform.*
 il-datha 7240, *many colours.*
 il-delbach 1680, 3905, 'of varied aspect', 'invested with all comeliness', SG. II 142, 203.
 il-faebair 2031, 2060, *many edged weapons.*
 il-gáire 3094, *many laughs.*
 il-rechta 2403, *many shapes.*
ilíu: i leith ilíu do Chruachain 4056. = *aliu* in the phrase *aliu 7 anall* O'Don. supp. 'hinc et inde'.
illatha, pl. dat. illathaib 3935, ilatha Wind. Wtb.
im-bertach 1389, *a player*, deriv. of *imbert.*

im-bolg *candlemas*, imbuilg 2109. dat. imbulc, LL. 76ᵃ 47.
im-bolgaim *I blow as with a bellows.* ro imbolgad 1668 n. cf. ionbholgadh O'Br.
im-bualad 1990 n. 3149 n. *mutual striking.*
im-chian 5157. 6989, *very far.*
im-choimét 3349 n. *a wrap.*
im-chossáitech 214, 'a malicious mischief-maker', SG. II. 155. deriv. of *imchossáit*, Wind. Wtb.
im-daingen 1902, 'substantial', SG. II 149.
im-discir 4212, 5866, 7386, *very fierce*, 'most impetuous', SG. II 207.
im-domain 7058 n. *very deep.*
im-focus 1547, 4180, 7439, *very near*; compar. imfoicsi 2616.
im-gann 7082, *very scarce.*
im-gerr 1920 n. *very short.*
im-grind 7241, *very pleasant.*
imm-áin 4084, Wind. Wtb. 'a goaling-match', SG. II 204, gen. na himmána 4086. 7054 dat. oc imain 7046.
imm-aincél 6267, *very ill-omened?*
imm-áinic 2541 n., perf. sg. 3 of imm-icim?
imm-aire *ridge*, 4203 n.
immaraen 5440, *likewise.*
immarbréc 6972, *a lie.*
immarrán 2717 n. for immforran .i. cathugud, O'Cl.
imm-ecal 6752, *very fearful?* cf. immécla, Wind. Wtb.
imm-echtar: commór re cuing n-imechtair 1300, 'equal to a three-ox yoke', SG. II 132.
imm-echtrach *outside*: re cuing n-imechtraig 5943.
imm-ellach, gen. -aig 978 n. *border, rim.*

imm-eslan 7175, *very unwell.*
im-racal, *a mistake?* gen. imracail 7846, 7881, dat. imracal 7881, acc. Do thidnacul rechta reil. cen imracul tria glancheil, SR. 4106.
im-rinn 1049, 'deadly point', SG. II 127, see aith-imrind supra.
im-rum for imram, 6067 n.
im-scacad 6203, *a great straining or filtering,* scagadh, O'Br.
im-scar 6519 = imscarad *separation.*
im-slán 3607. 6108, 'perfect', SG. II 195.
im-thacfann 1657 n. *circuit, wrap,* for imthacmang.
in-am 351, 3512, 3513, 6616, *a fitting time,* inam búana 4211.
in-casnaide 1658, the 'shoe' of a javelin, leg. inchosnaide? cogn. with *ionchosanta* 'defensible'?
in-chomlainn 2829|, *fit for combat.*
ind *end,* co hind a meoir, 6082 n. o ind ... co. hind, 6082 n. o hinn a hordan 1917 n. pl. dat. indib 3513, but innaib 5811 n. nominal prep. chu-ind, chu-inn = do chum 2718, 2726 n. 6198.
indana n. *the two* 256.
indarna 2461. 2481. 3191. 4134. 5444. 7425, *one of the two =* indara 400, 1552, 3489, 3698, dondarna *to one of the two,* 2474, 5188, 5739.
indell-dírech 7394 *straight-tooled?*
ind-fota 382, 3488 n, *very long.*
indised *narration,* do réir a hindisti 4620, *according to the account of it.*
indlucud 1465 n. 7259, *to convey,* one of the verbal nouns of *idlaicim:* the other is *idlocon.*
indrem, indram, indrum 3278 n. 5278 n.
indsma 4901, 4906, *a fitting,*

Corm. s. v. *nescoit,* B. of Moytura 122.
indsmaim *I fit,* ro indsmastar 4919.
ind-úar *frigid,* gen. sg. f. 3518, 5522, dat. innfuair 3524, 7002, innfuar. 1196, 1204.
ind-úarad 7501, innfuarad 1200, infuarad 911, 'to cool', SG. II 124. gen. sg. *innfuartha,* O'Gr. Cat. 232.
inesair (? in-esair) 1118.
in-fedma 5014 n.
inggaibthi *to be avoided,* inggabail 7098 n. 7099 n. *avoidance.*
in-gnáthach 6249, *unknown, wondrous?* deriv. of *ingnád.*
ingnech 598, 'given to carping', SG. II 115, a deriv. of *ingen* 'nail'.
inneóin oirechais 64 n. *anvil of princeliness.*
inneonad 1546, *broiling* ('brandering' SG. II 139), to be distinguished from *fulachtad* 'seething'.
inn-ríg 222, *befitting a king,* better indríg 22 n.
inn-rígda 1053, *kingly.*
inntlás *inlaid?* cloidim inntláis órdhaidi 1862. Cognate with *intlasse, intslaide.*
in-othrais 5256, 5258, 'likely to convalesce', SG. II 228. 6967, 'such as need the leech's care', SG. II 248.
int-ía for int-é 218 n., 577 n.
intlás menman 5099, 'recreation of spirits', SG. II 224.
ír-iall (fír-iall?) 3946.
iris *a strap,* τελαμών, irsi a sciath 3160, 'slings of their shields': see Lism. Lives 4358.
ir-lige, meaning obscure: ro hirlighib óir 7 airgid 4609 n.
isam 772, 944, 1963, 2200 n., 2546, 3523, *I am:* issim 3115, *I am.* isim 2200 n.

1. issa, isa 2173, *whose is*, better *assa*, q. v.
2. issa 3360, *in the*.
istud *a palace,* gen. istudha 5310 n.
itir tráig 7 tuili 'both at ebb and flow', i. e. in their entirety, SG.
iubrach 4566, is explained (O'Don. Supp.) as 'a wooden vessel formed like a pitcher, narrow at top and broad at bottom'. But in 4566 it may be the ship mentioned in *Aided mac n-Uisnig*.
iuchar-bratánach 696, *full of spawning salmon*.
iuchrach *having spawn*, acc. fem. fiuchraigh 698 n.
iudlaide 3410 *rich?* lit. *Jewish? idolatrous?*

lá cinnte 1999 n. *a fixed day*.
labar 596, *loquacious*. Compd. labar-thonn 6049, *speaking wave*.
láech, gen. láich 6051, laeich 7568 Compounds:
   láech-buille 4740 n.
   láech-lár 395. 1626 n., 5024, 5029, 5060, 6845 n. *hero-floor*.
   laech-léim *heroic leap*, gen. laech-leime 2873.
   laech-machaire 4109, 5223, 5234, 5523, 5621, 6045 *hero-plain*.
   laech-mullach 5905 n.
laem cotulta *time of sleep*, LL. 108ᵃ 13, pl. dat. laemannaib codulta 3219 n.
lái 5580 n. = erball 'tail'.
láideng, *galley?* pl. acc. láidhenga 3166, 'probably canoes covered with hides', O'Curry, B. Maghlena 45. But Bugge says that *láideng* is borrowed from ON. leiđangr 'a levy of ships for war', which is related to *liđendr* 'seaman'.

laithe mís trogain 333, *lammas-day*, August 1.).
laithir, gen. laithrech 6709, *a meeting-place* = lathar, O'R.
lám *hand*: compounds:
   lam-dérgud *handspreading, hand-strewing*, gen. -déraigthe 821, 4718 n., 4952 n. -déirigthe 7842.
   lám-échtach 227, 2913, *deadly-handed*.
   lám-gel 671, 4807, *whitehanded*.
lámann 5972, *glove*.
lámda 673, 5549, *broidery*, see deg-lámda.
lámnad, *childbed*, gen. sg. mna re cuir lamna, leg. lámnada? 1700 n.
lán *full*, subst. lán crainn a sleige 1089, 'his spear's full depth,' SG. II 128. lán mara 7518 *flood-tide*.
Compds: lán-adbul 727 5924 n. *full-vast*.
láin-bind 2892 n. *full-melodious*.
lán-braenaige 2909 n.
lán-búaid 1598, 'prize'.
lán-chaem 7001, *full dear*.
lán-chalma 4731, 4923, 6794, *full-brave*.
lán-chatat 233, *full-hard*.
lán-choibled 4563 n. 5804 n. 7038, 7629, 7898, gen. sg. -choiblid 7193.
lán-chonách 577 n.
láin-échtach 486, *full-slaughterous*.
lán-faide 4080 n. *full* . . . ?
láin-gel 103, 244, 3488 n. *full-bright*.
lán-grád 644, *full affection*.
lán-láitir 1803 n., 2183, *full strong*.
lán-mebair 2539 n., *full recollection*.
lán-olc 5194, 5653, *full-evil*.
lán-šoillse 1235, 7053, *full light*.
lán-talam 622 n. 2184 *full earth*.
lánamain gach fiada 7371. lánuma 672. This word is construed

with the pl. ro faietar in lanamain sin 820, ro fáeidur in lánamain sin 7841.

lánnaide (leg. lanaide?) 675, *radiant, splendid*? certainly not 'infantine', (*leanbhaidhe*) as in SG. II 117. o leuth lathi lanaide, SR. 8041. Cogn. with *lainn* .i. solus no taithnemach, O'Dav. 102, Lat. *splendor*, Lit. *splendžu*.

lár-medón 4735 n.

lasamain 3488 n.

lathamar glaine 7149, *a pail (or bucket) of glass*: for loth-ommar g.

lathar 4057 n. il-láthair catha 3765, 7987, ar lathair 5586.

lathar 4416 'strength, vigour', O'Br. 'fettle' SG. II 208.

lathar-tholl 3537, 'occult hole', SG. II 193.

leba luinge 3751 n. *a berth in a ship*.

lebar-gasta 5941, *long (and) deft*, 'long graceful', SG. II 238, sed v. gasta.

lebar-gel 5941 n. *long and bright*.

lecht-lige 5190. *grave-bed*, ('great sepulchral stone', SG. II 227.)

légeon, leigeon 3974, 5403 *a legion*, i. e. 10 000.

leis in the place-name Druim dá leis 849.

leis na techtairib 6242 = O. Ir. *lasna techtairiu*.

léitmech 1803 n., = léidmheach, *strong, robust*, O'Br.

lón catha 4964, 'mishap of battle', SG. II 221.

lenbín 633, *a little child* (lenab).

lend-braenach 2909, 7382, 'well-watered', SG. II 176, 256.

lenn-maissech 364, 1861, 5861, *having a beautiful mantle* (lenn).

lennán 6368 *darling, sweetheart*, spelt lendan 224 n.. 5688, 6459, lendann 5687. lennán aidche 5687 n. *a night's darling*, lennán síde 748, 2400, *a fairy sweetheart*.

leochaill 4834, léochaille 4834 n. *niggardliness*. In 5523 n. *léochaille* is a comparative, 'more niggardly'.

leochaillecht 5524. *niggardliness*.

lóoman from Lat. *leonem*, 5931.

lepaid leigis 7147, 'a bed in which to be cured,' SG. II 252.

1. lerg *path*, dat. sg. leirg. 1536, 2922 'path' SG. II 138.

2. lerg *plain, land*, tar leirg 2867 'upon the land', SG. II 175, pl. dat. lergaib 346, 'glades', SG. II 109. see les-lerg.

1. les F. *thigh*: compounds: les-baccach 6248. *lame-thighed*. les -brén 6248 *foul-thighed*.

les-lerg, pl. dat. leslergaib 2909, 5986, 'open lands', SG. II 176, 'pastures' ibid. 239.

lescach 147, name of a drinking-horn.

leth *half*. leth feissi 4955, 'half conjugal society', SG. II 221.

Compounds:

leth-amaich de 6457, *outside of*.

leth-breth 114 n. *a partial judgment*.

leth-briathar 7995, 'an exparte imputation', SG. II 264.

leth-chenn 2176, 4204. *one of the two ends*.

leth-cherr 6249, *half-crippled? lame of one hand?* in ben cerr, 'the crippled woman', Laws i. 142.

leth-chuaran 899, 938 n., *one of two socks?*

leth-fidchellacht 7437, *half-draughtplaying*: ní bered C. leth-fidchellacht orm 'C. used not to win from me half the games of draughts'.

leth-lám 1714 n. 5768, *one of the hands* ar lethlaim deis 5927, ar do lethlaim 6675, fer lethláma 2361 n. acht mad lethlam 822 n.

leth-mullach 5905, *one of two summits.*

leth-rí 6882, *one of two kings.*

leth-rannach 2963 n.?

leth-rinn 5552, leithrind 5610, some part of a lute.

leth-scél 1414, 'one-sided evidence'.

leth-sechtmain 775, *half a week.*

leth-súil 6174, *one of two eyes.*

leth-súilech 6248, *having but one eye*, O'Br.

leth-taeb *one of two sides*, dat. leth-taib 5045.

lethad 4532 n., *spreading*, verbal roun of *lethaim.*

lethan-glas 2829 n., 5708, *broad-green.*

lethan-mór 5862, *broad-great.*

lethnachud 4532, verbal noun of *lethnaigim*, Wind. Wtb. O. Ir. *lethnaigur*, s - pret. sg. 2 *ro leth-naigser* (gl. deletasti) Ml. 50ᵃ 14.

1. lia *flood*, lia dubfol 1739, *a flood of black blood*, lia fola 2990.

1. lia M. *stone* 2757, 2762, 'a stone coffer', SG. II 172, lia cloiche 2175, 4701, 'a huge stone', SG. II 156, 'a lump of a stone', ibid. 217.

1. lín *net*: lín fiadaig 4424, *a hunter's net.*

2. lín *a multitude*, línib gal 1582, a cheville.

línaide 244, epithet for a bridle, línide 2374, epithet for a chain 'reticulated', SG. II 107, as if from 1. lín.

lind-braen 5219, 'moisture-bead, [i. e. the dew], SG. II 227.

lind-úar (MS. lindfuar) 4563 n., 7219 n.

líne 792 = Lat. *línea*, 'na líne 'laid out', SG. II 120.

1. línide, epithet for *loch*, 568, 4530, 4536, 4564, 'swelling' SG. II 114.

2. línide 2374, see línaide.

lín-scóit 3710 n., 4802, 4802 n. ON. *linskauti*, Aisl. 184.

lisdacht 563, *sloth*, liosdacht 'tediousness, slowness', O'Br.

líth 6845 n. *plenty, abundance, festival*, Bret. *lit, lid*; chevilles: líth gu ngail 1102, líth nach gann 2518. *lith* from *(p)lětu*, cogn. with πληθύς (Thurn.), occurs as a woman's name in Mart. Gorm. May 17.

líthlaithe 1666, 3863, *festival day.*

locaim *I refuse*, O'Br. ro locamar 6499, 'we abandoned', SG. II 245.

lochaide 738, *brightish*? Hardly 'loch-forming', as in SG. II 119.

lochar-bláith 3488 n., epithet for a mantle, meaning obscure.

loch-thopur 87, 1171, 2811, 6773, *a clear or bright cool well.* The *loch* is = cymr. *llwg*, (am-lwg, cyf-lwg, and cogn. with Ir. *luac(h)uir* .i. taitnem, Corm. B., luacharn, Gr. λευκός, Skr. *rucá, roká.*

1. loighe 1172, 'lying-place'.

2. loighe *dissolution?* 1375, SG. II 130 loighi aeisi dho in loighi a dha, 'the condition in which he is is that of old age', SG. II 134. Cognate with *do-luigim* 'remitto', *lecht*, 'death', O. Br. *acomloe* (gl. insolubile).

lond-bán 6265 n. (p. 339, C. b.) *strong-white.*

long-sithal, loingsithel 202, 1223, 1833, 7148, *a basin.*

lór-daethain 334, 2111 n. 5292, *full-sufficiency.*

los *sake*, assar los-ne 6506, 'on our account', SG. II 244, il-los na n-eladhan sin 6094, 'by virtue of those arts', SG. II 242.

luach in pósta 7834, *wedding-fee*.

luaigidecht 1711, *guerdon*,

luamaire 4879, *pilot*, gen. sg. LL. 219ª 36 Typus [i. e. Tiphys] ainm in luamaire.

luan 4869 n. *loin*, O'Br.

luath: *swift, hasty*, Compounds:
luath-bétach 596, 'rashly censorious,' SG. II 115.
luath-bras 818, co l., 'rashly and perfunctorily', SG. II 121.
luath-breth 1414, *rash judgment*.
luath-buille 1057, *swift blow*.
luaith-crech 1591, *a rapid raid*.
luath-grinde 2819, 4417, *a swift phalanx*.
luath-guin 4740, *a swift slaying*.
luath-letrad 1700 n. 2897 n. *a swift mangling*.
luath-marbad 175, *a rapid killing*, verbal noun of luath-marbaim 7868.

lúbán 5201, *a hoop, bow*, 'bended twigs', SG. II 227.

lú-barc *a little barque*, pl. gen. 6504, dat. 6920. At 6504 *Lism.* has *luthbarc*, which SG. II 244 renders by 'swift galleys', as if it were *luathbarc*.

lubgort gabála, pl. dat. 3890, 'fenced paddock', SG. II 202.

lubgort selga 484, 488, 2595 n., 2598, 'a hunting-preserve', SG. II 112. 113. 167.

luchair 792, 819, 7147, 'glittering', SG. II 120, 'smiling', ibid. 121. 'rich' ibid. 252.

lucht ícce 7 othrasa 830, 'invalids and sick', SG. II 121.

luchtrad maithiusa 5842, *treasurers*.

lug-bordach 3913, name of a *crannóc*.

luige claen 589, 'perverse alliance', SG. II 115, seems to mean 'unnatural crime', 'sodomy:' *luige* for *laige* 'concubitus'.

luinche 845, (luinnched R.), *cries? 'melodious'*, SG. II 122.

lus *herb*, pl. nom. losa ícce 1932, *healing herbs*, dat. losaibh sídhe 985, *fairy herbs*.

lúth *vigour*, 223. 1374 n. ludh 5804 n. gen. lúith 6. 3993. 7898 n. In 273 it is the name of a horse. Cymr. *llid* 'ira, iracundia'.

m infixed pron sg. 1, 1422, rom-loisc 1424 rom-aithnid 994, rom-greannaig, rom-chuir 1855, ní-m-leicfe 1855, ro-m-imluaid 3353.

mac alla 133, 143 *echo* (lit. 'son of a cliff'), name of a drinking-horn.

mac ecalsa 2888, 2933, 2934, 3692, 4615, *ecclesiastic*, mac míraith, 1884, 'son of mishap', SG. II 148.

mac ochta 2462, lit. filius pectoris, 'specially devoted', SG. II 164.

mac na trath 4614, 6769, lit. 'son of the canonical hours': in 6769 it is = mac ecalsa 'an ecclesiastic',

macam (leg. maccaem) na corn 134, name of a horse.

macc-flaith 2503 *a young lord*: cf. Bret. *machtiern*.

madra 1900, *a dog*. Hence *madramail*, 'caninus', O'Gr. Cat. 267.

máel *bald, blunt*, but in 1034 *headless*. Compds. máel-chlad coicriche 1871 n.
máel-gorm 2002, 'shorn of his head, all becrimsoned', SG. II 152.
máel-mullach 1680 a n *a bald crown*.
máel-ruad 6147. *bald (and) red*,

máclad 7181, *growing bald*.

máeth-ruad 638 n. *soft (and) red*: maeth-sroll 5374. 7415, *soft satin.*

maethán, pl. n. maetháin 730, 'tender twigs' SG. II 119, The word also means 'gristle', O'Gr. Cat. 230.

maeithnech 1185, meaning obscure.

mag-sliab 885, 910, 'a mountain rising from a plain', SG. II 123.

mag-réid 4424 n.

maicne 6650, seems a scribe's mistake for *mainchine* q. v.

maidnecht 287 n. *negligence?*

maill-néill 1749, (pl. of *mall-nél*) 'numbing deathmists', SG. II 144.

mainches 689, 4103, 'endowment', 'benefaction' SG. II 117, 205. In *Fr.* 49ᵃ *mainchesa* is taken to mean 'nuns', and is coupled with *manaig* 'monks': see 4103 n.

mainchine 6650 n. *service.* Compds: beomainchine, marb-mainchine 91 v.

maindechtnaige 127, maidnechtnaige 288, *negligence, inattention*: cf. mainéachtnach *indevout, negligent in spiritual affairs,* O'Br.

mairge *woe,* a sister-form of *mairg* Wind. Wtb.: fo bith-mairgi 1856.

maissige 6838, *comeliness,* deriv. of *maissech* 'handsome' (maiseach, O'Br.).

maith 6622, 'gallantry', SG .II 247.

máithfech for móidmech *vainglorious,* máoithfeach, O'Br.

maithnige F. acc. sg. maithnighi 1963: reading and meaning doubtful: cf. gola tróga maithnecha, LB. 140ᵇ 51, rogab mifrigi, 7 maithnechus mór Ioseph, LB. 34ᵃ 13.

mara fuinend grian 5954. mara raibi in bangaisgedach 6959.

marb-maicne 3507, 3708, 5900, seems a corruption of *marbmainchine.*

marb-mainchine 3506 n., 3707 n.,

5900 n. *service* (to the church) *by the dead,* in bequests to pious uses: see beomainchine, supra.

marcaidecht 3219 n.

marc-sluag 283 n. *horse-host, cavalry.*

mebrach 1963, 3115. 5414. 7305 *reminiscent.* a deriv. of *mebuir,* Wind. Wtb.

medar-cháin 5507 and LL. 81ᵃ 47, *cheerful (and) jolly,* 'cheerily vociferous', SG. II 235, 'gently merry', O'Curry M. & C. III 415.

medbán 737, meaning obscure.

medescal 5305, meaning obscure.

melim meaning obscure: geibh lúirigh, rot-mcala 1037, 'win mail, may it serve thee! SG. II 127, rot-mela sleg th'athar 4924, 'well mayst thou wear thy father's spear!' SG. II. Here *rot-mela* seems be cogn. with $\mu\acute{\epsilon}\lambda\omega$, $\mu\acute{\epsilon}\lambda o\mu a\iota$ and to mean 'may it (the mailcoat, the spear) care for thee!' In the Caillech Bérre's song, (*Otia Merseiana* i. 122), *melim* means 'I wear' or 'I use': cf. $\mu\epsilon\lambda\acute{\epsilon}\tau\eta$ 'practice, usage'. Verbal noun *mealadh* 'enjoying, having, holding'. P. O'C.

mell-galach 6708, '*warlike hill*' (?), a term for a quarrelsome member of a household.

mellta 982, *deceived*: part. pass. of mellaim, Wind. Wtb.

meng F. *fraud, deceit,* Wind. Wtb. acc. meing 6902, meingg SR. 3071.

mennchrott 4080 n., 6831 n. *lute* (lit. '*kid-harp*').

mer *quick, sudden,* O'Br. mer in scem chinnchon 5531, 'a mighty ready bit of dog's head snapping and snarling', SG. II 235.

meraigthech 6132, *mistaking, erring?* deriv. of *merugud.*

meraim *I madden?* rom-mer 854, 'distracted me', SG. II 122: cf. mearaidh .i. amadán, O'Cl. meracht, meraige, Wind. Wtb.

mór-gel 670 n. *white-fingered.*

mescad ar uisci 7230. *plunging into water.*

mesc-buaidrim 4963, *I am demented,* cor' mescbuaidhirset 7062.

mét: ata da mhét 3563, *so great is.*

mian-chraesach 1285.

midach, pl. n. midhaigh 432 n.

mídach mairg 271, name of a horse.

mide medóin 1803 n., 6738 n., *midst of middle.*

mid-uachtar 3821 n., 6035 n.

milchú 447 pl. *hunting-dog,* pl. n. milcoin 344 n. gen. pl. milchon 1940.

millethach 5849 n. *destructive.*

min-én 6283, *a small bird.*

mín 5400, *plain-land.*

mín adj: *smooth, gentle.* Compounds:
mín-adbul 1160, 'smooth, widespread', SG. II 129.
mín-álaind 7413, *gentle-beautiful.*
mín-gel 3609, 6812 *gentle and bright.*
mín-lúath 7388, *gentle and swift.*
mín-réid 3379ᵃ, *smooth and level.*

minaigim: do mhinaigh 1816, 'dwindled away', SG. II 146, ro minaig 7150, 'minced'.

mine 3957 n. *gentleness.*

mind súla 146, lit. *eye's diadem.*

mí-rath *mishap,* gen. míraith 1884.

mí-rún 2017, 2168, 3608, 4698 n. 'ill-intent' SG. II 152.

moch 5580, *early,* gen. sg. f. muiche 5181. Compounds:
moch-letrad 433, *early mangling.*
moch-thráth 997, 5217. 6982. 7154. 7593 *at an early hour.*

mod *a deed,* gen. pl. mod 7255.

mod-gnímrad 6565 n. 6822. *manly deeds.*

mogenar 2986. 7679, *happy!* mogenair LU. 34ᵃ 16. 36ᵇ 7. 40ᵇ 26: cf. mad-genatar (gl. beatos, Ml. 90ᵇ 12.

mog-latrainn 3535 n.

móit 295, 1331, *wish* (from Lat. *vōti*) móid 295 n.

mónann *bogberry,* pl. n. monainn 342, 'blackberries', SG. II 109.

monar ngrind 2516, 'pleasant deed', a cheville.

mong *mane:* monainn mhaetha na monguibh 342, where *mong* is used metaphorically of bushes as χαίτη, *coma* of trees. mong mara 4678, 4697. Compoundss:
mong-buide 4071, 3704, 4637, 5059, 5068, 6365 *yellow-maned.*

mor for muir *sea:* mor-thorad 2475, *seafruit.*

mór *great.* Compounds:
mór-adbul 3786, 6672, 6921, *vastly great.*
mór-adrad 2572, 2572 n., 3619, *great adoration.*
mór-barc 2128 *a great palace?*
mór-buidnech 1577, *having a great company.*
mór-cháin 4602. 5897, 'large and dainty'.
mór-chalann 1839 n.
mór-chalma 2136. *very valiant.*
mór-chath 1294, *a great battle.*
mór-chen 803, 4523, *very welcome.*
mór-chíall 2507, 'magnanimous'.
mór-chruaid 7939, *great and hardy.*
mór-dechsain 3211, *gazing far and wide.*
mór-dée, voc. pl. 6994, *great gods!*
mór-écen 3775, 4097, 6222, 6909. *a great strait.*

mór-esbaid 199, *a great shortcoming.*
mór-fairge 4678, *a great sea.*
mór-fégad 4689. *looking far and wide.*
mór-fine 2577, *a great family.*
mór-giall 1479 n., 2869, 2928. *a great hostage.*
mór-glan 1198, *very pure.*
mór-glonnach 1675, *great-deeded.*
mór-gnímrad *great deeds,* pl. dat. mórgnímarthaib 2592.
mór-grádach 1153, 6452, *wellbeloved.*
mór-gráin 155, *great horror.*
móir-lobar 232, *great and lengthy.*
mór-mac 2747. *a great son.*
mór-menmnach 1700 n. 8005, *great-spirited.*
mór-muinter 4590, *a great household.*
mór-olc 3572, 3573 *a great evil.*
mór-rígu 2496, *a great queen,* mórrígan 2496 n.
mór-scóim 2507 n.
mór-selg 3125, *a great hunt.*
mór-sleg 4494, *a great spear.*
mór-slúag 2745. 5429. 6813, *a great host.*
mór-sochraide 979, 1159, 1289, *a great army.*
mór-theglach 1475, 5134, *a great household.*
mór-theist 4671, *a great testimony.*
mór-thonnach 6264, *great-waved, billowy.*
mór-thrón 1401, *potent.*
mór-úall, 7004, *great pride.*
mothar 190 n., 3339 n. 'a park', O'Br.
mothugud 5529, *a perceiving,* verbal noun of *mothaigim,* Wind. Wtb.
mudaigim *I destroy,* pret. sg. 3 rog-mughaig 1158 (leg. - mudhaig), 'slaughtered them', SC. II 129. Verbal noun *mudugud.*

mudu *destruction*: dochuaid a mudhu 5346, nach dech[s]at a mudha 7758.
múdan, name of a horn, 141, 144.
muilleóir *miller,* gen. muilleorach 6332, deriv. of muilenn M. *mill,* gen. muilind 6336.
muincinn mara 183, 'sea's surface'. SG. II 105.
muinter F. *familia,* but in fír-muinter (q. v.) *famulus*: so in LU. 134ᵃ 38: fersait faelti móir fri muintir Mongán, where *muintir* (acc. sg.) corresponds with *techtaire,* ib. l. 35.
muinterach 2617, 2619, 2624, *having a community,* 'of the numerous familia', SG. II 168.
muinteras, gen. -ais 5458, 'friendship', SG. II 233.
muirbillach 4584, 4587, *giddy? terrified?* deriv. of *muirbell* 'giddiness', B. of Moira 234, 236, (a loan from ON. *hvirfell*?). Or rectius *mairbillach,* derived from *mairbill* .i. cath no imecla 'battle or terror', Corm. Tr. 119?
múirim, *I close in*: do muiredh 1073, ro múiredh 1085, 1257, 2082.
muirnech 4853 n. epithet for a spear, 'belonging to troops or bands': *muirn* .i. buidhean, P. O'C. cf. *muirnighim* 'I burden, load', O'Br.
mullach ochta 7710. m. gualann 325. m. tulcha 1566. m. droma 1738, m. cairnn 7692. m. sléibe 7850. Compd. mullach-lethan 4080 n.
mun-chaem 6553, 'smooth-neck'.
múnad 6994 'to point out', SG. II 548.
múrad talman 3985, *interment?*
mur-loch 5924 n.
mur-mac 2506 n.
múr-thonn 3761, *a wave like a wall.* (*múr* from Lat. mūrus.)

musclaim *I awake*, pret. sg. 3 ro muscal 3152, do muscladar 3400 n., músclais asa śúan, YBL. 316ᵇ. Zimmer (*Keltische Beitraege* II 185 note) explains this verb as inferred from O. Ir. *imm-us-clóit* sic wende sich um.

u infixed pers. pron. of 3ᵈ sg. msc. inté do-n-gabastar, 3559.

núe-thétach 3793, *nine-stringed*, ἐννεάχορδος.

naem-ainglech 497 n. 500, *having holy angels*.

naemad F. gen. naemaide 5263, a sisterform of *nómad* q. v.

náiríne 4171, dimin. of *náre* 'shame'.

naonmar for noenbar 617. 107.

nárbat 596. nársat 598, 602.

nársat 592, *ne sis*.

neiche *things?* pl. of nech? 5866 n.

néll 7561, acc. nél 7587, nél *cloud*, nóll 7589. pl. n. néoill 7291, neoill 7595, 7596, neoil 1619, gen. néll 10, 7963. dat. néllaib 7579. acc. neollu 7585: compd. maill-néll 1749.

néll *trance*, pl. dat. nellaib 6601, a metaph. use of *néll* 'cloud'?

nélladoirecht 7579, *nephelomancy?*

nem-arracht 3905 n. *a heavenly image?*

nemed 497 n. (= Gaul. *nemeton*), v. Wind. Wtb.

nem-fírinnech 3903, *untruthful*.

nemfní 2874 for neph-ní *nothing*.

nem-irchradach 3908, *imperishable*.

nem-thrúag *not-sad*, *cheerful*. compar. nembthruaighe 848.

nert-blad 1264, *vigour (and) fame*.

net *nest*, Wind. Wtb., gen. nit, LA. Tírechán 1. pl. n. nit 733.

ní té, lit. *not hot, bitter-cold*.

níamach 1078, *lustrous*. níamanda 3251 n. derivatives of *níam*.

níam-lann 957, 3895, *a glittering plate*.

nfl 2765, 3256 = ni fuil 2751.

nirbhá-m 1426, *I was not*. nírsat *they were not* 597. 1377. 4037. 4038. nírsat *be not* 598.

níth 39, *a fight*.

no 1653. 7475, for dno, O. Ir. dano.

nóbad 3777. for nómad *ninth*

nómad, gen. nómaide 216, 5214, 5260, 5850, *a space of nine days*.

nónbar 36, 205, pl. n. naenbair, nónbair 171, 181.

nós, 3575, *fame*: ni fair bias a nós nách a allud nach a irdarcus, LU. 78ᵇ 37, gen. fer nois, Ann. Ult. 1370.

nósta 267 n.

núa cacha bidh 27, nua gacha bíd 5061. Compounds:

nua-bind 3793, *fresh-melodious*.

nua-char v. ard-n.

nua-glan 3869, 4860 n. *fresh-clean*.

nuall, gen. nuaill 7280, 'outcry', SG. II 255: nuall cuma 3988, *wail of regret*.

nuall-orgán síde 4620, 'a certain fairy cadence', SG. II 213.

obloire 3183, *jugglery?* deriv. of *oblóir* .i. fuirseóir, Wind. Wtb. Another deriv., *obloirecht*, is rendered by 'power of amusing' in Laws i. 135.

obu 4961, *to refuse*, a corruption of *obbad*, Sg. 90ᵃ 2.

ocabar-n 5141 n. = oc-ua-bar-n.

ócán 447, *a young man*, dimin. of *óc*.

óc-ben *a young woman*, dat. ógmnái 1276.

ochar-gorm 7229 n. see eochar-gorm.

ochlachaib 6460, perhaps for *eochrachaib* pl. dat. of eochair *brim, edge, border*.

ochtmad 3547 *one of eight*, ochtmad

27*

... déc 1320, *one of eighteen.*

óclachas 580, 'armed service', SG. II. 115, deriv. of *óclach*, Wind. Wtb.

odar *pale grey*, 7600, Wind. Wtb. (ex *udro-, KZ. XXXII 563, cogn. with Eng. *otter*). odar-buide 2739 n. *pale-yellow.*

odar cíche 3314 'the pale of the nipple'.

odrán ind óir 138, name of a drinking-horn.

óice *youth*, dat. óici 6878.

oirbert 1675 n., for airbert.

oiret = comlín, 5066 n. = urdail 6003 n.

oirithlech 2431 n. for ailithrech

oir-scél 164, *a tale.*

oissén 6283, *a fawn*, dimin. of *oss*, Wind. Wtb.

ól (O. Ir. disyllabic óol) *drink*, gen. sg. óla 4791, óil 4791 n.

oll (= πολλός?). Compounds:
oll-bládach 740, 2817, *greatly renowned.*
oll-buidnech 2629, *well-manned.*
oll-chóiced 1550 2264, 7789, *great province*, pl. dat. ollchuicedaibh 190 n.
oill-ídu, dat. d' fuill-idhain 1203 n.

ollamda 2103, 3024 n., 5315, *poetic*, deriv. of *ollam*, Wind. Wtb.

ollamnacht 7894, *ollaveship.*

onchu 1899 n. said to mean *leopard.*

ónoiss 7618 = ó anoiss.

óoc 46 n. *young*, for óac.

ór *gold:* borr. from *aurum.* Compds.:
ór-chrai 874, *gold-socketed.*
ór-lasrach 320, 3139, 3192, *gold-flaming'.*
ór-šolus 138, *gold-bright*, name of a horse.

orc .i. colbtha, O'Cl. *calf of the leg*, acc. orcain 9800. Windisch gives the nom. sg. as *orca*; but O'Curry told me that this meant 'the arm from elbow to shoulder'. pl. gen. muil a orcan for a luirgnib, LU. 72ᵃ 20.

1. ordu *thumb*, gen. ordan 1917 n. acc. sg. ordain 203.

2. ordu N. 1921 *portion*, pl. acc. oirdne 1920, dual acc. co nderna dá n-orddain de, LL. 116ᵇ. 19.

orraim v. uirrim.

orrthain, acc. sg. 1526 n. from Lat. *orationem.*

ósaic 4194 n. *footwashing*, from Lat. *obsequium.*

oscarda 1395, *renowned, famous*, O'Br.

oss-molt 5226, 7268 n. *a wether.*

pailm 6418. 6418 n. branch of a palmtree, here used for *success.*

pater 6820, *a paternoster*, pl. paitrecha 5436.

péist 2391, 2395, 2405, 2407, *reptile.* Here it is masc., but in 2396 n. (na piasta) it is fem. From *bestia.*

penn msc. 609. 2894, *pen.* in penn (gl. calamus) Ml. 64ᵈ 4. From Lat. *penna*, with change of gender.

póc *kiss*, acc. sg. 7416, 7417. acc. pl. póc 6833, 6906, but póca 7615. In tairbiris teora póc n-dil n-dichra 3633, the writer seems to have regarded *póc* as gen. pl. governed by *teora* = *tréde.*

poind 7934, from Fr. *point:* nach raibe poind air, lit. 'that there was nothing on him', 'that he suffered nought'.

poll 4470. 4477, 4484, *hole.* From Ags. *pól:* compd. lathar-pholl 3537.

pósaim *I espouse.* ro phós 7832: verbal noun pósad, gen. pósta 7834.

prap 2555, *at once, instantly.* iasc

nduadhas prap rom-loisc, *Lism.*
45b. Hence *praipe*: is é . . . no
génad in cethrur ucut hi praipi,
LU. 58b 22.
prím 6090 n. borrowed from Lat.
primus. Compounds:
prím-chruitire 6565 n. *chief harper.*
prím-flaith 595, 'a great lord'.
prím-líaig 3812, 5260, 'a proto-
physician'.
prím-ollam 3811, *chief poet.*
prím-rechtaire 1469, *chief steward.*
prím-ronnaire 3495, *head-dispenser.*
prím-sorthan 5304. 5304 n., 'choi-
cest prosperity'.
prím-thonn 7999, *chief wave.*
proinncéit, 2068 n. *dinner of a hundred.*
pudur 1783. 4484, 4746' *hurt, harm,
injury,* Laws i. 178: 'a sore vexa-
tion', SG. II 146, 'grief', ibid. 209,
'tribulation' ibid. 216: seems borro-
wed from Lat. *pūtor.*
putrall F. *hair,* gen. putairle 3745,
blai futairlli 6639, tuignech futairli
5028, (where *f* = *ph*), t. futairlli
6018 'shag cloak' SG. 223, 'a shag
cape', ibid. 240.

quartill 6297, 6312, meaning obscure.

radarc: *eyesight, power of vision*
(ro-darc). espaid radairc 7182, *lack
of sight*: see rind-radarcach.
raen madma 1193, literally 'rout of
a defeat'. raen = rót 2348 n.
raga 2121, 5576, rogha 5283, 6538,
6562, for rogu *choice.*
raibéccedach 174 n. raibchedach 174
(= ro béccedach) 'bellowing'. SG.
II 105. Derived from *raibceth*
cethra .i. robeiced, Corm. Tr. 145.
railgech 497 n. *belonging to oak*, rail,
gen. railech.

ráin 1477, 'stately' SG. II 137, (ro-
áin?)
ráithín, 5484, 5511, 5914, 6181, 6184,
a small rath.
ram-ruathad 4639 n. (leg. rám-r.?)
ré 1314, for roe *field.*
recht v. sír-rechtach.
reme 88, *thickness,* deriv. of *rem*:
compar. of equality remithir 5943 n.
= comremur.
remur na tonn 6064. mná remra 655.
réo n-urchair 4432. see sréo.
re-siu thair 604, *before it come.*
1. rían .i. slighe, O'Cl., *road*, ar aen
rían 1558 *together, at the same
time*, Tig. 1167.
2. rían *sea*; compd. rian-glas 3151 n.
sea-gray.
riarad, gen. riartha 3080 n. verbal
noun of *riaraim*? 'I please, satis-
fy', Wind. Wtb.
rí gen. ríg, *king*: compounds:
ríg-bruiden 1464, *a royal palace.*
ríg-féinnidecht 1674, 1757, 2286,
2290, 2295, 'fian-chiefry'.
ríg-lia 968, 978, 3627, 4198, 7844,
a king-stone, a huge stone.
ríg-nia 4490 n. *a royal champion.*
ríg-rechtaire 6587, *chief steward.*
ríasc in tobair 101 n. 'the marsh of
the well', the moist ground sur-
rounding it, Corm. Tr. 147. O'Dav.
111. Root *rei* 'to flow'.
rígnacht 4942 n. *queenship,* deriv. of
rígan.
rind *point*: compounds:
rind-gér 5162, *sharp-pointed.*
rind-luath 6058, lit. *point-swift,*
i. e. at the top of one's speed.
rind-radarcach 426, 3080 n. 'of
accurate prospect', SG. II 111.
rindiucc 386, *top of a grassblade,*
Rev. Celt. XIII 226.

rindtach *satirical*, pl. n. rintacha 1871n., 3796, 'full of ribald quips', SG. II 200. Cognate with *rinntaid* 'satirist', Corm., and *rindad* 'satirizing', Laws i. 184.

rithir 4160, see frithir.

1. ró *a cast*: acc. ró n-urchair 4802, 4904, 5810: see réo.

2. ró 462, *excessive*.

ro-álaind 2662, *very beautiful*.

robad 5144, *a warning*. pl. dat. robthaib, LL. 57ᵇ 22.

ro-ben *a noblewoman*, pl. dat. romnáib 989.

robsam 939. robsum 4578, *I have been*. robsat 2412, *they have been*.

ro-buide 1993, *very yellow*.

ro-chaem 7130. *very dear*.

ro-chlann 1847, *a great clan*.

ro-chretem 3486, 'inordinate addiction', SG. II. 162.

ro-dána 3410, *very bold*.

rodb *champion?* pl. n. roidb 1700n. ruidhbh 432, 2890n. Perhaps from *ro-dobo-*, cogn. with O. Slov. *dobli* 'stark, tüchtig', *dobrŭ* 'schön, gut', Eng. *dapper*, Germ. *tapfer*.

ródbuinde roimer 3629, *a very vehement burst*.

ro-dírech 6057 n. *very straight*.

ro-dub, radub 6648, 6649, *very dark*.

ro-duine 4583, 5573, *a great man*.

ro-ecla 7661, *great fear*.

roga 5283, *choice*, see raga.

ro-guin 1700 n., 2890 n., *a great wound*.

roib-chenn 2618, meaning obscure.

roim prep. roim na conaib 3235.

ro-maith *a magnate*, pl. dat. romaithib 301 n.

ro-mer 914, róimer 3629, *very mad, furious*.

ro-muir *great sea*, gen. romra 4559 n.

ro-nert *great strength*, gen. ronirt 7170.

ro-rebach 496, *very sportive*.

ro-réid 2748. *very smooth*.

ro-remur 908n., 2476n. 7385, 7596, *very fat, very thick*, roremair 496 n.

ro-rith, gen. roretha 911, 'headlong speed', SG. II 123.

rosc-lethan 225, 2055, 3698, 4691, 4702, 5744, *wide-eyed*.

ross *a wood*, gen. ruiss 1993.

ro-thenn, roithenn 1056, 'tenacious' SG. II 127, adv. co rothend 3719.

ro-thrén 497 n. *mighty*.

rot n-urchair 4432 n., 4802 n., 4904 n. = rout n-aurchora, Wind. Wtb.

rúa, in senrúa q. v. seems to means 'lady', and to be cognate with Skr. *pūrva*, Gr. πρῶτος from *πρωϝατος.

rúachtad 432, *a routing, defeating?* deriv. of *ruacht* 'defeat, rout, undoing, destruction', O'R. probably a guess. see note.

rúad 2739, 'blighted', SG. II 172. cf. Lat. *rūdera*, Icel. *rúst* Trümmer? Or is it the common *ruad* 'red'?

ruad-máel 3796, 'foxy and bald', SG. II 200.

rúad-rinne 1851, *red spearpoints*.

rúag 7126, 7130, for rúad 'red'.

ruam? ruamann? *flight? career?* pl. dat. ina ruamannaib roretha 910, 'in his career of headlong speed', SG. II 123.

rúathad v. ramruathad.

ru-ba *vulneraverit*, rot-rubha 1036, 'that shall have wounded thee', SG. II 127. From *benim*.

rudigud 5162 n.

ruibne *lance*, Wind. Wtb. gen. pl. 5163. acc. pl. ruibni rinndglan retglann, SR. 7292, where it means 'rays.'

ruithendacht 371 (= ro-thennacht), *great starkness*, deriv. of *rothenn* supra.

rulacht 2622, ex *ro-lecht, *a great grave*: corresponds with tulach 'burial-*tulach*', SG. I 152, II 168.

rulaidh 457, 461, 'passed away', 'obscured', SG. II. 112.

s infixed pron. sg. sg. 3 ro-s-marb 1557. ros-foirrgedh 1589. rus-marb 1647. 7950. ro-s-dichenn 1739. ro-s-dúin 1913. nacha-s-tainic 3852.

sa 5365, *in the*.

sacart méise 487, *chaplain*.

saer v. soer.

sailgiudh for sgailiudh, scailiud 5249n.

sál-béim 1440n., for sárbéim q. v.

sálfata 3795, 6542, *longheeled* ('spurheeled'. SG. II 200.). *sál* = Cymr. *sawdl*.

saltair *psalter*, pl. saltracha 5436n. dat. saltrachaib 327.

1. samalta *similar*, 5993n., 6017n., 6636n.

2. sam-alta (na haidche) 1620n., 5152n., corresponds with *comdáil*. The prefix *sam* is also in *sam-ildánach*.

samfuin 3552, etym. spelling of samain.

samlaithi 2478, 'equitable', [lit. 'comparable'] SG. II 165, part. pass. of *samlaim*?

sár- intensive prefix = Cymr. *haer*: Compounds:
  sár-béim 1440, 'outrageous blow'. SG. II 136.
  sár-briathar 1440, 'outrageous speech', SG. II 136.
  sár-chiall 1189, *strong sense*.
  sár-chlaon 6036, *very wicked*.
  sár-fer Cymr. *haerwr* pl. sarfir 1189.

sárugud: (Cymr. *sarǎu*): tar a sárugud 224n. *in despite of her*.

scacad 6201n. *straining, filtering*: from ON. *skaka*, or Ags. *scacan*.

scailp ingine 1901, 'a great lump of a wench', SG. II 149.

scandlach 2524, *warlike*, deriv. of *scandal* 'battle'.

scarad cuirp re hanmain 49, 3756, *severance of body from soul*, ro scarasdar anum re corp 6944, *soul separated from body*.

scarb *a shallow ford*, acc. sgairb 2655 'shallows', SG. II 169, anglicised *Scarriff*. O'Br. has the forms *sgarbh, sgarbhán, sgairbhín*, and the verb *sgarbhaim* 'I wade'.

scechaire 729, *hawthorn*.

scél *a tale*, Wind. Wtb.: do dénam scéil fair, scél do dénam fair 5360, 5361, *to tell on him*.

scem 5531 *a bark, yelp, howl*, O'R. (*sceamh*), 'snapping and snarling', SG. II 235. Hence *sgeamhaim* 'I reproach', O'Br.

scemel 2157, 'balcony', SG. II. 156. Compd. scemel-bord, pl. dat. -bordaib 63, 'balconies', SG. II 119. s. in lebind 'platform's edge', ibid. 219, s. na luinge, 'the ship's gangway', ibid. 248.

scenmda 1989 (= scenbda, LL. 108ᵃ 49), an epithet for a shield: 'ubiquitous', SG. II 151, is rather synon. with *sgeinmech* 'quick, swift, nimble', O'Br.

scethrach gen. pl. 7175, *vomiting*.

sciath tar lorg 2137, lit. 'shield over track', *covering a retreat*.

sciath-armach 556, 3136, *having shield and weapon*.

scichlim, scithlim, 1374n., 1960, 'debility', SG. II 151.

scís maige nó taige 6584, *weariness of plain or house*, i. e. in going out or coming in.

scóit in braen-scóit q. v. scóit [.i.] lind, Corm. s. v. ness, sgoit lind, Lec. Gloss. 277.

scolóc 3346, 6147, *a husbandman, a farm-servant*, ('a non-warrior', SG. II 187.) see Lism. Lives.

screpul óir 1432 n., 4064, *a penny of gold*, screpul (screpall) soiscéla 3711, 5393, 5907, *gospel-penny*.

scríbnéoir 3450, *a scribe*.

sechmallach 2962, *omitted?* ('perverting', SG. II 178.)

secht-airghech 3776 n., *worth seven herds* (airghi?)

sedlaing 6942 n. *a smock?* a da laim tria derca sedlaig immach, YBL. col. 716.

efnad 625 n. a verbal noun of *sennim*, based on the perf. *sephainn*.

ségainn 1984. 2533. 5347, a 'chief', SG. II 151.

seglann, acc. seglaind 1810 n., leg. sedlainn *smock?*

segda, seghdha 856, 'comely', SG. II 122, seda 5808 n.

séin = féin 3271, *self*.

séis 849, *music*, séis .i. ceol, O'Cl., from *svensi?

séitfedach 1780 n. seitfidach, Wind. Wtb. *blowing, snorting*, pl. dat. sétfethchaib (gl. flatibus) Ml. 16ᵇ 10, cognate with *séitim* 'I blow', *séited* 'a blast.'

sel 643 n. *a turn, a while* (Cymr. *chwyl*): ar selaib 2413, *at whiles*.

selbad *possession*: ar do selbad 3007 ('we quarter ourselves') on thy resources' SG. II 179. Cymr. *helwi*.

sémed 6650, *seed, descendants*. Trip. Life 38, l. 17.

semide (sémide?) 3704 n. 5808 n. *slender, delicate?* corp semide, Laws i. 10, l. 11. P.O'C. has *séimhidhe* 1. 'small', 2. 'civil, courteous'. 3. single, simple'.

sémnech 423. 1556, 5834 n. *riveted*, deriv. of sóim *rivet*, pl. semann 1658.

sen *old*: compar. sine 2465 sen cacha dighe 28. sen cacha lenna 5061. Compounds:

sen-airget 1566, *antique silver*.

sen-chlochar 706.

sen-dam 4445, 4449, *old deer*.

sen-duine 2200 n. *an old man*.

sen-focul 6213. *a proverb*.

sen-laech *an old hero*, pl. n. senlaeich 298.

sen-muinter 141, 969, 3066 'original people'.

sen-mid 7174 n., *old mead*.

sen-rann 1380, *an old stave*.

sen-rúa 46, *an old lady?* just as *senrúa*, LU. 16ᵃ 3, is *an old lord*: see rua.

sen-scel 'ancient legend', acc. sg. -sceoil 1385.

sen-scélaide 5297 'reciter of old tales', SG. II 230.

sén *a charm*, 6268. séon 6320, gen. séin 6350, nert in tséoin 6338 R. 51ᵇ 2 = nert in tseuin, LL. 123ᵃ 8. Cymr. *swyn*.

sónad 6435, *denial, refusal*, verbal noun of *sénaim*.

sénaigecht 5914. 6144. 6268, *incantation*.

senmóir F. 4823, for sermóin, gen. senmóra 4830.

senóir 1385, voc. 4440. pl. n. senoire 7905, senóraig 7909, 7963, gen. senórach 2702. 7960. 7970. Borrowed from an oblique case of Lat. *senior*.

senórdacht 5000, *old age*, gen. -achta 3201.

séol na bingine 6366, *the maiden's fashion?* (seol .i. bes no soailgis, O'Dav. 115) seol neme 7710, *a virulent course.*

seolaim: scoluit rompa 3821 n. = luidedur rompo. a denom. of *seol* 'a course'.

serb-domain 420, 6253, *bitter and deep.*

sered - chóel 3795, *slim-ankled*, τανύσφυρος, Hymn to Demeter 780, not 'lean-hammed', SG. II 200. O'Br. and O'R. explain *seir* (= Cymr. *ffer*) as *heel*, but this is *sál* q. v.

serrgind 6924, *swift ships*: for *serrchinn*, where *serr* is either cogn. with Lat. *serpens* (cf. ON. *snekkja*), or = Gr. ἅρπη, O. Lat. *sarpere*. The Lat. *serra* is probably a loan from a Gaulish *serra*, in which, according to Zupitza, *rr* is from *rp*.

sesc *sedge*, dat. seisc 1544, from a reduplicated *si-sc-a, cognate with As. *secg*, Eng. *sedge*.

sescenn a nigidechta 2109 n.

1. sétach 706, 'heifer-carrying', SG. II 118.

2. sétach 4035, *having jewels.*

sétche: ón gualainn co seitci 4080 n. *from one shoulder to the other.*

sétrech 2935 n. 6035 n. *strong*. setrech Lecan gloss. 306 (Archiv i. 94).

sian-argan 3482, sianarghan 3219 n., better sianorgan 3482 n. 'a twang' SG. II 191.

sian ndordan, 4619 n. acc. sg. seems a scribal error for *sianorgān*.

sianán 799, 3225, 'warbling', SG. II 120. 'sweet plaintive song', O'C.

siblech 598, 'frequenter', SG. II 115. Hence *siblige*, LL. 28ᵃ 37?

sídach 6630, *peaceful*, pl. n. sídaig LL. 111ᵃ 45.

síd-brug 5006. 5331, *a fairy mansion,* pl. dat. sidbrughaib 6287, v. síthbrug, Wind. Wtb.

side 1042, 4098 n., 6062, *a blast*, 'charge', tucusa side retha rindluaith 6058, 'I come bounding as I ran at topmost speed', SG. II 241. side gae the 6058 n. 'whirlwind,' FM. 1488.

sifinn luachra 2397, 'a rush-stem' SG. II 163: sifind tuga, LB. 213ᵇ. A sister-form of *simin*, OHG. *semida*?

sin for *in* prep. 344 n.

sinnach *fox*, 846 n.

sír: compar. sia 1813. Compounds:

sír-bind 1700 n. *ever-melodious.*

sír-buan 639, 'well-sustained', SG. II 116.

sír-chalma 2935 n., 6035 n. *ever valiant.*

sír-chotlud *long sleep*. gen. sír-chotalta 7794.

sír-fégad 4913, 5019, 5812, 6065, *long-looking.*

sír-rechtach 434, 627, 639, 1701, 1717, 4970, 7707, sírrachtach 3308, 3470, 4621, 5553, 6380, 'fitful' SG. II 111. 'swelling', ibid. 116, 'plaintive', ibid. 143, 'cozening', ibid. 221, 'bewitching', ibid. 187, 'enticing', ibid. 236, *sirrechtach side* 'superlatively sweet', ibid. 116, 'marvellous magic', ibid. 213. Of these guesses, only the first is right. For *-rechtach* is obviously derived from *recht* 'a fury', 'a fit', LL. 300ᵇ, Rev. Celt. IX 456, XIII 66, 123: *an-recht* LL. 314ᵇ 12. This may come from *repto-, cognate with Lat. *rapio, rapto* and Gr. ἐρέπτομαι (fresse, eig. rupfe ab, Lidén), Alb. *rjep* ziehe aus ab, beraube. The meaning of *sír-rechtach* would then be

ever - enrapturing, *-rapturous*, *-entrancing*.
sír-rith 4098n. *continual running*.
sír-seinm 625 n., 4080n. 5030, *playing* (*music*) *continually*.
sísil 1160n., sisel 1191. = isel.
sítaide 3820, *silken*, deriv. of *sita*, *sida* 471. Low Lat. *sēta*, Fr. *soie*.
sith *long*, Cymr. *hyd*: Compounds:
  sith-ard 425. 4803, *long* (*and*) *high*.
  sith-barc 6920n., 6924, *a long vessel, a galley*.
  sith-faebrach 1556n. *long-edged*.
  sith-fota 423, *long* (*and*) *tall*, sith-foda 5834n.
  sith-gel 5808n. *long and bright*.
  sith-gorm 2829n. 4728n.
  sith-long 349, 6920n. *a long vessel, a galley*.
síthal-brat 3347n. sídhalbrat uaine hi filliud uime LU. 129ᵃ 30.
siút 6040, for *sút*, 2339, 6239, *yonder*.
slaetán tiugmaine tromgalair 1210, 'an access of grave and fatal sickness', SG. II 130. slaetán tromgalair 5849. 6371. 7732. *slaodán* 'a cough or cold', O'Br. *slaottán*, Four Masters 1328, dimin. of *slaed* .i. galar, H. 2. 15, p. 31ᵇ: perhaps from *slaidnó, cogn. with Lat. (*s*)*laedo* ?
slán 5203 *sound*, Compd. slán-chréchtach 2642n., 5215, 5264, 6096, 7217, 7224, 7233, 'hurt-whole' SG. II 226.229.
slechta suad, dat. pl. slechtaib suad 1259n.,2590,'records of the learned', SG. II 167. slechta fian 3106n.
slemain 5264, *smooth*, 'unscarred', SG. II 229, also slemon, Cymr. llyfn. Compds. sleman-cruaid 3014n., 4734. slemen-síd 3894 *smooth silk*.
sliab fiadnusi 6343, 'Mountain of witness'.
slicht-lorg 4849, 7866, *trail*, LL. 59ᵃ 9, 15: 63ᵇ 40.
slím 797, *smooth*. Cymr. *llim* : compd. slim-thanaide, LL. 98ᵃ 2.
slinn na sleigo 1725, 'flat of the spear'. SG. II 144.
sliss *side*, cácha slessa 2155, dat. slis 2657, a compd. sliss-bord 3602, 3763, 'very side'.
slondud 1954. dogén mo slonnud duitsi 'I will proclaim me to thee', SG. II 150, rather seems to mean 'I will tell thee my pedigree, ancestry or lineage'. sloinded 7295.
sluag-dorus 5788, 5821, lit. *host-door*.
smacht 6377, *discipline, authority*. Compounds:
smacht-chomartha 4467, *sign of discipline*, ('official test', SG. II 209.)
smacht-chumachtaid 6900n. *disciplinarian?*
smál 5547, *dirt, filth*: 'soot', SG. II 236. gen. sg. *spriata an smáil*, O'Don. Supp.
smeir-dris 4562, smir-driss 4528, 4546, *a lake-monster*.
smér 344, *blackberry*, pl. n. sméra 344n. dat. sméraib 6636n. Cymr. *mwyar duon*; but in 729, smera sciamda scechaire *haws*?
smertan: smera smertain 4213n. *spinal marrows?*
smólach 847, *a thrush*.
snaidm drúad 938, *wizard's knot*.
snadmaim do *I betroth to*, pret. pass. sg. 3 ro snadhmad 1025.
snáimim *I swim*, snáimhdís 177.
snaisse *cut*, fúth snaissi 4566.

snám i. *swimming*, metaph. *career*, dorala i cind a snáma 45. dat. snám 7228, Compds. v. cúlsnám, taebsnám, traigirsnám. 2. *a swimming-place*. Hence. snámrad 738 n.

snas ar sin 1383, 'wear and tear of my antiquity', SG. II 134.

snasta 3014 n. 'brave, gallant', O'Br.

snáth-bróit 3820, *a threaden sail*.

snímach 1566, *twisted*, Salt. 1446?

so-brónach 2303, 2457, *cheerful*.

soccair 6357, *easy*. Aisl. opposite to doccair 7022, *difficult*.

soccomail 2961, 'profitable', SG. II socumail Ml. 53ᵇ 8.

sochar 1778, 7035, 7786, *profit, emolument* (sochor, Wind. Wtb.), cona sochar, cona dhochar. sochar 7 dochar 2249, gein sochair 635, 'propitious offspring', gním sochair 1768, 'beneficial deed', SG. II 116, 145.

so-chenélach 6115, *having noble kindred*.

so-deithfirech 7523, 'most urgent', SG. II 260: see *deithbir* supra. sodeithbir Trip. Life 6, l. 15.

so-dibraicthe 1556, *well-hurled*, 'well-poised', SG. II 139.

sóer- (ms. generally sáer-), Compds. sóer-braich *noble malt*, gen. sáor-bracha 810 n.

sóer-chuairt 7612, *a free circuit*.

sóer-fer cluiche 6589, 'best man at games', SG. II 246.

sóer-maccáem 6585, 'primest young man', SG. II 246.

sóer-macánacht 7038, 'chief command of young men', SG. II. 249.

sóer-seinm 621, 7448, *noble playing*.

so-grádach 3912, Ann. Ulst. 1317, *very loveable*, 'acceptable', O'Br.

soichim (mss. soithim) 4180 'affable', SG. II 207: from *so-fechim εὐϝεχής.

soichle F. 7510, 'hospitality', SG. II 259, 'pleasure, mirth, gladness', O'Br. gen. tír na saime is na soichle, Laud 615, p. 107.

soirbius 3479, *happiness, prosperity*. Cogn. with *soirb, soirbe*, Wind. Wtb.

soithbir, soithfir 5140, 6790, 7624, *hardship?* 'extremity, SG. II 225, gen. sg. sothbirech 3535 n., pl. soithfrecha 7623.

so-labartha 7551, nom. pl. of solabrad? *eloquence?* solabhra.

solad *profit: a charm used to procure some benefit* 1762, 6225, 6231, 6246, 6248. 6320, 6323 (solod, Wind. Wtb.) always in connexion with *sén*. gen. solaid 6338, tainic a nert isin sén 7 isin soladh 1762, is thus paraphrased in SG. II 145, 'the charms used to procure luck and a good event had worked', literally 'their power entered the the spell and the charm', i. e. they began to work. solad 'profit', 'prosperity', 'opposite of *dolod* loss, detriment.'

solus *bright*. Compounds:
solus-bán 4741, *bright-white*.
solus-mór 2795, 5018, *spacious-lustrous*.
solus-tairthech 7804, *bright and fruitful?* name of a draughtboard.
solus-tech 763, *a bright house*.
solus-trath 1804, *a bright hour*.

so-maisse 7269, somasse, Wind. Wtb. *great beauty*.

so-maissech 7267 n. *very beautiful*.

so-mblasta 4603, 'fine-flavoured', SG. II 212.

so-mesca 4061, prob. an error for somescda q. v.

so-mescda 420, 'having virtue to intoxicate,' SG. II 111.

so-milis 4961, 'delectable', SG. II 221. Hence somilse, Wind. Wtb.

sonnach *a palisade*, Wind. Wtb. pl. nom. sondaighi, -3080 n. dat. sonnaigib 4803, a deriv. of sonn 5591 = Cymr. *ffonn* 'a staff'.

sorrthain 5309, sordan 5304 = sorthan .i. solas, O'Cl. sorthan 'prosperity', O'Br. 'comfortable maintenance', SG. II 230.

sotal-borb 6035 n. *sotalbhorb* 'imperious, overbearing', O'Br.

so-thacmong 4942 n.

so-thacmaing 5808 n. *well-embracing, enveloping*.

sothle, mor sothli 3013 n. for soichle?

spáss, *a pace*, pl. n. sbáis 86. Borrowed from Lat. *passus* with prothetic *s*.

spec-dubán *a water-spider?* gen. spog-dubain 5679: cf. O'Brien's *dubhan alla* 'a spider', and *cern-duban*, Corm. Tr. s. v. *fothond*.

spéis 661, *fondness*, P.O'C. tre speis 'for friendship', SG. II 117. nacuir spéis 'take no delight', O'Gr.Cat.280. Perhaps borrowed from Lat. *pensus* 'valued, prized, dear', with prothetic *s*.

splangcán 4923 n. *a sparklet*, dimin. of *splanc* 'a sparkle, a blaze, a flash of fire', O'Br. Perhaps borrowed from AS. *blanca* with prothetic *s*.

spróidle 1285 n. *sparks*, deriv. of *spréd*, Wind. Wtb.

sreng a *bowstring*, pl. dat. srengaib 4728 n. AS. *streng*, Gr. στραγγάλη.

sreng-tharraing 2182, *a pulling drag*, 'a wrench', SG. II 156. Here *sreng* is cogn. with Lat. *stringo*.

sréo n-urchair, acc. sg. 1810 n., 4802 n., 4904 n., 6058. Cogn. with *sréim* 'I throw, cast.'

srian M. Cymr. *ffrwyn*, from Lat. *frēnum*, Wind. Wtb. pl. n. sréin 3929.

srub-fota 3795, *long-snouted*.

sruith-linn 694, lit. *stream-pool*.

sruth-aigén 6067 n. lit. *stream-ocean*.

sruthán 4745, (Cymr. *ffrydan*), *a streamlet, burn*. dimin. of *sruth*.

stiurad 5278, *steering*, from AS. *steoran* or OHG. *stiuran*.

stuagnime 6017 n. 'arcus caeli' *rainbow*.

sú 7109, for re siu.

suarc-braich 810, 'merry malt', SG. II 121.

suasan selga 907, 3977, *the hunting hollo? the noise of a hunt*. (not 'waving signal of chase', SG. II 123) derived from *suas* 'up!'

subaige 4156 n. *cheerfulness*: dona subaigi 7 somenmain fris, LB. 135ᵃ.

súcach 3869 n. *merry*.

súgmaire 4534, 'sucker', SG. II 211.

súil 5286, lit. *eye*, 'expectation', SG. II 229.

sul *before* = re siu ro, 3030 n., 5527, sul do chifed 2986, suil do cichsedh 2986 n. sul tairnig 5528, sul doncor, LL. 81ᵇ 26: cf. resiu do éirig 6983.

surd-gal 347, 347 n. meaning obscure: cf. surdlaig, YBL. col. 372, Rev. Celt. IX 464.

t infixed pers. pron. 2ᵈ sg. ro-t-rubha 1036, rot-meala 1037 ro-t-fia 1435. ro-t-imluaid 3351, 3899ᵃ, ro-t-gabadh 3562, rot-aistrig 3899, rot-tarraid 4441.

tacca 6996, *a nail, peg, fastening*, O'Br. tuc som a chos re tacca talman 'gave his foot a solid bearing on the ground', SG. II 428.

tachar *an affray*, gen. sg. tachair

6544, dat. do thachar 6734. pl. gen.
7123: by-form *taichre*, O'Br.
tachraim, *I fight*, tachar 1446 n.
taeb *side*, O.Ir. tóeb: Compounds:
taeb-álaind 2803 n. *fair-sided*.
taeb-glas 739 n. *green-sided*.
taeb-lebar 1555, *longflitched*.
taeb-seng 265, *slender - sided*.
taeb-snám 3212, 7228 n. *swimming on the side;* as applied to a boat 3785 'on its beam-ends', SG. II 199.
taeb-throm 915, 5867, 7390, 7392 *heavysided*.
taeb-úaine 6260, *green-sided*.
táichim 6230 n. = tuarascbail.
taíí 403, 1684. tai or taoi *silent, mute*, O'Br. ro táictar 403, 1685, *conticuerunt*.
taidbsech *manifest*: co taidbsech 5251. *manifestly*.
tai(d)bsenach 2045, 5251 n., 7291 n. a deriv. cf. taidbsiu, gen. - sen, Wind. Wtb.
taidiur 2045, epithet for a hunt: *taidhiuir* 'melodious, harmonious', P.O'C.
táim-nél, pl. acc. (for nom.) - nélla 1932, 'stupor-clouds', *swoons*, SG. II 150.
taimsenann for taisfenann, 4156 n.
taiplis 7055 n. *tables, backgammon?* táiplis (gl. alea), Ir. Gl. 27, AS. *tæfel*.
tairb-féith F. *a large vein or sinew in the leg*, tairbhfeach, O'Br. dat. acc. tairb-feith 6800. pl. tarbhóithi, H. 2. 17, p. 116ᵇ: cf. na *tarb-sliasta* (gl. femoralia), Ir. Gl. p. 141.
táircud, pl. acc. tairgthe 2502, 'earthly fruits', SG. II 165, here rather seems to mean *preparations* (for banquets): cf. táircim Wind. Wtb.
tairimthecht 940, 5407, *passing over, traversing*, toirimthecht 7019.
taise 1932, *weakness* (not 'dimness'

SG. II 150), deriv. of *tais* 'moist'.
taissech for tóissech *leader*, taissech comóil 1123. taissech na ngilla mór, 5306. taissech scuir 4769. taissech maccaem Fiann 6588. taissech teglaig 7951, *majordomo*.
taiténaig 663 n. meaning obscure.
taith-beóugud 713 n. = tathb. q. v.
taitim in mórsluóigh 1780 n. meaning obscure.
tallann 3193, lit. *a talent:* metaphorically (from the parable) 'a special article', SG. II 184.
tám-galar 1184, *deadly illness*.
támlorg (ex *tăbul-lorg) 295 n., 300, 2589, 3105, *tabular staff*.
tana a tháib 76, *his waist*, (lit. *thin of his side*).
tanach 4172, 4173, LL. 294ᵇ, *a washing*, for to-nach, LU., 119ᵇ 14, dat. tonuch ib. 20: root *nig*.
tarla etarru 7286, an idiom meaning *they quarrelled*, for tarrla imresan eturru 2717.
tarmairt do marbad 1335, *wellnigh perished*, et v. 1386. tarmairt imtecht uad, 3873.
tarngairim (to-arn-g.) *I foretell*. pres. ind. act. pl. 3 tarngairit 7593.
tarr *belly*: tárr-ísel, 7392, *low-bellied*.
tárr 2360 n. for *tair* 'come thou'?
tarrachtain 3268, for torrachtain 'advertere, advenire', Asc. Gl. 198, 'to moot', SG. II 185. bar tarrachtain uli oc denum uilc LB. 116ᵇ. a tarrachtain do bas, LB. 259ᵇ.
tarraic 585 (to-ar-rac- ?), ná ratarraic imale 'do not have anything to do with', SG. II |115. narab tarraic immalle, *Fr.* 10. narab arráid imale, *R.* 16ᵃ, Cognate with *com-rac, ter-chomrac*, etc.
1. tarrasa, 2915, 4118, 7642, 'I have

attained': tarrusa ar formna hé 5233,'I caught him by the shoulders', for *tarraihsa*, sg. 3 tarraid 2916. pl. 1 tárthamarne 2911. From *to-air-rath*, Asc. Gl. 189.

2. tarrasa linde 2089, 'come with us', SG. II 154, from **to-air-regs-su*? see Asc. Gl. 198 s. v. *reg*.

tarr-nocht 42n. *barebacked?*

tart n-íta 2806n.

tarthamar 2133n.

tasc ríg 2504. *announcement (report) of a king* Fél. Oeng. Jan. 18, tascc Gorm. Jan. 18, (not 'the perishing of a king', SG. II 165. o ro chuala immorro tasc a daltai do marbad, Rawl. B. 502, fo. 47ᵃ 2. From **to-ad-seq*, Asc. Gl. 147—249.

t-ath-beóugud 6374, *to revive, bring back to life*. Trip. Life 558.

tathrusa 444 n.

tathugud 5128n. leg. *táthiugud*?

tech leptha 26, *bedhouse*. toch n-óla 1636, 3198, 4809n., 3249, 3788ʻ 7231, *drinking-house*. = tech óil 2448, and Wind. Wtb. tech iffirn *house of hell*, 217.

tecmail 4209, *a chancing, happening*, verbal noun of tecmaim (*teagmhaim*, O'Br.)

tecmais 3123n. *an accident?* teagmuiseach *accidental*, O'Br.

técht 7576, *coagulated*: cf. Muir Tócht, Maund. 92, 102.

teimligim *I darken*. ro teimligestar 3653n. A denom. from *temel*, verbal noun *teimligud*, Rawl. B. 502, f. 59ᵇ 2.

tóit-bind, 1718, 3793, *sweet-stringed*.

téitimnech na tét 1780n. LL. 83ᵃ 5 177ᵇ 26, perh. for **teit-béimnech*, KZ. XXVIII, 328.

tennta 1705, 2294, 3026, *sureties*.

teora 490n., téora 577n. *three* (fem.) acc. of *teoir* = Skr. *tisras*, idg. *tisores*, from *trisores* (Uhlenbeck).

tercaigim 4028, denom. of terc 5804, *scarce*, Wind. Wtb.

testa *deest* = adbath 5340n.

tét *string, chord*, pl. dat. *tétaib*, 5611. The gender and declension of this word are unsettled. The pl. n. (trom) theoit LL. 83ᵇ 48. points to the msc. o-decl., while the acc. sg. *téit* LU. 8ᵇ 42, and the acc. pl. *téta* (LL. 249ᵃ) point to the fem. ā-decln. so the gen. sg. *na deicht[h]étae* (gl. decim chordarum), Ml. 51ᵃ 4.

tét-bind 1723n. téitbind q. v.

tí *design, intention*, ar tí 846 ('intent on'), 6194, = for tí, Wind. Wtb.

tia 4698n. an tia = inté 3559.

tidlocad 3252, verbal noun of *tidlaicim* 3273, Wind. Wtb. KZ. 30, 67.

tigides, gen. tighidhis (= tigedais Cog. G. 118) 6659, *housekeeping*, also spelt *tigadus*, LB. 227ᵇ.

timpánach 3454, *luteplayer*, Ann. Ult. II 186.

timsugud 1286n. *collecting, mustering*.

tindlucud 3322, 3328, tinnlucud 831n. tidnacul.

tindscra 4139, 4953, 4954, 5692, *bride-price*, Dinds. 120.

tinne *ingot*, pl. tindi 3941. acc. *tinniu*, Ml. 60ᵇ 5.

tinrum 5279, 6088, *course, procedure?* rectius *tindrem*, Wind. Wtb.

1. tiug *thick*: used as a subst. tiug na fer 4427. tiug na Féinde 6723.

2. tiug *end*, Wind. Wtb. Compd. tiug-bás 2584.

tiurmais 5076, for tiubarmais: co

tiubartbar 6431. co tiubartha-sa 7828, ní tiubra 3576 n. tiubhradh 'to give, to deliver up', O'Br.

tlam 4458 n.

tláthach? dat. tlathaigh 3936, rhymes with *máthair:* meaning obscure.

tochmarc foréicne 6464, *compulsory wooing.*

tocht (to-śocht?) 34, *silence.*

tog-mall some small animal, guessed by O'Curry to be a *squirrel.* gen. sg. togmaill, acc. togmall, LU. 64ᵃ 42, pl. n. togmaill 733. dimin. *togmallán,* gen. sg. petta togmallain, LL. 68ᵇ. togán LU. 64ᵇ 1.

togranntacht 5755 n. also torchantacht, meaning obscure.

toichestal 5070, 'muster', SG. II 224.

toillcill 497, meaning obscure: 'church', SG. II 113. *tollchoill* Fr. 9 and R. 15ᵃ 2, rhyming with lond. (laind R.) seems to give a better sense. 'though (now) there is reading over the *lann,* there was a time when there was no broken (empty) wood' — i. e. when Cluain Cesain was dense with forest. Cf. toll-airbe.

toillim for tuillim: ro thoillfed 6640.

toir-che 1744, 1749, *come hither.*

toirimthecht 7019, for tairimthecht.

toirtemail 6067 n. *bulky, huge,* from *toirt:* see *tortbuillech.*

toisc 4438, 5793, 6915, 7033, 6ᵇ 'advent', *errand.*

toll-choill 497 n. see toillchill.

toluib gal 1985, toluib suas 580, chevilles.

tomaltus 105, 'provant', SG. II 104. 'verzehren, zehrung', Wind. Wtb.

tonn báis 5930, *wave of death.*

tonn baitse 317, 318 n. *wave of baptism.* tonn tuile 55, *wave of flood.*

tonn, tond *surface, sward:* (Cymr. *ton*), Wind. Wtb. Compounds:

tonn-bán 1478, *white-surfaced.*

tonn-chlár 7247. 'surface'.

tonn-glaine 1476, 3095, *smooth sward.*

tonn-glas 2871, 6750, 7572, *green-swarded.*

torann-chlessach 6073, *thunder-featful,* deriv. of *torandchless,* Wind. Wtb.

torcdacht 5755, seems a deriv. of torc 7390, *boar,* but the word is doubtful, see note, p. 322.

torchantacht 5755 n. = togranntacht q. v.

tor-machad 2331 n. *increasing,* for *tormagad,* O. Ir. *tormach.*

tormán 3233. *a noise or sound,* O'Br. *rumbling noise,* O'R.

torrthaim 3307, 'accident', SG. II 186. torrthaim [toirrthim, *Lism.* 180ᵇ 2] suain 7 cotalta 3394, 'a fit of sleep and slumber', SG. II 189. trom-thortim cotulta, LU. 78ᵃ. ach ach as tind ar toirrthimm, LB. 105, marg. inf.

tort-buillech 3014 n. *stoutly-smiting,* pl. n. claidib tromma tortbuillecha, LL. 266ᵇ 4.

tostadach 403, *silent,* co tostadach Four M. 1561. Deriv. of *tost* 'silence' (tosd 370), Wind. Wtb.

tothacht 2025 for tothocht *possession,* Wind. Wtb. (not 'reversion', SG. II 152.)

tráigim *I cause to ebb, I waste,* ro traigh 3653, tragit 7678, *they ebb, they retreat:* verbal noun trágad 7518, 7520, better *trágud,* Wind. Wbt.

traigir-snám 3213, 'treading water' = traigedśnám 7228 n.

trebar-glan 7268 n. *skilful and pure.*

tre-blíadnach 2731 n. *lasting for three years.*
tredan 519, gen. tredain, Mart. Gorm. Dec. 5, *fasting for three days,* from *triduānum (jejunium).*
tregdaim (ex tre-gataim) 1810 n. *I transfix.*
tregdtai 1990 n. meaning obscure.
tréicid, tréigid 592 n., *a forsaker.* personal noun of *trécim.*
tre-liath 7600 *very grey.*
trémse: re tréimhse chian 76 'for a long while', SG. II 103, tremse do bliadnaib 5548, 'a span of years', ibid. 236.
trén *strong.* Compounds:
  trén-brugaid 2438, *a strong farmer.*
  trén-buillech 699, 'mighty striker'.
  trén-foidm 2754, 'a mighty effort.
  trén-fíadach 4443, *a mighty hunter.*
  trén-láitir 6623, *mighty (and) strong.*
  trén-mug 7395. *a strong slave.*
  trén-torc 1787, *a mighty boar.*
treóir *a guide,* treoir ar lindtib 7229 n. treóir uisci 4563 n.
1. tres 1742, *strength,* tuc treas ar thoirsi, literally, *put strength on grief,* 'after giving way to great grief', SG. II 144: cf. the sister-form *tresse,* Aisl. 198.
2. tres 20. 628, 2090, 2662, 3475, 3552, 5411, 6558. *one of three.*
trétach 5226, 'flock-abounding'. deriv. of trét, 7365, *flock, herd.*
trethirne 1790 n., 1791, *a wild boar.*
trethnach *marine,* gen. sg. f. trethnaide (leg.-naige), 4568, deriv. of *trethan* 'sea', Wind. Wtb.
tritemla 4596 n. meaning obscure.
tricha cét 3580, 5779, lit. thirty (great) hundreds, i. e. 3600, *a cantred or barony,* O'Br. triucha 2729.
trithfa 7111, *through them,* tritha, 1034.

trochull 2414, *dissolution?* Cogn. perhaps with *trochladh* .i. sgaoileadh no truailleadh, P.O'C.
trogan: laithe mís trogain .i. lugnassadh *lammas* 4760.
troitim *I contend,* troitset 2748. verbal noun troit dat. sg. 3216 n. The secondary b-fut. *trotfainn* 1446 seems to come from a by-form *trotaim,* a denom. of trot, pl. trota tulborba, LB. 120ª.
trom *heavy, oppressive,* grád trom 7531, compar. truimi-te 5153. Compounds:
  trom-chloch 2811, *heavy stone.*
  trom-fuil 798, *a heavy (jet of) blood.*
  trom-glas 1566, *heavy-blue.*
  trom-loitim 5711, *I wound severely.*
  trom-náir 1477, 'worshipful'?
  trom-snechta 3508, 5012, *heavy snow.*
  trom-thorad 811, *heavy fruit.*
  trom-thuile 3847, *heavy flood.*
trotach airechta 2141, 6708, *the quarrelsome* (or *riotous*) *one of the assembly.*
trot-galach 6708 n. = trotach q. v.
trúag-thim 6510, *sad (and) timid.*
túag-míl 1564, 4080 n., 5893 n. sciath co tuaighmhílaibh óir fair 'shield having ornament of interlaced creatures in red gold', SG. II 139. The word seems a compd. of *tuag* 'bow' and *mil* = Gr. μήλη 'a probe', whence *milech* .i. dealg, O'Cl., not *mil* 'animal' = Gr. μῆλον. The *tuagmíl* seems to have been a brooch whereof the pin formed the chord of an arc.
túailnges 6602, 'capacity', SG. II 246, deriv. of *tualang* 'able, capable'.
túairim *I encompass,* O'R. tuaires 3230·

Glossarial Index. 433

túath-chaech 6248, túadcáech 5849 n. *squinting with the left eye.* acc. pl. f. ammiti túathchaecha, LL. 120ᵃ 11.

túathail 4458 n., leg. túachil *astute?* Wind. Wtb.

túnthol 4571, perhaps a proper name, for Tuathal = Teutalos.

tuba 1032 n., 1037, *a show, appearance*, O'Br. 'trophies', SG. II 127.

tubach *shewy?* gen. sg. m. tubhaig 4169, tsubaigh *Lism.* 184ᵇ, toraid *Fr.* 49ᵇ. 'jovial', SG. II 216 (translating *subaig*).

tubaid 1791, meaning obscure.

tubaim *I show, prove, charge*, ro thubh ina agaid 4965, *he proved against him*, 'threw in their teeth' SG. II 221.

tuignech 3745, 5028, 6017, 6017 n. 'robe', 'cloak', 'cape.' a deriv. of *tugen*, Wind. Wtb. and cogn. with Lat. *toga.*

tuilim *I flood*: ro thuil ind abhann riu 3409, 'the stream was in spate against them', SG. II 189.

tuillmech 172. 'bountiful', SG. II 105, deriv. of *tuillem* 'increase', Wind. Wtb.

tuinide 2811, *bedrock?* ('cavity', SG. II 173.) do tuinidib in talman, M. Polo 58.

tuirthecht *narrative*, gen. tuirrthechta 6398, pl. nom. tuirrthechta 7761, acc. tuirthechta 4714. tuirrtechta. 7295. turrthachta 3665 n.

tul-cháin *fairbrowed*, superl. tul-chainim, *Lism.* 176ᵃ 1. tul-cháinim 2623. *Fr.* 37ᵇ has *tulchaighi*, while *R.* 28ᵇ has *tulcháin.*

tul-gorm 2935 n., 6339, *blue-browed.*

tupaist 3307, 'mischance', SG. II 186.

Irische Texte IV,.1.

tubaist 'misfortune, mischief', O'Br.

tur-chairthe *windfall*, 628, 647, 682, 5450. turchairthe flatha 7982, 'a treasure-trove', SG. II 264. turchairthe selga 6611, 'a special bounty of the chase', SG. II 247, turchurthe, Mer. Uilix.

tur-gabaim riam *I presage.*

tur-gnam, lucht turgnama 3505 n. *collectors?*

tur-scar 807 n. 1669, 1708, 'gear', SG. II 142, 'substance' ibid. 143. Can it be cognate, as well as synonymous, with OHG. *ge-scirri*, now *Geschirr?*

tur-thochmarc 5693, *a wooing-gift.*

uain: co huain 502, *leisurely.*

úainide 7152, *greenish.*

uaithne (leg. uaitne?) airechais 64; 'pillar of dignity', SG. II 143.

uaranach, acc. sg. f. fuaranaigh 698 n. *full of springs.*

uardacht, *coldness*, fuardacht 3513 n. gen. sg. f-uardachta 3508.

uasal-mór 3365, *noble (and) great.*

uball F. 6281, *an apple.* pl. n. ubla 344 n. 497 n. uball im rendaib 2050, lit. 'an apple round spearpoints', i. e. a body transfixed by many spears.

uchfadach 4048, *wailful, lamenting* deriv. cf. uch 4585. gen. pl. 4746.

ucht *breast*, ré hucht na hoidche 5152 n. in topography: tar ochtaib glinde 5655, ucht ac Beinn Étair 5628. cf. στέρνα γῆς, χθῶν στερνοῦχος.

ucht-clár 470 n., 3021 n., 4080 n., 5922, *breastplate.*

uillídu (= oll + ídu) *great pang*, dat. fuillidhain 120 .

uillenn-glas 1655, 1712, 5325, 6023, *blue-angled* (not 'with sheeny

28

angles', SG. II 142, nor 'with sheeny head' ibid. 230.)

uirchennach, pl. n. uircendaig tecuisc, 4038: meaning obscure.

uir-chleithe talman 2805, *roof of the earth.*

uir-derc 3880. *conspicuous, preëminent*, for airdirc Wind. Wtb.

uir-drech 5670. nom. prep. ós urdreich na ndabach 'facing' or 'in front of, the casks': from *drech* 'face'. airdrech 'ostentum', Strachan Dep. 27.

uir-esbaid 1572, 1602, 3082, 6102, *want, defect* = airespaid q. v. uresbaid 2458, 3082, 4640, 6102, uireasbadh, O'Br.

uirrim 1444, 'deference', SG. II 136. = orraim 1445, 'reverence' ib. uirraim, O'Br.

uisce bennaichthe 6783. uisce coisrectha 7504, 7508, *holy water.*

1. ulad, gen. pl. 1499, 'station-stones', SG. II 137, *ulla* O'Br., who defines it as 'a burying-place', 'a cross or calvary belonging to a cathedral church'. see Wind. Wtb.

2. ulad 758, *occasion.*

ultach 472 n. = urtlach q. v.

ultachda 5784, *like Ulstermen*, deriv. of *Ultach.*

um 962. 4136. 5794. 5818. 6648, úm 3486 = am ám q. v., om, LU. 21ᵃ 5.

umaide *a brazen vessel*, pl. dat. umaidib 4609 n.

umal-ossaic 4194, 5033, 5059, 5667, literally *humile obsequium*, 'foot-washing'.

ur-agall 2798 n. = *ur-aghall* 'speech, talk, utterance', P.O'C. for urfuigell q. v.

ur-bág, gen. urbágha 3880, *glorying*: 'encounter', SG. II 202. But see aurbág, arbág, irbág in Wind. Wtb.

ur-chomair 4914, = aurchomair, Wind. Wtb. *fo chomair* 'for', 'against', O'Don. supp. fá hurchomair 'that should succeed to it', SG. II 220.

urdail 6003, *equivalent, as much as*, urdail frigead, YBL col. 320.

ur-fairsing 1544 n., *very spacious.*

ur-fuigell 1623, d'urfuigeall Cháilti 'for the purpose of telling all about Cáilte', SG. II 141.

ur-gránna 1920, *very horrible*, deriv. of *urgráin*, Wind. Wtb. s. v. 2 fuath.

ur-mór *the greater part*, gen. urmóir 1366.

ur-nocht 5574. 2278 n. *quite bare.*

ur-omain 2857, *great fear.*

urraind 6040. acc. sg., a scribal error for *urlaind*, acc. sg. of *urlann* 'spearshaft': nach tibred a ail 7 a urrann ar siut, *Fr.* 69ᵇ nach tibra a ail 7 a urlann ar in *fer* ugud, *R.* 49ᵃ 2.

urrunta 406 n. urrundta 5272 n. *respectable?* deriv. of urraim *respect.*

ur-scar 807, 'parapet', SG. II 121.

ur-sclide (leg. urslaige, as in Wind. Wtb. ?) 5165, *casting* (darts?) airsclaige, LL. 244ᵇ 4, d'airsclaigi, LL. 244ᵃ 12.

ur-thimchell 873, *a surrounding*, ina n-urthimchell 7269, *all about them.*

ussa sa chách 6980, 'more and more easy'?

Corrections and Additions.

Line 36, *read* itamáit. 21 inté. 485 grádh[a]. 486 láidir. 592 a[r] bith. 701 Umhoir. 714 *add* 7 gacha haincesa archena. 742 dochuamarne. 758, *for* dula *read* uladh, *and cancel the note.* 820 rofaictar. 835 *after* Cael *insert* [7 fuaradar bás da chumaid Chaeil]. 836, 1625, 1637, doriacht, 927, 1743 dochuaidh. 1117 berrnaidh. 1146 note, for *Lism.* read *Fr.* 1161 Cnuc Dhe[i]n. 1271 Adharc. 1281 tuc [d]o. 1302 note, for *Lism.* read *Fr.* 1577 aniu⁷. 1582 (ina). 1649 nech. 1652 lám*aigh* 1787 da[i]mh 1848 nime. 1947 7 cuanart. 1991 Targa. 2070 doberthar. 2121 Do ragha. 2134 degarmach[a]. 2139 Find. 2144 'ca. 2149 Issé. 2208, *in headline,* Lism. 174ᵃ 1. 2237 [fo. 174ᵃ 1]. 2278 *in headline* 174ᵃ 2. 2311 har[n]abárach. 2403 ['na] richt. 2432 ticfa. 2448 racht[th]aisi. 2461 issindarna. 2564 aencháe. 2693 co cend. 2747 *fichit.* 2764 *Fr.* 39ᵃ. 2770 Dogeba-su. 2777 slichtlorg. 2801 ann? 2848 dogeibthea. 3057 in*gen.* 3205 Dogeba. 3233 cas. 3294 dogébmais. 3348 maethsroill. 3378 drongbuidhen. 3382 *for* talam *read* tulach. 3439 *dele* [leg. Róc?]. 3457 mac olloman. 3495. *add* 'Ca hadhaig anocht?' ar Eogan ardbriug*aid.* 3496 Dogebthái. 3510 barr[aib]. 3519 *dele the second* ar *and read* aith édrom. 3522 indfuaire. 3543 Dogébhthar. 3561 fogh*ail.* 3612 Dér. 3618 Érinn. 3621 co*n*paiti. 3681 dogebtar. 3751 sib [cumaid] dó? 3779 doborad. 3824 chluichi [ms. chluithe]. 3839 [ar] echtra. 3856 marb*ad.* 3863 lithlaithe. 3906 Dofuil. 3925 Smóil. 3937 Goduilb. 3950, 3953, notes 2, 3, 4 should be 4, 2, 3. 3979 na fer itcluinmít. 3980 Lughach. 3982 co*n*paite. 3990 *dele the third comma.* 3998 bad áil. 4000 gácib. 4001 itorchair. 4016 énbaile 4024 n-ard. 4156 thaispenann. 4205 cloiche. 4465 faithchi?³ 4467 smachtchomart[h]a. 4473 as na. 4509 '*Ocus* gé. 4533 trén toghaide. 4545 [n]drongaib. 4551 ceithri[meic]. 4557 tri[meic]. 4573 Acher. Caem. Cormac. 4626 dogeib. 4720 blia*dain.* 4765 co r[e]*acht.* Lines 4785—4787 *should be transferred to the notes.* 4787 mílid. 4929 dogéba. 4960—61 somescca. 4998 sin, a m'anum. 5073 Brug. 5090 in tres. 5103 máil. 5115 dáil. 5123 Aillean mac Eog*abail.* 5202 cossair-leapaid . . . fai[th]che. 5208 a[c] congbail.

Corrections and Additions.

5212 fir[u]. 5315 Glunduib ar. 5360 cach ni thurgaib. 5417 creidim. 5579 ó Find. 5518 baithli sin. 5624 anair. 5675 Nocho n-í. 5721 *dele* [leg. coin]. 5734 ar. 5777 crich[e]. 5787 umatt *ferann*. 5810 dobered. 5820 urlann da. 5924 os. 6159 cath[sin]. 6195 *dele* o'. 6198 chu ind. 6257 grianbruignib, *and cancel note* 3. 6294 dít'. ¹Da raib. 6321. ꝼUair. 6333—4 ifirrn, aidbmillis. 6422 fadéin. 6541 hechraide — risa. 6591 tŚléibe. 6635 moidm. 6728 tangadur, ar Cailte. 6810 as tír. 6811 faidi-te. 6860, tśid[aib]. 7001, *in headline*, Laud 142ᵇ 2. 7061 duaibseach. 7066 Eoga*bail*. 7118 aṁbliad*na*. 7139 *in headline* 143ᵃ 2 7160 *for* [Gai cró] *read* [Cumha]. 7186 fat[a]. 7236 bithslán. 7289 acáined. 7300 *correct the marginal number.* 7334 [7 rofáesat] in. 7356—7359, *dele* INa ... iat. 7423 linde 7429 íind. 7501 i focus. 7520 in choicid. 7683 Airitig. 7839 dibad.7891 cach[a].

P. 226, l. 4, *for* bloodclots *read* deadly pain; l. 10 *for* olace *read* place.

234, l. 29, *for* Frin *read* Erin.

237, l. 0, *for* 6141 *read* 6145.

242, l. 12, *for* left *read* crippled. P. 244n. *for* non *read* now.

264, l. 21, *for* 7729 *read* 7725.

274, l. 36, *prefix* 300.

281, l. 18, *after* 3379 *insert* so in the *Bruden Dá Derga*, LU. 89ᵇ, Fer rogain weeps 'so that his mantle before him became wet'.

285, l. 2, *read Fr.* 19ᵇ. 20, 21.

290, l. 27, for *ion* read *im*.

296, l. 20. For an instance of impregnation by the sun, see the Prabandhacintāmani, tr. by Tawny, p. 170.

298, l. 7, *dele* (leg. n-uradhall).

295, l. 9, *add* see Kuno Meyer, Celt. Zeitschr. i. 463.

299, l. 2, *for* 5480 *read* 5482.

301, l. 12, *after* injured *insert* or injuring. l. 20, *add*: In his play of *The Phrygians*, Aeschylus described the ransoming of Hector for his weight in gold, Leaf, *Companion to the Iliad* p. 363.

303, l. 8, *add* Perhaps identical with the Líban of LU. 39, 40.

306, *after* l. 32, *add*: 3615, 7371. That Cáilte collected a pair of every wild animal for Gránne's bride-price, see Rev. Celt. XI. 134n.

311, l. 6, *for* qrol. *read* prol.

314, l. 10, when writing the note on l. 4782, I had forgotten the distribution of the limbs of Wallace (1305) and of Montrose (1650).

318, l. 22, *add* For more as to magic mists see Bugge, *The Home of the Eddic Poems*, 351.

320, *after* l. 13. *insert* 5448. An abridgement of the story of the 'Little Rath of the Marvels' is also in what the late W. M. Hennessy called the *Acallam Becc*, Bk. of Lismore 153ᵇ 2—154ᵃ 1.

Corrections and Additions.   437

P. 315, l. 8, for *fithnaisi* read *fithsnaisi*.
   323, l. 23, dele the hyphen.
       36, *for* 5866 *read* 5886.
   325, l. 11, αἰγίς.
   329, l. 17, Saxan. L. 40. for *throin* read *throm*.
   330, l. 19, ἔπειϑ'.
   333, l. 12, *before* Lucian's *insert* deoch dermait, Wind. Wtb. s. v. deoch and.
   334, l. 20, *add*: for instances of which see O'Curry, *Ms. Materials* 285, and Borrow's *Lavengro*, c. 26.
   335 *Insert the following*: acolyte 4914n. Aeneid 4173n. Atharva-veda 733n.
   340 *headline* Things. *Insert*: Homeric hymns cited 834n., 3734n., 6697n.
   341 line 2, *for* Homes *read* Homer.
   342 *Insert* Olympic games 1677n.
   357 *Insert* Homer, the Iliad cited in notes to ll. 586, 888, 1290, 1544, 1564, 1740, 1744, 3018, 3033, 4173, 5144, 5239, 5714, 5821, 5852, 6509, 6940, 7134, 7551: the Odyssey cited in notes to ll. 789, 1290, 3475, 4173. see Homeric Hymns.
   360, l. 22, *read* purgatory; l. 32, *read* Benn bán.
   362, l. 9, *read* Coshlea.
   363, l. 9, *read* perhaps.
   336, col. 2, l. 29, *read* Umhall.
   366, *headline*, Index. Col. 2, *insert* Dún Liámna 2695, *Dunlavin*.
   375, col. 2, l. 1, *for* buirg *read* luirg.
   377, col. 2, *dele* al *weapon* etc.
   378, col. 1, l. 11, *dele the second* cf.
   380, col. 1, l. 1, *for* venire *read* ire (ἔρχομαι, Sarauw).
   387, col. 1, l. 12, *for* Goul. *read* Gaul.
   392, col. 1, l. 15, *for* wonld *read* would. l. 41, *hróf*.
   393, col. 1, l. 22, *dele* also.
   398, col. 1, l. 10, *add* accompanied by the striking of spears against shields.
   406—407, *dele last three* lines of article *gád*.
   407, col. 2, l. 5, *insert* 229, 2774.
   423, col. 2, *insert* sáthud 2935n. *to thrust*, gen. sádaid, 2795, s-pret. saidis 1325, sáithis 6772n. Cymr. *hodi*.
   414, col. 2, l. 25, dele *cool*.

Irische Texte, Band III.

   289, ll. 10, read *ana*, ll. 12, 13, read Ana.
   291, ll. 3, 4 'and 'tis he that had most hounds in Erin at that time.
   297, § 30, l. 3, *for* aud *read* and.
   299, l. 9, *after* gray *insert* (and) old.
   305, l. 8, *for* hurled it into *read* put it on.
   307, l. 3, *for* half-head *read* lopsidedness (Henebry).

P. 307, l. 4. *for* thrust *read* grasped. l. 5 *dele* at her. l. 25 *for* visited *read* came against (troubled)

315 § 60 *add* He was son-in-law of Conn of the Hundred Battles.

317, § 67, l. 6, *for* by *read* for (Henebry).

321, l. 16, 323, l. 15, *for* obtained by, taken by, *read* conceived from (Henebry).

325, § 76, *add* Or *Connachta* i. e. *Cuinn ichta* 'Conn's children', for *icht* means children or kindred.

last line, *for* the sweetness and sound *read* very sweet was his voice. The sound.

327, cancel the note: *binniudh* is for *binniu*, and *amal* begins a sentence.

335, ll. 1, 2, 5, judgments of the Law used to serve him, for he practised *talio*.

337, § 114, l. 6, *for* that went not from him, *read* no escaping from it

337, § 116, l. 6, Took the kingship of the troops.

341, § 122, l. 5, *for* professed by him *read* made for him.

345, l. 2, *after* and *insert* to them she.

347, ll. 7, 8. *read* for I will do nothing which mo Chuta would think evil.

360, § 165, l. 2, *read* luáithiu.

361, l. 6 *for* Dáil *read* Dál.

365, § 176, l. 3 *after* parricidal *insert* i. e. parricide was inflicted upon him, and he committed it on someone.

l. 7, *read*, tis he who killed Laegaire Lorc when etc.

371, l. 10, *for* near *read* with.

377, l. 6, for hound *read* hounds. l. 11, *for* men *read* nun.

379, l. 10, *for* had no king *read* was a king's offspring (*gin* for *gein*).

391, l. 3, *read* and out of them (the flowers) wine or honey was taken.

363, § 251, *for* Amargein's wife *read* wife of Amargen the Darkhaired.

395, l. 10, *for* half- *read* one side of his.

397, § 259, l. 3, *for* from her *read* hence.

§ 260, l. 3, *read* black-toothed (and) big was he.

399, penultimate l. *read* When he slew the great man etc.

401, ll. 5, 8, *for* knots *read* lumps.

403, § 276, l. 2, *after* Watching *insert* on Sliab Fuait.

405, ll. 7, 14, 32, *read* He shouts (*Éighther ime*, an idiom like *dástar imme*).

410, l. 1, *for* fina *read* ina.

413, after l. 21 insert: § 54, Versified, LL. 145ᵃ 32—45.

414, l. 3, *after* queens *insert* Thence grew today all the colours in bishops' vestments.

421, l. 22, *for* twenty *read* thirty.

W. S.

www.ingramcontent.com/pod-product-compliance
Lightning Source LLC
Chambersburg PA
CBHW051240300426
44114CB00011B/831